Wilhelm Rüstow

Geschichte des ungarischen Insurrectionskrieges in den Jahren 1848 und 1849

Mit Karten und Plänen

Wilhelm Rüstow

Geschichte des ungarischen Insurrectionskrieges in den Jahren 1848 und 1849
Mit Karten und Plänen

ISBN/EAN: 9783743310698

Hergestellt in Europa, USA, Kanada, Australien, Japan

Cover: Foto ©ninafisch / pixelio.de

Manufactured and distributed by brebook publishing software
(www.brebook.com)

Wilhelm Rüstow

Geschichte des ungarischen Insurrectionskrieges in den Jahren 1848 und 1849

Geschichte

des

ungarischen Insurrectionskrieges

in den Jahren 1848 und 1849.

Erste Abtheilung.

ungarischen Insurrectionskrieges

in den Jahren 1848 und 1849,

mit Karten und Plänen

von

W. Rüstow.

Erster Band.

Zürich,
Druck und Verlag von Friedrich Schultheß.
1860.

Einleitung.

Die Länder und Völker des Kaiserthums Oesterreich im Anfange des Jahres 1848.

Das Kaiserthum Oesterreich umfaßte Anfangs 1848 das Erzherzogthum Oesterreich, die gefürstete Grafschaft Tyrol mit Vorarlberg, das Herzogthum Steiermark, das Königreich Böhmen, die Markgrafschaft Mähren mit Schlesien, das Königreich Ungarn, das Großfürstenthum Siebenbürgen, das Königreich Illyrien, das Königreich Gallizien mit der Bukowina, Dalmatien und das Lombardisch Venetianische Königreich.

Man berechnete diesen Länderbestand auf 12158 geographische Quadratmeilen und seine Bevölkerung auf 37,600000 Menschen.

Die Bevölkerung war in Hinsicht auf Sprache, Sitte, Religion die gemischteste, welche man sich denken kann; Sprachen der sämmtlichen drei großen Sprachfamilien der alten Welt, der arischen, semitischen und turanischen wurden auf dem Gebiete Oesterreichs geredet. Die semitische Sprachfamilie war durch zahlreiche Juden, die turanische durch über 5 Millionen Magyaren vertreten, während die arische Familie in allen ihren drei Zweigen, romanisch, germanisch und slavisch auftrat. Zu den Romanen gehörten nicht blos die Völker des lambardisch-venetianischen Königreiches, sondern auch am entgegengesetzten Ende des Reiches, im Osten die Wallachen, welche sich selbst Rumänen nennen. Obwohl Oesterreichs Herrscherhaus ein deutsches war, seine Stammländer von Deutschen bewohnt, obwohl die Deutschen durch Cultur, Gewerbfleiß, Wohlstand als das herrschende Volk auftraten, konnten sie doch darauf keinen Anspruch wegen ihrer Zahl erheben. Vielmehr waren die Slaven etwa doppelt so stark vertreten als die Deutschen. Auf kaum 8 Millionen Deutsche kamen über 16 Millionen Slaven, allerdings wiederum in viele und verschiedenartige Stämme und auf verschiedene Provinzen vertheilt, Slowaken, Tschechen, Polen, Carynthier, Croaten, Serben und Illyrier, Bulgaren und Kleinrussen.

Von religiösen Bekenntnissen fand sich neben der katholischen Kirche die protestantische Confession, die orthodoxe griechische Kirche, die mit Rom unirte griechische Kirche, der mosaische Glaube.

Denselben Mangel an Gleichartigkeit der Elemente zeigte Oesterreich auch in rein politischer Beziehung. Nur lose hielt eine Gesammtverfassung die verschiedenen Länder zusammen, welche von dem Hause Habsburg allmälig und auf die mannigfaltigste Weise erworben, jetzt unter dem Scepter des Kaisers Ferdinand I., die österreichische Monarchie bildeten. Jedes dieser Länder hatte daneben seine provinzielle oder Landesverfassung, seine besonderen Rechte und Pflichten, welche in Verbindung mit Sprache, Sitte und Religion dazu beitrugen, das Bewußtsein der Eigenartigkeit zu erhalten. Für den Bestand des Kaiserthums Oesterreich erschienen diese Verhältnisse um so gefährlicher, als fast jede einzelne seiner Völkergruppen Nachbarn gleichen Stammes hatte, die anderen Staaten angehörten und an welche sie denken konnte, dereinst sich anzuschließen, wenn das alte Europa einmal die Fesseln der Wiener Verträge, seiner ganzen Vergangenheit abwürfe. Da waren im Nordwesten die Völker des deutschen Bundes, welche die Hoffnung auf Wiederherstellung eines großen deutschen Reiches noch nicht aufgegeben hatten, dem dann auch Oesterreichs deutsche Völker in anderer Weise als sie jetzt dem deutschen Bunde angehörten, sich anschließen konnten. Im Südwesten regte sichs in Italien; die Idee eines großen italienischen Reiches nahm immer bestimmtere Formen an und wie seiner Zeit die Griechen in den macedonischen Königen, sahen die Italiener schon in den Königen Piemonts, des Landes am Fuße der Alpen diejenigen, welche sie alle zu einem vollberechtigten nationalen Staate vereinigen würden. Rings um die Ostgrenze Oesterreichs lagerten sich slavische Völker; weitaus die meisten von ihnen vereint unter Rußlands Scepter und alle von der Hoffnung erfüllt, daß einst ein großes Slavenreich sie zusammenfassen werde. Der Gedanke des Panslavismus, der Vereinigung aller Slaven, trat unter dem lauernden Einflusse Rußlands schon aus dem sprachlichen Gebiete auf das politische. Selbst die Romanen des Ostens, die Wallachen Oesterreichs, konnten darauf sinnen, sich einer größeren nationalen Gemeinschaft anzuschließen, wenn Oesterreich einmal auseinanderfiele. Rumänen wohnten ja auch und bildeten die Masse der Bevölkerung in der Wallachei, der Moldau und Bessarabien. Nur die Magyaren mußten von allen Völkern Oesterreichs allein in weite Fernen ausschauen, um sprachverwandte Völkerschaften zu entdecken.

Für Oesterreichs Stellung als europäische Großmacht, sein Verhältniß zu den übrigen europäischen Mächten, mußte es der Wiener Regierung sicherlich darauf ankommen, die Ungleichartigkeit der Elemente auf ihrem Ländergebiet möglichst aufzuheben, zu centralisiren also und zu germanisiren. Das Streben danach war nun auch bei den Regenten des Hauses Habsburg immer vorhanden; doch nur einer, Joseph II., hatte es je ganz offen und unverhüllt gezeigt, hatte es laut selbst eingestanden. Alle übrigen suchten ihm auf geheimen Wegen und durch allmälige Wirkungen, die anfangs ihr Ziel nicht verriethen, nachzukommen.

Für die Stellung der österreichischen Regierung zu ihren Völkern schien es selbst nicht wenigen Staatsmännern rathsam, eine gewisse Selbstständigkeit der Nationen, einen Grad von Decentralisation zu erhalten; so daß man in der Anwendung des alten: Theile und herrsche! desto leichter die einen gegen die andern gebrauchen und mit den einen die andern nieder und in dem österreichischen Staatsverbande halten könne, da man von dem einzigen Bande, welches so heterogene Bestandtheile staatlich zusammenhalten kann, Freiheit der Institutionen, keinen Gebrauch machen wollte. Vorherrschend begnügten daher die österreichischen Staatsmänner in ihrem Streben nach Centralisation sich mit dem Aeußerlichsten, und zwei Dinge waren es vorzugsweise, welche sie der Verfügung der Centralgewalt in Wien vollständig zu erhalten suchten, die Finanzen und das Heer.

Unter solchen Umständen mußte eine Erschütterung wie diejenige des Jahres 1848 den ganzen Bestand Oesterreichs in Frage stellen. Die italienischen Provinzen erhoben sich mit dem Gedanken an völlige Ablösung von Oesterreich, Ungarn wollte nur noch durch Personalunion mit ihm verbunden bleiben; die deutschen Stämme verlangten eine innigere Verbindung mit Deutschland; die Tschechen wollten unter der Dynastie Habsburg ein eignes, durch Mähren, Schlesien und die von Slowaken bewohnten nordwestlichen Theile Ungarns erweitertes Böhmenreich, unabhängig von Deutschland haben; Croaten, Serben, Wallachen erhoben nationale Ansprüche. Die Plötzlichkeit, mit welcher die Bewegung ausbrach, riß selbst Theile des österreichischen Heeres, über welche anders wohl die Staatsgewalt zu Wien frei verfügt hätte, von demselben ab und verhinderte andererseits die normale Erweiterung des Heeres auf den Kriegsstand.

Unter solchen Umständen sehen wir die Leiter des österreichischen Staatswesens zunächst nach allen Seiten hin nachgeben, die verschiedenartigsten Forderungen bewilligen, die verschiedenartigsten Versprechungen geben, mit dem stillen Vorbehalt von vornherein, sobald, wie es nicht anders sein konnte, die Widersprüche sich herausstellten, die einen ihrer Völker gegen die andern in die Waffen zu rufen, um die gefährlichsten Ansprüche zunächst niederzuschlagen, endlich auch der andern still und allmälig Herr zu werden. Während Ungarn zunächst seinem Schicksal und den vielen Feinden, welche es auf dem eigenen Boden ernährte, überlassen ward, wendete Oesterreich sich mit aller ihm zu Gebote stehenden Kraft gegen die Italiener, um dann nach den glänzenden Erfolgen Radetzkis gegen Karl Albert, welche das Heer auch kräftiger zusammengekittet hatten, ebenso mit Waffengewalt gegen die Ungarn aufzutreten. Der Kampf der letztern gegen die österreichische Gewalt und für ihre Selbstständigkeit ist der besondere Gegenstand unserer Erzählung.

Die Länder und Völker Ungarns vor dem Jahre 1848 und im Anfange desselben. Ungarns Grenzen, Größe und Länder.

Das Königreich Ungarn, in dem Sinne, in welchem es die Magyaren im Jahre 1848 auffaßten, d. h. in dem weitestmöglichen, besteht aus dem eigentlichen Ungarn, aus dem Königreich Croatien mit Slavonien und Dalmatien, aus den Militärgrenzen und dem Großfürstenthum Siebenbürgen.

Dieses Ländergebiet, welches zugleich den Schauplatz bildet, auf welchem der von uns zu erzählende Krieg spielt, hat eine Größe von 6175 geographischen Quadratmeilen, wovon

4112 auf das eigentliche Ungarn, 1007 auf Siebenbürgen, 172 auf Croatien, 609 auf die Militärgrenze und 274 auf Dalmatien kommen.

Beginnt man von Orsowa an der Donau und geht zuerst nach Osten, so bilden hier den Grenzzug die transsylvanischen Alpen, welche Siebenbürgen von der Wallachei und, an der obern Alt (Aluta) sich nordwärts wendend, von der Moldau trennen; an die transsylvanischen Alpen hängen sich an der obern Bistritz die Karpathen an, welche im weiten Bogen Ungarn nordwärts umschließen und es von der Bukowina und von Galizien scheiden. Im Westen, vom Jablunka ab südwestwärts bilden gegen Mähren und Schlesien, dann gegen das Erzherzogthum Oesterreich die Beskiden, die weißen Gebirge, dann die March bis zum linken Donauufer und am rechten die Leitha die Grenze Ungarns; gegen Steiermark Verzweigungen der steirischen Alpen und des Bilogebirgs; gegen Krain und Istrien bis Fiume hinauf Verzweigungen der Krainer Alpen und zum Theil die Kulpa; von Fiume bis gegen Antivari das adriatische Meer; von hier wieder nordwärts gegen Montenegro, die Herzegowina und türkisch Croatien die dinarischen Alpen; dann ostwärts die Sau (Save) bis zu ihrem Einfluß in die Donau und dieser Strom selbst bis Orsowa gegen türkisch Bosnien und Serbien.

Die staatsrechtliche Stellung der einzelnen Länder zu Oesterreich und zu Ungarn selbst zu besprechen, behalten wir uns bis weiter unten vor, zunächst wollen wir noch von der Bevölkerung reden.

Ungarns Völker.

Dieselbe Mannigfaltigkeit der Bevölkerungselemente, welche sich in Oesterreich im Ganzen vorfindet, trifft man auch in Ungarn für sich allein wieder. Auf dem ganzen Gebiete, welches wir oben umschlossen haben, zählt man 14,458000 Einwohner.

Von diesen sind 4,665263 Slaven, nämlich:

49667 Slovenen oder Winden,
1,248617 Croaten,
1,043988 Serben,
478905 Ruthenen,
1,884696 Slowaken.

Von den andern Völkerschaften sind:

1,492601 Deutsche,
2,488036 Wallachen,
5,413327 Magyaren.

Dazu kommen dann:

276620 Juden,
98358 Zigeuner und
28000 Bewohner verschiedener Stämme — Armenier, Griechen, Zinzaren, Bulgaren, Albanesen und Italiener.

Die Magyaren, welche etwas mehr als den dritten Theil der Bevölkerung unseres ganzen Ländergebietes ausmachen, aber allerdings stärker auf demselben vertreten sind, als irgend einer der übrigen Stämme für sich genommen, gehören sprachlich der turanischen Familie an, jener großen Familie der Nomadensprachen, welche sich nur in wenigen und vereinzelten Zweigen, aus dem Innern Asiens hinabkommend, in Europa angesiedelt hat, und zwar der ugrischen Abtheilung des finnischen Zweiges. Die Magyaren saßen zu Anfange des 9. Jahrhunderts n. Chr. in dem Küstenlande um die Mündung des Dniepr; von den Petschenegen gedrängt, wendeten sie sich in das Mündungsland der Donau und warfen sich dann weiter in das damals von Rumänen und Slaven bewohnte Land in den Ebnen der Donau und Theiß (Tisza), welches sie bald unter ihre Herrschaft brachten, geführt von ihrem Herzoge Arpad und dessen Nachkommen, deren einer, Stephan, im Jahre 1000 vom deutschen Kaiser und vom Papst in der von ihm angenommenen Königswürde bestätigt ward. Die Magyaren keilten sich insbesondere zwischen die nördlichen und südlichen Slaven ein, und verhinderten dadurch, wie diese klagen, ihre Verschmelzung, erleichterten sich selbst aber die Unterwerfung der getrennten slavischen

Stämme. Das ganze unterworfene Land erhielt von ihnen den Namen Magyarország, Hungaria, Ungarn.

Unmittelbar nach der Einwanderung in die Niederungen an der Donau und Theiß entsendete Arpad einen seiner Häuptlinge, Tuhutum, zur Bekriegung des wallachischen Reiches; Tuhutum drang in Siebenbürgen ein, ließ sich mit seinem Stamme hier nieder und fand an der äußersten Südostgrenze des Landes einen verwandten Stamm, die Szekler (Székelyek), wie es scheint die Trümmer der hunnischen Heere Attilas, vor. Sie müssen im weiteren Sinne zu den Magyaren gerechnet werden; zur engern Sprachverwandtschaft gesellte sich auch eine nicht zu lösende Neigung.

So sitzen die Magyaren nun noch heute in zwei große Massen, eine westliche Hauptmasse und eine östliche Nebenmasse getheilt, auf dem Gebiete, welches sie als ihr Reich betrachten.

Eine Linie von Arad über Szathmar, Unghvar, Kaschau, Neuhäusel, Güns, Lendva (nördlich der Mur), Zombor und wieder nach Arad, umgrenzt mit ziemlicher Genauigkeit das Gebiet der magyarischen Hauptmasse, während dasjenige der Nebenmasse in Siebenbürgen sich um die Städte Dées, Kolosvár (Klausenburg), Karlsburg, Maros Vásárhély (Neumarkt), und Sz. Ivány gruppirt.

Deutsche finden sich über das ganze ungarische Gebiet vertheilt vor; zum größten Theile sind sie erst nach der Niederlassung der Magyaren eingewandert; in allen größeren Städten, sowie in freien Bauernschaften findet man sie vertreten. Selbstverständlich wohnen sie besonders dicht an der Grenze des Erzherzogthums Oesterreich und hier wird von einer Einwanderung nach der Niederlassung der Magyaren wohl schwerlich die Rede sein können. Es gehören hierher die Comitate Preßburg (Posony), Oedenburg (Soprony) und Eisenburg (Vásvár). Eine andere starke Vertretung finden wir in der Zips (Szepes) um Kesmark und Göllnitz, aber eine politische Bedeutung haben die Deutschen vorzugsweise in Siebenbürgen. Hieher wurden die Deutschen — Sachsen genannt — um die Mitte des 12. Jahrhunderts von König Geisa II. aus Flandern berufen und mit großen Privilegien versehen auf königlichen Ländereien angesiedelt. Im Jahr 1564, als Siebenbürgen unter der Schutzherrschaft der Pforte stand, ward das politische Verhältniß der drei herrschenden Nationen geregelt, nämlich der Magyaren, der Szekler und der Sachsen, da die Wallachen, obwohl sie die Mehrzahl der Bevölkerung bildeten, keiner politischen Rechte genossen. Die Sachsen in Siebenbürgen haben drei Bezirke inne: 1) das eigentliche Sachsenland mit den Städten Hermannstadt (Nagy Szeben), Broß (Szászváros) und Schäsburg (Segesvár); 2) das Burzenland mit

Kronstadt (Brassó); 8) das Rösnerland mit Bistritz an der Grenze der Bukowina.

Wir gelangen nun zu den Slaven. Der Umstand, daß die slavischen Stämme in den ungarischen Verwickelungen, deren Erzählung uns hier beschäftigt, eine sehr bedeutende Rolle spielen, daß sie in einer oder der andern Art unter ähnlichen Verhältnissen wieder eine eben so bedeutende Rolle spielen können und daß doch ihre sprachlichen und andern Beziehungen im civilisirten Europa weniger bekannt sind, als man voraussetzen sollte, wird es rechtfertigen, daß wir uns hier ein wenig ausführlicher aussprechen.

Der slavische, slavonische, slawenische oder, wie er von Einzelnen benannt wird, windische Zweig der arischen Sprachfamilie zerfällt in die lettische und eigentlich slavische Hauptabtheilung. Zu der lettischen gehört das Litthauische, das Lettische (in Kurland und Liefland) und das ausgestorbene Altpreussische.

Die eigentlich slavische Hauptabtheilung begreift in sich zwei Zweige, einen östlichen und einen westlichen.

Zu dem östlichen Zweige gehört das Russische, das Bulgarische und das sogenannte Illyrische.

Das Russische theilt sich wieder in Großrussisch, Kleinrussisch und Weißrussisch. Nur ein kleinrussischer Dialect wird in Ungarn gesprochen und zwar von den Ruthenen oder Rusniaken im nordöstlichsten Theil des Landes, namentlich in den Gespannschaften Unghvár, Beregh, Marmaros, Ugocsa, dann theilweise in den Gespannschaften Sáros und Zemplin. Das Kleinrussische bildet den Uebergang vom Großrussischen zum Polnischen und ist eine äußerst feine, biegsame, poetische Sprache. Die Ruthenen oder Rusniaken sind erweislich erst nach der Niederlassung der Magyaren an der Donau und Theiß in Ungarn eingewandert.

Das Bulgarische wird in Ungarn nur von wenigen und zersplitterten Tausenden gesprochen. Eine politische Bedeutung hat es daher an sich durchaus nicht. Doch verdient es unsererseits eine entschiedene Erwähnung. Es ist am nächsten verwandt mit der altslavischen Kirchensprache, in welcher der Mönch Cyrillus, 862 zusammen mit Methodius von Constantinopel zur Bekehrung der Slaven entsendet, die Bibel übersetzte. Dieser gleiche Cyrillus ist der Erfinder des nach ihm benannten (cyrillischen) Alphabets. Dasselbe ist im Wesentlichen dem Griechischen nachgeahmt, doch enthält es eine Anzahl von Zeichen, welche speziell erfunden wurden, um verschiedene slavische Töne, welche das griechische Alphabet nicht deutlich auszudrücken vermochte, wiederzugeben.

Die Russen bedienten sich des cyrillischen Alphabets bis auf Peter den

Großen. Dieser vereinfachte dasselbe für den russischen Gebrauch, so daß sich nunmehr das russische Alphabet, wenn auch wenig, von dem cyrillischen unterscheidet. Peter schied neun Buchstaben des cyrillischen Alphabets gänzlich aus und rundete einen großen Theil der übrigen für den bequemeren Gebrauch ab. Seine ersten Typen ließ er in Holland gießen und die erste Schrift, welche mit denselben gedruckt ward, war eine Zeitung, die von 1704 ab zu Moskau erschien.

Die russische Regierung hat mit großem Fleiße ihren Einfluß darauf verwendet, bei allen slavisch sprechenden Völkern das russische Alphabet einzuführen oder das cyrillische zu erhalten.

Diese Bemühungen sind indessen nur dort von Erfolg gewesen, wo die Slaven sich bei dem orthodoxen griechischen Bekenntniß erhielten. Ueberall, wo die römisch-katholische Kirche siegte, also insbesondere bei allen Westslaven ward auch das viel geschicktere lateinische Alphabet eingeführt; ebenso erging es bei den Völkerschaften griechischer Confession, welche sich mit Rom unirten. Man kann heute im Wesentlichen sagen, daß die römisch-katholische Religion, selbst mit ihren Annexen des ursprünglich griechischen Bekenntnisses, und das lateinische Alphabet einerseits, die griechische Religion und das cyrillische oder russische Alphabet andererseits Hand in Hand gehen. Auch die Wallachen, welche doch keine rein slavische, sondern eher eine romanische Sprache — allen wesentlichen Kennzeichen nach, reden, — welche aber der orthodoxen griechischen Kirche angehören, bedienen sich des cyrillischen Alphabets.

Illyrisch ist ein allgemeiner Ausdruck für das slovenische, kroatische und serbische, ein Ausdruck von vorerst keiner praktischen, nur von wissenschaftlicher Bedeutung und selbst in dieser Beziehung durchaus noch nicht in gleichem Sinne gebraucht.

Der Name Illyrien, seit dem Alterthume so gut wie verschollen, ward in neuerer Zeit, 1809 von Napoleon wieder hervorgeholt, dann von den südlichen Panslavisten, namentlich Ludwig Gaj seit 1836 zum Stichwort gemacht, indem sich dieselben bemühten, an die Stelle der drei oben erwähnten Dialekte und ihrer vielen Unterdialekte eine Schriftsprache, die in der That nirgends gesprochen ward, und welche sie die illyrische tauften, zu setzen.

Zufolge diesen Panslavisten wird das illyrische Sprachgebiet umgrenzt durch eine Linie, welche man von der Mündung des Flusses Bojana längs des Drin über Perserin (Prizren, Prisendi) in Albanien, Widdin, Temesvár, Klagenfurt, Triest, längs der adriatischen Küste wieder nach der Bojana-Mündung zieht.

Die Serben selbst protestiren gegen ihre Einrechnung in dieses „Illyrien“, sie nehmen den ganzen östlichen Theil des Gebietes für sich in Anspruch, auf welchem serbisch gesprochen wird, die griechische Confession und das cyrillische Alphabet regieren.

Von dem ungarischen Gebiete rechnete 1848 die „serbische Nation“ für sich die Comitate Baranya, Syrmien, Bács, Torontal, Temes, Krassó, die Regimentsbezirke der Gradiskaner, Broder, Peterwardeiner, Deutschbanater, Illyrischbanater und den Csaikistendistrikt. Auf diesem Gebiete wohnen 2,184000 Menschen, von denen aber wenig mehr als 800000, also ein gutes Drittel wirklich Serben sind, während der Rest aus Magyaren, Deutschen und Wallachen besteht.

Die Serben in Ungarn sind durchaus keine von den Magyaren unterworfenen Ureinwohner, sondern erst in ziemlich später Zeit eingewandert aus den Ländern der Pforte, deren religiöser Bedrückung sie sich entziehen wollten. Die beiden Haupteinwanderungen fallen in das Jahr 1688 unter Georg Brankowich und in das Jahr 1690 unter dem Patriarchen Arsenius Czernowich. Diese Serben, von den Ungarn Raizen nach ihrer alten Hauptstadt Raß, — jetzt Novi Bazar (an der Grenze des türkischen Serbiens und Bosniens) — genannt, wurden von den Habsburgern, welche rechneten, sich ihrer mit Vortheil gegen die Türken zu bedienen, und insbesondere von Leopold I. mit Privilegien versehen, welche indessen mehr einen sozialen als politischen Charakter trugen, allermindestens in ihrer politischen Bedeutung bis auf die neuste Zeit niemals zur Geltung gebracht werden wollten. Man unterscheidet drei serbische Hauptdialekte.

Von den „Illyriern“, welche nach Abzug der Serben noch übrig blieben, bewohnen die Croaten wieder den östlichen, die Slovenen, letztere auf ungarischem Gebiete nur im äußersten Südwesten vertreten, den westlichen Theil des ihnen noch zukommenden Landes.

Zu dem westlichen Zweige der slavischen Hauptabtheilung des Windischen, gehören die Tschechen (Böhmen und Mähren), die Polen, die Wenden in der Lausitz und Mark Brandenburg, und die Slowaken. Nur letztere kommen für Ungarn in Betracht, dessen nordwestlichsten Theil sie bewohnen, indem sie im Süden an die Magyaren, im Osten an die Rusniaken anstoßen.

Die Wallachen oder Rumänen, in Siebenbürgen auch Motzen genannt, sind — mindestens im Vergleich zu den Magyaren — im Wesentlichen Urbewohner des Landes, in welchem sie heute noch sitzen; nur haben sie allem Anschein nach in der Zeit, seit welcher sie in die Geschichte eingeführt sind, im Osten Terrain gewonnen und im Westen solches verloren.

Im Jahre 107 n. Chr. unter Kaiser Trajan ward ihr Land — Dacien — römische Provinz und unter dem Einfluß römischer Colonisten bildete sich die Sprache aus, welche von da ab in diesen Gegenden gesprochen ward. Die Südwallachen, Wallachen südlich der Donau, sind die spärlichen Reste derjenigen Wallachen, welche aus dem Norden, aus Dacien, auswanderten, als Kaiser Aurelian das dortige Land 272 n. Chr. den Gothen überlassen mußte. Kleine Kolonieen dieser Südwallachen kommen in Ungarn unter dem Namen der Zinzaren vor. Es ist ein Spottname, der ihnen ertheilt ward, weil sie die Zahl fünf statt, wie die Nordwallachen „tschintsch" vielmehr „zinz" oder „tzintz" aussprechen.

Die Wallachen sind ein durchaus verkommenes Geschlecht, zur Sklaverei bestimmt. Man wird Experimente politischer Art mit ihnen ohne Zweifel machen können; zu einem selbstständigen politischen Leben werden sie sich aber schwerlich jemals aufschwingen.

Die politische Stellung und Verfassung Ungarns und seiner Nebenländer bis zum Jahr 1848.

Das eigentliche Ungarn.

Unter dem ersten arpadischen Könige Ungarns, Stephan dem Heiligen, entwickelte sich die Comitatsverfassung, welche im Wesentlichen bis auf das Jahr 1848 bestanden hat. Das Land ward in eine Anzahl von Kreisen, — Comitate oder Gespannschaften genannt, — eingetheilt, welche die meiste Aehnlichkeit mit den polnischen Castellaneien haben, sowohl in militärischer als in politischer Beziehung. Jedes Comitat verwaltete sich selbst soweit irgend möglich und die Centralgewalt des Königs kam nur in Betracht, wo es wirklich gemeinsame Landesinteressen galt. Als anerkannte Stände mit politischen Rechten traten zunächst nur die Geistlichkeit, die Magnaten oder Barone, und der niedere Adel, d. h. die Gemeinschaft sämmtlicher Freien hervor. Sie waren auch auf den Reichstagen vertreten, welche der König zur Regelung von Staatsverhältnissen berief, welche aber erst allmälig eine regelmäßigere Gestalt annahmen und die Bedeutung einer Behörde zur Ueberwachung der königlichen Macht erhielten. Alles übrige Volk bestand aus Unfreien, Hörigen und Leibeigenen.

Erst seit deutsche Colonisten einwanderten, theils um als Bauern den Boden zu cultiviren, theils um in den Städten Gewerbe und Handel zu betreiben, kam zu jenen drei Ständen ein vierter Stand. Politische Bedeutung erhielt er indessen vorzugsweise nur in den freien oder königlichen

Städten und deren Bürgergemeinden. Erst später mit der Belebung von Kunst und Wissenschaft bildete sich der Begriff der Honoratioren oder Capacitäten aus, welche, ohne dem Adel anzugehören, doch an allen politischen Rechten desselben theilnahmen.

Mit Andreas dem Dritten starb der arpadische Mannsstamm 1301 aus. Verschiedene Bewerber um Ungarns Krone traten auf und dieses ward nun für längere Zeit ein vollständiges Wahlreich. Unter solchen Umständen gewannen die einflußreichen Herren des Landes, die Magnaten, durch ihren Reichthum und ihren Länderbesitz eine erhöhte Bedeutung, während der niedere Adel andererseits sich durch wachsende Unterdrückung des Bauernstandes schadlos zu halten suchte. Trotz inneren Zwiespaltes, der immer im Gefolge überwiegender Magnatenmacht zu sein pflegt, war doch nach außen Ungarn noch zwei Jahrhunderte glücklich und groß. Endlich aber nahm der innere Hader so überhand, daß die Türken, seit einem halben Jahrhundert Herrn von Constantinopel, in Ungarn eine leichte Beute sehen konnten.

Gegen sie kämpfend fiel Ludwig II. 1526 bei Mohács. Die Stände hatten nunmehr von ihrem Rechte der Königswahl Gebrauch zu machen. Indessen spalteten sie sich. Der niedere Adel erwählte den Wojewoden von Siebenbürgen Johann Zápolya zum König, die Magnaten dagegen Ferdinand von Oesterreich.

Der Krieg entbrannte zwischen den beiden Gegenkönigen; Johann Zápolya rief die Türken zu Hülfe; der Kampf ward mit wechselndem Glücke geführt, bis ihm nach mehr als 12 Jahren der Friede von Großwardein ein Ende machte, durch welchen die östliche Hälfte des Landes dem Johann Zápolya, die westliche aber Ferdinand als Ferdinand I. verblieb. Erst nachdem Zápolyas Sohn, Johann Sigismund, gestorben war, kam auch die östliche Hälfte an Ferdinand.

Thatsächlich war schon von jetzt ab der ungarische Thron erblich in der habsburgischen Familie, formell ward er es erst 1686 durch Beschluß des Reichstages von Eperies unter Leopold I.

Aber erst die sinkende Türkenmacht ließ die Habsburger sich des Besitzes von Ungarn wirklich erfreuen, eigentlich erst seit dem Frieden von Passarowitz, am 21. Juli 1718, dem ersten wirklichen Frieden, welchen die Pforte überhaupt mit einer europäischen Macht schloß.

Im Jahre 1723 ward dann von den ungarischen Ständen auch die pragmatische Sanction angenommen, durch welche die Erbfolge in der Herrschaft der habsburgischen Erbländer, also auch Ungarns, auch auf die Frauen ausgedehnt ward. In Bezug auf Ungarn ward bestimmt, daß dieß nach wie vor durch reine Personalunion mit den übrigen habsburgischen Ländern verbunden sei. Die Ungarn zählten daher auch ihre Könige ganz anders, denn dieselben als deutsche oder als österreichische Kaiser gezählt wurden. Der deutsche Kaiser Karl z. B., als solcher Karl VI. genannt, welcher den Ungarn die Anerkennung der pragmatischen Sanction ablockte, hieß als König von Ungarn Karl III. Die ungarischen Stände behielten sich vor, daß auch von jetzt ab kein Habsburger zu Recht als König von Ungarn anerkannt sei, bevor er nicht Treue den Gesetzen des Landes und die Erhaltung seiner Unabhängigkeit geschworen habe.

Wie wir schon einmal bemerkt haben, mußten in Bezug auf die Stellung Ungarns zu Oesterreich die Magyaren selbst ganz andern Tendenzen folgen als die Habsburger.

Während es letztern vor allen Dingen darauf ankommen mußte, die Unabhängigkeit Ungarns soweit als möglich zu beschränken, damit es bei ihren Verwickelungen in die europäischen Händel ihnen wie eine gewöhnliche Provinz diene, mußten dagegen die Magyaren dahin streben, ihre Unabhängigkeit immer weiter auszudehnen, wollten sie überhaupt eine Nation bilden. An Hader darüber konnte es nicht fehlen; beide Theile beriefen sich dabei mehr auf alte Verträge, die sie verschiedenartig auslegten, als auf das Wesen der Dinge, und die Ungarn, wenn sie nicht geradezu sich von Oesterreich losreißen wollten, hatten in der That mehr Veranlaßung an die alten Verträge zu appelliren als die Habsburger; denn wie eine Personalunion verschiedener Länder, namentlich wenn dieselben in der Mitte Europas liegen, und unter einen Herrscher vereint sind, der duch die Größe seiner Staaten gezwungen ist, sich in die Welthändel zu mischen, im reinsten Verstande aufgefaßt, nur der Keim zu den größten Verwickelungen werden kann, ist an sich klar.

Der vornehmste Wächter über die Erhaltung der reinen Personalunion war der ungarische Reichstag. Es ist daher sehr erklärlich, daß von der Wiener Regierung, namentlich seit 1815, dem Beginne der großen europäischen Restaurationsperiode mannigfache Versuche zu dessen Beseitigung gemacht wurden. Man traf indessen dabei auf einen so wohl organisirten und zähen Widerstand, daß man diese Versuche endlich aufgeben, von 1825 ab die Reichstage regelmäßig alle drei Jahre berufen und von nun an andere Wege einschlagen mußte, die unbequeme Unabhängigkeit Ungarns zu beschränken.

Die Verfassung Ungarns, allmälig entstanden im Laufe der Jahrhunderte, in ihrem Wesen wenig verändert, war zu Beginn des Jahres 1848 eine constitutionelle.

Die oberste Executivbehörde des Landes in diesem selbst war der königlich ungarische Statthalterschaftsrath zu Ofen (Consilium regium locumtenentiale), dessen Mitglieder der König nur mit Ausnahme des Palatins ernannte.

Der Palatin, der Stellvertreter des Königs, war Vorsitzer dieses Rathes und präsidirte auch dem Reichstag, insbesondere aber der Magnatentafel; er ward von den Ständen aus vier Candidaten erwählt, welche der König vorschlug. Gewöhnlich war er ein Erzherzog.

Den eben erwähnten Rath konnte man als ein ungarisches Ministerium betrachten und es würde vollständig die Functionen eines solchen gehabt haben, wäre in der That die reine Personalunion von den österreichischen Regenten innerlich anerkannt worden.

Dieß war, wie wir angedeutet haben, aber eine reine Unmöglichkeit. Nun bestand zu Wien noch eine eigne Ungarische Kanzlei; sie sollte ursprünglich nur zur Besorgung gewisser, der Krone direct vorbehaltener Acte dienen. Man sieht sehr leicht ein, daß sie bei der Unbestimmtheit der Definitionen, die in solchen Angelegenheiten sich sehr leicht einschleicht, mindestens mit dem ungarischen Ministerium in Ofen in Beziehung stehen mußte, daß sie so naturgemäß eine Vermittlerstellung zwischen dem Ministerium zu Ofen und dem Könige annahm, daß sie endlich geradezu ein zweites ungarisches Ministerium zu Wien ward. Dem Könige war dadurch, daß er unmerklich den Geschäftskreis der Ungarischen Kanzlei zu Wien erweiterte, die Gelegenheit geboten, die Executive Ungarns in Ungarn selbst entschieden zu schwächen, und diese Gelegenheit ward sehr reichlich benutzt.

Auch für die Finanzen Ungarns bestand eine eigene königliche Schatzkammer zu Ofen; aber es war wiederum nicht zu vermeiden, daß diese mit der Reichsschatzkammer zu Wien in Beziehung gebracht und dann bei den herrschenden Tendenzen der Habsburger ein bloßes abhängiges Filial der letztern ward. Auch dahin brachte es die Nothwendigkeit, welche existiren mußte, so lange Ungarn sich nicht als selbstständiges Reich aufstellen wollte oder konnte.

Endlich gab es da die Militärverhältnisse. Die Form, in welcher die Ungarn an den Kriegen ihrer Könige theilnahmen, war bis auf das 18. Jahrhundert lediglich das allgemeine Aufgebot, die sogenannte Insurrection, das pospolite ruszenie der Polen, vermöge welcher Einrichtung jeder Edelmann mit einer Auswahl seiner Leute dem Heere zuzog. Daneben wurden, seit in Europa die stehenden Heere allgemein geworden, in Ungarn Freicorps, Freibataillone, Freiregimenter für den Krieg angeworben, um nach demselben wieder entlassen zu werden. So verhielt es sich noch im siebenjährigen Kriege. Erst später ward das System der stehenden Heere auch in Ungarn eingeführt. Dabei hätte das ungarische Kriegswesen allerdings immer noch selbstständig verwaltet werden können. Doch man erkennt leicht, daß dieß ein Widerspruch in sich war, so lange nicht bestimmt ward, daß das ungarische stehende Heer nur in Ungarn oder wenigstens nicht ohne Zustimmung der Reichsstände außerhalb Ungarns verwendet werden dürfe. Diese Bestimmung hätte aber wiederum einen Widerspruch gegen alle Verhältnisse Europas und die Stellung des Hauses Habsburgs in Europa enthalten. Es verstand sich daher von selbst, daß die Verwaltung des ungarischen Heerwesens unter den österreichischen Hofkriegsrath kam. Ohne eigene Finanz- und Heeresverwaltung ist ein Staat aber in der That kein unabhängiger mehr; er kann höchstens noch einer unabhängigen Provinzialverwaltung sich erfreuen. Der Zwiespalt einer modern-monarchischen Regierung und der mittelalterlichen Freiheit, welche die Ungarn oder welche der ungarische Adel selbst noch 1848 im Sinne hatte, tritt hier zu grell hervor, als daß es nöthig wäre, lange dabei zu verweilen.

Die Obergerichte des Königreichs Ungarn waren die königliche Tafel zu Pesth und die Banaltafel zu Agram; letztere für Croatien; das Oberappellationsgericht für beide die Septemvirntafel zu Pesth.

Der Reichstag, der oberste Wächter über Ungarns Unabhängigkeit, sollte längstens alle drei Jahre durch königliche Berufungsschreiben versammelt werden. Er bestand aus zwei Kammern, hier sogenannten Tafeln: aus der Magnatentafel und der Ständetafel; jener präsidirte der Palatin, dieser der Personal, ein anderer hoher Würdenträger, in der Kanzleisprache Personalis praesentiae regiae locumtenens mit vollem Titel benannt.

Die Magnatentafel bestand aus den Prälaten (Erzbischöfen und Bischöfen katholischer und griechischer Konfession), aus den wirklichen Baronen, d. h. den hohen Würdenträgern der Krone, aus den Obergespannen der Comitate und aus den gewöhnlichen Fürsten, Grafen und Freiherrn, die keine Aemter hatten. Die Magnatentafel hatte keine Initiative, sondern nur das Veto; sie verkehrte mit der Ständetafel normaler Weise durch Botschaften.

In der Ständetafel saßen zunächst die Abgeordneten der Comitate; je zwei für ein ungarisches Comitat und zwei insgesammt für Croatien, dann die Abgeordneten der königlichen Freistädte und einzelner bevorzugter besonderer Distrikte, endlich die Abgeordneten der geistlichen Capitel und die Vertreter abwesender Magnaten und von Magnatenwittwen, welche merkwürdiger Weise nicht zur Magnatentafel zugelassen wurden.

Bei den Abstimmungen hatte jedes Comitat eine Stimme; die Abgeordneten waren mit einem bindenden Mandat versehen; stimmten die beiden Abgeordneten eines Comitats ungleich, so war die Stimme dieses Comitats ungültig. Die Abgeordneten der königlichen Freistädte konnten jeder einzelne reden, soviel sie wollten, aber sie hatten alle zusammen nur eine einzige Stimme; ebenso verhielt es sich mit den Abgeordneten der geistlichen Capitel.

Die Comitate hatten somit eine solche Ueberlegenheit, daß die Stimmberechtigung der freien Städte fast lächerlich wird, eben so wie bei der Geistlichkeit. Es kann uns nicht verwundern, daß beide dagegen remonstrirten und auf ihre Remonstrationen immer wieder zurückkamen. Lassen wir die Geistlichkeit bei Seite, welcher allerdings vorgehalten werden konnte, daß sie ja bei der Wahl der Comitatsdeputirten schon mitbetheiligt sei, so gilt das doch keineswegs für die freien Städte.

In diesen war überdieß so viel Reichthum und Intelligenz vorhanden, daß sie auf eine andere Vertretung als diejenige mit ihrer einen Stimme wohl Anspruch erheben durften, wie sie es thaten. Es gab Anfangs 1848 48 königliche Freistädte in Ungarn.

Die Deputirten der Comitate wehrten sich dagegen, mit aller Kraft möchten wir sagen, wenn irgend eine Kraftanstrengung nöthig wäre, wo 50 Stimmen gegen eine stehn. Es ward geltend gemacht, daß es ein Unsinn sei, wenn jeder königlichen Freistadt eine Stimme zugestanden werde; denn es gebe königliche Freistädte, welche kaum 1000 Einwohner hätten und andere, welche deren mehr als 100000 hätten; außerdem existirten in der Mehrzahl dieser Städte Oligarchieen, welche auf wenige Familien beschränkt, doch thatsächlich alle Herrschaft hier in Händen hätten, und endlich seien diese Oligarchien und durch sie die Städte in zu direkter Abhängigkeit von der Regierung.

Es ist nicht zu läugnen, daß diese Gegenbehauptungen einige Berechtigung hatten, ja daß man ihnen wohl noch einige hinzufügen könnte. Indessen in der Hauptsache kommen wir wohl darauf hinaus, daß in den Comitaten Altungarns das magyarische Element die Oberhand hatte, während in den königlichen Freistädten ganz andere Elemente, insbesondere das deutsche, wenn auch etwas magyarisirt, herrschte und daß die Magyaren, sich der Schwäche wohl bewußt, welche aus ihrer verhältnißmäßig geringen Anzahl auf dem ungarischen Gebiete nothwendig hervorgehen mußte, ebenso sich ihrer Isolirtheit als Sprachgruppe bewußt und dabei doch von nationalem Stolze erfüllt, zu unterdrücken trachteten, was ihnen irgend wie gefährlich werden, ihrer Herrschaft ein Ende bereiten konnte. Dieselbe Erscheinung tritt in der Sprachenfrage sehr deutlich hervor. So leicht es demjenigen, welcher sich in dieser auf den Standpunkt der einen oder der andern Partei stellt, immer sein wird, zu entscheiden, wer diese Frage zu einer bedeutenden nicht bloß, sondern geradezu zu einer giftigen gemacht habe, so schwer ist es für den unparteiischen Beobachter. Er wird wohl auf dem richtigsten Wege bleiben, wenn er sagt, daß auf beiden Seiten ein natürlicher Anspruch vorhanden war, daß beide Seiten aber, wenn auch aus verschiedenen Gründen, sich gleich schwach fühlten und daher ihre wirklich vorhandenen Ansprüche so unnatürlich in die Höhe schraubten, daß allein noch die Gewalt oder der Zufall, welcher die Gewalt gab, über die Berechtigung der einen oder der andern Partei entscheiden konnte.

Während früherhin die lateinische die offizielle Sprache aller Nationen Ungarns im politischen Verkehr gewesen war, regte sich bei den Magyaren in derselben Zeit, da der „Illyrismus" seine Ansprüche zu erheben begann, auch das Bestreben, ihre Sprache, die magyarische, zur offiziellen politischen Verkehrssprache zu machen und 1844 ward dieß wirklich in ziemlich weitem Umfange durchgesetzt. Erst darnach, was wohl zu beachten ist, zeigte sich die croatische Bewegung offen in magyarenfeindlichem Sinne, indem die Croaten sich 1845 um Lostrennung von Ungarn und Einsetzung eines eigenen königlichen Rathes für Croatien an den König Ferdinand wendeten. Es war angemessen, dieß hier schon zu berühren; im übrigen wird der Verlauf unserer spezielleren Erzählung der Ereignisse des Jahres 1848 uns wiederum auf diese Verhältnisse zurückbringen. Die gewaltige Erschütterung dieses letzteren Jahres enthüllte alle diese stillen Schäden und ließ sie mit einer Gewalt hervortreten, an die man, wenigstens außerhalb Ungarns, vor dieser Zeit kaum geglaubt hätte.

Um mit unseren Angaben über die Organisation des ungarischen Reichstages abzuschließen, müssen wir noch erwähnen, daß unter besonderen Umständen, wenn namentlich eine rasche Erledigung von Geschäften erfordert ward, an die Stelle des Verkehrs durch Botschaften zwischen den beiden Tafeln auch gemischte Sitzungen der Magnatentafel und der Ständetafel treten konnten.

Unter der ungarischen Centralgewalt, welche einerseits durch den König und dessen Stellvertreter, den Palatin und den königlichen Rath zu Ofen, (sowie die Kanzlei zu Wien), andererseits durch den Reichstag repräsentirt war, standen im eigentlichen Ungarn die Comitate, die königlichen Freistädte, und die Distrikte.

Jedes Comitat (Gespannschaft) hatte, obwohl den allgemeinen Gesetzen des Königreichs unterworfen, doch seine eigene Verwaltung und richterliche und politische Verfassung.

An der Spitze jedes Comitats stand ein Obergespann (Obergraf) und zwei Vicegespanne. Das Amt des Obergespanns war wesentlich ein Ehrenamt. Er ward aus den reichsten Grundbesitzern der Gespannschaft auf Lebenszeit gewählt und sollte den Comitatsversammlungen präsidiren, in welchen die Repräsentanten zum Reichstag und die Beamten des Comitates gewählt wurden. Nach dem strengen Wortsinne der alten Gesetze sollte er auch im Comitat seinen Wohnsitz haben und nicht bloß den genannten, sondern überhaupt allen Comitatsversammlungen, selbst den Comitatsgerichten präsidiren. Zum großen Theile waren aber die Obergespanne hohe Würdenträger des Reichs, wohnten nicht in den Comitaten, ja bisweilen nicht einmal in Ungarn selbst.

Dieser Umstand war es, welcher auf den Vorschlag eines ungarischen Magnaten selbst, des Grafen Georg Appónyi, der nach dem Abgange des Grafen Mailáth Chef der ungarischen Kanzlei zu Wien ward, der österreichischen Regierung den Anlaß zu einer höchst aufregenden Maßregel, der Einrichtung der sogenannten Administratoren gab. Das Prinzip dieser Einrichtung war, daß die Regierung dort, wo der Obergespann nicht im Comitat wohnte und den oben bezeichneten Pflichten, diese im weitesten Sinne genommen, nicht nachkommen konnte, einen Stellvertreter, Administrator bestellte, der nicht vom Comitat, sondern aus dem königlichen Schatz besoldet und zwar sehr reichlich, reiner Regierungsbeamter war und durchaus etwas anderes als der Obergespann ursprünglich sein sollte. Sobald 1847 Appónyi Erzkanzler von Ungarn geworden war, wußte er fast überall Administratoren einzuschmuggeln, die mit Mißtrauen von den Ungarn empfangen, sich außerdem auch noch auf eigne Faust entschieden verhaßt zu machen verstanden.

Die innere Verwaltung, Gerichte, Steuerwesen u. s. w. besorgten die beiden Vicegespanne des Comitats. Auch die Comitatsversammlungen wurden meistens von dem ersten Vicegespann in Abwesenheit des Obergespanns geleitet.

In den Comitatsversammlungen hatten alle Edelleute und alle katholischen Priester, d. h. alle Freien, Rede- und Stimmrecht; die leibeigenen oder hörigen Bauern natürlich nicht, sie waren nach der mittelalterlichen Verfassung, welche in die neue Zeit wie eine Ruine hereinragte, natürlich ohne jedes politische Recht. Die Comitatsversammlungen wählten die Repräsentanten zum Reichstag und gaben ihnen die Mandate, sie wählten die Comitatsbeamten, sie kontrollirten die ganze Verwaltung des Comitats, setzten dessen Budget fest, vertheilten die ihrem Comitat zukommenden vom Reichstag bewilligten Steuern auf die Distrikte und Gemeinden. Ihnen wurden auch alle königlichen Befehle, Urtheile der Obergerichte und der Septemvirntafel zur Gutheißung vorgelegt; und fanden sie dieselben aus einem oder dem andern Grunde nicht ausführbar, so brachten sie ihre Ausstellungen dagegen in der Form von Beschwerden vor den Reichstag.

Die Comitatsversammlungen sollten mindestens von drei zu drei Monaten stattfinden. Je nachdem mehr oder minder wichtige Gegenstände zu verhandeln waren, waren auch diese Versammlungen mehr oder minder stark besucht.

Es ist klar, daß die Comitate eine große Unabhängigkeit und die Comitatsversammlungen eine bedeutende Macht hatten.

Die österreichische Regierung in jener Zeit, als sie sich der Reichstage entledigen wollte, ohne viel Aufhebens zu machen, in der großen europäischen Restaurationsperiode nach 1815, unterließ den Versuch nicht, dieß vermöge der Comitatsversammlungen selbst zu bewerkstelligen. In den Jahren 1822 und 1823 wendete sie sich daher in den Rekrutirungs- und Steuerangelegenheiten direkt an die Comitatsversammlungen. Sie fand bei diesen jenen Widerstand, von dem wir an einer andern Stelle bereits gesprochen haben und der sie vermochte, von 1825 ab die Reichstage wieder regelmäßig zu berufen.

Die königlichen Freistädte hatten jede für sich ihre eigene Verwaltung. An der Spitze derselben stand in jeder Stadt ein Verwaltungsrath (kleiner Rath oder Senat) von 6 bis 8 Personen; diesem zur Seite ein Gemeinderath (großer Rath), welcher bedeutend zahlreicher, doch im Verhältniß zur Masse der Einwohner meist so gering war, daß der Eintritt in ihn im Wesentlichen das Privilegium der Mitglieder einer beschränkten Zahl von Familien blieb, welche ein städtisches Patriziat bildeten. Der Gemeindrath wählte alle städtischen Beamten, aber auf königlichen Vorschlag, der durch einen königlichen Commissär vorgebracht ward. Das Rechtswesen besorgte in jeder königlichen Freistadt ein eigener Gerichtshof erster Instanz.

Die Distrikte näherten sich in ihrer Verfassung bald mehr den Comitaten, bald mehr den Städten. Wir finden fünf solcher Districte, welche zum eigentlichen Ungarn gerechnet werden, nämlich den Haiduckendistrikt und Groß Cumanien am linken Ufer der obern und mittlern Theiß mit den Orten Böszörmeny und Kardszag; ferner den Jaszygendistrikt um Jasz Berény und Klein Cumanien südlich von Kecskemet, beide zwischen Theiß und Donau; endlich das ungarische Küstenland (Littorale), jenen schmalen Küstenstreifen, welcher vom eigentlichen Ungarn durch Steyermark, Illyrien und Croatien getrennt, sich längs des adriatischen Meeres von Fiume über Buccari bis Novi erstreckt.

Croatien, Slavonien und Dalmatien.

Croatien, Slavonien und Dalmatien wurden unter Wladislaw dem Heiligen und seinem Nachfolger Kálmány, dem Weisen in der Zeit von 1096—1105 mit Ungarn vereinigt, jedoch immer nur dergestalt, daß diese Länder eine getrennte provinzielle Verfassung behielten. Dalmatien verloren die Ungarn im Jahr 1420 an Venedig, welches diese Herrschaft bis zu seinem Falle besaß. Dalmatien kam darauf an das französische Kaiserreich und fiel endlich 1815 definitiv an Oesterreich zurück. Die österreichische Regierung vereinigte es aber nicht wieder mit Ungarn, troß vieler Reklamationen der ungarischen Stände, sondern verwaltete es von nun an als eine eigene Provinz.

Die Executive in Croatien und, obwohl hier bestritten, auch in Slavonien hat der Ban, offiziell Banus Croatiae, Slavoniae et Dalmatiae genannt, obwohl er, wie wir eben sahen, mit Dalmatien nichts mehr zu schaffen hat. Das Wort Ban ist das slavische Pan (Herr).

Das eigentliche Croatien besteht aus den drei Comitaten Kreuß, Warasdin und Agram; es hat eine eigene Landesrepräsentation, welche die Stände der drei Comitate bilden, die sich zu Agram versammeln. Ursprünglich konnten hier, wie bei den Comitatsversammlungen in Ungarn alle Edelleute erscheinen. Ein Distrikt mitten in Croatien am rechten Ufer der Save, von Agram abwärts bis zur Einmündung der Kulpa, hatte außerdem das Recht, einen Deputirten für sich an den ungarischen Reichstag zu senden. Die Bevölkerung dieses Distriktes von Turopolya war durchaus magyarisch gesinnt. Als nun in Croatien der Illyrismus auftrat, beraubte man zunächst den Adel des Distriktes Turopolya des Rechtes persönlichen Erscheinens auf dem croatischen Landtage.

Als, wie früherhin bemerkt, im Jahre 1845 die Croaten sich um Lostrennung von Ungarn an König Ferdinand wendeten, schlug dieser öffentlich zwar das Gesuch als ungesetzlich ab, indessen im Geheim begünstigte die Regierung die antimagyarische Bewegung; sie bestätigte nicht bloß das Verfahren gegen den Bezirk von Turopolya, sondern reorganisirte überhaupt auf eigene Faust und und ohne Zustimmung des ungarischen Reichstages die croatische Landesvertretung dergestalt, daß alles persönliche Erscheinen des gesammten Adels auf dem Agramer Landtage aufhörte. Es sollten vielmehr fernerhin hier nur die Magnaten und gewisse öffentliche Beamte für ihre Person erscheinen, die Comitate und freien Städte aber sich lediglich durch Abgeordnete vertreten lassen. Danach ward in den letzten Jahren vor 1848, trotzdem es an Beschwerden darüber nicht fehlte, verfahren.

Zu dem Landtag nach Agram sendeten auch die drei Comitate Slavoniens, nämlich Syrmien, Veröcze und Posega Abgeordnete, obwohl sie zu gleicher Zeit je durch zwei Deputirte bei dem ungarischen Reichstage vertreten waren, ganz so als ob sie zu dem eigentlichen Ungarn gehörten.

Der croatische Landtag zu Agram sendete an den ungarischen Reichstag jedesmal drei Abgeordnete, von denen der erste an der Magnatentafel Platz nahm, während die beiden andern zur Ständetafel gehörten.

Der Banus, mit dessen Würde die ungarische Reichsbaronie verbunden war, stand in allen allgemeinen Dingen unter dem Palatin und dem königlich ungarischen Rath zu Ofen.

Wie ein eigenes Recht, hatte Croatien auch einen eigenen Gerichtshof, die Banaltafel, gegen dessen Sprüche aber an die Septemvirntafel zu Pesth appellirt werden konnte.

Man sieht wohl, daß die Verfassungsangelegenheiten Ungarns im weiteren Sinne nicht wenig verwickelt sind. Doch ist es wichtig, sie in ihren Grundzügen klar zu übersehen und wir erlauben uns deßhalb lieber hie und da eine kleine Wiederholung, als daß wir etwas im Dunkeln lassen möchten.

Die Militärgrenze.

Die Militärgrenze oder das Militärgrenzland ist ein schmaler Streifen Landes, welcher sich längs der ganzen Südgrenze Ungarns hinzieht. Mit Ausnahme der Bevölkerung der königlichen Freistädte, welche auf diesem Gebiete liegen, sind die Männer desselben sämmtlich in Krieg und Frieden vom 20. bis 60. Lebensjahre dienstpflichtig und zwar für den Dienst im freien Felde bis zum 50. Jahre, von da ab nur für den Dienst in der Heimat.

Im Frieden haben die Grenzer einen Bewachungscordon gegen die türkischen Provinzen zu bilden, zur Verhinderung von Gebietsverletzungen, falls dort Unruhen ausbrechen, um das Contrebandiren zu verhindern, um den

Contumazdienst zu schützen; im Kriege werden sie in und außer Landes als leichte Infanterie verwendet.

Der Cordondienst erfordert beständig 6000 bis 11000 Mann, welche von 8 zu 8 oder von 14 zu 14 Tagen abgelöst werden.

Die Militärgrenze ist der ungarischen Verwaltung seit lange gänzlich entrissen und war direkt unter den Hofkriegsrath zu Wien gestellt. Die Offiziere der Grenzertruppenkörper haben zugleich die Civilverwaltung; nur die königlichen Freistädte machen hievon eine Ausnahme; für sie gelten dieselben Bestimmungen, wie für die Freistädte in Ungarn.

Das ganze Militärgrenzgebiet war in Generalate, Regimentsbezirke und Compagniebezirke sowohl für die militärische als die Civilverwaltung eingetheilt. Die Compagniebezirke zerfielen wieder in Hauscommunen, bestehend aus mehreren Familien, eine jede unter der Aufsicht eines von ihnen selbstgewählten Hausvaters. Jeder Hauscommune war ein bestimmtes Stück Grund und Boden als Militärlehen überwiesen und jede hatte eine bestimmte Anzahl von Mannschaften für die verschiedenen Militärdienste zu stellen.

Im Jahr 1848 veranschlagte man die gesammte dienstpflichtige Mannschaft der Militärgrenze auf etwa 200000 Mann, wovon gegen 60000 aus dem Lande gezogen werden konnten.

Zu dieser Zeit war die ungarische Militärgrenze in drei sogenannte Generalate eingetheilt, nämlich:

1) das Carlstädter-Warasdiner-Banal-Generalat;
2) das slavonische Generalat;
3) das banater Generalat.

Unter dem Carlstädter-Warasdiner-Banal-Generalat standen drei besondere Grenzabschnitte; nämlich die Carlstädter Grenze; die Warasdiner Grenze und die Banalgrenze. Die Carlstädter Grenze liegt in dem Winkel zwischen Dalmatien und Croatien und reicht östlich bis zum obern Laufe der Glina. Sie zerfiel in vier Regimentsbezirke: Liccaner mit dem Stabe in Gospich, Ottochaner, Stab in Ottochacz, Oguliner, Stab zu Ogulin, und Szluiner, Stab zu Carlstadt.

Die Banalgrenze reichte von der obern Glina im Westen, bis zum Einflusse der Unna in die Save im Osten; sie hatte zwei Bezirke: 1. Banalregiment mit dem Stabe zu Glina, und 2. Banalregiment mit dem Stabe zu Petrinia.

Die Warasdiner Grenze, nordöstlich der vorigen, zwischen Croatien und Slavonien eingeschoben, hatte gleichfalls zwei Regimentsbezirke: Kreutzer und St. Georger, beide mit dem Stabe zu Belovár.

Das slavonische Generalat reichte vom Einfluß der Unna in die Save im Westen bis zur Donau unterhalb der Theißmündung im Osten. Es hatte drei Regiments- und einen Bataillonsbezirk. Die drei Regimentsbezirke sind Gradiscaner, mit dem Stab zu Gradisca; Broder, mit dem Stab zu Vinkovcze; Peterwardeiner, mit dem Stab zu Mitrovich; der Bataillonsbezirk ist jener der Csaikisten mit dem Stabe zu Tittel.

Das Banater Generalat endlich von der Donau unterhalb der Theißmündung im Westen bis zur siebenbürgischen Grenze im Osten hat zwei Regimentsbezirke: deutschbanater mit dem Stab zu Pancsova und wallachischbanater mit dem Stab zu Karansebes.

Die ungarische Militärgrenze verdankt ihr Entstehen den Kriegen der Habsburger gegen die Türken und den Auswanderungen christlicher Flüchtlinge aus dem türkischen Gebiet. Ursprünglich herrschte wohl bei diesen Flüchtlingen überall die Hoffnung vor, nicht bloß dereinst in die Länder zurückzukehren, welche sie eben verlassen hatten, sondern diese Länder auch der türkischen Herrschaft zu entreißen. In dieser Hoffnung sahen die Habsburger eine Aussicht, ihr eigenes Gebiet gegen die Türkei hin zu erweitern; der kriegerische Charakter der Auswanderer, welche unter ihrem Scepter Schutz suchten, gab ihnen die Hoffnung, die neu eroberten Länder gegen die Türken zu behaupten und bald gesellte sich dazu der Gedanke, mittelst dieser Grenzer auch den Ansprüchen der stolzen Magyaren und ihren wiederholten Insurrectionen zur Durchsetzung derselben einen Hemmschuh anlegen zu können, ein Gedanke, welcher nach der vollständigen Zurückdrängung der Ungläubigen, nachdem dieselben durchaus ungefährlich geworden waren, entschieden die Oberhand gewann.

Am ältesten sind die Anfänge des westlichsten Grenzgebiets, der Karlstädter-Warasdiner-Banalgrenze. Sie schreiben sich noch aus dem 16. Jahrhundert, um ein Jahr hinzuschreiben, von 1580, aus der Zeit Kaiser Rudolfs II. und des damaligen Erzherzogs Ferdinand, spätern Kaiser Ferdinand II. her. Die Anfänge der banater Grenze datiren von den ersten serbischen Einwanderungen 1688 und 1690 und den Patentbriefen Leopolds I. von 1690 und 1691 her, durch welche er deren Ansiedelung auf ungarischem Gebiete regelte. Die banater Militärgrenze dehnte sich unter den damaligen ungeordneten Verhältnissen und während des noch fortdauernden Kampfes mit den Türken viel weiter aus als gegenwärtig. Der ungarische Reichstag von 1790 auf 1791 war der erste, welcher sich mit dieser Angelegenheit genauer befassen konnte. Er drang darauf, daß der größte Theil des von den Serben in

Besitz genommenen Landes, welches früherhin zu Ungarn gehört hatte, auf dem viele Magnatenfamilien alten Grundbesitz hatten, von dem sie nur durch die Türkeninvasionen vertrieben waren, in der Gestalt gewöhnlicher Comitate wieder zu Ungarn geschlagen wurde, wodurch die Banater Militärgrenze auf ihren gegenwärtigen Umfang reduzirt wurde.

Herrscht bei dem westlichen (Carlsstädter-Warasdiner-Banal) und bei dem östlichen (Banater) Grenzgebiet der natürliche Charakter der Entstehung vor, so ist dagegen der mittlere Grenzabschnitt, der slavonische, eine mehr künstliche Schöpfung, entstanden aus dem Wunsche Leopolds I., die Lücke zwischen jenen erstern beiden Grenzgebieten auf eine ähnliche Art zu schließen. So erhielt 1702 die slavonische Grenze eine dauernde militärische Verfassung; auch sie Anfangs in viel größerem Umfange als gegenwärtig. Indessen ward sie bereits 1747 auf ihren heutigen Umfang reduzirt und der Rest, das heutige Slavonien, der ungarischen Verwaltung zurückgegeben.

Das Csaikistenbataillon war schon in der ersten Hälfte des 18. Jahrhunderts in den Grenzplätzen Slavoniens und Syrmiens angesiedelt; 1763 ward es auf Befehl Maria Theresias in den Landstrich zwischen dem rechten Ufer der untern Theiß und dem linken Ufer der Donau versetzt, in welchem es noch im Jahr 1848 und bis auf den heutigen Tag — jetzt unter dem Namen Titler Grenzinfanteriebataillon — sitzt. Die Czaikisten (von Czaika, Boot) waren bis auf die neueste Zeit wesentlich zur Bemannung und Bedienung einer mit Geschütz ausgerüsteten Flottille von Donaubooten bestimmt.

Im Jahre 1807 wurde das System der Militärgrenze vollends so geordnet, wie es 1848 noch bestand. Freilich mußte 1809 Oesterreich den westlichsten Theil des Militärgrenzlandes, den ganzen Strich zwischen dem rechten Ufer der Save und dem linken der Unna an Napoleons illyrische Provinzen abtreten; erhielt ihn aber nach Napoleons Fall schon 1814 zurück.

Siebenbürgen.

Siebenbürgen, bis 1526 enge mit Ungarn vereinigt, hatte von den Magyaren den Namen Erdély (Waldland) erhalten; lateinisch ward es Transsylvania (das Land jenseits der Wälder oder der Waldgebirge) genannt. Seit der Schlacht von Mohács, 1526, bildete es einen eigenen Staat, meist unter der Schutzherrschaft der Türken; bis nach deren Vertreibung aus Ungarn österreichische Völker einrückten und der letzte siebenbürgische Fürst Michael Apáfy auf den Rath seines ersten Ministers, Michael

Teleky, das Land gegen eine Geldentschädigung an Leopold I. abtrat. Dieß geschah im Jahre 1696. Leopold vereinigte Siebenbürgen nicht wieder mit der ungarischen Krone, sondern behandelte es als ein abgesondertes Großfürstenthum.

Die Verfassung Siebenbürgens, welche man in ihren Grundzügen von 1564 her, aus der Zeit datiren kann, zu welcher das Land unter der Schutzherrschaft der Türken stand, in ähnlicher Weise, wie heute Moldau, Wallachei und Serbien, — die Verfassung Siebenbürgens war derjenigen Ungarns ums Jahr 1848 ähnlich.

Zu Klausenburg (Kolosvár) saß ein Regierungsrath (Gubernium) und zu Wien eine siebenbürgische Kanzlei, entsprechend dem königlichen ungarischen Rath zu Ofen und der ungarischen Kanzlei zu Wien. Nur war das Gubernium zugleich Oberappellationsgericht für Siebenbürgen, während das Obergericht des Landes seinen Sitz zu Maros Vásárhely hatte. Die siebenbürgische Kämmerei, abhängig von der österreichischen Reichsfinanzverwaltung zu Wien, befand sich zu Herrmannstadt (Nagy Szeben)

Unter der Centralverwaltung standen wie in Ungarn die Comitate oder Gespannschaften, welche im Szeklerland und im Sachsenland Stühle genannt wurden, ferner einzelne Distrikte und die Freistädte (Taxstädte). Das Land der Magyaren hatte 11, das Land der Szekler 5 Comitate oder Stühle; außerdem gehörten zum Land der Magyaren die beiden Distrikte von Fogaras und Kövar, letzterer im Nordwesten des Landes dicht an der ungarischen Grenze und von den Ungarn beständig als zu ihrem Lande gehörig in Anspruch genommen. Das Land der Sachsen hatte 9 Stühle und zwei Distrikte, den von Bistritz und den von Kronstadt.

Der siebenbürgische Landtag versammelte sich alljährlich. Auf ihm war zunächst jede Gespannschaft oder jeder Stuhl und jeder Distrikt durch zwei Abgeordnete vertreten, so daß die Magyaren 26, die Szekler 10 und die Sachsen 22 Abgeordnete sendeten; dazu traten 36 Abgeordnete der Taxstädte. Außerdem hatte der Großfürst von Siebenbürgen (der österreichische Kaiser oder ungarische König) das Recht, eine Anzahl von Landtagsmitgliedern, sogenannte Regalisten zu ernennen. Deren Zahl durfte aber diejenige der erwählten Abgeordneten, wie sich aus obigem ergibt 94, nie überschreiten.

Die Geschäftssprache des siebenbürgischen Landtages war immer die magyarische, auch in jener Zeit, da auf dem ungarischen Reichstag noch lateinisch verhandelt ward. Der Landtag wählte sich seinen Vorsitzenden und seinen Schreiber oder Kanzler selbst, er besetzte auch durch Wahl die Stellen des Gouverneurs, sowie diejenigen im Regierungsrath und beim Obergericht, indessen nur indem er dem Großfürsten zwölf Candidaten — drei Katholiken, drei Reformirte, drei Lutheraner und drei unirte Griechen vorschlug, aus welchen der Großfürst dann auslas.

Die Wallachen hatten als Nation gar keine Bedeutung und gar keine Rechte; der größte Theil von ihnen befand sich im Zustand der Sclaverei oder, um es feiner auszudrücken, der Hörigkeit. Die Hörigkeit war in Siebenbürgen eine weit größere Last als im eigentlichen Ungarn. Die wenigen Edelleute wallachischer Abkunft schämten sich derselben, nannten sich mit Vorliebe Magyaren und bedrückten die Hörigen ihrer eigenen Nationalität wo möglich noch ärger als Magyaren und Deutsche es thaten. Daß die Wallachen ohne alle politischen Rechte als Nation waren, hatte seinen Grund hauptsächlich darin, daß die orthodox-griechische Kirche, zu welcher sie sich bekannten, zu der Zeit als die politischen Verhältnisse des Landes definitiv geregelt wurden, 1564, weder von den Katholiken, noch von den Protestanten für vollberechtigt anerkannt ward. Die liberale Partei auf dem siebenbürgischen Landtag, hauptsächlich aus den Magyaren und Szeklern bestehend, verfolgte schon seit 1834 mit ziemlicher Consequenz und Ausdauer zwei Ziele: Wiedervereinigung Siebenbürgens mit Ungarn und Gleichstellung der Wallachen mit den andern Nationen. Beides erklärt sich aus derselben Ursache, Widerstreit gegen die Deutschen oder Sachsen. Es ist nicht zu verkennen, daß diese letztern, so lange Siebenbürgen ein selbstständiges Land war, einen ganz überwiegenden Einfluß auf die Verhältnisse des Landes ausüben mußten. Man sehe nur die Zusammensetzung des Landtages an, bedenke, daß neben der Vertretung der Stühle und Distrikte des Sachsenlandes noch diejenige der Taxstädte tritt, in welchen auch das deutsche Element vorwog und daß endlich noch die von einem deutschen Fürsten ernannten Regalisten hinzukommen. Wenn die siebenbürgischen Deputirten auf einen allgemeinen ungarischen Reichstag gingen, mußte dieser mögliche antimagyarische Einfluß unzweifelhaft beseitigt, mindestens sehr stark zurückgedrängt werden.

Das zweite Ziel: Gleichstellung der Wallachen würde gleichfalls hauptsächlich zum Nachtheil der Deutschen ausgefallen sein, wenigstens nach dem Standpunkte der Sclavenbesitzer, auf welchen wir uns hier durchaus stellen müssen, um die Verhältnisse, d. h. deren Auffassung seitens der herrschenden Mächte richtig zu beurtheilen. So sehr wir für unsere Person der Meinung sind, daß bei gleicher Zahl von Arbeitern die freie Arbeit zehnfach über der Sclavenarbeit steht, so hat man doch noch niemals erlebt, daß die Sclavenbesitzer irgendwo zufrieden gewesen wären, wenn ihre Sclaven in freie Arbeiter verwandelt werden sollten. Die Wallachen waren aber hauptsächlich die Sclaven der Sachsen oder mindestens hatten es diese am besten verstanden, die wallachische Sclavenarbeit zu ihrem Vortheile auszubeuten. Wir reden hier von Sclaverei: ob dieselbe nun genau die Formen republikanisch-amerikanischer Negersclaverei habe oder nicht, darauf kommt wirklich sehr wenig an; das Wesen der Dinge war hier wie da dasselbe.

Aus dem Gesagten wird man sich sehr leicht erklären können, daß die Deutschen den Bestrebungen des magyarischen Liberalismus sich sehr entschieden entgegenstemmten; sowohl der Verbindung mit Ungarn, als der politischen Gleichstellung der Wallachen. Was die Reinheit der Gründe auf der einen oder der andern Seite betrifft, so wird der Parteimann mit der Entscheidung darüber sehr bald fertig sein: für uns „stinken sie alle beide."

Auch Siebenbürgen hat seine Militärgrenze, welche unter Maria Theresia in den Jahren 1764 und 1766 errichtet ward. Zu dem siebenbürgischen Generalat gehörten das 1. und 2. Szeklerregiment mit den Stäben zu Csik Szereda und Kézdi-Vásárhely, das erste und zweite Wallachenregiment mit den Stäben zu Orláth und Naszod, und das Szekler Grenzhusarenregiment mit dem Stabe zu Sepsi Sz. Giörgy. Es ist aber wohl zu bemerken, daß die siebenbürgischen Grenzer kein abgesondertes, wie das ungarische verwaltetes Gebiet bewohnten, sondern in den betreffenden Comitaten zerstreut waren und unter der siebenbürgischen Civilverwaltung standen.

Ueber den Kriegsschauplatz aus dem militärischen Gesichtspunkte.

Wir haben den Kriegsschauplatz nach Größe, Grenzen, Bevölkerung und politischem Verhältnisse in allgemeinen Umrissen kennen gelernt. Es möchte nun ganz zweckmäßig sein, auch noch einige Betrachtungen über die Art, in welcher er Operationen, Gefecht, Ernährung der Truppen begünstigt oder beschränkt, anzuknüpfen. Bei der bedeutenden Größe des Kriegsschauplatzes aber und bei der eigenthümlichen Art des Krieges, welchen wir erzählen wollen, werden wir doch öfter gezwungen sein, einzelne Abschnitte des Terrains in solcher Weise genauer ins Auge zu fassen. Um daher Wiederholungen, die nicht absolut nothwendig sind, zu vermeiden, werden wir uns an dieser Stelle auf zweierlei beschränken, nämlich darauf, die Höhen- und Tiefenverhältnisse im Großen vorzuführen, Gebirg und Ebene von einander zu sondern, um von vornherein einigermaßen festzustellen, wo der große Krieg spielen kann, wo er von dem kleinen Kriege abgelöst werden kann oder selbst muß, ferner einige Andeutungen wesentlich sprachlicher Art zu geben, welche zur Erleichterung des Verständnisses ungarischer Karten dienen und uns Einzelbemerkungen an verschiedenen Stellen ersparen können.

Die größte zusammenhängende Ebene Ungarns dehnt sich zwischen der Donau und Theiß von Pesth bis zur Draumündung, von Csege bis Tittel und dann am linken Ufer der Theiß ostwärts bis zu dem siebenbürgischen Erzgebirge, dem westlichen Rande des siebenbürgischen Gebirgsplateaus aus. Ihre östliche Grenze bezeichnen Nagy Szöllöd an der obern Theiß, Szathmár Nemethi an der Szamos, Großwardein am Körös, Arad an der Maros, Temesvár und Palanka an der untern Donau. Am rechten Donauufer von Ofen bis zur Draumündung setzt sich diese große Ebene nur noch als ein schmaler Streifen fort, den die südlichen Verzweigungen des Bakonyerwaldes im Westen begrenzen.

Die ganze große Ebene wollen wir nach dem Flusse, welcher sie, in der Richtung von Norden nach Süden fließend, fast in zwei gleiche Hälften eine westliche und eine östliche theilt, die Theißebene nennen; sie hat von Norden nach Süden etwa 40, von Westen nach Osten etwa 35 Meilen Ausdehnung.

Eine kleine nordöstliche Fortsetzung der großen Theißebene findet sich am rechten Ufer der obern Theiß an den untern Läufen des Hernád und Bodrog. Sie wird im Norden von den karpathischen Waldgebirgen begrenzt.

Eine andere kleinere Ebene ist diejenige der obern Donau; sie liegt zum größten Theile an dem linken Ufer der großen Donau an den untern Läufen der Neitra und Waag, zur kleineren Hälfte von Raab aufwärts am rechten Ufer der Donau; ihre westliche Begrenzung bilden die kleinen Karpathen am linken, die Leithagebirge am rechten Donauufer. Von der großen Theißebene wird die obere Donauebene durch einen Gebirgszug getrennt, der den einspringenden Winkel, welchen die Donau bei Waitzen bildet, etwa halbirt und sich dann auch am linken Stromufer ungefähr in der gleichen Richtung fortsetzt. Dieser Gebirgszug ist im Süden der Bakonyerwald mit seinen Ausläufern gegen das rechte Stromufer, den Vérteß Hegyek; die Fortsetzung am linken Stromufer, welche zugleich die nördliche Grenze der großen Theißebene zwischen Theiß und Donau macht, ist das Matragebirge.

Das eigentliche Terrain für den großen Krieg ist die große Theißebene; in ihren niedrigeren Theilen an den Ufern der Flüsse immerhin von Sümpfen unterbrochen, bleibt sie doch im Wesentlichen der Landestheil, auf welchem die großen Entscheidungsschlachten von Ungarn geschlagen werden müssen. Da sie aber auf allen Seiten mit Gebirgen umgeben ist, so muß der Feind, um auf sie zu gelangen, erst jene Gebirge überschreiten und kann in seinem Vorrücken auf die Theißebene durch den kleinen Krieg aufgehalten werden.

So führen alle Linien aus dem Norden nur über die Karpathen und deren südliche Vorberge in die Theißebene hinab, so alle Straßen aus dem Osten und Südosten nur durch das viel zerrissene Plateau Siebenbürgens und dessen Randgebirge.

Am wenigsten ist der Zugang zur großen Theißebene von Westen her, von Oesterreich die Donau abwärts beschränkt; der Bakonyerwald bietet namentlich in seinen nördlichen Ausläufern bei Weitem nicht die Schwierigkeiten, wie die Karpathen oder Siebenbürgen und obwohl auch die obere Donauebene vielfach angesumpft von den oft austretenden Armen der Donau und deren Zuflüssen durchschnitten ist, macht doch das Terrain an der obern Donau, in seinem Zusammenhange, insbesondere am rechten Stromufer die Entfaltung großer Streitmassen keineswegs unmöglich. Dürften wir es überhaupt bei den politischen Verhältnissen für der Rede werth halten, auf den Süden Rücksicht zu nehmen, so würden wir hier die gleichen Terrainhindernisse finden, wie im Norden und Osten. Es ist also der Westen die einzige Seite, von welcher her der Zugang zur großen Theißebene mit großen Streitmassen am leichtesten ist und man kann daraus folgern, daß wenn Ungarn überhaupt nicht ein selbstständiger Staat sein soll, Oesterreich am naturgemäßesten Ungarn beherrscht.

Die einzigen Eisenbahnen, welche zur Zeit des Insurrectionskrieges Ungarn besaß, waren die von Wien über Preßburg nach Tyrnau, dann von Waitzen über Pesth quer durch die große Theißebene nach Szolnok, erst später ward Preßburg über Wartberg, Dioszég, Neuhäusel und Parkány mit Waitzen verbunden, die Szolnoker Bahn von hier nach Debretzin einer-, nach Großwardein andererseits fortgesetzt und mittelst einer Abzweigung von Czegléd aus mit Temesvár und Szegedin verbunden.

In den zusammengesetzten ungarischen Ortsnamen kommen verschiedene Wörter vor, deren Bedeutung zu kennen dem Leser angenehm sein wird. Wir führen sie daher hier sammt einigen Namen anderer Terraingegenstände auf.

Város, Stadt, z. B. in Szászváros.

Vár, Festung, z. B. in Temesvár; nicht alle Städte, deren Namen so enden, sind heute noch Festungen.

Bánya, Grube, Bergwerk, z. B. in Selymecz-Bánya (Schemnitz).

Mezö, Feld, z. B. in Mezö Kövesd; Mezö Város ein Marktflecken.

Falú, Dorf, z. B. in Újfalú (Neudorf).

Szállás, Weiler, z. B. in Árok szállás.

Ház, Haus.

Csárda, Wirthshaus; Puszta, Steppe.

Erdö, Wald, z. B. Bakony Erdö.

Folyó, Fluß; Patak (abgekürzt P.), Bach.

Tava, See oder Teich; Viz, Wasser, Gewässer.

Rév, Ueberfahrt; Hid, Brücke.

Hegy, Berg; Hegyek, Höhen, Gebirge.

Út, Weg, Straße; Vasút, Eisenbahn.

Wenn zwei oder mehrere Ortschaften denselben Hauptnamen haben, so werden sie durch verschiedene Zusätze näher bezeichnet; wie z. B. Nagy (abgekürzt N.) groß, und Kis, klein; Ó, alt, und új, neu; alsó (a.) unter, und felsó (f.) ober; oder auch durch den Zusatz der Nation, von der sie gegründet sind oder hauptsächlich bewohnt werden, wie magyar, ungarisch; német, deutsch; tót, slavonisch; rácz, raizisch, serbisch; török, türkisch.

Zwei Gewässer gleichen Hauptnamens sind außer durch Nagy und Kis, auch bisweilen durch fekete, schwarz, und fejér, weiß, von einander unterschieden.

In den Gebietstheilen, wo die Magyaren sehr gemischt mit andern Nationalitäten wohnen, hat derselbe Ort oft zwei Namen, einen ungarischen und einen deutschen, oder einen ungarischen und einen slavischen, ja es können auch drei Namen existiren, was sehr störend bei Benutzung der Karten werden kann, welche nur einen der Namen enthalten. Der Sicherheit halber haben wir im Text mindestens bei den Hauptorten und wenigstens einmal, wo der Name öfters in kurzer Zeit nacheinander vorkommt, beide Benennungen hingesetzt.

Karlsburg in Siebenbürgen (deutsch) heißt, um wenigstens einige Beispiele anzuführen, magyarisch Károly fejérvar (Karlsweißenburg), slavisch Belgrad (Weißenburg); Eperies hat den slavischen Namen Pressowo; Weißkirchen heißt ungarisch Fejértemplom, slavisch Biela Czerkva; der große Arányos-fluß in Siebenbürgen wird von den Wallachen Reu mare genannt.

Ueber die Aussprache des Ungarischen, soweit sie von der deutschen abweicht, bemerken wir folgendes:

s wird wie sch, c wie t ausgesprochen, also cs wie tsch, ds wie dsch, sz dagegen wie ein scharfes s, cz wie z, z wie ein weiches s, v wie w.

zs wie das z im französischen Gémir oder j in jour, y ist im Ungarischen kein Vokal, es macht den vorausgehenden Consonanten weich; gy wird gesprochen wie Di im französischen Dieu oder etwa wie unser dj (ohne Zischlaut), ly wie ill in bouillon; ny wie gn in champagne, ty wie tj.

Die Vokale sind kurze oder lange: die kurzen sind

a, e, i, o, ö und ü; die langen

á, é, í, ó, ő und ű, letztere beiden auch wohl ö́ und ǘ bezeichnet.

Abweichend vom Deutschen ist nur die Aussprache des a, é und e. Das a wird fast wie ein kurzes deutsches o, etwa so wie es die Wiener in Euer Gnaden 2c. auch haben, ausgesprochen, das é sehr gedehnt, so daß man einen i-Laut, wie bei den Liefländern auch daneben hört, das e wie ein kurzes á ausgesprochen.

Ueber die Armeen der kriegführenden Parteien.

Einige Worte müssen wir nun in unserer Einleitung noch über die Organisation der Armeen der kriegführenden Parteien hinzusetzen. Es kommen im ersten Zeitraum des Krieges die österreichische und ungarische, in dem spätern auch noch die Armee Rußlands, welches Oesterreich seine Hülfe zur Unterdrückung der Insurrection lieh, in Betracht.

Die österreichische Infanterie zerfiel 1848 in die Linieninfanterie, Grenzinfanterie und die Jäger.

Die Linieninfanterie zählte 58 Regimenter; die letzte Nummer war zwar 63, doch fehlten die Nummern 5 und 6 schon seit 1807, die Nummern 46, 50 und 55 seit 1809. Von den 58 Regimentern wurden 4 aus Oesterreich, 1 aus Innerösterreich, 1 aus Schlesien, 1 aus Steiermark, 3 aus Illyrien, 4 aus Mähren, 8 aus Böhmen, 13 aus Galizien, 8 aus Italien, 15 aus Ungarn und Siebenbürgen rekrutirt.

Alle Regimenter mit Ausnahme der ungarischen wurden unter dem Namen deutsche Infanterie zusammengefaßt.

Jedes deutsche Infanterieregiment zählte auf dem Friedensstand 2 Grenadiercompagnieen, zwei Bataillone zu 6 Compagnieen und ein drittes Bataillon zu 4 Compagnieen.

Auf dem Kriegsstand erhielt auch das dritte Bataillon 6 Compagnieen; außerdem wurde beim Regiment eine Depotdivision von 2 Compagnieen errichtet und bei jedem deutschen Regiment (mit Ausnahme indessen der italienischen) konnte noch ein erstes und zweites Landwehrbataillon, jedes zu 6 Compagnieen errichtet werden.

Die Compagnie zählte auf dem Kriegsfuß bei den 3 Bataillonen und dem ersten Landwehrbataillon 218 M.; das Bataillon also ohne den Stab 1308 M.; beim zweiten Landwehrbataillon war eine Compagnie nur 138 M. stark; eine Compagnie der ungarischen Infanterie hatte auf dem Kriegsfuß 198 M.

Die Grenadiercompagnieen hatten einen Stand von 175 M.; dieselben waren von den sämmtlichen 58 Regimentern in 20 Grenadierbataillone, worunter zwei zu 4, die übrigen zu 6 Compagnieen, vereinigt.

Ueber die allgemeinen Verhältnisse der Grenzinfanterie haben wir schon früher gesprochen, es bleibt also hier nur übrig, die Etatsstärken anzuführen.

Ein croatisch-slavonisches oder banater Regiment hatte 2 Feldbataillone zu 6 Compagnieen; sobald eines dieser Bataillone ausrückte, wurde ein drittes oder Reservebataillon, auch von 6 Compagnieen aufgestellt und im weitern Bedarfsfall noch ein viertes oder Landesbataillon. Die Stärke einer Compagnie war auf 206 M. festgestellt, unter denen sich aber 20 Scharfschützen befanden, welche die Linieninfanterie nicht hatte. Zu jedem Regimente gehörten 50 Artilleristen zur Bedienung des Grenzgeschützes.

Das eben Gesagte gilt auch von den siebenbürgischen Grenzregimentern; nur daß jedes Regiment derselben, wenn ein Feldbataillon ausrückte, bloß ein drittes oder Reservebataillon aufstellte.

Das bis 1838 existirende wallachisch-illyrische Grenzregiment war im genannten Jahre in ein wallachisch-banater Grenzregiment von 2 Feldbataillonen und ein abgesondertes illyrisch-banater Grenzbataillon von 6 Compagnieen umgewandelt worden.

Jede der 6 Compagnieen des Czaikistenbataillons zählte 187 M. und das gesammte Bataillon 139 Artilleristen. Beim Ausrücken des Bataillons mußte der Distrikt eine Reservedivision (von 2 Compagnieen) und im weiteren Bedarfsfalle eine Landesdivision aufstellen.

Die Jäger bestanden aus dem Tyroler Jägerregiment von 4 Bataillons und 12 Feldjägerbataillonen, alle zu 6 Compagnieen.

Im Tyroler Jägerregiment zählte jede Compagnie 185, in den Feldjägerbataillonen 246 M. Jedes Bataillon errichtete beim Ausrücken eine Depotcompagnie.

Nimmt man nun den Kriegsstand (jedoch mit Ausschluß der Depottruppen) für ein deutsches Infanterieregiment in runden Zahlen zu 5800, für ein italienisches zu 4000, für ein ungarisches zu 3600, für ein Grenadierbataillon von 6 Compagnieen zu 1100, für ein solches von 4 Compagnieen zu 700, für ein Grenzregiment zu 3800 (ohne die Landesbataillone), für das Tyroler Jägerregiment zu 4800, für ein Feldjägerbataillon zu

1400 M. an, so erhält man einen Ausrückungsstand der österreichischen Infanterie von nahezu 400000 M.

Die Reiterei bestand aus 8 Cürassier-, 6 Dragoner-, 7 Chevauxlegers-, 12 Husaren- und 4 Ulanenregimentern.

Die Cürassier- und Dragonerregimenter zählten jedes 6 Escadrons zu 177 M. auf dem Kriegsfuß und errichteten bei der Mobilmachung jedes eine Reserveescadron von 193 M. Das Cürassier- oder Dragonerregiment war daher in runder Summe, ausschließlich des Stabes und ohne die Reserveescadron 1100 M. stark und alle 14 Regimenter dieser Gattung zählten 15400 M. im ausrückenden Stande.

Jedes Chevauxlegers-, Husaren- oder Ulanenregiment hatte 8 Escadrons zu 206 M. auf dem Kriegsstand, dann eine Reservedivision von 354 M. Nur die Escadrons des Szeklerhusarenregimentes hatten bloß 184 M., die Reserveescadron 234 M.

Der ausrückende Stand eines jeden dieser leichten Regimenter, mit Ausnahme der Szekler Husaren ist daher auf 1700 M., jener der Szekler Husaren auf 1500 M. zu berechnen und die ganze leichte Reiterei kommt somit auf 39000 M., die ganze Reiterei aber auf 54000 M.

Die österreichische Artillerie bestand aus fünf Regimentern, dem Bombardiercorps und dem Raketencorps. Jedes Feldartillerieregiment zählte 18 Compagnieen, nämlich 6 in seinem ersten und 4 in jedem der drei übrigen Bataillone, das Bombardiercorps hatte 5, das Raketencorps 3 Compagnieen. Der Gesammtstand der Feldartillerie betrug 20345 M. Im Ganzen konnte die österreichische Artillerie 200 Feld- (Geschütz-) Batterien und darüber hinaus eine bedeutende Zahl von Rakettenbatterieen aufstellen, 16 dieser letztern bestanden 1848 schon. Jede Batterie bestand aus 6 Geschützen. Die Batterieen, welche im Felde 1848 und 1849 verwendet wurden, waren vorherrschend 12pfdr.-Batterieen, ordinäre 6pfdr. Fußbatterieen und (6pfdr.) Kavalleriebatterieen, die letztern bestimmt, theils der Reiterei beigegeben, theils in den Reserven verwendet zu werden. Die Batterie führte stets 2 Kanonen des Kalibers, nach welchem sie benannt wurde und außerdem 2 siebenpfündige Haubitzen; die Raketenbatterieen führten 6pfdr.- oder 12pfdr.-Raketen.

An Genietruppen bestanden ein Mineurcorps von 6 Compagnieen oder 900 M., ein Sappeurcorps von 6 Compagnieen und einer Garnisonsabtheilung oder 900 M. für den Felddienst; ein Pionniercorps (für Brücken-, Wegebau-, überhaupt Feldpionnirdienst) von 3 Bataillons (2 zu 6, 1 zu 4 Compagnieen) und im Ganzen 4426 M.

Hienach konnte der österreichische Staat im Jahre 1848 in einem

Kriege gegen das Ausland über etwa 500000 M. verfügen, und wenn man noch die ungarische Insurrection, deren Infanterie etwa der Landwehr in den andern Kronländern gleichzustellen ist, hinzurechnet, sowie die Errichtung von Freiwilligencorps 560000 M. und selbst mehr. Durch die Erhebung der Italiener, den Abfall der italienischen Regimenter, die Desorganisation derselben, die Unmöglichkeit, Rekruten aus Italien zu ziehen, wurde die zuerst herausgerechnete Summe von 500000 M. um mindestens 40000 M. reduzirt. Durch den Aufstand Ungarns ging zwar nicht augenblicklich, aber im Ganzen gerechnet eine disponible Truppenmasse von mindestens 70000 M. verloren. Im Ganzen verfügte hienach Oesterreich noch über etwa 390000 M. auf dem Normalstand. Auf dem Normalstand nahm der Krieg in Italien mit allem was darum und daran hängt aber wenigstens 150000 M. in Anspruch und wenigstens 50000 M. sind noch für die Bewachung der übrigen Kronländer abzurechnen, so daß jetzt etwa 190000 M. übrig bleiben, welche Oesterreich hätte gegen Ungarn verwenden können. Wir werden später sehen, wie selbst diese Summe in der Zeit der höchsten Kraftanstrengung und als Oesterreich in Italien nichts Ernstliches mehr zu thun hatte, nicht erreicht ward, der wirkliche Stand der gegen Ungarn verwendeten Armee immer noch erheblich darunter blieb.

Eingetheilt ward die active österreichische Armee stets in Armeecorps, welche dann ihrerseits wieder ein jedes in mehrere Divisionen, Kavalleriedivisionen und Infanteriedivisionen, oder auch gemischte zerfielen; die Divisionen wurden in Brigaden eingetheilt. Die Infanteriebrigade zählte 3 bis 6 Bataillons, welche von verschiedenen Regimentern entnommen wurden, und eine Fußbatterie. Die Kavalleriebrigade hatte 12 bis 16 Escadrons und eine Cavalleriebatterie. Die Eintheilung wechselte sehr oft; das Nähere darüber ergibt sich aus unseren speziellen Nachweisungen für die verschiedenen Zeitabschnitte.

Die ungarische Armee war in ihren wesentlichen Bestandtheilen ein Produkt des Insurrectionskrieges, entwickelte sich während desselben historisch und muß in dieser Entwickelung von uns im Laufe der Erzählung verfolgt werden. Gegen das Ende des Krieges hatte sie die nachfolgenden Bestandtheile:

19 Bataillone alter (österreichisch-ungarischer) Infanterie, welche nur sparsam, zuletzt gar nicht mehr ergänzt wurden.

147 Bataillone Honvéd (Landwehr-)infanterie, deren Errichtung erst Mitte 1848 beim Ausbruch des Serbenkrieges begonnen war.

6 Jägerbataillone.

Ein Infanteriebataillon war in 6 Compagnien, die Compagnie wie bei den Oesterreichern in 4 Züge eingetheilt; nach der definitiven Regelung der Armeeverhältnisse im Juni 1849 sollte sie 155 M., das Bataillon also 930 M. stark sein.

Dieß gibt auf 172 Bataillone eine Summe von 160000 M.

Husarenregimenter bestanden 18; jedes Regiment hatte 4 Divisionen; die Division zu 2 Escadrons. Die Escadron sollte 183 M. stark sein, das Regiment also 1464 M., so daß sämmtliche Husaren auf 26352 M. gekommen wären.

Die Artillerie hatte 400 Feldgeschütze in Batterieen, die in der Regel 6 Kanonen und 2 Haubitzen zählen sollten, häufig aber auch 6 Stücke enthielten. Rechnet man auf das Geschütz 20 M., so kommt die Stärke der Artillerie auf 8000 M.

Das Genie bestand aus 4 Pionnirabtheilungen; einer Sappeur- und einer Mineurabtheilung mit zusammen etwa 2000 M.

Eine italienische Legion zählte 800; eine polnische in verschiedenen Abtheilungen etwas über 3000 M.

Auf dem vollen Stande würde somit zur Zeit der höchsten Kraftanstrengung die ungarische active Armee sich auf 200000 M. belaufen haben. Da der größte Theil der nichtmagyarischen Bevölkerung im Aufstande gegen die Ungarn war, also weit entfernt ihnen Kräfte zu liefern, so darf man höchstens 7 Millionen Einwohner annehmen, aus denen jene Armee von 200000 M. hervorging. Sie betrug dann etwa 3 Procent der Bevölkerung. Dieß ist nach den herrschenden Begriffen allerdings eine erhebliche Anstrengung; indessen doch für einen Kampf, den ein Volk auf Leben und Tod, um seinen Bestand führt, gewiß nicht die höchste, welche erwartet oder verlangt werden kann.

Wir wollen bemerken, daß wir auf den Landsturm freilich keine Rücksicht genommen haben und werden später noch auf die Umstände zurückkommen, welche einer erheblichen Vermehrung der ungarischen Armee im Wege standen. Hier fügen wir nur noch hinzu, daß thatsächlich jener von uns herausgerechnete Normalstand nicht erreicht ward, die Bataillone und Husarenregimenter blieben vielmehr immer bedeutend unter ihm und der wirkliche Stand der ungarischen Armee in der letzten Zeit wird schwerlich auf mehr als 160000 M. zu berechnen sein.

Im Juni 1849 ward als die normale strategische Einheit des ungarischen Heeres das Armeecorps hingestellt. Es sollte aus zwei Infanteriedivisionen, einer Kavalleriedivision und einer Artilleriereserve nebst Pionnirdetachement bestehen.

Die Infanteriedivision sollte 5 Bataillons und eine Batterie von 8 Geschützen haben, also im Ganzen auf dem Normalstand etwa 4900 M.; sie zerfiel nicht weiter in Brigaden.

Die Kavalleriedivision sollte aus zwei Regimentern oder 16 Escadrons und einer Kavalleriebatterie, also etwa 3100 M. bestehen; die Artilleriereserve aus einer 12pfdr.- und einer Kavalleriebatterie, also ausschließlich eines Pionnirdetachements aus etwa 600 M.

Das ganze Armeecorps würde also 13500 M. gezählt haben; die wirkliche Durchschnittsstärke war etwa 10000 M.

Detachements von weniger als einer Division wurden Colonnen genannt; mannigfache Abweichungen von dieser Normaleintheilung erhielten sich bis auf die letzte Zeit des Insurrectionskrieges.

Die russische Armee zerfiel 1848 in das Gardecorps, das Grenadiercorps, 6 Infanteriecorps, das abgesonderte kaukasische, finnische, orenburgische und sibirische Corps, drei Reservekavalleriecorps, die Reservetruppen und die irregulären Truppen. Da Rußland weder seine ganze Macht gegen die Ungarn aufgeboten hat, noch vorauszusetzen war, daß es dieß jemals thun werde, so wollen wir uns hier mit einigen Angaben über die Formation derjenigen Corps begnügen, von welchen Abtheilungen an dem Kriege in Ungarn wirklich theilgenommen haben, nämlich der Infanteriecorps, des Reservekavalleriecorps und der Kosacken.

Eines der 6 Infanteriecorps bestand aus 3 Infanteriedivisionen, einer leichten Kavalleriedivision, einer Artilleriedivision, einem Schützenbataillon, einem Sappeurbataillon.

Die Infanteriedivisionen waren durch alle Corps hindurch nummerirt, so daß zum 1. Corps die 1., 2. und 3., zum 2. die 4., 5. und 6. Division u. s. w. gehören. Man kann hienach aus der Nummer der Division sogleich erkennen, welchem Corps sie angehört; man braucht nur die Zahl soweit zu ergänzen, bis sie durch drei theilbar ist und dann wirklich durch drei zu dividiren. Die 14. Division gehört hienach zum 5. Corps u. s. w.

Jede Infanteriedivision zerfiel in zwei Brigaden. Die 1. Brigade besteht jedesmal aus 2 Infanterieregimentern, die 2. aus 2 sogenannten Jägerregimentern, welche sich von den Infanterieregimentern nur durch Aeußerlichkeiten unterscheiden. Die Regimenter führen Namen und Nummern, erstere von den Inhabern oder Städten und Provinzen entnommen. In den Nummern herrscht ein bestimmtes Gesetz. Um zu wissen, welche Infanterieregimenter z. B. zur 1. Brigade der 10. Division gehören, braucht man nur die Divisionsnummer 10 mit 2 zu multipliziren und außer dem Regiment, welches man so erhält, noch das nächst niedriger nummerirte hinzuzufügen. Zur 1. Brigade der 10. Division gehört also das 19. und 20. Infanterieregiment, zur 2. Brigade derselben Division gehört ebenso das 19. und 20. Jägerregiment.

Ein Infanterie- oder Jägerbataillon zerfiel in 4 Compagnieen und hatte einen normalen Kriegsstand von 1055 M., das Regiment hatte 4 Feldbataillone oder 4220 M., die Brigade also 8440 M., die Division 16880 M. und die Infanterie des ganzen Corps kam auf 50640 M.

Die leichte Kavalleriedivision des Corps führte dessen Nummer; die erste leichte Kavalleriedivision gehörte also zum 1. Infanteriecorps. Jede leichte Kavalleriedivision bestand aus einer 1. oder Ulanenbrigade von 2 Ulanenregimentern und einer 2. oder Husarenbrigade von 2 Husarenregimentern, ganz analog der Eintheilung der Infanteriedivision. Ein Ulanen- oder Husarenregiment hat 4 Divisionen oder 8 Escadrons oder 1401 M., die Brigade also 2802 M., die Division 5604 M. auf dem Normalstande.

Die Artilleriedivision des Corps führt dessen Nummer und zerfällt in 3 Feldartilleriebrigaden mit den Nummern der zum Corps gehörigen Infanteriedivisionen und eine reitende Brigade mit der Nummer des Corps oder was dasselbe sagt, der zum Corps gehörigen leichten Kavalleriedivision.

Jede Feldartilleriebrigade besteht aus 4 Batterieen Fußartillerie und zwar die 1. Brigade der Division aus 2 schweren und 2 leichten, jede der beiden andern Brigaden aus einer schweren und drei leichten Batterieen.

Die Fußbatterieen waren nur durch die Division, nicht etwa durch die ganze Armee und zwar die schweren für sich und die leichten für sich nummerirt; die erste Feldartilleriebrigade jeder Artilleriedivision enthielt also die 1. und 2. schwere oder Positionsbatterie und die 1. und 2. leichte Fußbatterie; die 2. Brigade der Division die 3. Positionsbatterie und die 3., 4. und 5. leichte; die 3. Brigade die 4. Positionsbatterie und die 6., 7. und 8. leichte.

Jede reitende Artilleriebrigade enthielt zwei leichte reitende Batterieen, welche durch die ganze Armee nummerirt wurden; zur 5. reitenden Artilleriebrigade (des 5. Corps) gehörten also die reitenden leichten Batterieen No. 9 und 10.

Die Fußbatterieen sollten in der Regel 12 Geschütze zählen, hatten aber vielfach nur 8, die reitenden Batterieen hatten normaler Weise nur 8 Geschütze. Eine schwere Fußbatterie von 12 Geschützen zählte auf dem Normalstand 319 M., eine leichte Fußbatterie von 12 Geschützen 253 M.; eine leichte reitende Batterie 226 M. Man erhält also für die Artilleriedivision auf

4 (schwere) Positionsbatterieen	1276 M.
8 leichte Fußbatterieen	2024 M.
2 leichte reitende Batterieen	452 M.
im Ganzen	3752 M.

mit 160 Geschützen.

Das Schützenbataillon des Corps, welches des letzteren Nummer führte, hatte in 4 Compagnieen die gleiche Stärke, wie ein Infanteriebataillon, also 1055 M.

Ein Sappeurbataillon hat in 4 Compagnieen 1048 M.

Zu jedem Infanterie- oder Jägerregiment gehört eine Traincompagnie von 288 M., der Train der Infanteriedivision zählt also 1152 M., der Train der Infanterie eines Corps 3456 M. in drei Trainbataillons; zu jeder leichten Kavalleriedivision und jeder Artilleriedivision gehört gleichfalls ein Trainbataillon; jedes Sappeur- oder Schützenbataillon hat seine Trainsektion; zu jeder Artilleriedivision gehört außerdem normaler Weise ein mobiler Reservepark, zu jedem Corps ein Pontonpark.

Die Gesammtstärke eines russischen Infanteriecorps auf dem Normaletat berechnet sich hienach einschließlich des Trains auf 68000 M. in runder Summe.

Von den 3 Reservekavalleriecorps bestanden das 1. und 2. je aus einer Cürassier- und Ulanendivision, dann 4 reitenden Batterieen zu 8 Geschützen.

Eine Ulanendivision, wie sie im ungarischen Kriege auftrat, bestand aus 2 Brigaden, zu 2 Regimentern zu 6 Escadrons und sollte sammt zwei Batterieen und dem Train etwa 5000 M. zählen.

Das 3. Reservekavalleriecorps oder Dragonercorps bestand aus 2 Divisionen zu 2 Brigaden zu 2 Regimentern zu 10 Escadrons, aus 4 reitenden Batterieen zu 8 Geschützen (2 schweren und 2 leichten) und einer reitenden Pionnirdivision von 2 Escadrons.

Ein Dragonerregiment hatte auf dem Normaletat 1757 M., 8 Escadrons des Regiments waren mit leichten Bayonnetgewehren von 8 Pfund, die zu Pferd mit abgenommenem Bayonnet über die rechte Schulter gehängt getragen wurden, bewaffnet, 2 Escadrons mit Lanzen. Die 8 ersteren Escadrons waren zum Infanteriegefecht ausgebildet. Sollten sie dieß führen, so saßen zwei Drittheile der Mannschaft ab, während das übrige Drittel als Pferdehalter aufgesessen blieb. Die abgesessenen zwei Drittheile formirten ein Infanteriebataillon von 4 Compagnieen (Divisionen); die Lanzenreiter (Pikenire) blieben stets zu Pferd.

Das ganze Dragonercorps hatte eine Normalstärke von ungefähr 15500 M. einschließlich des Trains.

Von den irregulären Truppen des russischen Heeres erschienen in Ungarn insbesondere donische Kosacken. Diese formirten Regimenter von 844 M. in 6 Escadrons (hier Sotnien, Hundertschaften) genannt. Die donischen reitenden Kosackenbatterieen hatten je 8 Geschütze mit 207 M. Außerdem erschienen noch 4 Escadrons kaukasische Reiter (Bergvölker) und 6 Escadrons transkaukasische Muselmänner.

Wäre die ganze Summe der Truppen, welche Rußland gegen Ungarn warf, vollzählig gewesen, so hätten sie ein Total von mehr als 300000 M. darstellen müssen. Wir werden sehen, daß die russische Streitmacht diese Summe bei Weitem nicht erreichte.

Schon aus der Eintheilung der russischen Armee in gewaltige Corps und der Sonderung innerhalb dieser Corps nach Waffengattungen ergibt sich, daß die ganze russische Streitmacht auf die Massenwirkung berechnet und für sie bestimmt war. In der That hielt diese Massenwirkung Kaiser Nikolaus für die dem russischen Heere natürlichste und in Paskiewitsch hatte er den passenden gleichgestimmten Gehülfen gefunden. Die Infanteriedivisionen der Russen exerzirten und evolutionirten, wie bei andern Armeen einzelne Bataillone, und seine ganze Macht auf einem Flecke zusammenzuhalten, mechanisch nicht bloß geistig, das war der Grundgedanke Paskiewitschs im Kriege. Dem napoleonischen: sich theilen, um zu leben, sich vereinigen, um zu schlagen, stellte Paskiewitsch den Spruch an die Seite: vereinigt bleiben, um schlagen zu können und dabei leben, so gut es bei den großen vereinigten Massen möglich ist und wie es gehen will.

Daß nun dabei allerdings die Verpflegung der schwierigste Punkt sein mußte, leuchtet an sich ein; in der That machte sie auch die Heere der Russen stets in dem Maße unbeweglicher als sie größer wurden und die Wirkung, die sie ausüben konnten, entsprach durchaus nicht ihrer numerischen Stärke.

Bei der österreichischen Armee war gar nicht so auf die Massenwirkung gerechnet, wie bei der russischen und nur zu geneigt waren stets die österreichischen Generale zu einer weitgehenden — gelehrten — Zersplitterung der Kraft, um zu decken, also aus einem defensiven Grundgedanken heraus.

Gegenüber der ungarischen Armee hatten die Russen wie die Oesterreicher den Vorzug einer alt eingelebten Disziplin und der Uebung. Die Ungarn hatten alle Vorzüge und litten an allen Mängeln einer jungen und einer revolutionären Armee: junge ungeübte Soldaten, welche noch nicht recht begreifen wollten, wozu es gut sei, im feindlichen Feuer ruhig zu stehen oder vorwärts zu gehen, welche sich schwer nur in die Disziplin fügten; Führer, welche plötzlich aus dem Dunkel hervorgezogen, zu den höchsten Stellen im Heere aufgestiegen waren, bald aus Mangel an Selbstvertrauen, bald aus Ehrgeiz und zu viel Selbstvertrauen sündigten, welche sich untereinander mißtrauten, intriguirten, sich von Intriguen bedroht glaubten. Dagegen stellten die Ungarn den alten Generalen der Russen und Oesterreicher nun auch junge Generale gegenüber, welche voller Jugendkraft und in einem Elemente lebend, in welchem die Auszeichnung Jeden wenigstens zu Ehren bringen konnte, nach Auszeichnung strebten und, wenn sie wirklich tüchtig waren, Verantwortlichkeiten auf sich nahmen, welche Generale einer alten Armee nie auf sich zu nehmen gewagt hätten.

In Rücksicht auf die Bewaffnung standen die sämmtlichen Heere einander ungefähr gleich; bei der Infanterie war das glatte Gewehr das vorherrschende auf beiden Seiten, nur einzelne verhältnißmäßig schwache Abtheilungen führten hier wie dort gezogene Gewehre. Nicht bloß die Ungarn litten übrigens Mangel an Gewehren, so daß sie einzelne Abtheilungen mit Sensen bewaffnen mußten; das Gleiche trat auch für die Oesterreicher namentlich bei den neuen Organisationen in den Grenzländern ein. Bei den Ungarn war im Anfang mit der Ausgabe von Gewehren eine große Verschwendung getrieben worden; man hatte sie den in allen größeren Städten errichteten Bürgerwehren gegeben, welche auszugsweise dann wohl ein paar Wochen im Felde standen, aber wenn sie heimkehrten, auch ihre Gewehre mitnahmen, die man später bei neuen Organisationen schmerzlich vermißte. Manches Tausend brauchbare Gewehre lag auf solche Weise bis in die letzten Zeiten des Insurrectionskrieges hinein brach.

Die Oesterreicher litten besonders im Anfang schmerzlich an dem Mangel leichter Kavallerie, während ihnen die Ungarn eine solche von besonderer Güte in ihren Husaren entgegenstellen konnten. Auf den großen Ebenen zwischen Donau und Theiß mußte der Mangel leichter Reiterei vorzugsweise drückend werden, und man kann mit einigem Rechte sagen, daß es die Husaren waren, welche die allmälige Organisation der übrigen Streitmacht Ungarns deckten.

Was die Artillerie betraf, so waren die Ungarn im Nachtheil durch die Masse Geschütze sehr kleinen Kalibers (Dreipfünder), welche sie mit sich führten. Dieser Nachtheil ist immer nur auszugleichen durch das nahe Herangehen an den Feind, welches aber bei jungen Truppen am wenigsten zu erzwingen ist, so daß hier der Mangel schweren Kalibers doppelt fühlbar ward. Alle ihre ersten Siege gewannen die Oesterreicher durch ihre Artillerie, welche überhaupt in diesem Kriege eine ungemeine Rolle spielt. Bekannt ist es, daß in den russischen Normalaufstellungen der Divisionen die Infanterie fast nicht anders auftritt, denn als Bedeckung der zahlreichen Batterieen; auch in neuester Zeit scheint sich, wenn dem Namen nach noch so viel, der Sache nach wenig darin geändert zu haben.

Große Beschwerde hätte den Ungarn der Umstand bereiten können, daß der ungarische Pferdeschlag vorherrschend Reitschlag ist und am allerwenigsten zu Bespannungspferden für die Artillerie geeignet. Doch ward dem dadurch abgeholfen, daß die reichen und vornehmen Klassen, welche im Besitz einer großen Menge von Zugpferden, und bei der Durchführung der Insurrection vorherrschend interessirt waren, gern ihre geeigneten Zugpferde zum Dienste der Artillerie hergaben.

Die Ausrüstung der Armeen litt 1848 noch an manchen Mängeln, welche seitdem beseitigt sind; die Bekleidung war wenig angemessen; zuerst emanzipirten sich die Ungarn bei der Errichtung ihrer Honvéd von der Unbequemlichkeit und Schwerfälligkeit der modernen Bekleidung. Bei Oesterreichern, wie Ungarn war die Bekleidung und Ausrüstung vielfach unvollständig und mangelhaft; bei jenen, weil es ewig an Geld fehlte, bei diesen wegen des noch wenig geordneten Geschäftsganges, der fast bis auf die letzte Zeit vieles zu wünschen übrig ließ. Zahlreiche Beweise dafür wird unsere Erzählung beibringen.

Einen nicht hoch genug anzuschlagenden Vortheil hatte die ungarische Armee darin, daß sie im eigenen Lande Krieg führte und das Volk ihr mit Allem, dessen sie bedurfte, entgegenkam, während Oesterreicher und Russen bei der Beschaffung der nothwendigsten Bedürfnisse auf die äußersten Schwierigkeiten stießen, mochte diese auch nur ein passiver Widerstand erzeugen. Dagegen war es allerdings ein Uebelstand für die Ungarn, daß sie bis in die letzte Zeit ihre Truppen nicht daran gewöhnen konnten, ihre Lebensmittel auf einige Tage selbst zu tragen. Die Leichtigkeit, mit welcher die Bedürfnisse herbeigeschafft wurden, wo die Armee nur einige Zeit hatte, sich danach umzusehen, verwöhnte die jungen Truppen nur vollends. Da aber bei Märschen, welche mit concentrirten Armeecorps ausgeführt werden mußten und namentlich auf Rückzügen die Zeit zur Besorgung an Ort und Stelle doch fehlte, so fand sich bei den Ungarn dasselbe Gefolge unendlicher Wagencolonnen ein, welches die Russen aus andern Gründen begleitete, und führte nicht selten zu den unangenehmsten Verwirrungen.

In der Formation, dem Commando und vielen Einrichtungen überhaupt schlossen sich die Ungarn den Oesterreichern an, wie es sehr natürlich ist, da die Mehrzahl der ungarischen Offiziere, welche überhaupt militärisch gebildet waren, diese Bildung in österreichischem Dienste erhalten hatten, da ganze Truppentheile, wie die alte Infanterie, die alten Husarenregimenter und der Stamm der Artillerie unmittelbar aus österreichischem Dienst übernommen wurden und vieles österreichische Material verwendet werden mußte. Nur ward alsbald das Commando aus dem deutschen ins ungarische übersetzt, die Geschäftssprache überhaupt ward die ungarische, obwohl sich bei der großen Verbreitung der Kenntniß des Deutschen in der ungarischen Armee viele Abweichungen davon finden, und endlich ward die Bekleidung der neu errichteten Truppenkörper gleichfalls abweichend von der österreichischen, der Nationaltracht sich annähernd, gestaltet.

Erster Abschnitt.

Vom Zusammentritt des Presburger Reichstages bis zum offenen Ausbruch des serbischen Aufstandes

November 1847 bis Juni 1848.

Der ungarische Reichstag von 1847 auf 1848.

Die liberale Partei, als deren Haupt der große Publizist Ludwig Kossuth anzusehen ist, hatte seit dem Reichstag von 1843 auf 1844 bedeutend an Boden gewonnen. Ihre Hauptgedanken waren die Unabhängigkeit Ungarns und die Sicherung derselben durch große Reformen der innern Verfassung, welche die mittelalterlichen Banden der letzteren sprengten und das gesammte Volk anstatt einiger bevorzugter Stände zur Theilnahme am politischen Leben des Landes beriefen. Die Maßregeln der Regierung, wie z. B. die Einrichtung der Administratoren, weit entfernt ihrem Zwecke zu entsprechen, hatten vielmehr dem Liberalismus Parteigänger zugeführt.

So standen die Dinge in Ungarn, als das gewitterschwüle Jahr 1847 hereinbrach. In ganz Europa gährte es, obwohl noch kein offener Ausbruch sich zeigte, in der Schweiz, in Italien, in Deutschland, in Frankreich. Der Ausbruch des Sonderbundskrieges in der Schweiz war erst spät im Jahre das Signal des allgemeinen Brandes.

In Ungarn bereitete sich zu dieser Zeit die Katastrophe erst vor.

Die Art, in welcher die Administratoren Appónyis verfuhren, wie sie von ihrem Amte Gebrauch machten, gab unmittelbar den Anstoß dazu, daß im Sommer 1847 zwölfhundert Liberale in Pesth zusammentraten, um hier unter dem Vorsitz des Grafen Ludwig Batthyányi ein Programm aufzustellen, dessen schließliche Redaktion Franz Deák besorgte.

Die Forderungen des Programms waren:

1) Herstellung der Integrität des ungarischen Gebietes durch Wiedervereinigung der vier siebenbürgischen Comitate und Distrikte Kraszna, Zaránd, Mittelszolnok und Kóvar mit Ungarn, von dem sie losgetrennt waren, durch Aufhebung des Verhältnisses der Militärgrenze, welche der ungarischen Verwaltung entzogen war;

2) Schutz der Rechte der magyarischen Sprache;

3) Aufhebung der willkürlichen und einseitigen Veränderung in der Verfassung Croatiens;

4) ein verantwortliches Ministerium, Oeffentlichkeit, Associationsfreiheit, Freiheit der Presse;

5) Vereinigung Siebenbürgens mit Ungarn;

6) Vereinigung der Interessen aller Klassen von Bürgern auf der Grundlage der Nationalität und des constitutionellen Prinzips mit der nothwendigen Achtung vor den Besonderheiten der Racen;

7) Religionsfreiheit und Ordnung der kirchlichen Angelegenheiten;

8) gleiche Theilnahme aller Bürger an den Steuern und Lasten;

9) Theilnahme der nicht-adeligen Bürger, vor Allem der Bewohner der königlichen Freistädte und der freien Distrikte an der Gesetzgebung und den Gemeindrechten;

10) bürgerliche Gleichheit;

11) ein obligatorisches Gesetz über die Ablösung der Frohnden und Zehnten unter Entschädigung der dabei verlierenden Grundbesitzer;

12) Abschaffung der Aviticität (Unveräußerlichkeit der Adelsgüter) im Interesse des Credits und des Eigenthums.

Endlich ward die Unabhängigkeit Ungarns von jedem andern Lande der österreichischen Monarchie stark betont und die Meinung ausgesprochen, daß wenn auch die übrigen Länder der österreichischen Monarchie constitutionelle Verfassungen erhielten, ihre Interessen, denen Ungarns jetzt oft entgegenstehend, sich mit diesen leicht würden vereinigen lassen.

Diesem Programm der Fortschrittspartei stellte die conservative Partei ein anderes entgegen, in welchem sie sich im Wesentlichen als Verbündete der gegenwärtigen Regierung und Stütze derselben beim Fortgehn auf dem von ihr eingeschlagenen Wege erklärte.

Die beiden Parteien hatten auf diese Weise sich einander gegenüber gestellt, als durch königliches Schreiben vom 17. September 1847 der ungarische Reichstag auf den 7. November nach Presburg berufen ward.

Am 17. Oktober fanden die Wahlen statt; im Pesther Comitat ward Ludwig Kossuth zu einem der Deputirten erwählt. Der wahre Chef der Fortschrittspartei sollte also jetzt auf dem Reichstage für sie das Wort führen.

Am 7. November trafen die Magnaten und die Abgeordneten der Ständetafel zu Presburg ein. Nachdem die Versammlung constituirt war, kam am 11. der König Ferdinand V. (Kaiser Ferdinand I.) nach Presburg herüber. Er eröffnete am 12. den Reichstag mit einer ungarischen Anrede, welche mit Jubel von der Versammlung aufgenommen ward.

Das nächste Geschäft des Reichstags war die Wahl eines neuen Palatins an die Stelle des kürzlich verstorbenen Erzherzog Joseph. Dieß Geschäft ward noch am 12. vollzogen. Die Tafeln wählten zum Palatin den Sohn des Erzherzogs Joseph, dem Erzherzog Stephan, welcher in Ungarn geboren und erzogen war und dem man eine besondere Anhänglichkeit an dieses sein Heimatland zutraute. Es folgte eine Reihe von Festlichkeiten, und Ferdinand V. und seine Ungarn schienen ein Herz und eine Seele zu sein.

Am 16., dem Tage, da der König Presburg wieder verließ, begann der Reichstag sein eigentliches Geschäftsleben mit der Verlesung der Regierungsvorlagen. Diese letztern berührten fast alle Punkte, welche das Programm der liberalen Partei enthielt; indessen waren sie zum Theil, ein Verstoß gegen den bisherigen Gebrauch, von ausgearbeiteten Gesetzprojekten begleitet, welche nur zu deutlich zeigten, daß die Regierung sich die Lösung der gleichen Fragen in ganz anderer Weise vorstellte, als die Fortschrittspartei. Der Reichstag war noch so sehr in allen Himmeln der Feste, daß er mit guter Miene darüber hinfort ging.

Am 17. November kam in der Ständetafel die Frage der Regelung des Stimmverhältnisses der königlichen Freistädte zur Sprache; eine Commission ward ernannt, um die Frage zu untersuchen und deren Lösung vorzubereiten. Als die Geistlichkeit in gleichem Sinne Ansprüche erhob, ward sie ziemlich rund abgewiesen. Bei dieser Gelegenheit ward ihr sogar von Seite der liberalen Partei bedeutet, daß bald eine Zeit kommen möchte, wo sie gar keine besondere Vertretung am Reichstage mehr haben würde.

Am 18. gaben die Deputirten des Presburger Comitats einen Protest gegen die neuen einseitigen und willkürlichen Veränderungen in der Verfassung **Croatiens** ein, welcher zu einer sehr lebhaften Diskussion führte, bei welcher auch die Sprachenfrage bereits eine große Rolle spielte.

Am 25. November begann die Ständetafel die **Adreßdebatte**; während die conservative Partei dem Könige nur Dank für seine freisinnigen Propositionen spenden und höchstens alte schon oft vorgebrachte Beschwerden wiederholen wollte, trat Kossuth als Redner der Fortschrittspartei auf: er verlangte, in der Adresse sollten die Grundschäden besprochen werden, welche das Verhältniß des Königs zu den Ungarn trübten und es sollten allerdings radikale Aenderungen verlangt werden, so z. B. der jährliche Zusammentritt des Reichstags, statt daß derselbe bisher nur alle drei Jahre zusammen kam.

Am 27. November ward nach hartem Kampfe die von Kossuth redigirte Adresse mit einer geringen Majorität, 26 gegen 22 Stimmen, von der Ständetafel angenommen und durch Botschaft an die Magnatentafel gesendet.

Am 29. November beantragte Bartholomäus Szemere die Aufhebung der Steuerfreiheit des Adels. Während die Ständetafel sich damit einverstanden erklärte, daß der Adel an den Steuern für den innern Verbrauch, so wie an solchen zur Gründung einer Kasse für die öffentlichen Arbeiten theilnehme, wollte sie dagegen nichts davon hören, daß derselbe auch zu den Steuern für das Kriegsdepartement beigezogen werde, welche ja durchaus zur Verfügung der kaiserlichen Regierung gestellt werden mußten.

Am 3. Dezember kam die Befreiung der Bauern zur Sprache. Aus der allerdrückendsten Sclaverei hatte die ungarischen Bauern das Urbarium der Kaiserin Maria Theresia herausgerissen. Die Reichstage von 1832 und 1835 brachten ihnen noch einige kleine Erleichterungen. Wie gering dieselben waren, mag man daraus ersehen, daß 1840 ein Gesetz angenommen ward, nach welchem es nur ganzen Bauerngemeinden freigestellt ward, Frohnden und Zehnten abzulösen, „vorausgesetzt, daß der Herr (der Grundbesitzer) damit einverstanden wäre."

Jetzt that man einen Schritt weiter. Am 6. Dezember beschloß die Ständetafel, daß das Einverständniß des Herrn nicht mehr erforderlich zur Ablösung sein solle, daß außerdem eine allgemeine Hypothekenbank zu errichten sei, um den Bauern die Ablösung zu erleichtern, — für die meisten Fälle richtiger ausgedrückt, um ihnen die Ablösung überhaupt möglich zu machen.

Am 9. Dezember beschloß die Ständetafel die vollständige Abschaffung der Aviticität.

Bald darauf kam die Adresse an den König von der Magnatentafel zurück. Diese hatte sie mit großer Mehrheit verworfen. Kossuth erhob sich zu dem Antrage, die Adresse dennoch abzugeben, ohne sich weiter um die Magnatentafel zu kümmern. Dieß war etwas so Unerhörtes, daß der Antrag Kossuths große Sensation erregte. Dennoch ging er am 17. Dezember mit 25 gegen 21 Stimmen durch. Es fing in Presburg an revolutionäre Luft zu wehen. Kossuth war im Gange und brachte einen nach dem andern die Punkte des Programms der Fortschrittspartei vor. Einen Antrag auf endliche faktische Wiedervereinigung der Ungarn vorenthaltenen vier siebenbürgischen Comitate und Distrikte, welche vom Reichstag von 1836 bereits als vollzogen angenommen war, benutzte er insbesondere, um „die Schleichwege der Wiener Regierung und das doppelzüngige Wesen derselben" aufzudecken. Er hatte bei dieser Gelegenheit den vollständigsten Erfolg.

Unterdessen hatte die Magnatentafel die Beschlüsse der Ständetafel über die Aufhebung der Steuerfreiheit des Adels discutirt und sich durchaus nicht mit ihnen einverstanden erklärt. Der Palatin Erzherzog Stephan trat als

Vermittler zwischen der Ständetafel und der Magnatentafel im Geiste der ersteren auf und erwarb sich dadurch eine große Popularität, welche die liberale Partei, weit entfernt, sie beschränken zu wollen, vielmehr zu heben trachtete.

Sehr häufig finden wir es, daß Zukunftsparteien die Fürsten glauben auf ihre Bahn hinüberziehen zu können, indem sie dieselben als Befreier ausrufen und ihnen Absichten und Ideen unterlegen, welche dieselben durchaus nicht haben, indem sie ihr Mißtrauen unterdrücken und sich in einen Glauben hineinräsonniren, dem sie in der That ganz ferne stehn. Dieß pflegt dann auch ganz gut zu gehen, bis eine wirkliche Krisis kommt, die eine wahre, ernste Entscheidung, den Ausspruch einer innersten Ueberzeugung und das Handeln nach ihr verlangt. In der Regel wird dann das Lügengebäude, welches von beiden Seiten aufgeführt ist, mit Donnergepolter zusammenstürzen, nicht zur Verwunderung der vernünftigen Leute, aber wohl zur Verwunderung der Narren, welche sich selbst etwas eingeredet haben oder von andern etwas einreden ließen. Eines der schönsten Beispiele für die Richtigkeit dieser Politik, welche wir eben besprochen haben, ist wohl Pius IX. Wir werden sehen, wie auch für den Erzherzog Palatin die Krisis, der Moment für die Entscheidung kam.

Für jetzt ließ er sich bestimmen, auf seiner populären Vermittlungsbahn fortzugehn. Er suchte vom Könige die Abschaffung der Administratoren zu erwirken. Ferdinand V. antwortete darauf mit einem lebhaften Bedauern, daß seine besten Absichten von seinen getreuen Ungarn verkannt würden; die Administratoren seien ja nur eine traurige Nothwendigkeit, sie würden aufhören, sobald die gewählten Obergespanne überall in der Lage wären, ihre gesetzlichen Pflichten durchaus zu erfüllen.

Darauf an der Ständetafel zu Preßburg am 5. Februar lebhafte Debatten über die Antwort auf die königliche Antwort. Die Conservativen verlangten einfachen Dank für die guten Absichten des Königs; die Liberalen wollten mindestens Sicherheit der Unabhängigkeit der Comitatsversammlungen, Sicherheit gegen die Willkür der Administratoren fordern. Die conservative oder Regierungspartei trug den Sieg davon; den Ausschlag in diesem Sinne gaben die Abgeordneten Croatiens. Ein allgemeiner Scandal erhob sich in Folge dieser Abstimmung. Kossuth schleuderte den Conservativen geradehin eine Kriegserklärung zu. Die Gallerieen und die Juraten, junge Juristen, welche die Deputirten als Schreiber mit sich auf die Reichstage führten und welche in einem durch Schranken abgeschlossenen Raum den Verhandlungen beiwohnten, nahmen Partei für die Liberalen. Die Sitzung mußte aufgehoben werden.

4*

In den folgenden Sitzungen hatte sich eine größere Ruhe der Discussion hergestellt, — vielleicht nur weil die Magyaren beider Parteien über die Gegenstände derselben einer Meinung waren und gemeinschaftliche Gegner vor sich sahen, — als die Nachricht von der Pariser Februarrevolution, der Aufrichtung der neuen französischen Republik nach Presburg kam.

Diese Nachricht hatte in Ungarn dieselben Erscheinungen zur Folge, wie im ganzen übrigen Europa. Die sogenannte conservative Partei, welche noch vor kurzem über jede Möglichkeit einer Volkserhebung oder gar des Sieges einer solchen gespottet und nur davon gesprochen hatte, dieselbe mit „energischen" Maßregeln unterdrücken zu wollen, war auf einmal bei der Nähe der Gefahr aller Energie baar, verkroch sich scheu, zeigte nichts mehr von der früher gerühmten Ueberzeugungstreue und war nur darauf bedacht, nachzugeben, um wenigstens etwas zu retten. Freilich, sobald sie sah, daß die Fortschrittspartei ihren Sieg aus Schwäche oder aus Mangel an Einsicht, oder aus Großmuth nicht benutzte, faßte sie sofort neue Hoffnung und begab sich daran, im Dunkel ihre Waffen gegen den Fortschritt zu schmieden, um sie bei gelegener Zeit aus der geheimen Rüstkammer hervorzuholen und je mehr sie ihren Sieg gesichert sah, mit desto minderer Großmuth und Einsicht zu gebrauchen.

Die Fortschrittspartei schöpfte Muth, als die ersten Nachrichten von der Pariser Revolution eintrafen; im Allgemeinen war sie der Ueberzeugung, daß sie ihren Vortheil benutzen und das Eisen schmieden müsse, so lange es warm sei. Nur theilte sich diese Partei von Anfang an insofern, als die einen meinten, man könne jetzt nicht genug verlangen und durchsetzen, die andern aber Mäßigung empfahlen und für das erste Gesetz erklärten. Die letztern gewannen um so mehr Anhänger, als die Fürsten und die regierenden Gewalten überall nachgaben und versprachen. Dieses Ausweichen der regierenden Gewalten erzeugte bei einem großen Theile der liberalen Partei nur zu leicht den Glauben, daß der ganze Sieg bereits gewonnen sei, daß es nur noch darauf ankomme, durch Beschlüsse, welche nie mehr angefochten werden würden, ihn zu proklamiren, daß keine Krisis mehr zu befürchten sei, da die entgegengesetzten Prinzipien mit Gewalt um ihr Recht zu kämpfen hätten, daß sie vielmehr schon vorüber wäre.

So ging es auch in Ungarn und insbesondere zu Presburg. Die Magnatentafel, in welcher das sogenannte conservative Element vorzugsweise vertreten war, zögerte vorerst niemals, den Beschlüssen der Ständetafel ihre Zustimmung zu geben. In der Ständetafel aber trat die Fortschrittspartei jetzt ohne jene Mäßigung hervor, welche ihr die Nothwendigkeit bisher auferlegt hatte, diese gerühmte Mäßigung, welche so oft als das Kennzeichen der wahren Staatsmänner genannt, doch in vielen Fällen nichts ist, als Schwäche, Mißtrauen in die eigene Kraft. Die Fortschrittspartei auf dem ungarischen Reichstage, welche bisher nur auf dem alten Rechtsboden soviel im Einzelnen zu gewinnen gesucht hatte, als möglich, hielt jetzt mit ihrer wahren Meinung nicht mehr zurück, mit dem wahren Programme, daß ein neuer Rechtsboden gewonnen werden müsse, auf welche Art es immer sei, bevor etwas Vernünftiges überhaupt geschaffen werden könne.

Eine einfache Finanzfrage, welche am 3. März an der Ständetafel zur Sprache kam, gab Kossuth Gelegenheit, jene Ansicht offen auszusprechen, auf die Grundschäden des österreichischen Regierungssystems hinzuweisen und daran den Antrag zu knüpfen, der Reichstag solle in einer Adresse den Kaiser und König bitten, Ungarn ein verantwortliches Ministerium und den österreichischen Provinzen eine freie Verfassung zu geben.

Dieser Antrag ward von der Ständetafel einstimmig angenommen und an die Magnatentafel befördert, um deren Zustimmung einzuholen. Indessen war dem conservativen Theil der Magnaten die Luft in Presburg zu schwül geworden, sie hatten sich verlaufen und die Sitzungen der Magnatentafel waren eingestellt worden. Der wahre Präsident derselben, der Palatin, war eben in Wien, abwesend von Presburg; die beiden Vicepräsidenten verweigerten auf die Aufforderung der Ständetafel eine Wiederzusammenberufung der Magnatentafel, welche der Palatin sich ausdrücklich selbst vorbehalten habe, und verschwanden augenblicks darauf gänzlich vom Reichstag.

Nun schlug Kossuth vor, die Ständetafel sollte ihre Adresse, ohne sich um die Magnaten zu kümmern, von sich aus absenden. Ein mäßigerer Antrag aber: die Ständetafel solle die Magnaten an den Ernst der Lage erinnern und an die eigenthümliche Stellung, in welche jene durch die Desertion dieser gerathen wäre, erhielt den Beifall der Versammlung.

Ueber diesen Zwischenfällen kam die Nachricht von der Wiener Revolution des 13. März, von dem Sturze Metternichs, aller seiner Creaturen und Anhänger. Kossuth beantragte nun: die Ständetafel solle den Palatin auffordern, ihr Adreßprojekt den Magnaten vorzulegen. Es geschah sogleich, am 14. März; die anwesenden Magnaten traten mit der Ständetafel in gemeinsamer Sitzung zusammen und es ward eine Deputation aus den angesehensten Gliedern beider Tafeln erwählt, welche, den Erzherzog Palatin, Ludwig Batthyány und Ludwig Kossuth an der Spitze, dem Kaiser am 15. die definitiv redigirte und angenommene Adresse vom 3. März überbringen sollte.

In derselben Sitzung vom 14. ward die Commission, welche mit Bearbeitung eines neuen Preßgesetzes schon früher beauftragt war, aufgefordert, ihre Arbeit zu beschleunigen und eine andere Commission erwählt, welche die Errichtung einer Nationalgarde vorbereiten sollte.

Am 15. ward darauf beschlossen: die Theilnahme auch des Adels an der Zahlung sämmtlicher Steuern; die gänzliche Abschaffung aller bäuerlichen Frohnden und Zehnten,. aller Feudallasten und Feudalrechte unter Entschädigung der Grundherrn von Seiten des Staats. Die Stände erklärten, daß fortan alle Keime der Freiheit in der ungarischen Verfassung vollständig entwickelt werden müßten, daß dazu eine Anzahl neuer Gesetze, um die gleichen Rechte aller Klassen der Bevölkerung festzustellen, nothwendig seien; daß sie, die Stände, aber schon jetzt sich als Repräsentanten des gesammten Volkes, nicht mehr der privilegirten Klassen, betrachteten, daß daher jetzt schon jedes Mitglied eine volle Stimme haben solle; da aber ein neues Wahlgesetz und eine andere Ordnung der Vertretung nothwendig geworden sei, würden die gegenwärtigen Stände sich auflösen, sobald sie für die allernächsten Bestimmungen, welche die gegenwärtige Lage erfordere, Sorge getragen hätten.

Alle diese Beschlüsse wurden angenommen, in einen Act vereinigt und zur Bekanntmachung in die Comitate gesendet.

Am 16. März überreichte die Deputation, welche die Adresse vom 3. März nach Wien zu bringen hatte, diese dem König Ferdinand. Ferdinand versprach Alles, bekleidete den Erzherzog Palatin mit unbedingter Vollmacht für Ungarn, so lange er selbst, der König, nicht im Lande sei; und der Palatin beauftragte Kraft dieser Vollmacht den Grafen Ludwig Batthyány mit Bildung eines verantwortlichen Ministeriums.

Während Batthyány mit dessen Zusammenbringung beschäftigt war, erklärte sich am 18. die Ständetafel permanent und bearbeitete in der nächsten Zeit eine große Anzahl organisatorischer Gegenstände, um darauf bezügliche Dekrete ungesäumt in das Land zu entsenden.

Am 20. März beschlossen die Stände eine Adresse an den König, er möge die siebenbürgischen Stände berufen, damit diese sich über die Vereinigung des Großfürstenthums mit Ungarn aussprechen könnten.

Am 23. März war das neue Ministerium gebildet: Präsident desselben ohne Portefeuille war Graf Ludwig Batthyány, Minister des Innern Szemere, Finanzminister Kossuth, Kriegsminister der Husarenoberst Mészáros, Minister der öffentlichen Arbeiten Széchenyi, Minister der geistlichen und Unterrichtsangelegenheiten Eötvös, Minister des Ackerbaus und des Handels Klauzál, Justizminister Deák, Communicationsminister, zur Vermittlung der Beziehungen Ungarns zum österreichischen Kaiserstaat Fürst Paul Eszterházy.

Mit dieser Ministerliste ging der Palatin nach Wien, um sie dem König vorzulegen. Verdächtig lange blieb er aus. Endlich am 29. März kehrte er nach Presburg zurück und es zeigte sich jetzt, daß die Besorgnisse, die sein langes Ausbleiben erregt hatte, nur zu begründet gewesen waren. Schon hatte die Regierungspartei sich von ihrem ersten Schrecken erholt, dachte jetzt schon daran, die Versprechungen etwas zu beschränken, durch einzelne Mäkeleien daran zu ermüden.

So war denn der König Ferdinand bestimmt worden, das besondere Ministerium des Krieges, so wie jenes der Finanzen zu verweigern; er wollte ferner die ungarische Kanzlei zu Wien aufrecht erhalten und forderte endlich seine getreuen Stände auf, doch ihr allzu freisinniges Ablösungsgesetz noch einmal zu revidiren.

Was dieses letztere betrifft, so hatte es bereits am 25. März an der Magnatentafel zu Presburg verschiedentliche Anfechtungen erlitten und an der Ständetafel selbst mochte mancher nur dafür gestimmt haben, weil er auf den Widerstand der Magnaten hoffte. Daß der Kaiser von Oesterreich sich die Verfügung über das ungarische Heerwesen und die ungarischen Finanzen bewahren wollte, wird nach dem, was wir früher gesagt haben, schon im Allgemeinen klar sein. In dieser Zeit aber mußte er wohl doppelt solchen Wunsch hegen, denn schon stand Italien in vollen Flammen, schon hatte Radetzki Mailand geräumt und Karl Albert an der Spitze des piemontesischen Heeres das linke Ufer des Tessin betreten. Große kriegerische Anstrengungen standen also für Oesterreich in Aussicht, und wenn dabei noch erwogen ward, daß Ungarn, in voller Unabhängigkeit, wesentlich in seiner jetzt herrschenden Partei von denselben Tendenzen belebt wie die Italiener, möglicher Weise sehr abgeneigt sein konnte, seine Mittel gegen diese herzugeben, so konnte man es der österreichischen Regierungspartei von ihrem Standpunkte aus gewiß nicht verdenken, daß sie Alles that, sich über die ungarischen Truppen und Gelder die freie Verfügung zu bewahren. Die Beibehaltung der ungarischen Kanzlei in Wien war eine Vorsorge für die Zukunft; dieses zweite Ministerium konnte nach wie vor benutzt werden, das eigentliche ungarische Ministerium völlig unwirksam zu machen.

Aber in Presburg rief die Botschaft des Königs Ferdinand einen Sturm hervor. In der vollen Versammlung der Magnaten und Stände ward sie verlesen. Batthyány erhob sich sogleich um zu erklären, daß wenn der König nicht von den in der Botschaft ausgesprochenen Bestimmungen zurückkomme, er, Batthyány, die ministerielle Verantwortlichkeit nicht annehmen könne. Der Palatin versprach, den König von der Aufnahme seiner Botschaft seitens der Stände unterrichten und den Versuch machen zu wollen, ihn umzustimmen, endlich, wenn dieß nicht gelinge, seine Würde niederlegen zu wollen.

Als die Magnaten- und die Ständetafel sich getrennt hatten, stellte in der letzteren Kossuth den Antrag auf eine Erklärung:

Daß die Stände alle Tendenzen, den König seinen ursprünglichen Versprechungen untreu zu machen, als kecke Machinationen der eben bewältigten Bureaukratie betrachteten; daß sie hofften, der Palatin werde sofort gemäß seinem gegebenen Versprechen verfahren; daß sie darauf beharrten, jede Art von Feudallast und Feudalrecht sei abgeschafft, und niemals davon zurückkommen würden, um so weniger, als die deshalb gefaßten Beschlüsse in keinem Punkte die Prärogative der Krone berührten.

Dieser Antrag ward zum Beschluß erhoben. Der Palatin ging ohne Säumen wieder nach Wien und als er am 31. März von dort zurückkehrte, brachte er die Nachricht mit, daß der König bis auf einige Punkte von keiner Bedeutung allen Beschlüssen der Stände, in Gemäßheit seiner frühern Versprechungen beistimme.

In den ersten Tagen des April behandelte der Reichstag das neue Wahlgesetz. Auch die befreiten Bauern wurden jetzt Wähler; nur ein unbedeutender Census beschränkte das active Wahlrecht. Der Reichstag beschäftigte sich darauf mit der Feststellung des neuen Verhältnisses der ungarischen Centralgewalt zu den Comitaten. Dabei ward — was der Bemerkung werth ist, — den Adeligen und den Capacitäten das Recht des persönlichen Erscheinens und Stimmens auf den Comitatsversammlungen bewahrt, während man freilich zugleich den Gemeinden das Recht gab, sich bei diesen Versammlungen durch eine beliebige Zahl von Abgeordneten vertreten zu lassen.

Am 7. April erfolgte die offizielle Zustimmung des Königs Ferdinand zu der Zusammensetzung des ungarischen Ministeriums, und am 10. April kam Ferdinand selbst nach Presburg, um hier die neuen Gesetze und Institutionen feierlich zu bestätigen und mit seinem königlichen Wort zu versichern, daß er sie aufrecht erhalten werde.

Damit ward am 11. April der Presburger Reichstag geschlossen, und das ungarische Ministerium begab sich nach Pesth, um dort nunmehr seinen Sitz aufzuschlagen.

Die Bewegung im Lande.

Mit der Bewegung, in die der Reichstag auf die Nachrichten von der Pariser Februarrevolution gerieth, war die Bewegung im ungarischen Lande Hand in Hand gegangen, oft jener vorausgeeilt.

Wir reden hier noch nicht von den Bewegungen, die der magyarischen Sache von vornherein feindlich gegenübertraten, sondern nur von denjenigen, welche wesentlich das vom Reichstage hingestellte Ziel verfolgten.

Schon in den ersten Tagen des März beklagte sich die stürmische Jugend von Pesth, daß der Reichstag zu langsam, zu unentschieden vorgehe. Am 14. März Abends kam die Nachricht von der Wiener Revolution nach Pesth. An demselben Tage wurden in einem Club die ungarischen Volkswünsche oder Forderungen, die sogenannten zwölf Artikel von Joseph Irényi redigirt. Wir setzen sie vollständig hieher:

1) Freiheit der Presse und Unterdrückung der Censur.

2) Ein verantwortliches Ministerium mit dem Sitz zu Ofen-Pesth.

3) Jährliche Berufung des Reichstages und zwar nach Pesth.

4) Bürgerliche und kirchliche Gleichheit vor dem Gesetz.

5) Die Bürgergarde.

6) Gleiche Betheiligung Aller an Aufbringung der öffentlichen Steuern.

7) Abschaffung aller feudalen Beziehungen zwischen Bauern und Grundherren.

8) Die Jury und die Nationalvertretung nach dem Prinzip der Gleichheit geordnet.

9) Eine Nationalbank.

10) Alle Militärs werden auf die Verfassung vereidet; die ungarischen Soldaten dürfen nicht außer Landes gesendet werden, alle fremden Regimenter sollen aus dem Lande entfernt werden.

11) Befreiung der politischen Gefangenen.

12) Vereinigung Siebenbürgens mit Ungarn.

Am 15. März ward nun die erste thatsächliche Anwendung von der Preßfreiheit gemacht. Ein Volkshaufe nahm eine Druckerei in Beschlag und ließ hier die zwölf Artikel und ein Freiheitslied von Alexander Petöfi drucken. Die zwölf Artikel gingen in vielen tausend Exemplaren durch ganz Ungarn.

Am 16. bildete sich in Pesth ein Sicherheitsausschuß und beschäftigte sich sofort mit der Errichtung einer Bürgerwehr.

Man sieht, daß die Jugend von Pesth, wie wohl die des ganzen Landes dem Reichstage vorauseilte. In allen größeren Städten zeigte sich die gleiche Bewegung. Am 19. März erschien eine Deputation von Pesth in Presburg, um den Ständen die zwölf Artikel zu überreichen, damit sie wüßten, was das Volk erwarte. Sie erhielt zur Antwort, daß die Stände ganz und gar mit den Volkswünschen einverstanden wären, daß sie sich indessen doch das Recht wahren müßten, ihrerseits diese Angelegenheiten zu ordnen, ohne daß ihre Thätigkeit dabei von einer andern durchkreuzt werde.

In der That aber kam ein solches Durchkreuzen allerdings vor. Die zwölf Artikel gelangten eher an alle Enden Ungarns, als die Dekrete des Reichstages, welche freilich im Wesentlichen mit ihnen übereinstimmten. Das Volk hielt die zwölf Artikel selbst für Reichstagsdekrete und bestrebte sich, sie zur sofortigen Ausführung zu bringen. So nahmen sich insbesondere die Bauern sofort die Freiheit, die Ablösung für vollbracht zu halten. Sie verweigerten die Frohnden; sie vergriffen sich auch wohl hie und dort an den früheren Herren, die sie hart behandelt hatten; und wie viel war das vorgekommen! Hatten doch die Richter der adeligen Grundherren bis auf die Stunde das Recht gehabt, den Bauern Stockprügel zumessen zu lassen. Unter solchen Umständen kam es an manchen Orten zu Unruhen, die aber nirgends einen gefährlichen Charakter annahmen und stets bald gestillt werden konnten. Unruhen ganz anderer Art und die keineswegs mit dem Inhalt der zwölf Artikel übereinstimmten, rief die Abneigung des Volkes gegen die Juden hervor. Obgleich in den zwölf Artikeln (s. 4 und 8) ganz gewiß, wenn auch nicht geradezu ausgesprochen, die Emanzipation der Juden enthalten war, wollte doch das Volk davon nichts hören. Mancher Orten kamen Volkstumulte gegen die Juden und Mißhandlungen derselben vor und selbst in dem aufgeklärten Pesth zeigte sich jene Abneigung sehr deutlich. Die Juden, welche von der neuen Zeit so vieles zu hoffen hatten, und Alles von ihr hofften, drängten sich hier haufenweise zu der neu errichteten Bürgerwehr. Aber die Christen wollten nicht mit ihnen in Reih und Glied stehen. Um diesem Vorurtheile entgegenzutreten, sah der Club der Radikalen sich veranlaßt, ein eigenes Bataillon zu bilden, und die Juden zum Eintritt in dieses einzuladen; ein Beispiel, welches denn auch nicht ganz ohne Erfolg blieb. — Wie überall in jener Zeit, wird es auch in Ungarn nicht an Tumulten gefehlt haben, welche von der zu neuer Hoffnung erwachenden Reaktionspartei angeregt und eingeleitet wurden, um die freiheitliche Bewegung bei dem „ruhigen Bürger" in Mißkredit zu bringen.

Während der Reichstag, selbst wo sein Mißtrauen gegen die Bestrebungen der Reaktion thatsächlich bereits wachgerufen sein mußte, sich den Anschein gab, als ob er sie nicht sehe, in der Meinung, sie hiedurch unschädlich zu machen, achtete die Jugend des Landes sorgsam auf diese Bestrebungen, erkannte mit richtigem Instinkt, daß die Reaktionspartei, bevor völlig niedergeschlagen, sich niemals in Frieden und Freundschaft in das neue Leben fügen werde, und drängte zu entschiedenen Maßregeln, so lange die Stunde noch günstig, die Möglichkeit noch vorhanden sei, sie zu ergreifen. Als die Weigerung des Königs Ferdinand, das ungarische Kriegs- und Finanzministerium anzuerkennen, zu Pesth bekannt ward, sprach man hier in den Clubs sofort von vollständiger Losreißung von Oesterreich und Erklärung der Republik. Wir werden im Weitern noch mehrere Beispiele von dieser Wachsamkeit namentlich des Pesther Sicherheitsausschusses auf die Reaktionssymptome finden.

Das ungarische Ministerium. Anfänge der croatischen, serbischen und wallachischen Gegenbewegung.

Dem ungarischen Ministerium konnte nichts weniger angenehm sein als daß es abgesehn von demjenigen, was außer Landes vorging, noch im eigenen Lande eine Art Nebenregierung habe. Als eine solche in der That konnte der Pesther Sicherheitsausschuß betrachtet werden. Das Ministerium ließ es sich von Anbeginn angelegen sein, diese nebenbuhlerische Macht zu beseitigen oder zu beschränken. Es glaubte dieß am besten dadurch zu erreichen, daß es einen allgemeinen Sicherheitsausschuß — Landesvertheidigungsausschuß — für ganz Ungarn ernenne und schritt zu dieser Maßregel schon am 25. März, nachdem es kaum thatsächlich, offiziell — durch Bestätigung des Königs — aber noch gar nicht constituirt war. Der Pesther Sicherheitsausschuß blieb indessen noch in Thätigkeit bis zur Uebersiedlung der Regierung nach Pesth.

Nach dieser Uebersiedlung am 16. April entsetzte das Ministerium vor Allem die apponyischen Administratoren und eine Anzahl von Obergespannen, die es für kaiserlich, — nicht königlich ungarisch — gesinnt hielt, ihrer Stellen. Es beschäftigte sich außerdem mit der Regelung der Ablösungssache, begann die Bearbeitung eines Gesetzes über die Einrichtung der Jury und die zu gründende Hypothekenbank und bereitete die Berufung des neuen Reichstages vor, der aus dem zu Presburg beschlossenen Wahlgesetz hervorgehen sollte.

Indessen mehr als diese inneren Angelegenheiten nahmen seine Aufmerksamkeit alsbald die antimagyarischen Bewegungen, namentlich in Croatien und Serbien in Anspruch.

Daß in Croatien der Gedanke einer Trennung von Ungarn kein neuer war, haben wir früherhin gesehen; der Illyrismus hatte hier sein Hauptquartier und die Siege, welche die Ungarn in der letzten Zeit in der Sprachangelegenheit erfochten hatten, hatten die Zahl der Anhänger einer Lostrennung von Ungarn durchaus nicht vermindert, sondern vermehrt.

Das verzweifelte Ringen um die Erhebung ihrer Nationalität hatte auch das Nationalgefühl der Südslaven, wenn nicht erst erweckt, so doch stärker hervorgerufen.

Wir müssen dieß ausdrücklich bemerken, da von ungarischer Seite die Meinung mit ziemlichem Erfolge verbreitet worden ist, die südslavische Bewegung sei nur und einzig ein Werk der Wiener Camarilla gewesen. So verhielt es sich nicht; die Wiener Camarilla hätte mit diesem Werkzeuge ganz gewiß nichts ausgerichtet, wenn sie nicht einen fruchtbaren und wohlbeackerten Boden für ihre Pläne vorfand. Sie fand ihn.

Wir haben es 1848 öfters zu erkennen Gelegenheit gehabt, daß die Frauen in ganz verzweifelten Lagen mehr Muth zeigten als die Männer. Als Seele der Partei, welche sich der Südslaven gegen die Bestrebungen der Ungarn zu bedienen gedachte, wird allgemein die Erzherzogin Sophia (Friederika Dorothea) geboren 1805, betrachtet. Seit 1824 war sie die Gemahlin des Erzherzogs Franz (Carl Joseph), geboren 1802. Der Erzherzog Franz war der Bruder des regierenden Kaisers von Oesterreich und Königs von Ungarn, Ferdinand I. (V.) Der letztere war kinderlos, Erzherzog Franz also präsumtiver Thronerbe. Falls derselbe verzichtete, trat sein Sohn, Franz Joseph, in seine Stelle. Die Erzherzogin Sophie war die Mutter, welche für ihren Sohn stritt, wenn sie für die „Integrität" des österreichischen Kaiserstaates in dynastischem Sinne auftrat.

Am 21. Februar 1848 ward auf der croatischen Landesversammlung zu Agram (Zágráb) ein Zirkular des Comitates Warasdin diskutirt, welches eine besondere Statthalterschaft für Croatien, einen eigenen Obergerichtshof, eine eigene Section in der ungarischen Kanzlei zu Wien verlangte. Es war in „illyrischer" Sprache abgefaßt. Verhältnißmäßig waren seine Forderungen sehr bescheiden; dennoch fanden sie zu Agram geringen Beifall. Die Sache spielte noch vor der Pariser Februarrevolution. Sowie deren Bekanntwerden in Ungarn neue Aussichten öffnete, so auch in Croatien. Der Verein der Dworana unter Ludwig Gajs Leitung bearbeitete das croatische Volk gegen Ungarn, und im März ging eine Deputation desselben nach Wien ab, um vom Kaiser die vollständige Losreißung des möglichst — mindestens durch Theile Slavoniens und Dalmatiens — erweiterten Croatiens von Ungarn und den kaiserlichen Obersten Baron Jellachich als Banus des nun unmittelbar von der kaiserlichen Regierung abhängigen Landes zu erbitten.

Ferdinand, dem zu dieser Zeit von allen Seiten auch durch die unangenehmen Nachrichten aus Italien zugesetzt ward, und dessen Berathern es nicht daran liegen konnte, es mit den Ungarn zu verderben, um nun möglicher Weise zwei Kriege zugleich zu führen, verweigerte öffentlich die Erfüllung des Ersten jener Wünsche: Abtrennung Croatiens von der ungarischen Krone; dagegen ernannte er Jellachich, der binnen 8 Tagen vom Obersten zum Feldmarschallieutenant befördert wurde, zum Banus von Croatien und zwar einen Tag bevor er das ungarische Ministerium definitiv bestätigte. Auf diese Weise verschwand der Widerspruch, der sonst wohl in der Wiederernennung eines Banus in derselben Zeit, da die Constituirung eines einheitlichen Ungarns verheißen war, gefunden werden konnte.

So wenig die croatische Bewegung ohne allen natürlichen Boden war, so sicher war doch Jellachich ein auserwähltes Rüstzeug der Camarilla. Joseph Baron Jellachich de Buzim, Sohn des aus den napoleonischen Kriegen bekannten österreichischen Generals, war 1801 geboren, auf der theresianischen Akademie gebildet, 1819 in den österreichischen Kriegsdienst getreten und bis 1848 zum Obersten aufgestiegen. Er war durchaus das, was man nach neuester Gewohnheit einen ritterlichen Mann zu nennen pflegt; von angenehmer körperlicher Bildung, gut zu Pferde, Freund des schönen Geschlechtes, dabei von gründlicher Verachtung der „Crapule“ erfüllt. Er hatte die Gabe der Rede, trat selbst als Dichter auf; wendete sich als solcher und als Ritter mit Abscheu von der prosaischen Demokratie und ihren nüchternen Forderungen ab und hielt es dafür mit der romantischen Treue des Recken Fouqué, von welcher freilich die alten Recken, welche die modernen besungen haben, wenig wußten.

In ihm glaubte man den Mann zu erkennen, der die croatische Bewegung auf der rechten kaiserlichen Bahn zu halten und alles für die Zeit vorzubereiten vermöchte, da Oesterreich, wie man hoffte, im Stande sein würde, mit Ungarn ein ernstes Wort zu reden. Zu mehrerer Sicherheit war ihm, gegen den bisherigen Gebrauch, zugleich das Commando über die Militärgrenze, soweit sie an Croatien grenzt, übertragen.

Am 18. April kam der neue Banus in Agram an. Er ward mit Enthusiasmus empfangen. Gaj hatte ihm in einer Weise vorgearbeitet, daß es unbescheiden gewesen wäre, es besser zu verlangen.

Schon am 19. April verkündete der Banus das Standrecht gegen alle diejenigen, welche gegen den legitimen König, das croatische Vaterland und die croatische Nationalität agitiren würden, und, als ob diese Kriegserklärung gegen die magyarische Bewegung noch nicht deutlich genug wäre, als ob er um jeden Preis die Magyaren herausfordern wollte, dekretirte er am 25. April, daß der Distrikt Buccari, welcher zum ungarischen Littorale gerechnet ward, mit Croatien vereinigt sei.

Die Ankunft Jellachichs zu Agram machte sich auch in Serbien alsogleich merkbar. Die Serben, auch in der Militärgrenze, hatten anfänglich die ungarische Bewegung, wie sie sich von der Mitte des März an gestaltete, mit Beifall aufgenommen. Am 8. April erschien eine Deputation von Neusatz (Ujvidék) zu Presburg, um dem Reichstage für die von ihm eingeleiteten Reformen zu danken, freilich zugleich um Forderungen zu stellen: Anerkennung der serbischen Nationalität, Freiheit des Gebrauches der serbischen Sprache in allen serbischen Verhältnissen, Freiheit der orthodoxen griechischen Kirche.

In derselben Zeit aber, da die Deputation von Neusatz in Presburg ist, zeigen sich schon die Anfänge eines entschieden antimagyarischen Charakters der serbischen Bewegung. Ging der Anstoß dazu von Oesterreich oder von Rußland aus? Auch heute läßt sich dieß noch nicht mit Bestimmtheit sagen: nur soviel läßt sich behaupten, daß er aus dem türkischen Serbien kam. Oesterreich bemächtigte sich der antimagyarisch-serbischen Bewegung erst, nachdem Jellachich in Agram angekommen war.

Die antimagyarisch-serbische Partei hatte ihren Hauptposten zu Carlowitz; an der Spitze standen Popen, Priester der orthodoxen griechischen Kirche. Anfangs April ward zu Neusatz eine große serbische Volksversammlung gehalten. In dieser ward der Erzbischof Rajachich als das Haupt der serbischen Nation hingestellt. Dieser ward nach Beschluß der Versammlung zur Berufung einer serbischen Nationalversammlung aufgefordert. Als ein äußerst vorsichtiger, bedächtiger Mann, der er war, lehnte er die ihm zugedachte Ehre ab, da es nicht zu seinen gesetzlichen Befugnissen gehöre, eine solche Versammlung zu berufen. Kaum aber war Jellachich in Agram angekommen, als am 20. April eine neue Volksversammlung zu Neusatz zusammentrat, in welcher die Häupter sich nun schon viel deutlicher glaubten vernehmen lassen zu dürfen. Vollständige Ablösung der serbischen Gebiete von Ungarn und Vereinigung derselben mit Croatien und Slavonien unter österreichischem Scepter ward hier verlangt. Der „Illyrismus" schaut hier so klar heraus, daß man, um ihn nicht zu sehen, sich absichtlich die Augen verbinden muß.

Ist der Illyrismus nicht eher im Dienste Rußlands als im Dienste

Oesterreichs? kann man nicht gerade aus diesen illyrischen oder illyristischen Vorgängen schließen, daß Oesterreich hier nicht schürte? Das sind Fragen, die oft gestellt worden sind. Wer möchte ihnen die Berechtigung abstreiten, namentlich, nachdem wir zehn Jahre in der Geschichte weiter gekommen sind? Wir glauben, daß wir das richtige treffen, indem wir es dahingestellt sein lassen, wer den Anstoß zur Bewegung gab, aber allerdings behaupten, daß auf diesem Anstoße von österreichischer Seite fortgebaut ward. Was versteht man außerdem unter Oesterreich? Doch wohl schwerlich das österreichische Volk. Wenn man für das Jahr 1848 von Oesterreich, als regierender Gewalt spricht, so versteht man darunter unfehlbar die Camarilla. Wir bedienen uns dieses Wortes in dem gebräuchlichen Sinne, ohne daß wir eine große Auseinandersetzung darüber gäben, sind wir ziemlich sicher, verstanden zu werden. Wenn wir nun auch hier, obgleich seit den Ereignissen, die wir erzählen, zwölf Jahre vergangen sind, manches im Dunkeln oder zweifelhaft lassen müssen, wird der Leser daraus schließen, daß wir nicht gewissenhaft uns zu unterrichten gesucht hätten, daß uns nicht Quellen genug zu Gebot gestanden hätten? Der Leser würde absolut falsch schließen. Eben *weil* wir genau, soweit möglich, unterrichtet sind, müssen wir unser Urtheil trotz des langen Zeitraumes, der darüber hingegangen, suspendiren. Die unzurechnungsfähigen Kritiker, welche Bazancourt'sche Panegyriken als Quellen betrachten, werden dies allerdings nicht zugeben. Indessen wir abstrahiren mit Vergnügen davon, von diesen sonderbaren Creaturen unsers Herrgotts, die allerdings auch in die Schöpfung hineingehören, als Geschichtschreiber anerkannt zu werden. Die österreichische Camarilla sah 1848 lediglich auf das, was ihr zunächst lag; sie rechnete nach dem Spruche: kommt Zeit, kommt Rath. Sie hatte außerdem so Unrecht nicht, wenn sie überlegte, daß das damals lebende Haupt der Panslavisten, der Kaiser Nikolaus von Rußland, eben in dieser Zeit soviel mit den „Helden" der europäischen Demokratie zu thun hatte, daß er sich um die Helden gegen den Panslavismus wenig kümmern konnte, zumal wenn dieselben auf den Thronen saßen oder sich um dieselben bewegten.

Von Neusatz wälzte sich am 20. April ein Volkshaufe nach Carlowitz, um durch eine Sturmpetition den Erzbischof Rajachich zu bewegen, daß er von seiner Weigerung, eine serbische Nationalversammlung zu berufen, zurückkomme. Die Sturmpetition hatte um so bessere Wirkung, als Rajachich auch von Croatien her Nachrichten erhalten hatte, die ihn vollkommen darüber beruhigten, was man in Wien von seinem Vorgehen denken werde

Er berief eine serbisch-slavonische Nationalversammlung auf den 13 Mai nach Carlowitz.

Unterdessen aber waren die serbischen Agitatoren keineswegs unthätig. Ihr Hauptaugenmerk war darauf gerichtet, die Serben gegenüber den Magyaren zu compromittiren. Auch Verlockungen ganz und gar communistischer Färbung wurden nicht verschmäht, um dieses Ziel zu erreichen. „Seht da, rief man den Serben zu, die reichen Magyaren und Deutschen, welche mitten unter euch wohnen. Schlagt sie todt und theilt ihre Güter!"

Solcherlei Aufreizungen rissen zu Ostern, am 24. April unmittelbar nach dem Ende der Messe die Serbenbevölkerung von Nagy Kikinda und der Umgegend zu Gräueln aller Art gegen die Magyaren und Deutschen hin, die neben ihnen wohnten. Aehnliche Vorfälle gab es am 26. April zu Ó Becse und zu Nagy Becskerek.

Am 13. Mai endlich trat die große Serbenversammlung zu Carlowitz zusammen, welche der Erzbischof Rajachich berufen hatte. Es ging dabei ziemlich tumultuarisch her; von einer unter geordneten Verhältnissen gewählten Repräsentantenversammlung war nicht die Rede; massenweise waren aber auch Serben aus dem türkischen Gebiete herübergekommen.

Hier wurden folgende Beschlüsse gefaßt: Die Würden des Patriarchen und des Wojewoden (gleichbedeutend mit dem deutschen Herzog in dem ursprünglichen Sinne des Worts) sind wiederhergestellt; jene ist dem Erzbischof Rajachich, diese dem kaiserlichen Obersten Supplikatz übertragen. Die Serben constituiren sich als freie unabhängige Nation unter dem Scepter des Hauses Oesterreich und der Krone von Ungarn. Sie verlangen, daß die Comitate Syrmien, Baranya, Bács, das Banat von Temeswar und der Distrikt von Kikinda mit dem Czaikistendistrikt und den anstoßenden Theilen der Militärgrenze zur serbischen Wojewodschaft erklärt werden. Politisch wird sich diese Wojewodschaft mit dem Königreich Croatien, Slavonien und Dalmatien vereinigen. Es wird ein Komite gebildet, um die Beziehungen der Wojewodschaft zu Croatien zu regeln und um aus seiner Mitte eine permanente (Regierungs-)Commission zu wählen. Der König wird gebeten werden, die Unabhängigkeit der Rumänen auszusprechen. Die Serben werden sich nicht auf die vom ungarischen Ministerium am 15. Mai berufene Versammlung (s. weiter unten) begeben. Das serbische Komite ist ermächtigt, über die Kirchen- und Schulgüter zu verfügen (zu den Zwecken der Bewegung). Es wird eine Deputation nach Wien senden, um die Ratifikation seiner Beschlüsse dort einzuholen, eine andere nach Agram, um sich mit den Croaten zu verständigen.

In diesen Beschlüssen der Versammlung von Carlowitz zeigen sich zuerst die Elemente der Bewegung in ihrem vollen Zusammenhange: Vereinigung der Südslaven gegen Ungarn und für die Herrschaft des Kaisers von Oesterreich.

Ihre Ansprüche stützten die Serben vornämlich auf die Patentbriefe Leopolds I. von 1690 und 1691. Die Rechte, die sie daraus herleiten wollten, konnten allerdings vom Standpunkte des ungarischen Staatsrechtes, wie aus den geschichtlichen Ereignissen, den Wandlungen der Territorialverhältnisse vor und nach ihnen, gründlich angefochten werden. Daß sie auch auf dem Gebiete, welches sie als serbische Wojewodschaft für sich verlangten, nicht die Majorität der Bevölkerung ausmachten, geht schon aus den früher (s. S. 11) von uns angeführten Zahlen deutlich hervor.

Wie verhielten sich nun die Magyaren zu der Bewegung der Croaten und der Serben? Der Pesther Sicherheitsausschuß richtete zuerst sein Augenmerk auf dieselbe, schon zu Ende März. Am 31. März redigirte er eine Adresse an die Croaten, in welcher er diesen zurief, fest mit den Ungarn zusammenzustehn gegen ihre gemeinsamen Feinde, die Männer der gestürzten Regierung; die neue Fahne, welche Ungarn aufgesteckt, sei nicht die Fahne einer Raçe, sondern die Fahne der Freiheit für alle. Angesehene Croaten, welche in Pesth angesessen waren, erboten sich, diese Adresse in ihre Heimat zu bringen und beim Volke in ihrem Sinne zu wirken. Aber nur einzelne dieser Emissäre konnten überhaupt den croatischen Boden betreten und kaum hier angekommen, wurden sie von fanatischen Banden, welche von den Illyristen aufgereizt waren, ergriffen, mißhandelt, den Militärbehörden ausgeliefert. Die übrigen betraten Croatien gar nicht. Erschreckt kehrten sie um, um nicht gleichem Schicksal zu verfallen.

Das Ministerium Batthyány ward erst bestimmt, sich mit der slavischen Bewegung zu befassen durch die verdächtige Standrechtserklärung Jellachichs vom 18. April, die ihr auf dem Fuße folgende serbische Volksversammlung zu Neusatz und die Unordnungen in Serbien zu Nagy Kikinda, Ó Becse, Nagy Becskerek.

Es lud zunächst Jellachich zu einer Conferenz ein, zu welcher er sich vor dem 10. Mai einzufinden habe und wendete sich gleichzeitig an den König Ferdinand, um diesen zu bitten, daß er einschreite. In der That erließ Ferdinand am 6. Mai zwei Dekrete, durch welche er 1) dem Banus anbefahl, in allen Dingen dem ungarischen Ministerium pünktlich zu gehorchen, 2) den Palatin ermächtigte, erforderlichen Falls einen Commissarius nach Croatien zu senden, um die dort auftauchenden Trennungsgelüste zu unterdrücken.

Jellachich kümmerte sich nicht im geringsten um die Einladung des ungarischen Ministeriums; er behandelte dieselbe, als sei sie nicht vorhanden.

Auf Grund der königlichen Erlasse befahl nun am 10. Mai der Palatin dem Banus, seine Standrechtserklärung vom 18. April zu widerrufen und ernannte am 11. Mai den Commandanten von Peterwardein, Feldmarschallieutenant Hrabowski, zum Commissarius für Croatien.

Zugleich aber beschäftigte sich das Ministerium damit, den Croaten Concessionen zu machen: eine eigene croatische Abtheilung sollte im Ministerium des Innern und im Justizministerium errichtet und nur mit Croaten besetzt werden; das Ministerium würde mit den croatischen Behörden auch ferner in lateinischer Sprache verkehren, die Gesetze sollten nach Croatien in magyarischer und lateinischer Sprache und nebenbei selbst mit croatischer Uebersetzung gesendet werden. Auch Slavonien, dazu entschloß man sich endlich, sollte auf gleichem Fuße mit Croatien behandelt werden.

Da Jellachich durchaus keine Miene machte, die Befehle des Palatins zu befolgen, so beauftragte der letztere am 14. Mai den F.-M.-L. Hrabowski, den Banus zu entsetzen und ihm den Prozeß zu machen.

Die Bevölkerung von Agram antwortet darauf schon am 15. Mai, indem sie die Dekrete und den Palatin und Batthyány in effigie auf öffentlichem Markte verbrennt, und am 16. Mai ruft Jellachich alle wehrhaften Männer Croatiens „zur Vertheidigung der Freiheit" unter die Waffen und befiehlt die Inventarisirung sämmtlicher Lebensmittel, Waffen und Munition. Er beruft dann die Nationalversammlung der Croaten und Slavonier zum 5. Juni nach Agram, und kurze Zeit nach diesen Maßregeln, am 25. Mai, läßt er die magyarisch gesinnte Bevölkerung des Bezirks Turopolya entwaffnen. Hrabowski konnte es nicht einmal wagen, sich in Croatien sehen zu lassen, viel weniger durfte er daran denken, die Entsetzung des Banus durchführen zu wollen.

Verlassen wir hier einen Augenblick Croatien, um uns zu den Serben zu wenden. Auf die Nachricht von den Unruhen zu Nagy Kikinda beauftragte am 26. April das ungarische Ministerium den Obergespann des Temeser Comitates, Peter Csernowich, dieselben zu unterdrücken und forderte zugleich, um den Willkürlichkeiten wo möglich ein Ende zu machen, den Erzbischof Rajachich auf, auf den 15. Mai eine Nationalsynode der Serben nach Carlowitz zu berufen, damit diese ihre Wünsche aussprechen könnte. Wir haben bereits (s. o. S. 64) gesehen, wie die serbische Versammlung vom 13. Mai zu Carlowitz darauf antwortete. Die Truppen, welche der Obergespann von Temes aufbot, stellten freilich an den Punkten, auf welchen sie erschienen, ohne große Mühe die Ruhe her, indessen auf zehn andern Punkten zeigten sich dafür Unordnungen derselben Art. Ehe wir dem ungarischen Ministerium auf seinem Wege in dieser Zeit der tausend und einen Schwierigkeit weiter folgen, müssen wir nun noch einen Blick auf Siebenbürgen werfen.

Der siebenbürgische Landtag von 1847 hatte am 3. November in seiner Adresse an den Großfürsten den Wunsch einer vollständigen Vereinigung Siebenbürgens mit Ungarn ausgesprochen. Der gleiche Wunsch war in Ungarn lebendig. Er kommt in dem Programm der liberalen Partei von 1847 zum Vorschein, er wird wiederholt in den 12 Artikeln, endlich in der Adresse des Presburger Reichstags vom 20. März, welche zugleich Berufung des Siebenbürger Landtags zur Aeußerung über die Sache forderte. Eine lebhafte Bewegung für die Vereinigung sprach sich alsbald bei den Magyaren Siebenbürgens aus. Indessen die Regierung des Kaisers und Großfürsten Ferdinand zögerte, den siebenbürgischen Landtag zu berufen. Schon hatte sich, auf vielfaches Drängen, der damalige Gouverneur von Siebenbürgen, Graf Joseph Teleki, entschlossen, den Landtag von sich aus auszuschreiben, schon hatte eine Deputation von Klausenburg am 23. April zu Pesth den Erzherzog Palatin gebeten, den Landtag zu eröffnen, da Siebenbürgen sich faktisch bereits als vereinigt mit Ungarn betrachte, als endlich die Berufungsbriefe des Großfürsten, datirt vom 5. Mai erschienen.

Am 29. ward der Landtag von dem kaiserlich-großfürstlichen Commissär, General Puchner, eröffnet. Am 30. Mai beschloß er sofort die Vereinigung Siebenbürgens mit Ungarn. Am 18. Juni, wie wir sogleich hinzusetzen wollen, bestätigte Ferdinand die Vereinigung und ermächtigte den Palatin zur Sanktion des Wahlgesetzes; diese erfolgte am 23. Juni, worauf der Landtag sich auflöste.

Lange vorher hatte die Arbeit der Reaction in Siebenbürgen begonnen. Es ist klar, daß sie hier vorzüglich die Aufgabe hatte, gegen die Vereinigung mit Ungarn zu wirken. Wie wir früher gesehen haben, hatten die Sachsen ebensoviele Veranlassung, das unabhängige Fortbestehn Siebenbürgens zu wünschen, als die Magyaren und Szekler das Gegentheil. Die Sachsen wurden in der That die wirklichen Leiter der Reaction und sie bedienten sich als ihrer Werkzeuge insbesondere dieser verachteten und verworfenen Wallachen, welche freilich, wenn ihre Einsicht auch nur eines Nagels groß gewesen wäre, hätten erkennen müssen, daß sie bei der Vereinigung Siebenbürgens mit den neuen Ungarn nur gewinnen konnten, welche indessen diese Einsicht nicht hatten und in ihrer Beschränktheit dem Einflusse der Sachsen, deren Knechte sie waren, blindlings gehorchten und sich mit allen Ködern fangen ließen, welche diesen anzuwenden beliebte.

Schon am 25. März begann eine Proklamation ohne Unterschrift in den wallachischen Bezirken umzugehn, welche die Rumänen aufforderte, sich zur Erringung ihrer nationalen Rechte zu einigen. Am 26. wurden die Wallachen zu einer Volksversammlung eingeladen. An dem Abend des gleichen Tages fand sich die rumänische Jugend von Balásfalva (Blasendorf, Blajum) am Zusammenflusse der beiden Kokel, bei dem jungen Abraham Janku, einem nicht praktizirenden Advokaten, Sohn eines reichen Bauern zusammen. Hier ward heftig gegen die Vereinigung Siebenbürgens mit Ungarn, gegen die Magyaren gesprochen. Offenbar ist es, daß Janku und seine Gesinnungsgenossen auch daran nicht dachten, bleibend Siebenbürgen als Knechte der Magyaren und Deutschen anzugehören, daß sie, die Begabteren vielmehr in dieser Zeit der Wunder, wo nichts für unmöglich galt, von der Wiederaufrichtung eines großen Rumänenreiches träumten. Aber, welches war der Stoff, aus welchem sie dieses Reich aufrichten wollten? Bessarabien unter russischer, die Moldau und Wallachei unter türkischer Herrschaft, die Wallachen Siebenbürgens, die Wallachen Ungarns! Knecht war der Wallache überall; selbst wo er Grundherr war, ohne politisches Recht, nicht geachtet. Die Masse des Volkes war arm und elend, keines Aufschwungs fähig; in alle Wege zu treiben, durch Furcht oder durch wüste Leidenschaft mehr zu leiten als durch die Vernunft; die ungarischen Wallachen hatten alle Veranlassung, sich den Deutschen und Magyaren gegen die Serben anzuschließen; sie waren dadurch schon auf ganz andere Bahnen gezogen als die siebenbürgischen. Die Wallachen unter russischer und türkischer Herrschaft wußten kaum etwas davon, daß sie Brüder jenseits der transsylvanischen Alpen und der Donau hätten.

Indessen ward bei Janku verabredet, daß eine wallachische Volksversammlung auf den Sonntag Quasimodogeniti (30. April)* zu berufen sei. Dieselbe kam wirklich zu Stande. Die Menge der Versammelten, vielleicht auch deren Gesinnung entsprach indessen nicht der Hoffnung der Leiter und man vertagte sie deshalb auf den 15. Mai, um unterdessen Zeit zur Agitation zu gewinnen.

* Die Wallachen als Söhne der orthodoxen griechischen Kirche rechnen nach dem alten Kalender. Es ist daraus bei den Schriftstellern, die nicht darauf achten, eine Confusion über die Daten entstanden, die bisweilen höchst störend werden kann. Der Sonntag Quasimodogeniti ist der Sonntag nach Ostern; Ostern fiel 1848 auf den 23. April, Quasimodogeniti also auf den 30. April, alles nach dem neuen Kalender; nach dem alten dagegen Ostern auf den 11., Quasimodogeniti auf den 18. April. Man kann sich vorstellen, zu welcher Verwirrung es führt, wenn je nach den verschiedenen Quellen das Datum bald nach dem alten, bald nach dem neuen Kalender angegeben wird. Wir halten uns selbstverständlich immer an letztern.

Bei dieser Agitation trat immer deutlicher dieß zu Tage, daß die Wallachen gegen die Vereinigung Siebenbürgens mit Ungarn wenigstens so lange sein würden, als sie nicht in der Eigenschaft einer vierten Nation in Siebenbürgen anerkannt seien. Nun konnte dagegen allerdings eingewendet werden, daß es in dem neuen Ungarn überhaupt keine politischen Raçenunterschiede, die als solche anerkannt wären, geben sollte; nur ein Reich der Freiheit. Indessen wollten doch die Magyaren, daß ihre Sprache die regierende sei, damit sie selbst die regierende Nation. Andererseits machte eben zu dieser Zeit das ungarische Ministerium den Croaten sprachliche und damit nationale Zugeständnisse. Kurz es war ein heilloser Wirrwarr und im höchsten Maße ungerecht erscheint es, in dieser Confusion einer der freilich vielen auftauchenden Parteien die Schuld zuschieben zu wollen. Ungerecht ist es auch, den Gouverneur von Siebenbürgen zu beschuldigen, daß er in dieser Confusion nicht sofort die rechten Mittel ergriff, um sie zu klären. Welche waren denn die rechten Mittel?

In der That hielt sich Teleki auf dem gesetzlichen Wege, auf dem Wege obenein, welchen das Beispiel des ungarischen Ministeriums ihm vorschrieb. Den jungen Advokaten Mikás, ein schlechtes Subjekt, das die Wallachen offen zur Bewaffnung gegen die Magyaren aufforderte, ließ er verhaften, und am 3. Mai begab er sich nach Herrmannstadt, um sich dort wo möglich mit den Notabilitäten der Sachsen und Wallachen zu verständigen. Es gelang ihm nicht, ja er konnte nicht einmal zu Worte kommen. Aber war nicht das ungarische Ministerium gegenüber Jellachich und den Serben eben so zu Werke gegangen und war es ihm etwa besser gelungen?

Seit dem 12. Mai strömten wallachische Haufen von den Bergen und aus den Thälern nach Balásfalva zusammen. Janku, Buteano, Barnuß, der griechische Bischof Schaguna von Herrmannstadt thaten sich als die Führer auf. Am 14. Mai hatte eine Vorversammlung in der Kirche statt; am 15. Mai folgte die Hauptversammlung im freien Felde. Fünfzehntausend Menschen waren beieinander. Sonderbarer Weise war die Tribüne der Redner mit russischen Fahnen, die für rumänische ausgegeben wurden und an deren Spitzen sich Bänder in den österreichischen Farben befanden, verziert.

Die Versammlung beschloß eine Adresse an den siebenbürgischen Landtag, in welcher die folgenden Forderungen aufgestellt wurden:

Anerkennung der Wallachen als vierte verfassungsmäßig constituirte Nation; Gleichberechtigung des orthodox griechischen Bekenntnisses; jährliche Synoden; das Stimmrecht am Landtag für die griechischen Bischöfe und Diöcesancapitel; Abschaffung der Zehnten und Frohnden ohne Entschädigung von Seiten der bisherigen Verpflichteten; Freiheit der Industrie; Verbesserung des Looses der Schäfer, welche jährlich die Heerden zum Weiden nach der Wallachei treiben; Abschaffung des Bergwerkszehnten; Freiheit der Presse ohne Cautionen; Freiheit der Person und Vereinsrecht; Jury; Errichtung einer Nationalgarde, während doch die siebenbürgische Militärgrenze stehen bleibt; Ernennung von Wallachen zu Offizieren; gerechtere Vertheilung der Güter; Besoldung der Priester durch den Staat; Normal-, Militär- und polytechnische Schulen mit wallachischen Direktoren und Professoren; gleiche Theilnahme Aller an der Aufbringung der Steuern; eine neue Verfassung auf der Grundlage der Gleichheit und Brüderlichkeit; ein neues Strafgesetz; Beseitigung der für die Wallachen beleidigenden Ausdrücke im alten Gesetzbuch. Endlich soll die Frage der Vereinigung mit Ungarn nicht eher discutirt werden, als bis die Wallachen als vierte siebenbürgische Nation anerkannt sind. Geschieht es dennoch, so protestiren die Wallachen im Voraus gegen die Vereinigung.

Um diesem letzteren Beschlusse noch mehr Nachdruck zu geben und seine Bedeutung unzweifelhafter festzustellen, leistete die Versammlung dem Kaiser Ferdinand I. von Oesterreich, nicht dem König Ferdinand V. von Ungarn, den Eid der Treue.

Am 16. und 17. Mai wurden die Verhandlungen fortgesetzt; es ward eine Commission von hundert Mitgliedern erwählt, um dem Landtag zu Klausenburg, dessen Zusammentreten nahe bevorstand, die wallachischen Forderungen zu hinterbringen; eine andere Commission von 30 Mitgliedern sollte sie dem Kaiser Ferdinand nach Wien bringen.

Der Landtag nahm die wallachischen Forderungen im Ganzen wohlwollend auf, machte indessen darauf aufmerksam, daß der Mehrzahl dieser Forderungen bereits durch frühere Gesetze ein Genüge gethan sei, daß die Erfüllung anderer sich nicht mit der neuen Verfassung vertragen würde, die man anstrebe und daß noch andere der Entscheidung des demnächst zu berufenden ungarischen Reichstages — von dem freilich die Wallachen vorläufig noch gar nichts wissen wollten — aufbehalten werden müßten.

Der im Laufe des Mai immer offener hervortretende Widerstand der Croaten, der Serben, dann der siebenbürgischen Wallachen, erfüllte das ungarische Ministerium mit ernsten Besorgnissen. Es konnte sich nicht verhehlen, daß es in den Fall kommen möchte, Gewalt gegen Jellachich, wie gegen die Serben bald anwenden zu müssen. Dazu war es dann unumgänglich nothwendig, eine verläßliche Militärmacht unter der Hand zu haben. An dieser aber fehlte es eben. Eine große Anzahl der ungarischen Regimenter befand sich außerhalb des Landes, zum Theil auf dem Kriegsschauplatz in Italien; dagegen waren andere Regimenter, deutsche, italienische, slavische in Ungarn. Die Grenzen waren bis auf die Szekler ganz in der Gewalt der Feinde, mit denen man es zu thun zu bekommen fürchten mußte. Der Mehrzahl der österreichischen Offiziere war die ganze magyarische Bewegung ein Gräuel. Wie konnte man erwarten, daß sie im Kampfe für dieselbe ihr Bestes thun würden?

Das ungarische Ministerium wendete sich unter diesen Umständen zu wiederholten Malen an die kaiserliche Regierung zu Wien mit der Aufforderung, die außer Landes befindlichen ungarischen Regimenter nach Ungarn zurückzusenden. Dieser Forderung im vollen Umfange nachzukommen, hatte allerdings für die österreichische Regierung ihre Schwierigkeiten. Aber hätte es diese auch nicht gehabt; es konnte der österreichischen Regierung oder vielmehr der Camarilla, welche jetzt immer mehr die wahre Leitung der Angelegenheiten übernahm und welche ja nur darauf bedacht war, die verheißene Unabhängigkeit Ungarns nicht zu einer Wahrheit werden zu lassen, sie vielmehr in ihren Grundfesten zu untergraben und zu unterwühlen, um die Führung des endlichen entscheidenden Schlages gegen sie, wenn der künftige Zeitpunkt dazu gekommen wäre, zu erleichtern; es konnte der Camarilla wenig daran liegen, durch Heimsendung der ungarischen Regimenter die verhaßte ungarische Unabhängigkeit gerade zu stärken. Die Heimsendung der ungarischen Truppen ward daher auf alle Weise verzögert, wogegen man lieber andere, deutsche und slavische Regimenter nach Ungarn einrücken ließ, angeblich freilich und offiziell zur Verfügung des ungarischen Ministeriums, insgeheim um sich ihrer im entscheidenden Augenblick gegen die Ungarn zu bedienen.

Am 16. Mai nun ordnete das Ministerium Batthyány, um wenigstens eine Anzahl zuverläßiger Truppen zu gewinnen, die Errichtung einer ungarischen Landwehr (Honvéd) an und zwar zunächst nur in der Stärke von 10000 M. in 10 Bataillonen. Die Formation war ganz nach österreichischem Muster; das Commando und die Uniform aber waren magyarisch. Der Zudrang von Freiwilligen zu dieser Truppe war sehr groß, so daß es wohl möglich gewesen wäre, sie schon im Juni auf das Doppelte zu bringen. Indessen hielt sich die ungarische Regierung an die Zahl von 10000 M., wahrscheinlich in der Besorgniß, durch größere Ausdehnung der Rüstungen es bei dem König Ferdinand V. zu verderben.

Bald darauf berief Batthyány, obgleich die Vereinigung Siebenbürgens mit Ungarn noch nicht offiziell ausgesprochen war, die Szeklerregimenter aus Siebenbürgen nach Szegedin, um sie hier den Serben gegenüberzustellen.

Am 24. Mai dekretirte das Ministerium dann die Ausgabe von 2 Millionen Gulden Schatzbons und ferner die Ausgabe von $12^1/_2$ Millionen Gulden Bankzetteln, um die Geldmittel zur Bestreitung der nächsten Rüstungen zu gewinnen und forderte zur Steuer freiwilliger Beiträge auf, um die nothwendige baare Hinterlage bilden zu können.

Endlich berief das Ministerium durch ein Dekret vom 18. Mai, welches am 23. erschien, den ungarischen Reichstag auf den 2. Juli nach Pesth.

Zu einiger Beruhigung der Ungarn, obwohl ohne großes Recht dazu, diente es, daß vom 1. Juni ab die in Ungarn stehenden österreichischen Truppentheile auf die neue Verfassung vereidet wurden.

Jellachich in Innspruck.

Auf die wiederholten Aufforderungen des ungarischen Ministeriums erklärte unterdessen der König Ferdinand durch einen Erlaß (10. Juni) den Banus Jellachich für einen Hochverräther und entsetzte ihn aller seiner Aemter und Würden.

Ferdinand war zu dieser Zeit nicht mehr in Wien. Am 15. Mai brach die zweite Wiener Revolution aus; der Kaiser ward gezwungen, einen österreichischen allgemeinen Reichstag, hervorgegangen aus dem allgemeinen Stimmrecht, zu bewilligen. Die Camarilla hielt es für nöthig, fernerhin den Kaiser dem Einfluß der Wiener Volkspartei zu entziehen. Sie bewog ihn die Hauptstadt zu verlassen und sein Hoflager in Innspruck aufzuschlagen.

Das ungarische Ministerium befahl darauf seinem Minister der Communication mit Oesterreich, dem Grafen Paul Eszterházy, der noch zu Wien geblieben war, dem Könige von Ungarn nach Innspruck zu folgen und ihn einzuladen, daß er sich in die Mitte seiner getreuen Magyaren begebe. Der Camarilla schien Ferdinands Aufenthalt zu Pesth um kein Haar zweckmäßiger als zu Wien. Ferdinand lehnte das Ansinnen der Ungarn unter dem Bedauern, daß es ihm unmöglich sei, für jetzt demselben nachzukommen, ab. Eszterházy blieb demgemäß in Innspruck.

Unterdessen hatte Jellachich seinen croatischen Landtag zu Agram am 5. Juni zusammentreten lassen, ohne sich im Mindesten um die Anklagen zu kümmern, welche die Ungarn gegen ihn beim Kaiser und König vorbrachten; auch Abgeordnete der Serben fanden sich zu Agram ein.

Der croatische Landtag beschloß, die nachfolgenden Forderungen durch eine Petition an den Kaiser gelangen zu lassen.

Croatien erhält einen eigenen Verwaltungsrath unter dem Vorsitze des Banus, welcher Rath dem Landtage zu Agram verantwortlich und unabhängig vom ungarischen Ministerium ist, dem sich Croatien nicht unterordnen kann. In Bezug auf Finanzen, Heerwesen, Verkehr steht Croatien unter dem kaiserlichen Cabinet zu Wien, welchem ein dem Agramer Landtag verantwortlicher croatischer Staatsrath beigegeben wird. Die croatisch-slavonische Militärgrenze wird in bürgerlicher Beziehung dem croatischen Verwaltungsrath untergeordnet, bleibt aber militärisch unmittelbar von den kaiserlichen Behörden abhängig. Das Croatische ist die offizielle Sprache. Die inneren Angelegenheiten werden frei vom croatischen Landtag geordnet, die äußeren Angelegenheiten werden auf dem allgemeinen österreichischen Reichstag zu Wien verhandelt, für welchen die Croaten bereits Abgeordnete gewählt haben. Die alte Verbindung Croatiens mit Slavonien und Dalmatien wird wieder hergestellt. Die alten Freundschaftsverhältnisse zwischen Croatien und Ungarn sollen aufrecht erhalten werden; doch kann in dieser Beziehung nichts definitiv festgestellt werden, so lange der Kaiser den Wünschen der Croaten nicht Genüge gethan hat und so lange die Stellung Ungarns innerhalb des Kaiserreichs und seine Verhältnisse zu dessen anderen Provinzen nicht klar bestimmt sind. Der Banus ernennt mit Zustimmung des Kaisers zu allen Aemtern. Bis zur Reorganisation der Gerichtsverhältnisse dürfen croatische Rechtssachen nicht vor das ungarische Oberappellationsgericht gezogen werden. Der Kaiser wird den von den Croaten dazu erwählten Baron Kulmer als Repräsentanten des croatischen Volkes bei seiner Person anerkennen. Die Macht des Banus erstreckt sich über das ganze Land von der Drave (Drau) bis zum adriatischen Meere. Die Distrikte der Militärgrenze von Gradisca, Brod und Peterwardein sowie das ungarische Küstenland werden demgemäß zu integrirenden Theilen Croatiens erklärt.

Jellachich selbst führte die Deputation des croatischen Landtages, welche diese Forderungen überbringen sollte, im Verein mit der Deputation der Serben nach Innspruck.

Der vom König Ferdinand V. von Ungarn zum Hochverräther erklärte Jellachich scheute sich nicht, den Kaiser Ferdinand I. persönlich aufzusuchen. Was wird dieser mit ihm beginnen? wird er ihn ergreifen lassen und ihm den Prozeß machen.

O nicht doch! Jellachich in Innspruck angekommen, suchte zunächst eine Audienz beim Erzherzog Franz Carl, dem Bruder des Kaisers nach. Er erhielt sie am 17. Juni. Franz Carl hatte zuvor den Grafen Paul

Eszterházy davon benachrichtigt. Eszterházy wünschte der Audienz beizuwohnen. Jellachich lehnte dieß ab. Eszterházy hätte gerade deshalb wohl doppelt auf seinem Verlangen bestehen sollen.

Am 17. Juni zu Innspruck ward der Feldzugsplan gegen die Ungarn verabredet. Noch konnte man den Kaiser zu ihnen nicht sprechen lassen: „Ich muß zurücknehmen, was ich euch versprochen habe. Unterwerft euch, fügt euch dem, was ich will, euere Unabhängigkeit gefällt mir nicht.“ Noch war dieß nicht möglich, aber Hoffnung, daß es bald möglich sein werde, zeigte sich bereits. In Italien besserte sich die Lage des österreichischen Heeres von Tag zu Tage. Zwar hatte Radetzki seinen Marsch von Mantua am rechten Ufer des Mincio aufwärts zum Entsatze Peschieras einstellen müssen. Peschiera war in die Hände Carl Alberts gefallen; dafür hatte Radetzki am 10. Juni Vicenza genommen, sich den Rücken frei gemacht; Verstärkungen aus dem Osten konnten ohne Hinderniß nach Verona heranrücken und bald war vielleicht Radetzki im Stande, angriffsweise gegen Carl Albert aus den Schanzen von Verona hervorzubrechen.

Die tschechische Bewegung hatte sich zu Prag am 11. Juni zu offenem Aufstand gesteigert. Aber eben dieses hatte dem Landesgeneralcommandanten, dem Fürsten Windischgrätz, Gelegenheit gegeben, mit bewaffneter Hand gegen sie aufzutreten und sie blutig zu unterdrücken. Am 17. Juni, an demselben Tage, an welchem Jellachich mit dem Erzherzog Franz Carl über den Kampf gegen Ungarn verhandelte, fertigte Fürst Windischgrätz zu Prag die Depesche aus, durch welche er anzeigte, daß „die Ordnung hergestellt sei.“

War in den deutschen Ländern nichts mehr zu fürchten, war in Italien der Sieg errungen, dann konnte man offen mit der Sprache auch gegen Ungarn herausrücken. Bis dahin aber mußten Croaten, Serben und die von den Sachsen geleiteten Wallachen in Siebenbürgen den Kampf gegen die Magyaren auf ihre eigene Faust, — selbst ohne die offizielle Anerkennung seitens des Kaisers und Königs führen.

Um das Spiel immer mehr zu verwirren, namentlich in den Augen der Leute, welche sich scheuten, den wahren Sachverhalt sehen zu wollen, mußte der Kaiser Ferdinand am 19. Juni zuerst Jellachich, dann auch die croatische Deputation empfangen. Er ertheilte Jellachich die nachgesuchte Audienz als einfachem Privatmann — nicht als Banus, aber doch auch nicht als Hochverräther, — in Gegenwart seiner Gemahlin, des Erzherzogs Franz Carl, des Fürsten Eszterházy und drückte dem Banus sein höchstes Mißfallen über dessen Ungehorsam aus.

Dann empfing der Kaiser die Mitglieder der croatischen Deputation auch nur in der Eigenschaft von Privatleuten; er nahm die croatische Petition an, aber nur, um sich über die Stimmung zu unterrichten. Nach Vorlesung der Petition mißbilligte er die Agramer Repräsentantenversammlung vom 5. Juni und ermahnte die Croaten, sich mit den Ungarn zu verständigen; nur auf diese Weise würden sie ihm ihre Treue beweisen. Der Erzherzog Johann, fügte der Kaiser hinzu, vertrete ihn zu Wien, so lange er selbst leidend sei, derselbe würde auch die Vermittlung zwischen Ungarn und Croaten betreiben. Später empfing Ferdinand dann auch die serbische Deputation, mit welcher er eben so verfuhr, wie mit der croatischen. Die beiden Petitionen der Croaten und Serben wurden durch Vermittlung Eszterházys dem ungarischen Ministerium zur Verfügung überwiesen.

Nichts geschah, um die Hochverrathserklärung gegen Jellachich zur Ausführung zu bringen, welchem doch zu Innspruck nichts im Wege gestanden hätte. Obgleich er in Worten aller seiner Aemter und Würden entsetzt war, ward er doch thatsächlich als der vollberechtigte Vertreter der Croaten — und der Serben den Ungarn gegenüber behandelt, und nicht bloß von dem kaiserlichen Hofe; auch die Ungarn ließen sich noch immer zu einem Vermittlungsverkehr mit ihm herbei.

Nach der Audienz beim Kaiser zu Innspruck hatte Eszterházy eine Conferenz mit Jellachich, in welcher dieser versichern konnte, daß er ganz geneigt sei, sich mit dem ungarischen Ministerium zu verständigen.

Jellachich reiste von Innspruck über Wien ruhig nach Agram zurück, wo er am 24. Juni wieder eintraf; jetzt als anerkannter bevollmächtigter Agent der österreichischen Camarilla, mit der Losung: auf dem von ihm betretenen Wege fortzugehen, aber Gewaltschritte so lange hinauszuschieben, bis Oesterreich in Italien und Deutschland gegen Ungarn den Rücken frei habe.

Das offizielle Journal des ungarischen Ministeriums, der Közlöny, theilte die Aufnahme, welche die Croaten und Serben in Innspruck gefunden hatten, in einer Weise mit, als könnten die Magyaren damit vollständig zufrieden sein, und außerdem erklärte das Ministerium sich wiederholt bereit, über die legitimen und gesetzlichen Wünsche der slavischen Bevölkerungen mit diesen zu verhandeln. Unterdessen aber mußte es doch immer mehr darauf denken, sich zum Gebrauch der Waffengewalt zu rüsten.

Während in Croatien der Kampf gegen die Ungarn still, versteckter, bureaukratischer und geordneter organisirt ward, geschah es in Serbien ein wenig tumultuarischer.

Zweiter Abschnitt.

Vom offenen Ausbruch des serbischen Aufstandes bis zum Einrücken des österreichischen Heeres unter dem Fürsten Windischgrätz in Ungarn.

Juni bis Dezember 1848.

Organisation der Serben zum Kampfe gegen die Ungarn.

In den ersten Tagen des Juni erschien eine serbische Schaar zu Titel, um das dortige Arsenal zu plündern. Da die Nationalgarde bereits die Gewehre aus demselben an sich genommen hatte, ward es leer gefunden. Die Serben zogen sich nach Syrmien zurück, kamen aber am 6. Juni schon wieder nach Titel, bemächtigten sich der Offiziere des Csaikistenbataillons, setzten sie fest und veranlaßten die Soldaten, sich ihnen anzuschließen. Mit denselben, mit acht zu Titel aufgebrachten Geschützen und auf dem Wege durch Zuzüge von freiwilligen Serben verstärkt, zogen sie an die Römerschanzen, um hier ein Lager zu nehmen. Ein anderes Serbenlager bildete sich gleichzeitig zu Carlowitz, um die provisorische Regierung, welche hier residirte, zu schützen.

Diese schrieb darauf an Hrabowski nach Peterwardein, daß die Serben die Waffen nur zur Vertheidigung des Kaisers Ferdinand ergriffen hätten und daß sie jeden Angriff seinerseits und dessen Folgen nur als eine Privatangelegenheit zwischen Ungarn und Serben betrachten, ihn selbst aber, den Commandanten von Peterwardein, nicht als im Namen des Kaisers-Königs Ferdinand handelnd ansehen würden.

Dem F.-M.-L. Hrabowski blieb darauf nur eine Antwort. Er mußte die Auffassung der Serben durchaus abweisen, zur Einstellung der Rüstungen und Beseitigung der Unordnungen ermahnen, und im Falle dem nicht nachgekommen werde, mit Anwendung von Gewalt drohen.

Dieß that er denn auch. Die provisorische serbische Regierung aber rief darauf das ganze Volk zu den Waffen. Nun entschloß sich Hrabowski zum Versuch eines bewaffneten Einschreitens. Gegen 5000 M. ließ er am 12. Juni gegen die Römerschanzen marschiren, 1100 M. auf Carlowitz. Die letztere Colonne bemächtigte sich der Stadt, wurde indessen am Abend wieder nach Peterwardein zurückgezogen. Auch gegen die Römerschanzen blieb es bei einer bloßen Demonstration.

Die ungarische Regierung machte von Neuem den Versuch, durch Unterhandlungen mit den Serben zum Ziele zu kommen. Vergebens. Die Serben benutzten die Zeit, welche ihnen gegeben wurde, nur, um sich kräftig zu rüsten, ihre Bataillone zu formiren, Stellungen zu besetzen, diese und Orte zu verschanzen.

Das Gebiet, auf welchem sie diese Anstalten trafen, zerfällt in zwei Haupttheile, am rechten Ufer der Theiß die Bács (Bácska), am linken Ufer der Theiß das Banat.

In der Bács bildete für die Serben das Plateau von Titel oder der Titler Berg einen wahren Centralpunkt.

Dieses Plateau von Norden nach Süden 3 Stunden lang, von Osten nach Westen etwa halb so breit, welches sich um 120 bis 150 Fuß mit steilen, zerrissenen Böschungen aus der Niederung zwischen der unteren Theiß und der Donau erhebt, hat eine im Grundriß etwa elliptische Gestalt. Die Umgrenzung bezeichnen die Orte Titel, Mossorin, Vilova, Topola. Im Osten lehnt es sich mit besonders steilem Abfalle dicht an die Theiß, im Süden breiten sich weite Sümpfe bis an die Donau aus, aber auch auf allen andern Seiten ist es von bald mehr, bald minder breiten Sümpfen umgeben, die von Ende April bis Anfang Juli vollkommen unzugänglich sind und auch, wenn in heißen Sommern ausgetrocknet, immer noch den Bewegungen der Artillerie und Kavallerie und selbst der Infanterie, wenn dieselbe in Massen auftreten soll, erhebliche Hindernisse entgegensetzen, so daß man wesentlich auf die Benutzung der wenigen Straßen in die Bács hinein und aus der Bács nach Titel angewiesen ist. Diese natürliche Festung deckt die Verbindung der Csaikistenstadt Titel einerseits mit dem rechten Ufer der Donau bei Szlankamen, andererseits mit dem linken Ufer der Theiß bei Perlasz (Perlaszváros); bei Szlankamen und bei Titel befanden sich Ueberfahrten. Ein unangenehmer Umstand ist es, daß das Plateau sanitarisch wenig die Eigenschaften eines Lagerplatzes hat. Es bietet keinen Schatten gegen die Tageshitze und ist dem Einflusse der Luft der nahen Sümpfe ausgesetzt, welche Krankheiten zur nothwendigen Folge hat.

Drei Meilen nordwestlich dem Centralplatz und Brückenkopf des Titler Berges ziehen sich wie eine vorgeschobne Linie die großen Römerschanzen von Csurog an der Theiß in der Richtung gegen Neusatz hin, jedoch ohne dieses zu erreichen; vielmehr biegen sie sich eine gute Meile von Neusatz mit einem Arme über Káty in die Richtung gegen Titel zurück. Diese alten Wälle, durch Redouten verstärkt, konnten immerhin als eine Position angesehen werden, die wenigstens bei einem erzwungenen Rückzug gute Dienste leisten mochte.

Die äußerste Linie der Serben in der Bács war endlich der $14^1/_2$ Meilen lange, zwischen 24 und 60 Fuß breite Franzenskanal, welcher die Donau aus der Gegend von Bezdán über Zombor und Kula mit der Theiß bei Földvár verbindet. Földvár liegt etwa $5^1/_2$ Meilen nordwärts der Stadt Titel.

In der Bács am Franzenskanal wurden von den Serben Posten zu Földvár, Turia, Sz. Tamás und Verbász errichtet und Verschanzungen angelegt; eben so weiter rückwärts auf dem Plateau von Titel und zur Verbindung des letztern mit den Römerschanzen bei Kovil.

In naher Beziehung mit den Anstalten in der Bács standen am rechten Donauufer die Lager von Carlowitz und dann von Cserevics in Syrmien zur Festhaltung dieser Comitate, der Verbindung mit dem Hinterland der Militärgrenze und mit Croatien.

Unter den festen Posten am Franzenskanal gelangte vorzüglich Sz. Tamás bald zu einer hervorragenden Bedeutung. Die an sich unbedeutende Stadt liegt am nördlichen Ufer des Franzenskanals; sumpfige Gräben ziehen sich um sie hin; längs diesen wurden die Verschanzungen ausgeführt, welche sich ostwärts an den Franzenskanal, westwärts an einen ausgedehnten Morast lehnten. Zwischen den Schanzen und den Gebäuden der Stadt blieb ein mindestens 200 Schritt breiter Raum frei. Auf ihm ward noch eine Redoute, als Reduit angelegt; außerdem erbaute man auf der Südseite des Franzenskanals einen starken Brückenkopf. Das südliche Ufer dominirt das nördliche.

Im Banate, östlich der Theiß ist Pancsova, an der untern Temes, welches die Verbindung mit dem türkischen Serbien vermittelt, als Hauptposten anzusehen; die vorgeschobene Linie gegen Norden bildet hier der Werschitzer (Verseczer) Kanal und die untere Bega; befestigte Posten unmittelbar hinter dieser Linie waren Alibunar im Osten und Perlasz im Westen.

Die serbischen Rüstungen wurden mit großem Eifer betrieben. Schon am 15. Juni mußte Hrabowski dem ungarischen Ministerium berichten, daß die provisorische Regierung zu Carlowitz über 15000 bis 16000 M. verfüge, und zu Anfang des nächsten Monats veranschlagte man die serbischen Streitkräfte bereits auf 30000 M. mit 100 von Grenzartilleristen bedienten Geschützen.

Begünstigt wurde die serbische Organisation zuerst durch den kriegerischen Geist, der den Serben inne wohnt, und den die militärische Organisation der Grenzdistrikte bedeutend unterstützte. In dieser Beziehung ward der ungarischen Regierung der Vorwurf gemacht, daß sie nicht, sobald sie ans Ruder kam, diese Organisation sogleich aufhob und die Grenzdistrikte in gewöhnliche Comitate verwandelte, so die Grenzer für das bürgerliche

Leben gewann, damit für das neue Ungarn, welches sie von den drückenden Fesseln des Grenzdienstes befreite, der allerdings jetzt ziemlich überflüssig ist. Es fragt sich indessen sehr, ob, wenn das ungarische Ministerium so etwas auch ohne Säumen beschloß, die Maßregel praktisch so rasch vollständig durchgeführt werden konnte, daß sie jetzt schon, da es noth that, ihre Früchte trug. Zu dieser Gunst der Verhältnisse für die Serben kam ferner noch die äußere Unterstützung, welche ihnen unter der Hand von den österreichischen Behörden ward. Außer Jellachich haben wir namentlich den kaiserlichen Oberst Mayerhofer zu erwähnen, der zu dieser Zeit österreichischer Generalkonsul für Serbien zu Belgrad war und sich die Organisation der Serben von vornherein ungemein angelegen sein ließ, auch dafür sorgte, daß der Fürst Michael Karageorgiewitsch von türkisch Serbien, so wie überhaupt die Behörden des türkischen Serbiens sie begünstigten. Nicht lange dauerte es, so kam selbst eine 4000 M. starke Hülfsschaar aus dem türkischen Serbien unter General Knichanin zur Unterstützung der „Brüder" auf den ungarischen Boden herüber. Jellachich und Mayerhofer, die im engen Einverständnisse handelten und außerdem ihre gleichartigen Instruktionen von Innspruck hatten, waren zugleich darauf bedacht, die Bewegung in Serbien, wie in Croatien in demjenigen Geleise zu erhalten, welche sie lediglich zu einem bequemen Werkzeuge der kaiserlich österreichischen Regierung zu Wien oder der Camarilla zu Innspruck machte. Sollte dieß Ziel erreicht werden, so durfte der nationale Charakter der Bewegung, welcher leicht in die panslavistische Richtung, mit der Oesterreich selbst auf die Dauer sich nicht zu befreunden vermag, hinüberführen konnte, nur in sehr gemessenen Grenzen hervortreten.

Dieser nationale Charakter der Bewegung fehlte nun durchaus nicht; namentlich in Serbien. Einige der Leiter hatten den Gedanken an ihn ganz in gutem Glauben und hätten vielleicht gerade eine Losreißung von Oesterreich nicht für ein absolutes Unglück gehalten, wenn sich im Lauf der Dinge die Aussicht auf Errichtung eines serbischen Reiches zeigte, das sämmtliche Serben türkischen und österreichischen Scepters umfaßte. Zu diesen Leitern kann Stratimirowich gerechnet werden, ein junger Grundbesitzer, der früher österreichischer Offizier gewesen war und welchem nun das Obercommando von den Serben übertragen ward. Auf denselben Gedanken deutet zugleich das Herüberkommen der Hülfsschaar aus türkisch Serbien, eine Art Vorbereitung auf die Vereinigung. So wenig Mayerhofer mit solchen Personen und mit solchen Ideen einverstanden sein konnte, so wenig hatte er doch in dieser Zeit, wo es darauf ankam, die Dinge nur erst zu schüren und gegen Ungarn in Gang zu bringen, die Macht, die echt nationalen

Kräfte zurückzuweisen. Er mußte sie nehmen und er nahm sie, in der Hoffnung, daß die Zeit wohl kommen würde, wo man sich aller der Kräfte entledigen dürfte und könnte, welche nicht unbedingt und nur österreichische Streiter sein wollten. Diese Zeit kam denn auch, wie wir bald sehen werden.

Außer einigen hundert Reitern hatten die Serben gar keine Kavallerie, nur Infanterie und Artillerie. Die Infanterie, soweit sie nicht aus den Grenzern hervorgegangen war, erinnerte in der Bewaffnung, — Flinten, Handschar, Pistolen im Gürtel, — und in der Fechtart an die der Janitscharen. Den Mangel an Reiterei ersetzten die Serben sehr glücklich, wenigstens in der einen Richtung des schnellen Transports, durch die Anwendung der Wagen, die gehörig bespannt, deren Lenker so wohl eingeübt waren, daß sie in großen Massen von hunderten ohne Störung und Verwirrung manövriren konnten und auf denen oft mehrere Bataillone auf den Punkt der Entscheidung mit Blitzesschnelle geworfen wurden. Die Wagen blieben hinter den Linien der Kämpfenden halten, um diese alsbald wieder aufzunehmen, wenn es Rückzug oder Verfolgung oder auch eine weite Umgehung oder Ueberflügelung galt.

Der Serbenkrieg von Anfang des Juli bis Mitte September.

Im letzten Drittel des Monats Juni war in der Hauptsache die Vertheilung der serbischen Streitkräfte folgende:

In dem Banat standen auf dem rechten Flügel bei Alibunar 5000 M. unter den Häuptlingen Stanimirovich, Koich, Bobalich; auf dem linken Flügel bei Perlasz 4000 M. unter Drakolich; in zweiter Linie in Pancsova formirten sich mehrere tausend Mann.

In der Bács waren ungefähr 11000 M. beieinander, mit der Reserve unter Stratimirovichs eignem Commando in Titel und auf dem Plateau, mit vorgeschobenen Posten zu Turia und Sz. Tamás am Franzenskanal und zu Kovil hinter den großen Römerschanzen.

In den Lagern am rechten Donauufer, zu Carlowitz und Cserevics standen etwa 8000 M., mindestens zur Hälfte erst in der Formation begriffen.

Möglicher Weise wäre die ungarische Regierung der serbischen Insurrection bei kräftigem Zugreifen im Anfang leicht Herr geworden und hätte dann die Serben, wenn sie nach dem Siege mit den Waffen anständige Concessionen machte, überhaupt für sich gewinnen können. Indessen so über allen Zweifel erhaben war der leichte Sieg sehr bald nicht mehr. Vor allen Dingen fehlte es lange an einer genügenden Zahl von regulären Truppen und wir haben gesehen, aus welchen Gründen an eine ausgiebigere Formation von Honvédbataillonen im Anfang nicht gedacht oder dieselbe nicht in die Hand genommen ward. Dazu kam, daß die regulären Truppen von Generalen commandirt wurden, welche weit geneigter waren, die Darstellung von dem Verhältniß der Serben zu den Ungarn, die ihnen der Oberst Mayerhofer gab, zu der ihrigen zu machen, als diejenige, welche ihnen das ungarische Ministerium gab, und daß letzteres folglich von ihnen ein kräftiges und entschiedenes Einschreiten kaum hoffen durfte. Dazu fügte sich dann unter solchen Umständen und bei so wenig Aussicht auf einen schnellen Erfolg der Waffen noch ein anderer Grund, welcher das ungarische Ministerium so lange den Serben gegenüber auf dem Wege der Unterhandlung festhielt, bis diese selbst den Frieden aufs Unzweifelhafteste brachen.

Die einsichtigen Magyaren konnten sich nicht verbergen, daß das Magyarenthum den andern Nationalitäten gegenüber, insbesondere in der Sprachangelegenheit, der Vorwurf der Herrschsucht nicht eben unverdient traf. Das Ministerium Batthyány fürchtete bei mißlichem Erfolge gegen die Serben nichts zu gewinnen und nur zu verlieren, indem jenen das Magyarenthum noch verhaßter gemacht wurde, wenn man Alles auf die Spitze des Schwertes stellte.

Die ganze mobile Streitmacht, welche die Ungarn Ende Juni den Serben längs des Franzenskanals in der Bács, längs des Werschitzer Kanals im Banat entgegenstellen konnten, belief sich auf höchstens 15000 M.; nämlich 13 Bataillone Infanterie — wovon 2 des Infanterieregiments E.-H. Wilhelm, 8 Linienbataillone von ungarischen Regimentern, 3 neu errichtete Honvédbataillone, — 4 Kavallerieregimenter, — die 3 Husarenregimenter E.-H. Ferdinand, Kaiser und König von Hannover und das Ulanenregiment Nro. 1, — ferner 6 Feldbatterieen mit 36 Geschützen.

Diese Streitmacht stand unter dem Oberbefehl der F.-M.-L. Bechtold, der nichts weniger als magyarisch gesinnt war, in vier Brigaden eingetheilt mit den Stäben zu Verbász unter G.-M. Wohlhofer, zu Ó Becse (oder Racz Becse) an der Theiß unter G.-M. Eder, zu Nagy Becskerek am Begakanal unter Oberst Ernst Kiß, und zu Werschitz auf dem äußersten linken Flügel unter Oberst Blomberg.

Bechtold hatte sein Hauptquartier zu Ó Becse. Schon ein Blick auf diese langgedehnte Cordonstellung, — von Verbász bis Werschitz hat man über 20 Meilen, — zeigt, daß auf Seiten der Ungarn von einem activen, offensiven Auftreten nicht die Rede sein konnte, daß auf ein solches anfangs gar nicht gerechnet war.

Außer dem, was im Felde disponibel war, hatten die Ungarn die Festungen Peterwardein und Temeswar in diesen Gegenden. Das erstere, wo F.-M.-L. Hrabowski commandirte, war mit 3 Bataillonen besetzt; es konnte so ziemlich als ein verlorener Posten betrachtet werden; in Temeswar standen vier Bataillone; Commandant daselbst war der F.-M.-L. Rukawina, von dem das ungarische Ministerium sich so wenig wie von Bechtold einer besonderen Vorliebe für das Magyarenthum versehen konnte.

So standen die Dinge als am 24. und 25. Juni zu Neusatz die Wahlen zum ungarischen Reichstage stattfinden sollten. Die Magyaren und die Deutschen wollten wählen, die Serben, welche mit den Croaten darüber einverstanden waren, es nicht zu thun, wollten die Wahlen hindern und es kam zu blutigen Raufereien, welche jeden Zweifel darüber benahmen, daß für jetzt die Unterhandlungen den Ungarn auch nicht das Mindeste nützen würden. Dieß wurde noch klarer, als die Serben nun alsbald mit Ausfällen aus ihren Lagern gegen die ungarischen Truppen in der Bács und dem Banat den Anfang machten.

In solcher Stunde trat zu Pesth der ungarische Reichstag zusammen. Am 8. Juli eröffnete ihn der Erzherzog Palatin. Er mußte die Maßregeln zur Landesvertheidigung als die Hauptsache bezeichnen, mit welcher der Reichstag sich zu befassen habe. In Serbien war der offene Kampf ausgebrochen, in Croatien verweigerte man mindestens ganz ungescheut der ungarischen Regierung den Gehorsam und rüstete für Weiteres. Hier wie dort trugen die Leiter der Bewegung kein Bedenken, öffentlich zu verkünden, daß sie mit Vorwissen des Kaisers und im Interesse der kaiserlichen Dynastie gegen die ungarische Regierung zu Pesth sich erhöben; und soviel Glauben hatte diese Verkündigung bereits in Ungarn gefunden, daß der Palatin sich veranlaßt fand, sie in seiner Eröffnungsrede zu berühren und feierlich zu versichern, daß sowohl der Kaiser — als die Mitglieder seines Hauses den Widerstand gegen die Regierung zu Pesth aufs entschiedenste mißbilligten. Das Vertrauen in solche Versicherung war schwach; die Ungarn sahen ein, daß sie nur auf sich selbst zählen dürften und am 11. Juli gab Kossuth dieser Einsicht und dem begründeten herrschenden Mißtrauen, wenn auch diesem nur mit Vorsicht, Ausdruck, indem er die ganze Lage Ungarns entwickelte und schließlich vom Reichstag 200000 Soldaten, wovon 40000 sogleich auszuheben wären, und einen Kredit von

42 Millionen Gulden verlangte. Der gesammte Reichstag erhob sich zur Bewilligung der Truppen und des Geldes. Die Ausführung der Aushebung der Truppen verzögerte sich indessen beträchtlich, worauf wir bald zurückkommen werden.

Nach den ersten Ausfällen der Serben am Ende des Juni versuchte der ungarische Kommissär im Banat, Csernowich, noch einmal mit den Serben Unterhandlungen anzuknüpfen; es kam auch zum Abschluß eines Waffenstillstandes, bei welchen die Ungarn freilich nicht die Aussicht auf eine gütliche Beilegung des Streites, doch die Zeit gewannen, in der Bács und dem Banat ihre Truppen zu verstärken, oder wenigstens Verstärkungen dahin in Marsch zu setzen. Nachdem der Waffenstillstand anfangs noch um einige Tage verlängert worden, lief er am 10. Juli ab.

Sofort begannen die Serben von neuem ihre Ausfälle aus den Lagern. Vom 10. Juli ab bis zur Mitte des August kam es zu einer Reihe von Gefechten auf der ganzen Linie von Moldova an der untern Donau im Osten über Werschitz und Perlasz bis Sz. Tamás im Westen. Freilich waren diese Gefechte unbedeutend und es wurden weder auf der einen noch auf der andern Seite in die Augen fallende Vortheile gewonnen; für beide Theile konnten diese Kämpfe wesentlich nur den Nutzen einer Kriegsübung haben. Aber in dieser Beziehung waren sie den Serben günstiger als den Ungarn. Die Führer der letztern, gegen das Volk, für welches sie fechten sollten, theils von Anfang gestimmt, theils gegen dasselbe bearbeitet, verfolgten nie einen Vortheil, den sie errangen und gaben manchen auf, ohne dazu gezwungen zu sein.

Bechtold fertigte wohl Feldzugspläne an und schickte sie nach Pesth, that auch so, als solle jetzt etwas Ernstes geschehen, aber es geschah nichts. Das von ihm besetzte Földvár gab er unter dem Vorwande auf, daß es zu fern von seinem Hauptquartier Ó Becse sei, als daß er es genügend sichern könne; ein lächerlicher Vorwand, wenn man seinen langen Cordon ansieht. Die Serben bemächtigten sich des verlassenen Földvár sogleich und befestigten es wie Turia.

Im August befahl endlich die ungarische Regierung dem General Bechtold einen ernstlichen Angriff auf Sz. Tamás, welches die Serben als ihren Hauptpunkt in der Bács betrachteten, und ihre Burg (Serbograd) nannten. Bechtolds Truppen waren bis Mitte August auf etwa 30000 M. verstärkt; 20000 davon hätte er unfehlbar gegen Sz. Tamás concentriren können; er vertheilte sie zu gleichzeitigen Angriffen auf Földvár, Turia und Sz. Tamás, welche am 19. August stattfinden sollten. Die einleitenden Bewegungen wurden schon am 16. August begonnen und mit außerordentlicher Langsamkeit geführt, so daß es wunderbar hätte zugehen müssen, wenn die Serben die Absichten ihres Gegners nicht genau erkannt hätten, angenommen selbst, sie wären nicht ausdrücklich von denselben unterrichtet worden.

Den Angriff auf Sz. Tamás führte Bechtold selbst von Verbász aus. Er führte seine Truppen, unter denen sich auch viele Nationalgarden befanden, die in Ermanglung von Linientruppen und Honvéds im freien Felde Dienst thun mußten, bis in den wirksamen Geschützbereich der serbischen Werke und ließ sie hier Halt machen, um eine lahme Kanonade einzuleiten. Eine schwache Sturmkolonne, welche er endlich vorgehen ließ, nur einige hundert Mann, drang wirklich in Sz. Tamás ein, ward aber, nicht im mindesten unterstützt, von den Serben mit geringer Mühe wieder hinausgeworfen. Bechtold stellte darauf den Angriff ein und ging zurück. Gegen Turia und Földvár war wo möglich noch weniger geschehen als gegen Sz. Tamás.

Bechtold aber hielt es für gerechtfertigt, von nun an wieder in die passivste Vertheidigung zurückzufallen und gab auch seinen Untercommandanten den Befehl, sich in dieser strenge zu halten. Auf die Truppen unter seinem Commando und insbesondere auf die Nationalgarden hatte das Unternehmen gegen Sz. Tamás durch die Art, in welcher es ausgeführt ward, den traurigsten Eindruck gemacht.

Während im Banat die Serben bis zu dieser Zeit wenig nennenswerthes unternommen hatten, traten sie nun auch hier kecker und gewaltsamer auf. Oberst Kiß, der ihnen bei Nagy Becskerek gegenüberstand, beschloß, ohne sich um die Befehle Bechtolds zu kümmern, in die Offensive überzugehen. Am 2. September unternahm er von Écska aus mit 5 Bataillons, meist Nationalgarden, 6 Escadrons und 16 Geschützen, zusammen nur gegen 5000 M. einen Angriff auf das verschanzte und stark besetzte Perlasz, erstürmte es, zwang die Serben zum Rückzug nach Titel und schleifte darauf die Werke.

Die Versuche der Serben, sich des Postens Perlasz wieder zu bemächtigen, führten am 10. und 11. September zu neuen Gefechten, in denen die Ungarn unter der Führung von Kiß, auch die jungen Soldaten, sich als muthig und ziemlich gewandt erwiesen.

Das Auftreten von Kiß hob in etwas wieder den Muth der Ungarn. Bei dem Treffen um Perlasz am 2. September war auch ein Schreiben in die Hände der Ungarn gefallen, welches schwerlich einen Zweifel darüber ließ, daß die österreichische Regierung doppeltes Spiel spiele. In der That war die Zeit nahe herangekommen, da dieß offenkundig werden sollte.

Einbruch des Banus Jellachich in Ungarn.

So sicher das ungarische Ministerium überzeugt sein mußte, daß Jellachich ganz im Einverständniß mit der hinter den Coulissen stehenden, d. h. der wirklichen Regierung Oesterreichs sei und nur nach deren Befehl handle, so gab sie sich doch noch immer den Anschein des Vertrauens in die Absichten Ferdinands V. und ließ sich wiederum zu Unterhandlungen mit dem geächteten Banus herbei.

Und doch war es nicht zu läugnen, daß das österreichische Ministerium, freilich ein früheres, dem ungarischen Vorwürfe darüber gemacht hatte, daß es dem Banus kein Geld senden wolle und selbst mit Geldsendungen ausgeholfen hatte; es war nicht zu läugnen, daß Oesterreich dem Banus Waffen, Munition, Grenzerbataillone von außer Landes her zuschickte, während die Sendungen der nationalmagyarischen Regimenter nach Ungarn auf jede Weise verzögert und verhindert wurden, während selbst die Bildung einer neuen nationalen Macht gemäß den Beschlüssen des Reichstags vom 11. Juli hintertrieben ward, so viel es in den Kräften der Camarilla stand.

Trotzdem ließen sich die Ungarn noch zu Verhandlungen und zwar mit dem Banus Jellachich selbst herbei. Der Ministerpräsident Batthyány begab sich nach Wien, um dort am 29. Juli mit Jellachich zusammenzutreffen und zu verhandeln. Von Jellachichs Forderungen traten jetzt diejenigen in den Vordergrund, welche im Nutzen der österreichischen Monarchie und habsburgischen Dynastie waren: Beseitigung der besonderen ungarischen Ministerien des Krieges, des Auswärtigen und der Finanzen; von den eigentlich croatischen Forderungen ward die Gleichberechtigung der illyrischen Nationalität und Sprache mit den ungarischen auf den Reichstagen und in der Verwaltung betont. Die Verhandlung zerschlug sich, wie vorauszusehen war und Jellachich setzte seine Rüstungen desto kräftiger fort. Um den Abgang an Grenzern durch außer Landes befindliche Bataillone zu ersetzen, formirte er bei allen croatisch-slavonischen Regimentern dritte und vierte Bataillone und Ende August hatte er etwa 40000 M. verfügbarer Truppen für den Angriff auf Ungarn bereit.

Seit Mitte August war für die Regierer Oesterreichs kaum noch eine Veranlassung vorhanden, mit ihren Absichten gegen Ungarn zurückzuhalten. Sie konnten sich demaskiren. In Italien hatte Radetzki am 25. Juli den Sieg von Custozza gewonnen, die piemontesische Armee war demoralisirt hinter den Tessin zurückgegangen und am 9. August hatte Carl Albert mit Radetzki nothgedrungen einen Waffenstillstand abgeschlossen. In Schleswig-Holstein war der Kampf gegen Dänemark eingestellt und Preußen unterhandelte mit den Dänen; es konnte kein Zweifel mehr sein, daß es sich damit „von der Revolution lossage", wie in jener Zeit der Ausdruck war. Der deutsche Reichstag zu Frankfurt hatte nichts von der revolutionären Energie gezeigt, welche nothwendig gewesen wäre, um eine wahrhafte Einigung Deutschlands herbeizuführen. Er hatte jener Politik der „möglichen" Ziele sich völlig hingegeben, bei der jedes Nachgeben und Dulden nothwendig erscheint, weil bei ihr die Möglichkeiten natürlich von Tage zu Tage mehr zusammenschwinden. Die sogenannte deutsche Centralgewalt war wenigstens, so weit sie überhaupt existirte, für Oesterreich unschädlich gemacht; denn an ihrer Spitze stand der Erzherzog Johann als Reichsverweser. In dem österreichischen Reichstage endlich hatte die Ungarn feindliche Slavenpartei die Oberhand.

Die einzige Ursache der Zögerung lag unter solchen Umständen vielleicht darin, daß der Kaiser Ferdinand einige Scheu zeigte, seine Versprechungen zurückzunehmen und für null und nichtig zu erklären, daß er sich nicht entschließen konnte, die Ungarn zu Rebellen zu erklären, als deren Oberhaupt er sich bis jetzt erklärt hatte und die, wenn man es mit dem Anfange nicht allzugenau, nicht genauer nimmt, als die herrschenden Verhältnisse es zulassen, sich bis jetzt immer auf formell gesetzlichem Boden bewegt hatten.

Der Widerstand Ferdinands konnte von der Camarilla nicht auf einmal, nicht zu frei gebrochen werden, er mußte stückweise überwunden und der Kaiser nur schrittweis weiter gedrängt werden. Der erste Schritt geschah am 4. September. Durch ein Handschreiben Ferdinands von diesem Tage wurde der Banus „in Folge der unzweifelhaften Beweise von Treue und Anhänglichkeit an die Dynastie und die Interessen der Gesammtmonarchie, welche er immer gegeben, sowie der Bereitwilligkeit, sich mit dem ungarischen Ministerium zu verständigen, welche er gezeigt", in alle seine Aemter und Würden wieder eingesetzt und der Befehl zu einer gegen ihn einzuleitenden Untersuchung zurückgezogen.

Eine stärkere Verhöhnung der Ungarn war kaum denkbar. In der That erregte die Nachricht von diesem Handschreiben auf dem Reichstage zu Pesth einen Sturm der Entrüstung. Derselbe erwählte sofort am 8. September eine Deputation an den Kaiser.

Die Deputation ward vom Kaiser zu Schönbrunn, wohin derselbe längst aus Innspruck zurückgekehrt war, empfangen. Sie hatte den Auftrag, zu fordern, daß ohne Säumen alle ungarischen Regimenter, soweit sie noch außer Landes wären, nach Ungarn zurückgesendet und unbedingt zur Verfügung des ungarischen Ministeriums gestellt würden; daß der Kaiser allen in Ungarn befindlichen Truppen den Kampf für die Rechte Ungarns strengstens anbefehle; daß die croatische Nation von dem Militärdespotismus, unter welchem sie augenblicklich sich befinde, erlöst und es ihr möglich gemacht werde, sich wirklich frei zu äußern; daß Fiume und die vom Ban und den Serben escamotirten slavonischen Comitate sofort an Ungarn zurückgegeben werden; daß endlich Ferdinand V. den vom Reichstage bearbeiteten Gesetzen, welche so lange auf dieselbe warteten, seine königliche Sanction ertheile. Hieran ward die Bitte geknüpft, daß der König sich selbst nach Pesth in die Mitte seiner Ungarn begebe, damit niemand mehr behaupten könne, daß er selbst mit Ungarns Feinden im Einverständniß sei, damit diese nicht mehr unter solchem Deckmantel sich Feindseligkeiten erlauben könnten.

Auf diese Forderungen und Bitten der Ungarn las Ferdinand eine Antwort ab, in welcher er bedauerte, wegen seiner schwachen Gesundheit nicht nach Pesth kommen zu können, hinzufügte, daß es sein fester Wille sei, die Gesetze, Rechte und die Integrität der ungarischen Krone aufrecht zu erhalten und in Bezug aller übrigen Punkte bemerkte, daß sie theils nach dem Wunsche der Nation schon erledigt seien, daß er anderntheils seine Entschlüsse darüber in kürzester Frist dem Ministerium mittheilen werde.

Die Mittheilung dieser Entschlüsse sollte wohl durch den Banus Jellachich erfolgen, welcher am 11. September mit seinen Croaten in das eigentliche Ungarn einbrach.

In der That war mit der Wiedereinsetzung des Banus der Krieg gegen Ungarn, oder, wie die Camarilla und ihre Anhänger sich ausdrückten, gegen „die Demagogen in Pesth" erklärt.

Der geheime Feldzugsplan war folgender: die Croaten und die Serben sollten gleichzeitig die Offensive ergreifen und auf Pesth vordringen; auf einen großen Widerstand der Ungarn rechnete man nicht, da man sie auf alle Weise in ihrer militärischen Organisation gestört hatte. Nun sollte der Kaiser als Vermittler zwischen die streitenden Nationen treten, die hartbedrängten Ungarn und ihre Bedränger, die Serben und Croaten. Wollten die Ungarn den Frieden, so mußten sie natürlich allen den Forderungen nachgeben, welche der bisherige Sprecher der Camarilla, Jellachich, wiederholt gestellt hatte. Wehrten sich die Ungarn mit Kraft, was kaum erwartet wurde, nun so ließen sie sich auch wohl zu Abweichungen von dem bisherigen gesetzlichen Wege hinreißen, in Folge deren sie dem Kaiser als Rebellen dargestellt werden konnten, gegen welche er nun selbst mit allen Mitteln, auch mit österreichischen einschreiten dürfte und müßte; ja die Ungarn mußten fast nothgedrungen den sogenannten legalen Weg verlassen, wenn sie sich überhaupt ernstlich wehren wollten.

In solcher Weise war also der Kaiser Ferdinand, wie groß immer seine Scheu sein mochte, sein Wort gerade einfach zu brechen, mit ziemlicher Sicherheit allmälig vorwärts zu bringen.

Der Banus stand seit Ende August mit seinen 40000 M. disponibler Feldtruppen an der Nordgrenze Croatiens und Slavoniens. Ungarn halte er noch nicht betreten, war aber jeden Augenblick bereit dazu.

Ihm gegenüber hatten die Ungarn an regulären Truppen im Ganzen etwa 6000 M., nämlich zwei Bataillone von den alten Regimentern Ernst und Wasa, das 1. und das 7. Honvédbataillon; 2 Husarenregimenter und 2 Batterieen zu 8 Geschützen.

Alle übrigen Streitkräfte der Ungarn längs der Drau waren Nationalgarden und Landsturm.

In der Festung Esseg standen als Besatzung 16 Compagnieen von den Regimentern Zanini, Alexander und Wasa.

Aber wo waren die am 11. Juli vom Reichstag beschlossenen neuen Formationen, die 200000 oder wenigstens die ersten 40000 M.? In der That, es war noch nichts von ihnen da; es war aber auch noch nicht einmal etwas zu ihrer Aufstellung vorbereitet. Zuerst fehlte noch immer die königliche Sanction des vom Reichstag am 11. Juli beschlossenen Gesetzes. Aber abgesehen davon war auch der ungarische Kriegsminister Mészáros nicht der Mann für revolutionäre Organisationen. Es steckte nichts weniger in ihm als ein Carnot. Von allem, was nicht in das alte österreichische Schema paßte, in welchem er aufgewachsen war, wollte er nichts wissen. So hatte er schon gegen die Errichtung der ersten zehn Honvédbataillone Einrede erhoben, und war sehr zufrieden gewesen, als ihm deren Organisation abgenommen ward. Jetzt, nach dem 11. Juli, sollten nach seiner Meinung die sämmtlichen neuen Aushebungen zur Completirung der alten österreichisch-ungarischen Regimenter verwendet werden.

Die übrigen Minister waren aber schon bei der ersten Errichtung der Honvédbataillone im Mai und Juni mit Recht der Meinung gewesen, daß Ungarn einer nationalen Truppe mit nationaler Ausrüstung, mit nationalen Offizieren bedürfe, die der neuen Ordnung der Dinge zugethan wären, auf die man sich folglich verlassen könne. Jetzt im Juli und August, nachdem sich die Dinge bedeutend geklärt hatten, waren sie vollends dieser Meinung.

Die Nationalgarden waren bei ihrer Errichtung und nachdem sich das ungarische Ministerium gebildet hatte, dem Ministerpräsidenten unterstellt worden. Unter seiner Leitung verwaltete die Nationalgardeangelegenheiten ein Kriegsrath, an dessen Spitze der Oberst Baldacci stand. Diesem Kriegsrathe wurden nun auch die zehn ersten Honvédbataillone untergeben. Es ist begreiflich, daß die Spaltung, welche damit in die Militärverwaltung kam, dem Ganzen nur verderblich sein konnte.

Es ist aus dem eben gesagten auch erklärlich, daß bis in den August hinein, nichts für die Vermehrung der regulären Truppen geschehen war. Sie bestanden noch immer aus den alten österreichisch-ungarischen Linienregimentern oder einzelnen Bataillonen derselben, welche sich thatsächlich im Lande befanden, aus einzelnen nicht ungarischen Linienregimentern oder Bataillonen, welche, gleichfalls zufällig oder nicht zufällig im Lande, einstweilen noch für die Ungarn mitfochten, aus den Szekler Grenzern, die zu den Ungarn hielten und aus den zehn ersten Honvédbataillonen, sowie einiger Honvédartillerie. Die Nationalgarden hatten theilweis auch auf dem wirklichen Kriegsschauplatze ausgeholfen. Aber es ist an sich klar, daß dieselben eine wenig verläßliche Truppe abgaben. Aus meist ansäßigen Leuten bestehend, konnten sie nicht wohl weit von ihren Wohnsitzen entfernt werden und nicht auf lange Zeit. Sie kämpften daher wesentlich nur mit, wenn der Krieg auf dem Gebiet ihrer Wohnsitze unmittelbar spielte, und die Bataillone, welche einige Wochen mitgefochten hatten, wurden dann wieder durch andere abgelöst. So fehlte es ihnen an jeder Mobilität, auch aus dem letzteren Grunde. Viel bewegen durfte der General die Nationalgarden schon deßhalb nicht, weil sonst diese Ablösungen sehr erschwert worden wären. Außerdem waren die Nationalgarden wenig oder gar nicht eingeübt und hatten in der Mehrzahl Offiziere ohne die geringste militärische Bildung. Kaum aber war es einem General gelungen, in die Bataillone, über welche er augenblicklich verfügte, einigen militärischen Geist und militärische Zucht zu bringen, als sie ihm durch die Ablösung auch schon wieder entzogen wurden, und er mit den neu ankommenden Bataillonen wieder von vorn anfangen mußte.

Da nun im August die Gefahren sich gegen die Ungarn immer mehr von allen Seiten häuften und immer dringender wurden, da aber aus den oben angeführten Gründen die weitere Errichtung regulärer Truppen, mochten diese Linienbataillone oder Honvédbataillone sein, stockte, so kam man auf den Ausweg der Errichtung von mobilen Nationalgarden. Es sollte nämlich in jedem der vier großen Kreise des Landes: dießseits der Theiß und jenseits der Theiß, dießseits der Donau und jenseits der Donau, ein Freicorps, — mobile Nationalgarde — errichtet werden, welches aus Kavallerie und Infanterie bestehend, sich bis auf 8000 M. vermehren dürfte.

Die Leute dazu sollten aus den Nationalgarden entnommen werden und der ursprünglichen Idee nach Freiwillige sein. Dieß ließ sich indessen, wie man bald erkannte, nicht durchführen und so mußte denn durch die Aushebung von den zumeist abkömmlichen jungen Leuten nachgeholfen werden. Zu den vier Stabsquartieren der vier Freicorps wurden die Orte Waitzen, Pápa, Szolnok und Arad bestimmt. Commandanten waren die Majore Arthur Görgey, Ivánka, Kosztolányi und Máriásy.

Die vier Freicorps litten natürlich zunächst fast an allen Gebrechen der gewöhnlichen Nationalgarden, wie des Landsturmes, der jene auf dem platten Lande ersetzte und sich wesentlich nur dadurch von ihnen unterschied, daß er noch schlechter ausgerüstet war, als sie, vielfach nur mit Sensen. Ein Vorzug der Freicorps oder mobilen Nationalgarden vor den gewöhnlichen war nur, daß jene von ihren Wohnsitzen ohne große Rücksicht entfernt werden konnten, allenfalls noch, daß bei Besetzung der Offiziersstellen mit etwas mehr Auswahl verfahren werden konnte. So hatte man wenigstens die Aussicht, diese Freicorps mit der Zeit in reguläre Truppen zu verwandeln. Indessen ward auch dieser Vortheil dadurch paralysirt, daß, um recht viele Freiwillige stellen zu können, die Comitate auch die Mitglieder dieser mobilen Nationalgarden nur für die Zeit von wenigen Monaten, bald auf drei, bald auf vier verpflichteten. Dieß mußte sich im Laufe der Zeit sehr nachtheilig erweisen, wie wir es denn später auch wirklich finden werden. Im ersten Drittel des September waren die vier Freicorps noch keineswegs auf die Stärke von 8000 M. ein jedes gebracht, noch viel weniger vollständig ausgerüstet, als sie auch schon zur Verwendung gezogen werden mußten.

Neben diesen regelmäßigen Freicorps errichtete zu gleicher Zeit Kossuth noch ein anderes, die sogenannte Hunyadischaar von 1200 M. Infanterie und 800 M. Kavallerie.

Nach dieser nothwendigen Erläuterung können wir nun den Faden der Begebenheiten wieder aufnehmen.

Auf die Nachricht von dem ungünstigen Erfolge der nach Wien an den Kaiser gesendeten Reichstagsdeputation dankte das Ministerium Batthyány, nur mit Ausnahme Kossuths ab. Der Palatin ergriff die Gelegenheit, um sich sofort eine Art Dictatur anzumaßen, und zeigte dieß dem Reichstage an. Der Reichstag aber erklärte es als im Widerspruch mit der Verfassung stehend. Kossuth hatte sich der Abdankung nicht angeschlossen, weil er dem Palatin mißtraute, auch dessen Absichten durchaus nicht für rein hielt und ihm deren Durchführung erschweren, wenn nicht sie verhindern, wollte. Der Palatin sah sich nun genöthigt, den Grafen Batthyány mit Bildung eines neuen Ministeriums zu beauftragen.

Dieses kam auch nach mehreren Tagen zu Stande, es war aus den gemäßigtesten Elementen zusammengesetzt, Kossuth befand sich z. B. nicht in demselben.

Ueber allen diesen Vorgängen zu Pesth aber war der Banus wirklich bereits in Ungarn eingebrochen und im Vorrücken auf Pesth begriffen.

Wenden wir uns nunmehr zu den Streitkräften der beiden Parteien auf dem croatisch-ungarischen Kriegsschauplatze.

Anfangs September stand der linke Flügel des Banus unter seinem eigenen Commando, die Truppen aus dem eigentlichen Croatien, aus der Carlsstädter- und der Banalgrenze bei Legrád am Einfluß der Mur in die Drau; das Centrum unter F.-M.-L. Hartlieb, bisher Commandanten der Carlsstädter Militärgrenze und des Cordons an der türkischen Grenze stand bei Veröcze, seitwärts der Drau; er hatte bei sich meist die Warasdiner Grenzer und die Truppen aus Slavonien; der rechte Flügel endlich unter den Generalen Roth und Philippovich, aus 10000 M., meist vierter Bataillone der Grenzer mit äußerst mangelhafter Bewaffnung bestehend, war gegenüber der Festung Esseg nahe dem Einfluß der Drau in die Donau aufgestellt.

Die regulären ungarischen Truppen, welche dem Banus entgegengestellt waren, commandirte der General Ottinger, welcher vor dem Eintreffen von Mészáros aus Italien in Pesth die Geschäfte des ungarischen Kriegsministeriums versehen hatte. Ottinger concentrirte seine kleine reguläre Streitkraft gegenüber dem linken Flügel des Banus um Nagy Kanisa; vielleicht, wie bei seinen Gesinnungen vorauszusetzen ist, weniger in der Absicht, Widerstand zu leisten, als dem Banus den Kern der ungarischen Truppen an dieser Grenze in die Hände zu liefern. Er trat alsbald mit dem Banus in Verhandlungen und ging für seine Person, indem er sein Corps im Stiche ließ, ohne Säumen zu diesem über. An seine Stelle trat im Commando Graf Adam Teleki. Dieser blieb in der Aufstellung bei Nagy Kanisa mit den regulären Truppen stehn; die Bewachung der untern Drau von Legrád bis zur Mündung des Flusses in die Donau war lediglich den Nationalgarden und dem Landsturm der Gegenden anvertraut. Jellachich knüpfte nun auch mit Teleki Unterhandlungen an und zeigte demselben am 9. September an, daß er auf Befehl des Kaisers die Grenze überschreiten werde, wobei er zugleich vor jedem Widerstand, den er als hochverrätherisch bezeichnete, warnte.

Teleki versammelte einen Kriegsrath und zeigte nicht geringe Neigung mit seinem ganzen Corps dem Beispiele Ottingers zu folgen. Indessen überwog im dem Kriegsrath, wie in dem ganzen Corps die magyarische Partei. Teleki blieb darauf vorläufig an der Spitze der Truppen, machte nach Pesth Meldung und bat um Abberufung vom Obercommando.

Am 11. September nun überschritt der Banus mit seinem linken Flügel bei Legrád und gleichzeitig mit ihm Hartlieb an der Spitze des Centrums von Veröcze aus die Drau, die Grenze Croatiens. Teleki, gesetzt auch er hätte diesem Vordringen Widerstand entgegensetzen wollen, war doch in der That zu schwach dazu. Er zog sich längs der Pesther Straße gegen Stuhlweißenburg (Székes fejérvár) zurück. Am 20. September war der Banus am westlichen Ufer des Plattensees bis Veszprém (Wesprim), Hartlieb am östlichen bis Enyéng vorgedrungen.

Auf die Nachricht von diesen Vorfällen, namentlich dem Eindringen Jellachichs, beantragte unmittelbar, nachdem das Ministerium Batthyány wieder gebildet war, Kossuth im Reichstage: es solle dem Erzherzog Palatin der Oberbefehl über sämmtliche Truppen Ungarns übertragen, der Regierung aber bei der drohenden Lage ein Ausschuß von Reichstagsmitgliedern (Landesvertheidigungsausschuß) beigegeben werden, um die auf die Landesvertheidigung bezüglichen Angelegenheiten zu überwachen und zu fördern.

Diese Anträge wurden zu Beschlüssen erhoben; es ward ferner beschlossen, ohne weiter auf die königliche Sanction zu warten, die Aushebung der bereits am 11. Juli votirten 40000 M. Rekruten sofort zu beginnen, ferner die vier in der Bildung begriffenen Freicorps augenblicklich, wie weit sie immer mit ihrer Organisation sein möchten, in Dienst zu rufen, und die Bildung weiterer Freicorps zu gestatten. Ein solches bildete nunmehr Moritz Perczel, geboren 1814, der einmal in seiner Jugend im österreichischen Dienst gewesen war, aber sehr frühe seinen Abschied aus demselben genommen hatte. Wir werden diesem Manne bald vielfach begegnen.

Der Palatin begab sich zunächst zu dem Corps, welches dem Banus Jellachich gegenüberstand; beigegeben war ihm als militärischer Rathgeber der General Moga. Am Plattensee angekommen hatte der Erzherzog am 21. eine persönliche Zusammenkunft mit dem Banus. Vor dieser Zusammenkunft hielt der Banus seinen Offizieren eine Rede, welche wir ihrem vollen Inhalt nach mittheilen, da sie kaum noch bekannt und höchst charakteristisch in vieler Beziehung ist:

„Heute, sprach Jellachich, werde ich eine Zusammenkunft mit dem Palatin von Ungarn haben. Bringt mir derselbe nicht die Nachricht und die Garantie, daß das ungarische Ministerium mit dem österreichischen vereinigt sei, so wird die Conferenz ganz ohne Folgen sein. Mein Ziel ist die Herstellung eines einigen kräftigen Oesterreichs. Mein Ziel ist, den Kaiser wieder auf seinem Throne festzusetzen. Der Deutsche sei deutsch, der Ungar bleibe Ungar, der Slave Slave. Nichts soll mich von dem Wege, den ich betreten habe, ablenken. Ich habe von S. M. dem Kaiser seit meiner Ernennung zum Ban einundzwanzig Handbillete erhalten, die ich leider nicht in der Lage war zu befolgen. S. M. haben endlich meine Handlungsweise gebilligt. Doch S. M. der Kaiser kann mir noch einundzwanzig Handbillete senden, welche mich von meinem Ziele weglenken wollen, ich würde sie nicht befolgen. Ich muß für S. M. handeln, wäre es auch wider deren Willen. Mißlingt mein Plan, zerfällt Oesterreich, dann, meine Herren, können Sie noch leben, wenn Sie wollen, ich aber nicht, ich nicht."

So sprach Jellachich. Was würde wohl die „conservative" Partei zu dieser schönen Rede gesagt haben, wenn Jellachichs Auftreten nicht in ihren Kram paßte?

Die Mittheilungen, welche der Banus dem Palatin machte, hatten die unmittelbare Folge, daß der letztere sein Corps verließ und sich nach Wien begab. Da nun augenblicklich auch Teleki abtrat, so übernahm Moga das Commando über das ungarische Corps, welches sich durch neu ankommende Truppen während seines Rückzuges bis zum 28. September auf ungefähr 16000 M. verstärkt hatte. Es war zu dieser Zeit bereits über Stuhlweißenburg auf der Pesther Straße bis Pákozd und Velencze zurückgegangen, während sich der Banus und Hartlieb, zusammen etwa 28000 M. stark, am 25. bei Stuhlweißenburg vereinigt hatten.

Bei Pákozd sollte Moga Halt machen, um dem Banus den weiteren Marsch auf Pesth zu verwehren; die ungarischen Truppen verlangten laut endlich nach ewigem Zurückgehen den Kampf; die ungarische Regierung mußte ihn gleichfalls wünschen, da, wie wir bald erzählen werden, der offene Bruch mit dem Kaiser jetzt einmal erfolgt war und höchstens noch aus Rücksichten auf besseren Widerstand bemäntelt und verdeckt werden konnte.

Das Treffen von Velencze.

Moga hatte am 29. September Morgens folgende Stellung:

Sein rechter Flügel unter Oberst Mühlböck stand in den Weinbergen von Csala nächst der Straße von Stuhlweißenburg nach Bicske, in seiner rechten Flanke gedeckt durch den See von Csala. Er war 3500 M. stark und hatte eine 6pfdr.-Batterie bei sich;

das Centrum unter General Holsche, 4500 M. mit einer 12pfdr.-

und einer 6pfdr.-Batterie, hatte etwas zurückgezogen Stellung an der Straße von Stuhlweißenburg nach Pesth, vor Sukoró;

der linke Flügel unter Oberst Répásy, 3500 M. mit einer 6pfdr.-Batterie, stand östlich der eben genannten Straße mit der linken Flanke an den sumpfigen Teich von Belencze gelehnt;

die Reserve endlich, deren Befehl nach dem Rücktritt vom Obercommando Graf Adam Teleki übernommen hatte, 4500 M. mit 2 Batterieen, hatte Stellung vor Belencze.

Jellachich hatte am 28. September seine Truppen südwestlich von Pákozd, zwischen diesem und Stuhlweißenburg im Biwak concentrirt. Von den Ungarn trennte ihn der Bach, welcher die Seen von Csala und Belencze verbindet.

Am 29. September Vormittags schritt er zum Angriff. Bei seiner Uebermacht glaubte er auf die völlige Vernichtung der Ungarn ausgehn zu können; statt sie etwa durch eine Umgehung in ihrer linken Flanke um den Teich von Belencze zum weitern Rückzug gegen Pesth zu bestimmen, beschloß er daher, sie an den Teich von Belencze zu werfen und in diesen zu treiben und richtete daher seinen Hauptangriff auf den rechten Flügel der ungarischen Stellung, der überdieß, wie dieß bei der Ausdehnung von 8000 Schritt auf 16000 M. leicht begreiflich ist, ziemlich isolirt stand und nicht leicht unterstützt werden konnte, also einen leichten und schnellen Sieg versprach.

Indessen der rechte Flügel der Ungarn hielt sich tapfer und lange genug, daß das Centrum ihm zu Hülfe kommen konnte. Dasselbe entschied auf diesem Punkte den Sieg für die Ungarn und Jellachich, welcher allzuhohe Ideen von seiner Ueberlegenheit gehabt und auf gar keinen ernsten Widerstand mehr gerechnet hatte, nach Allem, was er bisher gesehen, fiel nun aus dem frühern Uebermuth in eine solche Niedergeschlagenheit zurück, daß er nach noch einigen Demonstrationen um 2 Uhr Nachmittags den Kampf gänzlich einstellte und sich nach Stuhlweißenburg zurückzog.

Moga blieb am 29. auf dem Schlachtfelde stehn, zog sich aber am 30., obwohl Sieger, auf der Pesther Straße nach Mártonvásár zurück, da er fürchtete, in den nächsten Tagen von Jellachich mit verstärkter Macht angegriffen zu werden, dieser aber in der Stellung von Pákozd oder Belencze nicht widerstehen zu können. Die Stellung von Mártonvásár, auf ziemlich bedeutenden Höhen, hinter einem wasserreichen Bache war allerdings für ein Defensivgefecht viel vortheilhafter.

Statt des neuen Angriffes erfolgten von Jellachich Anträge auf den Abschluß eines dreitägigen Waffenstillstandes, während dessen die beiden Parteien in ihren gegenwärtigen Stellungen bleiben sollten. Moga nahm den angebotenen Waffenstillstand an und er war wohl berechtigt dazu, weil er in den nächsten Tagen noch verhältnißmäßig bedeutende Verstärkungen zu erwarten hatte. Jellachich war in dem gleichen Fall; er wartete immer noch auf das Herankommen seines rechten Flügels unter Roth und Philipovich, von welchem wir bald des Weiteren zu reden haben werden.

Indessen hatte der Sieg der Ungarn bei Velencze den Landsturm der ganzen Donaugegend in Bewegung gebracht und ermuthigt; von Roth liefen keine Nachrichten ein; dagegen kamen solche von wenig erfreulicher Art für den Banus von Pesth. Die Grenzer hatten sich bei Velencze zum Theil so wenig kampfesmuthig gezeigt, daß der Banus kein großes Vertrauen mehr hatte, mit ihnen gegen eine nur gleiche, viel weniger gegen eine überlegene ungarische Macht zu siegen. Endlich erfuhr er am 30., daß einer seiner Emmissäre, Graf Eugen Zichy, den er nach Süden gesendet hatte, um Roth aufzusuchen und dessen Anmarsch zu beschleunigen, unterwegs auch schon auf Ungarn gestoßen und von deren Vorposten gefangen genommen sei. Alles dieß bestimmte den Banus zu dem Entschlusse, nicht bloß die Offensive gegen Pesth vollständig aufzugeben, sondern sich auch einem etwaigen Angriffe der Ungarn zu entziehen, indem er gegen die österreichische Grenze hin abmarschire. Auf das Sterben verzichtete er einstweilen noch. Seinen Marsch trat er schon am 1. Oktober Morgens an und kam an diesem Tage noch bis Moór. Allerdings war der Abmarsch von Stuhlweißenburg durchaus gegen die mit Moga geschlossene Waffenstillstandsconvention, und insofern wenig passend für einen so ritterlichen Mann, als der Banus ja sein sollte. Doch, was thun? Noth bricht Eisen, und ferner wurden die Ungarn Rebellen genannt, welchen nach der alten völkerrechtlichen Theorie von den legitimen und illegitimen Feinden kein Vertrag gehalten zu werden braucht.

Am 2. Oktober kam Jellachich nach Kis Bér, am 3. nach Raab und am 6. hatte er bei Deutsch Altenburg die österreichische Grenze erreicht.

Von Stuhlweißenburg bis Deutsch Altenburg sind etwa 20 Meilen; die Grenzer waren also ganz ordentlich marschirt.

Wir müssen hier einstweilen den Banus verlassen, um zu gelegener Zeit wieder zu ihm zurückzukehren.

Die Gefangennahme des Roth'schen Corps.

Als Jellachich in Ungarn eindrang und unaufhaltsam am Plattensee vorrückte, berief die Regierung das zu Szolnok in der Bildung begriffene

Freicorps, welches damals nur etwa 700 Mann verfügbare Truppen wirklich stark war, auf die Insel Csepel (Ráczkevi), welche von zwei Donauarmen unterhalb Pesth gebildet wird. Das Freicorps sollte hier einen etwa versuchten Uebergang Jellachichs oder irgend welcher Abtheilung seiner Streitkraft verhindern. Das Szolnoker Freicorps ward von Arthur Görgey commandirt. Görgey, geboren 1818, war 1832 in österreichische Dienste getreten, hatte aber 1845 als Oberlieutenant bei den Husaren seinen Abschied genommen, theils weil er eine Natur war, die höher hinausstrebte, als es eben einem strebenden Geiste in den dürftigen Verhältnissen unserer conventionellen Staatsformen erlaubt ist, theils um einer entschiedenen Neigung zu technischen Studien, insbesondere dem der Chemie zu folgen. Im Frühling 1848 lebte er auf dem Gute eines nahen Verwandten im nördlichen Ungarn, als der Ruf zur Bildung der ersten Honvédbataillone erfolgte. Görgey meldete sich und ward als Hauptmann in das 5. Honvédbataillon eingetheilt, welches sich zu Raab formirte; indessen ward er anfangs nur in technischen und administrativen Geschäften, Ankauf von Feuergewehren, Errichtung einer Zündhütchenfabrik 2c. verwendet. Als man im August zur Errichtung der mobilen Nationalgarden schritt, erhielt er unter Beförderung zum Major das Szolnoker Freicorps. Görgey war kein Enthusiast, er brannte von einem stillen Feuer, haßte aber die Phrase und verfolgte sie leicht mit unerbittlicher Ironie. Diese ward bald herausgefordert, da er sah, daß die wirkliche Begeisterung des Volkes, die sich seiner Meinung nach in Thaten zeigen sollte, keineswegs demjenigen entsprach, was die Volksredner von ihr sagten. Eben bei der Bildung seines Freicorps machte er in dieser Beziehung Erfahrungen, die ihn von vornherein abkühlten und nach denen er, seinem Charakter und Temperament gemäß nun doppelt Alles mit prüfendem Blicke beschaute und immer geneigter wurde, Wort und That zu vergleichen.

Görgey also ward nach der Insel Csepel berufen. Kaum hier angekommen, erhielt er auch den Oberbefehl über die bei Duna-Földvár aufgestellte Hunyadischaar, welche damals 1200 M. Infanterie und einige hundert Mann Kavallerie zählte, sowie über den längs der niederen Donau aufgebotenen Landsturm, zugleich aber den Auftrag, die Vereinigung des Roth'schen Corps mit Jellachich zu verhindern.

Um diese Aufgabe lösen zu können, vereinigte er seine ganze verfügbare Macht an mobilen Truppen, wenig über 2000 M., zunächst bei Adony am rechten Donauufer und bildete von hier aus in der Richtung westwärts gegen Sopontya am Sarvizkanal zwei Vorpostenlinien, die eine mit dem Gesicht nach Norden gegen Stuhlweißenburg, die andere mit der Front nach

Süden, um auf solche Weise alle die Communicationslinien zu durchschneiden, auf welchen das Roth'sche Corps die Vereinigung mit Jellachich suchen konnte.

An der nördlichen der beiden Vorpostenketten war am 29. September der schon früher erwähnte Emissär Jellachichs, Graf Eugen Zichy mit einem Gefährten, Paul Zichy, angehalten und als verdächtig arretirt. Eugen Zichy war ein früherer Administrator, er war durchaus kaiserlich österreichisch, nicht im mindesten königlich ungarisch gesinnt; durch seine Verwaltung im Stuhlweißenburger Comitat hatte er sich außerdem im höchsten Grade verhaßt gemacht. Die Truppen der Hunyadischaar wie die Landsturmmänner bezeugten die größte Neigung, die beiden Gefangenen ohne Weiteres niederzumachen Görgey rettete sie mit großer Mühe und nicht ohne eigene Gefahr nach der Insel Csepel hinüber, ordnete aber hier ein Standrecht über sie an, welchem er selbst präsidirte. Bei dem Grafen Eugen Zichy hatten sich viele Exemplare zweier Proklamationen vorgefunden, welche beide aus Schönbrunn datirt, Ferdinand, König von Ungarn unterzeichnet, von keinem verantwortlichen ungarischen Minister contrasignirt waren, deren eine sich an die ungarischen Truppen, deren andere sich an das ungarische Volk wendete, die beide zum Gehorsam gegen Jellachich, zur Lossage von der rechtmäßigen ungarischen Regierung aufforderten Außerdem fand sich bei Eugen Zichy ein Schreiben des Banus an General Roth, in welchem dieser angewiesen ward, dem Grafen Zichy eine Sauvegarde zu geben und ihm jeden möglichen Schutz zu gewähren.

Vor dem Standgericht ward auf Grund dieser Beweisstücke gegen Graf Eugen Zichy die Anklage auf Einverständniß mit den Feinden des Vaterlandes und auf thätliche Theilnahme an der — nach ungarischem Staatsrecht — rebellischen Erhebung der Südslaven durch Verbreitung aufrührerischer Proklamationen erhoben und der Antrag auf Tod durch den Strang gestellt. Das Standrecht erhob diesen Antrag zum Urtheil. Man hatte sich streng an das österreichische Verfahren gehalten, nach welchem der Präsident auf die Urtheilsfällung einen sehr bedeutenden Einfluß hat. Das entschiedene Auftreten Görgeys bei dieser Gelegenheit machte ihm einen großen Ruf in ganz Ungarn und bahnte ihm den Weg zu jener Höhe der Stellung, welche er schon in wenigen Monaten einnehmen sollte. Der Begleiter des Grafen Eugen Zichy, Paul Zichy, ward einfach den gewöhnlichen Gerichten überwiesen.

Am 1. Oktober mußte Görgey, nachdem er seine Vorposten eingezogen, auf Befehl Mogas die Donau aufwärts nach Eresi (Ercsény) marschiren, um hier mit dem größten Theile seines Detachements den linken Flügel der nach Mártonvásar zurückgegangenen Ungarn zu bilden, wurde aber, kaum dort angelangt, wieder nach Adony zurückgesendet. Unterdessen war die Lösung der Aufgabe, das Roth'sche Corps zu vernichten, dem Oberst Moritz Perczel, Commandanten des von ihm unter dem Namen der Zrinyischaar gebildeten Freicorps übertragen worden. Am 3. Oktober ward Görgey mit seinem Corps gleichfalls unter das Commando Perczels gestellt. Dieser verfügte nunmehr im Ganzen über 3000 M., 200 Husaren und 8 Geschütze. Er begann am 4. Oktober seine Operationen.

Durch die Festung Esseg war Roth in seinem Vorrücken zur Vereinigung mit Jellachich durchaus nicht aufgehalten worden, da der Commandant dieser Festung, Jovich, dieselbe bei Eröffnung der Feindseligkeiten sofort neutral erklärte und den Croaten durchaus keinen Widerstand entgegensetzte. So kam Roth nach Fünfkirchen. Von hier schlug er den Weg nach Ozora am Sioflusse ein; um endlich von dort aus Jellachich bei Stuhlweißenburg aufzusuchen. Auf diesem Marsche aber von Fünfkirchen ab ward Roth ernstlich von dem Landsturm der niedern Donau behelligt und kam jetzt nur langsam vorwärts.

Am 4. begann, wie schon erwähnt, Perczel seine Operationen; er marschirte von Adony auf Seregélyes ab, um so alle Straßen zwischen der Donau und dem Plattensee zu durchkreuzen. Görgey führte die Avantgarde. In Seregélyes angekommen, erfuhr er, das Dorf Tácz, weiter westlich gelegen, sei bereits von Croaten besetzt. Er brach sogleich dahin auf und säuberte durch einen kecken Husarenangriff das Dorf vom Feinde, ging aber am 5. Oktober Morgens in der Besorgniß, von Perczel abgeschnitten zu werden, wieder gegen Seregélyes zurück. Unterwegs erfuhr er, daß wirklich bereits Croaten zwischen ihm und Perczel seien. Da er nichts davon wußte, daß Jellachich bereits Stuhlweißenburg verlassen habe, glaubte er sich zwischen diese Croaten und Stuhlweißenburg werfen zu müssen und kehrte in der Richtung gegen letzteres um. Aber bald ward er davon unterrichtet, daß Stuhlweißenburg nicht mehr vom Banus, sondern von Ungarn besetzt sei. Nun wendete er sich wieder gegen die Croaten zurück, die in der Nähe von Báránd standen. Während er westlich dieses Ortes erschien, zeigte sich von Seregélyes aus Perczel östlich desselben. Die Croaten, 1000 M. stark, parlamentirten in Folge dessen mit Görgey und ergaben sich alsbald ihm kriegsgefangen. Es war die Avantgarde Roths. Die Gewehre, welche man ihr abnahm, kamen den Ungarn sehr zu statten.

Roth stand mit seinem Gros am 5. bei Soponya, südlich von Tácz, welches Perczel nach der Gefangennahme jener 1000 M. besetzte. Aus den Papieren eines aufgefangenen Boten Roths „an den Commandanten der k. k. Truppen zu Stuhlweißenburg" hatten die Ungarn ersehen, daß dieser General ohne alle Befehle, außer aller Verbindung mit Jellachich sei; Roth seinerseits erfuhr zu derselben Zeit, daß er ein bedeutendes ungarisches Corps auf dem Wege nach Stuhlweißenburg vor sich habe, während hinter ihm sich der Landsturm immer massenhafter erhob. Er sendete den General Philipovich als Parlamentär an Perczel nach Tácz und verlangte ungehinderten Rückzug nach Croatien, wogegen Perczel unbedingte Ergebung forderte.

Mit dieser Antwort kehrte Philipovich nach Soponya zurück; nun brach Roth noch in der Nacht vom 5. auf den 6. Oktober von Soponya auf, um über Láng, Kálóz, Dégh gegen Ozora hin einen Vorsprung zu gewinnen.

Die Ungarn marschirten noch am 5. Nachmittags nach Csösz, von hier aus eilte am 6. Oktober Morgens Görgey mit der Reiterei des Corps voraus und ereilte die Croaten um Mittag bei Dégh; mit der Kavallerie allein wagte er aber nicht, sie anzugreifen und Perczel mit der Infanterie und Artillerie erreichte erst spät am Abend Dégh, da er einen wenig gangbaren Weg benutzt hatte.

Roth ging am 6. gegen Ozora an den Siofluß zurück; fand aber, daß alle Brücken über letztern von dem äußerst thätigen Landsturm dieser Gegend bereits abgebrochen waren. Dieser Landsturm besetzte auch die Höhen östlich von Ozora.

Am 7. Morgens ging nun Görgey mit einer Umgehungscolonne nach Dégh südöstlich vor, um sich dem Landsturm anzuschließen, während Perczel mit dem Gros auf der großen Straße von Dégh nach Ozora und durch den Wald zwischen diesen beiden Ortschaften zog.

Als Perczel am südlichen Saum dieses Waldes erschien, wollte Görgey eben zum Angriff schreiten, als Roth einen Parlamentär sendete. Das Resultat der folgenden Verhandlungen war, daß sich das ganze Roth'sche Corps ohne Kampf dem viel schwächeren Perczel'schen kriegsgefangen ergab; eine der schimpflichsten Kapitulationen im freien Felde, welche jemals vorgekommen sind.

Bei Gelegenheit dieses kurzen Feldzugs gegen Roth waren schon die ernstesten Mißhelligkeiten zwischen Görgey und Perczel ausgebrochen. Der erstere war von Anfang herein verstimmt darüber, daß ihm, der ursprünglich das Obercommando gegen Roth gehabt hatte, dasselbe entrissen war, er fand dann ferner, daß Perczels militärische Kenntniß eine äußerst geringe sei und die Art, in welcher dieser die Disziplin handhabte, mißfiel ihm gründlich. Perczel dagegen, der sich Görgeys geistige Ueberlegenheit nicht verhehlen konnte, sah in allem, was Görgey that, Ungehorsam. Sehr mäßig und leidenschaftslos waren beide nicht; es gab daher mehrere bittere Zänkereien. Görgey und Perczel waren von dieser Zeit ab entschiedene Feinde.

Wien und Pesth. Ende September und Anfang Oktober.

Von den kriegerischen Ereignissen müssen wir uns wiederum zu den politischen auf einige Augenblicke zurückwenden.

Zu derselben Zeit als der ungarische Reichstag dem Erzherzog Palatin das Commando gegen Jellachich übertrug, sendete er auch eine große Deputation nach Wien an den österreichischen Reichstag. Dieser sollte aufgefordert werden, im Verein mit dem ungarischen den Umtrieben der Camarilla einen ernsten Damm entgegenzusetzen. Die Slavenpartei im österreichischen Reichstage aber hintertrieb die Annahme der ungarischen Deputation, welche also unverrichteter Sache nach Pesth zurückkehrte.

Die Camarilla, ermuthigt einerseits durch das glückliche anfängliche Vordringen Jellachichs in Ungarn, andererseits berechtigt ihrer Ansicht nach durch die — ungesetzlichen Schritte, welche der ungarische Reichstag, dem nun unzweifelhaft die Augen aufgegangen waren, in letzter Zeit gethan, indem er z. B. die Aushebung der schon im Juli votirten Rekruten begann, ohne noch länger auf die königliche Sanction zu warten, auf welche er freilich lange genug vergebens gewartet hatte, zu lange schon für die Widerstandskraft des Landes, — die Camarilla hielt den Augenblick für gekommen, da sie ihren letzten Trumpf ausspielen könne.

Am 22. September ernannte demgemäß Ferdinand V. den Feldmarschallieutenant Lamberg zu seinem Commissär für Ungarn, übergab ihm das Obercommando sämmtlicher ungarischer Truppen und übertrug ihm die Auflösung des Reichstages zu Pesth. Der Erlaß, durch welchen diese Ernennung erfolgte, war selbstverständlich von keinem ungarischen Minister contrasignirt. Von demselben Tage waren jene Proklamationen, von denen Exemplare bei dem Grafen Eugen Zichy gefunden waren und welche die ungarische Armee und das ungarische Volk zum Abfalle vom Reichstag und Ministerium, zum Gehorsam gegen Jellachich und Lamberg aufforderten.

Als die Kunde hievon nach Pesth gelangte, erklärte der Reichstag, daß er nicht daran glauben könne, jene Erlasse und Proklamationen gingen wirklich vom König Ferdinand V. aus. Gingen sie aber dennoch von diesem aus, so seien sie durchaus ungesetzlich und das ungarische Volk müsse ihnen den Gehorsam versagen.

In Pesth hatte die Aufregung den höchsten Grad erreicht. Lamberg, am 27. in Ofen angekommen, wollte sich von dort nach Pesth hinüberbegeben, um die Auflösung des Reichstages zu vollziehen; auf der Brücke ward er vom Volke angefallen und auf schauerliche Weise niedergemacht.

Der Reichstag ordnete sofort eine strenge Untersuchung gegen die Anstifter des Mordes an. An den König Ferdinand sendete er eine Erklärung, in welcher er den Vorfall bedauerte, zugleich aber Ferdinand aufforderte, er möge den Ungesetzlichkeiten von oben her steuern, welche die erste Ursache der Unordnung in den untern Schichten seien.

Batthyány hatte am 27., an dem Tage der Ermordung Lambergs, eine Unterredung mit Jellachich zu Stuhlweißenburg gehabt. Es war ein letzter schwacher Versuch gewesen, diesen zur Umkehr zu bewegen. Als er nach Pesth zurückkehrte und hier die Ermordung Lambergs erfuhr, dankte er ab und übergab dem Landesvertheidigungsausschuß, der seit den letzten Tagen des September bestand, nun vollends die Regierung des Landes. Kossuth war die Seele dieser Behörde; er übernahm die Oberleitung der militärischen Angelegenheiten, obgleich der Kriegsminister Mészáros im Amte blieb.

Die Camarilla hatte jetzt vollkommen, was sie wollte. Sie konnte dem König Ferdinand von heller Rebellion der Ungarn, von Gräuelscenen, die an die französische erste Revolution erinnerten, von der rothen Republik, kurz von allen beliebigen Schrecknissen reden, die ihm ein rücksichtsloses Einschreiten zur Pflicht machten.

Da Batthyány ohnedieß abgedankt hatte, so ernannte am 3. Oktober Ferdinand V. den F.-Z.-M. und Capitän der ungarischen Leibgarde, Adam Freiherrn Récsey von Récse zum ungarischen Ministerpräsidenten mit dem Auftrage ein neues Ministerium zu bilden. Dieser Erlaß war von Récsey selbst contrasignirt. Ein weiterer Erlaß vom 4. Oktober stellte Ungarn für so lange als die „Ordnung und der Friede nicht zurückgekehrt" seien, unter die Kriegsgesetze; ein dritter endlich, schon vom 3. Oktober, bestimmte, daß der ungarische Reichstag aufgelöst sei, daß alle Beschlüsse und Verordnungen desselben, welche die königliche Sanction nicht erhalten hätten, ungesetzlich und kraftlos seien; er übergab ferner dem Banus Jellachich das Obercommando über sämmtliche Truppen und bewaffnete Corps, welcher Gattung und welches Namens diese immer seien, in Ungarn und in dessen Nebenländern; Ungarn ward unter die Kriegsgesetze gestellt, alle Versammlungen der Comitats-, städtischen oder Distrikts-Congregationen wurden untersagt. Jellachich ward zum Stellvertreter des Königs ernannt, alle Macht in Ungarn ward ihm demgemäß übertragen, alle Behörden wurden ihm untergeordnet; er ward insbesondere angewiesen, die Mörder Lambergs zur Rechenschaft zu ziehen. Die laufenden Geschäfte sollten einstweilen von den Beamten der verschiedenen Ministerien fortgeführt werden.

Nach diesen Erlassen blieb wohl den Ungarn nur zweierlei übrig: entweder mußten sie sich mit gebundenen Händen Jellachich überliefern oder sie mußten in Ferdinand V., jetzt vielmehr in Ferdinand I. ihren Feind erkennen und offen den Kampf annehmen, welchen er ihnen bot. Wie man fernerhin noch an der Fiction hängen konnte, daß man nur gegen Jellachich Krieg führe, der Kaiser Ferdinand I. dagegen nach wie vor König Ferdinand V. von Ungarn sei, gegen den man nicht kämpfe, das ist schwer zu verstehen. Dennoch ward diese Fiction aufrecht erhalten.

Der Wiener Aufstand; das Vorrücken der Ungarn an die Leitha.

Zur Zeit, da jene Dekrete erlassen wurden, von denen wir eben redeten, wußte natürlich der Hof zu Schönbrunn noch nicht, daß der zum Alter Ego des Kaisers ernannte Banus Jellachich sich bereits ganz in der Nähe der österreichischen Grenze befinde, wähnte ihn vielmehr mitten in Ungarn, in der unmittelbaren Nähe von Buda-Pesth. Damit derselbe mit aller Kraft auftreten könne, sollten ihm schleunigst Verstärkungen aus den deutschen Ländern zuziehen. Auch aus Wien sollten am 6. Oktober Truppen nach Ungarn abmarschiren. Die Camarilla hatte, wie bekannt, gegen die Freiheit der deutschen Länder ganz ähnlich operirt, wie gegen die Freiheit der Ungarn. Das Volk von Wien fühlte, daß, wenn die Freiheit Ungarns erst einsam todtgeschlagen sei, an diejenige der deutschen Länder die Reihe sofort auch kommen werde. Es erhob sich, um die im Abmarsch nach Ungarn begriffenen Truppen festzuhalten; diese machten zum Theil mit dem Volke gemeinschaftliche Sache. In dem Tumulte wurde der Kriegsminister, F.-Z.-M. Baillet de Latour, erschlagen und an die Laterne gehenkt. Die Truppen, welche nicht mit dem Volke gemeinschaftliche Sache gemacht hatten, wurden gezwungen, die Stadt zu räumen und diese rüstete sich auf den Widerstand gegen einen Versuch der Wiedereroberung. Den Oberbefehl über die aus Wien vertriebenen Truppen übernahm F.-M.-L. Graf Auersperg.

Jellachich war auf seinem Rückzuge, den seine Ruhmredner einen „mit großer Umsicht eingeleiteten und ausgeführten Flankenmarsch“ nennen, wie wir gesehen haben, am 6. Oktober zu Deutsch Altenburg eingetroffen. Hier befand er sich auch noch am 7. Oktober, als die Nachricht von dem

Wiener Aufstande des vorigen Tages ankam. Unter solchen Umständen hielt er es für gerathen, auch seinerseits nach Wien zu marschiren. 12000 M. der am schlechtesten ausgerüsteten Truppen sendete er sofort von Altenburg nach Croatien, zu dessen Schutz zurück, den Rest, noch ungefähr 17000 M. führte er nach Wien. Am 9. kam er bei Laa vor Wien an. Am 10. hatte er eine Zusammenkunft mit Auersperg, um sich mit diesem über die Maßregeln zu besprechen, welche für den Fall zu ergreifen wären, daß Moga dem Banus folge. Besondere Besorgniß äußerte der Banus wegen der überlegenen Reiterei der Ungarn. Man kam dahin überein, daß man sich beim Anrücken derselben zuerst genau von deren Stärke überzeugen müsse. Würde diese so groß befunden, daß es unthunlich schiene, zugleich gegen sie und gegen das aufständische Wien Front zu machen, so wollte man sich auf den Kahlenberg zurückziehen, um hier das Eintreffen der Truppen aus Böhmen und Mähren zu erwarten, welche nach Wien im Anzuge waren. Diese Truppen, insbesondere auch Kavallerie, kamen allmälig an und die Furcht vor den Ungarn schwand ein wenig. Jellachich und Auersperg umschlossen die östliche Hälfte Wiens in einem Halbkreise von Simmering bis Schönbrunn, dergestalt, daß Jellachich, mit dem Hauptquartier in Rothneusiedel, den rechten, Auersperg, mit dem Hauptquartier in Inzersdorf, den linken Flügel nahm. Jellachich hatte zugleich Beobachtungsabtheilungen gegen die Ungarn an der Leitha. Nach der Mitte des Monats kam auch der Feldmarschall Fürst Windischgrätz mit den letzten Truppen aus Böhmen, vollendete die Einschließung und übernahm das Obercommando über die vor Wien concentrirte Armee.

Obwohl Moga in seiner Stellung von Mártonvásár noch am 1. Oktober erfahren hatte, daß der ritterliche Banus unter Verletzung der Waffenstillstandsbedingungen sich an demselben Tage in der Richtung auf Moór „entfernt“ habe, so glaubte er doch an diesen Bedingungen festhalten zu müssen und blieb hartnäckig bei Mártonvásár stehen, ließ nur durch einen Posten Stuhlweißenburg besetzen. Endlich auf wiederholtes Drängen Kossuths entschloß er sich doch dem Banus an die Leitha zu folgen, welche er aber erst mehrere Tage nachdem jener bereits vor Wien angekommen war, erreichte. An der Leitha machte er Halt und nahm eine weitläufige Stellung; die äußersten Posten der Avantgarde wurden längs der Leitha von Wilfleinsdorf bis Hollern aufgestellt, hinter Bruck stand das Gros der Avantgarde; das Commando derselben befand sich im Bahnhofsgebäude zu Bruck.

Das Treffen von Schwechat.

Die ungarische Armee an der Leitha, so schien es, hatte klar die Aufgabe, angriffsweise gegen die durch Wien festgehaltenen Oesterreicher zu marschiren und Wien zu entsetzen, auf diese Weise die Kräfte Oesterreichs auf dessen eigenem Boden zu brechen und die Kräfte Ungarns durch Belebung der Revolution in Oesterreich und in Deutschland zu stärken.

Sollte aber dieser Angriff wirklichen Nutzen bringen, so mußte er erfolgreich sein.

Die nächste Frage war daher: wie es mit der Aussicht auf den Erfolg stehe?

Damit stand es nun in der That nicht besonders. Moga hatte nach der Mitte Oktobers an der Leitha wenig über 16000 M., die Armee von Windischgrätz vor Wien war zu dieser Zeit schon mehr als doppelt so stark. Rückten die Ungarn vor, so konnte ihnen Windischgrätz eine Uebermacht ohne Bedenken entgegenwerfen und behielt trotzdem noch Truppen genug übrig, um Wien zu beobachten und einem Ausfall entgegenzutreten, der etwa aus der Stadt unternommen würde. Reguläre Truppen oder solche, die dafür gelten konnten, hatten die Wiener sehr wenige und die Wirksamkeit kaum oberflächlich organisirter Volkshaufen konnte im freien Felde nur geringe angeschlagen werden.

Hiezu kam, daß Windischgrätz zum großen Theil über alte, geübte Truppen verfügte, Moga dagegen nicht im mindesten. Den Soldaten, wie den Abtheilungen der neuen ungarischen Formationen, des größten Theiles von Mogas Corps, fehlte es an der Präzision der Manöver, an dem Geschick, sich mit der Verpflegung und mit der Unterkunft zu behelfen, kurz an allen den Eigenschaften, deren Vorhandensein namentlich die Offensive erfordert. Diese Umstände sprachen unzweifelhaft gegen sie.

Immerhin war es vielleicht erlaubt, gegen Wien vorzurücken, durch Einzelangriffe, durch Scharmützel Windischgrätz zu belästigen, seine Aufmerksamkeit und seine Kraft von Wien abzulenken, dadurch den Wienern mehr Zeit zu verschaffen, die jungen ungarischen Truppen allmälig an das Feuer zu gewöhnen und späterhin, wenn Verstärkungen herangekommen und eine gewisse Uebung erzielt wäre, ernstlich zum Angriffe und zum Entsatze zu schreiten. Freilich war dabei nicht zu übersehen, daß auch Windischgrätz sich verstärkte, daß der Zeitgewinn nicht den Ungarn allein zu Gute kam.

Wenn sich gegen die Offensive über die Leitha, insbesondere mit großem Ziel, der Absicht des Entsatzes von Wien durch eine Schlacht vom militärischen Gesichtspunkte aus Manches einwenden ließ, so war es doch nicht aus diesem, daß ein großer Theil der ungarischen höheren Offiziere sich gegen die Offensive aussprach, wenigstens nicht aus ihm allein.

Moga selbst war der Meinung, daß die Ungarn nur ihre Grenzen gegen die Angriffe der Croaten vertheidigen dürften; nur gezwungen und ungern, erklärte er, würde er die Offensive ergreifen und die Leitha überschreiten, ungarisches Gebiet verlassen, um kaiserlich österreichisches zu betreten. Diese Ansicht war sehr verbreitet, insbesondere unter den früheren österreichischen Offizieren im ungarischen Heere.

Diese Partei trennte noch immer die Sache Jellachichs von der Sache des Kaisers Ferdinand, trotz der Rescripte vom 3. und 4. Oktober; trotzdem daß Jellachich nicht bloß auf österreichischen Boden freundliche Aufnahme gefunden hatte, sondern auch mit seinem Corps in die Armee vor Wien vom Fürsten Windischgrätz eingereiht war, betrachtete die königliche Partei im ungarischen Heere, wie wir sie nennen können, nicht den Heerführer des Kaisers Ferdinand, den Fürsten Windischgrätz, sondern nur den Banus Jellachich als den Feind Ungarns. Nur gegen diesen, nicht gegen jenen, ward behauptet, dürfe man feindselig verfahren. Und selbst, ob man nur zur Verfolgung Jellachichs den Boden des Erzherzogthums Oesterreich betreten dürfe, ward bezweifelt. Wurde der Partei gesagt, daß Ungarn sich mit der Revolution in ganz Europa solidarisch verbinden müsse, um Aussicht auf den endlichen Erfolg zu gewinnen, so wollte sie davon nichts hören. Sie antwortete, Ungarn sei nicht revolutionär, es stehe auf dem Boden seines guten Rechtes. Es war vergebens, daß von anderer Seite dagegen eingewendet ward: wie sehr Ungarn immer auf dem Boden seines guten Rechtes stehe, es komme gar nicht darauf an, sondern darauf, wie der Kaiser Ferdinand oder die österreichische Camarilla die ungarische Erhebung betrachte, und diese betrachteten sie in der That als Rebellion, auch der Fürst Windischgrätz. Auch andere Völker hatten sich auf dem Boden ihres guten Rechtes erhoben und wurden nichts destoweniger von ihren Fürsten als im Stande der Rebellion befindlich behandelt, sobald dieselben zu solchem Verfahren sich stark genug fühlten.

Wie Fürst Windischgrätz die ungarische Erhebung ansehe, das konnte man in der That sehr bald aus einer Proklamation erkennen, die er an die regulären Truppen des ungarischen Heeres richtete, in welcher er ihnen Bruch des dem Kaiser Ferdinand geleisteten Fahneneides vorwarf, sie aufforderte, zu ihm überzugehen und ihnen für den Fall, daß sie dieser Aufforderung nicht Folge leisteten, Todesstrafe androhte. Diese Proklamation hatte zunächst eine der beabsichtigten entgegengesetzte Folge. Sie nahm von manchem Auge die Binde und veranlaßte gerade die tüchtigern Kräfte unter den Offizieren, nun doppelt fest zu Ungarn zu stehen.

Vorausgesetzt aber, es ward ein Angriff auf Windischgrätz, aus welchem Grunde immer, unterlassen, und die Ungarn blieben hinter der Leitha ruhig stehen, bis sie selbst angegriffen wurden, war nun da, bei diesem vertheidigungsweisen Verfahren ein Erfolg für Ungarn abzusehen? Die Einsichtigern zweifelten auch daran. Allerdings hatte man die Aussicht, sich in den nächsten Wochen noch zu verstärken, auch konnte vielleicht manches in der Organisation verbessert und vervollkommnet werden. Aber viel konnte man sich in dieser Beziehung nicht versprechen, nicht soviel, daß dadurch ein völliger Umschwung in dem Kräfteverhältniß herbeigeführt werde.

Aus dem Gesagten wird sich nun leicht das Schwanken in den kriegerischen Maßregeln der Ungarn in der Zeit bis zum Falle Wiens begreiflich finden lassen.

Am 17. Oktober führte Moga die ungarische Armee an das linke Ufer der Leitha, und schob seine Avantgarde bis Arbesthal und Stixneusiedel vor, kehrte aber dann plötzlich noch am gleichen Tage auf ungarisches Gebiet zurück. Am 21. überschritt er die Leitha ein zweites Mal, aber auch jetzt nur, um am 22. Oktober wieder zurückzugehen.

Dießmal hatte er unterwegs die Nachricht erhalten, daß Kossuth selbst mit einer Verstärkung von 12000 M., allerdings lauter ganz neue Formationen, doch immerhin ein nicht zu verachtender Zuwachs an Kraft, auf dem Wege zur Armee seie. Diese 12000 M. sollten erst abgewartet werden, ehe man völlig Ernst mache.

Am 23. Oktober erschien Kossuth mit der angesagten Verstärkung wirklich in Nickelsdorf (Miklósfalva) und es ward alsbald ein Kriegsrath dorthin berufen. In demselben sprach Kossuth sehr energisch für die Offensive zum Entsatze Wiens. Görgey, welcher von Perczels Corps abberufen, unter Ernennung zum Obersten zur Armee Mogas gesendet war, eigentlich um diesen, welchem der Landesvertheidigungsausschuß sehr stark mißtraute, zu überwachen, welcher dann hier das Commando der Avantgarde erhalten hatte, führte gegen die Offensive das Wort, wesentlich vom militärischen Standpunkte aus, indem er die Mängel der ungarischen Armee hervorhob. Unter diese Mängel zählte er außer den früher bereits von uns erwähnten auch diesen, daß die ungarischen Soldaten sehr wenig Sinn für Mein und Dein gezeigt hätten, noch weniger als die Croaten, und äußerte die Besorgniß, daß man in Folge davon, weit entfernt, sich durch das Vorgehn Sympathieen auf österreichischem Boden zu erwerben, vielmehr dieselben vollends verscherzen werde. Während Kossuth voraussetzte, daß die Begeisterung der jungen ungarischen Truppen für die Sache des Landes viele sonstige Mängel ausgleichen werde, wollte Görgey davon nichts wissen. Im Lager, sagte er, und unmittelbar nach einer Rede Kossuths, schlage er die Begeisterung sehr hoch an, nach erlittenen Strapazen und Angesichts des Feindes sehr geringe.

Kossuth indessen ließ sich durch die Gründe Görgeys nicht abhalten, lebhaft für die Offensive zu agitiren und es gelang ihm in der That, die Stimmung zu Gunsten derselben zu wecken. Am 24. sendete er durch zwei Offiziere eine Aufforderung zur Entwaffnung des Banus und Aufhebung der Einschließung Wiens an den Fürsten Windischgrätz ab. Dieser antwortete darauf dadurch, daß er einen der Parlamentäre, einen Honvédobersten, festhielt, und nur den anderen zurückschickte.

Dieses Verfahren des Fürsten erregte im ungarischen Lager einen allgemeinen Unwillen und jetzt gab es nur noch eine Stimme: für die Offensive. Diejenigen höheren Offiziere, welche etwa noch anderer Meinung waren, schwiegen wenigstens, da Kossuth den lautesten Sprechern gegen die Offensive, denjenigen, die aus politischen Gründen gegen sie waren, einfach Entlassung angedroht hatte.

Am 28. gingen die Ungarn in drei Colonnen zum dritten Mal über die Leitha. Moga hatte etwa 26000 M. verfügbar machen können.

Die Avantgarde unter Görgey zählte 4 Bataillons, 2 Escadrons und 8 Geschütze.

Das Gros bestand aus dem:

rechten Flügel, Oberst Bárczay, 6 Bataillons, 4 Escadrons, 16 Geschütze;

Centrum, Oberst Lázár, 4 Bataillons, 6 Escadrons, 24 Geschütze;

linken Flügel, Oberst Répásy, 4 Bataillons, 16 Escadrons, 24 Geschütze;

Die Reserve, Oberst Kargez, hatte 3 Bataillons, 4 Escadrons, 16 Geschütze.

Die ganze Armee zählte also 21 Bataillons, 32 Escadrons, 88 Geschütze, oder 20000 M. Infanterie, 4000 M. Kavallerie und 2000 M. Artillerie. Von der Infanterie waren 3000 M. nur mit Sensen bewaffnet und in die Reserve eingetheilt; 16000 M. der ganzen Armee bestanden aus regulären Truppen, wozu man die Linieninfanterie, die Husaren und die Honvéd rechnete, der Rest waren Nationalgarden.

Die Avantgarde hatte den Befehl, wenn es zum Treffen käme, sich auf den linken Flügel Lázárs der Centrumbrigade des Gros zu setzen.

Der rechte Flügel sollte den Angriff beginnen, indem er längs der Donau stromabwärts zöge, dann, wenn er bereits in der linken Flanke der Oesterreicher stände, sollte das Centrum über Schwechat auf Simmering vordringen, um einem Ausfall der Wiener die Hand zu reichen; der linke Flügel sollte diese Bewegung gegen einen etwaigen Angriff Windischgrätzens von Süden her decken.

Am 28. Oktober rückten die Ungarn bis gegen die Fischa vor; ihre Vorposten standen an dem genannten Bache bei Fischament, Klein Neusiedel, Schwandorf, Ebergassing. Die Armee hatte also einen sehr kleinen Marsch gemacht. Da die ganze Entfernung von Bruck an der Leitha bis zur Schwechatlinie, an welcher Moga erwarten mußte, spätestens mit Windischgrätz zusammenzustoßen, wenig über drei Meilen beträgt, so mußte man für den 29. auf das Treffen gefaßt sein; in der That erfolgte es erst am 30.

Windischgrätz hatte die Schwechatlinie als diejenige gewählt, an welcher er den Entsatz der Ungarn empfangen wollte. Er hielt an derselben nur schwache Posten, von denen aus Patrouillen bis an die Fischa und die Leitha vorgesendet wurden.

Am 28. Oktober unternahm Windischgrätz einen gewaltsamen Angriff auf Wien; der Erfolg desselben war ein sehr unvollständiger, doch bestimmte er die Wiener, Kapitulationsverhandlungen anzuknüpfen; die Kapitulation war schon so gut wie abgeschlossen, als sich die Nachricht in der Stadt verbreitete, daß die Ungarn mit starker Macht die Leitha überschritten hätten und zum Entsatze heranrückten. Auf diese Kunde griffen die Wiener wiederum zu den Waffen und erneuten den Kampf.

Am 29. Oktober gingen die Ungarn über die Fischa, blieben aber in der Nacht auf den Höhen zwischen dieser und der Schwechat im Biwak. Am 30. endlich rückten sie gegen die Schwechat vor. Auf die Kunde von ihrer Annäherung hatte Windischgrätz das Corps von Jellachich an die Schwechat vorgeschoben und verstärkte es durch die beim Barrikadenkampf überflüssige Kavallerie, soweit sie für den Einschließungsdienst zu entbehren war. Jellachich stand mit seinem Gros in und hinter Schwechat; seinen linken Flügel schob er über den Schwechatbach nach Mannswörth an der Donau; auf seinem rechten in der Ebene am Schwechatbach zwischen der kaiserlichen Papierfabrik und Zwölfaxing stellte er seine Reiterei auf.

In der Nacht vom 29. auf den 30. Oktober wurde das ungarische Lager unnützerweise vom linken Flügel aus allarmirt durch die Nachricht, welche von dorther kam, daß der Feind bereits in der linken Flanke und im Rücken der Ungarn stehe. Es wurden Truppen dorthin gezogen, die fast die ganze Nacht auf den Beinen waren, ohne etwas zu finden, als Ermüdung. Auf die jungen Truppen der Ungarn machte dieser erste Eindruck der Feindesnähe einen schlechten Effekt.

Am 30. Morgens ward die Vorrückung fortgesetzt. Der rechte vorgeschobene Flügel der Ungarn kam mit dem gleichfalls vorgeschobenen linken des Banus bei Mannswörth zuerst ins Gefecht. Die Ungarn schlugen sich so tapfer, als man es nur verlangen konnte und namentlich gab hier Guyon, zu dieser Zeit Major und Commandant des zweiten Pesther Freiwilligenbataillons Proben des verwegenen Muthes, den er in dem nachfolgenden Feldzuge so oft bewies.

Eben hatte das Gefecht bei Mannswörth begonnen, als Görgey mit der Avantgarde angesichts von Schwechat erschien. Er erkannte, daß sich starke österreichische Colonnen hinter Schwechat sammelten und schickte sich an, Schwechat anzugreifen und dadurch diese Colonnen an einem Debouchiren zu hindern, welches den Ungarn bei Mannswörth gefährlich werden konnte, als er von Moga den Befehl erhielt, Halt zu machen, bis das Centrum des Gros mit ihm auf gleiche Linie gekommen sei. Als dieses endlich gegen Mittag herangekommen war, ward ihm befohlen, sich zum Angriff bereit zu halten. Indessen blieb für Görgey, wie für Lázár der Befehl zum wirklichen Angriffe aus; beide wurden in Unthätigkeit gehalten und die bei Mannswörth kämpfende Brigade focht isolirt.

Der linke Flügel unter Répásy hatte sich beim Ausrücken aus dem Biwak verspätet, so daß zwischen ihm und Görgey ein bedeutendes Intervall entstanden war, welches, wie es schien, die Kavallerie Jellachichs von Zwölfaxing und der Papierfabrik her bedrohte. Görgey sah sich dadurch veranlaßt, seine Brigade eine Hackenstellung mit zurückgebogenem linken Flügel nehmen zu lassen. Indessen ging Jellachich weder mit seinem rechten Flügel noch mit seinem Centrum angriffsweise vor, er begnügte sich, seine bei Mannswörth kämpfenden Truppen zu verstärken. Dagegen sammelte er um Mittag westlich Schwechat eine bedeutende Artilleriemasse, in der offenbaren Absicht, mit derselben aus Schwechat zu debouchiren.

Mogas Generalstabschef, Oberstlieutenant Pusztelnik, sammelte so viele Geschütze als möglich, um der österreichischen Artillerie das Debouchiren zu verwehren. Indessen gelang ihm dieß nicht. Die österreichischen Geschütze kamen vorwärts, protzten ab und brachten durch die ersten treffenden Schüsse die Brigade Lázár zum Wanken, welches bald in eine ungeordnete Flucht ausartete; sie theilten sich darauf und richteten ihr Feuer theils gegen den rechten Flügel der Ungarn bei Mannswörth, theils gegen die Brigade Görgeys. Der rechte ungarische Flügel, angegriffen von längerem Kampfe, wich bald auch und die Brigade Görgeys folgte dem Beispiele derjenigen Lázárs troß aller Mühe, welche Görgey sich gab, sie zu halten, sobald einige Kanonenkugeln in ihre Bataillone eingeschlagen waren.

Die ganze ungarische Armee war somit auf dem Rückzug, das Centrum, einschließlich der Reserve, ohne nur eigentlich zum Kampfe gekommen zu sein, sogar in einer wilden Flucht, die nur theilweise an der Fischa, im Ganzen erst hinter der Leitha ihr Ende fand. Glücklicherweise verfolgte Jellachich gar nicht. Der Verlust in dem Treffen von Schwechat war an Todten und Verwundeten auf beiden Seiten kaum nennenswerth. Die unmittelbarste Folge des Ausganges war der Fall Wiens, welches hoffnungslos sich am 31. Oktober an den Fürsten Windischgrätz ergab.

Die ungarische und die österreichische Armee an der obern Donau vom Treffen von Schwechat bis zum Beginne der Offensive des Fürsten Windischgrätz.

Der Aufstand Wiens verbunden mit dem unerwarteten Ausweichen des Banus Jellachich hatten den Angriff der Oesterreicher gegen Ungarn nothwendig hinausgeschoben, wie auch die Umstände, unter denen er erfolgen mußte, in etwas verändert. Nach dem Falle Wiens schien kein Hinderniß des Vorgehens mehr zu bestehen und vom österreichischen Standpunkte aus schien es wünschenswerth, den Beginn des Angriffs möglichst zu beschleunigen. Die Lage war jetzt vollkommen klar; wie geneigt die Ungarn sein mochten, sich noch Phantasiegebilde in Bezug auf ihre Stellung zum Kaiser-König Ferdinand vorzugaukeln, es war ja fast unmöglich, daß sie die Täuschung selbst für Ernst nahmen. Es war also vorauszusetzen, daß sie jetzt mit aller Kraft und ohne sich ferner von schlecht angebrachten Rücksichten hemmen zu lassen, an der Verstärkung ihres Heeres arbeiten würden. Je mehr Zeit man ihnen dazu ließ, desto stärker konnten sie auftreten, wenn der Kampf begann.

Schnell angreifen hieß also die Losung für die Oesterreicher. Unmittelbar nach dem Falle Wiens ward auch der Fürst Windischgrätz beauftragt, die Pacification Ungarns zu unternehmen. Indessen als nun genauer zugesehen ward, fand sich, daß die Ausrüstung der österreichischen Armee doch noch nicht allen Forderungen entsprach, welche man namentlich in Aussicht auf einen Winterfeldzug an sie stellen mußte. Insbesondere fehlte Vieles an Bekleidung, Bewaffnung, Artillerie bei den Truppen des Banus. Außerdem standen die verfügbaren Streitkräfte noch nicht auf denjenigen Punkten, auf welchen man sie für den Beginn des Angriffes brauchte.

Vorbereitende Märsche mußten also der Eröffnung des Feldzuges vorausgehen. Zu allem diesem mochte doch vielleicht Kaiser Ferdinand einiges Bedenken tragen, seine Zustimmung zu einer blutigen Unterdrückung der ungarischen Bewegung zu geben, die er durch seine Verheißungen, sowie durch offenen Bruch oder zögernde Erfüllung derselben genährt hatte. Diesem Uebelstande war abzuhelfen, wenn man an seine Stelle einen Fürsten setzte, der nichts verheißen hatte und folglich nach der Logik der Reaktionspartei auch nichts zu halten brauchte. Kaiser Ferdinand dankte daher am 2. Dezember 1848 zu Gunsten seines Neffen Franz Joseph ab, da dessen Vater, der Erzherzog Franz Carl, auf die Thronfolge verzichtete.

Obgleich nun bei dem fast überall in Europa ziemlich gesicherten Siege der Reaktion schon Anfangs November die Umstände für die Eröffnung des Feldzuges gegen Ungarn äußerst günstig waren, ward dieselbe doch durch die oben erwähnten Dinge noch um 6 Wochen, bis zur Mitte des Dezember hinausgeschoben. Diese Zeit gewannen die Ungarn; es fragte sich, wie sie benutzt wurde.

General Moga benutzte eine Quetschung, welche ihm ein Sturz mit dem Pferde zugezogen hatte, um schon am 31. Oktober abzudanken. Am 1. November Morgens trug nun Kossuth, der durch den schlechten Ausgang des Treffens von Schwechat sehr niedergeschlagen war und die von Görgey im Voraus geäußerten Besorgnisse nur zu sehr bestätigt gefunden hatte, diesem das Commondo über die ungarische Oberdonauarmee an. Nach einigen Bedenken, die von Kossuth beseitigt wurden, nahm Görgey an und verlegte sein Hauptquartier nach Presburg.

Der Haupttheil der Armee ward in einer weitläufigen Cordonstellung vom Neusiedler See (Fertö Tava) im Süden über Presburg bis Hochstätten an der March im Norden vertheilt.

Vorübergehend ward Görgeys Aufmerksamkeit durch eine von Kossuth angeordnete Expedition gegen den österreichischen General Simunich in Anspruch genommen, welcher mit einem schwachen Corps aus Galizien südwärts marschirte, um sich der Armee des Fürsten Windischgrätz anzuschließen. Er hatte den Weg auf Tyrnau (Nagy Szombath) eingeschlagen, welcher bei rechtzeitigem Zugreifen der Ungarn allerdings ein gefährlicher war. In der That hoffte Kossuth, ihm das Schicksal des Generals Roth bereiten zu können und ernannte zum Befehlshaber der bezüglichen Expedition Guyon, dessen Tapferkeit bei Mannswörth seine Bewunderung erregt hatte und den er zum Obersten beförderte. Guyons Corps marschirte schon am 1. November von Presburg in der Richtung auf Tyrnau ab, kam aber zu spät, da Simunich zu rechter Zeit aufmerksam geworden war und sich von Tyrnau über Radas und die weißen Gebirge nach Göding an der March zog.

Kossuth, der durch einen glänzenden Erfolg gegen Simunich das in Folge des Schwechater Treffens sehr zusammengesunkene Selbstvertrauen der Armee wieder zu heben gedacht hatte, verließ nach dem Scheitern der Expedition Presburg, um wieder nach Pesth zurückzukehren.

Görgey richtete nun seine ganze Sorge auf die Reorganisation der Armee, um sie in einen wirklich schlagfertigen Stand zu setzen. Er verlangte, daß die irregulären Truppen von dem Kerne der Armee, den regulären Truppen, zu welchen er außer der Linie nur die Honvéd rechnete, strenge gesondert würden. Die Freiwilligen- und Nationalgardebataillone sollten dann soweit möglich in Honvédbataillone, d. h. in solche umgewandelt werden, welche für die Kriegsdauer im Dienste blieben, auf welche also für die ganze Kriegsdauer der Armeeobercommandant rechnen könne; alle Truppenkörper, bezüglich welcher dieß nicht erreichbar wäre, sollten aufgelöst und nur ihre Waffen bei der Armee zurückbehalten werden. Die Bekleidung, namentlich der Freiwilligenbataillone, war sehr mangelhaft, besonders fehlte es den meisten Leuten an hinreichender Wäsche, was dann Unreinlichkeit und das Ueberhandnehmen von Ungeziefer zur nothwendigen Folge hatte. Hier mußte geholfen werden. Görgey verlangte ferner, daß bei der Besetzung der Offizierstellen und den Beförderungen mit mehr Auswahl verfahren werde, als bisher; daß man nicht den ersten besten Burschen, der weder militärische Kenntniß noch militärische Fähigkeit habe, aber gut protegirt sei, anstelle oder befördere. Die Beförderung bis zu einem gewissen Grade sollte dem Armeecommandanten überlassen werden.

In diesem Sinne nun ging Görgey an das Werk der Reorganisation. Aber, um diese eben gründlich durchführen zu können, hielt er es für unbedingt nothwendig, daß die Armee aus ihrer weitläufigen Stellung an der Grenze mit dem Gros etwa bis Raab zurückgenommen werde, während an der Grenze, an der Leitha und an den weißen Gebirgen nur verhältnißmäßig schwache Posten zur Beobachtung des Feindes zurückzubleiben hätten, die sich dann im Fall eines feindlichen Angriffes auf Komorn (Komárom) oder auf Leopoldstadt (Lipótvár) und im Allgemeinen an die Donau zurückziehen sollten. Mit Recht bemerkte Görgey, daß der anstrengende und die Truppen auseinanderreißende Grenzwachtdienst die Reorganisation fast unmöglich mache.

Dagegen wollte Kossuth die Aufstellung an der Grenze beibehalten und auch ihm fehlte es keineswegs an Gründen dafür. Zunächst, meinte er, könne man nicht genug ungarisches Gebiet hinter sich haben; man müsse ferner

8*

das ungarische Volk an die völlige Absperrung von Oesterreich gewöhnen, wozu unter Anderem auch diente, daß am 24 November ungarischer Seits aller Grenzverkehr mit Oesterreich unterbrochen ward; diese Absperrung würde zugleich das Gute haben, daß die Oesterreicher über die Absichten der Ungarn im Dunkeln blieben.

Diese Gründe waren gewiß nicht zu verachten; doch scheint es, daß die bisher erwähnten Zwecke Kossuths auch ganz wohl erreicht werden konnten, wenn nach dem Systeme Görgeys nur einzelne Posten an der Grenze stehen blieben, vorausgesetzt, daß von diesen ein lebhafter Patrouillendienst ausging. Aber freilich ging Kossuth in seinen Gedanken über diese nächsten Zwecke hinaus; er wünschte, daß Görgey einen beständigen kleinen Krieg gegen die Oesterreicher führe und sie auf allen Punkten in fortwährender Unruhe erhalte; dazu hätten dann allerdings Vorpostendetachements, welche nicht unmittelbar bedeutende Unterstützungen hinter sich hatten, nicht ausgereicht.

Görgey mußte sich im Allgemeinen dem Willen Kossuths fügen, d. h. die Grenzstellung beibehalten; aber freilich zu dem verlangten kleinen Krieg gegen die Oesterreicher ließ er sich nicht herbei, um die nothwendigste Zeit und Ruhe für seine Reorganisationsarbeit zu gewinnen. Glücklicherweise dachte Kossuth selbst wenigstens jetzt nicht mehr an jene große Offensive, welche er vor dem Treffen von Schwechat beständig vor Augen gehabt hatte.

Trotzdem fehlte es nicht an Zwiespalt zwischen Görgey und Kossuth: der erstere war in seinem Verkehr nicht eben sehr fein und schonend in den Ausdrücken, er begoß Alles mit der schärfsten Lauge seiner Ironie und wenn er mit Recht verlangte, daß nur ihm, als Obercommandanten, das Recht zustehe, über seine Truppen zu verfügen, daß alles Dreinreden von anderer Seite her aufhöre, so konnte Kossuth sich dadurch, wie durch manches Andere wohl getroffen fühlen. Und wer will es sagen, ob diesem nicht der Gedanke kam, einen andern an Görgeys Stelle zu setzen? Wohl wäre es geschehen, wenn ein anderer vorhanden gewesen wäre, zu dessen Fähigkeit und Willenskraft man ein gleiches Vertrauen hätte haben können. Dieser Andere fehlte eben.

Gleichzeitig mit der Reorganisation der Armee wurden an verschiedenen Punkten Schanzarbeiten unter der Leitung des Obersten Kollmann ausgeführt, so namentlich bei Presburg, Wieselburg und Raab. Görgey erkannte insbesondere die erstern für ziemlich überflüssig. In der That war wohl ihr einziger Vortheil, daß sie das Volk dieser Gegenden einigermaßen beschäftigten. Daß das Volk großes Vertrauen auf sie setzte, konnte eher für einen Nachtheil als für einen Vortheil gelten. Denn beim ersten Angriffe Windischgrätzens mußte es augenblicklich enttäuscht werden, zumal die Verschanzungen auf Besatzungen angelegt waren, die allein doppelt so stark hätten sein müssen als es Görgeys ganze Armee war; ein Fehler, der von den Ingenieuren, die ihre Schanzen gewissermaßen als etwas betrachten, das um seiner selbst willen vorhanden sei und gar nicht daran denken, daß erst noch Soldaten zu ihrer Benutzung nothwendig sind, nur zu häufig begangen wird.

Indessen fuhr Windischgrätz fort durch Proklamationen, in denen er die ungarische Bewegung als das Werk einer kleinen terroristischen Partei darstellte, die regulären Truppen zu bearbeiten und es gelang ihm, nicht wenige der alten österreichischen Offiziere wankend zu machen. Görgey und der ihm beigegebene Regierungscommissär Csányi sahen sich dadurch veranlaßt, am 26. November auf eine solche Proklamation zu antworten und zu erklären, daß der Landesvertheidigungsausschuß die einzige derzeit in Ungarn bestehende gesetzmäßige Regierungsgewalt sei.

Da sich der Beginn der österreichischen Offensive den ganzen November hindurch vergebens hatte erwarten lassen und Windischgrätz immer nur mit Proklamationen arbeitete, gab sich Kossuth schon der Hoffnung hin, daß überhaupt Windischgrätz mit Eröffnung der Feindseligkeiten bis zum nächsten Frühjahr warten werde. Bis dahin hoffte er die Armee an der obern Donau auf 60000 M. mit 200 Geschützen zu bringen. Fortwährend sendete er wirklich Verstärkungen die Donau hinab, indessen kamen dieselben doch nicht in solcher Menge und nicht so schnell, als namentlich Görgey das letztere gewünscht hätte, um sie noch in seinem Sinne organisiren und ihnen rechtzeitig die nothwendige Disziplin beibringen zu können. Görgey neigte sich endlich obwohl nicht mit gleicher Bestimmtheit wie dieser der Meinung Kossuths zu, daß Windischgrätz ihm bis zum Frühling 1849 Zeit geben werde.

Dieß sollte eine Täuschung sein; ehe wir aber nun den Angriff Windischgrätzens erzählen, müssen wir noch einige Blicke auf dasjenige werfen, was sich von Mitte Septembers bis Mitte Dezembers auf den Nebenschauplätzen des Krieges zutrug.

Ereignisse auf den Nebenschauplätzen des Krieges von Mitte September bis Mitte Dezember 1848.

Das Perczel'sche Corps.

Perczel war nach der Gefangennahme des Roth'schen Corps bei Ozora gegen Ende Oktober an die Mur hinaufgerückt, er schlug hier bei Kottori einen croatischen Haufen, dann die Mur aufwärts ziehend bei Letenye am 17. November einen zweiten. Er überschritt darauf die Mur, rückte auf die Murinsel — das Land zwischen Mur und Drau (Muraköz) — und nahm sein Hauptquartier zu Csáktornya. Seine Streitmacht belief sich zu dieser Zeit auf etwa 6000 M. mit 16 Geschützen. Ihm gegenüber organisirte der F.-Z.-M. Nugent in Steiermark ein österreichisches Corps, welches im November 4000 bis 5000 M. zählte. Perczel drang alsbald von Csáktornya bis Friedau in Steiermark vor, zog sich aber in Kurzem wieder zurück, da er die Stärke des Feindes hier nicht genau kannte und sie höher schätzte, als sie war. Er begnügte sich nun in seiner Stellung zwischen Mur und Drau das südwestliche Ungarn und die Rüstungen zu decken, welche in diesem Landestheile betrieben wurden. Nach der Absicht des Landesvertheidigungsausschusses hätte er allerdings auch Fiume im Auge behalten sollen, um über dieses etwa die Verbindung mit Italien, zunächst behufs der Zufuhr von Waffen von dort, zu vermitteln. Bekanntlich war zu dieser Zeit Venedig noch in den Händen der Italiener und Carl Albert rüstete sich zu neuem Kampfe für das Jahr 1849.

Die Streifschaaren im Nordwesten.

Wie Perczel in der linken Flanke der Armee Görgeys, so standen in deren rechter Flanke die Streifschaaren, welche die Parteigänger Querlonde und Benitzky im Thale der oberen Wag gesammelt hatten. Mit 3000 M. und 4 Geschützen schlugen dieselben am 4. Dezember an der Wag zwischen Teplitz und Nagy Bicske bei Budetin die slowakischen Freischaaren, welche der protestantische Pfarrer Hurban, ein eifriger Anhänger der Tschechenpartei in diesen Gegenden mit großer Mühe zusammengebracht und an deren Spitze er sich gestellt hatte. Hurban ward über den Jablunkapaß aus dem Lande geworfen, und Benitzky und Querlonde besetzten darauf die Päſſe, welche im Nordwesten Ungarns aus diesem nach Mähren und Schlesien führen.

Ereignisse in der Bács und dem Banat.

Wir haben früher gesehen, wie es ursprünglich im allgemeinen Plane lag, daß die Serben in Gemeinschaft oder mindestens gleichzeitig mit den

Croaten im September die Offensive ergreifen sollten. Es kam nicht dazu; einerseits fand man, daß die serbische Streitkraft für große Bewegungen, einen weitgehenden Angriff außer Landes nicht genügend ausgerüstet sei, andererseits brannten die österreichischen Führer, insbesondere Oberst Mayerhofer darnach, sich der ausgesprochen national-serbischen Elemente zu entledigen, damit der übrigbleibende Rest gänzlich in kaiserlich-österreichischem Sinne verwendet werden könne. Das serbische Nationalcomité, die provisorische Regierung, entsetzte denn auch zu dieser Zeit Stratimirovich seiner Stelle als oberster Führer des serbischen Heeres, und man dachte daran, auch die aus türkisch Serbien herbeigekommenen Hülfsschaaren heimzusenden, was allerdings, da sie einmal da waren, nicht so leicht ging.

Verzögerte sich unter diesen Umständen der Beginn der serbischen Offensive, so ward doch auch auf diesem Kriegsschauplatze die Wiedereinsetzung des Banus in alle seine Würden für die hier commandirenden österreichischen Offiziere das Signal zum offenen Abfall von der ungarischen Sache.

Bechtold kündigte der ungarischen Regierung unmittelbar darauf den Dienst, und Mayerhofers Bearbeitung der andern höheren Offiziere, welche nicht ohne Erfolg war, drohte die ungarische Streitmacht in Bács-Banat vollständig zu desorganisiren; nur einige patriotische höhere Offiziere hielten dieses Aeußerste noch auf. Nach den Erlassen des Kaisers Ferdinand vom 3. und 4. Oktober erklärte auch Rukavina, der Commandant der Festung Temesvár, den Ungarn offen den Krieg und schloß ihnen die Thore; ein harter Schlag für die Ungarn, da sie jetzt auf dem Banater Kriegsschauplatz den Feind selbst im Rücken hatten. Der Commandant von Arad, F.-M.-L. Berger, hatte sich schon am 19. September neutral erklärt und gleichzeitig mit Rukawina ging auch er zur offenen Feindseligkeit über.

Nachdem Bechtold seinen Posten verlassen hatte, sendete die ungarische Regierung den Kriegsminister Mészáros nach Bács-Banat hinab, um das Commando über die dort stehenden Truppen zu übernehmen Die Einsicht und die Talente Mészáros kamen keineswegs seiner Ehrlichkeit und Anhänglichkeit an die Sache Ungarns gleich. Am 21. September unternahm er einen Angriff auf Sz. Tamás, der sich bezüglich der ungeschickten Anlage mit dem früheren Bechtolds vollkommen messen konnte, von den Serben glänzend abgeschlagen ward und Mészáros gänzlich um das Vertrauen seiner Truppen brachte, so daß die Regierung nichts besseres thun konnte, als ihn schleunigst nach Pesth zurückrufen.

Erst gegen die Mitte des Oktober waren die Serben soweit, die Offensive ergreifen zu können; sie eröffneten dieselbe am 13. Oktober mit einem Angriffe auf Ó und Török Becse, um dadurch die Verbindung zwischen den ungarischen Streitkräften in der Bács einerseits, im Banat andererseits zu unterbrechen. Dieses Unternehmen mißglückte gänzlich.

Theils dieß, theils die Nachrichten über den Ernst des Wiener Aufstandes, welcher eine ganze Armee zu seiner Bekämpfung erforderte, veranlaßten die Serben, nicht bloß in eine defensive Haltung zurückzufallen, sondern auch von Neuem Unterhandlungen mit den Ungarn anzuknüpfen.

Kossuth ergriff diese Umstände mit Eifer. Wir erinnern uns, daß zu derselben Zeit sein Lieblingsgedanke der Angriff auf die österreichische Armee vor Wien war, um den Krieg nach Deutschland zu tragen und das Gebiet der Revolution zu vergrößern. An der obern Donau fehlte es zu solchem Ende nur an der nöthigen Zahl von Truppen. Konnte man sich diese nicht verschaffen, wenn man den Kampf gegen die Serben gänzlich einstellte? Kossuth rechnete so: durch den offenen Uebergang von Temesvár und Arad auf die feindliche Seite hat sich die Lage der Ungarn auf dem südlichen Kriegsschauplatz unzweifelhaft in hohem Grade verschlechtert. Große Lorbeeren sind hier nicht zu holen, ein großer Vortheil ist hier nicht zu erzielen, höchstens kann man die Dinge in der Schwebe erhalten, und das ist vielleicht auch durch Unterhandlungen zu erreichen. Sollte es aber auch nicht gelingen, die Serben durch solche völlig in Ruhe zu halten, sollten sie auch selbst zum Angriffe übergehen; im Angriffe sind sie den Ungarn schwerlich sehr gefährlich; ihre Offensive kann nicht weit gehen und man gewinnt wohl immer noch die Mittel sie so lange aufzuhalten, bis auf dem andern, dem entscheidenden Punkte ein großer Erfolg erzielt ist; während die Serben jetzt in der Vertheidigung eine sehr bedeutende ungarische Streitkraft binden, die schließlich doch nichts ausrichtet.

Kossuth ist — in allen militärischen Beziehungen — insbesondere durch die Schrift Görgeys ziemlich in Mißkredit gebracht worden, selbst bei denjenigen, welche mit Kossuth sympathisiren, welche ihm alle möglichen politischen und finanziellen Talente gern zuerkennen, ist Vieles von den Vorwürfen Görgeys hängen geblieben. Je unparteiischer und gründlicher man aber das Wirken des großen Agitators verfolgt, desto mehr wird man gezwungen sein anzuerkennen, daß er auch in militärischer Beziehung selbst die besten ungarischen Generale übersah. Mag er den Muth auf dem Schlachtfelde nicht gehabt, mag er die Details des Dienstes durchaus nicht gekannt haben, mag er endlich unfähig gewesen sein, die eigenthümlichen politisch-militärischen Grillen der alten östereichischen Offiziere im ungarischen Heere auch nur zu begreifen, Dinge, welche alle wir von Herzen gern zugeben wollen, er hatte einen großen militärischen Blick und erst in der letzten Zeit, der Zeit der Verzweiflung, wurde dieser getrübt. In dem jetzt vorliegenden Falle fühlte er instinktiv, daß man, um zu gewinnen, wagen, daß man es verstehen müsse, auf Nebenpunkten zu opfern, um auf dem Hauptpunkte zu gewinnen und damit auch den Sieg in Nebendingen zu erhalten.

Schon jetzt also, im Oktober, wollte Kossuth den Kampf gegen die Serben einstellen, um die Armee an der obern Donau aus den solchergestalt erübrigten Truppen zu verstärken. Indessen stieß er mit diesem Gedanken auf einen hartnäckigen, unüberwindlichen Widerstand bei den beiden Truppencommandanten auf dem südlichen Kriegsschauplatz, jetzt Kiß im Banat, Bakonyi in der Bács.

Die Serben, denen sich nunmehr auch die Wallachen der Militärgrenze enge anschlossen, stellten während der Verhandlungen ihre Rüstungen keineswegs ein, vielmehr betrieben sie dieselben mit immer gleichem Eifer und befestigten unter anderm in dieser Zeit den Brückenkopf von Tomassovacz an der Temes auf der großen Straße von Nagy Becskerek nach Pancsova, ferner Lagerdorf (Strázsa) an der mittlern und die Teufelsbrücke zwischen Palanka und Dubovácz an der unteren Karas.

Nachdem Wien gefallen war, erhielt der Erzbischof Rajachich ein Handschreiben des Kaisers Ferdinand, durch welches er angewiesen ward, allen Verkehr mit den „Rebellen", worunter die Ungarn zu verstehen sind, abzubrechen und den Fürsten Windischgrätz bei der Pacificirung Ungarns zu unterstützen. Dieses Handschreiben war von den Erlassen vom 3. und 4. Oktober begleitet. Dem ersten Theile des kaiserlichen Befehles ward sogleich nachgekommen; die Serben nahmen von Neuem eine feindselige Haltung an, ohne indessen vorerst offensiv aufzutreten. Den Ungarn ward also der Angriff überlassen.

Die serbischen Hauptstellungen im Banat waren anfangs November vom rechten nach dem linken Flügel hin: die Teufelsbrücke, Lagerdorf, Carlsdorf und Alibunar, Tomassovácz und Pancsova. In den dortigen Lagern standen etwa 17000 M. im Ganzen, worunter 4000 wallachisch-banater Grenzer und 500 P. Kavallerie. Die Schanzen waren mit 80 Geschützen besetzt. Die Besatzung von Arad zählte gegen 1000, die Besatzung von Temesvár gegen 5000 M.; bei letzterer befand sich ein Regiment Kavallerie. Alle Streitkräfte im Banat erhielten ihre Befehle vom Commandanten von Temesvár, F.-M.-L. Rukavina.

In der Bács und in Syrmien commandirte Supplikaß. Am linken Donauufer standen hier bei Titel, den Römerschanzen, Szireg, — Zwischenposten zwischen den Römerschanzen und dem Franzenskanal, — dann bei Földvár, Turia, Sz. Tamás zusammen 9000 M., am rechten Donauufer bei Semlin, Carlowitz und Kamenitz 6000 M., wobei im Ganzen nur 200 Reiter.

Alles in Allem belief sich demnach die serbisch-österreichische Macht im Banat und der Bács auf etwa 38000 M.

Auf ungarischer Seite zerfiel das Banater Corps unter Kiß mit dem Hauptquartier Nagy Becskerek in die Divisionen Vetter und Damjanich, die Colonnen Nagy Sándor und Mariásy.

Die Division Vetter bei Nagy Becskerek, welche den rechten Flügel der Banater Linie bildete, zählte 6 Bataillons, 9 Escadrons und 30 Geschütze; die Division Damjanich auf dem linken Flügel bei Werschitz und Weißkirchen (Fejértemplom) 5 Bataillons, 3 Escadrons und 30 Geschütze.

Die beiden Colonnen sollten den Rücken der Linie sichern: Nagy Sándor hatte Temesvár mit $^1/_3$ Bataillon, 2 Escadrons, 4 Geschützen und 3000 Nationalgarden im Schach zu halten; Mariásy mit zwei neuen Honvédbataillonen, seinem Freicorps, etwa 200 Reitern und 8 Geschützen, im Ganzen 5500 M., sollte Arad einschließen und es wo möglich fortnehmen.

Insgesammt zählten die Ungarn im Banat gegen 22000 M.

In der Bács commandirte General Bakonyi, später vom Dezember ab Eszterházy drei Divisionen. Die Division Lenkey, 4 Bataillons, 2 Escadrons und 12 Geschütze hatte bei Új Becse und Ó Becse den linken Flügel, die Division Eszterházy, 5 Bataillons, 6 Escadrons und 18 Geschütze, das Centrum bei Verbász und Kis Kér, die Division Szabó endlich, 5 Bataillons, 8 Escadrons und 12 Geschütze, den rechten Flügel über Ó Kér gegen Neusatz hin. Diese Truppen zählten 14000 bis 15000 M.

Hiezu kam die Besatzung der Festung Peterwardein und ihres Brückenkopfes am linken Ufer sammt dem verschanzten Orte Neusatz, 4 Bataillons, 2 Escadrons unter General Blagoévich.

Diese Besatzung eingerechnet beliefen sich die ungarischen Streitkräfte auf dem südlichen Kriegsschauplatze auf ungefähr 40000 M.

Wir wollen zuerst die Ereignisse, welche sich auf der Hauptfront der Ungarn zutrugen, verfolgen, um später zu betrachten, was zur Sicherung des Rückens, d. h. gegen die Festung Temesvár und Arad geschah.

Fast den ganzen November hindurch blieb es auf der Hauptfront bei unbedeutenden Scharmützeln. Hervorzuheben ist aus dieser Zeit nur der Angriff Damjanichs auf Lagerdorf am 7. November. Der Posten ward nach kurzem, aber blutigem Widerstand genommen; dieß machte die Verbindung zwischen Werschitz und Weißkirchen für die Ungarn frei.

In der Mitte des Monats kam Kossuth wieder auf seinen Gedanken vom Oktober zurück. Er wollte zwar jetzt nicht mehr den ganzen Kampf gegen die Serben zu Gunsten der Armee an der obern Donau einstellen, doch forderte er, daß ihm die Befehlshaber in der Bács und dem Banat 10000 M. für die obere Donauarmee abgäben. Diese wehrten sich dagegen, indem sie behaupteten, sie hätten ohndieß nicht Truppen genug, was allerdings vollkommen richtig war, vorausgesetzt, daß das unsinnige Cordonsystem auf der ganzen Linie von Neusatz an der Donau über Becse an der Theiß bis Weißkirchen und wieder zur Donau hinab, überdieß mit Besatzungen zur Flankendeckung gegen die siebenbürgischen Wallachen hin aufrecht erhalten werden sollte. Wie gewöhnlich siegte der Unsinn; Kossuth mußte seinen vernünftigen Plan abermals aufgeben.

Ende November war Kiß abwesend in Pesth; Vetter commandirte statt seiner provisorisch das Banater Armeecorps. Dieser beschloß nun einen allgemeinen Angriff auf die Serben im Banat, um sie auf Pancsova zurückzudrängen und dort zu erdrücken. Am 30. November sollten die Operationen eröffnet werden, drei Colonnen sollten zugleich vordringen, und zwar:

auf dem äußersten linken Flügel Oberstlieutenant Maderspach von Weißkirchen gegen das Lager an der Teufesbrücke;

im Centrum Major Paul Kiß von Werschitz über Nicolincze gegen Alibunar;

auf dem rechten Flügel die Hauptcolonne von Nagy Becskerek gegen Tomassovácz.

Auf allen übrigen Punkten sollten gleichzeitig Demonstrationen stattfinden. Erwägt man dieß und nimmt hinzu, daß auch noch Besatzungen zurückgelassen werden mußten, so fällt eine ungeheure Kraftzersplitterung bei diesem Angriffe als Nothwendigkeit sogleich ins Auge. Der Bogen von der Teufelsbrücke über Alibunar bis Tomassovácz hat eine Länge von nicht weniger als 11 Meilen oder drei starken Tagemärschen.

Die Colonne von Maderspach war 5 Kompagnieen, 3 Züge Kavallerie ($^3/_4$ Esc) und 5 Geschütze, also wenig über 1000 M. stark. Sie rückte am 30. November, Morgens um 4 Uhr, von Weißkirchen aus, zunächst nach Palanka. Hier theilte Maderspach seine schwache Abtheilung wieder in drei Theile, einen linken Flügel, um Ó Palanka besetzt zu halten, eine Haupt- oder Centrumscolonne, um direkt auf die Brücke loszugehen, einen rechten Flügel, um oberhalb der Brücke über die Karas zu setzen und so die Stellung der Serben an dieser zu umgehen.

Man erfuhr, daß die Brücke barrikadirt sei und daß am rechten Karasufer 2500 Serben mit sieben Geschützen hinter der Brücke ständen. Ein dichter Nebel begünstigte das Vorrücken der Ungarn, um 7 Uhr begann der Kampf an der Brücke, welche nach lebhaftem aber kurzem Gefechte von den Ungarn genommen ward, die hier 3 Geschütze erbeuteten. Die Serben flohen theils längs der Donau auf Pancsova, theils retteten sie sich über den Strom nach türkisch Serbien.

Die Colonne des Majors Kiß, welche gegen Alibunar bestimmt war, traf bei Nicolincze auf einen Haufen serbischen Landsturms, sprengte diesen auseinander und griff dann, weiter vorrückend, Carlsdorf an. Auch hier wurden die Serben geworfen, aber von der Hauptmacht zu Alibunar aufgenommen, die nun ihrerseits zu einem umfassenden Angriff schritt, der den Rückzug der Ungarn nach Werschitz zur Folge hatte.

Der Hauptangriff auf Tomassovácz war wegen des Nebels gar nicht zur Ausführung gekommen.

In der Bács fanden am gleichen Tage zwei unbedeutende Gefechte bei Földvár zwischen dessen serbischer Besatzung und der ungarischen von Ó Becse, dann bei Sz. Tamás zwischen der dortigen serbischen und der ungarischen Besatzung von Verbász statt.

Die Serben verstärkten nach dem 30. November die Verschanzungen von Tomassovácz ansehnlich und besetzten es mit 3000 Grenzern, 500 türkischen Serben und 15 Geschützen unter Knichanin. Der Brückenkopf von Tomassovácz am rechten Ufer der Temes war ein tenaillirtes Werk mit einem ordentlichen gedeckten Wege und einem Reduit zur unmittelbaren Deckung der Brücke. Das rechte Ufer der Temes ist in dieser Gegend verhältnißmäßig hoch.

Der Obercommandant des Banater Corps, Oberst Kiß, kam anfangs Dezember nach Nagy Becskerek zurück und ordnete nun sogleich die wirkliche Ausführung des Angriffes auf den Brückenkopf an.

Seine Dispositionen waren folgende: Der Angriff beginnt am 4. Dezember Morgens; die ganze für ihn verfügbare Macht theilt sich in drei Colonnen, welche sich zu Écska, Zsigmondfalva und Lázárföld sammeln.

Die mittlere Colonne, 2 Bataillons, 4 Escadrons und 6 Geschütze bricht um 2 Uhr Morgens von Zsigmondfalva auf und folgt der Hauptstraße gerade auf die Front des Brückenkopfes los; sie entwickelt sich dann außerhalb des Geschützbereiches der Werke, um die Aufmerksamkeit der Besatzung auf sich zu lenken.

Die Colonne des linken Flügels, etwa so stark als die vorige, geht von Lázárföld auf Bótos an der Temes, oberhalb Tomassovácz, und dringt von dort längs dem rechten Flußufer in die rechte Flanke des Brückenkopfes vor.

Die Hauptcolonne oder Colonne des rechten Flügels, 5 Bataillons, 3 Escadrons und 18 Geschütze bricht um Mitternacht von Écska auf, marschirt nach Orlovát unterhalb Tomassovácz an der Temes, schlägt hier eine Brücke über den Fluß und theilt sich nun abermals in zwei Abtheilungen; die eine derselben überschreitet den Fluß und dringt am linken Ufer desselben aufwärts gegen die Stadt Tomassovácz vor, um hier den Serben jeden Rückzug zu verlegen, die andere aber geht am rechten Flußufer stromauf in die linke Flanke des Brückenkopfes.

Die ganze von Kiß verwendete Streitmacht belief sich auf wenig über 10000 M., sie war allerdings der gewöhnlichen serbischen Besatzung von Tomassovácz weit überlegen, indessen dieser Vortheil ward durch die Theilung in drei Colonnen, welche von drei weit entfernten Punkten ausgingen, zunächst sich wieder auf drei verschiedene Punkte dirigirten und dann schließlich doch auf einem Punkte zusammenwirken sollten, völlig aufgehoben. Da auch noch ein Brückenschlag in Betracht kam, konnte man bei jungen Truppen unter Führern von sehr zweifelhafter Befähigung wohl voraussagen, daß die Thätigkeit der Colonnen nicht zusammenstimmen werde. Écska ist von Lázárföld 2 Meilen, Bótos von Orlovát $1^1/_2$ Meilen, Tomassovácz von Zsigmondfalva $1^1/_2$ Meilen entfernt.

Die Brücke bei Orlovát, welche nach der Rechnung um 7 Uhr Morgen fertig sein sollte, ward in der That erst fünf Stunden später fertig; Kiß hatte längst alle am rechten Temesufer verfügbaren Truppen in der Nähe des Brückenkopfes zusammengezogen, wartete aber immer auf das Erscheinen der für das linke Ufer bestimmten Colonne. Da diese gegen Mittag noch nichts von sich hören ließ, concentrirte er 24 Geschütze und begann mit diesen eine Kanonade gegen den Brückenkopf, und um 3 Uhr Nachmittags schritt er dann zum Sturm; derselbe ward von den Serben glänzend abgeschlagen.

Erst nachher gelangte die Colonne des linken Ufers zum Angriff auf die Stadt Tomassovácz, drang auch ein, ward aber wieder hinausgeworfen und isolirt, wie sie war, mußte sie schleunigst über Orlovát zurückgehen.

Kiß sammelte um 6 Uhr Abends seine Streitkräfte auf der Straße nach Ecska und ließ sie in ihre Cantonnirungen zurückkehren. Die Ungarn hatten 250 M. an Todten und Verwundeten verloren, die Serben kaum soviel.

Unmittelbar nach dem Mißlingen des Angriffes vom 4. Dezember ward ein noch viel weiter ausholender Plan entworfen, bei welchem auch Damjanich mitwirken sollte, indem er zuerst das Land östlich Tomassovácz von den serbischen Truppen säubere und dann den genannten Ort im Rücken angreife, während Kiß am rechten Temesufer zugleich zum Angriff auf den Brückenkopf schritte.

Die Disposition bestimmte:

Eine Colonne von 2 Bataillons, 2 Escadrons und 4 Geschützen unter Gergely sammelt sich am 11. Dezember zu Zichydorf und rückt am 12. über Sz. Janós nach Alibunar, um hier mit Damjanich zusammenzustoßen und mit ihm gemeinschaftlich den Ort anzugreifen.

Damjanich läßt die zur Bewachung des äußersten linken Flügels nothwendigen Truppen unter Oberstlieutenant Maderspach in Werschitz und Umgegend zurück, geht am 12. mit 2 Bataillons, 3 Escadrons, 8 Geschützen über Nicolincze gegen Carlsdorf und weiter auf Alibunár vor, vereinigt sich hier mit Gergely und nimmt Alibunar; am 13. dringt er dann über Illancsa und Jarkovácz gegen Tomassovácz vor und stellt die Verbindung mit Kiß zum Angriff auf den Ort über Botos her.

Kiß vereinigt das Gros der Division Vetter am 12. bei Ernesztháza, nördlich Botos, ein Seitendetachement bei Zsigmondfalva an der Straße von Nagy Becskerek nach Tomassovácz; am 13. gehen diese beiden Colonnen bis auf großen Geschützertrag gegen den Brückenkopf von Tomassovácz vor und warten die Herstellung der Verbindung mit Damjanich ab, um dann zum Angriff zu schreiten.

Damjanich griff am 12. Dezember Carlsdorf an und zwang die Serben von hier zum Rückzug auf Alibunar, folgte ihnen dorthin und griff auch Alibunar an, ohne ihnen Ruhe zu lassen. Mit diesem Angriffe vereinigte den seinen Gergely, der schon vor Damjanich nördlich des Ortes eingetroffen war, aber sich allein für zu schwach gehalten hatte. Die Serben, großentheils noch von Carlsdorf her in Unordnung, wurden hier in eine verwirrte Flucht gesprengt, Supplikatz vermochte sie nicht zu halten, sie verliefen sich nach allen Seiten. Der Verlust der Ungarn war sehr gering; er betrug kaum 100 M., jener der Serben war viel bedeutender.

Am 13. rückte nun Damjanich mit den vereinigten beiden Colonnen nach Jarkovácz am Werschitzkanal vor; er kam hier erst Nachmittags um 4 Uhr an und seine Truppen waren sehr ermüdet, wie es nach einem Marsche von 8 Meilen in zwei Tagen, während dessen noch 2 Gefechte geliefert werden mußten, leicht begreiflich ist. An den Marsch auf Tomassovácz noch am 13. war nicht zu denken. Damjanich sendete Nachricht an Kiß und quartirte seine Leute in Margilicza und Jarkovácz ein, dessen Bewohner ihn äußerlich höchst freundlich empfangen hatten. Große Vorsichtsmaßregeln wurden aus diesem Grunde von den Ungarn nicht getroffen.

Unterdessen hat Supplikatz die bei Carlsdorf und Alibunar versprengten Serben bei Szamos und Dobricza, — zwischen Alibunar und Jarkovácz wieder gesammelt, — von den Bewohnern von Jarkovácz über Damjanichs Ankunft und Anstalten unterrichtet, zieht er auch noch einen großen Theil der Besatzung von Tomassovácz an sich und überfällt mit dieser starken Macht am frühen Morgen des 14. bald nach Mitternacht die Ungarn in Jarkovácz. Es kommt zu einem erbitterten Straßenkampfe, an welchem auch die Einwohner sich gegen die Ungarn betheiligen. Mit Mühe gelingt es Damjanich, etwa die Hälfte seiner Truppen zu sammeln und sie nordwestwärts aus dem Orte herauszuziehen. Einen andern Theil hat Major Paul Kiß südlich auf dem Weg gegen Dobricza hin aus der Stadt gezogen.

Auch die Serben theilen sich; während aber Damjanich wenig behelligt wird, werfen sie sich auf Major Kiß, der sich mit seinen Truppen in einzelnen Gehöften festsetzt und hier fünf Stunden lang die wüthenden Angriffe der überlegenen Serben abschlägt.

Damjanich hat unterdessen seine Hälfte einigermaßen wieder ordnen können und geht von Neuem auf Jarkovácz los, um seine übrigen Truppen, die er noch im Orte wähnt, wo möglich loszueisen. Auf die Kunde hievon, lassen die Serben von Kiß los, dieser aber folgt ihnen nun seinerseits. Beim Hellwerden stößt er glücklicherweise mit Damjanich zusammen; beide vereint werfen sie sich auf die serbischen Schaaren, welche alsbald auf Dobricza zurückweichen, aber verfolgt auch diese Position aufgeben müssen.

Darauf wendet sich Damjanich wieder gegen Jarkovácz, läßt dieß plündern und niederbrennen, zerstört sich aber dadurch freilich seine eigene Unterkunft, er geht daher am Abend bei Neusina über die Temes, dann nach Szarcsa und tritt hier mit Oberst Kiß und der Division Vetter in Verbindung.

Kiß mit der Division Vetter war am 14. gegen den Brückenkopf von Tomassovácz vorgegangen, den die schwache hier zurückgelassene Besatzung ohne Widerstand räumte. Die Stadt Tomassovácz ward hierauf niedergebrannt und die Bevölkerung der Umgegend ward herbeigerufen, um die Schanzen zu zerstören.

Da es somit auch hier an Unterkunft und Verpflegung fehlte, ging Oberst Kiß noch am 14. Abends mit seinem rechten Flügel nach Écska und Zsigmondfalva, mit dem linken auf Lázárföld und Ernesztháza zurück.

Sein ganzes Corps, Damjanich eingeschlossen, stand demgemäß in der Nacht vom 14. auf den 15. Dezember auf der Linie von Écska (rechter Flügel) über Lázárföld bis Szarcsa und Szécsán (linker Flügel).

In der Bács war seit dem 30. November sowohl unter dem Commando Bakonyis als unter demjenigen Eszterházys, der ihn anfangs Dezember ersetzte, nichts irgend Erwähnenswerthes geschehen.

Die Festung Arad liegt nördlich von Temesvár am Marosfluß und zwar an dessen linken Ufer in einem Bogen, den hier der Fluß macht, westlich der Festung am gleichen Ufer liegt die Vorstadt Neu-Arad, gegenüber der Festung am rechten Ufer die Stadt Alt-Arad. Am 4. Oktober schloß der Commandant der Festung, F.-M.-L. Berger, wie bereits erwähnt, den Ungarn die Thore und forderte zugleich die Bewohner der Stadt auf, ihre Nationalgarde zu entwaffnen und das Freicorps Mariásys, welches hier in der Formirung begriffen war, zu entfernen.

Da die Bewohner von Arad hierauf nicht eingingen, bombardirte Berger am 7. Oktober die Stadt mehrere Stunden.

Vom ungarischen Landesvertheidigungsausschuß erhielt nun Major Mariásy den Befehl, die Festung Arad einzuschließen. Gegen den 20. Oktober hatte Mariásy 5500 M. zusammen und begann die Einschließung; am 22. Oktober war dieselbe vollständig; am 21. Oktober war es dabei zu einem Gefechte bei Engelsbrunn (Kisfalud) auf der Südostseite der Festung gekommen; an demselben Tage hatte Berger wieder einmal die Stadt Alt-Arad bombardirt. Am 27. Oktober begann Mariásy auch einige Eingrabungsarbeiten, doch konnte er mit seinen acht Geschützen leichten Kalibers, denen Berger 39 und darunter mehrere Achtzehnpfünder entgegenzustellen hatte, an eine förmliche Belagerung nicht gehen. Am 9. November erfolgte ein neues Bombardement der Stadt von der Festung aus. Diese letztere war bei dem raschen Gang der Dinge Anfangs Oktober sehr schlecht verproviantirt worden und der Commandant versuchte deshalb das Versäumte bei Gelegenheit von Ausfällen nachzuholen. Das Einschließungscorps verhinderte ein Resultat dieser Versuche bei der Schwäche der Besatzung mit ziemlichem Erfolg.

In weit besserer Lage als Arad befand sich Temesvár. Die Garnison von 5000 M. hatte hier eine weit beträchtlichere Wirkung nach außen. Rukavina verstärkte sie durch Rekrutenaushebung in kürzester Frist um 1000 M. und verproviantirte sie auf drei Monate vollständig. Die kleine Colonne Nagy Sándors, welche zur Beobachtung und Einschränkung von Temesvár bestimmt war, konnte in dieser Beziehung nicht viel leisten. Nagy Sándor hatte seine Truppen bei Hatzfeld (Zsombolya) gesammelt und ging von hier gegen Temesvár vor; am 7. November besetzte er Billét, wagte sich aber in keine größere Nähe an den Platz heran.

Dagegen war nun Rukavina, nachdem er für sich selbst gesorgt hatte, darauf bedacht, von Temesvár aus die Festung Arad zu unterstützen. Er unterstützte auch die Angriffe, welche von Siebenbürgen aus auf die Bergstädte im siebenbürgischen Erzgebirge, Német Bokſán und Oravicsa am 15. November unternommen wurden, um diese Gegenden, in denen die Ungarn Geschützgießereien hatten, zu beunruhigen und solchergestalt die Organisation der ungarischen Streitkräfte zu stören.

Mariásy hatte bei Lippa an der Maros oberhalb Arad einen starken Posten für den Fall aufgestellt, daß von Temesvár aus ein Entsatz der Festung Arad versucht werde, um dem hiezu bestimmten Corps dann von Lippa aus in die Flanke gehen zu können. Dieser Posten ward schon am 13. November von einem Detachement der Temesvárer Besatzung angegriffen und gezwungen, sich an das rechte Ufer der Maros zurückzuziehen, von wo er nach Zerstörung der Brücke über den Fluß nach Alt-Arad gezogen ward. Das österreichische Detachement zog nun ungehindert die Maros aufwärts und organisirte in diesen Gegenden den Aufstand der Wallachen: am 17. November kehrte es nach Temesvár zurück. Nun erst besetzte Mariásy wieder das linke Marosufer und sendete zugleich eine mobile Colonne das rechte Marosufer bis Burschuk in Siebenbürgen aufwärts, um den wallachischen Aufstand zu hindern und niederzuschlagen.

Neu herankommende Verstärkungen brachten Mariásys Corps Anfangs Dezember auf die Stärke von 8500 M.; außerdem erhielt er in dieser Zeit 12 Geschütze, worunter 4 Mörser. Darauf versuchte er in der Nacht vom 3. auf den 4. Dezember sich der Festung durch einen Ueberfall zu bemächtigen. Alle Voranstalten waren getroffen, ohne von den Oesterreichern entdeckt zu werden, ja selbst der Graben des Platzes war zum Theil überbrückt, ohne daß die Oesterreicher es bemerkt hätten, als ein vorzeitiges Angriffsgeschrei, welches einige an den Graben vorgezogene Bataillone erhoben, die Sache verrieth und die Besatzung allarmirte. Nach $1\frac{1}{2}$stündigem Feuern mußte Mariásy seine Absicht aufgeben. Jetzt beschloß er doch, eine förmliche Belagerung zu unternehmen: es wurde daher an einer ersten

Parallele und an einer Circumvallationslinie gearbeitet. Außer dem Geschützmangel trat auch bei dieser Gelegenheit der Mangel an Offizieren, welche eine Idee von einer Belagerung und von Belagerungsarbeiten hatten, sehr störend hervor.

In der Festung begannen zu dieser Zeit die Fleischvorräthe auszugehn. Schon am 8. Dezember mußten zwanzig Pferde eingeschlachtet und eingepöckelt werden und vom 10. Dezember angefangen, wurden Pferdefleischrationen ausgegeben.

Da trat wiederum Rukavina helfend dazwischen. Er sendete am 13. Dezember ein starkes Detachement von Temesvár ab, welches sich durch wallachischen Landsturm verstärkte, Mariásy am 14. angriff, ihn zwang, sich an das rechte Marosufer zurückzuziehen, und dann beträchtliche Vorräthe von Proviant und Munition, auch Geschütz und Mannschaft nach Arad hineinwarf und die Verbindung Arads mit Temesvár bis zum 25. Dezember offen erhielt.

In der Zwischenzeit, am 22. Dezember ließ Berger wieder die Stadt Alt-Arad bombardiren und forderte sie zur Uebergabe auf. Natürlich hatte unter den obwaltenden Umständen die Stadt hier wenig mitzureden. Ein beträchtlicher Eisgang der Maros störte bis zum 25. Dezember die Verbindung zwischen dem rechten und linken Ufer, so daß Oberst Niklas Gál, der in diesen Tagen das Commando des Cernirungscorps übernommen hatte, unmöglich an das linke Ufer übergehen konnte. Am 25. Dezember hatte sich aber eine feste Eisdecke gebildet und Gál kehrte nun ans linke Ufer zurück und stellte die Einschließung her.

Während Rukavina Arad unterstützte und die Bergstädte an der siebenbürgischen Grenze beunruhigte, hatte er auch Nagy Sándor, der sich allmälig bis Sz. András, nördlich von Temesvár, vorgewagt hatte, angreifen und zurückdrängen lassen.

Wir verließen das Gros des Banater Corps unter Oberst Kiß am 14. Dezember Abends nach der Einnahme von Tomassovácz. Kiß erhielt alsbald die Nachrichten über die gefährliche Thätigkeit der Besatzung von Temesvár. Diese Nachrichten bestimmten ihn, jede Verfolgung der vom 12. bis 14. Dezember errungenen Vortheile in südlicher Richtung vorläufig aufzugeben, dagegen die Sicherheit seiner Verbindungen nach Norden herzustellen, also namentlich die Besatzung von Temesvár auf den Platz einzuschränken und damit zugleich dessen Verbindung mit Arad zu unterbrechen, ebenso die Verbindung Arads und Temesvár mit den Wallachen in Siebenbürgen, wodurch gleichzeitig die für die Organisationen der Ungarn so wichtigen Bergstädte geschützt wurden.

Kiß marschirte also von Nagy Becskerek mit seinem rechten Flügel auf Csákova, mit dem linken auf Bánlok und Detta. Hier erhielt er die Nachricht, daß die Oesterreicher am 19. von Temesvár aus Deutsch Bokşán (Nemet Bokşán) angegriffen und genommen hätten; zugleich kamen Hülferufe von Werschitz und Weißkirchen. Kiß detachirte zur Wiedereinnahme und Besetzung dieser Ortschaften; hielt sich aber nach Abgang dieser Detachements für zu schwach, um noch etwas Ernstes gegen die Festung Temesvár zu unternehmen und kehrte daher mit dem Rest seiner Truppen nach Módos zurück, um von hier aus seine alte Cordonstellung gegen die serbischen Linien wieder einzunehmen.

Von seinen Truppen gedrängt, etwas zu unternehmen, beschloß endlich Kiß in den letzten Tagen des Jahres 1848 einen Angriff auf Pancsova. Am 29. Dezember begannen die Bewegungen. Nachdem Kiß seine verfügbaren Streitkräfte bei Zichydorf concentrirt hatte, marschirte er über Petrovosello, Neudorf und Franzfeld gegen Pancsova und griff dieses am 3. Januar 1849 an. Der Angriff ward gänzlich abgeschlagen; Kiß zog sich auf Neudorf zurück und theilte sich hier am 5. Januar in zwei Colonnen, um sich einerseits auf Nagy Becskerek, andererseits auf Werschitz in die alten Stellungen zurückzuziehen. Auf diesem Rückzuge, beständig von den Serben verfolgt, von Hunger und Kälte und Erschöpfung geplagt, verloren die Ungarn viele Leute.

Ereignisse in Siebenbürgen.

Seit dem Ende des Mai war die wallachische Erhebung in Siebenbürgen, geschürt von den Sachsen und unter der Hand von österreichischen Offizieren, insbesondere von Oberstlieutenant Urban vom 2. Wallachen-Grenzregiment, früherem Generalcommandoadjutanten im Lande, beständig im Wachsen geblieben. Ende September und Anfangs Oktober, zu jener Zeit, die wir auf allen verschiedenen Kriegsschauplätzen gleich verhängnißvoll für die Ungarn gefunden haben, in welcher durch die offenen Kriegserklärungen der österreichischen Generale die Desorganisation in die Reihen aller ungarischen Streitkräfte einzubrechen drohte, schritten die Wallachen zu offener Gewaltthat gegen Ungarn und Szekler. Vergebens baten diese den F.-M.-L. Puchner, österreichischen Commandirenden in Siebenbürgen um Schutz. Dieser versprach, regte sich aber nicht und an vielen Anzeichen konnte man erkennen, daß er eher geneigt sei, den Wallachen als den Magyaren zu helfen. Ungarische Truppen waren in sehr geringer Anzahl im Lande. Sie standen unter dem Commando des Obersten Baldacci und waren

Anfangs Oktober bei Klausenburg (Kolosvár) vereinigt, um von hier aus den wallachischen Aufstand zu dämpfen.

Da erkannten zuerst die Szekler, daß sie sich selbst helfen müßten. Auf einer Volksversammlung zu Maros Vásárhely am 16. Oktober machten sie den Anfang mit ihrer Organisation. Alle Szekler, ob Grenzer oder Nichtgrenzer sollten zu den Waffen greifen und die junge oder wehrhafte Mannschaft in vier Brigaden, jede zu 4000 M. eingetheilt werden. Daneben blieb das Szekler Husarenregiment bestehen. Maros Vásárhely ward zum Hauptquartier, Oberst Sombory zum Obercommandanten des kleinen Szeklerheeres erwählt. Zugleich leisteten hier die Szekler den Eid auf die ungarische Verfassung und richteten eine Aufforderung an Puchner, alle fremden Truppen aus dem Lande zu entfernen.

Puchner antwortete darauf am 18. Oktober, indem er die Magyaren zur Unterwerfung unter die kaiserliche Gewalt aufforderte und sich offen auf die Seite der Wallachen stellte. An demselben Tage plünderten und brannten die Wallachen in Kis Enyed und einige Tage später, am 22. und 23. Oktober zu Zalathna (Klein Schlatten), wobei die scheußlichsten Greuelthaten verübt wurden.

Die österreichische Macht in Siebenbürgen war in zwei Haupttheile getheilt. Das südliche Corps unter Puchners speziellem Commando mit dem Hauptquartier zu Herrmannstadt (Nagy Szeben) zählte 13 Bataillons, 15 Escadrons und war in 4 Brigaden unter den Generalen Gedeon, Castiglione, Jovich und Kalliány organisirt; das Nordcorps unter General Wardener und Oberstlieutenant Urban, $8^2/_3$ Bataillons und 1 Escadron, stand im Bistritzer Land. Die ganze Artillerie der Oesterreicher bildeten 8 6pfdr.- und 2 12pfdr.-Batterieen oder 60 Geschütze. Die Festungen Karlsburg (Károly fejérvár, Belgrad) an der Maros und Schloß Déva (Dimrich) weiter unterhalb am gleichen Fluß, die provisorisch befestigten Städte Herrmannstadt und Kronstadt (Brasso), endlich die mit Ringmauern versehenen Städte Bistritz (Besztercse Nösen) am gleichnamigen Fluß, Schäßburg (Segesvár) mit Schloß, Mediasch (Medgyes) beide am großen Kokel (Nagy Küküllö), Szász Regen an der obern Maros, Mühlenbach (Szász Sebes) am Scharfbach; das Schloß Fagaras an der Aluta (Alt) und die Clause (Fort) am Rothenthurmpaß (Veres Torony Passus) an der Alt südlich Herrmannstadt waren in den Händen der Oesterreicher.

Puchner begann unmittelbar nach seiner Kriegserklärung auch die Operationen, zunächst gegen die Szekler, um deren Organisation, welche allerdings mit bewundernswerther Schnelle vorschritt, aber doch noch zu jung war, um einem tüchtigen Stoße zu widerstehen, namentlich bei dem leicht beweglichen Charakter des Szeklervölkchens, gründlich zu stören.

Zwei Colonnen, die eine aus dem Norden, die andere aus dem Süden sollten gleichzeitig Maros Vásárhely angreifen.

Die nördliche Colonne unter Urban besetzte am 22. Oktober Szász Regen und zog nun die Maros abwärts langsam auf Maros Vásárhely. Von dort gingen ihr die Szekler mit zwei ihrer Brigaden entgegen; nach zwei Gefechten am 29. und 31. Oktober ward Urban gezwungen, auf Szász Regen zurückzugehen und, hier am 1. November aufs Neue angegriffen, auch diese Stadt zu räumen. Szász Regen, eine Sachsenstadt, ward darauf von den Szeklern geplündert. Dadurch erhielt die junge Disziplin der Szekler einen gewaltigen Stoß; die Führung, welche nicht besonders war, that troß der erfochtenen Erfolge das Ihrige hinzu. Das Vertrauen schwand sehr bald, wie man leicht zu erkennen vermochte, als General Gedeon aus dem Süden her, die Maros aufwärts sich Maros Vásárhely näherte. Ein Kriegsrath, welcher versammelt ward, wollte die Stadt aufgeben, das Volk aber war dafür, sie zu halten. Dieser Zwiespalt lockerte all die schwachen Bande, welche die Szekler-Mannschaft zusammenhielten, und als nun Gedeon am 5. November angriff und seine Geschütze spielen ließ, liefen die jungen Soldaten nach allen Richtungen auseinander. Gedeon besetzte Maros Vásárhely.

Baldacci hatte während dieser Zeit unthätig bei Klausenburg gestanden. Gegen ihn richtete nun Puchner, da er von den Szeklern vorläufig nichts zu befürchten hatte, seine Kräfte. Drei Colonnen sollten von drei verschiedenen Seiten her, Wardener von Bistriß, Gedeon von Maros Vásárhely, Kalliány von Herrmannstadt sich am 10. November zugleich in Bewegung setzen und am 15. November Klausenburg concentrisch angreifen.

Wardener hatte zwei Brigaden, Gedeon und Kalliány jeder eine; der letztere aber war außerdem durch wallachischen Landsturm beträchtlich verstärkt.

Wardener besetzte am 11. Dees an der Szamos und schob am 12. seine Avantgarde unter Urban nach Szamos Újvár (Gyerla) vor.

Auf die Kunde davon sammelte Baldacci bei Klausenburg (Kolosvár) Alles, was er zusammenbringeu konnte, im Ganzen kaum 4000 M., worunter die Hälfte Honvéd und Husaren, der Rest Nationalgarden. Seine ganze Artillerie bestand aus 6 Geschützen. Mit dieser Streitmacht rückte er die Szamos aufwärts gegen Szamos Újvár. Hier kam es am 13.

zum Gefecht; die Ungarn flohen bald, völlig geschlagen in wilder Verwirrung auf Klausenburg. Glücklicherweise verfolgte Urban nicht, da ja erst am 15. angegriffen werden sollte; er ging vielmehr nach Deés auf Wardeners Hauptmacht zurück und erst am 15. rückten beide wieder nach Szamos Ujvár vor; Gedeon sowohl als Kalliány hatten sich verspätet.

Am 16. näherte sich Urban der Stadt Klausenburg. Auf die Kunde davon entstand hier die höchste Verwirrung. Baldacci und der ungarische Regierungscommissär Vay wurden vom Volke der Verrätherei beschuldigt und verhaftet. Ein zusammengeraffter Haufe Truppen rückte hierauf den Oesterreichern eine Meile vor die Stadt nach Szamosfalva entgegen. Urban unvermuthet angefallen, kommt Anfangs in Nachtheil, aber bald führt er seine Reserven heran und schlägt nun die Ungarn in wilder Flucht nach Klausenburg zurück, von wo dieselben auf die Nachricht, daß auch Kalliány von Süden her sich der Stadt nähere, weiter westwärts nach dem Csucsapasse am Durchbruche der Sebeskörös durch das siebenbürgische Erzgebirge ausreißen. Hier sammelte Major Czetz die Trümmer, über welche er vorläufig das Commando übernahm.

Am 17. November rückten Urban, Wardener und Kalliány in Klausenburg ein, von wo sie ihre Vorposten nach Gyalu und Bánfi Hunyad gegen den Csucsapaß vorschoben. Nun gedachte Puchner über den Csucsapaß auf Großwardein vorzurücken und so den Ungarn jede feste Stütze im Banat zu nehmen. Indessen theils mußte er dazu seine sämmtlichen Kräfte, soweit sie verfügbar waren, concentriren, was etwas langsam ging; andererseits hielt er sich immer noch zu schwach, um selbstständig Erfolge zu erringen und zog es daher vor, auf den Beginn der Operationen des Fürsten Windischgrätz zu warten. In der That hatte er in Siebenbürgen etwa 17000 M. an regulären Truppen, indessen blieben ihm davon nach Abschlag der nothwendigen Besatzungen höchstens 9000 M., um sie über die Grenze zu führen. Auf die Unterstützung des wallachischen Landsturmes war außer Landes auch keine Rechnung zu machen, obgleich er beim Kriege in Siebenbürgen selbst allerdings die österreichischen Colonnen verstärkte und unterstützte. Unter solchen Umständen gingen noch vier Wochen in Unthätigkeit vorüber. Erst am 17. Dezember wurden die Operationen wieder eröffnet. Wir wollen den Kampf in Siebenbürgen der bessern Ueberschau des nachfolgenden wegen, eben so wie jenen gegen die Serben, hier noch bis zum Beginne des Jahres 1849 erzählen.

Nachdem im Zeitraume von vier Wochen, vom 16. Oktober bis 16. November ganz Siebenbürgen für die Magyaren verloren und in die Hände der Oesterreicher übergegangen war, hatte, wie wir sahen, Czetz am

Csucsapasse die Trümmer des Corps von Baldacci gesammelt. Er benutzte nun die eintretende lange Ruhepause, um sich allmälig zu verstärken und eine Stellung zu nehmen, in welcher er die ungarische Grenze decken oder nach den Umständen in die Offensive gegen Puchner übergehen konnte.

Am 15. Dezember gebot er über eine Streitmacht von 10950 M. Infanterie, 1335 M. Kavallerie und 24 Geschützen. Von der Infanterie war nur wenig über die Hälfte, 5600 M. mit Feuergewehren bewaffnet, der Rest waren Nationalgarden, welche nur Piken und Sensen führten.

Diese Truppen hatten zur bezeichneten Zeit folgende Stellungen inne:

der rechte Flügel, 2 Honvédbataillons, 3 Bataillons Nationalgarden und 1/2 Escadron Chevauxlegers mit 6 Geschützen unter Oberst Riczkó, stand am Csucsapaß;

das Centrum, 3 Honvédbataillons, 1 Nationalgardenbataillon, 5 reguläre und 2 irreguläre Escadrons mit 4 6pfdrn. und 6 3pfdrn. unter dem eigenen Commando von Czetz hatte Stellung bei Zilah und Sibó an der Szamos;

der linke Flügel endlich unter Major Zsurmay, 2 2/3 Bataillons Honvéd, 1/2 Bataillon Nationalgarde, 3 Escadrons reguläre und ein schwaches Detachement irreguläre Reiterei mit 8 Geschützen bei Nagy Bánya und an der Straße von Szathmar nach Deés.

Das Hauptquartier befand sich zu Szilágy Somlyo. Hier traf am 16. Dezember General Bem mit dem Auftrage des Landesvertheidigungsausschusses ein, Siebenbürgen zurückzuerobern. Bem, 1795 in Polen geboren, war 1810, also in der Zeit des Großherzogthums Warschau, in das Kadettenhaus zu Warschau aufgenommen worden. Aus diesem trat er 1812 in die polnische reitende Artillerie und blieb auch 1815 nach der Restauration im Dienste. Seine russenfeindliche Gesinnung zog ihm mancherlei Anfechtungen zu; im November 1830 schloß er sich sofort der polnischen Insurrection an und commandirte während des Kampfes gegen Rußland zuletzt die ganze polnische Artillerie. Nach der Niederlage der Polen wanderte er nach Frankreich aus und hielt sich meistens in Paris auf. Das Jahr 1848 rief ihn wieder in militärische Thätigkeit zurück. Zuerst ging er nach Wien und wirkte bei dessen Vertheidigung gegen Windischgrätz im Oktober mit. Als Wien fiel, gelang es ihm nach Ungarn zu entkommen und er bot hier dem Landesvertheidigungsausschusse seine Dienste an. Von den nationalungarischen Offizieren ward er mit Mißtrauen empfangen. Er war Slave, wenn auch Pole, ja er hatte in der letzten Zeit entschieden panslavistische Neigungen gezeigt, was ihn allerdings einem Magyaren etwas verdächtig machen mußte. Vollends konnte er den Magyaren nicht gefallen, welche auf ihren „Krieg für ihr gutes Recht" pochten und meinten, daß dieser ganz etwas anderes sei, als die Insurrectionskriege anderer Völker. Diese Magyaren fürchteten, durch ähnliche „Abenteurer" auf eine „revolutionäre" Bahn gerissen zu werden, als ob sie — nach der Meinung des Wiener Hofes und der Wiener Bureaukratie — nicht längst auf der revolutionären Bahn gewesen wären. Kossuth, der viel freiere Ansichten hatte, als die Masse seiner Landsleute, und insbesondere der Meinung war, daß Pole und Magyare sehr gut mit einander gehen könnten, sendete den polnischen General doch nach Siebenbürgen, wo nichts mehr zu verlieren, nur zu gewinnen war.

Bem besprach sich mit Czetz über seinen Plan. Er selbst wollte mit dem linken Flügel über Dees auf Klausenburg vordringen, auf denselben Punkt sollten sich dann auch das Centrum und der rechte Flügel richten. Erst nachdem das ganze ungarische Corps bei Klausenburg concentrirt wäre, sollten die weiteren Bewegungen beschlossen werden. Am 17. Dezember reiste Bem nach Nagy Bánya ab.

Die Ausführung des Bem'schen Angriffsplanes ward dadurch begünstigt, daß gleichzeitig Puchner zum Angriff auf den Csucsapaß schritt. Puchner hatte den 19. Dezember zu diesem Angriffe bestimmt.

Wardener mit etwa 4000 M. stellte sich zu dem Ende am 17. bei Bánfi Hunyad auf. Am 19. sollte er von hier den Csucsapaß in Front angreifen.

Gleichzeitig ward Urban mit 2000 M. nordöstlich Bánfi Hunyad bei Nagy Almás am gleichnamigen Flusse aufgestellt. Er hatte den Auftrag, den Angriff Wardeners dadurch zu unterstützen, daß er die Almás aufwärts in das Thal von Börvény vordränge, in welchem der linke Flügel der Abtheilung Riczkós stand, die Aufmerksamkeit der Ungarn auf diesen Punkt und somit von der Hauptpaßstraße ablenke.

Gegen Sibó hin an der untern Almás war dann noch eine dritte Abtheilung, meist wallachischer Landsturm, aufgestellt, um das Centrum der Ungarn zu beobachten und die rechte Flanke der Unternehmungen gegen den Csucsapaß zu decken.

Urban ging schon am 18. Dezember ins Börvénythal vor, ward aber hier sehr kräftig empfangen und aus dem Thale heraus nach Nyires zurückgeworfen.

Am 19. schritt nun Wardener auf der Hauptstraße zum Angriff und auch Urban mußte wieder ins Börvénythal vordringen.

Wardener suchte die Ungarn, welche vor Csucsa eine sehr vortheilhafte Stellung quer über die Straße hatten, zuerst durch eine Umgehung in ihrer rechten Flanke aus dieser herauszudrängen, indessen die Umgehungscolonne kam wegen Terrainschwierigkeiten nicht vorwärts. Nun versuchte Wardener auf der Hauptstraße längs der Körös anzugreifen, doch die günstig aufgestellte Artillerie der Ungarn, welche die Straße ihrer Länge nach bestrich, vereitelte alle diese Versuche. Wardener mußte sie schließlich aufgeben und sich auf Bánfi Hunyad zurückziehen. Verfolgt wurde er von den Ungarn, welche das Vorrücken des linken Flügels unter Bem abzuwarten hatten, nicht. — Urban war am 19. Dezember nicht glücklicher als am Tage vorher.

Am 19. kam es auch zu einem kurzen Gefechte bei Sibó zwischen den dort stehenden Ungarn und dem wallachischen Landsturm. Der letztere ward durch das bloße Artilleriefeuer zu einem ungeordneten Rückzuge veranlaßt.

Die Oesterreicher unternahmen jetzt in Erwartung noch weiter heranzuziehender Truppen nichts. Mittlerweile aber entwickelte sich die Bewegung Bems.

Dieser erreichte am 23. Dezember von Nagy Bánya aus die Gegend von Dees, schlug hier eine österreichische, ihm von Klausenburg entgegengeschobene Abtheilung und zwang sie, sich seitwärts die Szamos hinauf über Bethlen gegen Bistritz zurückzuziehen. Am 24. rückte er dann auf der Klausenburger Straße unaufgehalten über Szamos Újvár bis Válaszút vor. Am gleichen Tage setzte sich auch das ungarische Centrum von Sibó in Bewegung; um es aufzuhalten rückte das Detachement Urbans auf der Sibó-Klausenburger Straße nach Hid Almás; indessen marschirte das ungarische Centrum nicht auf Hid Almás, sondern auf Dees, um unmittelbar Bem zu folgen, und traf ungehindert am 25. hinter diesem ein, welcher am 26. Klausenburg angreifen wollte.

Wardener räumte schon am 24. auf die Kunde von Bems Vordringen Bánfi Hunyad und zog sich nach Klausenburg zurück; am 25. räumte er auch dieses und wich südwärts nach Thorda (Thorenburg). Riczkó, sobald er erfuhr, daß Bánfi Hunyad von den Oesterreichern verlassen sei, ging von Csucsa aus dorthin vor und rückte am 26. nach Klausenburg. Am 26. besetzte auch Bem mit seinem linken Flügel und dem Centrum diese Stadt.

Urban bei Hid Almás erfuhr erst sehr spät am 25. die Nähe Bems an Klausenburg; er hoffte sich daselbst noch mit Wardener vereinigen zu können und brach in der Nacht nach Klausenburg auf; in dessen Nähe angekommen, erfuhr er, daß er daselbst Wardener nicht mehr treffe, und schlug nun Seitenwege nördlich Klausenburg auf Apahida ein. Im Schutze des Dunkels gelang es ihm, unbemerkt mitten durch Bems

Truppen zu entkommen, nur seine Arriergarde ward am Morgen bei Papsalva, westlich Klausenburg, von den Ungarn entdeckt, angegriffen und größtentheils gefangen gemacht. Urban wendete sich von Apahida nordwärts an die Szamos und vereinigte sich bei Bethlen mit dem am 23. von Deés vertriebenen Corps des Generals Jablonski.

Bem stellte bei Klausenburg und Thorda zur Beobachtung und zum Aufhalten Wardeners, wenn dieser von Süden wieder vordringen sollte, 3 Bataillons, $2^1/_2$ Escadrons und 10 Geschütze unter Czetz auf; ein Detachement von $^2/_3$ Bataillon, $^1/_2$ Escadron und 2 Geschützen ward zur Besetzung von Szamos Újvár verwendet; mit dem Rest seiner Truppen, $4^1/_2$ Bataillons, 7 Escadrons und 18 Geschützen, etwa 4600 Mann, brach Bem noch am 26. Dezember wieder von Klausenburg nach Deés auf, um sich von hier zunächst auf Bistritz zu wenden, dieses wegzunehmen und sich dadurch den Rücken für seine Operationen in südlicher Richtung zu sichern.

Am 27. erreichte er Deés und wendete sich am 28. auf Bethlen am linken Ufer der Szamos aufwärts. Hier stieß er auf den Feind, Jablonski und Urban, welche am rechten Ufer des Bethlenflusses Stellung hatten. Am 29. griff Bem an. Er nahm sofort seine ganze Artillerie vor die Front und erschütterte durch ein lebhaftes Feuer mit dieser seiner Lieblingswaffe die Oesterreicher; ein Angriff der über das Eis vorgeführten Infanterie bestimmte den Feind zum Rückzuge, worauf die Husaren losgelassen wurden und diesen Rückzug fast in eine Flucht verwandelten. Das österreichische Corps trennte sich bei dieser Gelegenheit. Jablonski ging gerade auf Bistritz zurück, Urban aber ward nordwärts nach Naszód an der obern Szamos zurückgedrängt.

Bem selbst folgte Jablonski auf Bistritz und detachirte Riczkó gegen Urban auf Naszód. Am 31. Dezember wurden diese beiden Posten von den Ungarn angegriffen und die Oesterreicher gezwungen, sich über den Borgopaß in die Bukowina zurückzuziehen.

Bem behelligte sie auf diesem Rückzuge, indem er ihnen auf Tihutza folgte und sie hier am 3. Januar 1849 noch einmal angriff.

Die Detachements von Jablonski und Urban wurden dadurch in einen so übeln Zustand versetzt, daß Bem voraussetzen durfte, auf einige Zeit vor ihnen Ruhe zu haben, die er nun verwenden wollte, um den Süden zurückzuerobern.

So war der Kampf in Siebenbürgen am Ende des Jahres 1848 glücklich für die Ungarn begonnen und Bem hatte sich bereits in hohem Maße das Vertrauen seiner Truppen erworben.

Dritter Abschnitt.

Vom Beginn der Offensive des Fürsten Windischgrätz bis zur Räumung der Stadt Pesth seitens der Ungarn.

Mitte Dezember 1848 bis Anfang Januar 1849.

Stärke und Stellung der Ungarn zur Zeit der Eröffnung der österreichischen Offensive.

Um die Mitte Dezember 1848 waren, wie früher bereits erwähnt, die Oesterreicher mit ihren Vorbereitungen soweit gekommen, um die Operationen zur Unterwerfung Ungarns beginnen zu können. Während bis zu diesem Zeitpunkte die Dinge ziemlich chaotisch durcheinandergehn, Unentschiedenheit, Unbestimmtheit, Verwirrung in allen Verhältnissen, politischen und militärischen, herrschen, während die Erzählung bei aller Mühe, die sie sich geben mag, es zu verhindern, doch darunter leidet, gelangen wir jetzt auf einen festeren Boden; die Elemente haben sich ausgeschieden und stehen sich klar feindlich gegenüber. Nun vermag auch die Erzählung ruhiger und geschlossener fortzuschreiten und besser die größeren Verhältnisse von den kleineren, die entscheidenden von den wenig entscheidenden zu sondern.

Zunächst wollen wir uns an dieser Stelle eine vollständige Ueberſicht von Stärke und Stellung der gesammten ungarischen Streitkräfte während des Dezembers zu verschaffen suchen.

Die Elemente der ungarischen Streitkraft sind immer noch die gleichen, welche wir früherhin kennen gelernt haben: Linieninfanterie, Husaren, Honvédinfanterie und Artillerie, Freicorps, Nationalgarden und Landsturm, aber sie treten jetzt schon in ganz anderen Verhältnissen zu einander auf, als im Beginne des Kampfes gegen die Serben und Croaten.

Von alter ungarischer Linieninfanterie waren im Lande und zur Verfügung der ungarischen Regierung, d. h. nicht etwa in Besatzungen von Festungen, die sich wie Temesvár und Arad für Oesterreich erklärten, 21 Bataillons; dazu kamen Abtheilungen der italienischen Regimenter Zanini und Ceccopieri, welche sich für die Ungarn erklärten und ihnen anschlossen und die man auch noch auf 2 Bataillons veranschlagen darf. Rechnet man das Bataillon zu 700 M., so gibt dieß eine Summe von etwa 16000 M.

Die eigentlich ungarische Infanterie des Insurrectionskampfes sind die Honvéd, welche sich von nun ab beständig auf Kosten aller anderen Formationen vermehren. Von ihnen standen Mitte Dezember 35 Bataillons, jedes zu 1000 M. im Felde. Mit den Honvéd kann man in Beziehung auf Brauchbarkeit vor dem Feinde etwa die irregulären Fremdtruppen gleichstellen, zu denen 1400 Polen in zwei Legionen unter Wysocki und Bulharin, dann die Wiener Freiwilligen, die Wiener akademische Legion und eine Abtheilung sogenannter Tyroler Schützen, zusammen 600 M. zu rechnen sind. Die Honvédinfanterie sammt ihren fremden Anhängseln kommt demnach auf 37000 M. — 25 Bataillons Honvéd oder 25000 M. waren Mitte Dezember in der Errichtung begriffen und nahmen in kürzester Zeit am Kampfe theil; die Summe der Honvédinfanterie kommt demnach auf 62000 M., für Ende Dezember 1848 und Januar 1849.

Die Institution der 4 Freicorps war seit dem Eintreten der entschiedenen Stellung gegen Oesterreich aufgegeben worden; wir haben gesehen, wie namentlich Görgey darauf drang, daß die Freiwilligenbataillons in Honvéd verwandelt oder, sofern dieß unmöglich sei, gänzlich aufgelöst würden. In Folge davon waren Mitte Dezember etwa nur noch 12000 M. in den Freiwilligenbataillons verfügbar.

Ueber die Brauchbarkeit der gewöhnlichen Nationalgarde und des Landsturms als Operationstruppe haben wir uns bereits ausgesprochen. Wir können danach diese Formationen hier gar nicht in bestimmte Rechnung stellen; wollte man eine Pauschsumme angeben, um ein Aequivalent für den wirklich in einzelnen Fällen und an einzelnen Orten nützlich verwendeten Landsturm zu gewinnen, so mag man dafür 15000 bis 20000 M. setzen.

Als höchsten Stand der ungarischen Infanterie Ende Dezember könnte man daher ungefähr 100000 M., Mitte Dezember 70000 bis 80000 M. hinstellen.

Von den Husarenregimentern waren 10 theilweise im Lande und zur Verfügung des Landesvertheidigungsausschusses, zusammen mit 70 Escadrons, statt der 80, die sie im Ganzen enthalten sollten; die beiden Regimenter Nr. 5 und 7 waren gar nicht vertreten, sie standen in Italien. Im Oktober war beschlossen, die 10 erstgenannten Regimenter, soweit sie unvollständig waren, zu completiren, die zwei fehlenden durch neuerrichtete zu ersetzen, außerdem 6 neue Regimenter zu errichten. Von den 6 neuen Regimentern waren Mitte Dezember 8 Escadrons vollständig; außerdem waren etwa 1000 M. Stammmannschaften vorhanden. Rechnet man zu dieser Zeit im Ganzen 80 Escadrons und die Escadron zu 120 Pferden, so wird man ungefähr das rechte treffen. Dieß gibt 9600 M. Kavallerie.

Die ungarische Artillerie war durchweg Honvédartillerie, deren Errichtung im Juni 1848 begonnen hatte. Den Stamm hatte das 5. österreichische Artillerieregiment gegeben. Bei Velencze standen sich in Folge dessen Mannschaften des gleichen Regimentes feindlich gegenüber. Die technischgebildete Jugend Ungarns drängte sich mit Vorliebe zur Honvédartillerie, und diese war bald, wenn man ihr auch Anfangs noch Mangel an Manövrirfähigkeit vorwerfen konnte, eine vorzügliche Truppe. Ueberall wiederholt sich dieselbe Erscheinung. An der Artillerie fehlt es eben in schnell gebildeten National- und Revolutionsheeren niemals. Allerdings eine unbegreifliche Erscheinung für die alten Zöpfe, welche sich in den Kopf gesetzt haben, daß man einen Kanonier nicht unter 11 oder 14 Jahren ausbilden könne; sehr begreiflich für denjenigen, welcher weiß, daß eben ein Kanonier für seine einfachen Geschäfte viel leichter zu dressiren ist, als ein Infanterist. Die Verehrer der wissenschaftlich gebildeten Kanoniere vergessen beständig, daß man ein sehr guter Kanonier sein kann, ohne von dem gesammten Inhalt der Artilleriewissenschaft auch nur den tausendsten Theil zu kennen. Die meiste Schwierigkeit macht bei Volksheeren, die in wenigen Wochen oder Monaten gebildet werden sollen, die Erzielung der nothwendigen Manövrirfähigkeit für die Feldartillerie, man erhält nicht eingefahrene, zusammenpassende Pferde, Fahrer, die nicht gewohnt sind, vom Pferd aus zu führen. In einem Lande wie Ungarn, mit seiner reichen Pferdezucht,* mit seinen auf dem Pferd geborenen und aufgewachsenen Pusztenbewohnern ward auch diese Schwierigkeit um so leichter überwunden, als die österreichische Artillerie sich niemals durch große Manövrirfähigkeit ausgezeichnet hat. Mitte Dezember waren mindestens 200, Ende Dezember 250 Geschütze mit 5000 bis 6000 M. Artillerie vor dem Feinde.

Mitte Dezember kann man demnach die gesammte ungarische Streitkraft für die Operationen im freien Felde, wenn man dabei auf die Unterstützung der Nationalgarden und des Landsturmes die nothwendige und erlaubte Rücksicht nimmt, auf 100000 bis 110000 M. berechnen.

Dieselben waren zur genannten Zeit rings an den Grenzen des Reiches folgendermaßen vertheilt:

An der mährisch-schlesischen Grenze unter Benitzky und Querlonde, meistens Landsturm	3000 M.
Obere Donauarmee unter Arthur Görgey	30000 M.
An der Mur und der steirischen Grenze unter Moritz Perczel gegen	6000 M.
Zwischen der untern Drau und Donau zur Beobachtung Slavoniens, meist Landsturm unter Földváry, Casimir Batthyány und Anderen	4000 M.
In der Bács und dem Banat unter Eszterházy, Kiß, Mariásy	23000 M.

* Vergl. jedoch die Einleitung.

An der siebenbürgischen Grenze unter Czetz
8000 bis 10000 M.

In Oberungarn um Kaschau zur Beobachtung Galiziens unter Pulszky 8000 M.

Ferner in den Besatzungen der Festungen Leopoldstadt, Komorn, Essег, Peterwardein und Munkács 16000 M.

Ein Blick auf diese Truppenvertheilung zeigt, daß ihr ein klarer Plan der Operationen gegen die Oesterreicher unmöglich zu Grunde liegen kann. Sie hat sich durch zufällige Umstände eben gemacht, sie zeichnet einen Cordon im Großen, wie wir ihn unter kleineren Verhältnissen gegen die Serben früher gefunden haben. In der That gab es auch für die ungarische Regierung zu dieser Zeit gar keinen Operationsplan. Der Landesvertheidigungsausschuß hatte den einzelnen Truppencommandanten einfach den Befehl ertheilt, „mit den zu ihrer Verfügung gestellten Kräften die Grenzen und die ihrer Tapferkeit anvertrauten Landestheile gegen die österreichische Invasion zu decken."

Hätte ein wirklicher Vertheidigungsplan bestanden, so konnte dieser, nachdem die Offensive gegen Jellachich aufgegeben, diejenige gegen Windischgrätz eigentlich niemals anerkannt war, nur ein defensiver sein. Dieß ist richtig. Indessen, wenn eine Defensive wirksam sein soll, so muß sich doch in ihr die Idee eines Rückschlags, sei es wie immer, vorfinden. Man begegnet nichts derartigem. Da aus den Verhältnissen sich ergab, daß der Angriff der Oesterreicher ein concentrischer, von allen Punkten der Grenze auf Pesth zustrebender sein werde, hätte ein Defensivplan, von dem man sich Erfolg versprechen wollte, offenbar auf den Gedanken basirt sein müssen, an einem der Punkte über eine der österreichischen Abtheilungen einen entscheidenden Sieg zu erfechten, um diesen dann gegen die anderen feindlichen Abtheilungen der Reihe nach zu verfolgen.

Dieser Gedanke spricht sich aber in der Truppenvertheilung nicht im mindesten aus. Die obere Donauarmee, welche als die Hauptarmee betrachtet werden mußte, war nicht bedeutend stärker als die Bácsbanater, welche Mitte Dezember, wie wir gesehen haben, soweit es nicht schon früher geschehen, in eine ganz und gar passive Haltung zurückgefallen war. Diese obere Donauarmee, obgleich die stärkste der einzelnen ungarischen Heeresabtheilungen, war doch lange nicht so stark als diejenige, welche ihr der Feldmarschall Windischgrätz entgegenführen konnte.

Sollte es aber nicht möglich gewesen sein, diese Oberdonauarmee schon jetzt auf 60000 M. zu bringen? Unzweifelhaft nach der Anzahl der überhaupt verfügbaren Truppen, wenn man berücksichtigt, daß die regulären auf den Nebenpunkten in viel weiterem Umfange als es geschehen, durch Landsturm und Nationalgarden ersetzt werden konnten, wobei man freilich nicht die Ansicht hegen konnte, daß Nationalgarden und Landstürmer große Entscheidungen herbeiführen sollten, aber wohl darauf rechnen durfte, daß sie einzelne österreichische Corps eine Zeit lang, so lange bis auf einem Hauptpunkte eine günstige Entscheidung für die Ungarn erzielt wäre, im Vorrücken würden aufhalten können.

Wir haben schon gesehen, wie Kossuth einen solchen Plan instinktiv wirklich verfolgte. Es spricht sich in seiner beständigen Arbeit für Verstärkung der Oberdonauarmee aus. Bei allen andern kam die Erkenntniß der Sachlage und des Zieles, das man sich nothwendig, wenn irgend eines, militärisch stecken müsse, gar nicht zum Durchbruch. Die geringe Autorität des Landesvertheidigungsausschusses und selbst des Kriegsministers Mészáros bei den Führern und Truppen ließ jede Maßregel in dem Sinne Kossuths scheitern. Jeder der Commandanten auf einem der verschiedenen Kriegsschauplätze, welche allmälig sich zu einander gefunden hatten, hielt den seinigen für den wichtigsten, sträubte sich mit aller Kraft sowohl gegen das Abgeben von Truppen als auch gegen die Unterordnung unter irgend einen anderen Führer. In derselben Weise wirkten auch persönliche Feindschaften, wie diejenige zwischen Moritz Perczel und Arthur Görgey, welche wir früher kennen gelernt haben. So war es denn selbst ein bloßer Zufall, rein durch den Verlauf der bisherigen Geschichte herbeigeführt, daß der österreichischen Hauptmacht unter Windischgrätz auch ungarischer Seits die Hauptmacht entgegenstand. Denn als solche mußte die Oberdonauarmee, obgleich nur 30000 M. stark bezeichnet werden, weil sie wirklich von allen einzelnen Corps die stärkste der Zahl nach, weil sie aber auch außerdem qualitativ die beste war; sie enthielt eine verhältnißmäßig große Zahl von Linienbataillonen und erprobten Honvédbataillonen und dabei mehr Offiziere von Fach als irgend eine andere der verschiedenen Heeresabtheilungen.

Stärke und Stellung der österreichischen Streitkräfte um die Mitte Dezember.

Oesterreichischer Seits standen den Ungarn nach dem ersten Drittel des Dezembers die nachfolgenden Streitkräfte gegenüber:*

Die Colonne des Oberstlieutenant Frischeisen, bei Teschen und am Jablunkapaß, bestimmt mit Hurbans slowakischen Frei-

* S. die Beilagen A. und B. zu diesem Abschnitt, welche die spezielle Zusammensetzung der verschiedenen Corps geben.

scharen ins obere Waagthal zu operiren, also zunächst gegenüber Benitzky und Querlonde — 1000 M.

Das Detachement des F.-M.-L. Simunich bei Göding in der March gegenüber dem rechten Flügel Görgeys — 5000 M.

Bei Wien unter dem unmittelbaren Befehl des Fürsten Windischgrätz gegenüber der Hauptmacht Görgeys — 52000 M.

Als Reserve der Hauptarmee des Fürsten Windischgrätz ist die Besatzung von Wien zu betrachten, welche unter dem speziellen Befehl des F.-M.-L. Graf Auersperg zur Disposition des Gouverneurs, F.-Z.-M. Welden, zurückblieb und von welcher im Lauf der Dinge bedeutende Abtheilungen nachgeschoben wurden — 19000 M.*

An der steirischen Grenze gegenüber Moritz Perczel unter F.-Z.-M. Gr. Nugent — 6000 M.

In der Bács und im Banat einschließlich der Besatzungen von Temesvár und Arad — 38000 M.

In Siebenbürgen unter Puchner, einschließlich der Besatzungen — 17000 M.

In Galizien unter F.-M.-L. Graf Schlick gegenüber Pulszky — 8000 M.

Die gesammten regulären Streitkräfte der Oesterreicher, welche gegen Ungarn verfügbar gemacht wurden, beliefen sich also auf 146000 M., wovon höchstens 36000 für die Besatzungen in Abschlag zu bringen sind, während ebensoviel zeitweise an slowakischem, serbisch-croatischem und wallachischem Landsturm hinzutreten.

Die Ueberlegenheit der Oesterreicher ist also für den Anfang unzweifelhaft; sie wird noch gesteigert, wenn man überlegt, daß die bei weitem größte Zahl der österreichischen Truppen aus alten, wohlorganisirten und disziplinirten Regimentern bestand und daß der Oberbefehl über alle aufgeführten Streitkräfte dem mit der Pazifikation Ungarns beauftragten Feldmarschall Windischgrätz übertragen war.

Der österreichische Operationsplan.

Der österreichische Oberfeldherr, Fürst Windischgrätz, geboren 1787, trat schon 1804 in den kaiserlichen Militärdienst. Er wohnte den Feldzügen von 1805, 1809, 1813 und 1814 bei, ward 1826 Generalmajor und 1833

* S. Beilage C. zu diesem Abschnitt.

Feldmarschalllieutenant, 1848 ward er commandirender General in Böhmen. In dieser Stellung traf ihn das Jahr 1848. Eine Zeitlang war er in letzterem Gouverneur zu Wien, kehrte aber bald auf seinen früheren Posten nach Prag zurück. Hier unterdrückte er den Aufstand in den Junitagen mit Waffengewalt. Starrer Aristokrat vereinigte er die Vorurtheile eines solchen mit denjenigen eines alten Soldaten gegen jede freiheitliche Bewegung. Seine Abneigung gegen diese ward wo möglich noch dadurch gesteigert, daß bei dem Juniaufstand in Prag seine Gemahlin durch einen Schuß getödtet ward. Da wohl im Allgemeinen der schwach organisirte Prager Aufstand disziplinirten Truppen gegenüber nicht im mindesten auf einen auch nur scheinbaren und kurzen Erfolg zählen durfte, ward er mit allzu geringer Mühe niedergeschlagen. Dieß gab der ohnedieß stark genug ausgesprochenen Ansicht des Fürsten Windischgrätz, daß alle Anhänger einer freien Richtung, Führer und Soldaten, bloßes Lumpengesindel seien, welches man mit ein Paar Kartätschenschüssen auseinandertreibe, neue Nahrung. Außerordentliche Geistesfähigkeiten, welche ihn befähigt hätten, nach den Umständen Unterschiede zu machen, waren nicht das Erbtheil des Fürsten.

Es war nothwendig, diese Bemerkungen über den Fürsten Windischgrätz vorauszuschicken, weil sie den Schlüssel zu seinem Verhalten im ungarischen Kriege geben. Im Laufe der Erzählung desselben wird sich hinreichende Gelegenheit bieten, das Gesagte zu belegen und es in sekundären Richtungen bestätigend zu erweitern.

Windischgrätz betrachtete sein Wirken gegen Ungarn in dem Lichte einer großen Polizeimaßregel. Die Abmessungen waren hier etwas größer als beim Prager Aufstand; dieß erschien ihm aber auch als der einzige Unterschied. Es existirt in Ungarn, so räsonnirte er, eine wühlerische Partei, welcher der Boden unter den Füßen genommen werden muß; die Hauptführer dieser Partei sitzen einerseits im Reichstage, andererseits in der „sogenannten" Armee. Aber in der Armee sind auch viele „Verführte"; diese kann man mit Proklamationen zu ihrer Pflicht zurückführen; alle Bande, welche die ungarischen Streitkräfte noch irgendwie zusammenhalten, werden durch diese Proklamationen vollends gelockert werden. Das Hauptquartier der ungarischen Wühler ist Pesth. Wird ihnen dieses genommen, so muß das von großer moralischer Wirkung sein; gelingt es außerdem, gewissermaßen durch ein Treibjagen, alle so oder so militärisch organisirten Kräfte auf Ofen-Pesth zusammenzudrängen und hier auf einen Schlag zu vernichten, so ist dieß desto vortheilhafter. Es wird den „Rebellen" auf solche Weise absolut unmöglich gemacht, sich einen neuen Centralpunkt zu schaffen oder neu zu suchen. Die Sache muß aber gelingen. Alle die

10*

verschiedenen Armeen und Corps, welche rings um die Grenzen Ungarns vertheilt sind, brauchen nur gleichzeitig gegen die ihnen gegenüberstehenden Streitkräfte, beständig dem letzten Ziele Pesth zusteuernd, vorzudringen. Auf ihrem Wege von der Peripherie nach diesem Centrum werden sie schon demoralisiren und dezimiren, was sie gegen sich haben. Vor Pesth angekommen wird man also nicht viele Mühe mit dem Hauptschlage haben. Ist Pesth einmal genommen, so kommt es nur noch darauf an, den zerstreuten Trümmern des feindlichen Heeres in ihre Schlupfwinkel zu folgen, sie dort vollends zu vernichten, was der Voraussetzung nach keine große Mühe machen konnte, da sich diese Trümmer ihr gemäß nun allerdings in einem trostlosen Zustande befinden mußten.

Der allgemeine Plan war also in seinem ersten Haupttheile concentrisches Vordringen aller Corps und Armeen der Oesterreicher von den Grenzen Ungarns gegen das Centrum, Pesth.

Dieß Vordringen sollte schnell geschehen, um den moralischen Eindruck zu erhöhen; schon aus diesem Grunde hätten die einzelnen Corps von den Punkten ausgehen müssen, auf denen sie eben versammelt waren, man durfte schon aus diesem Grunde nicht an weitläuftige vorbereitende Concentrirungsmärsche denken, um etwa eine andere Gruppirung der Angriffsmassen vor dem Beginne des Angriffs zu erzielen. Aber man hielt diese auch gar nicht für nothwendig, da man die Qualität der österreichischen Truppen mindestens doppelt so hoch anschlug, als die der ungarischen. Gelang es daher auch einem der Corps nicht, die Offensive mit Glück rasch vorwärts zu tragen, so setzte dieß voraus, daß ihm doppelte ungarische Streitkräfte gegenüberstanden, daß es also diese fesselte, was dann allen anderen Corps und Armeen zu Gute kommen mußte, die wirklich in Ungarn vordrangen.

Wir haben hier den Grundgedanken des Fürsten Windischgräz möglichst in der Form wiedergegeben, die sich hören läßt.

Aber konnte man gegen einen derartigen Operationsplan nicht von vornherein gegründete Bedenken erheben?

In der That fällt es sofort ins Auge, daß ein solcher Operationsplan ganz gut sein kann gegen ein Land, welches einen Grenzumfang von etwa 100 Meilen hat, und doch ganz fehlerhaft sein kann gegen ein Land, welches einen Grenzumfang von etwa 300 Meilen hat, wie man denjenigen des in den Händen der Magyaren befindlichen Ungarns damals ungefähr anschlagen muß, gegen ein Land also, in welchem hundert Wege zum Ausweichen bleiben, namentlich wenn man den organisirten Streitkräften desselben nicht einmal die doppelte Ueberlegenheit entgegenstellen kann. Dann war doch auch sehr zu beachten, daß Ungarn sehr weit von einer völligen Erschöpfung seiner Kräfte entfernt war. Oder wäre es erlaubt gewesen, zu glauben, daß die 100000 M., welche jetzt etwa als reguläre ungarische Truppen betrachtet werden konnten, die militärische Kraft des Landes erschöpft hätten? Mußte man nicht vielmehr wissen, daß neue militärische Organisationen von durchaus nicht verächtlicher Art im Gange waren?

Daß lokale Landsturmorganisationen mobile Truppen nicht unbedingt ersetzen können, daß sie nicht im Stande sind, positive Resultate zu erzielen, ist eine ausgemachte Sache; aber sehr wohl sind sie im Stande, regulären, wirklich mobilen Truppen entschiedene Hindernisse zu bereiten, diese aufzuhalten, an der Erringung positiver Vortheile zu hindern oder deren Erringung zu verzögern. Bei der Erregung der Geister in Ungarn und der Art derselben war es nun nicht im mindesten unwahrscheinlich, daß derartige Landsturm- und Nationalgardeformationen sich überall bildeten, wo der Feind wirklich erschien, während sie wahrscheinlich nie entstanden, wo der Feind nicht erschien, nicht unmittelbar drohte. In je mehr Colonnen, von je mehr verschiedenen Seiten die Oesterreicher also in das Land eindrangen, desto mehr neue Kräfte weckten sie, die schlafend geblieben wären, wenn sie nicht an so vielen Punkten eindrangen, sondern ihre Wirkung mehr concentrirten. Mit der Anzahl der Colonnen, welche von verschiedenen Seiten zugleich in Ungarn einrücken sollten, nahm also die Wahrscheinlichkeit zu, daß nicht eine oder die andere von ihnen, — nein, daß verhältnißmäßig viele auf ihrem Wege würden aufgehalten werden, daß das Zusammenwirken gestört ward, die Idee des Treibjagens der Nachtwächter, die Grundidee des ganzen Operationsplans also eben eine Idee blieb, der weiter nichts fehlte als die Ausführung.

Dieß sind gewiß wichtige Bedenken gegen den ganzen polizeilichen Operationsplan des Fürsten Windischgrätz. Wir müssen aber noch weiter gehen; wir müssen fragen: überschätzte der Fürst Windischgrätz nicht sich selbst und seine Truppen? Ja! er überschätzte beides. Er berechnete nicht die Einwirkung der bösen Jahreszeit, der ungarischen Sümpfe, der, wenn auch nur stillen Feindseligkeit der Einwohner, welche wenigstens immer genügt, den Soldaten die sonst wohl zu gewährenden Bequemlichkeiten zu beschränken, auch auf die besten Truppen. Er überschätzte ferner sich selbst. Die Franzosen haben neuerdings noch behauptet, die österreichischen Generale seien in solche verkleidete große Herren. Diese Bezeichnung paßt vollständig auf Windischgrätz. So übermüthig und verächtlich — andere Leute nennen es herablassend — Windischgrätz gegen Leute verfuhr, die nach seinen Begriffen tief unter ihm standen, so schwach war er gegen diejenigen, welche er seine „Standesgenossen“ nannte. Denen gegenüber hört alle „Energie“ auf. So hatte der Fürst seine Untergenerale nicht im mindesten in der Hand, was doch um so nothwendiger gewesen wäre, je größer der Operationskreis war. Gewöhnlich wurden seine Befehle nicht befolgt, häufig geschah das Gegentheil von dem, was er anordnete. Der schöne Jellachich war das wahre enfant terrible, in welcher Eigenschaft wir ihn oft genug antreffen werden. Gegen diese Leute hatte Windischgrätz keine Waffen; er hatte nur Aerger und schwächliche Klagen, und doch — wir können nicht umhin hier im Voraus zu bemerken, was sich später unzweideutig herausstellen wird, — doch waren sie oft gefährlichere Feinde als die Ungarn.

Nach diesen Vorbemerkungen über die Absichten und Pläne der beiden Armeen im Allgemeinen können wir nun auf die Einzelheiten eintreten. Wir beschäftigen uns zunächst mit den beiden Hauptarmeen.

Operationspläne für die österreichische und die ungarische Hauptarmee; der Schauplatz ihres Kampfes.

Fürst Windischgrätz hatte seine Hauptarmee in 3 Corps eingetheilt; das erste unter Jellachich, das zweite unter Wrbna, das dritte oder Reservecorps unter Serbelloni; jedes Corps hatte 2 Divisionen und 4 bis 5 Brigaden.

Im November erhielt die Armee sammt dem Detachement von Simunich, welches anfänglich in naher Verbindung mit ihr operirte, nachfolgende Aufstellung:

Das erste Corps und die Reservekavalleriedivision Liechtenstein an der Leitha; dahinter die Infanterie des Reservecorps;

in der rechten Flanke bei Neustadt mit den Vorposten an der Leitha auf der Oedenburger Straße ein Detachement von 8 Compagnieen und 2 Escadrons unter Oberst Horváth;

am linken Donauufer bei Schloßhof und Marcheck die Brigade Jablonowski des zweiten Corps, bei Angern die Brigade Wyß, dahinter das Gros des Corps;

links von ihm bei Göding mit den Vorposten gegen Jablonicz und Szenics an den weißen Bergen das Detachement von Simunich.

Die Donau läuft als ein mächtiger Strom von 2000 bis 3000 Fuß Breite und bis zu 50 Fuß Tiefe, doch ohne sehr bedeutende Geschwindigkeit bei gewöhnlichem Wasserstand von der Leithamündung bis Waitzen (Vácz) auf eine Erstreckung von 22 Meilen in der Hauptrichtung von

Westen nach Osten, dann aber fällt sie in die Richtung von Norden nach Süden und behält diese Ofen-Pesth vorüber bis unterhalb der Draumündung bei. Bei Presburg sondert sich von dem Hauptarm der Donau ein Arm ab, welcher nordwärts einen bedeutenden Bogen beschreibt und sich erst bei Komorn (Komárom) wieder mit der großen Donau vereinigt. Dieser Arm führt von Presburg bis Guta, wo er die Waag aufnimmt, den Namen Neuhäusler Donau, von da ab heißt er Donauwaag (Waagdonau), er schließt mit der großen Donau die 11 Meilen lange, 3 Meilen breite große Schütt (Csallóköz) ein. Ein anderer sich unterhalb Presburg südwärts abbiegender Arm, welcher sich schon unterhalb Raab wieder mit der großen Donau verbindet, der Wieselburger Arm, schließt mit jener eine zweite Insel, die kleine Schütt (Szigetköz) ein.

Für eine Armee, welche südlich der eben bezeichneten Donaustrecke operiren will, kann man als südliche Grenzen das Nordende des Neusiedler Sees (Fertö Tava), dann die Hansag, einen großen Morast, der sich vom südlichen Ende des Neusiedlersees in ungefähr östlicher Richtung bis dicht an die Donau bei Wieselburg und Raab erstreckt, endlich das Nordende des Plattensees (Balaton) und den See von Velencze betrachten. Das Land zwischen dieser südlichen Grenze und der Donau ist im westlichen Theil, von der Leitha bis Raab eine ungeheure Ebene, im östlichen Theil von Raab gegen Ofen aber hügelig und bergig. Die Hauptkette, welche sich indessen nur um 500 bis 600 Fuß über den Spiegel der Donau erhebt, sind die Vértesi Hegyek, eine nördliche Fortsetzung des Bakonyerwaldes, welche sich aus der Gegend von Wesprim in der Richtung von SW. gegen NO. bis nach Visegrád (Plintenburg) am Waitzener Donaueck hinabziehen.

Der einzige bedeutendere Fluß, welcher zwischen der Leitha und Ofen der Donau auf dem rechten Ufer zufließt, ist die Raab (Rába), welche in Steiermark auf den Fischbacher Alpen entspringt, in Ungarn eine Breite von 100 bis 200 Fuß hat und bei der Stadt Raab in den Wieselburger Donauarm mündet.

Die Raab und die Vértesy Hegyek sind die einzigen, immerhin unbedeutenden Abschnitte, welche eine Armee, die aus Oesterreich am rechten Donauufer gegen Ofen hin vordringen will, zu überwinden hat.

Auf dem linken Ufer dagegen treten zuerst in der Gegend von Presburg die Abfälle der kleinen Karpathen oder der weißen Gebirge dichter und steiler an den Strom heran, dann ebenso weiter unterhalb in mehreren Zweigen, gesondert durch die von Norden nach Süden fließenden Gewässer, die Abfälle der ungarischen Erzgebirge; Flüsse sind hier zu überschreiten die Waag und die Neitra, welche beide der Donauwaag zufließen; die Zsitwa, die Gran und die Eipel, sämmtlich im oberen Laufe Bergströme mit felsigen Betten und deßhalb schwer zu überschreiten, während das Ufer der unteren Läufe von Waag, Neitra und Zsitwa sumpfig ist. Die Waag, der hauptsächlichste der Wasserläufe ist bis zu 400 Fuß breit. Alle diese Flüsse sind wie die Donau plötzlichen Anschwellungen ausgesetzt, insbesondere im Frühling und Spätsommer, wo sie dann die niedern Ufer überschwemmen.

Das Land im Süden der Donau ist im Allgemeinen besser angebaut, als das im Norden, die Kultur hat dort mehr als hier die Wälder aufgeräumt und das Wegsystem verbessert. Im Ganzen fehlt es aber dem Lande Ungarn an guten Wegen; die Gemeinde- und Bezirkswege sind sämmtlich schlecht und vernachläßigt, nur die großen Communicationsstraßen sind zu allen Jahreszeiten fahrbar, aber auch diese nicht einmal alle chaussirt. So reich Ungarn von der Natur gesegnet ist, — mehr noch als das österreichische Regierungssystem trug der Zustand der Leibeigenschaft, in welchem sich der größte Theil der landbauenden Bevölkerung befand, dazu bei, daß der vorhandene Segen nicht ausgebeutet, daß die vorhandenen Schätze nicht gehoben wurden.

Aus dem Gesagten ergibt sich schon zur Genüge, daß Fürst Windischgrätz seine Operationslinie lieber auf das rechte als auf das linke Ufer verlegen mußte; auf dem rechten hatte er die kürzeste Linie nach Ofen-Pesth, die bessere Ernährung, geringere Naturhindernisse. Er entschied sich auch für die Operation auf dem rechten Ufer.

Die hauptsächlichsten Communicationen sind hier die folgenden. Die große Poststraße von Wien folgt im Wesentlichen der Donau; sie geht von Wien über Haimburg, betritt bei Kittsee (Köpcsény) das ungarische Gebiet, überschreitet bei Ungarisch Altenburg die Leitha; hier vereinigt sie sich auch mit einer von Bruck kommenden Straße und eine kurze Strecke weiter, bei Wieselburg, mit der großen Straße von Bruck über Neusiedel (Nezider). Von Wieselburg bis Raab hat man nur die Poststraße; von Raab aus geht die letztere anfänglich längs der Donau weiter, über Gönyö, Ó Szöny bei Komorn bis Táth, wo sie südostwärts über Bereswár auf Ofen abbiegt. Die Fleischhackerstraße geht von Raab über Bábolna, überschreitet bei Nagy Igmánd den Czonczóbach, der westlich Komorn in die Donau fällt, dann zwischen Bánhida und Bicske die Vértesi Hegyek und läuft über Buda Örs nach Ofen-Pesth. Eine dritte Straße geht über Kis Bér, bei Sárkány über die Vértesi Hegyek, dann nach Moór, Stuhlweißenburg, dann von hier über Mártonvásár und Tétény nach Ofen-Pesth. Querverbindungen zwischen diesen Straßen sind ziemlich viele vorhanden, aber nur in der Nähe von Ofen, östlich der Vérteß Hegyek sind sie von guter Beschaffenheit und zum Theil chaussirt.

Die für uns wichtigen Städte liegen sämmtlich an der Donau. Wir zählen sie unter Hinzufügung einiger Bemerkungen auf.

Presburg (Poſony) hat 40000 Einwohner, die Stadt liegt am linken, eine Vorstadt am rechten Ufer des Stroms, der hier gegen 900 Fuß breit ist und eine Schiffbrücke trägt.

Raab (ung. Györ, lat. Javarinum) liegt an der Vereinigung der Raab und der ihr links zufließenden Rabnitz mit dem Wieselburger Donauarm. Die von Wien kommende Poststraße geht, nachdem sie das Dorf Abda durchschnitten, über die Rabnitz, dann durch die Wiener Vorstadt, überschreitet eine halbe Stunde östlich der Abdabrücke über die Rabnitz auch die Raab und tritt am rechten Ufer des Flusses in die Stadt ein, von deren ehemaligen, 1809 geschleiften Befestigungen noch einige Ueberreste vorhanden sind. Zwischen der Rabnitz und dem Wieselburger Donauarm liegt die Vorstadt Sziget, am linken Ufer des Wieselburger Arms gegenüber Raab Révfalu. Raab hat 14000 Einwohner.

Komorn (Komárom) liegt mit seinem Haupttheil auf der Ostspitze der Schüttinsel; seinen Kern auf dem äußersten Theil dieser Spitze bildet die alte Festung, westlich davon liegt die neue Stadt mit ihren Werken; endlich noch weiter westlich eine Erweiterung aus neuerer Zeit, die äußerste westliche in der großen Schütt, die von den Oesterreichern sogenannte Palatinallinie, von den Ungarn während ihres Kampfes Kossuthlinie genannt. 1848 waren von dieser Linie fünf große Forts mit zwischenliegenden Courtinen vollendet, unvollständig war sie noch an den Anschlüssen gegen die große Donau einerseits, gegen die Waagdonau andererseits; die Befestigung ward hier im Laufe von 1848 durch Erdwerke vervollständigt, ebenso wurde zur Flankirung des nördlichen Anschlusses die Apalieninsel in der Waagdonau und zur Flankirung des südlichen Anschlusses die Insel in der großen Donau befestigt. Die Verbindungen zwischen dem Haupttheile der Festung in der großen Schütt und dem linken Ufer der Waagdonau einerseits, dem rechten Ufer der großen Donau andererseits waren durch Brückenköpfe gedeckt, jene durch den Waagbrückenkopf, diese durch den Brückenkopf (Donaubrückenkopf oder Donaufort) des rechten Ufers zwischen den Orten Ó Szöny unterhalb und Új Szöny oberhalb. Beide Brückenköpfe bestanden aus Zangenlinien, die durch casemattirte Redouten gestützt waren. Zur Verbindung der Festung mit dem rechten Donauufer diente eine Schiffbrücke. Der niedrig gelegene Brückenkopf des rechten Ufers ward von dem Höhenkranz, der ihn umgibt, beherrscht. Dieß führte zuerst die Ungarn auf den Gedanken, sich dieser

Höhen zu versichern, indem man Werke auf ihnen anlegte, um so dem Feinde eine Festsetzung hier unmöglich zu machen. Der rechte Anschlußpunkt, welcher für das verschanzte Lager, das auf solche Weise entstehen mußte, gewählt ward, war ein Rebhügel, eine halbe Meile oberhalb Komorn dicht an der Donau gelegen, der Monostor, von dort sollte die Linie der Schanzen in weitem Bogen gegen den Brückenkopf heran laufen und sich an diesen anlehnen. Die Linie erhielt also eine sehr bedeutende Ausdehnung und war auf eine ganze Armee berechnet. Der Bau derselben war im Herbste angefangen und Mitte Dezembers noch nicht weit vorgeschritten. Komorn hatte etwa 20000 Einwohner.

Pesth, am linken Ufer der Donau, die neue Hauptstadt des Landes, hat eine Bevölkerung von 75000 Einwohnern; ihm gerade gegenüber liegt am rechten Ufer die alte Hauptstadt des Landes, Ofen oder Buda mit 35000 Einwohnern. Den Kern von Ofen bildet die Festung, welche einst sehr stark, in neuerer Zeit kaum auf den Namen einer Festung Anspruch machen konnte. Die Festung ist ein längliches Viereck nach der Gestalt des Hügels, auf welchem sie erbaut ist, die langen Seiten laufen der Donau ungefähr parallel, von den beiden kurzen Seiten ist die südliche viel kleiner als die nördliche. Zwischen der Festung und der Donau breitet sich die Wasserstadt (Vorstadt) aus, westlich von dieser die Wienervorstadt. Ofen ist mit Pesth durch eine Schiffbrücke und eine Kettenbrücke, letztere oberhalb der ersteren, verbunden. Außer auf der Donauseite ist die Festung Ofen überall von Höhen umgeben. Gegenüber dem Südende liegt der Blocksberg (Geller Hegy), gegenüber der Westseite der Spitzbergel (südlich) und der kleine Schwabenberg (nördlich), andere Höhen gegenüber dem Nordende; mit Wasser wurde die Festung durch ein Druckwerk in der Wasserstadt versorgt.

So wenig ein allgemeiner Operationsplan auf Seiten der Ungarn vorhanden war, so wenig existirte ein spezieller für die Oberdonauarmee. Seitdem Kossuth Görgeys Absicht, sich mit dem Gros dieser Armee auf Raab zu concentriren verworfen hatte, hatte Görgey seine Cordonstellung an der Grenze behalten. Man tröstete sich damit, daß Windischgrätz erst im Frühjahre angreifen und daß sich bis dahin andere Mittel finden würden, als jetzt vorhanden wären, daß man dann auch andere Absichten würde verfolgen können als es jetzt möglich war. Nur dunkle Vorstellungen hatte man sich von dem Gange der Thätigkeit gebildet, welchen man einschlagen wollte, falls dennoch Windischgrätz früher als im Frühling 1849 angreifen sollte. Diese Vorstellungen kamen im Wesentlichen auf ein allmäliges Zurückgehen der Ungarn aus ihren jetzigen Grenzstellungen am rechten

Donauufer über Raab auf Ofen-Pesth hinaus, falls man überhaupt zum Rückzuge gezwungen würde.

Während dieses Zurückgehens wollte man so oft als möglich an passenden Terrainabschnitten Stellung nehmen, um immer von Neuem dem Feinde die Spitze zu bieten. Als solche Stellungen erschienen nun erstens diejenige hinter der Raab auf die Stadt Raab gestützt; dann diejenige der Vértesi Hegyek.

Was die erstere Stellung betrifft, so ist sie, wie man auf den ersten Blick erkennt, für eine passive Vertheidigung nicht im mindesten geeignet. Concentrirte sich die ungarische Donauarmee ganz in der Nähe der Stadt Raab und in dieser selbst, so konnte ihre Stellung augenblicklich südwärts umgangen werden und die Oesterreicher durften bei ihrer Ueberlegenheit an Zahl und Beschaffenheit eine solche Umgehung unbedingt wagen; dehnten sich aber die Ungarn längs der Raab weit aus, so war ihre Stellung überall schwach und da die Raab durchaus kein Hinderniß von großer Bedeutung ist, da sie verhältnißmäßig leicht mittelst des den Armeen folgenden Materials überbrückt werden kann, war vorauszusetzen, daß die ungarische Stellung schnell auf einem Punkte würde durchbrochen werden, wonach die Ungarn dann bei der angenommenen Zersplitterung ihrer Kräfte obenein Gefahr liefen, einzeln geschlagen zu werden. Ganz Aehnliches läßt sich von einer Stellung in der Vértesi Hegyek sagen; eine Stellung im Gebirge führt stets zur lokalen Zersplitterung und wenn nun dieses Gebirg, welches auf der Karte sich ganz stattlich ausnehmen mag, außerdem, wie es bei den Vértesi Hegyek der Fall war, durchaus keine beträchtlichen Bewegungshindernisse bietet und für den Vertheidiger eben so bedeutende als für den Angreifer, so hat dieser völlig gegründete Aussicht, mit Uebermacht einzelne in die passive Vertheidigung gesteckte Detachements zu schlagen, wenn der Vertheidiger dem nicht durch schleuniges weiteres Ausweichen zuvorkommt.

Von diesen Dingen herrschte auch bei den Ungarn eine Ahnung; so viel auch davon die Rede sein mochte, daß man sich hinter den Vértesi Hegyek mindestens den ganzen Winter hindurch werde halten können. Gelang dieses nun nicht, so sollte weiter auf den Höhen vor Ofen zur Deckung der Hauptstädte ein Kampf angenommen werden. Die sanguinischen Leute nahmen natürlich an, daß dieser Kampf vor Pesth ein siegreicher sein müsse; der Halt hinter der Raab und dann hinter den Vértesi Hegyek würde die Zeit gegeben haben, Streitkräfte aus allen Theilen des Landes nach Ofen-Pesth heranzuziehen. Im Angesicht der Gefahr, welche den Hauptstädten drohte, würden auch die einzelnen Generale, welche auf den verschiedenen Kriegstheatern commandirten, sich nicht mehr weigern, Truppen abzugeben oder ihre Heeresabtheilungen selbst nach Ofen heranzuführen. Aber nicht alle Leute in Ungarn waren sanguinischen Temperamentes, namentlich in der Armee war die Partei, welche geringe Hoffnungen hatte, stark vertreten. Zu ihr gehörte auch Görgey. Aber auch dieser dachte an einen Kampf vor Ofen. Indessen ihm galt dieser Kampf als ein Verzweiflungskampf, den die Nation ihrer Ehre schuldig wäre und mit dem der Krieg dann ein Ende haben müßte und würde, wenn die Ungarn nicht siegreich waren.

Wunderbarer Weise war bei allen den verschiedenen Plänen und Meinungen an eins gar nicht gedacht, was doch am nächsten zu liegen scheint; die Benutzung Komorns nämlich, um den Feind im Vorrücken aufzuhalten und der obern Donauarmee eine äußere Verstärkung zu geben, welche sie in sich selbst nicht hatte. Angenommen, Görgey warf sich auf seinem Rückzuge mit der ganzen Armee nach Komorn hinein, was that dann wohl Windischgrätz?

Er konnte, ohne sich im geringsten um Komorn zu kümmern, auf Ofen weiter gehen; dann aber konnte ihm Görgey folgen, seine Arriergarde angreifen, diese schlagen, im Fall es aber Windischgrätz gelang, seine Hauptmacht rechtzeitig zur Schlacht zu vereinigen, sich ohne Gefahr auf Komorn zurückziehen. Oder Windischgrätz ließ nur ein Blokadecorps vor Komorn zurück und marschirte mit dem Rest nach Pesth; in diesem Falle mußte das Blokadecorps im Verhältniß zur österreichischen Armee so stark sein, daß deren mobiler Theil erheblich geschwächt ward und blieb doch wohl immer noch zu schwach, um einem Angriffe Görgeys wirklichen ernsten Widerstand zu leisten, zumal die Ungarn im Besitze Komorns die Ufer zweier Flüsse, der großen Donau und der Waagdonau, beherrschten und je nach Belieben mit gesammter Kraft auf einem der drei Hauptabschnitte, auf der großen Schütt, am linken Ufer der Donauwaag und am rechten der großen Donau auftreten konnten. Hatte Görgey aber dem Blokadecorps eine ernste Niederlage beigebracht, so konnte er nun ohne große Gefahr der geschwächten Hauptarmee des Fürsten Windischgrätz folgen und hatte Aussicht gewonnen, es auch mit dieser aufzunehmen, abgesehen davon, daß die Ungarn doch nicht ganz ohne die Fähigkeit waren, ihr auch noch andere Kräfte entgegenzustellen. Oder endlich, Windischgrätz machte völlig vor Komorn Halt, mit der Absicht es einzuschließen und, bevor er seine Operationen fortsetzte, zu nehmen. In diesem Falle mußte er seine Truppen auf die drei oben erwähnten Hauptabschnitte vertheilen, während Görgey stets mit gesammter Macht auf einem derselben auftreten konnte; außerdem gewann Kossuth alle Zeit zur Bildung einer starken Entsatzarmee.

Komorn war aber wirklich der einzige Punkt, welcher solche Dienste auf diesem Kriegsschauplatze leisten konnte; es war wirkliche Festung, von großer Ausdehnung, und hatte feste gesicherte Verbindungen mit den andern Ufern der Ströme, an welchen es liegt und welche es beherrscht. Diese Bedingungen treffen weder für Presburg, noch für Raab zu.

Wenn die Ungarn an diese Benutzung Komorns nicht dachten, so dachten allerdings die Oesterreicher daran, und die Rücksicht hierauf war es vornämlich, welche den Fürsten Windischgrätz zu dem Entschlusse bestimmte, das linke Donauufer einerseits nicht gänzlich von Truppen zu entblößen und andererseits so nahe als möglich am rechten Donauufer zu operiren, um die Ungarn von diesem abzudrängen und ihnen einen Uferwechsel, der den Oesterreichern so unbequem werden konnte, unmöglich zu machen.

Das Gefecht von Parendorf.

Die Armee Görgeys bestand gegen die Mitte Dezember 1848 aus acht Brigaden zu 3000 bis 4000 M. und einzelnen Detachements.

Die Stellung derselben war folgende:

die Brigade Ordödy am Passe von Nadas, am Wege von diesem Orte nach Jablonicz;

die Brigaden Kosztolányi, Aulich und Báriczy bei Presburg, die zuletzt erwähnte im Brückenkopfe am rechten Ufer;

die Brigade Cornel Görgey bei Kittsee (Köpcsény);

die Brigade Szegedy bei Gattendorf (Gátha);

die Brigade Zichy bei Parendorf (Pándorf) und Neudorf (Újfalu);

die Brigade Karger bei Neusiedel (Nezider);

das Detachement Greter auf dem äußersten linken Flügel bei Oedenburg (Soprony).

Fürst Windischgrätz gab für die Eröffnung der Offensive gegen diese Stellung der Ungarn gemäß dem früher besprochenen allgemeinen Plan die nachstehenden Bestimmungen.

Simunich auf dem äußersten linken Flügel greift mit seinen 6000 M. am 14. Dezember den Paß von Nadas über die weißen Gebirge an, um die Aufmerksamkeit der Ungarn auf deren rechten Flügel zu lenken und sie zur Schwächung des linken am rechten Donauufer zu veranlassen; nach

Einnahme des Passes von Nadas sucht Simunich über Modor (Modern) in seiner rechten Flanke die Verbindung mit dem 2. Armeecorps auf.

Das 2. Armeecorps, Wrbna, soll sich einstweilen abwartend verhalten, es stellt sich, mit Ausnahme der Brigade Lederer, bei Marchegg und Angern auf und schreitet erst am 17. Dezember zum Angriffe auf Presburg; falls der Feind sich auf das linke Ufer mit beträchtlichen Kräften werfen sollte oder geworfen hätte, wird das zweite Corps angemessen verstärkt und um dieß leichter bewerkstelligen zu können wird im Voraus bei Deutsch Altenburg eine Brücke über die Donau geschlagen, wogegen man, um die Uferverbindung der Ungarn bei Presburg wo möglich zu unterbrechen, gegen die dortige Schiffbrücke Baumstämme, belastete Fahrzeuge u. dgl. abtreiben läßt. Die Brücke bei Altenburg wird durch die Aufstellung der Brigade Lederer am rechten Ufer der Donau gedeckt.

Das 1. Armeecorps, Jellachich, und das Reservecorps, Serbelloni, greifen am 16. Dezember die Stellung der Ungarn am rechten Donauufer zwischen Presburg und dem Neusiedlersee an und nehmen am 15. die Vorbereitungsstellungen ein, welche wir weiter unten angeben werden.

Das Streifcorps des Oberstlieutenant Horváth dringt am 15. von Neustadt auf Oedenburg vor.

Görgey wird auf demjenigen Ufer verfolgt, auf welchem er seinen Rückzug antritt; geht er, wie vorausgesetzt wird, längs dem rechten Donauufer zurück, so wird die Verfolgung nicht eher begonnen, als bis auch das 2. Armeecorps bei Presburg ans rechte Donauufer hinübergezogen ist.

Simunich brach am 14. Morgens um 7 Uhr in 3 Colonnen gegen den Paß von Nadas auf, mit der Hauptcolonne im Centrum von Jablonicz her. Es kam zu einigen leichten Gefechten, in Folge welcher die Ungarn zurückwichen. Simunich besetzte noch am gleichen Tage Nadas und schob seine Vorposten gegen Tyrnau (Nagy Szombath). Am 15. hielt er Ruhetag und begnügte sich mit einzelnen Rekognoscirungen in seinen Flanken. An demselben Tage ging die Brigade Ordódy nach Szered an der Waag zurück. Am 16. Dezember setzte nun Simunich seinen Marsch auf Tyrnau fort.

Görgey zu Presburg erhielt bereits am 14. Abends die Meldung, daß der Paß von Nadas an die Oesterreicher verloren sei. Er meinte nun, er müsse entweder das linke Donauufer gänzlich aufgeben oder Simunich zurückzuwerfen suchen. Das Erstere wäre ohne alle Frage das Zweckmäßigere gewesen; Görgey aber entschloß sich zum Letzteren. Er sendete daher am

15. Dezember Morgens Guyon mit einigen Bataillonen und dem Befehl, auch Ordódy dorthin zu ziehen nach Tyrnau ab. Guyon erreichte am 16. Morgens Tyrnau und zog nun auch Ordódy von Szered heran. Am 16. Nachmittags zwischen 3 und 4 Uhr kam Simunich bei einem starken Nebel vor Tyrnau an, die Reiterei hatte er an der Spitze, dann folgte die Brigade Sossay, endlich die Brigade Lobkowitz. Simunich erfuhr, daß Tyrnau von den Ungarn besetzt sei und schritt um 4½ Uhr, schon in der Dunkelheit, zum Angriff auf die Stadt; nach kurzem Kampfe wurden die Ungarn hinausgeschlagen und flohen meist über Szered nach Komorn, zum Theil südwärts auf Cziffer.

An demselben Tage hatte Windischgrätz den Hauptangriff auf dem rechten Donauufer begonnen.

Die dazu bestimmten Truppen mußten am 15. in die Vorbereitungsstellungen einrücken.

Der linke Flügel unter Kempen stellte sich mit der Brigade Neustädter bei Wolfsthal und Haimburg auf; als Reserve diente die Brigade Lederer bei der Donaubrücke von Deutsch Altenburg.

Das Centrum unter F.-M.-L. Fürst Edmund Schwarzenberg stellte sich mit der Brigade Gramment und der Kavalleriebrigade Ottinger bei Prellenkirchen auf; dahinter die Division Schwarzenberg und die Geschützhauptreserve.

Der rechte Flügel unter Jellachich nahm mit der Divisidn Hartlieb und dahinter mit der Kavalleriedivision Liechtenstein bei Bruck an der Leitha Stellung.

Der rechte Flügel sollte über Parendorf vordringen, wenn er den Feind hier geworfen, dessen Verfolgung der Kavallerie überlassen und sich zur Unterstützung des über Baumern vorrückenden Centrums links nach Gattendorf wenden; der linke Flügel sollte sich abwartend verhalten. Windischgrätz wollte mit dem Centrum gehen.

Görgey erhielt am 15. Kundschafternachrichten, daß die Oesterreicher in Bewegung seien; er hatte darauf einen Augenblick den Gedanken, sich aus seiner weitläufigen Stellung auf Wieselburg zu concentriren und hatte in der Nacht auf den 16. auch schon an die Brigadecommandanten den Befehl abgehen lassen, zurückzugehn, gab dann aber plötzlich den Gedanken wieder auf und änderte den Befehl dahin ab, mit dem Rückzuge zu warten, bis der Feind wirklich mit Uebermacht angreife.

Um 8 Uhr Morgens am 16. überschritt Jellachich bei Bruck die Leitha und schickte sich um 11 Uhr zum Angriff auf die Höhen von Parendorf an, auf welchen der größte Theil der Brigade Zichy stand, 3

Bataillons, 4 Escadrons und 8 Geschütze. Mit einem lebhaften Artilleriefeuer eröffnete Jellachich den Kampf. Die Ungarn antworteten gleichfalls mit ihrer Artillerie. Indessen bald machte das Feuer der Oesterreicher die ungarische Infanterie unruhig; Zichy konnte seine Truppen nicht halten und der Rückzug, den er gegen Wieselburg antreten wollte, verwandelte sich in eine Flucht gegen Neusiedel, als in der rechten Flanke und im Rücken von Neudorf her österreichische Kavallerie erschien.

Schwarzenberg nämlich, der um 11 Uhr zum Angriff auf Baumern und Gattendorf schreiten wollte, traf hier auf gar keinen Widerstand. Die Ungarn räumten bei seinem Anrücken diese Orte und wichen gegen die Donau hin über Karlsburg (Oroszvár) und Ragendorf. Ihrem Beispiele folgte auch die Besatzung von Neudorf, und Schwarzenbergs Reiterei drang über letzteres in den Rücken von Parendorf vor.

Zichy deckte mit seinen Husaren gegen die nicht sehr ernstlich auftretende österreichische Kavallerie den Rückzug seiner Infanterie. Kmety, welcher die letztere führte, fand Neusiedel bereits von der Brigade Karger geräumt, er folgte derselben auf dem Wieselburger Wege und holte sie auch ein; als sie aber vereint sich Sz. Kasimir näherten, fanden sie hier die Straße schon von österreichischer Kavallerie verlegt und entschlossen sich nun zu einem ganz excentrischen Rückzug über Frauenkirchen (Boldog Aszony), und Sz. Andrä auf Pamhagen (Pomogy) in den Sümpfen der Hansag.

So war denn der ungarische Grenzcordon auf einen Schlag von den Oesterreichern über den Haufen geworfen und im Wesentlichen zersprengt. Görgey ließ Aulich mit dem Auftrage in Presburg zurück, diese Stadt, — am linken Ufer — noch den 17. zu halten, um zuerst die noch gegen die March vorgeschobenen Truppen an sich zu ziehen, dann mit denselben den Rückzug auf Komorn anzutreten. Die Schiffbrücke, welcher die österreichischen Zerstörungsversuche nichts geschadet hatten, sollte Aulich dem Strome überlassen. Görgey mit seinem Stabe eilte in der Nacht vom 16. auf den 17. über Sommerein (Somorja) in der großen Schütt nach Ungarisch Altenburg, indem er bei Kiliti über die große Donau setzte. Bei Wieselburg und Altenburg fand er die am 16. am rechten Ufer zurückgeschlagenen Truppen, soweit sie nicht in die Hansag abgedrängt waren, vor.

Rückzug der Ungarn auf die Vertesi Hegyek.

Seitens der Oesterreicher stand Jellachich mit dem rechten Flügel am Abend des 16. zwischen Halbthurm (Fël Torony) und Nickelsdorf

(Miklósfalva); das Centrum unter Schwarzenberg bei Carlburg, Jahrendorf (Jandorf), Gattendorf und mit der Brigade Liebler und der Geschützhauptreserve bei Prellenkirchen; vom linken Flügel besetzte die Brigade Neustädter Kittsee und Baumern (Körtvélyes), während Lederer von Deutsch Altenburg mehr rechts gegen Prellenkirchen rückte. Neustädter mußte später, als die Ungarn Presburg geräumt hatten, den dortigen Brückenkopf besetzen.

Zum Glücke für die Ungarn fand eine energische Verfolgung gar nicht statt; Windischgrätz wollte, bevor er etwas Weiteres unternehme, erst das 2. Armeecorps ans rechte Ufer ziehen, so unnöthig es bei der Schwäche der Ungarn auch erschien. Darüber wurde nun viele Zeit verloren. Die Brücke von Deutsch Altenburg hatte nämlich der Strom stark beschädigt und die Presburger Brücke war von den Ungarn dem Strome überlassen, als sie die Stadt aufgaben. Erst am 18. Nachmittags um 3 Uhr rückten die drei Brigaden Wyß, Jablonowski und Colloredo von Stampfen (Stomfa) her in Presburg ein, ihnen folgte die ans linke Ufer am 17. bei Deutsch Altenburg hinübergegangene Brigade Lederer über Schloßhof.

Windischgrätz, der sein Hauptquartier von Petronell nach Carlburg verlegt hatte, gab nun Befehl, die Kriegsbrücke von Deutsch Altenburg (eine biragosche) nach Presburg hinabzuschaffen. Dieß geschah; am 20. Dezember war diese Brücke bei Presburg eingebaut, als man fand, daß sie bei der dortigen Strömung zu schwach sei. Nun ward sie wieder abgebrochen und man suchte dafür die Reste der von den Ungarn dem Strom überlassenen solideren Schiffbrücke zusammen, welche meist in der Nähe der Stadt ans Land getrieben waren, und benutzte diese. Mit Tagesanbruch des 22. Dezember war der Einbau der Schiffbrücke vollendet. Das 2. Corps begann nunmehr seinen Uebergang ans rechte Ufer; dieser war noch nicht ganz bewerkstelligt, als die Brücke riß; der noch übrige Theil des 2. Corps ward indessen auf Schiffen über den Strom gebracht.

Am 23. traf nun Windischgrätz Anstalten zu weiterem ernstlichem Vorrücken; bis dahin waren das 1. und Reservecorps nur um weniges seit dem 16. vorgeschoben. Görgey hatte also mindestens eine Woche gewonnen. Leider war die Verfassung seiner Truppen eine solche, daß er diesen Zeitgewinn kaum ausbeuten konnte.

Als Görgey am 17. Dezember Morgens nach Wieselburg und Altenburg kam, fand er dort seine Truppen in einer sehr niedergeschlagenen Stimmung, die noch durch die Abdrängung Kargers und Kmetys gegen die Hansag verdüstert ward. Er traute namentlich der Infanterie zu, daß sie ihm beim nächsten Kanonenschuß davon laufen würde, und hielt es daher für das gerathenste, sie ohne Weiteres nach Raab zurückzuschicken, mit der Kavallerie wollte er jedoch noch bis zum 18. Mittags in einem Lager zwischen dem rechten Leithaufer und einem der Leitha parallelen Kanale warten, was die Oesterreicher etwa vornehmen würden, und sie wo möglich an einem zu raschen Nachdrängen auf der großen Straße hindern.

Am 18. Dezember nun während der mit dem 16. Abends eingetretenen Ruhepause unternahm Jellachich mit 6 Escadrons und 12 Geschützen eine Recognoscirung gegen Wieselburg.

Liechtenstein mit 2 Escadrons und 6 Geschützen folgte dem Banus von Nickelsdorf auf Altenburg.

Görgey hatte zu dieser Zeit bereits die eine Hälfte seiner Kavallerie in Marsch auf Raab gesetzt; er hätte auch mit der anderen ohne Gefahr folgen können, hielt es aber für besser, durch die Annahme eines kleinen Gefechtes wo möglich den Muth seiner Truppen wieder etwas zu erheben. Deßhalb rief er auch die schon im Marsch befindliche Kavallerie wieder zurück und ging dem Banus über den Kanal entgegen. Beide Parteien marschirten auf starke Kanonenschußweite einander gegenüber auf; Jellachich den linken, Görgey den rechten Flügel an den Kanal gelehnt, und begannen sich zu kanoniren; die Ungarn verloren dabei weder Mann noch Pferd, die Oesterreicher 2 M. und 7 Pferde. Jellachich trat nach kurzer Zeit den Rückzug an. Liechtenstein hatte unterdessen Altenburg besetzt und machte Miene, zwischen der Leitha und dem Kanal vorzurücken. Auf diesem Raume standen viele Heuschober; der Landesvertheidigungsausschuß hatte aber befohlen, Alles was den Oesterreichern nützen könnte, während des Rückzuges zu vernichten. Görgey detachirte daher noch einmal Husarenabtheilungen über den Kanal zurück, um die Heuschober anzuzünden. Erst als dieß bewerkstelligt war, wurde der Rückzug auf Raab angetreten.

In Raab fand Görgey, als er am 19. dort eintraf, ein Schreiben Kossuths vor, in welchem ihn dieser aufforderte, sich wenigstens zehn Tage lang bei Raab zu halten; Kossuth hatte nämlich schon am 16. Dezember Perczel den Befehl ertheilt, Nugent nur den Landsturm gegenüber zu lassen und mit seinen mobilen Truppen über Körmend nordwärts zu ziehen, um sich Görgey anzuschließen; Perczel wollte zuerst auf Presburg marschiren und daher den Weg über Körmend auf Güns einschlagen. Am 21. Dezember hatte seine Vorhut erst Körmend erreicht, hier erfuhr er am 22. bei dem Ausbruche nach Güns den Verlust von Presburg und wendete sich nun in die Richtung auf Pápa, um von dort Raab zu gewinnen. Am 23. kam er nach Rum, am 24. nach Janoshäza; hier erhielt er nun auch den bestimmten Befehl Kossuths, über Pápa zu gehen, um den linken Flügel der Position von Raab zu bilden. Am 26. Dezember erreichte er Pápa, welches noch gegen 6 Meilen von Raab entfernt ist. An diesem Tage hatte aber auch Görgey bereits die Räumung von Raab begonnen.

Derselbe überzeugte sich nämlich sofort bei seiner Ankunft, daß die Stellung hinter der Raab, sowohl nach ihrer natürlichen Beschaffenheit, als nach derjenigen der Verschanzungen, welche sie verstärkten, keinen Tag zu halten sein würde, wenn der Fürst Windischgrätz sie überhaupt angriffe. Doch wollte er wenigstens die Annäherung der Oesterreicher abwarten, bevor er den weiteren Rückzug anträte und zwar aus zwei Gründen: nämlich um den Truppen, welche auf dem linken Ufer gegen Simunich und Wrbna gestanden hatten und auf Komorn zurückgingen, um theils dort in Besatzung zu bleiben, theils hinter die Vértesi Hegyek zu weichen, einen Vorsprung zu geben, dann um den am 16. unter Karger und Kmety südwärts abgedrängten Truppen die Möglichkeit der Wiedervereinigung zu schaffen. Diese Truppen hatten am Abend des 16. Pamhagen erreicht; sie fanden die Brücken des Pamhagener Dammes, welcher durch die Hansag nach Eszterháza führt, zum Theil zerstört, stellten sie indessen noch in der Nacht wieder her und erreichten am 17. Eszterháza, von wo sie am 18. die Straße über Csorna nach Raab, auf der Südseite der Hansag einschlugen. Als Görgey am 19. in Raab ankam, erfuhr er bereits, daß diese Abtheilungen in der Nähe seien. Die einzige feindliche Abtheilung, auf welche sie hätten stoßen können, wäre die des Oberstlieutenant Horváth gewesen. Dieser, verstärkt durch ein Detachement der Wiener Garnison, war am 15. von Neustadt an der Leitha aufgebrochen, hatte in der Nacht vom 15. auf den 16. einen Nachtmarsch gemacht nnd am 16. Vormittags um 11 Uhr Oedenburg ohne Widerstand besetzt; wäre er am 17. früh Morgens von hier wieder aufgebrochen, so konnte er bei Eszterháza mindestens mit Karger und Kmety zusammentreffen. Indessen erhielt er alsbald einen Befehl von Windischgrätz, zu Oedenburg vorläufig Halt zu machen und sich lediglich mit der Pazifikation der Umgegend, Entwaffnung derselben, Einsetzung österreichisch gesinnter Behörden u. s. w. zu beschäftigen.

Wie schon aus dem früher Erzählten entnommen werden kann, erhielt Görgey freilich ohne sein Verdienst, ziemlich lange Zeit zum Verweilen bei Raab, grade so lange als Kossuth gewünscht hatte. Denn erst am 23. Dezember schickte sich Windischgrätz zur Vorrückung gegen Raab an.

Am 22. Dezember Abends stand das 1. Corps und die Kavalleriereserve bei Wieselburg, Altenburg, Zajning (Szolnok), Straß Sommerein,

(Hegyes Halom) und Nickelsdorf, die Brigade Neustädter im Presburger Brückenkopf.

Hinter dem 1. Corps stand die Reserveinfanterie und die Hauptgeschützreserve bei Pallersdorf (Bezenye), Ragendorf und Carlburg.

Dahinter das 2. Corps bei Jahrenderf, Baumern und Gattendorf.

Windischgrätz wollte wo möglich bei Raab die ganze ungarische Armee vernichten und ihr jeden Rückweg nach Komorn verlegen. Auf dem äußersten rechten Flügel sollte zu dem Ende Jellachich die Rabnitz am 26. und 27. bei Böres (Rundertburm) überschreiten und zwischen Rabnitz und Raab gegen die Stadt vordringen; das Reservecorps sollte auf der Poststraße über Abda die Stadt Raab am 27. in der Front angreifen; das 2. Corps sollte über den Wieselburger Donauarm in die kleine Schütt vorgehen und dort einen Punkt unterhalb Raab gewinnen, dann wieder ans rechte Ufer übersetzen, um Görgey den Rückzug nach Komorn zu nehmen. Dieses Corps sollte die Bewegung beginnen, damit nicht die Ungarn zu frühzeitig auf die Absicht aufmerksam gemacht würden.

Demgemäß marschirte am 23. Dezember das 1. Corps rechts auf Baromház, Leyden (Lébeny) und Sz. Miklós ab, wogegen das 2. Corps nach Wieselburg und Altenburg vor die Reserve gezogen ward.

Am 24. rückte dann die Division Ramberg nach Hedervár und Arak in der kleinen Schütt, am 25. folgte ihr die Division Csorich. Ihr Uebergang über den Wieselburger Donauarm geschah mittelst zweier schlechter Nothbrücken, welche mehrere Male brachen, wodurch bedeutender Aufenthalt verursacht ward. Die Division Ramberg verjagte am 25. bei Zámoly einen ungarischen Posten und rückte dann bis Újfalu vor, wo sie gegenüber Raab Stellung nahm, um einem etwaigen Durchbruch der Ungarn in die kleine Schütt zu begegnen; die Division Csorich erreichte erst am 26. Nachmittags um 4 Uhr Dunaszeg und sollte von hier hinter der Division Ramberg weg bis unterhalb Raab gehen, um am Morgen des 27. dort ans rechte Ufer der Wieselburger Donau zurückzukehren und den Ungarn den Weg nach Komorn zu verlegen.

Am 26. Abends trat sie ihren Marsch von Dunaszeg an, wovon Görgey sofort benachrichtigt ward.

Außerdem begann hier auch Jellachich das nachher den ganzen Feldzug durch fortgesetzte Spiel, sich um des Fürsten Windischgrätz Dispositionen nicht im mindesten zu kümmern; statt am 26. und 27. überschritt er die Rabnitz mit Avantgarde und Gros schon am 25. und 26., und statt nun Front gegen Norden zwischen Rabnitz und Raab zu machen, marschirte er weiter rechts ab, wie zu einer weiten Umgehung ausholend auf Csecsény an der Raab, wo er in der Nacht vom 26. auf den 27. Dezember lagerte. Die Infanteriereserve stand am 26. Abends bei Hochstraß (Oetevény), die Kavalleriereserve zwischen Barombáz an der Rabnitz und Mécser an der Wieselburger Donau.

In Folge der ihm zugegangenen Meldungen über die Annäherung der Oesterreicher, welche zum Theil selbst schon seine Rückzugslinie nahe bedrohten, räumte Görgey am 27. Dezember Morgens Raab, um hinter die Vértesi Hegyek zurückzugehen; die Abdabrücke über die Rabnitz ward abgebrannt. Zwei Drittheile der bei Raab versammelten Truppen gingen auf der Fleischhackerstraße über Bábolna und Kocs zurück, ein Drittheil zunächst über Gönyö und Lovad, um sich von hier auf Dotis (Tata) zu schlagen, damit von Komorn ab die Poststraße für den Armeetrain, der von Presburg durch die große Schütt nach jenem Platze dirigirt war, freibliebe. Nach Komorn hatten sich auch die von Guyon geführten Truppen zurückgezogen, welche bei Tyrnau gegen Simunich gekämpft. Guyon ging gleichfalls auf der Poststraße nach Beresvár weiter zurück.

Die auf der Fleischhackerstraße zurückgehende Colonne Görgeys hatte am 27. Bábolna erreicht. Sie sollte von hier am 28. Dezember in aller Frühe wieder aufbrechen, verspätete sich indessen und ward, ehe sie noch zum Abmarsch kam, von den Oesterreichern angegriffen.

Wir müssen also zu diesen zurückkehren.

Die Division Csorich erreichte Morgens um 8 Uhr am 27. den Punkt unterhalb Raabs, wo sie wieder an das rechte Ufer der Wieselburger Donau übergehen sollte; ihr folgte auf dem Fuße ein Theil der Reservekavallerie. Eben als Csorich bei jenem Punkte ankam (Táborhely) zog am rechten Ufer die auf Gönyö dirigirte Colonne von Görgey vorüber. Der Wieselburger Arm war zwar gefroren, aber so schwach, daß nur einzelne Infanteristen übergehen konnten. Csorich mußte daher eine Brücke schlagen. Nur Jägerdetachements, welche indessen von den Ungarn mit leichter Mühe abgewiesen wurden, sendete er hinüber und begann dann eine Kanonade vom linken Ufer her. Die Ungarn antworteten eine Zeit lang, und hielten dadurch den Bau der Bockbrücke auf, welcher außerdem schwierig war, da für die Böcke Löcher ins Eis gehauen werden mußten. Erst um $3^1/_2$ Uhr Nachmittags ward die Brücke fertig und die Division Csorich konnte den Uebergang beginnen. Da die Ungarn schon einen weiten Vorsprung hatten, marschirte sie südwärts auf Sz. Ivány ab. Hieher ward am Abend auch noch eine Brigade der Division Ramberg gezogen, welche von Újfalu am Morgen gegen Raab vorgerückt war und, da sie nichts vom Feinde entdeckte, die Stadt besetzte. Sie traf hier mit der Reserveinfanterie zusammen, welche ohne Widerstand theils bei Abda, theils unterhalb Abda auf Feldbrücken und auf dem Eise über die Rabnitz gegangen war. Die ganze Reservekavallerie ward nach Sz. Ivány vorgezogen, während die Reserveinfanterie mit einer Brigade von Ramberg in Raab blieb.

Das 1. Corps war am 27. Morgens um 3 Uhr zwischen Csecsény und Rába Sz. Mihály ans rechte Raabufer gegangen und rückte darauf über Koronczó nach Szabadhegy, wo es ziemlich erschöpft in der Nacht ankam.

Die Kavalleriebrigade Ottinger mußte auf Befehl des Fürsten Windischgrätz in aller Frühe am 28. aufbrechen, um den Ungarn auf der Fleischhackerstraße zu folgen. Ottinger traf westlich Bábolna ein und fand dort noch die Arriergardebrigade der Ungarn gleichfalls westlich des Dorfes. Der Commandant dieser Brigade hielt es für zu gefährlich, mit dem Deslé der Dorfstraße im Rücken ein ernstes Gefecht anzunehmen. Er ließ seine Infanterie mit der Hälfte der Husaren sofort hinter Bábolna zurückgehen und warf Ottinger nur die andere Hälfte seiner Husaren entgegen. Diese versagten aber gänzlich, in wilder Flucht stürmten sie durch Bábolna zurück und warfen sich hier auf die eigene Infanterie, welche sie größtentheils auch in Verwirrung mit sich fortrissen. Nur 2 Bataillons und eine Division (2 Escadrons) Husaren hielten einigermaßen Stand, als Ottinger sogleich folgte. Aber auch dieß dauerte nicht lange; auch hier bald Auflösung. Die Ungarn verloren bei Bábolna 300 bis 400 Todte und Verwundete und 700 Gefangene. Der wilden Flucht konnte erst bei Nagy Igmánd am Czonczóbach einigermaßen ein Ende gemacht werden.

Am 28. Abends erreichte Görgey mit seinem Gros, dem sich auch die über Gönyö und Dotis zurück zurückgegangene Colonne anschloß, Felsö Galla, am westlichen Abhang der Vértesi Hegyek, mit der Arriergarde Bánhida, während die Brigade Guyon auf der Poststraße nach Dorog kam.

Am 29. also hätte die Position hinter den Vértesi Hegyek bezogen werden können, von welcher sich die Ungarn so großartige Vorstellungen gemacht hatten. Indessen überzeugte sich Görgey sehr schnell, daß es aus den vorher entwickelten Gründen mit einer Vertheidigungsstellung hinter den Vértesi Hegyek troß aller Geniekünste, Barricadirungen, Abgrabungen u. s. w., mit denen ein großer Aufwand getrieben war, neben denen man aber, wo es beliebte, auf allen Punkten vorbeimarschiren konnte, Nichts sei.

Er nahm daher am 29. Dezember an der Fleischhackerstraße mit den

6 Brigaden, die ihm zur Verfügung blieben nach Abgang der Verluste und der in Komorn zurückgelassenen Truppen, eine möglichst concentrirte Stellung.

Auf dem äußersten rechten Flügel mußte Guyon auf der Poststraße nach Veresvár zurückgehen; die Avantgardebrigade nahm Stellung noch am westlichen Abhang des Vértesi Hegyek bei Felsö Galla, die anderen vier Brigaden am östlichen Abhang bei Zsámbek, (rechter Flügel) Bicske (Centrum), Csákvár (linker Flügel) und Buda Örs (Reserve). Sein Hauptquartier verlegte Görgey nach Bicske. Er erhielt hier den gemessenen Befehl, seine Vereinigung mit Perczel zu bewirken.

Perczel war am 26. in Pápa angekommen, und hatte, wie wir wissen, damals die Absicht auf Raab zu gehen. Nun erhielt er aber schon am 27. Morgens die Nachricht, daß Görgey Raab räume. Für diesen Fall hatte er die Anweisung sich auf Sárkány zu ziehen, um in der Stellung an den Vértesi Hegyek den äußersten linken Flügel zu bilden. Perczel brachte nach Pápa im Ganzen 4 Bataillone, 4 Escadrons und 16 Geschütze, letztere vom allerverschiedensten Kaliber; 2 Bataillone waren ihm schon bei Körmend völlig abhanden gekommen und er durfte sich keine Rechnung darauf machen, sie rechtzeitig wieder an sich zu ziehen. Perczel verweigerte es entschieden, sich Görgey unterzuordnen, und der Landesvertheidigungsausschuß drang nicht darauf, daß dieß geschehe. So hatte man es voraussichtlich an den Vérteßi Hegyek auch noch mit zwei verschiedenen Commandos zu thun, deren Vertreter sich überdieß in persönlicher Feindschaft gegenüberstanden; die Stellung verlor dadurch vollends allen Werth. Görgey ward angewiesen, eine kleine Verstärkung an Perczel abzugeben, was auch geschah.

Das Treffen von Moor.

Noch am 27. Dezember wendete sich Perczel von Pápa in die Richtung auf Sárkány; an diesem Tage erreichte er Tamási, am 28. Kis Bér, am 29. kam er nach Sárkány und erfuhr hier, daß Görgey schon hinter die Vérteßi Hegyek zurück sei, er marschirte nun sogleich weiter über Moór nach Bodajk. Hier aber kam ihm ein Befehl des Landesvertheidigungsausschusses zu, demzufolge er nicht über Moór zurückgehen solle; Görgey habe entsprechende Befehle erhalten.

Perczel kehrte sofort um, ging über Moór hinaus und stellte seine Vortruppen auf den Höhen östlich Sárkány auf. Er war noch damit beschäftigt, als er von den Oesterreichern angegriffen ward; einschließlich der von Görgey an ihn abgegebenen Verstärkung hatte er $5\frac{1}{3}$ Bataillons Infanterie und Pioniere, $6\frac{1}{2}$ Escadrons und 24 Geschütze oder 5620 M. Infanterie und 730 Pferde.*

Von Seiten des Fürsten Windischgrätz war wie die Brigade Ottinger auf Bábolna, so am gleichen Tage die Brigade Parrot weiter links auf Ács und die Brigade Bellegarde auf dem äußersten linken Flügel gegen Gönyö vorgeschoben.

Für die weitere Vorrückung gegen Ofen war den einzelnen Corps die nachstehende Marschroute vorgeschrieben.

Das 1. Corps, der rechte Flügel sollte am 29. Dezember auf Mezö Eörs, am 30. nach Kis Bér, am 31. nach Moór vorgehen, dann am 1. Januar nach Lovas Berény, am 2. nach Márton Vásár, am 3. nach Tétény vorrücken.

Das 2. Corps und die Reservekavallerie, welche den linken Flügel bildeten und mehr auf der geraden Linie gegen Ofen blieben, sollten die Zeit, welche sie hiedurch im Vergleich zum 1. Corps gewannen, zu einer Demonstration gegen die Festung Komorn benutzen. Der Commandant dieses Platzes, Majtényi, war ein schwacher, unentschlossener Mensch, und es lag keineswegs außer der Möglichkeit, daß er den Platz übergab, wenn sich nur eine beträchtliche österreichische Macht vor demselben zeigte. Höchstens bezüglich des Einflusses Majtényis konnte man sich verrechnen; indessen blieb es erlaubt, darauf hin etwas zu wagen. Der linke Flügel sollte also am 29. Dezember nach Ács, am 30. vor Komorn rücken; von da, bliebe eine Aufforderung ohne Erfolg, mit Zurücklassung einer starken Brigade zur Beobachtung, am 31. nach Kocs, am 1. Januar 1849 nach Alsó Galla, am 2. nach Bicske, am 3. nach Bia, am 4. nach Buda Örs.

Die Reserveinfanterie und die Hauptgeschützreserve sollten am 31. Dezember nach Bábolna und Bána, am 1. Januar, dem linken Flügel folgend, nach Kocs, am 2. nach Alsó Galla, am 3. nach Bicske, am 4. nach Bia und am 5. nach Buda Örs vorrücken.

Als Jellachich am 29. Dezember nach Mezö Eörs kam, überzeugte er sich, daß er dort seine Truppen nicht gemächlich unterbringen und verpflegen könne. Er schob deshalb die Brigade Grammont nebst dem ganzen Regiment Franz Joseph Dragoner und den Banderialhusaren

* S. Beilage D.

noch am gleichen Tage bis Kis Bér und die Brigade Ottinger nach Ászár vor. Jellachich, welcher am 30. seinen Truppen einen Ruhetag geben wollte, ging am 29. selbst nach Kis Bér. Hier erfuhr er, daß an dem gleichen Tage Perczel nach Moór marschirt sei. Er ließ deshalb die Brigade Grammont mit den Banderialhusaren an der Spitze am 30. Dezember, Morgens früh 5 Uhr, von Kis Bér aufbrechen; die Brigade Ottinger von Ászár und die Division Hartlieb von Mezö Cörs sollten unverzüglich folgen.

Grammont traf jenseits Sárkány auf Perczels Vortruppen und drängte sie ohne großen Widerstand auf ihre Hauptstellung zurück; diese befand sich eine halbe Stunde westlich Moór, quer über die Straße, im Angesicht eines Waldes, der indeß zunächst der Straße gelichtet war. Perczel hatte vor seiner Front zwei Batterieen aufgefahren, sein rechter Flügel stand in Rebbergen, der linke hinter einer Schlucht bei Timár, gerade der Stelle des Waldes gegenüber, aus welcher die Oesterreicher vordringen mußten. Jellachich ließ Grammont im Walde gedeckt und außerdem auf mehr als große Kanonenschußweite von den Ungarn Halt machen und sendete an Ottinger und Hartlieb, um deren Marsch zu beschleunigen. Die Ungarn feuerten unterdessen mit ihrer Artillerie lebhaft gegen den Wald und bildeten sich ein, daß sie hiedurch das Debouchiren der Oesterreicher aufhielten, was durchaus nicht der Fall war.

Um 10 Uhr Vormittags kam die Brigade Ottinger heran; nun ließ Jellachich am Waldrande drei Batterieen, zwei rechts, eine links, auffahren; unter dem Schuß ihres Feuers zog Ottinger seine Brigade aus dem Wald und ließ Wallmoden Cürassiere rechts der Straße, Hardegg Cürassiere links derselben und etwas zurückgehalten aufmarschiren. Während dessen traf Perczel, dessen Infanterie Unruhe zeigte, Anstalten zum Rückzuge. Jellachich beschloß daher, Ottinger angreifen zu lassen, ohne ferner auf Hartlieb zu warten. Eine Division (2 Escadrons) von Wallmoden Cürassiere ging demnach gerade auf die nächste ungarische Batterie los, bekam von dieser eine Kartätschladung und ward zugleich von Perczels Husaren in die Flanke genommen, mit schwerem Verlust mußte sie zurückweichen; die beiden anderen Divisionen von Wallmoden warfen sich nun aber ihrerseits auf die Husaren und ein hinter diesen stehendes Infanteriebataillon, trieben diese Truppen zurück und bemächtigten sich darauf der ungarischen Batterie.

Das war auf ungarischer Seite das Signal zur Flucht. Die Kavallerie und Artillerie wichen meist auf Stuhlweißenburg, die Infanterie auf Lovas Berény und Csákvár. Obgleich Jellachich seine Verfolgung gar nicht weit fortsetzte, machte er doch 1000 Gefangene, Geschütze nahm er außer den im Gefecht selbst erbeuteten keine. Die Ungarn hatten außerdem 400 bis 500 Todte und Verwundete verloren.

Görgey, der sich am 30. auf einem Rekognoszirungsritte befand, begegnete Flüchtigen von Moór her; nach ihren Aussagen hatte sich die Masse der Perczel'schen Truppen auf Stuhlweißenburg zurückgezogen. Görgey hielt es nun für das Angemessenste, so schnell als möglich die Verbindung mit Perczel wieder herzustellen. Die drei Brigaden von Csákvár, Bicske und Zsámbék wurden daher noch in der Nacht vom 30. auf den 31. Dezember nach Baracska, Váll und Sóskút, also gegen die Stuhlweißenburg-Ofener Straße hin gezogen; die Brigade von Felsö Galla ward nach Bia zurückgenommen. Aus dieser Stellung wollte Görgey, sobald er mit Perczel vereinigt sei, die Offensive gegen Jellachich ergreifen.

Indessen war die Niederlage Perczels eine viel vollständigere, als er sich ursprünglich gedacht hatte; die Flüchtigen von Moór eilten in Schaaren nach Pesth und ihr Erscheinen und ihre Erzählungen wirkten entmuthigend auf den Landesvertheidigungsausschuß. Dieser ertheilte am Morgen des 31. Dezember Görgey den Befehl, sich auf die erste Linie vor Ofen zurückzuziehen..

Im Laufe des 31. Dezember zog daher Görgey die Brigade von Baracska nach Hanzsabég (Érd), diejenige von Váll nach Tárnok, diejenigen von Sóskút und Bia blieben einstweilen stehen; Guyon von Veresvár war bereis vom Landesvertheidigungsausschuß direkt näher an die nördlichen Vorstädte Ofens herangezogen. Görgey nahm sein Hauptquartier zu Promontorium; die Truppen Perczels, welche noch von Stuhlweißenburg herankamen, wurden sofort hinter die Donau nach Pesth zurückgezogen, um dort wieder gesammelt zu werden.

Am 31. Dezember hatte der ungarische Reichstag folgende Beschlüsse gefaßt:

Es solle der Sitz der Regierung und des Reichstages von Pesth nach Debreczin verlegt werden; es solle noch einmal der Weg der Vermittlung betreten und zu dem Ende eine Deputation an den Fürsten Windischgrätz gesendet werden. Görgey habe, falls diese nichts ausrichte, vor Ofen dem Feinde eine entscheidende Schlacht zu liefern, dabei aber einerseits die Rettung der Armee an das linke Donauufer, andererseits die möglichste Schonung der Hauptstädte im Auge zu behalten.

Görgey erhielt von diesen Beschlüssen erst am späten Nachmittag des 1. Januars 1849 Kunde. Sie versetzten ihn in den höchsten Aerger. Der nächste Grund desselben war, daß er eine entscheidende Schlacht liefern und dabei doch auf die Erhaltung der Armee Bedacht nehmen sollte. Er konnte nicht einsehen, wie dieß zu vereinigen wäre, da überdieß die Schiffbrücke zwischen Ofen und Pesth abgebrochen, daher die Kettenbrücke die einzige Verbindung war, mittelst welcher der Rückzug bewerkstelligt werden konnte und da diese sich noch obenein in einem Zustande befand, der die höchste Schonung beim Uebergange nothwendig machte.

Dazu kamen aber noch andere Dinge: Görgey hatte schon, als er noch an der österreichischen Grenze stand und sein Hauptquartier zu Presburg hatte, verlangt, daß die Regierung sammt dem Reichstage ihren Sitz hinter der Theiß aufschlage. Darauf ward ihm immer geantwortet, man müsse sich, erst unter den Trümmern Raabs, dann als dieses ohne Widerstand aufgegeben war, unter den Trümmern Ofens begraben lassen. Nun verlangte Görgey, daß aus diesen Phrasen auch endlich einmal Ernst gemacht werde. Statt dessen erfuhr er nun, daß jetzt, da die Gefahr nahe herankam, der Reichstag mit der Regierung dennoch hinter die Theiß gehen wolle. Was er als eine politische Maßregel gutgeheißen hätte, zu der ohne äußeren Zwang geschritten worden wäre, das empörte ihn nun, da es ihm als eine Folge der Feigheit erschien; ein Zeichen, daß die Opferbereitwilligkeit gerade dann aufhöre, wann das Opfer wirklich verlangt würde. Endlich wußte er nicht, was er von der an Windischgrätz gesendeten Deputation denken sollte, da sich nach allem Vorhergegangenen doch unmöglich Jemand vorstellen konnte, daß der Fürst Windischgrätz jetzt auf gütliche Unterhandlungen eingehen würde.

In der That sagte der Fürst dieser Deputation statt alles Anderen nur, er verlange vollständige und unbedingte Unterwerfung, und wie sehr er zu Unterhandlungen geneigt sei, zeigte er durch einen Act, der allerdings, wie so vieles Andere, was auf österreichischer Seite in diesem Kriege geschah, vor keinem Richterstuhle gerechtfertigt werden kann, dadurch, daß er den Führer der Deputation, den Grafen Batthyány als Gefangenen zurückbehielt.

Obgleich höchst aufgeregt, bereitete sich Görgey doch zunächst auf den Kampf vor Ofen. Er ließ am 1. und am Morgen des 2. Januar 1849 seine Truppen die folgenden Stellungen einnehmen.

Eine Brigade nächst der Donau unterhalb Ofen bei Hanszabég, mit den Vortruppen gegen Ereß (Ercsény) und Mártonvásár auf der Stuhlweißenburger Straße;

eine Brigade dahinter bei Tétény;

eine Brigade in Söskút zwischen der Stuhlweißenburger und

der Fleischhackerstraße mit den Vortruppen in Tárnok, Zámor, Baráthháza;

eine Brigade in Buda Örs an der Fleischhackerstraße mit den Vortruppen in Bia;

eine Brigade in Altofen an der Poststraße mit den Vortruppen gegen Kovácsi, Berecsvár und Sz. Endre;

eine Brigade dahinter in der Christinenstadt.

Am 2. Januar Morgens begab sich nun Görgey persönlich nach Pesth, um Kossuth seine Meinung zu sagen und sich bestimmtere Befehle zu holen. Die Reichstagsbeschlüsse vom 31. Dezember waren indessen mit großer Eile ausgeführt worden. Der Reichstag und die Regierung, auch Kossuth waren bereits am 1. Januar nach Debreczin abgereist, wo am 10. Januar die Reichstagssitzungen wieder eröffnet wurden. Mészáros, der Kriegsminister war nach Tokay abgereist, um den Befehl über das gegen Schlick operirende Corps zu übernehmen. Zeitweilig versah die Geschäfte des Kriegsministeriums General Vetter, dem als Chef der Operationskanzlei Oberst Klapka beigegeben war.

Vetter befand sich in Pesth. Görgey begab sich zu ihm und forderte ihn auf, an seiner Statt das Commando der Armee zu übernehmen; Vetter zeigte wenig Neigung dazu, berief aber sogleich einen Kriegsrath, an welchem er, Görgey, der Landescommissär Ladislaus Csányi, die Generale Perczel, Lázár, Répásy, Oberst Klapka und mehrere Generalstabsoffiziere theilnahmen und welcher feste, ausführbare Beschlüsse in Abwesenheit der obersten Landesbehörde fassen sollte.

Die Beschlüsse dieses Kriegsrathes sind von so tiefgreifender Bedeutung, daß sie eine neue Periode des Krieges eröffnen; wir werden sie daher erst, wenn wir diese zu erzählen beginnen, des Weiteren besprechen; hier beschränken wir uns auf die Anführung desjenigen, was auf das Allernächstliegende Bezug hat. Es ward nämlich bestimmt, Görgey solle, ohne einen ernsten Angriff des Feindes zu erwarten, sofort den Rückzug auf das linke Donauufer antreten und Perczel, von welchem man annahm, daß er von seinem bei Moór auseinandergesprengten Corps etwa 4000 M. wieder beisammen habe, sollte diesen Rückzug decken, indem er die verschanzten Vorstädte von Ofen besetzte, und sich dann gleichfalls zurückziehen.

Perczel erklärte schon im Kriegsrathe, daß er seine Abtheilung, deren einzelne Glieder sich in Pesth verlaufen hätten, unmöglich vor dem 3. Januar wieder zusammenbringen, vorher also auch Ofen nicht besetzen könne. Görgey entschloß sich daher, für die Deckung seines Rückzuges selbst

Sorge zu tragen und ertheilte, in sein Hauptquartier nach Promontorium zurückgekehrt, für den 3. Januar den Befehl, daß die Brigade zu Tétény die Vortruppen der Brigade zu Hanzsabég ablöse, daß, nachdem dieses geschehen, die letztere nach Ofen zurückgehe; ebendahin sollte die Brigade von Buda Örs zurückgehn, ihre Vortruppen von Bia auf Puszta Csik zurücknehmen; die Brigade von Sóskút sollte nach Buda Örs rücken.

Die Brigade von Hanzsabég zog ihre Vortruppen ein und marschirte nach Promontorium ab, ohne die Ablösung von Tétény her zu erwarten. Diese Ablösung ward im Vormarsch in ihre Stellungen vom Feinde angegriffen.

Rückzug Görgeys an das linke Donauufer.

Oesterreichischer Seits rückte am 29. Dezember 1848 das 2. Corps gegen Komorn vor und stand am Abend dieses Tages mit der Brigade Lederer an der Mündung des Czonczóbaches in die Donau, mit der Division Csorich und der Brigade Colloredo bei Ács. Die Reservekavalleriedivision Liechtenstein besetzte den ganzen Raum von Harkály über Mócsa bis Ó Szöny. Am 30. Dezember ward eine Vorrückung gegen das verschanzte Lager unternommen und die Festung aufgefordert. Es erfolgte eine abschlägige Antwort, da der Festungscommandant Majténÿi nicht ebensovielen Einfluß als guten Willen hatte, den Platz zu übergeben. Nun verlegte Wrbna noch am gleichen Tage das Gros seines Corps und die Reservekavallerie an die Fleischhackerstraße und ließ nur die Brigade Lederer mit 5 Escadrons Ficquelmont Dragoner gegenüber dem Brückenkopf am rechten Ufer zu dessen Einschließung zurück. Lederer ward angewiesen, sich mit der Brigade Neustädter in Verbindung zu setzen.

Diese Brigade, welche am 23. Dezember von Presburg in der großen Schütt bis Sommerein vorgerückt war und von dort die Verbindung mit Simunich aufgesucht hatte, ward nach der Einnahme Raabs bis Nyárasd an der Neuhäusler Donau vorgezogen, um von hier aus Komorn am linken Donauufer einzuschließen. Das Commando über das gesammte Einschließungscorps, die beiden Brigaden Lederer und Neustädter, erhielt der F.-M.-L. Ramberg.

Am 31. Dezember Abends standen das 2. Corps und die Reservekavalleriedivision Liechtenstein bei Kocs, die Reserveinfanterie und Artilleriehauptreserve bei Nagy Igmánd und Bána; das Hauptquartier des Fürsten Windischgrätz war zu Bábolna; am 1. Januar sollten das 2. Corps nach Felső Galla, die Reservekavallerie nach Bánhida, die Reserveinfanterie und Reserveartillerie nach Kocs und Dotis; dann am 2. Januar das 2. Corps nach Bicske, die Reservekavallerie nach Német Egyháza und Bárok, die Reserveinfanterie und Artillerie nach Felső Galla vorgehen.

Alle diese Märsche konnten, wie sich aus dem früher Erzählten ergibt, ohne den mindesten Widerstand ausgeführt werden.

Jellachich, der am 30. die Ungarn nach dem Treffen von Moór nicht verfolgt hatte, blieb auch am 31. Dezember hier stehen, theils weil seine Reiterei sehr angegriffen war, theils, weil er erst abwarten wollte, daß das zweite und Reservecorps mit ihm auf gleiche Höhe kämen. Am 1. Januar 1849 marschirte er nun erhaltenem Befehl gemäß nach Lovas Berény, am 2. auf Mártonvásár.

Am 3. Januar, als Jellachich von Mártonvásár auf Ofen weiter marschirte, stieß seine Avantgarde, die Kavalleriebrigade Ottinger, halbwegs zwischen Hanzsabég und Tétény auf die Vortruppen der an letzterem Orte stehenden ungarischen Brigade, welche eben im Vormarsche in die Stellungen waren, welche die Brigade von Hanzsabég auf ihrem Rückmarsche verlassen hatte. Die Ungarn wurden geworfen; doch eine Abtheilung Husaren, welche der Infanterie folgte, griff ihrerseits Ottinger in der Flanke an und brachte dadurch dessen Verfolgung zum Stehen. Jellachich wollte jetzt erst größere Streitkräfte entwickeln. Die Brigade Grammont, welche Ottinger folgte, mußte links der Stuhlweißenburger Straße aufmarschiren, die Division Hartlieb ihren Marsch beschleunigen.

Ueber diesen Vorbereitungen verging Zeit. Die ungarische Brigade von Tétény (Zichy) trat unter Waffen und marschirte rechts (westlich) der Stuhlweißenburger Straße auf, Grammont gegenüber. Görgey, der zu Promontorium sofort Meldung über das Vorgefallene erhielt, ließ die abgelöste Brigade von Hanzsabég, Karger, welche eben Promontorium erreicht hatte, augenblicklich umkehren und führte sie persönlich links neben die Brigade Zichy. Er hatte die Absicht, mit den 4000 M., die er in kurzer Zeit zur Verfügung hatte, zum Angriffe zu schreiten, als eine Nachricht von Vetter ankam, die Oesterreicher seien bereits bei Hanzsabég ans linke Donauufer übergegangen; Görgey solle sich durchaus nicht zu einer Offensive verleiten lassen.

Görgey führte nun die beiden Brigaden ohne Aufenthalt nach Promontorium zurück und rief die Brigade von Buda Örs nach

Ofen; am 4. Januar Morgens zog er seine Hauptmacht über die Kettenbrücke ans linke Donauufer und auf die Straße nach Waitzen, und sobald seine Arriergarde in Ofen durch Perczels Truppen abgelöst war, mußte auch sie der Hauptmacht folgen.

Es erwies sich sehr bald, was vorauszusehen war, daß die Nachricht von einem Donauübergang der Oesterreicher bei Hangsabég eine falsche gewesen sei. Nun hätte Vetter gerne den Rückzug Görgeys rückgängig gemacht und sendete ihm selbst einen Befehl in diesem Sinne. Indessen als Görgey den Befehl erhielt, war der Rückzug so gut wie vollendet und es war zu spät, die Dinge jetzt noch zu ändern.

Am 3. Januar Abends lagerte Jellachich bei Tétény; das 2. österreichische Corps bei Bia.

Von der Reservecavallerie war die Brigade Parrot bis Torbágy an der Fleischhackerstraße vorgeschoben, die Brigade Bellegarde stand hinter Bia bei Etyek, die Reserveinfanterie und Artillerie kamen nach Bicske.

Am 4. rückte das 1. Corps bis Promontorium, das 2. mit der Reservecavallerie bis Buda Örs, die Infanterie und Artillerie der Reserve bis Bia, Torbágy, Etyek und Páti vor. An demselben Tage räumte Perczel noch Ofen und ging auf dem linken Donauufer auf der Szolnoker Straße bis Üllö und Vecsés zurück.

Am 5. Januar rückten darauf die Oesterreicher in Ofen und Pesth ein. Fürst Windischgrätz nahm sein Hauptquartier in Ofen. Reiterabtheilungen wurden sofort auf den Straßen nach Szolnok, Gyöngyös und Waitzen vorgeschoben und brachten einige hundert Gefangene ein, aus deren Aussagen Windischgrätz den Schluß zog, daß die Hauptmacht der Ungarn gegen Szolnok zurückgegangen sei.

Ereignisse bei den Nebencorps der beiden feindlichen Armeen bis zu den ersten Tagen des Jahres 1849.

Das Detachement von Simunich.

Die Ereignisse auf dem siebenbürgischen und serbischen Kriegsschauplatz haben wir, um Zusammengehöriges nicht auseinanderzureißen, schon im vorigen Abschnitte bis auf den Beginn des Jahres 1848 fortgeführt. Es bleibt uns hier dasselbe noch nachzuholen bezüglich derjenigen österreichischen Abtheilungen, welche in näherer Verbindung mit der Hauptarmee des Fürsten Windischgrätz operirten und der ihnen gegenüberstehenden ungarischen Streitkräfte.

Simunich rückte nach dem Gefechte von Tyrnau vor die kleine Festung Leopoldstadt (Leopoldvára) an der Waag und forderte dieselbe schon am 17. Dezember zur Uebergabe auf; da er eine abschlägige Antwort erhielt, ließ er die Waagübergänge bei Szered und Freistadtl (Galgócz) besetzen und schloß den Platz vollständig ein, traf auch sogleich Anstalten zu einer Beschießung und förmlichen Belagerung; den Beginn derselben verzögerte der gefrorene Boden, welcher das Eingraben erschwerte, sowie der Mangel an schwerem Geschütz und an Munition. Doch waren am 29. Dezember 5 Batterien vollständig fertig und armirt.

Die Colonne des Oberstlieutenant Frischeisen.

Frischeisen überschritt schon am 4. Dezember den Jablunkapaß, trieb bei Csacsa einen Haufen ungarischer Nationalgarden auseinander und rückte am 11. über Ober Neustadtl (Kiszucza Újhely) gegen Budetin an die Waag vor, nachdem er sich vorher durch slowakische Landstürmer verstärkt hatte; die Ungarn unter Querlonde und Benitzky zogen sich bei seiner Annäherung ans linke Waagufer zurück. Das Gerücht aber, daß sich in seinem Rücken ungarischer Landsturm erhebe, bewog Frischeisen schon am 12. nach dem Jablunkapaß zurückzukehren. Dieser Rückzug machte den Commandirenden in Mähren und Schlesien, F.-M.-L. Böhm, für die beiden genannten Provinzen besorgt. Er zog sofort $1\frac{1}{3}$ Bataillons und $\frac{1}{2}$ Batterie bei Teschen zur Unterstützung Frischeisens zusammen und machte Meldung an den Fürsten Windischgrätz. Dieser gab 2 Bataillons und einer 6pfdr.-Batterie, welche aus Galizien unterwegs nach Wien waren, Befehl, sich zur Verfügung des F.-M.-L. Böhm zu stellen. Die Colonne Frischeisens und diese Truppen, zusammen jetzt 3 Bataillons, $\frac{1}{2}$ Escadron und 12 Geschütze wurden nun unter dem Commando des Generals Götz vereinigt, und letzterer angewiesen, mit ihnen in den Bezirk der Bergstädte einzurücken.

Das Detachement des Oberstlieutenant Horváth.

Oberstlieutenant Horváth, den wir am 16. Dezember bei Oedenburg verließen, erhielt einen Befehl des Fürsten Windischgrätz vom 21. Dezember, über Kapuvár nach Raab vorzurücken. Demgemäß schob er am 24. seine Avantgarde nach Kapuvár, während sein Gros am 25. nach Sz. Miklós kam; am 28. marschirte er dann nach Egyed, am 29.

nach Teth. Bei dem Angriffe auf Raab kam Horváth nicht zur Mitwirkung, wie dus seiner Stellung zu dieser Zeit erhellt. In Teth erhielt er den Auftrag, von nun ab die rechte Flanke Jellachichs bei dessen Vormarsch nach Ofen gegen Wesprim und Stuhlweißenburg hin zu sichern und die Verbindung mit dem Feldzeugmeister Nugent aufzusuchen.

Die Lücke, welche durch Horváths Vorrücken um Oedenburg entstand, ward durch ein Detachement ausgefüllt, welches Welden von der Wiener Besatzung schon am 19. Dezember nach Wienerisch Neustadt sendete, am 25. Dezember dann bis auf $4^1/_3$ Bataillons, 5 Escadrons und 8 Geschütze verstärkte und unter das Commando des Oberstlieutenant Graf Althann stellte. Althann erhielt den Auftrag, die Verbindung zwischen Nugent und Horváth zu unterhalten. Er mußte auch bei dem Vorrücken der Hauptarmee 4 Compagnieen zur Besetzung von Raab abgeben.

In Stuhlweißenburg angekommen, erhielt Horváth den Befehl, im Bakonyer Walde streifen zu lassen und diesen von ungarischem Landsturm zu säubern.

Das Detachement des Feldzeugmeisters Graf Nugent.

Nugent hatte Anfangs keine bestimmte Aufgabe; so lange ihm Perczel an der Mur gegenüberstand, konnte er sich nicht regen. Man setzte aber voraus, wie es sich auch als richtig erwies, daß der Vormarsch der österreichischen Hauptarmee längs der Donau Perczels Rückzug zur unmittelbaren Folge haben werde; dann sollte Nugent dem Fürsten Windischgrätz Mittheilung machen, auf welcher Seite des Plattensees, der nördlichen oder der südlichen er zu operiren im Sinne habe.

Als Perczel nun seinen Rückzug antrat, folgte ihm Nugent bis Körmend; doch der von Perczel um Nagy Kanisa zusammengezogene Landsturm, welcher sich beständig verstärkte, die südwestlichen Comitate Ungarns beherrschte und Croatien bedrohte, bewog ihn, von Körmend über Szala Egerszeg nach dem Süden abzumarschiren. Da die Ungarn bei seiner Annäherung Nagy Kanisa räumten, besetzte er diesen Ort am 10. Januar 1849 ohne Widerstand.

Operationen des Grafen Schlick.

Schlick mit 8000 M. in drei Brigaden, Fiedler, Pergen und Deym, stand am 1. Dezember 1848 in Galizien bei Zmygrod, Dukla und

Krosno. Er hatte die Aufgabe, die Kämme der karpathischen Waldgebirge zu überschreiten, welche hier Galizien und Ungarn von einander scheiden und in dem bergigen waldigen Land ihrer südlichen Abfälle, welche sich bis nahe an die obere Theiß erstrecken, dem Hauptwasserlaufe der Gegend, dem Thale der Hernád und der Tarcza folgend, gegen jenen Strom hinabzusteigen, um entweder die Theiß überschreitend, den Ungarn von vornherein jede Festsetzung hinter dem Strome abzuschneiden oder auch in den weiten Ebenen zwischen der Donau und der Theiß mit der Hauptarmee des Fürsten Windischgrätz in unmittelbare Verbindung zu treten. Daneben sollte er in dem von ihm durchzogenen Lande die Ruhe herstellen und die Ansammlung ungarischer Truppen verhindern.

Ungarischer Seits stand ihm ein kleines Corps unter Pulszki entgegen, welches aus 3 mangelhaft bewaffneten erst neu errichteten Honvédbataillons, aus 6—7000 Nationalgarden, wobei auch etwas Reiterei, und aus 14 Geschützen zusammengesetzt war und sich in der Gegend von Eperies organisirte.

Am 5. Dezember concentrirte Schlick seine Brigaden; am 6. überschritten dann Fiedler und Pergen die Karpathen; der erstere erreichte Zbóró und Grab, der letztere auf dem linken Flügel Szvidnik. Fiedler kam dann über Bartfeld (Bartfa) am 8. nach Raslawice an der Straße nach Eperies; Pergen, der sich rechts ziehen mußte, um Fiedler unmittelbar zu folgen, erreichte über Zbóró am 8. Dezember Bartfeld. Dehm, der am 6. bei Barwinek stand, ging am 7. über die Karpathen, Pergen folgend bis Orlik und am 8. nach Zbóró vor.

Pulszki räumte bei der Annäherung der Oesterreicher Eperies (Prešow) ohne Widerstand und zog sich in die Stellung von Budamér vor Kaschau (Kassa) an der großen Straße und zwischen den beiden Flüssen Hernád (links) und Tarcza (rechts) zurück. Die eigentliche Stellung lag etwa ein halbe Stunde südlich des Dorfes Budamér auf sanft nach Norden und Osten abfallenden Höhen; in der Front war sie durch die Anlage von Jägergräben verstärkt, in ihrer linken Flanke zwischen der Hauptstellung und der Hernád zogen sich ausgedehnte Waldungen hin, welche die Entwicklung und die Aussicht nach der linken Flanke hemmten und dem Feinde eine Umgehung erleichterten; die Straße von der Stellung aus nach Kaschau lag nicht gerade senkrecht zur Front, sondern mehr hinter der linken Flanke; hinter derselben am Südende der Waldungen am linken Hernádufer und im Rücken der Stellung liegt das Dorf Tehány. Man erkennt leicht, daß die Stellung trotz der Frontverschanzungen und trotz der Verhaue, durch welche die Ungarn das Vorschreiten des Feindes in den Waldungen aufzuhalten gedachten, nichts weniger als günstig war, um in ihr ein hartnäckiges Defensivgefecht anzunehmen.

Am 9. Dezember besetzten die 3 Brigaden, Fiedler, Pergen und Deym, eine hinter der andern, Eperies, Kapi und Demethe. Am 10. bereitete sich Schlick zum Angriff auf die Stellung von Budamér vor, indem er auch die Brigade Pergen nach Eperies, die Brigade Deym nach Alsó Sebes vorzog.

Am 11. Dezember sollte der Angriff auf die Stellung von Budamér erfolgen. Schlicks Disposition dazu war folgende: nachdem bei Somos die Tarcza überschritten wäre, sollten die Brigaden Pergen und Deym auf der großen Straße zum Frontangriffe vorrücken, Fiedler aber sollte sich nach dem Uebergang über die Tarcza rechts schlagen, unter dem Schutze der Wälder über Tapolcsan das Hernádthal gewinnen, dieses abwärts auf Tehány ziehen und von da gegen die Kaschauer Hernádbrücke vordringen, um so den von Budamér weichenden Ungarn ihre Hauptrückzugslinie zu nehmen. Im Ganzen verfügte Schlick nach Abschlag der Garnisonen, welche er in Bartfeld und Eperies zurückließ, noch über 6 Bataillons, 6 Escadrons und 18 Geschütze.

Morgens 1 Uhr, am 11. Dezember brach die Brigade Fiedler von Eperies auf; statt ihrer 6pfdr.-Batterie war ihr mit Rücksicht auf das Terrain, welches sie zu durchschreiten hatte, eine Raketenbatterie beigegeben; Pergen und Deym folgten. Fiedler fand die Tarczabrücke bei Somos zerstört und mußte sie erst durch eine Nothbrücke für die Infanterie ersetzen lassen, während die Artillerie und die Reiterei den Fluß durchfuhrteten. Sobald der Uebergang vollbracht war, brach Fiedler gegen Tapolcsan auf, welches er zwar unbemerkt von den Ungarn, aber wegen des Mangels gebahnter Straßen erst um 10 Uhr Vormittags erreichte.

Pergen und Deym blieben nach dem Uebergang über die Tarcza auf der Chaussee, durchschritten Budamér und marschirten Angesichts der ungarischen Stellung der erstere rechts, der letztere links der Straße auf; eine 6pfdr.-Batterie ward rechts (westlich), eine 12pfdr.-Batterie links (östlich) vor der Front aufgefahren, und diese Batterieen eröffneten sogleich ihr Feuer, dem die Ungarn, indessen durch ihre geringeren Kaliber in entschiedenem Nachtheile, antworteten; die ganze österreichische Reiterei blieb im Rückhalt.

Schon bei den ersten Kanonenschüssen der Oesterreicher wurde die ungarische Infanterie unruhig. Pergen schritt darauf sogleich zum Angriffe des Waldes in der linken Flanke der ungarischen Stellung; diese Drohung einer nahen Umgehung schüchterte die ungarische Infanterie vollends ein und der linke Flügel und das Centrum schickte sich zum Rückzuge an.

Schlick erwartete mit Ungeduld das Erscheinen Fiedlers. Da dieser sich nicht sehen ließ, erhielt auch Deym Befehl, wie Pergen die linke, so seinerseits die rechte Flanke der Ungarn zu umgehen. Theils der erweichte Boden, theils die immer noch nicht aufgegebene Hoffnung, Fiedler an der Kaschauer Hernádbrücke auftauchen zu sehen, verzögerten indessen die Verfolgung. Und der letztere Grund wirkte vorzüglich. Erst als die Ungarn die Stellung völlig geräumt hatten, drängten die Oesterreicher in Front entschiedener nach.

Die ungarischen Truppen waren großentheils in völliger Flucht, nur zwei Bataillone aus der Zips, eines der Nationalgarde und eines der Honvéd, ermannten sich an der Kaschauer Hernádbrücke, machten, nachdem sie dieselbe hinter sich hatten, Front und wehrten mit drei Geschützen der Verfolgung. Schlick erhielt sogar die Meldung, daß die Brücke abgebrochen sei und konnte unter diesen Umständen freilich nicht daran denken, hier übergehen zu wollen. Er ließ daher vorerst nur die 6pfdr.-Batterie links der Straße gegen die Vertheidiger der Brücke auffahren und gleichzeitig oberhalb derselben nach einer praktikabeln Furth über die Hernád suchen. Eine solche ward auch gefunden. Hier mußten nun sogleich 2 Escadrons, denen ein Bataillon als Rückhalt folgen sollte, über den Fluß setzen, um westlich um Kaschau herumgehend die Straße nach Miskolcz zu gewinnen und auf dieser den fliehenden Ungarn zu folgen.

Die Escadrons trafen nach dem Uebergang über die Hernád auf ein unerwartetes Hinderniß, den tief eingeschnittenen Csermelbach; dieser hielt im Vormarsche beträchtlich auf, so daß die Ungarn Zeit genug gewannen, Kaschau völlig zu räumen. Die erste halbe Escadron der Oesterreicher, welche den Csermelbach überschritten hatte, ging sogleich auf die Straße nach Miskolcz und auf dieser vorwärts, ohne die andern Reiter zu erwarten. Aber bald stieß sie auf eine geordnete Truppe; es waren hundert Mann der Polenlegion Thworznicki, welche Front machten und kaltblütig die österreichischen Reiter auf 20 Schritt herankommen ließen, um sie dann mit einer Salve zu begrüßen. Damit hatte die ganze Verfolgung ein Ende.

Fiedlers Umgehung hatte nicht den mindesten Einfluß auf den ganzen Gang des Gefechtes geäußert. Er war von Tapolcsan auf das $^5/_8$ Meilen entfernte Tehány ohne Verweilen längs dem linken Ufer des Hernád aufgebrochen, und wollte sich östlich Tehány gegen die Kaschauer Hernádbrücke hinschlagen, als eine rechte Seitenpatrouille aus dem von ungarischen regulirten Truppen gar nicht besetzten Tehány mit Gewehrfeuer empfangen ward. Dieses Gewehrfeuer einiger Bauern brachte die ganze Umgehungsbewegung ins Stocken. Fiedler machte Halt und, statt sofort eine kleine

Colonne in das Dorf zu dessen Säuberung einrücken zu lassen, entwickelte er gegen dasselbe in einer anständigen Entfernung starke Tirailleurschwärme, welche sich nun mit den ungarischen Bauern lange in einem Schießgefechte vergnügten, so lange bis endlich von Tehány gar nicht mehr geantwortet wurde, entweder weil die Landstürmer ihre wenigen Patronen verschossen oder weil sie die Räumung Kaschaus von Seiten Pulszki's erfahren hatten.

Auf diese Weise kam Fiedler erst nach 2 Uhr Nachmittags, als die Ungarn ihren Rückzug über die Hernád längst bewerkstelligt hatten, an die Kaschauer Brücke.

Um 5 Uhr Nachmittags, nachdem man sich überzeugt hatte, daß diese Brücke in der That wohlerhalten sei, rückte Schlick in Kaschau ein. Der Verlust der Oesterreicher in dem Treffen von Budamér war, wie aus dem Erzählten schon zu schließen ist, äußerst geringfügig, die Ungarn hatten 200 M. an Todten und Verwundeten und ebensoviel an Gefangenen verloren.

Vom 11. bis zum 26. Dezember blieb Schlick in Kaschau stehen, um theils die Fortschritte des Fürsten Windischgrätz abzuwarten, theils die Umgegend zu pazifiziren. Am 20. Dezember erhielt er zu Kaschau eine kleine Verstärkung von 2 Compagnieen, einer 6pfdr.- und einer halben Raketenbatterie. Bald darauf liefen Befehle des Fürsten Windischgrätz ein, denen zu Folge Schlick über Rima Szombath und Losoncz (Lucsenec) auf Waitzen seine Vereinigung mit der Hauptarmee bewerkstelligen sollte. Sollte diese Straße für ein größeres Corps nicht praktikabel sein, so möge er auf Miskolcz marschiren, aber über Losoncz wenigstens mit der Hauptarmee in Verbindung treten.

Schlick beschloß, auf jeden Fall zunächst eine große Rekognoszirung auf Miskolcz vorzunehmen; sein Vorwand war, daß er sich erst der Sicherheit seiner linken Flanke vergewissern wolle, bevor er den Marsch auf Losoncz antrete; in der Wahrheit trieb ihn wohl die Hoffnung auf neue Lorbeern, die er nicht mit dem Fürsten Windischgrätz zu theilen habe, in die Richtung auf Miskolcz.

Am 26. Dezember trat er die Bewegung dahin an; die Brigade Pergen marschirte an diesem Tage nach Hidas Némethi an der Hernád und am 27. nach Forró; die Brigade Deym, ihr folgend, ging am 26. nach Enyiczke und am 27. nach Vizsoly und Novaj; Fiedler blieb in Kaschau und ein Detachement unter Major Kiesewetter in Eperies.

Pulszki hatte sich nach dem Treffen von Budamér nach Miskolcz zurückgezogen. Der schnelle Verlust von Eperies und Kaschau hatte in Pesth eine allgemeine Bestürzung hervorgerufen. Der gewöhnliche Unverstand, welchem wir schon in Betreff der Stellungen hinter der Raab und an dem Vérteß Hegyek begegneten, der in Volkskriegen eine größere Rolle spielt, als man es anzunehmen beliebt, hatte auch aus der Stellung von Budamér „ein unüberwindliches Bollwerk" gemacht, und nun war dieses unglaubliche Bollwerk wie vom Winde weggeblasen. Der Landesvertheidigungsausschuß vermochte sich dieß nur aus der Unfähigkeit Pulszki's zu erklären und hatte daher nichts Eiligeres zu thun, als den Kriegsminister in Person, General Mészáros, an die Stelle Pulszki's zu setzen, damit er die ungarische Nordgrenze vertheidige und Schlick wo möglich wieder nach Galizien zurückwerfe. Leider hatte Mészáros seine vollständige Unfähigkeit, irgend eine größere Heeresabtheilung zu führen, im Serbenkriege glänzend bewiesen, ein so tüchtiger Husarenoberst er immer sein mochte. Indessen er ging nach Miskolcz ab und von dort sogleich nach Szikszó vor, seine Vortruppen schob er nach Forró. Einschließlich der ihm zugesendeten Verstärkung bestand sein Corps Ende Dezember aus 6 neuen Honvédbataillons, 4 Compagnieen Polenlegion, 4 Escadrons Husaren, 6000 bis 7000 M. Nationalgarden, worunter 1000 Reiter aus dem Heveser Comitat und 28 Geschützen, im Ganzen 14000 M. Infanterie und 1500 M. Kavallerie.

Als sich Vergen am 27. Dezember Forró näherte, zogen sich Mészáros Vortruppen von da ohne Schwertstreich zurück; Mészáros räumte dann auch Szikszó, und nahm auf den Höhen südlich des Ortes, den rechten etwas zurückgezogenen Flügel im Hernádthal, eine Stellung.

Am 28. Dezember sendete Schlick die Brigade Deym gegen die Front der Ungarn vor, während Vergen über Szikszó sie in ihrer linken Flanke umgehen sollte. Nach einer kurzen Kanonade ging Mészáros zurück. Schlick verfolgte ihn nicht, und kehrte selbst am 30. nach Kaschau um, von woher die Nachricht eingelaufen war, daß der Landsturm im Zempliner und Zipser Comitat sehr lebendig auftrete Schon am 1. Januar stand Schlick wieder bei Kaschau.

Unterdessen hatte Mészáros den Befehl erhalten, mit seiner Uebermacht Schlick endlich ernstlich anzugreifen. Er machte dazu einen weitausholenden Plan. Seine bei Miskoltz vereinigte Streitmacht theilte er in drei Colonnen. Die des linken Flügels, Major Nikolaus Perczel, sollte über Szendrö und Torna die Moldauer Straße gewinnen und auf dieser eine Stellung Schlicks südlich Kaschau in ihrer rechten Flanke umgehen; diese Colonne brach 24 Stunden früher als die anderen beiden auf.

Die Colonne des Centrums unter Bulharin und Desewffy sollte auf der großen Straße am rechten Hernádufer aufwärts gehen; die des rechten Flügels unter Major Rembowski am linken Hernádufer.

Am 4. Januar sollte Alles vor Kaschau stehen und dann zum sofortigen Angriff geschritten werden.

Mit diesen Anstalten noch nicht zufrieden rechnete Mészáros auch noch auf die Mitwirkung der Nationalgarden und Landstürmer aus der Zips und dem Zempliner Comitat, welche demgemäß ihre Anweisungen erhalten hatten.

Die Zempliner Nationalgarden, verstärkt durch 120 Polen und 2 Geschütze unter Major Thworznicki besetzten in der That am 1. Januar 1849 von Gal Szécs aus den Paß von Dargo über das Salzburggebirge (Sovari Hegy) und rückten am 2. bis Sziny gegen Kaschau vor. Schlick, zeitig davon benachrichtigt, entsendete gegen sie ein Detachement, welches sie in der Nacht vom 2. auf den 3. Januar überfiel und völlig auseinandersprengte.

Nicht besser ging es zwei Colonnen vor Leutschau (Löcse), welche eine nach der anderen vor Eperies erschienen und nacheinander von der dortigen Besatzung unter Major Kiesewetter versprengt wurden.

Am 4. Morgens näherten sich nun die Colonnen von Mészáros aus dem Süden her Kaschau. Schlick nahm südlich Kaschau Stellung. In erster Linie hatte er an der Straße nach Jaszó gegen Kis Ida 2 Compagnieen, 3/4 Escadrons und 4 Geschütze, im Centrum auf einer Höhe an der Straße nach Nagy Ida 2 Compagnieen und eine Raketenbatterie, auf dem linken Flügel an der großen Straße nach Miskolcz 6 Compagnieen, 2 Escadrons und 6 12pfdr.

Hinter dem rechten Flügel wurden 4 Compagnieen und 2 Geschütze unter Major Gablenz mit dem Auftrag aufgestellt, wenn der Feind die Brücke über den Kermesbach bei Kis Ida überschritten, diese zu besetzen und so demselben den Rückzug abzuschneiden; hinter dem linken Flügel, dessen erste Linie General Deym befehligte, stand General Fiedler mit 2 Compagnieen und den abgelösten Vorposten in Reserve; zwischen Gablenz und Fiedler endlich Pergen mit 1 Bataillon, 1 Escadron zur allgemeinen Unterstützung.

Der linke ungarische Flügel eröffnete das Gefecht, eine Batterie desselben ging wirklich über die Brücke des Kermesbaches, worauf Gablenz diese Brücke besetzte; die Batterie wollte nun seitwärts ausweichen, blieb aber in dem unwegsamen Terrain stecken und ward von den Oesterreichern genommen.

Gegen das Centrum der Ungarn an der Miskolczer Straße erwies sich das Feuer der österreichischen Zwölfpfünder so wirksam, daß jene kaum in dessen Bereich gelangt, auch schon wieder zurückwichen. Die Raketenbatterie, welche an der Straße nach Nagy Ida stand, folgte ihnen sogleich, kam aber hiebei in Gefahr, von den ungarischen Husaren genommen zu werden und ward nur von rasch nachrückender Infanterie gerettet, worauf sie ihr Feuer eröffnete und den Rückzug der Ungarn in eine wilde Flucht verwandelte.

In dem Gefechte von Kaschau, dem man kaum diesen Namen geben kann, verloren die Oesterreicher nicht mehr als 25 Mann (3 Todte, 13 Verwundete, 9 Gefangene). Die Ungarn hatten 300 Todte und Verwundete, 600 Gefangene, 10 Kanonen, 6 kleine metallne Mörser und 8 Munitionswagen verloren. Aber viel schlimmer als dieser Verlust war die vollständige Auflösung des Mészáros'schen Corps, welches fast in seine Elemente auseinanderfiel und von welchem nur Trümmer in der Gegend von Miskolcz wieder gesammelt werden konnten.

Beilagen zum dritten Abschnitt.

A.

Eintheilung der Armee des Fürsten Windischgrätz im Dezember 1848.*

1. Armeekorps F.-M.-L. und Banus Br. **Jellachich**

Division F.-M.-L. Kempen.

Brigade O. Br. Grammont. 5. Jägerbataillon, 3. Bataillon Liccaner, 2. Bataillon Gradiscaner, 2 Compagnieen vom 2. Wallachen Grenzregiment; 2 Escadrons Erzh. (später Kaiser) Franz Joseph Dragoner Nr. 3; 6pfdge Fußbatterie Nr. 2.

Brigade G.-M. Br. Neustädter. 1. Bataillon Ottochaner, 3. combinirtes Bataillon Oguliner-Szluiner, 3. Bataillon vom 1. Banal Grenzregiment; 2 Escadrons Erzh. Franz Joseph Dragoner; 6pfdge Fußbatterie Nr. 1.

* Wir haben die Regimentsnummern der leichtern Orientirung halber beigesetzt, da die Bezeichnungen nach den Inhabern (in der Regel) mit letzteren selbst wechseln.

Division F.-M.-L. Hartlieb.

Brigade G.-M. Karger. 3. Bataillon des 2. Banal Grenzregiments, 2. Bataillon Brooder, 2. Bataillon Latour Infanterie Nr. 28, 3. Bataillon Erzh. Karl Infanterie Nr. 3; 2 Escadrons von Erzh. Franz Joseph Dragoner; 6pfdge Fußbatterie Nr. 5.

Brigade G.-M. Kriegern. 3. Bataillon Warasdiner Kreuzer, 3. Bataillon Warasdiner St. Georger, 3. Bataillon Ottochaner, 2 Compagnieen Wiener Freiwillige, 1 Compagnie Turopolier; 2 Escadrons König von Sachsen Cürassiere Nr. 3; 6pfdge Fußbatterie Nr. 3.

Brigade G.-M. Ottinger. Wallmoden Nr. 6 und Heinrich Hardegg Nr. 7 Cürassiere (12 Escadr.); 6pfdge Kavalleriebatterie Nr. 1.

Corpsreserveartillerie: 6pfdge Fußbatterieen Nr. 4 und 6, 12pfdge Fußbatterieen Nr. 1 und 2. Unterstützungsmunitionsreserve.

Hiezu kommt noch eine Abtheilung Banderialhusaren und Seressaner beim Corpscommandanten.

Im Ganzen zählt das 1. Corps 14 Bataillons, 5 Compagnieen, 20 Escadrons, 9 Batterieen (54 Geschütze), 1 Pionnircompagnie und 1 Brückenequipage.

2. Armeecorps. F.-M.-L. Gr. **Wrbna.**

Division F.-M.-L. Br. Csorich.

Brigade G.-M. Wyß. 2. Jägerbataillon, 1. Bataillon Schönhals Infanterie Nr. 29, 3. Bataillon Fürstenwärther Infanterie Nr. 56, 1. Landwehrbataillon Reisinger Nr. 18; 1 Compagnie Sappeurs; 2 Escadrons Erzh. Karl Chevauxlegers Nr. 2, 2 Escadrons Civallart Ulanen Nr. 1; 6pfdge Kavalleriebatterie Nr. 2, Raketenbatterie Nr. 14.

Brigade Oberst Fürst Jablonowski. 1. und 2. Bataillon und 1. Landwehrbataillon Nassau Infanterie Nr. 15, 2. Bataillon Ceccopieri Infanterie Nr. 23; 1 Escadron Kreß Chevauxlegers Nr. 7; 6pfdge Fußbatterie Nr. 7.

Division F.-M.-L. Ramberg.

Brigade G.-M. Fürst Colloredo. 12. Jägerbataillon, 1. und 2. Bataillon Erzh. Stefan Infanterie Nr. 58, 1. Landwehrbataillon Paumgartten Nr. 21; 1 Escadron Kreß Chevauxlegers; 6pfdge Fußbatterie Nr. 8.

Brigade G.-M. Br. Carl Lederer. 1. und 2. Bataillon Khevenhüller Nr. 35, 3. Bataillon Heß Infanterie Nr. 49, 1. Landwehrbataillon Heß; 1 Escadron Kreß Chevauxlegers; 6pfdge Fußbatterie Nr. 9.

Corpsreserveartillerie. 6pfdge Fußbatterien Nr. 10 und 11, 12pfdge Fußbatterieen Nr. 3 und 4.

Im Ganzen zählt das 2. Corps 15 Bataillone, 3 einzelne Compagnieen, 7 Escadrons, 9 Batterieen, 1 Pionnircompagnie und 1 Brückenequipage.

Armeereservecorps (später 3. Armeecorps genannt) F.-M.-L. Duca **Serbelloni.**

Division F.-M.-L. Fürst Edmund Schwarzenberg.

Brigade G.-M. Schütte. Grenadierbataillone Rattay, Chmielnicki und Ferrari, 6. Jägerbataillon; 6pfdge Fußbatterie Nr. 12.

Brigade G.-M. Liebler. Grenadierbataillone Strastil, Martini und Richter, 1. Bataillon Ceccopieri; 6pfdge Fußbatterie Nr. 13.

Divisionsreserveartillerie. Raketenbatterie Nr. 23 und 12pfdge Fußbatterie No. 5.

Division G.-M. Fürst Franz Lichtenstein.

Brigade G.-M. Parrot. 4 Escadrons Civallart Ulanen, 5 Escadrons Kreß Chevauxlegers, 4 Escadrons Ficquelmont Dragoner Nr. 6; 6pfdge Kavalleriebatterie Nr. 3.

Brigade G.-M. Gr. Bellegarde. Karl Nr. 8 und Max Auersperg Nr 5 Kürassiere (12 Escadrons); 6pfdge Kavalleriebatterie Nr. 4.

Divisionsreserveartillerie. Raketenbatterie Nr. 13 und Unterstützungsmunitionsreserve.

Artilleriehauptreserve. 12pfdge Fußbatterieen Nr. 6, 7 und 8; 6pfdge Kavalleriebatterieen Nr. 5, 6, 7 und 8, Raketenbatterieen Nr. 15, 16, 17 und 18; Munitionshauptreserve, 1 Compagnie Sappeurs, 4 Compagnieen Pionnire.

Im Ganzen zählt das 3. oder Reservecorps 8 Bataillone, 1 Sappeur-, 4 Pionnircompagnieen, 25 Escadrons, 18 Batterieen und 8 Brückenequipagen.

Die unmittelbar unter dem Fürsten Windischgrätz vereinigte Hauptarmee hatte demnach 37 Bataillone, 15 einzelne Compagnieen, 52 Escadrons, 36 Batterieen zu 6 Geschützen und 10 Brückenequipagen. Nach den

Standesausweisen kam die Infanterie auf 36011 M.,
die Kavallerie „ 6202 M., worauf noch für
Artillerie und Genie 9000 M. zu rechnen sind.

Die Hauptarmee hatte also eine Stärke von 52000 M. mit 216 Geschützen, so daß auf 1000 M. Infanterie oder Kavallerie fast 5 Geschütze kommen.

B.

Eintheilung der mit der Hauptarmee in naher Verbindung operirenden Detachements zu Ende 1848 und Anfangs 1849.

a. Detachement des F.-M.-L. Simunich.

Brigade Lobkowitz. 1. Bataillon Hartmann Nr. 9, 1. Landwehrbataillon Nugent Nr. 30, 3. Bataillon Haynau Nr. 57, 2 Compagnieen vom 12. Jägerbataillon *, 2 Escadrons von Kreß Chevauxlegers *, 2 Escadrons von Erzh. Karl Chevauxlegers, Fußbatterie Nr. 15, Raketenbatterie Nr. 14 *.

Brigade Sossay. 1. Landwehrbataillon Erzh. Wilhelm Nr. 12, 3. Bataillon Hohenegg Nr. 20, 2. Bataillon Ceccopieri *, 2 Compagnieen vom Landwehrbataillon Heß *, Fußbatterie Nr. 16.

Die mit * bezeichneten Truppentheile wurden dem Detachement von Simunich erst bei Eröffnung der Offensive beigegeben und sind unter A. bereits aufgeführt. Ohne sie zählte Simunich im Dezember 4273 M. Infanterie, 223 M. Kavallerie, also einschließlich der Artillerie etwa 5000 M.

b. Colonne des G.-M. Götz. 3. Bataillon Herzog von Nassau, 3. Bataillon Bianchi Nr. 63, 1. Bataillon Palombini Nr. 36 *, 1/2 Escadron Erzh. Karl Chevauxlegers *, 1/2 Kavalleriebatterie, 1/2 Raketenbatterie *, 1 6pfdr.-Batterie.

Die mit * bezeichneten Truppentheile bildeten Anfangs die Colonne des Oberstlieutenant Frischeisen. Einschließlich derselben zählt die Colonne Götz, da das Bataillon Palombini nur 4 Compagnieen hatte, etwa 3000 M. Infanterie, 60 M. Kavallerie und mit Hinzurechnung der Artillerie ꝛc. im Ganzen 3500 M.

c. Das Corps des F.-M.-L. Gr. Schlick.

Beim Beginne der Operationen hatte dasselbe folgende Eintheilung:

Brigade G.-M. Fiedler. 3. Bataillon Erzh. Wilhelm, 4 Compagnieen vom 3. Bataillon Nugent, 2. Bataillon Hartmann, 2 Escadrons von Kaiser-Chevauxlegers Nr. 1, 6pfdge Fußbatterie Nr. 36.

Brigade G.-M. Pergen. 3. Bataillon Kudelka Nr. 40, 3. Bataillon Mazzuchelli Nr. 10, 1. Landwehrbataillon Parma Nr. 24, 2 Escadrons Kaiser Chevauxlegers, Raketenbatterie Nr. 11.

Brigade G.-M. Deym. 1. Bataillon Erzh. Wilhelm, 2 Escadrons Sunstenau Cürassiere Nr. 2, 12pfdr.-Batterie Nr. 11.

Vom 8. Januar ab war die Zusammenstellung nachstehende:

Brigade G.-M. Fiedler. 2. Bataillon Hartmann, 3. Bataillon Erzh. Wilhelm, 3. Bataillon Erzh. Stefan, 2 Escadrons Kaiser Chevauxlegers, 6pfdr.-Batterie Nr. 36.

Brigade G.-M. Pergen. 3. Bataillon Mazzuchelli, 3. Bataillon Kudelka, 1. Landwehrbataillon Parma, 2 Escadrons Kaiser Chevauxlegers, 6pfdr.-Batterie Nr. 34.

Brigade G.-M. Deym. 1. Bataillon Erzh. Wilhelm, 3. Bataillon Nugent, 2 Escadrons Sunstenau Cürassiere, 12pfdr.-Batterie Nr. 11, Raketenbatterie Nr. 11 und halbe Nr. 12, 1 Pionnirdetachement.

Der dienstbare Stand des Schlick'schen Corps bei dieser Zusammensetzung belief sich auf 7134 M. Infanterie, 751 M. Kavallerie und die Artillerie eingerechnet auf ungefähr 8600 M.

Die Verstärkung des Schlick'schen Corps, welche unter F.-M.-L. Schulzig am 19. Januar 1849 von der Hauptarmee bei Pesth abrückte, bestand aus:

Brigade G.-M. Kriegern. 2. Bataillon Latour Nr. 28, 3. Bataillon Ottochaner, 3. Bataillon Warasdiner Kreuzer, 3. Bataillon Warasdiner St.Georger, 1 6pfdr.-Batterie.

Brigade G.-M. Parrot. 6 Escadrons Prinz Karl von Preußen Cürassiere Nr. 8, 2 Escadrons Max Auersperg Cürassiere Nr. 5, 1 Kavalleriebatterie, 1 12pfdr.-Batterie.

Im Ganzen 4 Bataillone, 8 Escadrons, 18 Geschütze oder etwa 5000 M.

d. Die Brigade Dietrich, welche Ende Januar 1849 von Seiten des F.-Z.-M. Nugent dem Fürsten Windischgrätz zugesendet ward, sollte ursprünglich bestehen aus:

4. Bataillon zweiten Banal Grenzregiments, 4. Bataillon Warasdiner Kreuzer, Bataillon Eckert, componirt aus 2 Compagnieen Heß und 2 Compagnieen Prohaska Nr. 7, Bataillon Mundsingen aus 4 Compagnieen Hohenlohe Nr. 17, 1 Escadron Erzh. Johann Dragoner Nr. 1, 1 Fußbatterie.

Diese Zusammensetzung ward alsbald dahin abgeändert, daß das Bataillon Mundsingen nebst $^1/_2$ Fußbatterie abging; dafür aber hinzutraten

2 Bataillone Wimpffen Nr. 13, $1/2$ Kavalleriebatterie und 2 Escadrons Erzh. Johann Dragoner.

Die Brigade bestand dann aus 5 Bataillons, 3 Escadrons und 2 halben Batterieen, ungefähr 4000 M.

Die Brigade Palffy, welche Nugent Ende Februar nach Pesth absendete und die Anfangs März dem Corps des Banus zugetheilt ward, bestand aus dem 2. Bataillon Ottochaner, 1. Bataillon Wimpffen (4 Compagnieen), dem componirten Bataillon Oguliner Szluiner (4 Compagnieen), componirten Bataillon Ecker (4 Compagnien), 2 Escadrons Erzh. Johann Dragoner, 1 6pfdr.-Batterie, 2 Raketengeschützen.

C.

Eintheilung des Truppencorps unter F.-M.-L. Gr. Auersperg, welches nach dem Ausmarsche der Hauptarmee des Fürsten Windischgrätz, 15. Dezember 1848, zu Wien zur Disposition Weldens blieb und von welchem zeitweise Nachschübe nach Ungarn abgegeben wurden.

Division F.-M.-L. Zephyris.

Brigade G.-M. Franck. Grenadierbataillone Kotzi und Gaus, 1. Landwehrbataillon Bianchi Nr. 63, 2. Landwehrbataillon Erzh. Wilhelm, 4. Bataillon Liccaner, 4. Bataillon Ottochaner, 1 6pfdr. Batterie.

Brigade G.-M. Sanchez. 1. Bataillon Parma, 1. Landwehrbataillon Erzh. Stephan, 3. Bataillon Paumgartten, Landwehrbataillon Khevenhüller, 4. Bataillon Oguliner, 2 Compagnieen vom 3. Bataillon Deutschmeister, 1 6pfdr.-Batterie.

Division F.-M.-L. Landgraf Fürstenberg.

Brigade G.-M. Herzinger. 3. Bataillon und 1. Landwehrbataillon Wocher Nr. 25, 3. Bataillon und 1. Landwehrbataillon Kaiser Nr. 1, 4. Bataillon Szluiner, 1 6pfdr.-Batterie.

Brigade G.-M. Chizolla. 8 Escadrons Wrbna Chevauxlegers Nr. 6, 2 Escadrons Kaiser Cürassiere Nr. 1, 4 Compagnieen Pionnire mit 4 Brückenequipagen, 1 6pfdr.-Kavalleriebatterie.

Corpsgeschützreserve. 2 6pfdr.-Batterieen.

Im Ganzen 17 Bataillons, 10 Escadrons, 6 Batterieen oder 16383 M. Infanterie, 1131 M. Kavallerie, mit Artillerie und Genie zusammen gegen 19000 M.

D.

Zusammensetzung des Perczel'schen Corps bei Moor.

Infanterie: 1 Bataillon Pesther Freiwillige, 35., 47., 48. und 50. Honvédbataillon.

Kavallerie: $6^1/_2$ Escadrons vom 1., 4., 5. und 9. Husarenregiment.

Artillerie: 12 6pfdr., 2 10pfdr.-Haubitzen, 2 Einpfünder, 8 Kavalleriegeschütze.

Pionnire: 1 Compagnie.

Zusammen $5^1/_2$ Bataillons, $6^1/_2$ Escadrons, 24 Geschütze, etwa 5600 M.

Vierter Abschnitt.

Von der Räumung der Stadt Pesth seitens der Ungarn bis zur Vereinigung Klapka's und Görgey's mit einander.

Anfang Januar bis Mitte Februar 1849.

Die Beschlüsse des ungarischen Kriegsrathes zu Pesth über die Fortführung des Kampfes. Ergänzende Beschlüsse des Reichstages und Anordnungen der Regierung.

Als am 2. Januar zu Pesth jener Kriegsrath gehalten ward, dessen Beschlüsse wir früher nur soweit erwähnten, als sie sich auf die Räumung der Hauptstädte bezogen, stand Ungarns Sache sehr schlimm und ward auch von Vielen bereits verloren gegeben. Ueberall waren die Truppen geschlagen, entmuthigt, das beständige Weichen erhöhte die Entmuthigung. Der einzige Lichtstrahl waren die Erfolge Bems in Siebenbürgen. Aber würden sie von Dauer sein? und waren sie wirklich das auch in der Nähe besehen, was sie aus der Ferne zu sein schienen?

Unter den obwaltenden Umständen hielt sich der Kriegsrath zu Pesth nicht bloß für befugt, über die augenblicklich an Ort und Stelle zu ergreifenden Maßregeln von sich aus zu beschließen, sondern sogar genöthigt, weiter zu gehen. Es mußte System in die ganze fernere Kriegführung gebracht werden. Man mußte endlich daran denken, eine ungarische Hauptarmee zu bilden, welche bisher noch nicht existirte. Dann galt es, zunächst was man hatte, zu erhalten und zusammenzufassen. Erhaltung der vorhandenen Truppen und Verstärkung derselben, bis man mit Aussicht auf Erfolg den Oesterreichern im offenen Felde entgegentreten kann, ward also die Losung. Aber es stand nicht ganz und gar in der Kraft der Ungarn, das durchzuführen, was hier beschlossen ward. Würde Fürst Windischgrätz nicht störend dazwischen treten? würde er die Zeit zur Reorganisation des Heeres gönnen? Man mußte versuchen, ihn zum Stillstehen zu bewegen und erzielte dieß vielleicht durch eine kecke Bewegung, welche seine Aufmerksamkeit theilte, von der Theiß, an welcher man die Reorganisation vornehmen mußte, ablenkte.

Zur Ausführung dieser ablenkenden Operation ward Görgey mit seinem Corps bestimmt; er sollte sofort über Waitzen am linken Ufer der Donau gegen die Waag und den dort stehenden Simunich ziehen, wo möglich Leopoldstadt oder auch Komorn entsetzen, so Bestürzung im Rücken der bei Pesth stehenden Hauptarmee des Fürsten Windischgrätz verbreiten, diesen zu Detachirungen veranlaßen: übrigens kein ernstes Gefecht annehmen und seinen Rückzug je nach dem Zwange der Umstände auf Komorn oder an die obere Theiß nehmen, dabei aber immer die Möglichkeit der Wiedervereinigung mit der an der Theiß zu bildenden Hauptarmee im Auge behalten. Der Winter, meinte man, und die Ansicht des Fürsten Windischgrätz, der ja mit dem Einzug in die Hauptstädte Ungarn besiegt zu haben glaubte, würde das Uebrige thun, um die Zeit zur Bildung der Hauptarmee zu schaffen.

Für diese Hauptarmee waren nach dem Abgange Görgeys nur etwa 10000 M. unter Perczel und Répásy zwischen Pesth und Szolnok verfügbar; Görgey mußte einige Truppen an Perczel abgeben und sollte sich dafür durch 4000 in Waitzen versammelte Rekruten verstärken. Am 2. Januar konnte man auch noch auf die Heranziehung des Mészáros'schen Corps an die Hauptarmee rechnen; zwei Tage später, nach dem unglücklichen Gefechte von Kaschau war auch dieses nicht mehr erlaubt. Wohin man schauen mochte, die Mittel, welche augenblicklich verfügbar gemacht werden konnten, waren immer geringfügig. Außer neuen Aushebungen hatte man nur noch einen Weg, auf dem eine ansehnliche Verstärkung der Hauptarmee in kurzer Frist und obenein durch kriegsgeübte Soldaten erzielt werden konnte. Man mußte den Serbenkrieg aufgeben, sich wenigstens hier mit Bewußtsein auf eine hinhaltende Defensive beschränken, demgemäß nur ein schwaches Corps den Serben gegenüberlassen und den Rest an die mittlere und obere Theiß hinaufziehen. Auf diesen Gedanken Kossuths kam denn auch der Kriegsrath zurück.

Im Sinne dieser Beschlüsse wurden nun auch schon am 5. Januar die nächsten Operationen eröffnet, indem Görgey auf Waitzen abrückte, Perczel mit Répásy den Rückzug über Szolnok hinter die Theiß antrat.

Während diese Operationen bereits im Gange waren, erhielten die Beschlüsse des Kriegsrathes auch die Sanction der obersten Landesbehörden.

Nach seinem Einrücken in die Hauptstädte hatte Fürst Windischgrätz am 7. Januar eine Proklamation an die Ungarn erlassen, in welcher er sie noch einmal zur Unterwerfung aufforderte; Vernichtung der Rebellen, Schutz und Sicherung der treuen Unterthanen des Kaisers sei seine Aufgabe, sagte er, mit der Unterwerfung der Hauptstädte sei der letzte Augenblick gekommen, in welchem es auch den übrigen Landestheilen noch vergönnt sei, ihre Rückkehr unter die gesetzliche Gewalt des Königs freiwillig anzumelden. Späterhin müsse nur die Gewalt entscheiden, erzwungen werden, was freiwillig nicht geleistet sei.

In Antwort auf diese Proklamation beschloß der am 10. Januar zu Debretzin wieder zusammengetretene Reichstag, Ungarn werde seine Constitution,

Unabhängigkeit und Nationalität bis auf den letzten Mann und den letzten Blutstropfen vertheidigen. Demgemäß ward der Landesvertheidigungsausschuß angewiesen, das Erforderliche zu verfügen. Die Zurückziehung des Haupttheiles der Truppen vom serbischen Kriegsschauplatz ward nun sogleich angeordnet und außerdem erhielt die ungarische Gesammtarmee eine Eintheilung in acht Corps, nämlich:

1. Corps, an der oberen Theiß, hauptsächlich gebildet aus den Resten des Mészáros'schen Corps, die nach der Niederlage von Kaschau übrig geblieben und jetzt unter den Befehl des Obersten Klapka gestellt.

2. Corps, an der mittleren Theiß, unter Perczel, gebildet aus den von Pesth unter diesem und Répásy zurückgegangenen Truppen; späterhin erhielt Répásy dieses Corps.

3. Corps, zusammengesetzt aus den beiden Divisionen von Damjanich und Vécsey, welche aus dem Serbenkriege zurückgezogen werden.

4. Corps unter Haddik, bestehend aus den gegen die Serben um Szegedin und Theresiopel zurückgelassenen Truppen.

5 Corps unter Gál, die bei der Einschließung Arads beschäftigten Truppen.

6. Corps unter Bem, in Siebenbürgen.

7. Corps unter Arthur Görgey, die frühere Armee an der oberen Donau.

8. Corps, die Besatzung der Festung Komorn.

Wie man sieht, war diese Eintheilung ganz und gar danach getroffen, wie die Truppen eben örtlich zusammen und unter einzelnen mehr oder minder bewährten und gewohnten Führern vereinigt waren. Von einer auch nur ungefähr gleichen Stärke der einzelnen Armeecorps war nicht die Rede und konnte schon darum die Rede nicht sein, weil dem Landesvertheidigungsausschuß zur Zeit, da die Eintheilung gemacht wurde, Stärke und Eintheilung der einzelnen Corps selbst nicht bekannt war. Dieser Umstand führte späterhin, wie wir sehen werden, zu nicht unbedeutenden Mißhelligkeiten.

Die Landstürmer Benitzky's und Querlonde's im obern Waagthal wurden angewiesen, sich mit Görgey, die Landstürmer von Nemegyei am rechten Ufer der untern Donau ebenso sich mit der Besatzung von Esseg zu vereinigen. Die fünf ungarischen Festungen, welche nicht in den Händen der Oesterreicher waren: Leopoldstadt, Komorn, Esseg, Peterwardein und Munkács wurden zu ausdauernder Vertheidigung ermuntert.

Zur Vermeidung von Mißverständnissen sollten alle einzelnen Corpscommandanten zunächst ihre Befehle vom Kriegsminister direkt erhalten; die Centraloperationskanzlei des Kriegsministeriums sollte über das Zusammenstimmen der verschiedenen Operationen wachen; die Corpscommandanten sollten aber auch selbst ihr Augenmerk darauf richten, mit einander in möglichster Verbindung zu bleiben. Sobald ein Armeeobercommandant ernannt sein würde, mußten natürlich die Corps, welche die Hauptarmee bildeten, nur dessen Befehlen gehorchen.

Ein Obercommandant der ungarischen Armee ward nun wirklich in dieser Zeit gewonnen, und zwar in der Person des polnischen Generals Dembinski.

Dembinski, 1791 geboren, erhielt in seiner Jugend eine militärische Erziehung und trat 1809 in den polnischen Dienst; er machte die Feldzüge von 1812 und 1813 mit und kehrte 1815, als das Herzogthum Warschau definitiv aufgelöst und das Königreich Polen an Rußland gekommen war, in seine Heimat zurück, wo er bis 1830, nur mit der Landwirthschaft beschäftigt, auf seinen Gütern lebte. Der ausbrechende polnische Insurrectionskrieg rief ihn wieder zu militärischer Thätigkeit. Im März 1831 ward er an die Spitze einer Reiterbrigade gestellt, mit welcher er sich bei Dembewielkie auszeichnete. Nach der Schlacht von Ostrolenka begleitete er Gielgud nach Litthauen und zog sich, als in Litthauen Alles verloren war, mitten durch mehrere russische Abtheilungen, die zu seiner Verfolgung ausgesendet waren, glücklich nach Polen zurück. Dieser Rückzug gab seinem Namen hohen Glanz. In der letzten Zeit des Insurrectionskrieges wollte man ihn sogar an die Spitze des polnischen Heeres stellen, was er selbst vereitelte. In der Schlacht von Warschau befehligte er den rechten Flügel der Armee. Nach dem Ende des Insurrectionskrieges zog er sich nach Paris zurück, wo er von da ab bis zum Jahre 1848 lebte und sich vorzugsweise mit mechanischen Spekulationen beschäftigte. Seine Fähigkeiten entsprachen nicht im mindesten dem Ruhme, welchen ihm das Glück in den Schooß geworfen hatte; indessen er besaß einmal diesen Ruhm und so kam es, daß die ungarische Regierung auf ihn aufmerksam ward und ihn für das Commando ihrer Armee zu gewinnen suchte, als es ihr darauf ankommen mußte, einen Mann an die Spitze des Heeres zu stellen, dem sich die einzelnen Corpscommandanten willig unterordnen würden. Als Graf Ladislaus Teleki in Paris zuerst mit Dembinski unterhandelte, sprach letzterer selbst die Meinung aus, daß es mißlich sei in einem Nationalkriege einen Mann anderer Nationalität an die Spitze des Heeres zu stellen. Diese Bemerkung war um so gewichtiger, als Dembinski sich Anfangs des Jahres 1848 sehr viel mit panslavistischen Phantasieen abgegeben hatte. Indessen Kossuth machte immer einen Unterschied zwischen den Polen und den übrigen Slaven, so sehr er sonst überzeugt sein mochte, daß der Panslavismus ein viel ärgerer Feind Ungarns sei, als jemals die habsburgische Dynastie. Und im Allgemeinen hatte Kossuth auch vollkommen Recht, Polen und die Slaven im Ganzen von einander zu trennen; doch kommt es hier darauf an, sich die einzelnen Persönlichkeiten zu besehen; daß Kossuth dieß im vorliegenden Falle nicht that, war sein Unrecht. Dembinski ward weiter bearbeitet und nahm sehr bald das Obercommando an. Wir werden sehen, wie er sich in dieser Stellung bewährte. Zu seinem Chef des Generalstabes ward General Vetter ernannt.

Wenn einzelne tüchtige Männer und gute Patrioten in Folge der Pesther Kriegsrathsbeschlüsse und dessen, was mit ihnen zusammenhing, neue Hoffnungen für Ungarn faßten, so war diese Stimmung doch durchaus keine allgemeine. Insbesondere waren es die alten Offiziere, welche die Sache des Landes verloren gaben. Die Ratten begannen das Schiff zu verlassen und massenweise. Die Ungarn waren ja überall geschlagen, wo sie sich hatten sehen lassen, ja sie waren schimpflich geschlagen, bei den ersten Kanonenschüssen davongelaufen. Mit solchen zusammengerafften Rekruten war nichts auszurichten, meinten die Offiziere, welche gewohnt waren, alteingedrillte Burschen zu führen. Sieg war da schließlich nicht möglich; bei einer solchen Sache, die gar keine Aussicht auf Erfolg hatte, durfte man sich nicht versichern. Daß sie vielleicht mit ihren verschrobenen Ideen, mit ihren Exerzirmeistergewohnheiten, mit ihrer Unfähigkeit, mit Leuten zu verkehren, die noch nicht in reine Maschinen verwandelt waren, an den Niederlagen ein gutes Theil der Schuld trügen, das gaben diese Leute natürlich nicht zu. Daß sie bloß darum gingen, weil sie die Hoffnung auf den Erfolg verloren hatten, wollten sie nicht sagen. Darum sprachen sie möglichst viel von den „rothen Republikanern" zu Debreczin, die den „legalen" Boden verließen — der freilich von der andern Seite längst verlassen war und schwer von einer Seite her unter solchen Umständen zu behaupten ist — sie predigten gegen die Federhelden, welche sich in militärische Dinge unbefugter Weise einmischten, von denen sie nichts verständen; vielleicht gerade diejenigen, welche am meisten gegen einen Verzweiflungskampf vor Ofen geschrieen hätten, wenn damit Ernst gemacht worden wäre, sie machten jetzt Kossuth es zum Vorwurf, daß dieses wahnsinnige Projekt aufgegeben und etwas unzweifelhaft viel Besseres an dessen Stelle gesetzt worden war. Kurz, die alten Offiziere gingen schaarenweise und suchten sich in der letzten Stunde zu salviren, was ihnen freilich sehr unvollkommen gelang.

Görgeys Marsch in die Bergstädte.

Wir müssen jetzt zunächst dem görgey'schen Corps auf seinem Marsche in die Bergstädte folgen. Für einige Wochen nimmt dieser und dasjenige, was Windischgrätz dagegen that, unsere volle Aufmerksamkeit in Anspruch.

Görgey kam am 5. Januar nach Waitzen. Man darf ihn nicht mit den alten, unfähigen und in Beschränktheit versunkenen Offizieren gleichstellen, welche nach dem Beschlusse, Ofen und Pesth aufzugeben, die Armee verließen. Dieß hieße ihm das höchste Unrecht thun. Aber dieses Weggehen der alten Offiziere hatte einerseits auf ihn einen tiefen Eindruck gemacht, andererseits, wie wir es schon öfter zu bemerken Gelegenheit hatten, war seinem entschiedenen Charakter der Widerspruch zwischen Wort und That, die hohle Phrase, der nichts folgt, durchaus zuwider. Die letzten Ereignisse hatten überdieß speziell seinen Zorn gegen Kossuth, gegen Perczel angeregt, der zur herrschenden Reichstagspartei gehörte.

Alle diese Umstände wollen berücksichtigt sein, wenn man die nächstfolgenden Ereignisse verstehen will.

Kaum in Waitzen angekommen, berief Görgey eine Versammlung seiner nächsten Vertrauten. Er sprach sich gegen diese dahin aus, daß er eigentlich schon seit seiner Ernennung zum Obercommandanten der Oberdonauarmee in Zwiespalt mit dem Landesvertheidigungsausschuß sei; er fügte hinzu, es müsse etwas geschehen, um das Armeecorps zusammenzuhalten und dieses etwas müsse vor allen Dingen — das war der Sinn der Rede — darin bestehen, daß man erkläre, nur constitutionell vorgehen zu wollen, daß man sich gegen jede republikanische Bewegung und was damit zusammenhänge, stemme. Die Vertrauten waren natürlich derselben Meinung. So entstanden denn hier zwei Actenstücke von höchster Bedeutung.

Das erste war eine Proklamation Görgeys an das Armeecorps von der obern Donau; das zweite eine Erklärung dieses Armeecorps gegenüber der ungarischen Regierung, gegenüber der ganzen Welt, wenn man so will.

Die Proklamation ist vorherrschend eine Selbstanklage Görgeys. Wessen aber klagt er sich an? Seines Gehorsams gegen den Landesvertheidigungsausschuß in allen Fällen, auch damals z. B., als derselbe die Räumung Ofens befahl. Und doch, mußte, um nur bei diesem Punkte stehen zu bleiben, Görgey nicht selbst damit einverstanden sein, vorausgesetzt, daß vor Ofen nicht dem Kampfe absolut ein Ende gemacht, daß er länger fortgeführt werden sollte?

Die Erklärung, welche dem Armeecorps von der obern Donau oktroyirt ward, besagte, daß dieses Corps treu seinem Schwur auf die von Ferdinand V. sanctionirte Verfassung bleibe, daß es constitutionell sei und allen republikanischen Bestrebungen im Innern des Landes selbst entgegentreten werde; es werde nur den Befehlen gehorchen, die ihm in gesetzlicher Form von dem constitutionellen Kriegsminister, Mészáros, oder seinem von ihm eingesetzten Stellvertreter zukämen, es werde endlich die Resultate mit dem Feinde gepflogener Uebereinkünfte nur dann anerkennen, wenn dieselben dem Prinzipe der constitutionellen Monarchie entsprächen und der Kriegerehre nicht zuwider wären.

Görgey hatte vor dem Jahre 1848 allem politischen Parteitreiben fern gestanden, sich wenig um Politik bekümmert. Dennoch wird es bei einem so bedeutenden und klugen Manne als er war schwer, zu begreifen, wie er nach allem Vorgefallenen gerade in dem jetzigen entscheidenden Momente von der constitutionellen Monarchie unter Ferdinand V. im Ernste reden konnte. Wußte er nicht, daß auch Mészáros seit dem Anfange Oktobers von demselben Ferdinand V. abgesetzt war, den er hier als constitutionellen König ausdrücklich anerkannte, daß derselbe Ferdinand V. zuerst Jellachich, wie sein Nachfolger Franz Joseph den Fürsten Windischgrätz in sehr unconstitutioneller Weise ins Land gesendet hatte?

So sehr Görgey den Eindruck eines durchaus ehrlichen Mannes macht, so sehr in dieser Hinsicht die objektive Behaglichkeit, mit welcher er von seinen eigenen Fehlern redet, für ihn spricht, er sagt in der Motivirung dieses Schrittes dennoch nicht die ganze Wahrheit.

Er wollte sein Corps zusammenhalten, wollte ihm namentlich die alten Offiziere möglichst erhalten. Aber war es richtig, deßhalb der ganzen augenblicklich in Ungarn factisch regierenden Gewalt den Fehdehandschuh hinzuwerfen, Meinungszwiespalt im Volke zu verstärken, wo er bereits vorhanden war, ihn zu erwecken, wo er noch nicht vorhanden war? Gewiß nicht. Görgey hatte sich einigermaßen von den alten Offizieren, von ihren ängstlichen und philisterhaften Redensarten gegen die Republikaner und Demagogen anstecken lassen, welche doch im Wesentlichen nur die nicht immer und nicht immer vollständig motivirte Abneigung der sogenannten „reinen" Soldaten gegen die Civilregenten, Federfuchser genannt, zeigten; und außerdem war es dem durch die letzten Ereignisse in eine gereizte Stimmung versetzten Görgey ganz angenehm, bei dieser Gelegenheit Kossuth und dessen Partei etwas anhängen zu können.

Görgey gab sich der Meinung hin, daß er durch seine Proklamation und Erklärung die Gemüther in seinem Corps beruhigt, diesem einen neuen halt gegeben habe. Andere haben behauptet, und wir sind auch dieser Meinung, daß wenn Görgey gerade das Gegentheil davon proklamirt und sich aufrichtig die Mühe gegeben hätte, die Stimmung der Offiziere in diese Richtung zu lenken, die Beruhigung eben so wohl eingetreten wäre. Soviel steht fest und kann keinen Unbefangenen verwundern, daß von nun an das Görgey'sche Corps der Heerd einer stillen Feindseligkeit gegen die factische Landesregierung ward, und daß jeder, der mit dieser aus irgend einem Grunde unzufrieden war, sich selbst im Hauptquartier des Fürsten Windischgrätz nicht hätte wohler fühlen können, als in demjenigen Görgeys.

Görgey theilte in Waitzen sein Corps, welches zu dieser Zeit ungefähr 16000 M. zählte, in vier Divisionen und eine besondere Colonne; jede Division bestand wiederum aus 2 Brigaden.

Die Divisionen waren:

die erste oder Division des rechten Flügels unter Oberst Aulich, 3 Bataillons, 4 Escadrons und 16 Geschütze;

die zweite oder Division des Centrums unter Oberstlieutenant Kmety, 3 Bataillons, 4 Escadrons und 16 Geschütze;

die dritte oder Division des linken Flügels unter Oberst Piller, 3 Bataillons, 7 Escadrons und 16 Geschütze;

die vierte oder Reservedivision unter Oberst Guyon, 4 Bataillons, 3 Escadrons und 16 Geschütze;

die abgesonderte Colonne unter Oberstlieutenant Simonyi, zählte 2 Bataillons, 1 Escadron und 8 Geschütze.

Das ganze Corps war also 15 Bataillons, 23 Escadrons und 72 Geschütze stark.

Görgey beschloß, von Waitzen zunächst gegen Simunich zu marschiren. Seine Truppen brachen zum Theil schon am 6., zum Theil erst am 7. Januar auf. Das Gros schlug den kürzesten Weg nach Leopoldstadt, also mitten durch das Land ein. Die Aufmerksamkeit des Fürsten Windischgrätz glaubte Görgey hinlänglich zu beschäftigen, wenn er nur die Division des linken Flügels am linken Donauufer aufwärts gegen Komorn ziehen ließe.

Am 10. erreichten die einzelnen Divisionen die nachfolgenden Punkte: die Division Aulich Berebély: die Division Kmety, das Hauptquartier und die dasselbe begleitende Colonne Simonyi Léva (Levencz) östlich der Gran; die Division Guyon Szantó und Ipoly Sägh an der Eipel; die linke Flügeldivision Piller Surány an der Neitra.

Der Marsch war bis hieher durch nichts gestört worden. Wenden wir uns zum Fürsten Windischgrätz, um uns ein wenig in dessen Lage zu orientiren! Windischgrätz war in die Hauptstädte eingezogen, mit deren Besetzung er seiner ursprünglichen Ansicht nach den Krieg eigentlich für beendigt hielt. Diese Ansicht wäre nicht so gar verwerflich gewesen, wenn die Besetzung der Hauptstädte in Folge eines entscheidenden Sieges in einer großen Schlacht erfolgte, welche die Ungarn vor ihnen annahmen. Es war aber keine Schlacht um Ofen und Pesth geliefert, kein Sieg gewonnen. In den Hauptstädten war somit nichts als ein gewöhnlicher geographischer Punkt erreicht, der nicht mehr und nicht weniger Werth hatte, als jeder beliebige andere Punkt auch. Die ungarischen Heere waren durchaus nicht vernichtet, es waren auch von jetzt ab nicht bloße Räuberbanden bis in ihre Schlupfwinkel zu verfolgen; Ungarn hatte Armeen im Felde und wie schreckenerregend und verzweifelt deren Zustände den Eingeweihten erscheinen mochten, die Oesterreicher wußten in jener Zeit wenig davon und hielten, wie gewöhnlich unter solchen Verhältnissen, den Gegner eher für stärker denn für schwächer als er war. Die Festungen Leopoldstadt und Komorn waren nicht, wie man es gewünscht und darum auch gehofft hatte, auf die erste Aufforderung übergeben worden. Noch standen sie und forderten Truppen zu ihrer Einschließung. Außerdem war das ganze Ungarland in Aufregung; bei jedem Schritte vorwärts zeigte sich deutlicher, daß es die Oesterreicher nicht bloß mit den Pesther oder Debrецziner „Rothen" zu thun hatten. So kam es, daß Fürst Windischgrätz, der Festungen in seinem Rücken beobachten, das Land in seinem Rücken mußte im Zaume halten lassen, in Pesth angekommen für die weitere Fortführung seines Angriffes über nicht mehr als 28 Bataillons, 43 Escadrons, dabei allerdings 186 Geschütze verfügen konnte. Damit ließ sich in einem insurgirten Lande überhaupt nicht viel anfangen, am wenigsten aber, wenn man sich von jedem Windhauche bewegen, bald da, bald dorthin wollte ziehen lassen; überall dahin detachiren, wo irgend ein Feind sich zeigte.

Bei dem Charakter des Fürsten Windischgrätz ist es leicht erklärlich, daß er sich dagegen sträubte, die Dinge sogleich in ihrer wahren Gestalt zu sehen. Die Einsicht kam erst allmälig und darum mit ihr zugleich die vollständigste Rathlosigkeit, welche zu immer stärkeren Mißgriffen verleitete.

Am 6. Januar erhielt Windischgrätz Kunde von Görgeys Abmarsch auf Waitzen. Wohin wollte dieser? Er konnte sich gegen Schlick wenden, oder gegen Simunich zum Entsatze Leopoldstadts oder gegen Ramberg zum Entsatze Komorns. In den beiden letzteren Fällen konnte er dann, hatte er Erfolg, weiter auf Wien rücken und den Aufruhr in das keineswegs von Allem, was geschehen und was noch zu erwarten war, sehr erbaute Erzherzogthum Oesterreich tragen.

Windischgrätz traf nun gegen Görgey folgende Anstalten. Am 7. Januar mußte Wrbna mit der Division Csorich und der Brigade Colloredo, wozu noch 4 Escadrons Cürassiere und 2 Kavalleriebatterieen von der Reserve gegeben wurden, im Ganzen mit 10 Bataillons, 10 Escadrons und 48 Geschützen nach Waitzen aufbrechen, um Görgey unmittelbar zu folgen und wo möglich sein Corps zu zersprengen. Falls sich unterwegs ergebe, daß für Simunich keine Gefahr sei, sollte nur die Division Csorich zur Verstärkung Schlicks den Ungarn weiter folgen. Ein Detachement von $2^1/_4$ Escadrons und 1 Raketenbatterie ward nach Sz. Endre am rechten Donauufer gesendet, um Görgey den Uebergang an dieses Ufer zu verwehren, falls er denselben, von Wrbna eingeengt, etwa versuchen sollte.

Die Ungarn hatten einen ziemlich beträchtlichen Vorsprung und um denselben weit zu machen, hätten die Oesterreicher ihren Marsch zu beschleunigen alle Veranlassung gehabt. Gerade im Gegentheil ging Alles höchst langsam.

Wrbna kam am 7. Januar nach Fót und Duna Keszi, am 8. Januar nach Waitzen. Von hier berichtete er dem Fürsten Windischgrätz, die Ungarn unter Görgey sollten etwa 15000 M. stark sein, sie marschirten auf Ipoly Sägh **oder** auf Rima Szombath. Um diese werthvolle Nachricht zu erhalten, wäre es nicht gerade unumgänglich nothwendig gewesen, einen Feldmarschallieutenant mit einem Armeecorps auszuschicken. Wrbna fuhr nun aber in seinem Berichte fort, er wolle ein Bataillon und eine Escadron als Besatzung in Waitzen lassen und mit dem Rest seiner Truppen am 9. nach Pesth zurückkehren; die Ausrüstung sei äußerst schlecht und namentlich fehle es seinen Leuten an brauchbarem Schuhwerk. Mit andern Worten Wrbna wollte das Gegentheil von dem thun, was ihm befohlen war.

Windischgrätz bedeutete ihm darauf, daß es ihm auf das Entweder-Oder nicht ankomme, sondern auf bestimmte Kenntniß der Marschrichtung Görgeys. Wrbna solle daher nur diejenige Brigade in Waitzen zurücklassen, welche am meisten der Erholung bedürftig sei, Csorich mit den andern Brigaden aber weiter vorgehen lassen, er für seine Person möge nach Pesth zurückkommen, um dort das Militärdistriktscommando zu übernehmen. Ebenso mußten die 4 Escadrons Cürassiere und 2 Batterieen der Reserve nach Pesth zurückkehren, wogegen das Detachement von Sz. Endre nach Waitzen geschickt ward. Die Angabe, welche Wrbna über die Stärke des görgey'schen Corps gemacht hatte, und welche, wie wir wissen, ziemlich richtig war, hielt Windischgrätz für übertrieben.

Csorich, der nunmehr das Commando gegen Görgey übernahm, ließ die Brigade Colloredo bis auf ein an Jablonowski abgegebenes Jägerbataillon in Waitzen zurück und ließ am 10. Januar die Brigade Wyß, welcher dann Jablonowski folgte, über Retság vorrücken. Wyß erfuhr bald, daß in der Richtung über Balassa Gyarmath wenig oder nichts vom Görgey'schen Corps marschirt sei, und wendete sich deshalb auf Ipoly Ságh. Er erreichte am Abend Nagy Oroszi und Berénke. Hier erhielt man höchst verschiedene Nachrichten über Görgeys Stärke; sie ward von 16000 bis zu 30000 M. angegeben. Darauf hin schob Csorich noch 2 Bataillone und 2 12pfdr.-Batterieen von Waitzen her nach, so daß hiedurch das Verfolgungscorps auf 9 Bataillons, 8 Escadrons und 36 Geschütze kam.

Da wenigstens über die Rückzugsrichtung Görgeys jetzt ein Zweifel nicht wohl mehr möglich war, ward nun Csorich von Windischgrätz angewiesen, energisch zu folgen und den Feind anzugreifen, wo dieser stände. An Simunich ging am 11. ein Befehl ab, sich möglichst concentrirt zu halten und auf eine hartnäckige Vertheidigung bereit zu machen, wobei er auf die Unterstützung Csorichs rechnen könne. Mit dieser Unterstützung sah es nun allerdings ziemlich windig aus, wie sich bald ergeben wird. Uebrigens erhielt Simunich das Befehlsschreiben von Windischgrätz, welches zeitweise in Raab verloren gegangen war, nachdem es sich wieder gefunden hatte, erst am 14. Januar.

Simunich war, wie aus dem früher Erzählten hervorgeht, mit der Belagerung von Leopoldstadt beschäftigt; seine Vortruppen hatte er über die bei Freistadtl geschlagene Brücke bis Neitra vorgeschoben. Er erfuhr zeitig durch Kundschafter das Anrücken Görgeys; außerdem hieß es gerüchtweise, daß sich 14000 M. Landsturm zwischen der Gran und Neitra bei Nagy Sárlo sammelten mit der Absicht Neitra anzugreifen; in der That war es das Querlonde'sche Freicorps, welches sich zu dieser Zeit in die Festung Komorn warf, während Beniczky noch an der obern Waag stand. Auf diese Nachrichten hin hob Simunich die Belagerung von Leopoldstadt auf und setzte sich in Verfassung, Görgeys Angriff zu empfangen, er forderte ferner die Brigade Neustädter, welche Komorn von der großen Schütt aus beobachtete, auf, zur Vereinigung mit ihm nordwärts zu ziehen. Neustädter sammelte sofort seine Brigade und verließ am 13. die große Schütt, wobei er bei Nyárasd von der Abtheilung Querlonde's, welche aus Komorn ausgefallen war, angegriffen wurde und ein Arriergardegefecht zu bestehen hatte.

So standen die Sachen in der Gegend, in welche Görgeys Marsch gerichtet war. In der That traf hier die Division Anlich bei Verebely schon am 11. Januar mit den Vortruppen Simunichs zusammen, welche sich nach kurzem Gefechte auf Neitra zurückzogen.

An dem gleichen Tage ward auch die Division Guyon bei Ipoly Ságh angegriffen. Die Brigaden Wyß und Jablonowski stießen bei ihrem Vorrücken um 11 Uhr Vormittags auf ihn und zwangen ihn zum Rückzug bis Tompa am Knoten der Straßen, welche von hier einerseits nordwärts nach Schemnitz über Nëmeti, andererseits über Leva westwärts auf Leopoldstadt führen. Guyon lagerte an der letzteren Straße und nahm am 12. Morgens an ihr bei Szantó eine Stellung, da er nicht anders vermuthete, als daß er wieder von Csorich werde angegriffen werden. An diesem Tage zeigte sich auch wirklich Angesichts Szantó eine Colonne, auf welche Guyon das Feuer eröffnen ließ, welche sich aber bald als ein ungarischer Rekrutentransport erwies.

Die Oesterreicher kamen nicht. Indem Wyß über das Treffen von Ipoly Ságh berichtete, klagte er bei Csorich zugleich über die schlechte Beschaffenheit der Ausrüstung, insbesondere des Schuhwerks seiner Leute, welche einige Tage Ruhe unumgänglich nöthig machte.

In der That schob Wyß erst am 13. seine Avantgarde bis Szantó vor, nachdem dieses von Guyon geräumt war; Jablonowski blieb in Ipoly Ságh und ebendaselbst kam am 13. Csorich von Waitzen mit dem Rest der Brigade Colloredo ausschließlich einer in jener Stadt zurückgelassenen schwachen Besatzung an. Am 14. Januar hatten alle Truppen Csorichs Ruhetag. In sieben Tagen hatten also Csorichs Truppen einen Marsch von 12 Meilen, von Pesth bis in die Gegend von Ipoly Ságh gemacht, womit den Ansprüchen an eine „kräftige" Verfolgung nicht gerade genügt war.

Aber Görgey konnte dieß nicht wissen; gerade vor sich hatte er Simunich, der sich verstärkte, Aulich war mit ihm zusammengestoßen, gerade hinter sich hatte er Csorich, mit diesem hatte sich Guyon schlagen müssen, und zugleich kamen nun auch von Norden her böse Nachrichten. Hier hatte der an Frischeisens Stelle getretene General Götz schon am 30. Dezember 1848 wieder die Offensive über den Jablunkapaß ergriffen, hatte am 2. Januar 1849 Benitzki von Brodnó, dann auch von Budetin verdrängt, war bei Zsolna (Sillein) über die Waag gegangen und besetzte am 8. Januar Rajecz, am 9. Prividgye an der Neitra mit der Avantgarde, Mosocz mit seinem Gros, während er über Nagy Tapolcsan seine Verbindung mit Simunich aufsuchte. Ueber diese Vorfälle erhielt nun am 12. Görgey Bericht von Benitzky, welcher sich südwärts in die Bergstädte zurückgezogen hatte.

Görgey mußte sich also von allen Seiten eingeschlossen halten und es schien ihm bei dem Werthe, der auf die Erhaltung seines Corps gelegt werden mußte, nothwendig, sich wenigstens von einer Seite her durch ein angemessenes Weichen Luft zu schaffen. Unter solchen Umständen mußte der Angriff auf Simunich zum Entsatze von Leopoldstadt aufgegeben werden. Hätte man diesen durchführen wollen, so lief man nach aller Wahrscheinlichkeit die höchste Gefahr, daß die drei Abtheilungen der Oesterreicher von Götz, Simunich und Csorich in innige Verbindung mit einander zu wirksamen Zusammenhandeln treten würden. So mußte wenigstens Görgey die Sache ansehen. Thatsächlich war es freilich, wie der fernere Verlauf der Dinge zeigen wird, nicht so schlimm und man wird hier wieder einmal ein Beispiel dafür finden, wie viel man im Kriege ungestraft wagen darf. Doch Görgey hielt die Lage nicht für Wagnisse angethan und beschloß nach einer kurzen Berathung mit seinem Generalstabschef sich seitwärts, also aus der bisher eingehaltenen westlichen Richtung nordwärts in den Bezirk der Bergstädte zurückzuziehen, um dort den Truppen einige Erholung zu gönnen und das Weitere zu erwarten. Es schien selbst, als ob man sich mit diesem Rückzug beeilen müsse, da am 12. auch die Nachricht einlief, daß eine österreichische Colonne auf dem Wege von Ipoly Ságh nach Németi, welchen die Division Guyon bei ihrem Rückzug auf Szantó und dann weiter auf Barsány völlig freigelassen hatte und auf dem die Oesterreicher den Ungarn bei Schemnitz leicht zuvorkommen konnten, gesehen worden sei. Die Befehle für die Rückzugsbewegung wurden daher sofort ausgegeben und dieselbe am 13. Januar begonnen, am 15. war sie vollendet.

Die Division Aulich mußte von Verebély über Sz. Benedek und Heiligenkreuz (Sz. Kereszt) an der Gran nach Kremnitz (Körmöcz Bánya) rücken; die Division Kmety von Léva über Frauenmarkt (Báth) und Schemnitz (Selymecz Bánya) nach Neusohl (Beszterczе Bánya), die Division Piller von Komjáthy, wo sie am 12. stand, der Division Aulich folgend, nach Altsohl (Ó Zólyom). Guyon sollte diese Bewegung auf Schemnitz ziehend gegen Csorich decken; er kam am 15. nach Schemnitz und Windschacht und hatte seine Vorposten in allen Richtungen vorgeschoben.

Görgeys Aufenthalt in den Bergstädten.

Unter dem Distrikt der Bergstädte wird derjenige Theil des ungarischen Erzgebirges verstanden, in welchem die Städte Neusohl, Altsohl, Kremnitz und Schemnitz liegen und welchen die obere Gran durchströmt. Dieser Fluß, welcher bis Neusohl eine westliche Richtung hat, verläßt dieselbe hier und fällt in eine südliche, bei Altsohl aber wieder in die westliche zurück, aus der er bei Heiligenkreuz von Neuem gegen Süden abbiegt. Schemnitz liegt südlich, Kremnitz etwa ebensoweit nördlich der Granstrecke zwischen Altsohl und Heiligenkreuz. Die Lage der vier Städte bildet ein verschobenes Viereck, in dem nordwärts gerichteten Theildreieck ist Neusohl, im südwärts gerichteten Schemnitz die Spitze, Altsohl und Kremnitz bezeichnen die gemeinschaftliche Basis. Die Linien Schemnitz-Altsohl und Schemnitz-Kremnitz sind jede etwa 3 Meilen lang, die Linien Altsohl-Neusohl, Kremnitz-Neusohl untereinander auch gleich lang, aber etwas kürzer als die vorigen.

Das Uferland der Gran ist felsig und waldbedeckt, der Fluß nicht an allen Stellen mit allen Waffen zu überschreiten. Die Landstraßen selbst, welche den Fluß begleiten, setzen oft, den Bequemlichkeiten des Terrains folgend, von einem Ufer an das andere über.

Von Süden her führen nach Schemnitz drei Straßen, die erste von Ipoly Sägh über Németi, die zweite von Léva über Frauenmarkt und Baka Bánya (Pukanz), die dritte im Granthale aufwärts bis Zsarnócz (Zarnowice) und dann östlich abbiegend über Hodrics. Sämmtliche Straßen aus dem Süden her nach Altsohl sind schlecht. Aus dem Norden her führen von Mosocz zwei Straßen nach Kremnitz und Neusohl, eine dritte, schlechtere führt von der Neitra bei Prividgye nach Kremnitz. Schemnitz ist mit Altsohl und Kremnitz in ziemlich guter Verbindung, dagegen ist diejenige zwischen Kremnitz und Neusohl äußerst mühsam.

Die Gran und die kleineren Flüsse und Bäche der Gegend haben hier durchaus den Charakter von Bergwassern, bei Regen sind sie daher plötzlichen Anschwellungen ausgesetzt, reißen die Brücken fort, hindern jede Communication. Für jetzt schien so etwas allerdings nicht zu befürchten, da die Kälte ziemlich strenge war und in dem Erzgebirge mit seinen Höhen von 2000 bis 3000 Fuß fester Schnee lag. Aber ein plötzlicher Umschlag lag doch nicht außer der Möglichkeit.

Die Terrainschwierigkeiten schienen vorerst nur dem Angreifer Aufenthalt zu bereiten, konnten aber schließlich doch auch dem Verfolgten, wenn es demselben auf schnelle Vereinigung seiner Kräfte ankommen mußte, gefährlich werden.

An Hülfsmitteln für die Verpflegung der Armee ist der Distrikt der Bergstädte arm, da der Bergbau die Hauptbeschäftigung der Bewohner und der Anbau gering ist; die beiden bedeutendsten Städte sind Schemnitz mit 20000 und Kremnitz mit 10000 Einwohnern.

Görgey, der am 14. sein Hauptquartier zu Schemnitz genommen hatte, erhielt hier an diesem Tage einen Courier von Kossuth mit einer Geldsendung und einem Briefe, in welchem er ermahnt wurde, die unheilvolle Bahn zu verlassen, auf welche er mit seiner Proklamation von Waitzen sich begeben hätte. Zugleich kam die Nachricht von Mészáros Niederlage bei Kaschau und ein Befehl des Kriegsministeriums, durch welchen Görgey angewiesen ward, sich aus den Bergstädten in den Rücken Schlicks zu wenden, der gegenwärtig in Front an der oberen Theiß Oberst Klapka gegenüberstand, und mit letzterem gemeinschaftlich diesen Feind zu bekämpfen.

Görgey hielt es nicht für gerathen, dem letzteren Befehle nachzukommen. Wenn auch Grund für ihn vorhanden war, noch einige Tage in den Bergstädten zu verweilen, wo er wenigstens viele Ausrüstungsgegenstände vorfand, außerdem Rekruten, durch welche er sein Corps verstärken konnte und auch wirklich verstärkte, so daß einige Zeit des Verweilens sich ohne Frage verlohnte, so ist doch kein Grund dafür zu entdecken, weshalb er dem Befehle überhaupt nicht nachkommen wollte, wie es seine Absicht war, wenigstens kein allgemeiner Grund. Es wäre sogar schwer zu sagen gewesen, was er denn überhaupt vornehmen wollte, wenn er nicht gegen Schlick marschirte. Leider bleibt kein Ausweg. Man kann Görgeys Gründe zu dem beabsichtigten Ungehorsam nur in persönlicher Gereizheit suchen. Kossuths Brief traf eine wunde Stelle bei Görgey; dieser erkannte sehr gut die Richtigkeit von Kossuths Vorstellungen, aber er hatte sich in seine in der Proklamation ausgesprochenen Ideen schon soweit hineinräsonnirt, daß er diese Wahrheit nicht sehen wollte.

Der Zwang der Umstände brachte indessen Görgey doch sehr bald dahin, daß er eben das that, was er unmöglich lassen konnte, wenn er nicht etwa Lust hatte, vor den Oesterreichern aus bloßem Eigensinn die Waffen zu strecken.

Am 17. Januar theilte ihm der Intendant seines Corps mit, daß für dieses im Bezirk der Bergstädte nicht auf mehr als zwei Tage Lebensmittel aufzutreiben seien.

Görgey beschloß jetzt, dem bisher bei Seite geworfenen Befehle des Kriegsministers nachzukommen, zur Vereinigung mit Klapka an die obere Theiß zu marschiren und bei dieser Gelegenheit Schlick zwischen zwei Feuer zu bringen. Während er noch mit den Vorbereitungen hiezu beschäftigt war, ward er von den Oesterreichern angegriffen.

Csorich setzte seine Truppen am 15. Januar wieder in Marsch; seine Avantgarde unter Wyß erreichte am 16. Verebély und trat mit Simunich in Verbindung; das Gros kam nach Léva. Hier erst erfuhr Csorich

Görgeys Marsch in die Bergstädte. Er berichtete darüber an Windischgrätz mit der Bemerkung: da Görgey nicht gegen Simunich marschire, wolle auch er die Verfolgung einstellen und sich dafür, nachdem er am 17. einen Rasttag gemacht habe, am 18. auf Losoncz (Lucenec) wenden, um solchergestalt auf Görgeys Verbindung mit der obern Theiß zu fallen.

Windischgrätz antwortete darauf umgehend am 18. Januar: Csorich solle lieber Görgey direkt auf den Fersen bleiben, da mit der Bewegung gegen Losoncz nothwendig viel Zeit verloren und außerdem Görgey Gelegenheit gegeben werde, nun erst recht in voller Freiheit auf Simunich loszugehen. Die Wahrheit dieser Bemerkung war allerdings einleuchtend. Nach allem bisherigen konnte man von dem Marsche auf Losoncz nichts anderes erwarten als eine neue Zeitvertrödelung. Windischgrätz fügte noch hinzu, für Csorich sei jetzt die Verbindung mit Götz wichtiger als diejenige mit Simunich.

Letzterer hatte nach dem Zusammenstoß mit Aulich bei Verebély am 12. Januar, am 13. seine Vortruppen nach Szered an der Waag zurückgezogen, da er hörte, daß Görgeys Hauptmacht sich nähere, mit welcher zusammenzutreffen er nicht die geringste Neigung verspürte. Er berichtete fleißig über seine planlosen Schachzüge an Windischgrätz und dieser wies ihn endlich durch Schreiben vom 16. Januar an, er solle nur die Belagerung Leopoldstadts betreiben und nicht zuviel strategisiren; die Verfolgung Görgeys sei die Aufgabe Csorichs.

Götz hatte von Mosocz und Prividgye aus mehrfach gegen Kremnitz demonstrirt und rekognoszirt, traf aber hier bald auf den wohlorganisirten Widerstand der Division Aulich.

Csorich, welcher sich am 17. mit Simunich in Verbindung setzte, erfuhr an diesem Tage, daß Aulich von Verebély nach Kremnitz gegangen sei, daß Görgeys ganze Macht sich im Distrikt der Bergstädte befinde und daß dessen Arriergarde südlich Schemnitz bei Báth stehe. Er entschloß sich dann, diese zunächst anzugreifen, bezüglich sie zu recognosziren.

Zu dem Ende sollte am 18. Januar Oberst Collery mit 4 Compagnieen und einer Viertelsschwadron zur Sicherung der linken Flanke auf Sz. Benedek an der Gran marschiren. Major Salis mit 4 Compagnieen und einer halben Escadron sollte direkt gegen Báth vorrücken. Simunich ward aufgefordert, zur Unterstützung dieses schwächlichen Angriffes durch eine Detachirung im Neitrathal über Oszlán und Prividgye mitzuwirken. Simunich hatte schon am 16. auf das Gerücht, daß eine ungarische Colonne über Zsambokréth zum Entsatze von Leopoldstadt vorrücke, 1 Bataillon, 1/2 Escadron und 1/2 Raketenbatterie unter Major

Neipperg nach Dezlán entsendet. In Folge der Aufforderung Csorichs schickte er nun noch den General Sossay mit $4^1/_4$ Compagnieen und 1 Batterie mit dem Auftrage nach, im Neitrathal aufwärts bis Prividgye zu gehen und von dort über Handlova rasch gegen Kremnitz vorzudringen, um so Görgey den Rückzug zu verlegen, zu welchem ihn voraussetzungsweise Csorich zwingen würde. Nach Ausführung dieser Expedition sollte aber Sossai sogleich nach der Gegend von Tyrnau zurückkehren. Alle diese Anordnungen sind so confus, daß man kaum zu begreifen vermag, wie sie von einem General getroffen werden konnten. Man würde überhaupt in dieser ganzen Zeit Mühe haben, auch nur einen gewöhnlichen Corporal in Betreff aller getroffenen Maßregeln hinreichend zu entschuldigen.

Colloredo ward am 18. angewiesen, mit $1^2/_3$ Bataillon, einer halben Escadron und einer halben Batterie von Ipoly Ságh aus über Németi gegen Schemnitz vorzugehen und zur Unterstützung von Salis ward am 19. Januar noch ein Bataillon mit einer halben Batterie auf der Hauptstraße vorgeschoben.

Trotz der Schwäche des Detachements von Salis räumte doch Guyon bei dessen Annäherung Báth gänzlich und zog sich auf Windschacht zurück. Eine Stunde südlich Windschacht am Szitnaberg traf Salis am 19. Januar auf den äußersten Posten von Guyon und trieb ihn bis hinter Windschacht zurück. Hier aber traf er auf den Haupttheil der Division Guyon und sah sich dadurch veranlaßt, seinerseits bis Steinbach in der Nähe von Baka-Bánya zurückzugehen.

Durch diese Rekognoszirung von Salis hatte man wohl so eigentlich nichts weiter erfahren können als was man ohnedieß schon wissen mußte.

Indessen brach doch nun Csorich am 20. Januar mit seinem Gros von Léva auf. Die Avantgardebrigade Wyß ward nach Baka-Bánya, die Brigade Jablonowski mit der Artilleriereserve nach Báth vorgeschoben; ein Bataillon, welches am nächsten Tage noch eine Verstärkung, auch durch Raketengeschütze erhielt, mußte sich nach Almás begeben. Oberst Pott, welcher das Commando des Detachements erhielt, sollte am 21. über Pacsuvadlo die Stellung von Windschacht in ihrer linken Flanke umgehen. Colloredo auf der Straße von Németi sollte gleichzeitig über Preitzdorf (Prenesfalu) weiter vorrücken. Zwei Compagnieen unter Hauptmann Marochini waren noch zwischen das Detachement des Oberst Pott und die Hauptmacht auf der großen Straße von Báth nach Schemnitz eingeschoben.

Zur Deckung der äußersten linken Flanke sollte Collery von Sz.

Benedek über Zsarnócz und Hámor und in den Rücken der ungarischen Stellung von Schemnitz vorgehen.

Am 21. Morgens um 7 Uhr ließ Csorich die beiden Brigaden Wyß und Jablonowski aus ihren Stellungen vorwärts marschiren. Wyß erreichte um Mittag Steinbach und stieß um 3 Uhr Nachmittags auf den ersten durch einen Verhau gedeckten Posten Guyons, dessen Stellung und Stärke übrigens in dem waldigen und zerrissenen Terrain vor Windschacht von den Oesterreichern schwer zu erkennen war. Wyß griff den Verhau an und trieb den ungarischen Posten auf die Hauptstellung zurück, in welcher Guyon gegen 3000 M. beisammen hatte. Nach anderthalbstündigem Gefechte mußte Guyon auf Schemnitz zurückweichen. Wyß und Jablonowski lagerten in der Nacht vom 21. auf den 22. bei Windschacht. Die Umgehungsdetachements hatten auf das Gefecht theils gar keinen, theils nur geringen Einfluß geäußert. Oberst Pott, welcher der Hauptcolonne am nächsten war, kam erst am 21. Abends heran, als Guyon Windschacht bereits verlassen hatte, Colloredo gelangte nur bis Németi. Collery, der am Abend des 20. nach Zsarnócz gekommen war, welches er von den Ungarn nicht besetzt fand, drang von da am 21. Morgens über Hámor nach Hodrics vor; als er von letzterem Orte das Plateau von Schemnitz gewinnen wollte, ward er durch die Reserve Guyons aufgehalten, welche ihm dieser von Windschacht entgegenwarf und meldete darauf schon im Laufe des Vormittags an Csorich, daß er zu weiterem Vordringen zu schwach sei. Csorich sendete in Folge dieser Meldung um Mittag aus der Gegend von Steinbach noch ein Bataillon in die Richtung auf Hodrics ab, welches aber an diesem Tage nicht mehr zur Wirkung kam.

Am 22. wollte nun Csorich den Angriff auf Schemnitz ausführen.

Görgey hatte am 20. zu Neusohl die Nachricht erhalten, daß die Besetzung von Zsarnócz, welche er ausdrücklich befohlen hatte, nicht erfolgt sei, daß dagegen Oesterreicher dort eingerückt seien. In der Besorgniß um die Arriergardestellung Guyons begab er sich persönlich nach Kremnitz und marschirte von dort am 21. mit einem Bataillon, einer Escadron und 6 Geschützen nach Zsarnócz. Hier erfuhr er den Marsch Collerys auf Hodrics, benachrichtigte Guyon davon, der überdieß die Oesterreicher durch seine Reserve hier schon zum Stehen gebracht hatte, und brach nun selbst am 22. nach Hodrics in Collerys Rücken auf. Collery, obgleich bei Schemnitz im Kampf gegen Guyon, zeigte doch große Entschlossenheit bei dem Rückenangriffe Görgeys. Er warf demselben sogleich einige Compagnieen entgegen, außerdem kam nun das am 21. von Steinbach auf Hodrics entsendete Bataillon über die Berge in Görgeys rechte Flanke. Dessen Leute verloren völlig den Kopf, in wilder Flucht stürmten sie nach Zsarnócz zurück und über dieses hinaus. Görgey mit wenigen Begleitern, von seiner Mannschaft im Stiche gelassen, konnte schließlich auch nichts besseres thun, als der allgemeinen Flucht folgen.

Guyon von Csorich in der Front, von Collery in der Flanke angegriffen hatte schon um 8 Uhr Morgens am 22. Schemnitz geräumt und ging in einem Zuge hinter die Gran nach Bucsa bei Altsohl zurück, auch nicht in der lobenswerthesten Ordnung. Csorich besetzte am 22. Vormittags 9 Uhr Schemnitz und schob seine Vorposten bis Bela-Bánya.

Görgey erfuhr dieß noch am gleichen Tage. Jetzt war keine Zeit mehr zu verlieren; er mußte in aller Schleunigkeit seine Truppen concentriren. Zum Concentrirungspunkte ward Neusohl bestimmt. Die Division Aulich von Kremnitz konnte hieher gelangen, indem sie zuerst nach Heiligenkreuz an der Gran, dann dieser folgend über Bucsa und Altsohl zog; oder sie hätte zuerst über Mosocz und von da über Hermanecz gehen können. Doch erschien die Wahl dieser beiden Wege unter den obwaltenden Umständen nicht thunlich.

Dem ersteren stand nach dem Verluste von Schemnitz Csorich so nahe, daß er jeden Augenblick das linke Granufer zwischen Heiligenkreuz und Altsohl erreichen konnte und die Gran ist hier so schmal, daß man von dem hohen linken Ufer die am rechten hinziehende Straße, auf welcher Aulich hätte marschiren müssen, an vielen Stellen selbst mit Kleingewehrfeuer beherrscht. Bei Mosocz andererseits stand Götz, und Aulich hätte sich hier den Weg erst gewaltsam öffnen müssen, worauf Görgey bei dem Zustande seiner Truppen, bei der verzweifelten Stimmung, in welche ihn erst jüngsthin ihr feiges Benehmen bei Hodrics versetzt hatte, kein großes Vertrauen setzte. Nun gab es noch einen dritten ganz direkten Weg von Kremnitz nach Neusohl, quer über das Szkalkagebirge; derselbe war freilich ein mühseliger Bergpfad und außerdem theilweise in Folge des Einsturzes eines alten Tunnels ungangbar. Dennoch ward dieser Weg für die Division Aulich gewählt, am 24. ward der Tunnel aufgeräumt und in der folgenden Nacht zog die Division Aulich unter vielen Beschwerden hindurch. Am 25. war sie in Neusohl.

Auch für die Heranziehung der beiden Divisionen Guyon und Piller von Bucsa und Altsohl entstand eine unerwartete Schwierigkeit. In der Nacht vom 24. auf den 25. Januar fiel nämlich plötzlich ein heftiges Thauwetter ein, in dessen Folge die Gran über die niedrigen Uferstellen austrat und die ganze Straße zwischen Bucsa und Neusohl überschwemmte.

Doch die Furcht vor den Oesterreichern ließ die Ungarn die Furcht vor den Gewässern überwinden; auch Piller und Guyon kamen noch am 25. glücklich nach Neusohl, wo Görgey also nunmehr sein ganzes Corps vereinigt hatte. Jetzt konnte das Austreten des Wassers nur noch Vortheil bringen, insofern es die Oesterreicher aufhielt.

In den Gefechten vom 21. und 22. Januar bei Windschacht, Schemnitz und Hodrics hatten die Ungarn 700 M. und 10 Geschütze verloren; der Mannschaftsverlust ward aber dadurch mehr als gut gemacht, daß sich nun zu Neusohl auch das Corps von Benitzky und mehrere neuerrichtete Honvédbataillone, im Ganzen 4000 M. mit Görgey vereinigten.

Marsch Görgeys in die Zips.

Nach der Concentrirung in Neusohl konnte nun Görgey seinen Entschluß, dem Befehle des Kriegsministers zu folgen und zur Vereinigung mit Klapka zu marschiren, in Ausführung bringen. Er hatte die Wahl zwischen zwei Hauptrichtungen: der ersten das Granthal aufwärts und dann südlich über Putnok, der zweiten nördlicheren durch die Zips auf Eperies und im Hernádthale abwärts.

Er wählte die letztere Richtung. Bei der ersteren konnte er möglicher Weise zwischen Schlick und Windischgrätz gerathen; auch Csorich konnte ihm eher auf den Fersen bleiben oder seine Marschrichtung selbst durchkreuzen; außerdem waren die Straßen in die Zips von besserer Beschaffenheit. Nahe liegt es, noch hinzuzufügen, daß Görgey geneigt war, dem längeren Wege schon deßhalb den Vorzug zu geben, weil er auf diesem auch länger völlig unabhängig blieb.

Der Marsch sollte in zwei Colonnen geschehen; die südliche oder rechte Flügelcolonne, bestehend aus den Divisionen Guyon und Piller, sollte zuerst das Granthal aufwärts bis Telgarth ziehen, sich von da nach Sztraczena im Göllnitzthal wenden und nun über Huta Igló (Neudorf) an der Hernad gewinnen.

Die nördliche oder linke Flügelcolonne, die Divisionen Aulich und Kmety, sollte über den Stureczpaß (3208 Fuß über dem Meere) ins Waagthal niedersteigen, diesem aufwärts folgen, auf Teplitz ins Popradthal und aus diesem über Donnersmark (Csötörtökely) nach Leutschau (Löcse) gehen.

Der südlichen Colonne folgte ein Train von mehreren hundert Wagen, beladen mit Staatsgütern, die aus den Bergstädten zusammengetrieben waren: Montirungen, Gewehren, Kupfer, Kaffee und Zucker; die Vorräthe an baarem Gelde und Gold- und Silberbarren sollten mit der nördlichen Colonne ziehen, welche weniger als die südliche von einer direkten Verfolgung zu besorgen hatte. Am 27. Januar verließen die letzten ungarischen Truppen Neusohl. Die nördliche Colonne, bei welcher sich auch Görgey befand, traf am 28. Januar zu Rosenberg im Waagthale ein und hatte am 2. Februar das Popradthal erreicht; die Spitze der südlichen Colonne, die Division Guyon, kam am letzteren Tage nach Igló.

Der Marsch ward durch die Verfolgung gar nicht behindert. Csorich blieb am 22., 23. und 24. Januar ruhig bei Schemnitz stehen, wo er sein ganzes Corps vereinigte. Daß er nicht kräftiger verfolgte, entschuldigte er vor sich und vor anderen mit den schlechten, durch das Thauwetter vollends verdorbenen Wegen. Die Wege waren wirklich schlecht, aber eine ausgezeichnete Verfolgungslust hätte ihre Schwierigkeiten eben so gut überwunden, als eine ausgezeichnete Furcht es vermocht hatte. Csorich meinte nicht, daß Görgey die Bergstädte verlassen wolle, schloß vielmehr aus seinen Erkundigungen, daß sein Gegner dieselben behaupten wolle. Man kann nicht läugnen, daß Görgeys Verhalten hinreichenden Grund zu solchen Annahmen gab. Außerdem darf man nicht vergessen, daß die gefährlichste Sache von allen den Oesterreichern ein Marsch Görgeys auf Losoncz schien, wie dieß theils im Vorigen schon begründet ist, theils durch unsere spätere Erzählung noch mehr begründet werden wird. An diesen Marsch nach Losoncz war aber gar nicht mehr zu denken, nachdem Görgey Altsohl aufgegeben hatte.

Csorich meinte daher, daß die Verhältnisse ihn nicht allzusehr zum Vorschreiten drängten und daß einige Veranlassung zu einem Halte vorhanden sei. Sein nächstes Interesse wurde daher die Herstellung der Verbindung mit Götz.

Wir haben früher der Detachirung des Generals Gossay von Seiten Simunichs erwähnt. Gossay war bereits unterwegs, als Simunich das Schreiben Windischgrätzens erhielt, durch welches er angewiesen ward, die Belagerung Leopoldstadts zu betreiben und sich weniger mit Görgey zu befassen, da dessen Verfolgung Sache Csorichs sei. Er rief darauf Gossay sogleich zurück.

Götz hatte auf die Nachricht von der Detachirung Gossay's schon Anstalt getroffen, seinerseits von Mosocz vorzugehen, als er die Nachricht von dessen Zurückberufung erhielt Danach hielt er sich, nicht mit Unrecht, für zu schwach, etwas zu unternehmen und blieb bei Mosocz stehn.

In dieser Zeit sprach sich beim Fürsten Windischgrätz der Zustand der Rathlosigkeit schon ziemlich stark aus. Die Berichte Csorichs brachten ihn zu dem Schlusse, daß Görgey bereits einen sehr bedeutenden Vorsprung habe, daß es sich also nicht verlohne, ihm eine beträchtliche Streitmacht auf den Fersen zu lassen. Andererseits rührten sich die Ungarn an der Theiß beträchtlich und Windischgräß wurde um das kleine Corps bange, welches er selbst allein noch in der Hand hatte, welches von rechtswegen die Hauptmacht der Armee hätte vorstellen sollen, welches aber seiner Zahlstärke nach darauf kaum einen Anspruch hatte. Windischgräß hielt es daher für gerathener, sich bei Pesth und gegen die mittlere Theiß zu verstärken. Am 22. Januar sendete er nun an Csorich einen Befehl ab, nur eine Brigade zur Verfolgung Görgeys hinter diesem zu lassen, falls derselbe wirklich schon den vorausgesetzten großen Vorsprung habe, mit den beiden andern Brigaden aber nach Pesth zurückzukehren.

Unterdessen gestalteten sich die Vorfälle an der Theiß, welche wir erst später erzählen können, immer ernster, so ward dem Befehle vom 22. schon am 24 Januar ein zweiter nachgesendet, demzufolge Csorich unter allen Umständen nach Pesth zurückkehren und nur eine Brigade zur Verfolgung Görgeys zurücklassen sollte. Mit dieser Brigade sollte sich diejenige des General Götz vereinigen und letzterer General nun bei der Verfolgung Görgeys das Obercommando führen. Simunich sollte statt Csorichs das Commando in den Bergstädten und deren Besetzung übernehmen.

Csorich ließ jetzt die Brigade Jablonowski in Schemnitz und führte die beiden andern Brigaden auf Pesth zurück. Erst am 30. Januar brach Jablonowski von Schemnitz auf und ging nach Heiligenkreutz, am 31. nach Neusohl. Am 1. Februar sendete er von hier zwei Detachements aus, das eine nach Lipcse, um dort die Granbrücke herzustellen, das andere nach dem Stureczberg, um die von den Ungarn dort angelegten Verhaue aufzuräumen. Letzteres wäre freilich unnöthig gewesen, da Jablonowski auf die Nachrichten, die er über Görgeys weiten Vorsprung erhielt, bald zu dem Entschlusse kam, auf dem kürzesten Wege die Gran aufwärts gegen Kaschau zu gehen. Am 3. Februar sollte seine Avantgarde, am 4. das Gros Brezno-Bánya (Briesen) erreichen. Diese Märsche wurden auch ausgeführt. In Brezno-Bánya machte Jablonowski dann Halt, um Götz zu erwarten.

Götz war nach dem Abzuge der Ungarn aus den Bergstädten, nach Kremnitz marschirt, wo er auf die Ablösung durch Simunich wartete. Da dieser nicht kam, marschirte er am 4. von Kremnitz ab und gelangte am 6. nach Briesen. Er übernahm jetzt das Commando über die beiden Brigaden nur provisorisch, da mittlerweile dasselbe dem F.-M.-L. Ramberg, der bisher vor Komorn befehligte, definitiv übertragen und dieser angewiesen war, den beiden Brigaden nachzueilen. Am 7. Februar marschirten dieselben unter Götz vereinigt nach Polomka, am 8. nach Telgarth und schlugen dann die Straße über Vernarth nach Leutschau ein, welches sie am 10. Februar erreichten und wo wir sie vorläufig verlassen, nachdem wir gezeigt haben, daß vor ihnen Görgey gute Ruhe haben konnte.

Simunich hatte am 2. Februar nach einstündigem Bombardement Leopoldstadt zur Uebergabe veranlaßt. Er mußte nun in dieses eine kleine Garnison legen, wie er solche auch in die Bergstädte sendete. Seine übrigen Truppen ward er angewiesen, vor Komorn zur Einschließung auf dem linken Donauufer zu führen und mußte an Stelle Rambergs den Oberbefehl über alle Truppen vor Komorn übernehmen. Am 19. Januar hatte Windischgrätz einen Entwurf zu engerer Cernirung Komorns verlangt, worauf Ramberg, um solche zu bewerkstelligen, noch zwei Brigaden Verstärkung forderte. Verstärkungen zu geben war schwer; man konnte sie höchstens von der Wiener Besatzung erhalten. Simunichs Truppen ersetzten nur eben den Abgang der Brigade Neustädter.

Neustädter, der, wie wir sahen, am 13. Januar aus der großen Schütt zum Anschluß an Simunich abgezogen war, erhielt bald, noch ehe er sich mit Simunich vereinigt hatte, den Befehl, wieder vor Komorn zurückzukehren. Die angeschwollenen und ausgetretenen Gewässer der Donau machten ihm das auf dem kürzesten Wege unmöglich. Da nun zu dieser Zeit die ganze Westseite von Komorn unter Wasser stand, ward Neustädter Ende Januar nach Neuhäusel berufen. Hier traf er über Szered am 6. Februar ein, erhielt aber hier angekommen, auch schon den neuen Befehl, zur Verstärkung der — nur noch sogenannten — Hauptarmee nach Ofen-Pesth abzumarschiren. Am 8. verließ Neustädter Neuhäusel, wobei er noch von einer ungarischen aus Komorn hervorgebrochenen Colonne angegriffen ward. Nachdem er diese abgewiesen, marschirte er am 9. Februar nach Párkány an der Donau, schiffte sich dort auf Dampfbooten ein und fuhr nach Pesth hinab, wo er dem 1. Armeekorps zugetheilt ward.

Ereignisse an der oberen Theiß im Laufe des Januars 1849.

So auffällig es scheinen mag, daß wir in dieser Zeit die Operationen einzelner detachirter Abtheilungen zuerst behandeln, statt von dem Centrum, Ofen-Pesth, auszugehen, wird sich dieß doch durch das Spätere völlig rechtfertigen. Ehe wir den Fürsten Windischgrätz und die Centralleitung der österreichischen Operationen, — auf ungarischer Seite fehlte es noch immer an einer eigentlichen Centralleitung — aufsuchen, müssen wir zuvor noch den Kämpfen Schlicks und Klapkas, welcher Mészáros im Kommando des oberungarischen Armeecorps abgelöst hatte, folgen, dann sehen, wie Schlick zwischen Görgey und Klapka eingekeilt, dem vereinten Angriffe beider nur durch den schnellen Entschluß zu einem Seitenmarsche entgeht, welcher ihn Pesth nähert.

Unmittelbar nach dem Treffen von Kaschau erhielt Schlick aus Galizien ein Bataillon Verstärkung und bildete außerdem aus acht brauchbaren Geschützen, welche er den Ungarn abgenommen hatte, eine neue Fußbatterie, so daß er nunmehr über 8 Bataillone, 6 Escadrons und 35 Geschütze verfügte. Beschäftigt mit seinen neuen Organisationen und der Pazifikation der umliegenden Comitate, welche Garnisonen in mehreren Städten nöthig machte und dadurch die wirklich mobile Streitkraft wieder sehr verminderte, blieb er vorläufig zu Kaschau stehen.

Hier erhielt er bald übertriebene Nachrichten über bedeutende Verstärkungen, welche das jetzt unter Klapka stehende ungarische Korps erhalten habe, und besorgte von den Ungarn angegriffen zu werden. Er bat daher Windischgrätz dringend um Verstärkung; am 18. kam diese Bitte im österreichischen Hauptquartier an. Obgleich nun diese Verstärkung nur von der Hauptarmee zwischen Pesth und der Mitteltheiß gegeben werden konnte und diese dadurch zu völliger Unbedeutendheit herabsank, willfahrte Windischgrätz dennoch dem Wunsche Schlicks und sendete ihm die Division Schulzig, bestehend aus den Brigaden Kriegern und Parrot, zu.*

Schulzig marschirte über Kápolna, wo er am 23. Januar ankam, nach Miskolcz, welches er am 25. Januar erreichte.

In Erwartung dieser Verstärkung glaubte nun Schlick selbst wieder von Kaschau vorgehen zu können. Er hatte daher die Absicht, sich der Gyöngyös-Pesther Straße, der Division Schulzig und dem Fürsten Windischgrätz zu nähern, je nach den Umständen den Theißübergang bei Tokaj wegzunehmen, hiedurch die Zufluchtsorte der Ungarn hinter der Theiß zu bedrohen, oder falls Klapka zu stark wäre, ihn wenigstens bei Tokaj zu fesseln und von Detachirungen in die nördlichen Comitate, um dort dem eben etwas niedergedrückten Aufstande neues Leben zu geben, abzuhalten.

Schlick brach daher am 19. mit den Brigaden Fiedler und Pergen, zusammen 6 Bataillons, 5 Escadrons und 26 Geschützen, von Kaschau auf und schob am gleichen Tage seine Avantgarde nach Szántó,

* S. unter Beilage B, c. zum vorigen Abschnitt.

am 21. bis Tállya vor, während am 21. die Hauptmacht bei Szántó ruhte, in der rechten Flanke Szikszó, an der Straße nach Miskolcz, in der linken Sátoralja Ujhely besetzt ward.

Klapka hatte am 11. Januar, als er zu Miskolcz eintraf, hier und in der Gegend bis Tokaj etwa 5000 Mann von dem Mészáros'schen Corps und diese obenein in einem sehr üblen Zustande vorgefunden. Als seine Hauptaufgabe mußte er es betrachten, das Corps zu reorganisiren und durch herangezogene Verstärkungen auf einen mehr Achtung gebietenden Stand zu bringen. Ließe ihm Schlick bei dieser Arbeit die genügende Zeit, so wollte er dann die Offensive gegen denselben ergreifen, überraschte ihn aber Schlick mitten in der Organisation und ehe dieselbe völlig beendet wäre, so wollte er sich bei Tokaj defensiv verhalten und nur auf die Deckung von Debreczin, des damaligen Regierungssitzes, bedacht sein.

Klapka, geboren 1820, trat 1838 in die österreichische Artillerie und eignete sich hier eine tüchtige militärische Bildung an; 1847 nahm er seinen Abschied, aber schon das nächste Jahr rief ihn wieder zu den Waffen, er trat in die neuerrichteten Honvéd und focht zuerst mit gegen die Serben. Ende 1848 ward er zur Leitung der Centraloperationskanzlei nach Pesth berufen und bald, wie erzählt, zur Uebernahme des Befehls über das 1. Armeecorps nach Miskolcz gesendet. Er hatte sich der Sache seines Vaterlandes mit vollem Herzen und rückhaltslos angeschlossen. Seinem Charakter nach war er das Gegentheil Görgey's. Heißblütig und phantasiereich ließ er sich im Mißgeschick leicht niederschlagen, richtete sich aber auch in kurzer Frist sogleich wieder auf. Er wechselte oft mit seinen Plänen, beharrte nicht starrsinnig auf der Durchführung eines einzigen. Der Härte Görgey's gegenüber ward ihm die Milde seiner Sinnesart, welche ihn schwer zu strengen Maßregeln greifen ließ, nicht selten in schweren Augenblicken zum Vorwurf gemacht.

Der rastlosen Thätigkeit des jungen Obersten und seinen ermunternden Tagesbefehlen gelang es, wieder Leben und Muth in das erste Armeecorps zurückzubringen und es bis zum 21. Januar ansehnlich zu verstärken. Zu dieser Zeit zählten die 4 Brigaden des Corps über 10,000 Mann mit 30 Geschützen.

Bis zum 19. Januar war das Corps folgendermaßen aufgestellt:

Die Brigade Desewffy hatte den linken Flügel in Szikszó;

die Brigade Bulharin das Centrum zu Tállya und Golop mit der Avantgarde unter Thworznicki bei Szántó;

die Brigade Schulz' den linken Flügel am Bodrogflusse zu Olasz Liszka und Vámos Ujfalu;

die Reservebrigade Bobory stand zu Tokaj;

die Kolonne Gedeon zu Prépost und Dopsza an der Hernád vermittelte die Verbindung zwischen dem linken Flügel und dem Centrum;

das Hauptquartier war zu Szerencs.

Bei der Annäherung der Oesterreicher beschloß Klapka seine Truppen aus diesen weitläufigen Aufstellungen, die sich über eine Front von mehr als 5 Meilen ausdehnten, enger gegen Tokaj zu konzentriren und fertigte sofort seine bezüglichen Befehle aus. In Folge derselben standen am 21. Januar

auf dem rechten Flügel die Brigade Schulz bei Bodrog Keresztúr und Kisfalud mit den Vortruppen bei Olasz Liszka;

im Centrum die Brigade Bulharin bei Tarczal;

in Reserve die Brigade Gedeon bei Tokaj;

die Brigade Desewffy vom linken Flügel, welche Befehl erhalten, gleichfalls auf Tokaj zu gehen, hatte von Szikszó zunächst die Richtung auf Lök an der Theiß eingeschlagen und befand sich noch im Marsche nach letzterem Orte.

Schlick glaubte die Ungarn, ohne Schulzig abzuwarten, angreifen zu können.

Er selbst ging am 22. Morgens mit seinem Gros über Tállya und Mád an der großen Straße gegen Tarczal und den durch seine Reben berühmten Tokajer Berg vor; das linke Flankendetachement, 1 Bataillon, 1 Escadron und 4 Geschütze unter Major Herczmanowski sollte von Ujhely den Bodrog abwärts ziehend, den Hauptangriff unterstützen.

Ein dichter Nebel lag über dem Lande; zwischen Mád und Tarczal, wo die Hauptstraße von dem Wege von Bodrog Keresztúr nach Zombor gekreuzt wird, stieß Schlicks Hauptkolonne auf die Vortruppen der Brigade Bulharin. Diese letztern waren im Vortheil und jedes Vordringen der Oesterreicher ward dadurch verhindert, daß die Ungarn in der linken Flanke Schlicks die Höhen des Tokajer Berges besetzt hielten. Schlick entsendete nun ein Bataillon, um diese Höhen zu stürmen, während er gleichzeitig eine Escadron auf die dichten ungarischen Plänklerschwärme an der Straße einhauen ließ. Diese Escadron ward von Bulharins vorbrechenden Husaren mit Verlust zurückgetrieben. Auf den Höhen ereignete sich eine dieser Szenen, welche der Nebel öfter hervorruft.

Das österreichische Bataillon war ohne große Mühe auf den Tokajer Berg gelangt; im weiteren Vordringen traf es unvermuthet auf Ungarn und wich, mehr überrascht als gezwungen, zurück. Alsbald ward es noch einmal vorgeführt. Bei dieser Gelegenheit geriethen die beiderseits kommandirenden Offiziere an einander. Um sich loszumachen, mag der ungarische

Kommandant zu verstehen gegeben haben, daß er gar nicht abgeneigt sei, zu den Oesterreichern überzugehen. General Fiedler nahm das, als er davon benachrichtigt ward, für baare Münze und forderte die Ungarn zum Niederlegen der Waffen auf, während das österreichische Bataillon sich schon vollster Sorglosigkeit überließ. Nun aber hatten die Ungarn auf den Höhen Unterstützung erhalten und schritten sofort zum Angriff. Die Oesterreicher wurden von den Höhen im Nu hinabgeworfen.

Allerdings machte Schlick noch einen zweiten Versuch auf diese und der Angriff kam auch wieder vorwärts, ward aber schließlich gleichfalls durch die von Neuem vorrückenden Ungarn zurückgewiesen.

Der Nebel hielt fortwährend an, Schlick konnte nicht erkennen, wie schwach in der That der Feind war, welcher ihm gegenüberstand, — die einzige Brigade Bulharin, kaum 3000 M.; — aus den Ereignissen auf den Höhen schloß er nicht, daß der Nebel hier Confusion verursacht habe, sondern daß die Ungarn ihm weit überlegen seien und ging daher am Abend nach Mád zurück.

Herczmanowski hatte den Befehl zum Vorrücken längs des Bodrog gar nicht erhalten, der Ueberbringer war von den Ungarn aufgefangen. Dennoch ging er am Morgen des 22. vorwärts; die Vortruppen der Brigade Schulz wichen bis auf Kisfalud zurück und bis dahin folgte ihnen auch Herczmanowski.

Am Abend des 22. sendete nun Schlick an ihn, er solle gleichfalls nach Mád zurückgehen und detachirte ein Bataillon mit 2 Geschützen zu seiner Aufnahme in der Richtung auf Kisfalud.

Ehe Herczmanowski Schlicks Rückzugsbefehl erhielt, ward er am 23. Januar Morgens von Schulz angefallen, der zum Angriff schritt, sobald er sich überzeugt hatte, daß keine überlegene Macht ihm gegenüberstehe. Herczmanowski mußte weichen, erhielt unterwegs den Rückzugsbefehl und wendete sich nun nach Mád, wo er Nachmittags um 2 Uhr eintraf.

Schlick hatte am 22. und 23. 148 Mann, worunter 9 Offiziere, verloren; die Ungarn kaum so viel. Man wird bereits bemerkt haben, daß die Verluste bisher, soweit sie nicht in Versprengten bestanden, überhaupt ungemein gering waren.

Am 25. trat Schlick seinen Rückzug von Mád an; er war bereits von der Nähe Schulzigs unterrichtet und rechnete darauf, daß dieser den Ungarn in die linke Flanke gehen werde, falls sie ihn von Tokaj her verfolgen sollten, was indessen nicht geschah. Am 26. Januar stellte Schlick seine Verbindung mit Schulzig her. Er glaubte nun sofort wieder vorgehen zu können. Sein beherrschender Gedanke war, Tokaj zu nehmen, dadurch

Debreczin zu bedrohen. Um Görgey bekümmerte er sich vorerst gar nicht; wir werden sehen, daß beim Fürsten Windischgrätz ganz das Gegentheil der Fall war. Indessen waren doch schon am 28. dunkle Gerüchte von einer Annäherung Görgeys zu Schlick gedrungen. Obgleich ihn diese etwas beunruhigten, glaubte er doch noch Zeit zu haben, mit Klapka zuvor fertig zu werden und ließ, mit Schulzig vereinigt, seine Truppen wieder gegen Tokaj vorrücken.

In Folge dessen stand am 29. Januar das Schlick'sche Corps mit der Brigade Fiedler bei Mád, mit der Brigade Pergen bei Nagy Kér, Boldogkö Várallya und einem Detachement in der linken Flanke bei Sátorallya Ujhely, die Brigade Parrot hatte sich zwischen Fiedler und Pergen bei Szantó und Kis Kér an der großen Straße, bei Gibárth an der Hernád eingeschoben, die Brigade Kriegern bildete den äußersten rechten Flügel bei Forró an der Kaschau-Miskolczer Straße mit einem vorgeschobenen Detachement an der Sajobrücke von Zsolcza östlich Miskolcz. Die Brigade Deym endlich, verstärkt durch ein zu Eperies in der Bildung begriffenes Freicorps hielt Kaschau, Eperies und die Gegend von Leutschau besetzt, und deckte den Rücken gegen die Freischaaren der nördlichen Comitate, wie gegen Görgey.

Die ganze Streitmacht Schlicks zählte nunmehr 12 Bataillons, 14 Escadrons und 53 Geschütze oder nach Abschlag der Brigade Deym verfügbar 10 Bataillone, 13 Escadrons und 44 Geschütze; von letzterer Zahl mußte noch 1 Escadron der Brigade Fiedler gegen Putnok streifen, über welchen Ort möglicher Weise Görgey auch herankommen konnte. So wenig sicher war Schlick noch über die Bewegungen dieses Generals.

Am 30. Januar mußte Pergen links nach Olasz Liszka abmarschiren und am 31. wollte Schlick nun zu neuem Angriff auf Tokaj schreiten. An diesem Tage mußte daher die Brigade Fiedler, in Reserve gefolgt von Parrot, an der Hauptstraße von Mád auf Tarczal vorgehn, während Pergen über Bodrog-Keresztúr längs dem Bodrog hinabmarschiren sollte.

Klapka hatte, bald nach dem Treffen von Tokaj vom 22. Januar von dem Heranzuge Schulzigs unterrichtet, sich auch seinerseits mit dem Gesuche um Unterstützung an Kossuth gewendet. Darauf erhielt er durch ein Schreiben Kossuths vom 29. Januar Antwort. Darin hieß es, daß im Augenblicke eine Reserve von etwa 5000 M. bei Polgár an der Theiß und Ujváros nordwestlich von Debreczin zusammengezogen werde, daß Oberst Asboth mit den Zrinyi- und den Hunyadischaaren bei Tisza füred, weiter abwärts an der Theiß stehe, Dembinski bei Polgár, wo er 4000 M. Verstärkung erwarte, während er 4000 M. von Perczel direkt unter seinem Befehl habe. In demselben Schreiben war nur leise angedeutet, daß Dembinski zum Obergeneral bestimmt sei, wenigstens solle er überall commandiren, wo mehrere Corps vereinigt seien.

Klapka hatte gleichzeitig auch andere offenere Nachrichten über diesen Punkt. So wenig auch er mit der Ernennung Dembinski's zum Obergeneral einverstanden sein mochte, war er doch nicht der Mann, persönlicher Abneigung das Wohl des Ganzen hintanzusetzen. Er wollte wo möglich die Offensive gegen Schlick ergreifen und da er dieß mit der unter seinem Befehle jetzt schon vereinten Streitmacht nicht vermochte, war es ihm ganz recht, auch unter einen andern Befehl zu treten, wenn nur für den Zweck, der ihm vorschwebte, neue Kräfte flüssig gemacht wurden.

In solchem Sinne schrieb er an Dembinski, erhielt aber fast gleichzeitig die Nachricht, daß Dembinski beabsichtige, mit seinen 4000 M. bei Polgár ans rechte Theißufer zu gehen und gegen Miskolcz vorzurücken. Unter solchen Umständen war an eine Vereinigung mit Dembinski nicht zu denken. Nun näherte sich Schlick und machte Anstalten zu einem Angriff. Da glaubte Klapka nicht, am Tokajer Berg noch einmal das Gefecht mit Aussicht auf Erfolg annehmen zu können und befahl den Rückzug ans linke Ufer der Theiß nach Rakamaz; die hölzerne Jochbrücke sollte abgetragen werden, ward aber in Folge eines Mißverständnisses nach bewerkstelligtem Rückzuge in der Nacht vom 30. auf den 31. Januar abgebrannt. Die Theiß war zwar mit Eis bedeckt, doch trug dieses wenig.

In diesem Stande fand Schlick die Dinge, als er am 31. Tokaj erreichte. Vier Compagnieen wurden auf die gefrorene Theiß geschickt, um die Standfestigkeit des Eises zu erproben, fanden sie aber äußerst gering. Es entspann sich darauf ein Schießgefecht von einem Ufer zum andern, welches bis zum Dunkelwerden dauerte und während dessen die Oesterreicher auch einige Raketengestelle auf das Eis brachten.

Am Abend zog Schlick seine Truppen nach Szerencs, Tarczal, Mád und Bodrog-Keresztúr zurück. Bald darauf erhielt er Nachrichten aus dem Norden, welche ihn bestimmten, zuerst den F.-M.-L. Schulzig mit 2 Bataillonen, 4 Escadrons und 2 Geschützen nach Kaschau zu senden und endlich selbst zu folgen.

Die Vereinigung Klapkas und Görgeys.

Wir haben früher das Corps Görgeys bis in die Nähe von Leutschau begleitet, wir haben dann gesehen, wie Schlick gegen Klapka nichts ausrichtete, eher im Kampfe mit ihm Nachtheile erlitt. Jetzt stand Schlick zwischen den beiden Corps von Görgey in der Zips, von Klapka an der obern Theiß. Tokaj ist nicht weiter als 18 Meilen von Donnersmark in der Zips entfernt.

Der Major Kiesewetter, welcher mit einem Detachement Schlicks in Leutschau stand, hatte schon am 29. Januar erfahren, daß das ganze Görgey'sche Corps sich der Zips nähere, am 31. wurden seine äußersten Vorposten von Görgeys Vortruppen angegriffen und einige Posten aufgehoben. Schlick legte auf die Meldungen hierüber nicht gar großes Gewicht; seiner Meinung nach ward ja Görgey kräftig von der Division Ramberg, den beiden Brigaden Göß und Jablonowski, verfolgt. Zunächst erhielt daher nur Deym Befehl, mit $1\frac{1}{2}$ Bataillon, $\frac{1}{2}$ Escadron und 4 Geschützen von Kaschau nach Margitfalva an der Hernád, halbwegs zwischen ersterem Orte und Leutschau, zur Aufnahme Kiesewetters vorzugehn, während gleichzeitig Schulzig, wie wir gesehen haben, aus dem Süden nach Kaschau mit einer geringen Verstärkung entsendet ward. Deym marschirte am 2. Februar nach Margitfalva ab. Außerdem mußte ein halbes Bataillon mit 2 Geschützen von Kaschau nach Eperies vorgehen, während von Eperies 2 Compagnieen mit 2 Geschützen nach dem Branieszkopasse halbwegs zwischen Eperies und Leutschau vorrückten. Dem unter Schulzig aus dem Süden entsendeten Detachement folgte bald noch ein Bataillon mit 6 Geschützen und Schulzig ward von Schlick der Oberbefehl im Norden gegen Görgey übertragen.

Am 2. Februar rückte die linke Flügelcolonne Görgeys mit ihrer Spitze, der Division Guyon, in Igló (Neudorf) an der obern Hernád ein. Kiesewetter, der dieses erfuhr, beschloß, den Gegner, dessen Stärke er nicht kannte und unterschätzte, in den Quartieren zu überfallen. Er brach deßhalb von Leutschau am 2. Abends auf und sein Unternehmen glückte, da bei der Division Guyon der Vorpostendienst immer etwas stiefmütterlich behandelt ward, insoweit, daß er bis mitten in den Ort eindrang. Da gelang es aber Guyon, den größten Theil seiner Division zu sammeln; der entschiedenen Uebermacht konnte Kiesewetter die Spitze nicht bieten. Mit Verlust aus Igló hinausgeworfen, mußte er sich auf Leutschau zurückziehen und räumte alsbald auch dieses, um nach dem Branieszkopaß abzumarschiren, wo er sich mit den zwei von Eperies entsendeten Compagnieen vereinigte.

Deym, am 3. von Margitfalva nach Krompach vorrückend, erfuhr hier den Unfall und Rückzug Kiesewetters und marschirte nun unter Zurücklassung eines halben Bataillons am Passe von Klukno selbst nach dem Branieszko ab, wo er sich mit Kiesewetter am 4. vereinigte.

Es standen nunmehr an diesem Passe auf der Straße von Leutschau nach Eperies 2 Bataillons, $1/_2$ Escadron und 6 Geschütze unter Deym.

Görgey von einem hitzigen Fieber befallen, hatte drei Tage in Vichodna zurückbleiben müssen; er kam am 3. Februar in Poprád an und erhielt hier Bericht über den Vorfall in Igló, den ersten, welcher die Nähe Schlicks ernstlich verkündete. Ohne Zweifel hätte er Schlick aus dem Wege gehen und sich auf Seitenstraßen ohne Kampf mit Klapka vereinigen können. Doch dann gab er der Division Ramberg die Verbindung mit Schlick frei, was ihm nicht angemessen schien. Er beschloß daher, angriffsweise gegen Schlick zu Werke zu gehen und zwar dessen Truppen am Branieszko zunächst anpacken zu lassen. Ob dieß vom Erfolge gekrönt werde, war allerdings nicht ganz ausgemacht: es hing hauptsächlich von der Stellung Schlicks und derjenigen Klapkas ab. Hatte Schlick seine Macht bereits westlich Kaschau und Eperies concentrirt, wie es wohl möglich war, da ja schon vor vier Tagen seine Vorposten von den Vortruppen Görgeys angegriffen waren, so standen die Sachen mißlich. Auf Klapkas Mitwirkung war nach den letzten Nachrichten jedenfalls nicht mit Sicherheit zu rechnen. Diese Nachrichten reichten zwar bis zum 24. Januar, also bis nach dem Treffen am Tokajer Berg. Doch ging aus ihnen hervor, daß Klapka seine Aufgabe immerhin darin sehe, Schlick den Theißübergang bei Tokaj zu verwehren. Und Görgey, wohl der letzte der Sterblichen, welche etwas auf ungarische Siegesnachrichten gaben, glaubte schließen zu können, daß Klapka dem Schlick'schen Corps, auch wenn dieses zurückginge, nicht eben auf der Ferse folgen werde. Unter allen Umständen wollte Görgey einen Versuch auf den Branieszko machen. Er verlegte daher sein Hauptquartier noch am 3. nach Leutschau, wo es auch am 4. blieb und von wo er die betreffenden Befehle ertheilte. Er bestimmte mit Absicht zu dem Unternehmen die Division Guyon, welche seiner Meinung nach die unzuverläßigsten Truppen enthielt, damit das Gelingen desto glänzender, das Mißlingen von desto geringerer Bedeutung erschiene.

Guyons Division, in zwei Brigaden getheilt, bestand aus dem 13. und 33. Honvédbataillon, 2 ganz neu in den Bergstädten formirten Bataillons und einem Bataillon Neograder Freiwillige, dann 1 Compagnie Jäger an Infanterie, wozu 2 Compagnieen Pionnire, 2 Escadrons Husaren und 24 Geschütze kamen. Das Ganze zählte 3920 M.

Piller sollte Guyon als Unterstützung folgen, die beiden Divisionen Kmety und Aulich sollten auf der Straße über Krompach und Klukno vorgehen, um dort stehende feindliche Kräfte zu fesseln.

Am frühen Morgen des 5. Februar stand Guyon bei Korotno, von wo die Straße nach Eperies sich in Schlangenwindungen den westlichen Abhang des Braniszko hinaufzieht. Um 9 Uhr Vormittags eröffnete er den Angriff mit einem Feuergefecht an der Straße, von welchem maskirt zwei Umgehungscolonnen die bewaldeten Abhänge zu beiden Seiten der Straße erstiegen. Deym konnte denselben nur schwache Abtheilungen entgegensetzen, welche bald geworfen wurden. Hiedurch war die Hauptstellung unhaltbar geworden. Deym gab sie auf und trat, beständig von den verfolgenden Husaren gedrängt, den Rückzug nach Eperies an, wo er in der Nacht vom 5. auf den 6. Februar ankam. Auf die Nachricht von der Räumung des Braniszko ging auch das halbe österreichische Bataillon, welches bei Klukno gestanden hatte, zurück, wobei es nicht behelligt ward. Dagegen wurde einem Detachement, welches in Deyms anderer Flanke zur Beobachtung der Straße nach Ó Lublyo (Lublau) auf dieser gestanden hatte, der Rückzug verlegt.

Deym ward zu Eperies von Schulzig aufgenommen; er hatte am 3. diesem sogleich von den Vorfällen zu Igló Kenntniß gegeben, worauf Schulzig an Schlick berichtete. Nun sah Schlick, daß die Angelegenheiten ernster waren, als er sich ursprünglich vorgestellt. Er ließ daher die Truppen aus dem Süden sogleich nach Kaschau aufbrechen. Pergen kam am 5. nach Kér, am 6. nach Kaschau, Fiedler am 5. nach Szantó, am 6. zur Hernádbrücke von Hidas Némethi, die Brigade Parrot erreichte am 5. Vizsoly und Boldogkö Várallya.

Schlick für seine Person traf schon in der Nacht vom 4. auf den 5. in Kaschau ein, von wo er am 6. Morgens alle hier verfügbaren Infanterieabtheilungen zu Wagen nach Eperies schickte.

Letzteres ward von Schulzig, nachdem er Deym aufgenommen, am 6. schon um 8 Uhr Morgens geräumt. Schulzig ging auf der Kaschauer Straße nach Sz. Péter zurück. Hier stieß er auf die von Kaschau nachgesendeten Truppen und bald kam auch Schlick heran, der nun Alles noch näher an Kaschau in die Stellung von Lemes zurücknahm.

Guyon, welcher die Nacht vom 5. auf den 6. zu Siroka am Ostabhang des Braniszko zugebracht hatte, zog am 6. Mittags in Eperies ein.

Aus dem geringen Widerstande, welchen Görgey gefunden, glaubte er schließen zu sollen, daß Schlick entweder schon weit vorwärts über die Theiß sei oder daß er wenigstens den Anmarsch der Ungarn nicht rechtzeitig erfahren oder deren Stärke unterschätzt habe. Er hatte die Absicht kräftig nachzudringen, verzögerte aber die Ausführung in Unentschlossenheit und Ungewißheit über Schlicks wahre Lage. Am 7. Abends kam er sogar auf die Idee, Schlick wolle ihn in Eperies angreifen; er zog nun auch die Division Aulich nach Eperies, wo Guyon und Pillér schon standen, und ließ nur Kmety auf der Klukno-Kaschauer Straße zurück, jetzt mit dem Auftrag, kräftig gegen Kaschau vorzugehen.

Klapka war am 1. Februar Morgens wieder an das rechte Theißufer nach Tokaj gegangen und ließ sofort eine practicable Brücke herstellen, da das Eis des Flusses schon sehr morsch war. Seiner Ansicht nach mußte er Schlick auf dem Fuße folgen, sobald dieser den Rückzug antrat. Da trat nun Dembinski störend dazwischen.

Dieser ertheilte am 5. Februar an Klapka den Befehl auf Miskolcz zu marschiren und dort am 7. Februar einzutreffen. Klapka sprach sich dagegen aus und begab sich persönlich in Dembinskis Hauptquartier Szerencs. Es kam hier zu einem heftigen Wortwechsel. Dembinski meinte, man brauche sich nicht um Görgey zu kümmern, wenn dieser sich bis jetzt nicht herausgeholfen habe, werde man doch zu spät kommen. Klapka erwiderte ihm, es handle sich hier nicht um Persönlichkeiten, sondern um Ungarn. Endlich ward ein halbes Abkommen getroffen.

Nach einer neuen Eintheilung bestand Klapkas Corps jetzt aus den drei Divisionen:

Kazinczy mit 5 Bataillons, 6 Escadrons und 12 Geschützen;

Aristides Desewffy mit 5 Bataillons, 5 Escadrons und 12 Geschützen, und

Mariásy mit 4 Bataillons, 2 Escadrons und 12 Geschützen.

Die Divisionen Desewffy und Mariásy standen am 5. in Bodrog-Keresztúr, Tarczal und Tokaj; in letzterem Orte hatte Klapka sein Hauptquartier; die Division Kazinczy, welche erst neuerdings an Klapka überwiesen war, hatte ihm Dembinski unter Umständen, die wir erst später berühren können, persönlich zugeführt und bei Lök aufgestellt, während er sein Hauptquartier in Szerencs nahm.

Auf Klapkas Vorstellungen gestattete ihm nun Dembinski mit der Division Desewffy Schlick zu folgen; dagegen sollte die Division Kazinczy nach Miskolcz, die Division Mariásy nach Megyaszó und Gesztely marschiren.

Klapka marschirte am 7. mit der Division Desewffy nach Boldogkö Várallya und griff am 8. von Göncz und Ruszka aus die Hernádbrücke von Hidas Némethi an, an welcher von Seiten Schlicks die Brigade Fiedler aufgestellt war. Die Brücke, obgleich von den Oesterreichern angezündet, ward gestürmt und Fiedler ging gegen Kaschau zurück. Klapka blieb in der Nacht vom 8. auf den 9. bei Hidas Némethi stehen. Hier erhielt er eine Nachricht von Dembinski.

Dembinski war mit den beiden Klapka'schen Divisionen nach Miskolcz marschirt. Was immer nun bei diesem Marsche seine unergründliche Absicht gewesen sein möge, in Miskolcz angekommen änderte er seine Meinung. Er schrieb Klapka, dieser werde von ihm alsbald ein Bataillon, eine Escadron und 2 Geschütze erhalten, welche noch am 8. nach Szikszó zögen; weiter solle ihm auch die Division Mariássy zuziehen, welche nach Megyaszó in Bewegung gesetzt werde, endlich wolle für den Fall, daß Görgey nahe an Schlick sei, Dembinski auch noch den Rest des Corps, also den Grostheil der Division Kazinczy auf Kaschau führen. Nun erhielt Klapka gleichzeitig am 8. Nachricht von der Erstürmung des Braniszko am 5. Februar. Danach mußte Görgey jedenfalls sehr nahe an Schlick stehen, wenn er einigermaßen mit der Zeit hausgehalten hatte. Klapka ging daher am 9. bis nach Szina vor, in der Absicht, mit Schlick zu schlagen, falls Görgey denselben von der anderen Seite her angriffe. Denn mit seiner einen Division auf Schlick loszugehen, das durfte er nicht wagen, und Dank den Hin- und Hermärschen Dembinskis war auf ein Herankommen der andern Divisionen des ersten Corps noch im Laufe des 9. nicht zu denken.

Wir müssen uns nun zu Schlick und Görgey zurückwenden.

Schlick nahm am 8. sein Gros aus der Stellung von Lemes in diejenige von Budamér zurück, welche uns schon aus früheren Ereignissen bekannt ist; seine Avantgarde gegen Görgey ließ er noch an der Tarczabrücke von Lemes stehen. Nun erhielt er gegen Abend die Nachricht, daß Fiedler die Hernádbrücke von Hidas Némethi an Klapka verloren und sich auf Enyiczke zurückgezogen habe.

Jetzt stand er zwischen zwei nahen Feuern; denn obgleich Görgey sich merkwürdigerweise noch immer ruhig bei Eperies hielt, sind doch Eperies und Hidas Némethi kaum 7 Meilen von einander entfernt und Kaschau liegt zwischen beiden ungefähr in der Mitte. Es galt also einen schnellen Entschluß zu fassen.

Zuerst dachte Schlick daran, das Netz doch noch mit Gewalt zu zerhauen, d. h. sich auf einen seiner beiden Gegner zu werfen und diesen zu schlagen, und zwar zuerst gegen Klapka; dieser war der nächststehende, schien außerdem der schwächere und Görgey hatte sich so zögernd bei Eperies aufgehalten, daß man auf sein Stillstehen auch ferner zu zählen einiges Recht hatte; man konnte ihm aber zu mehrerer Sicherheit auch noch durch Abbrennen der Tarczabrücke bei Lemes an

Hindernisse bereiten. Diese Brücke ließ er daher augenblicklich in Brand stecken.

Gelang es nicht, Klapka zu schlagen, so blieb dem Schlick'schen Corps nichts anderes übrig, als seitwärts auszuweichen und zwar über Moldau (Sepsi) auf Putnok, um sich Windischgrätz zu nähern.

Für diesen letztern Fall ward nun sogleich die Brigade Parrot mit allen Trains und Bagagen auf Torna gesendet, Schulzig mußte bei Kaschau gegen Görgey stehen bleiben und Schlick selbst ging in der Nacht vom 8. auf den 9. Februar mit 6 Escadrons und 12 Geschützen nach Enyiczke ab, um Fiedler gegen Klapka zu verstärken. Doch kaum hier angekommen, erhielt er die Nachricht, daß eine starke feindliche Colonne — es war die Division Kmety von Görgeys Corps — sich bereits auf der Kluknoer Straße Kaschau nähere. Nun gab Schlick sogleich Befehl zum Marsche nach Moldau an alle seine Brigaden; der Kampf gegen Klapka mußte unterbleiben.

Am 9. Februar war in Folge davon das ganze Schlick'sche Corps bei Moldau vereinigt. Von hier aus marschirte am 10. die Brigade Parrot mit dem Train nach Szén, am 11. nach Tornallya, am 12. nach Batka, nördlich Rima Szécs. Das Gros hatte am 10. Ruhe; am 11. rückte es dann, die Brigade Fiedler voran, welcher Bergen, Kriegern und endlich Deym folgten, nach Jósafö, Petri, Szén, Szilas, am 12. nach Bunja, Beje, Tornallya und Agtelek. Deym ließ eine schwache Arriergarde in Szén, am 13. sollte allgemeiner Ruhetag sein.

Görgey erhielt am 9. Februar Morgens zu Eperies die Nachricht, daß die Tarczabrücke bei Lemes abgebrannt sei; nun erst gab er den drei hier vereinigten Divisionen den Befehl zum entschiedenen Vorrücken, da über Schlicks Absichten kaum noch ein Zweifel bleiben konnte. Die Divisionen Guyon und Piller sollten über die Tarczabrücke von Lemes, die erst wieder herzustellen war, auf der großen Straße vorrücken; die Division Aulich sollte am linken Ufer der Tarcza bis Felsö Olcsvár hinabgehen, wo noch eine Brücke stand, und von hier auf Kaschau marschiren.

Die Brücke von Lemes ward erst spät in der Nacht vom 9. auf den 10. fertig und erst am Vormittag des 10. Februar rückten Görgeys Vortruppen in das von Schlick schon gänzlich geräumte Kaschau ein, zugleich mit den Vortruppen Klapkas, die der Brigade Fiedler nach deren Abzug nach Enyiczka gefolgt waren, während am nächsten Tage auch die Division Mariásy nach Hidas Némethi herankam.

Auch die beiden Führer, Görgey und Klapka, fanden sich noch am Abende des 10. Februar in Kaschau zusammen und verabredeten hier gemeinsame Maßregeln. Klapka sollte danach die Verfolgung Schlicks auf der geraden Straße übernehmen, Görgey aber die Division Ramberg (Brigaden Götz und Jablonowski) an der Vereinigung mit Schlick hindern.

Görgey war am 11. nach Hidas Némethi verreist, um sich die Truppen Klapkas anzusehn, und der letztere war im Begriff, die Verfolgung Schlicks in der Richtung auf Moldau zu beginnen, als schon wieder ein Befehl Dembinskis einlief, durch welchen Klapka auf Miskolcz und Edelény zurückgerufen ward, um sich Dembinski anzuschließen, welcher jetzt Schlick den Weg zu verlegen gedachte und deßhalb mit der Division Kazinczy am 11. bis Edelény und Sajo Sz. Peter, am 12. bis Putnok vorging.

Höchst unzufrieden mit diesem neueren unzeitgemäßen Eingriff Dembinskis, beschloß nun Görgey, da Klapka einmal gehorchen mußte, die Verfolgung Schlicks selbst zu unternehmen und schickte diesem die Divisionen Piller und Guyon nach. Die erstere holte die Arriergarde Schlicks, unter Deym, am 13. Februar bei Szén ein und brachte ihr einen erheblichen Verlust bei, stellte dann aber die Verfolgung ein.

Vom 1. Corps stand am 13. die Division Kazinczy in Putnok, die Division Mariásy in Kaza, die Division Desewffy, von Klapka dorthin geführt, in Miskolcz.

Schlick ließ am 14. die Brigade Parrot nach Keresztúr, westlich Rima Szombath, Fiedler nach Rima Szombath, Pergen nach Batka, östlich Rima Szombath, Deym, welcher aus der Arriergarde zurückgenommen und durch Kriegern ersetzt war, nach Füge marschiren; Kriegern sollte eben dahin folgen.

Dembinski war nun am 14. von Putnok mit der Division Kazinczy nordwärts auf Tornallya marschirt, während ihm Mariásy in Reserve folgte. Kriegern war schon im Durchzuge durch Tornallya begriffen, als er von Dembinski mit einer heftigen Kanonade angefallen ward. Schlick ließ sogleich Deym Halt machen und zu Kriegerns Unterstützung umkehren. Dembinski ließ es aber bei der Kanonade bewenden und zog sich noch am 14. wieder auf Putnok zurück, so daß Schlick am 15. seinen Marsch mit Parrot bis Losoncz, mit dem Gros bis in die Gegend von Rima Szombath unbehelligt fortsetzen, also auch in nahe Verbindung mit der Hauptarmee des Fürsten Windischgrätz treten konnte.

Wir verlassen hier dieses Gebiet des Kriegsschauplatzes, um uns nun zum Fürsten Windischgrätz und denjenigen ungarischen Streitkräften zu wenden, welche ihm direkt gegenüberstanden. Wir wollen nur zuvor noch der Division Ramberg mit zwei Worten gedenken. Diese war am 11. in ihrer Verfolgung Görgeys nach Kirchdorf (Szepes Váralya) gelangt und ging in den folgenden Tagen über den Braniszko nach Berthodfalva und Tries, wo sie am 13. eintraf und auf Truppen Görgeys — von der Colonne des Hauptquartiers — stieß. Obgleich die Ungarn geworfen wurden, gingen die Oesterreicher dennoch in der folgenden Nacht über den Braniszko und nach Kirchdorf zurück. Hier traf dann der seiner Division von Komorn nachgereiste F.-M.-L. Ramberg ein und übernahm den Befehl. Bis zum 19. Februar blieb er bei Kirchdorf stehen, weil er Nachricht haben wollte, daß bei Kaschau 45000 Ungarn vereinigt seien, woran freilich ein Bedeutendes fehlte. Erst als nicht mehr daran zu zweifeln war, daß Kaschau von den Ungarn gänzlich geräumt sei, marschirte Ramberg dorthin, kam daselbst am 21. Februar an und blieb bis zum 28. stehen, um seiner Division Ruhe zu geben, welche sich in einem nicht sehr schlagfertigen Zustande befand und keine 5000 M. unter dem Gewehr zählte.

Die Ereignisse an der mittleren Theiß.

Wir haben im Eingange dieses Abschnittes bereits im Allgemeinen die Lage gezeichnet, in welcher sich Fürst Windischgrätz nach der Besetzung der ungarischen Hauptstädte befand.

Nach der Detachirung Wrbnas zur Verfolgung Görgeys blieben dem Fürsten am 8. Januar 1849 nicht mehr als 18 Bataillons und 31 Escadrons mit 126 Geschützen in der Gegend von Pesth zur Verfügung. Ofens Werke wurden in Vertheidigungsstand gesetzt, die Arbeit war aber eben erst begonnen, noch nicht weit gediehen, Pesth konnte man nicht sich selbst überlassen, die rückwärtigen Communicationen nach der österreichischen Ostgrenze hin waren durch Landsturmhaufen unsicher gemacht, Detachements zu ihrer möglichsten Sicherheit wurden nothwendig. Unter solchen Umständen schien ein kräftiges Vorgehen an die Theiß und über sie allerdings ein sehr mißliches Unternehmen. Um aber doch zu erfahren, was an dem Flusse vorginge, um die Vorräthe wegzunehmen, welche in Szolnok aufgehäuft sein sollten, um endlich die Herstellung der Eisenbahn von Pesth nach Szolnok zu decken, sendete nach letzterem Orte Windischgrätz die Kavalleriebrigade Ottinger. Sobald die Eisenbahn hergestellt sein würde, sollte ihr eine angemessene Abtheilung Infanterie nachgeschoben werden, nicht eher, damit man bei offensiven Unternehmungen der Ungarn sich desto eher auf Pesth concentriren könne.

Ottinger verließ am 9. Januar die Gegend von Pesth und traf am 13. in Szolnok ein, wo er wirklich bedeutende Vorräthe in Beschlag nahm; die Herstellung der Eisenbahn wurde begonnen.

Perczel hatte, wie bekannt, am 5. Januar Pesth verlassen und seinen Rückzug über Szolnok genommen. Seine Absicht war, am linken Theißufer eine concentrirte Stellung zu nehmen, und aus ihr alle Uebergangsversuche der Oesterreicher abzuwehren. In Folge der darauf berechneten Bewegungen hatte er am 14. mit seinem rechten Flügel unter Répásy Ujvåros, mit dem linken unter seinem eigenen Befehle Kardszag erreicht, während das Centrum in Nadudvár stand. Seine ganze Macht mit Einschluß der herangezogenen Verstärkungen belief sich zu dieser Zeit auf 13 Bataillons, 14 Escadrons und 40 Geschütze oder 15000 M. Diese Streitmacht war in drei Divisionen unter Répásy, Hertelendi und Kazinczy eingetheilt, jede Division in zwei Brigaden.

Am 17. Januar erhielt Perczel von der ungarischen Regierung den Befehl, die Offensive zu ergreifen und um jeden Preis Szolnok wieder zu nehmen, namentlich auch um dem Fürsten Windischgrätz die Verbindung mit den Serben zu erschweren oder unmöglich zu machen. Oberstlieutenant Asboth mit einigen tausend Nationalgarden sollte die Bewachung der Straße von Tisza füred übernehmen, auf welcher bisher Répásy gestanden. Am 18. Januar begann Perczel seine Bewegungen im Sinne dieser Befehle.

Die Theiß entspringt an den Grenzen Galiziens, ihre Hauptquellen die schwarze und die weiße Theiß liegen an den schwarzen Gebirgen (Czernagora) unfern denen des Pruth; nach ihrer Vereinigung hat die Theiß (Tisza) in ihrem oberen Laufe ihre Hauptrichtung nach Westen, die sie auch noch beibehält, nachdem sie bei Nagy Szöllös aus dem Gebirge getreten. In immer trägerem Laufe dahinfließend, je mehr sie sich von den Gebirgen entfernt, wendet sie sich von Tokaj und dem Einflusse des Sajo ab den östlichen Abfällen des Neogräder- und Matragebirges folgend in eine südliche Richtung, welche sie nun auch bis zu ihrer Einmündung in die Donau bei Titel beibehält.

Bis abwärts zur Sajomündung ist sie in trockenen Sommern an mehreren Orten zu durchfuhrten; dann hört dieß auf; bei einer Breite von 500 bis 1000 Fuß und bedeutender Tiefe ist der Fluß nun meist von niederem Lande begleitet, welches er oft, sowohl im ersten Frühling als vom Mai bis August überschwemmt und ansumpft; der Fluß ist dann nur an einigen Hauptübergangspunkten zu überschreiten, ebenso sind die begleitenden Moräste nur auf den Landstraßen, welche zahlreiche Brücken über kleine Wasserläufe tragen, zu passiren.

Brücken hat die Theiß auf der uns interessirenden Strecke bei Tokaj, dann zwischen Tisza füred und Poroszló, bei Szolnok und bei Czibakháza. Ueberfahrten sind viele vorhanden, wir erwähnen hier nur diejenigen von Lök, Csege und Alpár.

Perczel sendete die Division Kazinczy nach Tisza Beö, 3 Meilen oberhalb Szolnok, er selbst mit seinem Gros marschirte auf Török Sz. Miklós, wo er am 21. Januar eintraf. Am 22. sollte der Angriff auf Szolnok erfolgen.

Perczel selbst mit der Division Hertelendy wollte von Török Sz. Miklós gegen die Szolnoker Brücke vorgehen, um hier die Aufmerksamkeit Ottingers zu fesseln, Kazinczy sollte bei Tisza Beö über den Fluß gehen, von hier aus gegen die Zagyva vorrücken und Ottinger den Rückzug auf Abany abschneiden; ein anderes Detachement unter Nikolaus Perczel sollte unterhalb Szolnok über die Theiß setzen und gleichfalls Ottinger in den Rücken gehen.

Ottinger war schon seit dem 18. in Besorgniß; er hatte schon von diesem Tage ab verschiedene Meldungen an seinen Corpscommandanten, den Banus Jellachich, gemacht, die von diesem zuerst so wenig großer Aufmerksamkeit gewürdigt wurden, als von Windischgrätz, und auf die wir bald zurückkommen müssen. Patrouillen Perczels, die sich am 20. vor Szolnok zeigten, bewogen Ottinger in der Nacht vom 20. auf den 21. seine ganze Brigade aus der Stadt zu ziehen und sie unter den Waffen zu halten, sowie zur Sicherung seines Rückzuges Abany mit 2 Escadrons und 3 Raketengeschützen zu besetzen.

Am 22. um 9 Uhr Vormittags stieß ein von ihm gegen Török Sz. Miklós entsendetes Streifcommando auf halbem Wege dorthin auf Perczels Vorhut und konnte auch trotz des Nebels erkennen, daß dieser starke Colonnen folgten.

Ottinger ließ sogleich 2 Geschütze an der Szolnoker Brücke auffahren. Bald aber kam Bericht von dem Marsche Kazinczys gegen Zagyva, worauf Ottinger seine Brigade tausend Schritt westlich Szolnok an dem Wege nach Abany aufstellte.

Hertelendy konnte sich der Szolnoker Brücke ohne Widerstand bemächtigen, führte sofort einige Batterieen ans rechte Theißufer und eröffnete eine Kanonade gegen Ottinger, welche diesen in Verbindung mit der Annäherung Kazinczys zum Rückzuge nach Abany bestimmte. Bei der Eile dieses Rückzuges ging es nicht ohne erhebliche Verluste ab, die aber sicherlich noch bedeutender ausgefallen wären, hätte Kazinczy nicht auf seinem Umgehungsmarsche Terrainschwierigkeiten gefunden, die sein zeitiges Herankommen verhinderten. Ottinger räumte in der Nacht vom 22. auf den 23., obwohl nicht dazu gezwungen, auch Abany und ging nach Czegléd zurück.

Perczel hielt am 23. einen Ruhetag in Szolnok und rückte am 24. gegen Czegléd vor, wo er am 25. Ottinger von Neuem angriff; dieser, obwohl ihm einige Verstärkungen zugegangen waren, mußte doch Czegléd räumen und sich auf Alberti zurückziehen.

Wir haben gesehen, wie die Berichte Schlicks über die Verstärkung des Klapka'schen Corps, welche am 18. Januar im Hauptquartier zu Pesth eintrafen, den Fürsten Windischgrätz zur Entsendung der Division Schulzig auf Miskolcz bestimmten. Hiedurch kam die Streitmacht, welche dem Fürsten noch zu unmittelbarer Verfügung blieb, auf 12 Bataillone, 14 Escadrons und 105 Geschütze herunter.

Man braucht weiter nichts zu wissen, um einzusehen, daß das System des Fürsten Windischgrätz, nach allen Weltgegenden zu detachiren, sowie hier oder dort ein Lüftchen sich regte, ein durchaus falsches war. Windischgrätz mußte wenigstens daran denken, sich nun von anderer Seite her zu verstärken.

Zuerst schrieb er an Nugent und ersuchte diesen, ihm baldmöglichst 4 Bataillone nach Stuhlweißenburg zu senden; darauf erfolgte am 23. Januar die Zusage, daß diese Bataillone gegen Ende des Monats in Stuhlweißenburg eintreffen sollten.

Gleichzeitig fast mit dem Begehren Schlicks kamen auch die ersten beunruhigenden Nachrichten Ottingers, welcher den Wunsch aussprach, daß mindestens kleine Infanterieabtheilungen zu seiner Unterstützung in Abany, Czegléd und Tapio Szele aufgestellt werden möchten. Am 22. kam durch den Banus ein neuer Bericht Ottingers an Windischgrätz. Darin war auch des Gerüchtes erwähnt, daß Görgey aus den Bergstädten sich um Schlick herum, diesem ausweichend, bereits an das linke Theißufer gezogen und dort mit den übrigen Streitkräften der Ungarn vereinigt habe. Windischgrätz konnte allerdings nach seinen letzten Berichten von Csorich mit großer Bestimmtheit schließen, daß dieß nicht möglich sei; dennoch wurde er unruhig und sprach die Ansicht aus, daß Ottinger wohl besser thäte, sich statt in Szolnok in Abany aufzustellen; er fragte an, ob die Szolnoker Brücke wohl durch eine Infanterieabtheilung zu halten sei und ob man diese wohl im Nothfalle rasch genug zurückziehen könne.

Alsbald kam nun aber auch die weitere Nachricht, daß Ottinger am 22. bei Szolnok angegriffen und zum Rückzuge gezwungen worden sei.

Jetzt ward dem Fürsten Windischgrätz seine ganze Rathlosigkeit zu Gemüthe geführt. Nun gingen nach allen Seiten Befehle ab, die darauf berechnet waren, Verstärkungen nach Pesth oder in dessen Nähe zu führen.

So ward jetzt die Brigade Neustädter nach Neuhäusel gerufen; so erfolgte nun der bestimmte Befehl an Csorich, zwei seiner Brigaden nach Pesth zurückzuführen und nur eine in Vereinigung mit Götz hinter Görgey zu lassen.

Soweit war der Fürst Windischgrätz schon gekommen, daß er — etwas Unerhörtes bei seiner Sinnesart! — es selbst nicht verschmähte, ein diplomatisches Mittel gegenüber den „Rebellen" zu gebrauchen. Die Waitzener Proklamation Görgeys hatte die Hoffnung beim Fürsten angeregt, daß sich mit jenem Manne etwas anfangen lasse. Diese Ansicht des Feindes ist das beste Urtheil über die Zweckmäßigkeit jener Proklamation von magyarischem Standpunkte aus. Es ward daher ein Abgeordneter an Görgey abgefertigt mit dem Auftrage, dem ungarischen Führer zu melden, es sei der Wunsch des Fürsten Windischgrätz, daß Görgey ihm sein Corps zuführe; dafür werde ihm volle Amnestie und eine sorgenfreie Existenz außerhalb Oesterreichs zugesichert. Dieser Abgesandte kam zu Görgey am 29. Januar, als derselbe bereits auf dem Rückzuge aus den Bergstädten war und hatte zu Rosenberg eine Unterredung mit ihm. Görgey antwortete auf den Antrag mit Ueberreichung eines Exemplars seiner Waitzener Proklamation. Es ist uns aber nicht unwahrscheinlich, daß das hitzige Fieber, welches den ungarischen General um diese Zeit befiel, eine Folge der Aufregung war, die seine Betrachtungen über die Art, wie der Gegner jenen unbedachten Schritt auffassen durfte, hervorriefen.

Zur Unterstützung Ottingers sendete Windischgrätz vorerst nun 8 Batterien und 3 Bataillons mit der Eisenbahn von Pesth nach Czegléd; außerdem ward die Division Schulzig, welche auf ihrem Marsche zu Schlick am 23. Kápolna erreichte, angewiesen, eine Escadron nach Poroszló zu senden und dort 10000 M. mit 30 Geschützen ansagen zu lassen. Dieß sollte, wie Windischgrätz meinte, Perczel zum Rückzuge hinter die Theiß bestimmen.

Die Hoffnung ward getäuscht, denn am 25. Abends kam die Meldung ins Hauptquartier, daß an diesem Tage Ottinger auch Czegléd habe räumen und sich auf Alberti zurückziehen müssen.

Nun beschloß Windischgrätz, alle Truppen, über die er verfügen könne, ohne Pesth zu entblößen, nämlich einschließlich der Brigade Ottinger 10 Bataillons, 24 Escadrons und 72 Geschütze bei Alberti zu vereinigen. Die Truppen von Pesth wurden sofort dahin in Bewegung gesetzt. In den Hauptstädten blieben vorerst nur zwei Bataillons; es wurden aber zum Ersatz ein Bataillon von Stuhlweißenburg, ein anderes von Gran, ein drittes aus dem Bakonyerwalde nach Ofen-Pesth berufen. Diese sollten zunächst durch die von Nugent versprochene Abtheilung, die Brigade Dietrich, ersetzt werden.

Die Hoffnung des Fürsten Windischgrätz, daß er Perczel werde die Stirne bieten können, war nur gering. Er machte sich bereits mit dem Gedanken vertraut, daß er von den „Rebellen" geschlagen, zum Rückzuge ans rechte Donauufer könne gezwungen werden. Für diesen Fall ordnete er an, daß außerhalb Pesth eine Brücke über die Donau geschlagen werde, damit man es bei dem etwaigen Rückzug nicht auch noch mit der unruhigen Bevölkerung von Pesth zu thun bekomme. In gleichem Sinne ward Csorich angewiesen, wenn er bei seinem Marsche aus den Bergstädten in Waitzen angekommen sein würde, hier zuerst genaue Erkundigungen über die Stellung der Armeen einzuziehen und falls Windischgrätz bereits ans rechte Ufer zurückgegangen wäre, die Vereinigung mit demselben über Gran zu suchen. Die Donaubrücke außerhalb Pesth kam wegen plötzlichen Austretens des Stromes gar nicht zu Stande.

Uebrigens war sie nicht nothwendig. Windischgrätz, der am 26. Januar Nachmittags von Pesth nach Üllö abging, wo er nach anderthalbstündiger Eisenbahnfahrt Nachtquartier machte, erfuhr hier in der Nacht, daß die Ungarn von Czegléd zurückgegangen seien. Und so verhielt es sich in der That.

Dembinski, dessen Oberbefehl zunächst das 1. Armeecorps, Klapka, das 2., Perczel, und das 3., aus dem Süden aus dem Serbenkampfe heraufziehende, untergeben waren, fand sich beim Corps Perczels mit der Nachricht ein, daß ein österreichisches Corps im Marsche an die obere Theiß sei, um Debrezin zu bedrohen. Zugleich verlangte er, daß Perczel auf Szolnok zurückgehe und von dort aus die Theiß aufwärts marschire; Perczel wollte gleichfalls rechts abmarschiren, um sich mit Klapka in Verbindung zu setzen, aber er wollte der Kürze halber diesen Marsch am rechten Theißufer bewerkstelligen. Darüber kam es zum Streite, Perczel legte das Commando des 2. Armeecorps nieder, welches jetzt an Répásy überging und begab sich nach Debrezin. Dembinski aber zog sich am 26., auf die Nachricht vom Anmarsch starker österreichischer Truppenmassen unter Jellachich von Czegléd auf Szolnok zurück, und ging dann von hier für seine Person mit der

Division Kazinczy, die zum 1. Armeecorps treten sollte, über Kunhegyes, Madaras und Egyek nach Polgár, um hier ans rechte Theißufer überzusetzen.

Wie er dann schließlich ans rechte Ufer der Theiß überging, mit Hin- und Hermärschen die Zeit verbrachte und störend in den Gang der Operationen bei Klapka und Görgey eingriff, haben wir bereits im Vorigen gesehen.

Die österreichische Colonne, welche der Sage nach von Pesth her Debreczin bedrohte, war die Division Schulzig, deren Truppenansage in Poroszló wohl etwas gewirkt hatte.

Windischgrätz, als er in Üllö die Kunde vom Rückzug Perczels erhielt, sendete seinerseits sogleich zwei Grenadierbataillone nach Pesth zurück, und kehrte selbst dahin um, indem er dem Banus die weitere Verfolgung Perczels oder Dembinskis überließ.

Am 28. Janur rückte F.-M.-L. Hartlieb mit 3 Bataillonen, 9 Escadrons und 12 Geschützen in das von den Ungarn geräumte Szolnok ein. Er fand 4 Joche der Theißbrücke zerstört, schob einen Posten links nach Poroszló, um wo möglich mit Schlick in Verbindung zu treten, und einen anderen nach Kecskemét zur Sicherung seiner rechten Flanke.

In Pesth waren nunmehr 7 Bataillone vereinigt; die Brigade Dietrich war zwar von Nugent auf Stuhlweißenburg entsendet, erhielt aber auf dem Marsche, da Gerüchte von ungarischen Truppenansammlungen bei Fünfkirchen einliefen, Befehl züm Marsche nach Kaposvár. Sie kam also vorläufig nicht zur Hauptarmee.

Ereignisse auf dem serbischen Kriegsschauplatz in den Monaten Januar und Februar 1849.

In Folge der Kriegsrathsbeschlüsse vom 2. Januar zu Pesth wurden die Divisionen Damjanich und Vécsey von dem serbischen Kriegstheater zurückgezogen und begannen Mitte Januars ihren Abmarsch. Danach blieb nun in der Bács und dem Banat zunächst das 4. Corps unter Graf Haddik mit dem Hauptquartier Szegedin und der Aufgabe die Linie von Theresiopel (Sz. Mária Szabatka) über Szegedin bis Makó zu halten. Das ganze Corps zählte zu dieser Zeit nicht mehr als etwa 4000 M. Anfangs Februar ward es in zwei Divisionen eingetheilt, deren eine unter Oberstlieutenant Gál Theresiopel zu schützen und über Horgos mit Szegedin Verbindung zu halten hatte, während die andere unter Major Igmándy

Szegedin, Szöreg und Makó besetzt hielt. Durch neue Formationen kam das gesammte Corps bis Mitte Februars auf etwa 12000 M., einschließlich der Artillerie, an mobilen Truppen $12^2/_3$ Bataillons, $4^1/_2$ Escadrons Husaren und 30 Geschütze. Hiezu traten noch gegen 4000 M. immobile Nationalgarden.

In der Nähe des mit 4 Bataillons und $^1/_2$ Escadron besetzten und auf 3 Monate verproviantirten Peterwardein standen 3000 Nationalgarden unter Oberstlieutenant Nikolaus Vezeredy mit dem Hauptquartier zu Bács.

Im östlichen Banat stand noch immer das neuerdings sogenannte 6. Corps unter Oberst Nikolaus Gál vor Arad und hielt die Maroslinie bis zur siebenbürgischen Grenze.

Die Serben hielten den Abzug der ungarischen Truppen aus der Bács und dem Banat, und die Zurückverlegung der ungarischen Vertheidigungslinie für ein Zugeständniß der Schwäche. Sie besetzten sofort die größere Hälfte der Bács und den westlichen Theil des Banates, begannen nun die Organisation ihrer „serbischen Wojewodschaft“ und bildeten neue Truppen. Der Erzbischof Rajachich verlegte seine Residenz nach Nagy-Becskerek.

Im Banat commandirte Todorovich und besetzte die Linie Gyertyámos über Hatzfeld (Zsombolya) bis Nagy Kikinda. Außerdem befanden sich hier die Besatzungen von Temesvár und Arad unter Rukavina und Berger.

In der Bács standen die Serben bald am Franzenscanal und dehnten sich an diesem westlich über Cservenka bis Zombor aus.

Aus diesen Stellungen sollte Todorovich an beiden Ufern der Theiß aufwärts dringen, die Ungarn zurücktreiben und endlich dem Fürsten Windischgrätz die Hand reichen, während die Besatzung von Temesvár, verstärkt durch Serben und Wallachen Arad entsetze und der F.-Z.-M. Nugent die Cernirung der Festung Peterwardein übernehme.

Nugent verließen wir in Kanisa, wo er am 10. Januar eingerückt war. Hier verstärkte er sich durch Heranziehung von Truppen bald bis auf 9000 M., und als Windischgrätz nach der Mitte des Monats ihn um Zusendung einer Brigade ersuchte, konnte er diese versprechen. Wir wissen, daß die Brigade Dietrich wirklich schon im Marsche nach Stuhlweißenburg war, als sie Nugent zurück und nach Kaposvár rief.

Der Grund der Zurückrufung war das ungarische Freicorps von Nemegyei, welches die Gegend um Fünfkirchen beherrschte und ein kleines bei Valpo unter Trebersburg zur Beobachtung Esfegs aufgestelltes Corps bedrohte. Das Gerücht wollte wissen, daß Damjanich, der zu dieser Zeit im Marsche nach Arad war ans rechte Donauufer gegangen und in das Comitat von Baranya eingebrochen sei.

Mit Dietrich vereinigt, 6000 M. Infanterie, 800 Pferde und 21 Geschütze stark rückte Nugent nun gegen Fünfkirchen. Zu dieser Zeit, am 30. und 31. Januar hatte Trebersburg von Valpo aus sich der Vorstädte von Esseg bemächtigt. Dessen Garnison bezeigte Lust zu capituliren, wollte aber, wie sie sagte, sich nicht an Bauern ergeben, und Trebersburgs Truppen waren ganz mangelhaft ausgerüstet, großentheils nicht einmal uniformirt. Auf Trebersburgs Meldung sendete ihm Nugent einige reguläre Truppen zu, während er mit dem Reste das Freicorps Nemegyies über die Donau zurückdrängte, welches sich darauf dem Corps von Haddik anschloß. Esseg capitulirte am 13.; am 14. Februar streckte die Garnison die Waffen.

Nach diesen Erfolgen konnte Nugent zur Cernirung von Peterwardein schreiten. Er bestimmte dazu 2500 M. unter Oberst Ramula, die freilich um so weniger ausreichten, als sie bis auf ein einziges Bataillon nur ganz mangelhaft ausgerüstet waren; 1700 M. sicherten die Verbindungen Nugents mit der steirischen Grenze in rückwärtigen Garnisonen, und 1500 M. besetzten Fünfkirchen und bewachten die untere Donau östlich Fünfkirchen.

Da die Brigade Dietrich nicht rechtzeitig nach Stuhlweißenburg gekommen war, so dachte ihr nun Windischgrätz am 5. Februar eine andere Bestimmung zu. Man rechnete zu Pesth darauf, daß jetzt die Serben mit Glück die Offensive gegen die geschwächten Truppen der Ungarn in der Bács und dem Banat würden ergreifen können. Um die Verbindung derselben mit der Hauptarmee herzustellen, sollte nun Dietrich bei Tolna ans linke Donauufer übergehen, und Nugent versprach nach dem Falle Esfegs, daß zwischen dem 16. und 20. Februar Dietrich mit 3000 M. und 400 Pferden bei Szekszárd unterhalb Tolna zur Verfügung des Fürsten stehen solle. Kaum hier angekommen ward er aber zur Hauptarmee nach Pesth herangezogen, da die Umstände sich unterdessen wieder so geändert hatten, daß man auf die Verbindung mit den Serben vorerst keinen Werth mehr legen zu dürfen glaubte. Unmittelbar darauf erhob Windischgrätz neue Ansprüche an Nugent. Derselbe sollte nämlich zur besseren Einschließung Komorns 3000 bis 4000 M. dorthin senden und als er dieselben kaum durch neue Formationen aufgebracht hatte, wurden auch sie als Brigade Palffy von Batina die Donau abwärts zur Hauptarmee gezogen.

In der Bács und dem Banat selbst schritten die Serben schon in der zweiten Februarwoche zum Angriff.

Wir haben gesehen, wie im Dezember 1848 Gál in der Belagerung Arads durch ein Detachement der Temesvárer Besatzung unterbrochen ward und erst am 25. Dezember wieder an das linke Ufer der Maros übergehen konnte. Er nahm nun die Belagerung sofort wieder auf; die Batterieen des rechten Ufers wurden indessen zuerst fertig, sie konnten am 10. Januar ihr Feuer eröffnen. Im Ganzen brachte Gál 32 Stücke in Batterie. Als Damjanich aus dem Banat abziehend am 31. Januar bei Arad angekommen war, benutzte dieß Gál zu einer lebhaften Beschießung der Festung und Aufforderung zur Uebergabe; diese blieb erfolglos.

Kaum hatte sich nun Damjanich aus der Nähe Arads etwas entfernt, als auch schon wieder am 5. Februar die Meldung einlief, daß ein Angriff der Temesvárer Besatzung in Verbindung mit Serben und Wallachen bevorstehe. Da das Eis schon wieder schwach zu werden begann, und die Verbindung zwischen den beiden Flußufern somit eine sehr mißliche ward, hob Gál am 6. die Belagerung auf, zog das Belagerungsmaterial und die Truppen ans rechte Marosufer zurück und nahm hier eine Stellung mit dem rechten Flügel unterhalb Alt Arad, mit dem linken oberhalb Mikalaka an den Fluß gelehnt.

Ohne Widerstand konnten daher die Oesterreicher und Serben am 7. Februar Neu Arad besetzen. Am 8. Morgens begannen sie dann vom linken Ufer aus eine Kanonade gegen die ganze ungarische Linie, welche auch Berger von der Festung her unterstützte. Nachdem diese Kanonade bis Mittag gedauert hatte, setzten einige österreichische Bataillone mit einer Raketenbatterie über das Eis und drangen in Alt Arad ein. Gál, der hier selbst mit seinem Centrum stand, verlor den Kopf und trat einen eiligen Rückzug in nordwestlicher Richtung auf Batonya an; auch an seinen rechten Flügel unter Hauptmann Asztalos und seinen linken unter Major William sendete er Befehl zum Rückzuge.

Asztalos, der diesen Befehl um 2 Uhr Nachmittags erhielt und seinerseits noch gar nicht angegriffen war, wollte sich der Westseite von Alt Arad entlang ziehen, als er auf flüchtende Einwohner stieß, welche ihm mittheilten, daß Gál gar nicht verfolgt sei, daß die Serben sich vielmehr in der Stadt zerstreut hätten und dort plünderten und sengten. Mit raschem Entschlusse nahm nun Asztalos sein Häuflein zusammen und drang in die Stadt ein, welche der Feind alsbald in der größten Verwirrung räumte. Das bereits verlorene Belagerungsgeschütz ward bis auf wenige Stücke, die schon fortgeschafft waren, wieder genommen. Asztalos besetzte Alt Arad und auch Pál kehrte auf die Nachricht von dem Vorfalle dahin zurück, ward indessen sofort seines Commandos enthoben und durch den Oberstlieutenant Paul Kiß ersetzt. Die Serben blieben noch bis zum 9. Februar bei Neu Arad stehen, zogen sich aber zurück, als an diesem Tage Asztalos mit einem Bataillon wieder an das linke Marosufer überging.

Gleichzeitig mit dem Unternehmen zum Entsatze Arads hatte Todorovich seine Hauptmacht von Hatzfeld auf Török Kanizsa gezogen und drang von letzterem Orte am 9. Februar bis Szöreg vor. Nachdem er die dort aufgestellte ungarische Abtheilung vertrieben hatte, griff er am 11. die Vorstadt Neu Szegedin (Új Szeged) an, nahm auch sie und kanonirte nun vom linken Theißufer her die Altstadt. Das ungarische Geschützfeuer erwies sich indessen überlegen und da die Serben zu wanken begannen, gingen einige ungarische Bataillone über das Eis des Flusses, worauf Todorovich sich vollends nach Szöreg zurückzog. Hier griff ihn Haddik am 13. Februar an, nachdem er zwei verläßige Uebergänge über die Theiß hatte herstellen lassen. Die Serben mußten den Ort aufgeben.

Gleichzeitig mit dem Angriffe auf Szegedin hatten sie einen solchen auch auf Horgos westlich der Theiß unternommen, waren aber auch hier abgewiesen worden.

Todorovich, der aus dem Abzuge der Divisionen Damjanich und Vécsey allzu kühne Schlüsse gezogen und auf fast gar keinen Widerstand gerechnet hatte, fiel, in seinen Hoffnungen getäuscht, sofort in Unthätigkeit zurück. Er concentrirte seine Truppen bei Kanizsa und wartete auf Verstärkungen. Da Haddik weder Kraft noch Auftrag zu einem offensiven Verfahren hatte, so trat nun eine längere Waffenruhe ein, die bis in den März hinein dauerte, und von Haddik zur Anlage eines Brückenkopfes am linken Theißufer um Új Szeged benutzt wurde.

Die Ereignisse in Siebenbürgen in den Monaten Januar und Februar 1849.

Mit den ersten Tagen des Januars hatte Bem die österreichischen Truppen, welche schon im Begriffe waren, ins Banat und in die ungarischen Comitate östlich der Theiß einzubrechen und diesem Zufluchtsort alle seine Bedeutung zu nehmen, nach Siebenbügen zurück und nach Süden abgedrängt, und hatte Urban und Jablonski in die Bukowina getrieben.

Er ließ nun in Bistritz und gegen die Pässe, welche in die Bukowina führen 1 Bataillon, 2 Escadrons und 6 Geschütze unter Riczkó zurück, um sich mit dem Gros in das Szeklerland zu begeben, und hier neue Hoffnung und neues Leben zu erwecken, neue Kräfte zu gewinnen.

Seit dem Schlage von Maros-Vásárhely Anfangs November war das leicht bewegliche Völkchen der Szekler der Unterwerfung unter die österreichischen Waffen nicht abgeneigt und österreichische Agitatoren bearbeiteten in solchem Sinne die öffentliche Meinung. Nur der Háromszéker Stuhl im äußersten Südosten des Landes konnte noch als treu der ungarischen Sache angesehen werden. Hier schufen in der Mitte Novembers der Oberst Dobay und Major Alexander Gál eine kräftige militärische Organisation und ordneten eine Grenzbesetzung an, für welche die Reserven in Sepsi Sz. György, Uzon am Ugybache, und Kézdi Vásárhely aufgestellt wurden. An letzterem Orte goß man auch Kanonen aus Glockenmetall.

Die Dinge gingen eine Zeitlang um so besser, als sie von den Oesterreichern nicht gestört wurden. Erst Anfangs Dezember brach zugleich ein Detachement unter Major Haydte und ein anderes von Kronstadt her, bei welchem sich 1500 sächsische Nationalgarden befanden, gegen die Grenzen des Háromszék vor. Nun folgten beständige kleine Gefechte, bei welchen die Szekler zwar im Ganzen glücklich waren, sich mehrerer sächsischer Orte bemächtigten und auch Haydte zwangen, sich nordwärts in den Udvárhelyer Stuhl zurückzuweichen, welche aber doch durch die beständigen Anstrengungen und das Lagerleben, welches sie erforderten, auch hier bald Ueberdruß am Kriege und Neigung zum Vertragen mit den Oesterreichern erweckten. Um diese nicht wachsen zu lassen, beschloß der Kriegsrath einen entscheidenden Schlag gegen Kronstadt und Oberst Dobay war schon im Marsche dahin, als Haydte wieder von Norden her ins Land einfiel. Er ward zwar bei Felső Rákos im Alutathal zurückgeschlagen; dagegen rückte unterdessen die Brigade Gedeon in Kronstadt ein und vertrieb die Szekler wieder aus den von ihnen besetzten sächsischen Ortschaften. Dieß schlug den Muth auch im Háromszék nieder und es wurden mit General Gedeon Unterhandlungen angeknüpft, die endlich zu einer Art Friedensschluß unter ziemlich harten Bedingungen für die Szekler endeten. Unter Anderem sollten sie auch die Waffen abliefern. Zur Ausführung kam das nicht, insbesondere weil die Erfolge Bems die Sachlage bald änderten.

Bem rückte am 13. Januar in Maros Vásárhely ein, welches die österreichische Besatzung bei seiner Annäherung räumte, um sich auf Mediasch zurückzuziehen. Er sendete nun sofort Emissäre in alle Stühle der Szekler, um diese zu neuer Erhebung und neuen Organisationen zu ermuntern.

Puchner hatte auf die Nachricht von Bems Annäherung an Maros

Vásárhely 8 Bataillons, 10 Escadrons und 80 Geschütze bei Herrmannstadt concentrirt und führte diese über Mediasch in das Thal des kleinen Kokel (Kis Küküllő); er erreichte in diesem am 16. Januar Gálfalva und Szőkefalva am linken, Dioső Sz. Márton am rechten Ufer; auch Gedeon und Haydte hatten Befehl, bei dem Angriffe auf Maros Vásárhely mitzuwirken, kamen aber nicht heran.

Bem ging am 16. den Oesterreichern mit $5^1/_3$ Bataillons, 5 Escadrons und 30 Geschützen von Maros Vásárhely entgegen; am Abend erreichte sein rechter Flügel unter Major Bethlen Pocsfalva am rechten Ufer des kleinen Kokel, das Gros die Gegend von Gálfalva am linken Ufer. Am 17. sollte der Marsch auf beiden Ufern des Flusses gegen Küküllővár (Kokelburg) fortgesetzt werden.

Am linken Ufer war der Kampf ziemlich hartnäckig; am rechten Ufer aber drang der rechte Flügel Bems unaufhaltsam vor; und als ein Versuch Puchners, ihn mit seiner Kavallerie zurückzuwerfen, mißglückte, trat auch der rechte österreichische Flügel den Rückzug über Mediasch an, der in einem Zuge bis Herrmannstadt fortgesetzt ward.

In Folge dieses Gefechtes beorderte nun Puchner auch Gedeon nach Herrmannstadt und Haydte ward nach Sz. Ágotha (Agnethlen) gerufen, um die Straße von dort über Leschkirch (Uj Egyház) nach Herrmannstadt zu decken. Dieß kam namentlich dem Szeklerland zu Gute, wo die Organisationen mit neuem Eifer betrieben wurden.

Bem beschloß seinen Sieg auf Herrmannstadt zu verfolgen. Am 18. Januar marschirte er nach Mediasch, am 19. nach Stolzenburg (Szelindek).

Czetz, der schon am 16. Befehl erhalten hatte, von Thorda zur Vereinigung mit Bem südwärts zu ziehen, kam über Elekes am 19. nach Balásfalva (Blasendorf) und am 20. nach Viz-Akna (Salzburg oder Okna.

In der Nacht vom 20. auf den 21. ging Bem nach Groß Scheuern (Nagy Csür) vor. Auch an Czetz ward bestimmter Befehl zum Vorrücken gesendet; doch erhielt ihn dieser in Folge eines Mißverständnisses nicht, so daß er betreffs seiner Maßregeln nur auf die ganz allgemeine Kenntniß davon verwiesen war, daß überhaupt ein Angriff auf Herrmannstadt beabsichtigt werde.

Herrmannstadt, eine Stadt von 20000 Einwohnern ist mit einer alten Ringmauer umgeben, welche nur auf der Südseite eine durch Erdwerke geschlossene Lücke zeigte; die Vorstädte außerhalb der Ringmauer waren neuerdings durch Erdschanzen gedeckt.

Puchner verfügte über 7000 M. Infanterie, 1200 M. Kavallerie,

4000 Nationalgarden und Landsturm, 80 bespannte Feldgeschütze und 24 unbespannte Positionsgeschütze. Seine Infanterie hatte er in den verschanzten Vorstädten, die Nationalgarden in der Stadt, die Reiterei in der Ebene rechts der Stadt gegen Hammersdorf (Sz. Erzebet) aufgestellt.

Bem hatte einschließlich der von Czetz commandirten Abtheilung 6000 M. Infanterie in $7^1/_6$ Bataillons, 6 Escadrons Husaren (685 Pferde) und 30 Geschütze.

Am Morgen des 21. Januar ließ er seinen linken Flügel unter Kiß gegen Hammersdorf, das Centrum und den rechten Flügel unter Mikes und Bethlen an der Hauptstraße vorgehen. Sie gelangten bis zu einer Brücke 1500 Schritt nördlich der Vorstädte. Hier wurden Mikes und mehrere Adjutanten Bems getödtet und verwundet. Bem zog nun seine Artillerie vor und eröffnete ein heftiges Geschützfeuer, welches aber von den Oesterreichern mit schwereren Kalibern ebenso lebhaft erwidert ward. Von 7 bis 11 Uhr Vormittags hielt mit kurzen Unterbrechungen, während deren Bem mit Infanterie und Kavallerie verschiedene mißlungene Versuche machte, in die Verschanzungen einzudringen, die Kanonade an. Um 11 Uhr hatte Bem 240 M. verloren, 6 Geschütze waren ihm demontirt und — das Schlimmste von Allem — die Munition ging ihm aus. Da trat er den Rückzug nach Groß Scheuern an.

Czetz hatte schon um 6 Uhr Morgens am 21. seine Truppen unter die Waffen gebracht, kam aber erst um 9 Uhr zum Abmarsch; um 11 Uhr hatte er eben den Berg von Viz-Akna überschritten und stieg in die Ebene hinab, als er auch schon Bem im Rückzuge und verfolgt von den aus ihren Verschanzungen hervorgebrochenen Oesterreichern bemerkte. Er ging in die linke Flanke der letzteren vor und brachte dadurch ihre Verfolgung einen Augenblick zum Stehen. Doch nun ließ auch Bem sein Gros von Neuem zum Angriffe schreiten. Die Oesterreicher, welche die Schwäche der Abtheilung von Czetz bald erkannten, gingen diesem entgegen und schlugen ihn in eine verwirrte und unaufhaltsame Flucht.

Bem hatte bald nur eine einzige Batterie und eine einzige Escadron noch zusammen. Dennoch wich er nur Schritt für Schritt zurück, ließ seine Geschütze immer von Neuem Position nehmen und einige Salven geben und gelangte so endlich Abends um 8 Uhr in vollster Dunkelheit nach Stolzenburg. Hier ließen die Oesterreicher von der Verfolgung ab.

Nun blieb Bem sogleich bei Stolzenburg stehen, sammelte hier von seinen verlaufenen Truppen soviel er konnte, zog auch Czetz, der nach Ladamos an der Blasendorfer Straße abgedrängt war, an sich, ließ Munition von Mediasch und Maros Vásárhely herankommen, die verdorbenen

Laffeten herstellen und hatte am 30. Jamner wieder 3200 M. Infanterie, 600 Pferde und 25 Geschütze beisammen.

Puchner hatte die Verfolgung nur eingestellt, um zuvor noch Gedeon an sich zu ziehen. Als dieser eingetroffen war, wurden die Operationen wieder aufgenommen. Puchner rechnete darauf, Bem jetzt vollständig einzufangen. Am 30. Januar rückte sein Gros, zwei Brigaden, an der großen Straße über Groß Scheuern im Centrum vor, auf dem rechten Flügel ward eine Brigade über Kakasfalva und Rusz (Reussen), auf dem linken Flügel ebenso eine Brigade über Viz-Akna und Ladamos in Bems Rücken entsendet.

Nachmittags um 1 Uhr allarmirten die Vorposten Bems Lager. Dieser entwickelte sofort 3 Bataillons, 5 Escadrons und 19 Geschütze an der großen Straße und entsendete Czetz mit 2 Bataillons, 1 Escadron und 6 Geschützen gegen Rusz. Um 2 Uhr begann hier wie dort die Kanonade. Der rechte österreichische Flügel ward nach 4 Uhr in der Richtung auf Kakasfalva zurückgedrängt; worauf Puchner die Vorrückung überhaupt einstellte und unter Plänkeleien, die bis 8 Uhr Abends anhielten, auf Groß Scheuern zurückgieng, wo er ein Biwak bezog.

Nun ergriff Bem am 31. ohne Besinnen wieder die Offensive, mit der Infanterie an der großen Straße, mit der Kavallerie und Artillerie über Viz-Akna gegen die linke Flanke der Oesterreicher und brachte sie wirklich zum Weichen auf Herrmannstadt. So große Neigung er hatte, auch gegen dieses loszugehn, sah er doch die Unmöglichkeit bei seiner Schwäche ein. Er hatte eine Verstärkung aus dem Banat, die Division Hrabowski, welche längs der Maros ihm zuziehen sollte, zu erwarten. Um diese in Empfang zu nehmen und ihren Marsch zu beschleunigen, entsendete er den Oberstlieutenant Kemény mit einer starken Abtheilung am 1. Februar über Viz-Akna, Reismarkt (Szerdahely), Mühlenbach (Szász-Sebes) und Szász-Város (Broos) nach Déva (Dimrich).

Ihm selbst blieben jetzt nur noch 1730 M. Infanterie, 325 M. Kavallerie und 24 Geschütze. Mit diesem Häuflein wollte er Puchner beobachtend gegenüber stehen bleiben und glaubte ihn durch Demonstrationen so lange hinhalten zu können, bis die Verstärkungen herankämen. Er nahm zu diesem Ende Stellung bei Viz-Akna, wo er sich verschanzte.

Die Waghalsigkeit Bems hatte allerdings, wie aus dem Früheren zur Genüge erhellt, den Oesterreichern bisher entschieden imponirt.

Indessen jedes Ding hat seine Grenze. Am 4. Februar griff Puchner mit 10000 bis 12000 M. und 30 Geschützen die Stellung von Viz-Akna an. Trotz der ungeheuren Uebermacht des Gegners hielt sich Bem, und Puchner schien sogar wiederum ins Schwanken zu gerathen und bezeigte Lust zum Rückzuge. Da aber stieg die Keckheit Bems dermaßen, daß er nun selbst sich erkühnte, mit seiner Handvoll Leute zum Angriffe überzugehen. Nothgedrungen machten die Oesterreicher wieder Halt. Der Erfolg war eine totale Niederlage Bems. Mit Verlust von 16 Geschützen wurden seine Truppen in wildester Flucht auf die Straße nach Mühlenbach geworfen; mit genauer Noth entging der General selbst der Gefangenschaft. Die Trümmer seines Häufleins erreichten noch in der Nacht Reismarkt; hier fanden sich etwa 1500 M. mit 8 Geschützen zusammen, der Infanterie war die Munition gänzlich ausgegangen, die Artillerie hatte noch 20 Schuß auf jedes Geschütz.

Bem sendete von Reismarkt sogleich die Kranken und was von der Bagage gerettet worden war, nach Mühlenbach vorauf. Dieser Transport ward von wallachischem Landsturm, den sächsischen Einwohnern Mühlenbachs und einem Detachement der in österreichischen Händen befindlichen Festung Karlsburg in Empfang genommen, die Escorte und die Kranken wurden ermordet. Alles, was von der Besatzung von Karlsburg verfügbar war, marschirte nach Mühlenbach und nahm hier auf Bems Rückzugslinie Stellung.

Bem brach mit dem schlagfähigen Theile seiner Truppen am frühen Morgen des 5. Februar von Reismarkt nach Mühlenbach auf, warf die Karlsburger Besatzung aus dem Orte heraus und verbarrikadirte sich in demselben, so gut es in der Eile möglich war.

Um 2 Uhr Nachmittags erschien die österreichische Avantgarde vor Mühlenbach und begann diesen Ort zu kanoniren. Bem antwortete. Da die Oesterreicher nichts Ernstes unternahmen, hielt das Feuer bis 7 Uhr Abends an. Bem blieb auch die Nacht in Mühlenbach, vor welchem Orte sich nun am 6. Februar die ganze Streitmacht Puchners entfaltete. Zur Uebergabe aufgefordert, verweigerte Bem dieselbe und sandte vorerst eine kleine Avantgarde nach Szász-Város voraus, um diesen Ort von dem wallachischen Landsturm zu säubern, welcher ihm hier den Weg verlegen wollte. Dann folgte er selbst mit den noch übrigen Truppen nach. Durch gut gewählte Aufstellungen seiner Artillerie, die er eine nach der anderen nahm, brachte er es dahin, die Oesterreicher, welche ihm von Mühlenbach folgten, in anständiger Entfernung zu halten, indem er sie zu fortgesetzten zeitraubenden Entwickelungen veranlaßte und dann augenblicklich die Zeit benutzte, um von Neuem einen Vorsprung zu gewinnen.

Szász-Város mußte mit Sturm genommen werden. Hier schlug Bem sein Nachtquartier auf und zog Nachrichten über die aus Ungarn erwarteten Verstärkungen ein. Er erfuhr, daß ein Vortrupp Kemenys sich an der Brücke des Strehlbaches bei Piski befinde, daß die Verstärkungen aus Ungarn zum Theil schon die Gegend von Deva erreicht hätten.

Am 7. Morgens kam Kemény's Avantgarde in Szász-Város an; Kemény berichtete, daß er selbst bald nachfolgen werde. Als nun bald darauf die Oesterreicher vor Szász-Város erschienen, nahm Bem wiederum den Kampf mit ihnen an. Im Gefechte verwundet, mußte er das Commando Czetz übergeben und nach Deva zurückgehen. Czetz räumte Szász-Város und ward an der Strehlbrücke, wohin er noch 1200 M. zurückbrachte, von Kemény aufgenommen. Letzterer blieb an der Brücke stehen, Czetz ging nach der Stadt Deva — das Schloß war in österreichischen Händen. In Deva traf am 8. Februar Morgens auch die Division Hrabowski ein.

Am 7. Abends hatten die Oesterreicher ihre Avantgarde nach Pad vorgeschoben, ihr Gros stand in Szász-Város. Am 8. griffen sie Kemény an, der nur $1^2/_3$ Bataillon, eine Escadron und 10 Geschütze an der Strehlbrücke hatte und deshalb von Bem Verstärkung verlangte. Doch war der Angriff der Oesterreicher am 8. noch nicht ernst gemeint, sie hatten nur rekognoszirt. Bem sandte zuerst nur 1 Bataillon mit 1 Escadron und 1 Batterie unter Czetz vor, dann marschirte er am 9. mit dem ganzen Rest seines Corps von Deva an den Strehlbach. Er brachte im Ganzen 7 Bataillons, 7 Escadrons, wovon 2 Biharer Nationalgarde und 28 Geschütze mit 8500 M. zusammen.

Die Oesterreicher wurden, den Landsturm ungerechnet, auf 11—12000 M. mit 40 Geschützen wahrscheinlich zu hoch veranschlagt. Am 9. Morgens marschirten sie am rechten Strehlufer auf den Höhen von Piski auf, ihre Reiterei auf dem rechten Flügel, zunächst dem linken Marosufer; am rechten Marosufer stand außerdem Reiterei und wallachischer Landsturm. An der Straße aufgefahrene Batterieen eröffneten um 8 Uhr Morgens ihr Feuer auf die ungarischen Vertheidiger der Brücke; als dieß eine Stunde lang gedauert hatte, ging Infanterie vor, die Brücke mit dem Bajonnet zu nehmen. Der Angriff ward abgewiesen; das 11. Honvédbataillon durchfuhrtete darauf den Strehlbach, um die weichenden Oesterreicher zu verfolgen. Anfangs glücklich eroberte es 2 Kanonen, ward dann aber von den vorrückenden Reserven der Oesterreicher geworfen.

Nun kamen die ungarischen Truppen von Deva heran; zwei Batterieen gingen rechts und links der Brücke an das rechte Strehlufer, nahmen in den Flanken der Oesterreicher Stellung und eröffneten ihr Feuer, sobald die Honvéd, welche mit dem Gegner ins Handgemenge und durcheinander gekommen waren, sich losgemacht hatten. Nun folgte den Batterieen die Infanterie und Kavallerie der Ungarn über den Bach zum allgemeinen Angriffe. Dieser ging Anfangs mit Ordnung vor sich, doch bald brachten einige Kanonenschüsse die beiden Escadrons der Biharer Nationalgarden zu Pferd in Unordnung; diese stürzten fliehend der Brücke zu und rissen die Infanterie mit sich fort. Bems ganzes Corps war der Auflösung nahe. Der alte General aber wollte sich noch nicht ergeben; Czetz mußte mit 2 noch zusammengehaltenen Bataillons, denen sich einige Batterieen anschlossen, eine Reservestellung nehmen, um die über den Strehlbach nachdrängenden Oesterreicher aufzuhalten. Dieß gelang, so daß die flüchtigen Ungarn wieder zum Stehen gebracht und geordnet werden konnten.

Einmal stutzig geworden, hatten sich auch die Oesterreicher auf bloßes Feuergefecht eingelassen. Ihr immer schwächer werdendes Artilleriefeuer zeigte aber daß es ihnen an Munition zu fehlen anfing. Es begann schon dunkel zu werden. Da führte Bem seine Bataillone und Schwadronen zum Sturme vor. Die Oesterreicher, welche sich dessen nicht mehr versahen, geriethen ins Wanken, welches bald in eine Flucht auf Szász-Város ausartete.

Bem war wieder Herr der Strehlbrücke. Der Verlust im Gefechte war auf beiden Seiten ein verhältnißmäßig bedeutender gewesen; die Ungarn hatten 700 M. eingebüßt, die Oesterreicher noch mehr.

Am 10. verfolgte Bem seinen Sieg auf Mühlenbach, wo er am Abend auf die österreichische Nachhut traf. Er drängte sie aus dem Orte, ließ in demselben nur 1 Bataillon zur Besatzung und marschirte links ab auf Alvincz, um hier österreichische Abtheilungen, die sich etwa nach Karlsburg zurückziehen wollten, aufzusuchen. In der That traf er dort in der Nacht um 10 Uhr noch auf ein Detachement, welches mit leichter Mühe vertrieben wurde.

Ohne sich um Herrmannstadt zu kümmern, marschirte Bem nun auf Mediasch, um sich zuerst wieder dem Innern des Landes, dem Szeklerland und seinen dort zu erwartenden Hülfsquellen zu nähern. Er schlug den beschwerlichen Weg über Berwe (Blutroth), Szász-Tsanád (Schotten) und Frauendorf (Aszonyfalva) ein. Am 12. hielt er in Berwe einen Ruhetag und ließ von hier unter Bedeckung Kemény's alle überflüssige Bagage über Balasfalva und Thorda nach Klausenburg abmarschiren. Er selbst mit den Truppen traf am 15. in Mediasch ein. Er fand hier ein Detachement unter Major Zsurmay vor, welches bei Viz-Akna von ihm getrennt, sich in die Gegend von Mediasch gezogen und hier den Parteigängerkrieg auf eigene Faust geführt hatte. Ferner erhielt er eine Verstärkung von 4 Bataillons und einer Escadron uniformirter Szeklertruppen.

während eine andere starke Abtheilung derselben seit dem 12. Februar in Segesvár stand.

Zugleich liefen nun in Mediasch aber auch Nachrichten ein, daß Urban wieder aus der Bukowina vorgebrochen sei, daß er die schwache Garnison von Bistritz geworfen, dann bei Bayersdorf (Király Némethi) das ganze Detachement Riczkós angegriffen und es zum Rückzug nach Dees gezwungen habe.

In Folge dieser Nachrichten brach Bem am 17. Februar mit 4 Bataillons, 2 Escadrons und 12 Geschützen von Mediasch auf und stand am 20. bei Budak südlich von Bistritz.

Urban, welcher auf der Straße nach Dees schon bis Bethlen an der Szamos vorgedrungen war, kehrte, sobald er den Anmarsch Bems erfuhr, sogleich nach Jaád, nordöstlich Bistritz um. Nur seine Arriergarde stand am 21. noch in der Stadt Bistritz, wurde an diesem Tage von Bem angegriffen und geschlagen. Der Sieger ging darauf nach Jaád vor, schlug hier Urban selbst am 23. und ließ jetzt bei Tihutza und Bistritz ein starkes Detachement gegen die Bukowina stehen. Er für seine Person eilte nach Mediasch zurück.

Wir müssen an dieser Stelle den siebenbürgischen Nebenschauplatz des Krieges wieder verlassen, um uns den entscheidenden Ereignissen zuzuwenden. Es wird aber passend sein, hier einige Bemerkungen über die Bem'sche Kriegführung einzufügen, die geeignet sind, Nachfolgendes zu erklären.

Niemand wird läugnen, daß diese Kriegführung eine glänzende, eine bestechende ist. Aber ob eine eben so nutzbringende? Das ist die Frage. Schon in der kurzen Spanne der Zeit, die wir Bem bei seinem Wirken in Siebenbürgen gefolgt sind, haben wir Erfolge zu notiren, welche etwas Romantisches an sich tragen und welche groß erscheinen, wenn man sie an sich betrachtet. Den Feind, der dreifach überlegen ist und noch mehrfach, abhalten ist schon viel, noch mehr ist es, ihn in die Flucht schlagen. Aber, wenn man mit einer kühn verwendeten Mindermacht selbst in diesem Sinne auf dem Schlachtfelde siegt, man kann den Sieg mit der Mindermacht nicht verfolgen, ihn folglich nicht zu einem entscheidenden machen. Und wie schon die bisher erzählten Ereignisse zeigen, der Sieg ist doch auch nicht gewiß, es folgen rasche Umschläge, es hängt Alles an einem Faden. Durch Bems Art, den Krieg zu führen kann niemals eine vollständige Entscheidung, auch nur eine solche, welche auf einige Wochen oder gar Monate vorhält und auf die für solche Dauer mit Sicherheit gerechnet werden dürfte, erzielt werden. Er führt den Krieg durchaus als Parteigänger, aus Lust am Kriege, aus Lust, dem Feinde einen Streich zu spielen, ihn gewissermaßen an der Nase herumzuführen. Deshalb begnügt er sich stets mit kleinen Massen, ja er zieht diese den größeren vor; er will nichts von Nationalgarde- und Landsturmformationen wissen, zunächst weil sie ihm nicht beweglich genug sind. Er will lieber eine kleine Anzahl Truppen haben, die er wenigstens für zuverlässig hält, als eine größere Zahl, die es nicht sind oder die er nicht dafür hält.

Sicherlich ist die Beweglichkeit der Truppen ein äußerst wichtiges Moment der Kriegführung, aber nicht das einzige. Jede Kraftäußerung beruht nicht bloß auf der Bewegung, sondern auch auf der Masse der in Bewegung gesetzten Kraft. Dieß gilt von dem Volkskriege vielleicht noch mehr als von einem Cabinetskriege. Daher spielt in einem Volkskriege stets das Moment der Organisation, nicht der flüchtigen, lokal und schnell arbeitenden, sondern der durchgreifenden, in möglichst weite Kreise getragenen eine so große Rolle. Washington nützte seinem Lande mehr als Organisator denn als Feldherr, als welcher er bekanntlich unter der Mittelmäßigkeit stand; die erste französische Republik hätte vielleicht ohne einige ihrer bedeutenden Feldherrn ganz Europa die Stirne bieten können, aber nicht ohne ihren organisirenden Wohlfahrtsausschuß, ohne dessen militärische Seele, Carnot.

Aber gerade als Organisator sündigte Bem in Siebenbürgen ungemein, wofür auch später die Rache nicht ausblieb, durch seine Art der Parteigängerkriegführung und die darauf basirte Art der Organisation, welche das Zurückstoßen der Massen so recht eigentlich verlangte.

Es wird hienach Niemanden mehr Wunder nehmen, wenn die weiterblickenden Ungarn, namentlich kühle Köpfe, wie Görgey, mochten sie auch sich Anfangs durch Bems Niederlage nicht schrecken lassen, doch auch auf seine Siege und auf dauerhafte Erfolge, welche denselben entsprießen sollten, kein großes Vertrauen setzten. Freilich kam bei manchen, — und auch Görgey gehört zu ihnen — noch hinzu, daß, als Dembinski zum Obercommandanten sämmtlicher im freien Felde operirender ungarischer Truppen ernannt ward, Bem seinem Befehle nicht untergeordnet wurde. Läßt sich dieß auch in vieler Beziehung rechtfertigen, da Siebenbürgen durch seine innere Beschaffenheit, wie durch seine Abgrenzung gegen Ungarn in der That ein von diesem abgeschlossenes Kriegstheater ausmacht, so ließ sich doch auch einem Magyaren gegenüber das nicht in einem allzu günstigen Lichte darstellen, daß in Wirklichkeit zwei Polen unabhängige Oberfeldherrn der ungarischen Streitkräfte waren und dieß mußte dem Mißtrauen in die ganze Kriegführung in Siebenbürgen, wo es einmal vorhanden war, doppelte Bedeutung geben; es mußte um so schroffer diese Kriegführung in dem Lichte derjenigen eines bloßen Abenteurers, eines großen Räuberhauptmanns erscheinen lassen, der sich um den schließlichen Erfolg nicht kümmert, wenn er nur im Einzelfall sein Müthchen kühlen kann. Hätte Bem in näherer Beziehung zu den übrigen ungarischen Armeen gestanden, würde freilich dieses Mißtrauen noch schroffer und eher hervorgetreten sein als es unter den obwaltenden Umständen thatsächlich der Fall gewesen ist.

A.

Eintheilung und Stärke des ersten ungarischen Armeecorps unter Oberst Klapka am 21. Januar 1849.

Brigade Bulharin: 3 Compagnieen Polenlegion unter Thworznicki, das 34. und 52. Honvédbataillon, 1 Compagnie Abaujvárer Freiwillige, 1 Compagnie Heveser Nationalgarde; 4 Escadrons Husaren von den Regimentern Nr. 1, 3, 6 und 14 (Lehel); 3 12pfdr, 3 6pfdr und 3 3pfdr.

Brigade Schulz: 17. und 43. Honvédbataillon, 3. Bataillon vom 39. Linienregiment (unvollständig); 1 Escadron Lehel Husaren, 1/2 Escadron Heveser Nationalgarden zu Pferd; 6 3pfdr.

Brigade Gedeon: 20. und 42. Honvédbataillon (beide unvollständig); 1/2 Escadron Heveser Nationalgarden zu Pferd; 6 3pfdr.

Brigade Desewffy: 19. und 26. Honvédbataillon; 4 Compagnieen Borsoder Freiwillige; 1 Escadron vom 8. Husarenregiment (Coburg); 6 6pfdr und 3 3pfdr.

Alles in Allem 8 2/3 Bataillons, 7 Escadrons und 30 Geschütze oder auf das Bataillon 1000 M., auf die Escadron 120 M. und auf das Geschütz 20 M. gerechnet, etwa 10000 M.

Fünfter Abschnitt.

Von der Vereinigung Görgeys mit Klapka bis zum Beginne der glücklichen Offensive der Ungarn.

Mitte Februar bis zum letzten Drittel des März 1849.

Die Tage vor der Schlacht von Kapolna.

Nach den zuletzt erzählten Ereignissen an der Theiß und denjenigen bei den Corps von Görgey, Klapka und Schlick weiter im Norden trat eine Ruhepause ein, welche bei den Ungarn durch Ungewißheit über das, was geschehen sollte, wie durch inneren Zwiespalt, bei Windischgrätz durch die Schwäche seiner Truppen zwischen Donau und Theiß und das Warten auf die Herankunft der eingezogenen Detachements veranlaßt ward.

Auf ungarischer Seite war am 12. Februar eine neue Eintheilung der gesammten Armee, so gut ohne Kenntniß der wirklichen Stärke der einzelnen Abtheilungen als alle früheren, entworfen worden. Die Armee war danach in Armeedivisionen von 4—6000 M. getheilt, welche als selbstständig betrachtet, also nicht in der Mehrzahl permanent zu Armeecorps vereinigt sein sollten. Görgeys Corps war hiebei unter anderem als 16. Armeedivision bezeichnet. Die Absicht bei dieser Maßregel war wohl vorherrschend, den Einfluß der Corpscommandanten, insbesondere aber Görgeys, zu brechen, der sich durch seine Waitzener Proklamation verdächtig gemacht hatte, — welcher Verdacht durch die Unterredung mit dem Abgesandten von Windischgrätz zu Rosenberg nicht gemindert ward, — und so den Einfluß des nunmehrigen Obercommandanten der Armee, Dembinski, zu heben.

Man konnte gegen die neue Eintheilung nicht an und für sich etwas haben, da eine Armee von etwa 40000 M., welche vielleicht zu einem größeren Hauptschlage vereinigt werden mochte, bei der Eintheilung in 6 bis 8 Divisionen offenbar gelenkiger wurde, als bei der Eintheilung in nur drei Armeecorps. Aber die Durchführung der Maßregel setzte voraus, daß die ganze Armee dem neuen Obercommandanten mit vollem Vertrauen entgegenkam und daß nicht wohlerworbene Rechte der bisherigen Corpscommandanten verletzt wurden.

Nun sah es aber mit dem Vertrauen übel aus und man kann nicht sagen, daß die ersten Anstalten Dembinskis geeignet waren, ein solches zu erwecken. Mit Perczel hatte er bereits einen ernstlichen Strauß gehabt und dessen Abdankung veranlaßt, selbst mit dem milden Klapka hatte er sich gezankt; nun sollte er mit seinem härtesten Gegner auch noch in Beziehung treten, mit Görgey.

Dieser erhielt zu Kaschau am 14. die neue Armeeeintheilung, ferner den Befehl, sich mit seinem als 16. Armeedivision bezeichneten Corps unter Dembinski zu stellen, und dann eine hierauf bezügliche Depesche Dembinskis, welcher ihn aufforderte, Rapporte über Stärke und Dislocation seines Corps einzusenden und mitzutheilen, welchen Operationsplan er eben in Ausführung habe.

Das Gerücht von der Ernennung Dembinskis u. s. w. war schon einige Tage vorher zu dem Görgey'schen Corps gedrungen und hatte hier eine lebhafte Agitation unter den Offizieren zur Folge gehabt. Man wolle Görgey beseitigen, man wolle die Proklamation von Waitzen nicht anerkennen, hieß es; es müsse einmal mit den „Schreibern zu Debrezin" ein Ende gemacht werden. Berathungen fanden statt, alle Divisionen der Corps, mit Ausnahme derjenigen Guyons, ließen Görgey aufs Neue durch Deputationen ihrer Ergebenheit versichern, und die Division Kmety erklärte selbst für den Fall ihm folgen zu wollen, daß er sie nach Debrezin gegen Regierung und Reichstag führe.

Förmlich billigen durfte selbstverständlich Görgey diese Bewegung nicht, aber daß er innerlich mit ihr recht vollkommen einverstanden war, kann schwerlich einem Zweifel unterliegen. Am 14. Februar zeigte er seinem Corps an, daß es von nun an die 16. Armeedivision heiße und fügte die Aufforderung an seine Offiziere hinzu, „diese scheinbare Demüthigung mit demselben Gleichmuthe hinzunehmen, mit welchem er auf seine Selbstständigkeit als Armeecorpscommandant verzichtend, sich gehorsam dem Ausspruche des versammelten Reichstages, den Befehlen des Generallieutenants Dembinski, eines — wie man sage — im Kriege ergrauten würdigen Feldherrn, freiwillig unterordne."

Schwerlich konnte sich Görgey in der That einbilden, daß die Regierung von diesem Tagsbefehl glauben würde, er sei lediglich der Beschwichtigung halber erlassen worden. Dieselbe sah die Sache auch wirklich von einer andern Seite an; sie erblickte darin einen Versuch zur Meuterei und Görgey erhielt von Mészáros eine scharfe Rüge. Indessen kam doch die projectirte Eintheilung der Armee in selbstständige Divisionen wirklich nicht zur Ausführung; nur Dembinski suchte sie gewissermaßen hinterrücks aufrecht zu erhalten, was dann, wie wir bald sehen werden, zu vielen und großen Unzukömmlichkeiten die Veranlassung ward. Im Uebrigen erhielt das Görgey'sche Corps den Namen des 7. Armeecorps zurück; Görgey ward nur angewiesen, dasselbe statt in 4 nunmehr in drei Divisionen zu theilen, was er aber gleichfalls unterließ.

Auf die Anfrage betreffs seiner Operationspläne, erwiderte Görgey, daß er noch immer seiner alten Ansicht sei, man müsse Schlick und die Division Ramberg einzeln zu schlagen suchen; daß er daher gegen Ramberg zu operiren gedenke; späterhin könne man dann zum Entsatze Komorns marschiren, so aufs Neue die Aufmerksamkeit des Fürsten Windischgrätz von der Theiß ablenken und neue Zeit zur Vorbereitung eines endlichen Hauptschlages gewinnen, welche Zeit die Armee bei ihrem Zustande noch immer sehr wohl gebrauchen könne.

Dembinski antwortetete darauf, die Zeit zu einem Hauptschlage sei bereits gekommen; derselbe sei unaufschiebbar und Görgey möge daher schleunigst mit seinem Corps von Kaschau nach Miskolcz marschiren. Dieser Anweisung kam dann Görgey zunächst auch nach.

In der That konnte Dembinski zu einer kräftigen Offensive jetzt über das 1., 7., 2. und 3. Armeecorps verfügen.

Nach der Kanonade von Tornallya blieben vom 1. Corps vorläufig die Division Kazinczy bei Putnok, Mariásy dahinter bei Kaza stehen, während Desewffy, bei dessen Division sich Klapka selbst befand, von Miskolcz südwärts nach Harsány rückte.

Am 16. glaubte Dembinski sicher zu sein, daß Schlick zur Vereinigung mit Windischgrätz marschire, zugleich aber schon einen zu großen Vorsprung habe, als daß man ihn bei weiterer Verfolgung einzuholen vermöge. Er beschloß nun seine Aufmerksamkeit durchaus auf die große Straße von Erlau über Gyöngyös nach Pesth zu richten. Die Division Kazinczy ward daher an diesem Tage nach Sajo Sz. Peter, die Division Mariásy nach Miskolcz gezogen, die Division Desewffy ging in diesen Tagen bis Mezö Kövesd vor.

Auf den früher erwähnten Befehl Dembinskis brach gleichzeitig Görgey von Kaschau in zwei Colonnen nach Süden auf. Die Colonne des rechten Flügels, zusammengesetzt aus den Divisionen Pöltenberg (früher Piller) und Guyon sollte über Moldau und dann das Bodvathal abwärts marschiren und am 20. Februar die Gegend von Edelény erreichen; die Colonne des linken Flügels bestehend aus den Divisionen Aulich und Kmety sollte über Enyiczke und Forró mit ihrer Spitze am 20. nach Szikszó gelangen.

Das 2. Armeecorps Répásy, jetzt noch aus den beiden Divisionen Szekulits und Hertelendy bestehend, weiter abwärts an der Theiß durch das 3. Corps abgelöset, ward den Strom aufwärts nach Tisza füred gezogen und schob seine Avantgardedivision Szekulits über den

Fluß nach Poroszló, mit den Vortruppen gegen Mezö Kövesd und Maklár vor.

Das 3. Armeecorps unter Damjanich sollte aus den zwei vom Serbenkriege zurückgezogenen Divisionen bestehen. Die Division Damjanich begann ihren Rückzug aus dem Banat am 16. Januar und zwar zunächst auf Arad, um sich dort zu reorganisiren; am 1. Februar traf sie vor Arad ein, was der Oberst Gál, Commandant der Blokadetruppen, zu einer freilich erfolglos bleibenden Aufforderung zur Uebergabe an den Festungscommandanten benutzte. Erst Ende Februar erreichte die Division Damjanich, welche nach der, wie früher bemerkt, nicht zur thatsächlichen Ausführung gekommenen Armeeeintheilung vom 12. Februar die Nummer 8 hatte, die Gegend von Czibakháza.

In der Bács hatte der dortige Obercommandant, Eszterházy, als der Befehl zur Räumung des Landes ankam, die ungarischen Truppen zum Uebertritte zu den Oesterreichern verleiten wollen, und ging als dieß wesentlich durch das energische Auftreten des Obersten Vécsey mißglückte, wenigstens für seine Person über. Nun nahm Vécsey das Commando der nach dem Norden bestimmten Bácser Division, Nr. 6 nach der Eintheilung vom 12. Februar, trat den Marsch nach Szegedin an, welches es in den letzten Tagen des Januar erreichte, nahm hier Cantonnirungen, um seinen Truppen Erholung zu gönnen und sie zu reorganisiren und marschirte dann Mitte Februar nordwärts nach Czibakháza, wohin er in den letzten Tagen des Februar gelangte.

Den Punkt Czibakháza, oberhalb Szolnok, welcher für die Ungarn der wichtigste Uebergangspunkt über die Mitteltheiß wurde seitdem die Oesterreicher unter Hartlieb am 28. Januar Szolnok wieder besetzt hatten, ließ die ungarische Regierung erst zu dieser Zeit verschanzen und versammelte zu seiner Deckung ein Detachement, meist Nationalgarden, unter Major Mészterházy.

Noch einmal ward Dembinski von der Linie Erlau-Gyöngyös auf Pesth abgelenkt und zwar durch Schlick.

Dieser General machte bei Losoncz und Rima Szombath Halt, sobald er bemerkte, daß Dembinski, weit entfernt, ihm nach der Kanonade von Tornallya zu folgen, vielmehr selbst zurückging, er schob sogar die Brigade Parrot nach Pétervására vor.

Nach Schlicks Nachrichten stand am 16. nur das einzige Corps Klapkas in der Gegend von Miskolcz, was auch im Wesentlichen seine Richtigkeit hatte. Schlick meinte nun, gegen jenes Corps lasse sich ein erfolgreicher Schlag thun, wenn einerseits er selbst gegen es vorrücke, andererseits Windischgrätz von Pesth über Gyöngyös. Er machte in einem Schreiben vom 16. Windischgrätz einen Vorschlag in diesem Sinne sprach aber dabei zu gleicher Zeit die Absicht aus, in seinen gegenwärtigen Cantonnirungen bis auf weitere Befehle stehen bleiben zu wollen.

Windischgrätz und sein Generalstab waren mit Recht gegen eine solche Operation. Sie wollten, daß zuerst die Vereinigung bewirkt werde, und dann erst an einen entscheidenden Schlag gedacht werde, sei es übrigens, daß man die Schlacht annehme, sei es, daß man sie suche. Demgemäß ward durch Befehl vom 18. Februar Schlick angewiesen, mit seinem Corps so schnell als möglich über Pétervására nach Gyöngyös auf die Hauptstraße zu rücken.

Indessen zuwider seiner gegen Windischgrätz ausgesprochenen Absicht, ohne dessen Befehl abzuwarten, entschloß sich Schlick unterdessen, den Schlag gegen das bei Miskolcz vermuthete Corps Klapkas auf eigene Faust und allein zu führen. Am 19. setzte er demgemäß die Brigaden Deym, Bergen und Kriegern nach Putnok in Bewegung; die von Windischgrätz nach Gyöngyös vorgeschobene Brigade Colloredo setzte er von seiner Absicht in Kenntniß und forderte Colloredo direkt zu seiner Unterstützung auf, indem er ihm mittheilte, daß er bei Putnok bis zum 21. auf ihn warten werde.

Als nun Dembinski das Wiedervorgehen Schlicks auf Putnok erfuhr, zog er die drei Divisionen Aulich, Pöltenberg und Guyon vom 7. Corps und die Division Schulz, — früher Kazinczy — vom 1. Corps nach Sajo Sz. Péter, wo sie am 21. eintreffen sollten und auch wirklich eintrafen. Zusammen waren diese vier Divisionen 16000 M. stark. Sie stießen an demselben Tage mit Schlick zusammen, welcher, als er ihre Ueberlegenheit erkannte, ohne sich auf ein ernstes Gefecht einzulassen, sofort seinen Rückzug antrat.

Bei Gelegenheit der Zusammenziehung dieser Truppen gab es wiederum eine Häkelei Dembinskis mit Görgey. Die Division Aulich, welche am 20. Februar unterwegs von Forró nach Szikszó war, erhielt von Dembinski direkt mit Umgehung Görgeys den Befehl auf Sajo Sz. Péter zu marschiren. Wie wir früher angedeutet, bestrebte sich Dembinski, nur die Divisionseintheilung anzuerkennen, während Görgey an der Corpseintheilung festhielt. Aulich gehorchte, aber sendete Meldung an Görgey, der an diesem Tage noch in Kaschau war. Görgey, der seine sämmtlichen Divisionen auf Miskolcz dirigirt hatte, wußte nicht, was er davon denken sollte und war, wie man sich vorstellen kann, mit diesem neuen Eingriff Dembinskis durchaus nicht einverstanden. Er eilte, um sich Aufklärung zu verschaffen, am 21. nach Miskolcz, wo Dembinskis Hauptquartier sein sollte, traf aber diesen, der bei Putnok war, nicht an. Er setzte nun eine schriftliche Vorstellung gegen diese Eingriffe in die Anordnungen der Corpscommandanten unter Hervorhebung der Nachtheile auf, welche sie für die Verpflegung und somit für die Aufrechthaltung der Disziplin mit sich bringen müßten, er sprach zugleich den Wunsch aus, sofort von der Rückkehr Dembinskis nach Miskolcz benachrichtigt zu werden.

Als Dembinski am 22. wieder in Miskolcz war, begab sich Görgey zu ihm und ward mit einer Szene empfangen. Dembinski machte seinem Untergeneral Vorwürfe, welche möglicher Weise zum Theil berechtigt waren, redete sich dabei aber in einen solchen Eifer hinein, daß er dem kalten Görgey nothwendig lächerlich werden mußte, was dessen Respekt vor ihm, der ohnehin nicht groß war, noch vollends den letzten Stoß versetzte.

Am 22. Februar, an demselben Tage, an welchem er die unglückliche Unterredung mit Görgey hatte, erhielt Dembinski den Befehl der ungarischen Regierung, nun ernstlich die Offensive zu ergreifen: Leopoldstadt und Esseg seien gefallen, Komorn und Peterwardein seien enge eingeschlossen, die Serben rüsteten sich kräftig zum Vordringen in die Theißebene zur Vereinigung mit Windischgrätz und die geringe Streitmacht, welche ihnen nach Abzug der Divisionen Damjanich und Vécsey oder des 3. Armeecorps gegenüber geblieben sei, könne ihnen unmöglich auf die Dauer Widerstand leisten. In Siebenbürgen ständen die Dinge zweifelhaft, zumal auch die Russen eingebrochen seien. Die Comitate, am linken Ufer der Theiß in den letzten Monaten ausschließlich von den Lasten des Krieges gedrückt, seien der Erschöpfung nahe und es müsse nothwendig ein größerers Gebiet zur Ernährung des Krieges erworben werden. Dagegen sei nun die Hauptarmee auf Kosten aller anderen Punkte so verstärkt worden, daß vorausgesetzt werden müsse, sie, wenn überhaupt eine, müsse fähig sein, einen entscheidenden Schlag zu thun.

Dembinski rüstete sich in der That zum ernsten Angriffe. Sein Plan war im Allgemeinen der folgende:

Ein Hauptangriff sollte durch eine Demonstration unterstützt werden; der Hauptangriff sollte auf der großen Straße von Erlau über Gyöngyös gegen die an dieser Straße östlich Pesth vereinigten Truppen des Fürsten Windischgrätz geführt werden. Die Demonstration sollte in einem Angriff auf Szolnok und Vordringen von dort an der Eisenbahnlinie auf Pesth bestehen. Sie hatte den Zweck, die Aufmerksamkeit des Fürsten Windischgrätz von der Erlauer Straße abzulenken; der Fürst sollte sich an der Erlauer Straße schwächen und dadurch den Ungarn hier der Sieg erleichtert werden, welche dann auch die an der Eisenbahn entfalteten österreichischen Truppen schlagen konnten. Die Demonstration sollte von dem 3. Corps, oder den Divisionen Damjanich und Vecsey, ausgeführt werden, sie konnte deshalb nicht vor den ersten Tagen des März ins Leben treten, da diese Divisionen Ende Februar erst im Anmarsche auf Czibakháza waren. Doch mußte sie dem Angriffe an der Erlauer Straße ihrem Zwecke nach nothwendig vorausgehen. Dieß hieß nichts anderes als der Hauptangriff muß auch bis in den März verschoben werden. Ungefähr zu demselben Resultate wäre man auch noch auf einem anderen Wege gekommen. Es mußte nämlich angenommen werden, daß die Oesterreicher nun wußten, es sei der bedeutendste Theil der ungarischen Hauptmacht gewesen, welcher Schlick zu seinem Flankenmarsche von Kaschau auf Rima Szombath gezwungen hatte, nämlich die beiden Corps von Görgey und Klapka, daß sie ferner wußten, diese Macht habe am 21. Februar noch Schlick bei Putnok gegenübergestanden. Sollten nun die Oesterreicher glauben, daß ihnen zur Zeit der Ausführung der Demonstration an der Szolnoker Eisenbahn hier und nicht bei Erlau die ungarische Hauptmacht gegenüberstehe, so mußten in den Tagen vom 21. bis zu demjenigen, an welchem die Demonstration begann, beträchtliche Theile der Anfangs zwischen Putnok, Erlau und Miskolcz entfalteten ungarischen Truppen hinter die Theiß und nach Szolnok herabgezogen sein. Dieß erforderte aber mindestens fünf Tage. Wäre also selbst das 3. Corps am 24. schon Szolnok gegenüber gewesen, durfte es doch vor dem 27. nicht angreifen und der Hauptangriff auf der Erlauer Straße durfte dann wohl nicht vor dem 1. März erfolgen.

Vorausgesetzt also, daß überhaupt auf die Einwirkung der Demonstration über Szolnok ein großer Werth gelegt werden sollte, daß man nicht vielmehr zu dem Schlusse kam, es sei besser, Zeit zu gewinnen und so bald als möglich mit den verfügbaren Truppen in geradester Linie zuzuschlagen, vorausgesetzt dieses mußte Dembinski mit dem Hauptangriff noch mehrere Tage warten.

Dieses beschloß er nun auch; dagegen wollte er jetzt schon an die Tarna vorrücken, welche zwischen Verpeléth und Bod von Norden nach Süden fließend, die Erlauer Straße quer durchschneidet und hier wollte er eine abwartende Stellung einnehmen, so lange Halt machen, bis die Demonstration bei Szolnok begonnen habe zu wirken. Dieß ließ sich allenfalls hören, wenn man annahm, Windischgrätz und Schlick würden sich ganz ruhig verhalten und ihrerseits nichts unternehmen. Vorausgesetzt aber, sie drangen auf der großen Straße gegen die Tarna vor, an welcher Dembinski lediglich warten wollte, um seinen Angriff vorzubereiten, so ward aus seinem beabsichtigten Angriff zunächst eine Defensivschlacht, zu welcher es außerdem kam, bevor die Demonstration von Szolnok ihre Wirkung gethan hatte.

Am 24. Februar gab Dembinski seine Dispositionen zur Besetzung der Tarnalinie aus.

Ehe wir die Ausführung derselben verfolgen, wollen wir nun die Lage auf Seiten der Oesterreicher in dieser Zeit etwas genauer betrachten und dabei zugleich einige Zwischenfälle einfügen, die der Schlacht voraufgingen und nicht ohne Einfluß auf sie selbst waren.

Der Fürst Windischgrätz erhielt am 12. Februar die Nachricht, daß Schlick dem vereinigten Angriffe Görgeys und Klapkas seitwärts über Moldau ausgewichen sei. Er setzte sich nun in Bereitschaft, Schlick an sich zu ziehen. Von den Umständen, insbesondere der Stellung der Ungarn zur Zeit der Vereinigung sollte es aber abhängig gemacht werden, auf welcher Straße diese zu bewerkstelligen sei.

Um sich nun Gewißheit darüber zu verschaffen, wie es mit den Ungarn auf der Erlauer Straße stände, ließ er am 13. Februar die Brigade Colloredo auf Gyöngyös abmarschiren. Bei diesem Orte sollte sie Halt machen und mittelst Detachements einerseits gegen Miskolcz und die Theiß hin streifen, andererseits in ihrer linken Flanke gegen Pétervására hin die Verbindung mit Schlick aufsuchen.

Gleichzeitig wurde die Brigade Wyß, welche ebenso wie die vorige, von der Verfolgung Görgeys Ende Januar abgerufen, zur Hauptarmee zurückgekehrt war, über Waitzen zur Aufnahme Schlicks nach Losoncz gesendet, aber schon am 16. Januar auf die Kunde, daß Schlick glücklich in der Gegend von Rima Szombath angelangt sei, bei Waitzen in ihrem Marsche angehalten.

Endlich ward zur selben Zeit die Brigade Dietrich von Nugent abgegeben und Anfangs bestimmt, die Verbindung der Hauptarmee mit den Serben herzustellen, nun zur Hauptarmee berufen. Der positive Grund, welcher hiezu veranlaßte, war die durch Schlicks Ausweichen möglich gewordene Vereinigung Görgeys mit Klapka, über welche das österreichische Hauptquartier allmälig ins Klare kam und gegen welche man sich stärken wollte.

Die Brigade Colloredo kam am 15. Februar in Gyöngyös an, streifte von hier vorwärts und trat mit Schlick in Nachrichtenverbindung, gemäß den erhaltenen Befehlen. Wie schon früher erzählt worden ist, kam Schlick den ihm zugegangenen Weisungen, sein Corps auf die Hauptstraße nach Gyöngyös zu führen, vorerst nicht nach und rückte sogar wieder auf eigene Faust vor, wobei es zu dem Zusammentreffen bei Putnok am 21. Februar kam.

Colloredo, dessen Stellung bei Gyöngyös mit seiner einzigen Brigade zu exponirt erschien, ward nun von Windischgrätz angewiesen, nach Hatvan zurückzuziehn und ein Detachement, welches an der Tarna in Kompolt stand, dafür bei Gyöngyös als äußersten Posten aufzustellen. Dieser Rückzug sollte am 18. Februar ausgeführt werden. Am Morgen desselben Tages ward aber das Detachement zu Kompolt um $5^1/_2$ Uhr von den Ungarn überfallen. Es war eine Abtheilung der Division Desewffy, die diesen Ueberfall ausführte. Wir verließen diese Division am 15. bei Harsány. Von dort führte sie Klapka, der sich persönlich bei ihr befand, in den nächsten Tagen nach Maklár, Szihalom und Mezö Kövesd vor und ordnete von hier aus den Ueberfall an. Die zwei in Kompolt überraschten Cürassierschwadronen flohen in größter Verwirrung mit Verlust von 35 Mann und 17 Pferden nach Bál Püspöki und wurden dann von hier nach Gyöngyös genommen, während Colloredo mit dem Gros seiner Brigade nach Hatvan ging.

Von hier aus berichtete Colloredo, daß die Ungarn sich in starken Massen gegen die Tarna zusammenzögen und sich offenbar zu einem Hauptschlage an der Erlauer Straße rüsteten.

In dem Falle gedachte Fürst Windischgrätz ihren Angriff in der Stellung von Gödöllö anzunehmen. Er zog hieher die Brigade Wyß von Waitzen, stellte dahinter bei Kerepes die Brigade Dietrich auf und nahm die Brigade Colloredo näher an Gödöllö nach Bagh hinter die Galga zurück, so daß an der großen Straße nunmehr die Brigaden Colloredo, Wyß und Dietrich aufgestaffelt waren. Zugleich ward nun Schlick wieder aufgefordert, sein Corps über Pétervására nach Gyöngyös zu führen, um so die an der Hauptstraße vordringenden Ungarn in Flanke oder Rücken zu fassen. Der Befehl auf Pétervására zu gehen ward dann noch einmal erneut, als die Absicht Schlicks auf Putnok zu gehen bekannt wurde. Ehe Schlick diesen letztern Befehl erhielt, berichtete er, daß er nun am 23. bei Pétervására und am 26. concentrirt bei Erlau stehen werde. Jetzt entschloß sich auch Windischgrätz wieder zum Vorgehn, zumal er erfuhr, daß die Ungarn und zwar nur das Corps Klapkas bei Mezö Kövesd ruhig ständen und ihrerseits nicht die Absicht zum Angriffe hätten; es ward Schlick gestattet, von Pétervására auf Erlau zu gehen. Dort sollte er am 26. stehen, an demselben Tage wollte Windischgrätz bei Kápolna eintreffen. Für den 27. sollte dann das weitere verabredet werden. Indessen auch hiebei sollte es nicht bleiben, wie wir alsbald sehen werden.

Da die Dinge etwas sehr stark durcheinander gehen, wird es passend sein, sie etwas klarer in ihren Grundzügen zu entwickeln. Wir haben es offenbar bei dem ganzen Hin und Her von Befehlen und Berichten mit zwei Feldherren, die verschiedenen An- und Absichten folgen, auf derselben Seite, nicht mit einem, wir haben es mit Schlick und Windischgrätz, nicht mit Windischgrätz allein zu thun.

Die Grundansicht Windischgrätzens ist ursprünglich, den Ungarn, deren Angriff er erwartet, eine Defensivschlacht vor Pesth zu liefern und Schlick zu seiner Verstärkung für dieselbe aus den Bergen auf die Hauptstraße hinabzuziehen.

Schlick denkt dagegen beständig an den Angriff.

Während Windischgrätz die Vereinigung mit Schlick immer in der Art will, daß er diesen nach rückwärts zieht, von Pétervására nach Gyöngyös, sucht Schlick beständig die Vereinigung nach vorwärts, bald über Putnok, bald über Erlau und will Windischgrätz dahin ziehen. Wir finden hier von Seiten des nominellen Oberfeldherrn weder straffen durchgreifenden Befehl, noch von Seiten des nominellen Unterfeldherrn auch nur den nothwendigsten Gehorsam; und der Unterfeldherr, Schlick, dringt endlich durch; Windischgrätz läßt ihm zu, daß er auf Erlau gehe und will selbst zur Vereinigung mit ihm an die Tarna nach Kápolna vorgehn.

Nun will es aber ein sonderbares Schicksal, daß gerade Schlick wieder eine Aenderung dieses endlich von ihm durchgesetzten Planes herbeiführen muß. Am 21. bei seinem Zusammenstoß mit Dembinski zwischen Putnok und Sajo Sz. Péter bringt er nämlich in Erfahrung, daß man es keinenfalls mit Klapkas Corps allein zu thun habe, daß vielmehr auch Görgey in der Nähe bei Miskolcz sei und berichtet darüber, indem er seinen Marsch nach Erlau selbst aufgibt, an Windischgrätz noch an demselben Tage. Windischgrätz erhält diesen Bericht am 22. und ertheilt nun an Schlick den bestimmten Befehl, er solle spätestens am 25. in Gyöngyös sein, ebendaselbst würde am gleichen Tage Windischgrätz selbst mit dem 2. Armeecorps eintreffen.

Am 23. Februar concentrirte nun wirklich Windischgrätz das 2. Corps unter Wrbna, bestehend aus den Divisionen Csorich und Edmund Schwarzenberg, zusammen $13^1/_2$ Bataillons, 13 Escadrons und 102 Geschütze oder etwa 15000 M.* an der großen Straße östlich Pesth bei Vagh, Gödöllö, Kerepes, am 24. rückte das Corps nach Hort und Hatvan vor; am 25. endlich marschirte der rechte Flügel unter

* S. Beilage A. zu diesem Abschnitte.

Edmund Schwarzenberg, zusammengesetzt aus der Kavalleriebrigade Bellegarde und der Infanteriebrigade Dietrich nach Árok Szállás, der linke Flügel, bei welchem sich Windischgrätz selbst befand, unter Csorich, zusammengesetzt aus den Brigaden Wyß, Colloredo, Schütte und der Hauptartilleriereserve nach Gyöngyös, wo die Vereinigung mit Schlick hätte erfolgen sollen, von wo dann weiter die Hauptmacht, Schlick und Csorich am 26. auf Kápolna, der rechte Flügel, Schwarzenberg auf Kál vorgehen sollten.

Die Dinge machten sich in der That anders. Am 24. in Hatvan erhielt Windischgrätz die Nachricht, daß der Offizier, welcher den letzten Befehl, am 25. spätestens in Gyöngyös zu sein, an Schlick hätte überbringen sollen, unterwegs auf Husaren gestoßen sei, daß Schlick also thatsächlich den Befehl nicht erhalten habe. Bald darauf aber erschien ein Ordonnanzoffizier Schlicks zu Hatvan, welcher Aufschlüsse über dessen neuste Absichten und Stellungen brachte. Daraus ergab sich, daß am 24. das Schlick'sche Corps mit den Brigaden Kriegern und Deym unter Schulzig in Pétervására, dahinter mit den Brigaden Bergen und Fiedler in Erdö Kövesd und Rad Ujfalu, mit der Brigade Parrot in Verebély bei Pásztó stehe, daß Schlick in dieser Stellung auch am 25. bleiben und am 26. zum Angriffe auf Erlau schreiten wolle.

Nun sendete Windischgrätz gegen Abend den Befehl an Schlick, sofort auf Gyöngyös zu marschiren und zwar über Pásztó und Pata, da der direkte Weg über Parád fast ungangbar sei; außerdem erhielten die nächsten Brigaden, Parrot in Verebély und Fiedler in Rad Ujfalu direkten Befehl. Sie sollten am 25. bis Pata, am 26. bis Gyöngyös gehn, die übrigen Brigaden sollten am 26. bis Pata kommen. Wir bemerken, daß der Weg von Pétervására über Pásztó und Pata $7^1/_2$ Meilen, also zwei starke Tagmärsche beträgt, die um so anstrengender sein mußten, da auch diese Straße um die Abfälle des Matragebirges herum namentlich in dieser Jahreszeit Vieles zu wünschen übrig läßt.

Schlick erhielt den Befehl des Fürsten Windischgrätz noch in der Nacht vom 24. auf den 25. Februar und verfügte sich nun am Morgen des letzteren Tages persönlich ins Hauptquartier nach Gyöngyös. Seine Truppen standen noch in ihren alten Quartieren, nur Parrot war auf den erhaltenen direkten Befehl nach Pata aufgebrochen. Schlick entschuldigte sein Stehenbleiben trotz der ihm zugegangenen Weisung mit der schlechten Beschaffenheit der Wege, den Rücksichten auf die Verpflegung und Aehnlichem, und schlug endlich vor, er wolle die Vereinigung von Pétervására die Tarna abwärts über Sirok und Verpeléth suchen und bei letzterm

Orte ganz bestimmt am 26. Februar eintreffen. Windischgrätz meinte, daß ihm unter den obwaltenden Umständen nichts anderes übrig bleibe, als auf den Vorschlag Schlicks einzugehen. Und es war auch wohl so, wenn man nicht mindestens einen vollen Tag verlieren wollte.

Die schließlichen Dispositionen für den 26. stellten sich daher folgendermaßen:

Wrbna geht mit seinen zwei Colonnen von Árak Szállás und Gyöngyös gegen Kal und Kápolna, also gegen die Front der Stellung vor, welche die Ungarn an der Tarna haben können;

Parrot trifft von Pata in Gyöngyös ein und wird an der großen Straße zur Unterstützung Wrbnas verfügbar;

Schlick marschirt die Tarna abwärts und nimmt die Stellung der Ungarn bei Verpeléth in die rechte Flanke und den Rücken.

Ehe wir nun verfolgen, was ungarischer Seits in den letzten Tagen geschehen war, müssen wir noch einen Blick auf die Streitkräfte werfen, welche Windischgrätz zunächst in seinem Rücken oder überhaupt zu Nebenzwecken verwendete.

Nach dem Abmarsche Wrbnas gegen die Tarna blieb in Ofen-Pesth die Brigade Liebler mit 4 Bataillons, 1 Escadron und 1 Batterie; in Gran 1 Bataillon und in Waitzen ein slowakisches Freicorps unter Szirmay.

Der Banus Jellachich mit den Brigaden Grammont, Karger, Rastich (früher Neustädter) und Ottinger, zusammen 9 Bataillons, 22 Escadrons und 48 Geschützen stand an der Szolnoker Eisenbahn, also zunächst der Demonstration gegenüber, welche Dembinski über Szolnok beabsichtigte. Diese hatte er aufzuhalten, wenn sie überhaupt zur Ausführung kam. Er sicherte somit die rechte Flanke der gegen die Tarna operirenden Hauptarmee. Bei deren Vorrücken ward er angewiesen, ein Detachement unter General Zeisberg, seinem Chef des Stabes, bestehend aus 2 Bataillons, 4 Escadrons und 2 Batterieen von Czegléd über Tápio Szele auf Jász Berény zu entsenden, um die Verbindung mit der Hauptarmee herzustellen und deren rechte Flanke gründlicher aufzuhellen, als dieß von der Szolnoker Eisenbahn aus unmittelbar möglich war. Zum Ersatz für dieses Detachement erhielt Jellachich ein Grenadierbataillon. Zeisberg erreichte am 25. Örs an der untern Tarna und ward von Windischgrätz angewiesen, am 26. über Heves vorzurücken und über Alles, was er vorwärts Heves vom Feinde anträfe, in dringenden Fällen an Wrbna nach Kápolna, in minder dringenden an Windischgrätz nach Gyöngyös zu berichten.

Auf ungarischer Seite stand am 22. Februar das 1. Armeecorps (Klapka) mit der Division Desewffy in Erlau, mit der Division Mariássy in Maklár und Mezö Kövesd, die Division Schulz stand weiter rückwärts in Harsány, das Hauptquartier des Corps war in Erlau.

Am 23. blieb die Division Desewffy mit dem Hauptquartier in Erlau stehen, Mariássy rückte nach Kerecsend vor und schob seine Avantgarde an die Tarna nach Kápolna; Schulz ging nach Mezö Kövesd.

Das 7. Armeecorps (Görgey) erhielt am 22. Februar den Befehl, aus der Gegend von Miskolcz dem 1. an der großen Straße zu folgen. Am 24. hatte Görgey sein Hauptquartier in Mezö Keresztes, seine Divisionen lagen in der Umgebung.

Die Division Szekulits vom 2. Armeecorps stand am 24. westlich Poroszló.

Das Hauptquartier Dembinskis war an diesem Tage zu Mezö Kövesd.

Auf die Nachricht, daß einige Brigaden Schlicks in Péterváſára eingerückt seien, ergriff Klapka die Lust, diese zu überfallen; er bestimmte hiezu die in Erlau stehende Division Desewffy und eine Hälfte der Division Mariássy, welche deshalb noch am 23. nach Sirok vorgehen mußte. Desewffy sollte von Batka vordringen. Der Angriff sollte am 24. Morgens auf ein Signal von beiden Colonnen gleichzeitig erfolgen. Klapka hatte von seiner Absicht Dembinski benachrichtigt und von diesem kam nun alsbald ein bestimmtes Verbot dieses Angriffes nach Erlau. Klapka ließ also Desewffy gar nicht ausrücken, dagegen hatte Mariássy den Gegenbefehl nicht erhalten, ging wirklich gegen Péterváſára vor und griff, nachdem er lange auf das Signal gewartet, in der Meinung, daß es nur nicht bemerkt worden sei, mit 5 Compagnieen, einer Escadron und 4 Geschützen allein an. Anfangs war sein Angriff glücklich, er drang in den Ort ein, doch bald konnten die Oesterreicher sich sammeln und besinnen und nun ward er schnell und mit Verlust zurückgetrieben.

Dembinski war, wie über den Ueberfall von Kompolt am 18., so auch über diesen von Péterváſára am 24. höchst ungehalten. So wunderbar dieß auf den ersten Blick scheinen mag, so erklärlich wird es doch, wenn man sich in Dembinskis Stelle versetzt, der ja die Absicht hatte, vielleicht eine Woche lang ruhig an der Tarna in größter Nähe seines Gegners mit seiner gesammten Hauptmacht stehen zu bleiben, um erst an einer ganz andern Stelle, bei Szolnok, eine Demonstration zu machen, die beim Feinde die Meinung erwecken sollte, daß dort die Hauptmacht der

Ungarn auftrete. Wenn nun im Norden, am Matragebirge und der Erlauer Straße eine kecke Unternehmung der andern folgte, wie sie von kleinen Detachements nur dann gewagt zu werden pflegen, wenn dieselben sich in der Nähe von großen Massen gestützt wissen, so konnte die Szolnoker Demonstration endlich Niemanden mehr täuschen und mußte völlig ihre Wirkung verfehlen.

Am 25. Februar mußte die Division Desewffy nach Verpeléth vorrücken, die Division Mariásy nach Kápolna, die Division Schulz kam dafür nach Erlau und Bakta.

Die Division Szekulits vom 2. Corps ging nach Füzes Abany vor, das 7. Corps nach Maklár, Mezö Kövesd, Mezö Keresztes, Nyárád und Abrány, das Hauptquartier der Armee ward nach Erlau verlegt.

Am 26. Februar Morgens endlich hatten die ungarischen Truppen, soweit sie hier in Betracht kommen, folgende Stellungen:

An der Tarnalinie standen vom rechten nach dem linken Flügel gerechnet:

Die Division Desewffy vom 1. Corps bei Verpeléth mit vorgeschobenem Posten am Tarnaübergang bei Sirok an der Straße von Verpeléth nach Pétervására, also Front gegen Schlick;

die Division Pöltenberg vom 7. Corps bei Döbrö, wohin sie von Maklár vorgezogen war;

die Division Mariásy vom 1. Corps bei Kápolna;

die Division Szekulits vom 2. Corps bei Kál.

In zweiter Linie standen, wieder vom rechten nach dem linken Flügel gezählt:

die Division Schulz vom 1. Corps bei Erlau und Bakta;

die Divisionen Aulich, Guyon und Kmety vom 7. Corps bei Maklár, Mezö Kövesd und Abrány;

die Division Hertelendi vom 2. Corps bei Poroszló und Tisza füred;

Es standen also am 26. Morgens 4 Divisionen an der Tarna und 5 weitere Divisionen bis auf 5 Meilen, also 2 kleine oder einen forcirten Marsch davon entfernt.

Das Hauptquartier des 7. Corps war für den 26. Februar Mezö Kövesd, dasjenige Dembinskis Erlau.

Von den 38000 M., über welche Dembinski an der Erlauer Straße verfügen konnte standen 17000 M. am 26. an der Tarna. *

* S. Beilage B. zu diesem Abschnitte.

Die Besetzung der Tarna war nach den bis zum 26. Februar reichenden Dispositionen Dembinskis geschehen. Es standen nun an diesem Flusse Divisionen von 3 verschiedenen Armeecorps, von denen eine ohne Corpscommandanten, die beiden hier aufgestellten Divisionen des 1. Corps aber waren durch eine solche vom 7. Corps (Pöltenberg) von einander getrennt. Dieß war eine Consequenz des Bestrebens Dembinskis, die Armeeeintheilung vom 12. Februar in selbstständige Armeedivisionen aufrecht zu erhalten, obgleich dieselbe thatsächlich durch den Widerstand der Corpscommandanten bereits aufgegeben war. Wir bemerken dieß hier nur, da wir späterhin doch wieder darauf zurückkommen müssen.

Die Schlacht von Kapolna.

Erster Tag; 26. Februar.

Am 26. Februar Morgens nach dem Abkochen brach die Colonne des linken österreichischen Flügels unter Wrbna und Csorich mit den Brigaden Wyß, Colloredo und Schütte von Gyöngyös auf; die Geschützhauptreserve folgte eine Stunde später. Die Brigade Parrot kam um 12 Uhr Mittags in Gyöngyös an, wo die Bagage zurückgelassen war und sendete in der linken Flanke Streifpartieen auf Verpeléth in östlicher, Parád in nördlicher Richtung, um die Verbindung mit Schlick zu suchen und etwaige Bewegungen der Ungarn in dieser Gegend zu beobachten.

Die Colonne des rechten Flügels bei Árok Szállás unter Schwarzenberg ließ ihre Avantgarde unter Oberstlieutenant Nostiz um 9 Uhr Vormittags gegen Kál aufbrechen und folgte bald selbst nach.

Um 2 Uhr Nachmittags war die Avantgardebrigade Wyß der linken Colonne nur noch eine gute Stunde von Kápolna entfernt, bald darauf konnte man von ihr aus die Aufstellung der Ungarn erkennen.

Die vier oder eigentlich nur drei Divisionen der Ungarn, da Desewffy auf Sirok vorgegangen war, hielten von Verpeléth bis Kál eine Front von $1^3/_4$ deutschen Meilen oder 17500 Schritt besetzt, so daß auf jeden Schritt der Front nicht einmal ein Mann kam.

Die Tarna ist auf beiden Seiten von sanften Höhen, den südöstlichen Abfällen des Matragebirges, begleitet; das rechte Ufer der Tarna oder das westliche, den Oesterreichern zugekehrt, überhöht fast überall das östliche oder linke. Die Ungarn hatten daher ihre erste Linie über die Tarna auf die Höhen am rechten Ufer vorgeschoben und zwar um etwa 2000 Schritte. 1200 bis 1500 Schritte vor der Mitte ihrer Stellung durchschnitt ein Graben, welcher hier parallel der Tarna läuft, sich später aber südwärts ziehend mit ihr vereinigt, die große Straße nach Erlau.

Bei der unmäßigen Ausdehnung der ungarischen Front war es erklärlich, daß sich in der Linie bedeutende Lücken befanden; so lag zwischen Döbrö und Tóthfalva-Kápolna ein lichter Wald auf dem südlichen Abfalle der nördlichen Höhen, die sich zur Hauptstraße absenken, welcher gänzlich unbesetzt geblieben war. Ein anderer Wald befand sich vor Kompólt zwischen den Positionen vorwärts Kápolna einerseits, Kál andererseits. Am linken Tarnaufer liegen Verpeléth und Felsö Döbrö nördlich der Straße, Kápolna an der Straße und Kál südlich der Straße; am rechten oder westlichen Tarnaufer Alsó Döbrö nördlich der Straße, Tóthfalva nahe an ihr, Kompólt südlich derselben; alle diese Ortschaften dicht am Fluß mit einziger Ausnahme von Kál, welches etwa 2000 Schritte von ihm entfernt bleibt. Die beiden oben erwähnten Wälder wollen wir als diejenigen von Döbrö und Kompólt bezeichnen.

General Wyß, sobald er den Feind sich gegenübersah, ließ seine Reiterei, $2^3/_4$ Escadrons mit 6 Geschützen vorrücken und marschirte unter ihrem Schutze rechts oder südlich der Straße auf; die zunächst herankommende Brigade Colloredo entwickelte sich dann links (nördlich) der Straße; sie bemerkte bald, daß sie ungarische Truppen in der linken Flanke habe und zog sich daher alsbald links gegen Vécs, besetzte auch den Wald von Döbrö, Anfangs nur mit einer Jägercompagnie. Als aber nun Pöltenberg auf denselben aufmerksam wurde, ein Bataillon mit Geschütz gegen ihn richtete und in ihn eindrang, wurden noch 3 Compagnieen unter Major Kronenberg hineingeschickt, welchen es gelang, die Ungarn herauszutreiben. Pöltenberg erneute den Kampf und es mußten noch 4 Compagnieen mit einer der Reserve entnommenen Batterie auf diesen Punkt gerichtet werden. Endlich folgte Colloredo mit dem ganzen Rest seiner Truppen, allerdings nur noch 8 Compagnieen, links abmarschirend, nach. Schon von Anfang an war das Intervall zwischen seiner Brigade und derjenigen von Wyß ziemlich bedeutend gewesen, da von Anbeginn das Augenmerk der Brigade Colloredo auf den Wald von Döbrö gerichtet war, jetzt ward es noch bemerkbarer und Csorich füllte es, sobald die Artilleriereserve herankam mit 6 Batterieen aus, welche von der Brigade Schütte gedeckt wurden. Im Centrum entspann sich nun eine Kanonade, die bis in die Nacht dauerte und in der namentlich eine Raketenbatterie lange verharrte, die es darauf abgesehen hatte, Kápolna in Brand zu schießen, ohne daß auf diesem Punkte sich etwas weiteres ereignet hätte.

Wie hier beschränkte sich auch bei der Brigade Wyß zunächst Alles auf eine Kanonade, bei der von österreichischer Seite zuletzt 6 Batterieen verwendet wurden.

Schwarzenberg war schon 2 Stunden vor Kál bei Nagyút auf die Vortruppen von Szekulits getroffen, welche sich sofort auf ihre Division zurückzogen. Er folgte nun und entwickelte sich südlich dem Walde vom Kompólt, indem die Kavallerie den Graben zunächst westlich der Tarna übersetzte, von welchem früher die Rede gewesen ist, und die Brigade Dietrich östlich dieses Grabens aufmarschirte. Eine Kanonade, welche sich entspann, belästigte die Division Szekulits wenig und dieselbe behielt ihre Stellung bis zum Abend bei, ohne selbst dann, wie wir sehen werden, gezwungen zu sein, sie aufzugeben.

Während Wyß seine Kanonenkugeln unnützer Weise gegen Kápolna sendete und Schwarzenberg nichts that, besetzten einige Bataillone von Szekulits und Mariásy den Wald von Kompólt in der rechten Flanke von Wyß und drangen durch denselben theilweise bis auf die Höhe des zweiten Treffens der Brigade Wyß vor. Nun ging ihnen dieser mit seiner Reiterei und 9 Geschützen in Front und Flanke zugleich und trieb sie nicht ohne Anstrengung in den Wald zurück, da namentlich die ungarischen Husaren mit Kühnheit das Handgemenge suchten und so die österreichische Artillerie, die nicht die eignen Leute treffen mochte, überhaupt am Feuern hinderten. Erst ein Flanken- und Rückenangriff von 3 Zügen österreichischer Reiterei brachte auch die Husaren zum Rückzuge auf ihre am Waldrande aufgestellten Geschütze, worauf nun auch die Artillerie von Wyß ihr Feuer eröffnen konnte. Im Walde stießen die Ungarn dann noch mit einem Detachement zusammen, welches Schwarzenberg in seine linke Flanke entsendet hatte, um die Verbindung mit Wyß herzustellen.

Als auf dem linken österreichischen Flügel Colloredo seine ganze Brigade in den Wald von Döbrö geworfen hatte, machte hier bei schon einbrechender Dunkelheit Pöltenberg noch einen Versuch, den Wald wieder zu nehmen. In zwei Treffen, das zweite hinter dem rechten Flügel des ersten führte er den größten Theil seiner Division vor.

Major Kronenberg brach ihm entgegen mit 8 Compagnieen aus dem Walde; 5 richtete er gegen die Front, 3 gegen die rechte Flanke der ungarischen ersten Linie; letztere wurden ihrerseits von der zweiten Linie der Ungarn angegriffen und hart ins Gedränge gebracht, als ihnen eine unerwartete Unterstützung kam.

Csorich hatte nämlich schon von Gyöngyös aus 4 Compagnieen unter Hauptmann Brandenstein über Sár und Domoszló gegen Verpeléth entsendet, um dort Schlicks Eintreffen zu erwarten und sich dann gegen Kápolna zu wenden. Brandenstein hatte Schlick nicht angetroffen, dagegen die ungarische Division Desewffy und marschirte, da es weder in seiner Aufgabe lag, noch seine Stärke es zuließ, Verpeléth anzugreifen, als er das Feuer in seiner rechten Flanke hörte, die Tarna abwärts nach Döbrö. Er kam nun hier gerade zur rechten Zeit, um den Angriff der Ungarn auf den Wald abweisen zu helfen.

Dieß war auf dem linken österreichischen Flügel der letzte Act des Kampfes.

Schlick, von Gyöngyös zurückkehrend, war am 26. gegen Mittag erst wieder nach Pétervására gekommen und ertheilte hier seinen Brigaden sofort Marschbefehl. Ueber dem Abmarsch wurde es 1 Uhr, die Wege waren sehr schlecht und das Dunkel brach schon herein, als Schlicks Spitze Sirok erreichte und dort an der Tarnabrücke auf die Vorhut der Division Desewffy stieß. Nach kurzem Widerstande räumten die Ungarn Sirok; bei dem Orte lagerte dann Schlick mit seinem Gros und schob seine Vortruppen noch am rechten Tarnaufer bis Sz. Mária gegen Verpeléth vor. Er konnte dieß, da Desewffys Vorhut von Sirok statt auf dem rechten, vielmehr auf dem linken Tarnaufer gegen Bakta und die Division Schulz ausgewichen war.

Das rechte Flankendetachement der Oesterreicher unter Zeisberg war am 26. Morgens statt bis Heves nur bis Méra und Bocsonád gekommen; Zeisberg selbst begab sich von da nach Gyöngyös, um von Windischgrätz nähere Verhaltungsbefehle einzuholen, sein Stellvertreter aber führte, als er in der Richtung nach Kál Kanonendonner hörte, seine Truppen auf Nagyút, von wo er, ohne am Gefechte Theil genommen zu haben, am Abende nach Méra und Bocsonád zurückgenommen wurde.

Die Oberbefehlshaber beider Parteien griffen in die Leitung des Gefechtes vom 26. Februar nicht direkt ein. Windischgrätz blieb den ganzen Tag in Gyöngyös in höchster Sorge um Schlick, von dem sich nichts hören ließ. Man fürchtete, dieser General sei bei seiner Rückreise nach Pétervására von den Ungarn aufgehoben, seine Brigaden befänden sich demnach ohne Commando und ohne Weisungen. Für diesen Fall wurden nun Befehle nach Pétervására gesendet.

Görgey befand sich eben bei Dembinski in Erlau, und war mit diesem bei Tische, als am 26. Nachmittags der Kanonendonner von Kápolna herüberschallte. Dembinski wollte zuerst nicht daran glauben und als er sich endlich überzeugen mußte, daß es sich wirklich um einen Kampf an der Tarna handle, ward er sehr zornig; wie früher über die Ueberfälle Klapkas, so jetzt darüber, daß Windischgrätz nicht gewartet habe, bis er mit allen seinen Anstalten fertig war und das Incognito der Ungarn an der Tarna so wenig achtete. Nach mancherlei Verzögerungen fuhr er mit Görgey nach Kápolna und erreichte dieß erst gegen Dunkelwerden. Er selbst wie Görgey machten sich mit Husarenpferden beritten; Dembinski wollte dafür sorgen, daß bei Kápolna den Ungarn die Tarnalinie bleibe; dasselbe sollte Görgey bei Kál zu erzielen suchen.

Als dieser nach vielem Suchen die Division Szekulits fand, war das Gefecht hier bereits gänzlich verstummt und Szekulits stand ruhig am rechten Ufer der Tarna, eine schwer practicable Furth über den sumpfigen Bach im Rücken. Görgey zog ihn ans linke Tarnaufer gegen Kál zurück und begab sich nach Kápolna, um dort Dembinski und Befehle für den folgenden Tag zu suchen.

Pöltenberg war nach Verlust des Waldes von Döbrö und, nachdem der Versuch, ihn am Abend wieder zu nehmen gescheitert, ans linke Tarnaufer bis gegen Kerecsend zurückgegangen.

Zweiter Tag; 27. Februar.

So wenig es nach Dembinskis Wunsche war, an der Tarna angegriffen zu werden, mußte er doch nun, da der Feind seinem Wunsche nicht entsprochen hatte, wohl oder übel auch am 27. den einmal begonnenen Kampf fortführen. Spät am Abend des 26 gab er die Dispositionen für den folgenden Tag.

Klapka mit der Division Desewffy sollte Verpeléth vertheidigen gegen Norden zu, also Schlick aufhalten; Pöltenberg sollte über Döbrö, wohin er wieder vorzurücken hatte, die Verbindung Wrbnas mit Schlick auf der Straße Domoszló-Verpeléth verhindern, Mariásy bei Kápolna, Szekulits bei Kál die Tarna halten.

Für die rückwärtigen Divisionen ward bestimmt, daß Aulich von Maklár nach Kál gehe, um sich hier mit Szekulits zu vereinigen: Guyon und Kmety sollten von Mezö Kövesd und Abrány in der Nacht aufbrechen, ersterer nach Kápolna, wo er zur Unterstützung Mariásys um 10 Uhr einzutreffen habe, letzterer nach Kerecsend, um dort die Reserve zu bilden. Es wird gut sein zu bemerken, daß der Weg von Mezö Kövesd nach Kápolna 3, von Abrány nach Kerecsend 4 Meilen beträgt, dieß macht für Guyon etwa 6, für Kmety 8 Zeitstunden. Guyon hätte also spätestens um 4 Uhr Morgens von Mezö Kövesd, Kmety eben so früh von Abrány aufbrechen müssen, wenn auf letzteren auch nur um die Mittagsstunde gerechnet werden sollte, und dabei mußten sie die Zeit aufs Aengstlichste wahrnehmen.

Die Division Schulz sollte bei Bakta und Szoláth zur Deckung Erlaus stehen bleiben; endlich war festgesetzt, daß Dembinski selbst im Centrum, Görgey auf dem linken, Klapka auf dem rechten Flügel die Oberleitung übernähme.

Wurden diese Dispositionen rechtzeitig ausgeführt, so hätten nun auf dem rechten Flügel zwei Divisionen vom 1. Corps (Schulz und Desewffy), eine vom 7. Corps (Pöltenberg) gestanden; im Centrum eine vom 1. Corps (Mariásy), zwei vom 7. Corps (Guyon und Kmety), endlich auf dem linken Flügel eine vom 2. Corps (Szekulits) und eine vom 7. Corps (Aulich). Wieder waren also die Divisionen absolut durcheinander gewürfelt. Allerdings war die Eintheilung in zwei Corps, das Görgey'sche und das Klapka'sche — die Division Szekulits nicht gerechnet — zur Führung einer Schlacht eine durchaus ungeschickte; indessen besserte Dembinski, da er ja doch das Obercommando nach Flügeln vertheilte, nichts und nur der Nachtheil der Sache blieb, daß die Truppen unter der Leitung ihnen unbekannter Führer kämpfen mußten.

Görgey kam sehr spät am Abend des 26. von seinem Ritte zu Szekulits nach Kápolna zurück, fand dort Dembinski bereits schlafend, aber die Dispositionen bereit. Da er gar keinen Stab zu seiner Verfügung hatte, — nur sein Generalstabschef war mitgekommen — hatte dieser letztere die Befehle an Aulich und Kmety nach Maklár und Abrány durch einen Boten Dembinskis über Erlau gesendet, wo sich zwei Ordonanzoffiziere von Görgey befanden, welche sie weiter befördern sollten.

Die Division Guyon beschloß Görgey persönlich aufzusuchen. In Kerecsend fand er Pöltenberg und bedeutete diesem, daß er noch vor Anbruch des Tages wieder an die Tarna vorrücken müsse Darauf kam er, seinen Weg fortsetzend, um 4 Uhr Morgens nach Mezö Kövesd, wo er die Division Guyon sofort allarmiren ließ. Es wurde heller Tag, bevor diese Division in Marsch kam.

Windischgrätz, noch immer zu Gyöngyös, befahl am Morgen des 27. Februar Parrot, 4 Escadrons nach Kápolna vorzusenden und mit dem Rest seiner Brigade, 3 Bataillons, 1 Escadron und 1 Batterie vor Gyöngyös Stellung zu nehmen und Streifpartieen gegen Paráb, Verpeléth und Heves auszusenden. Dann begab er sich an die Tarna vor, um hier den Angriff zu leiten. Er beschloß, in der Gegend von Tóthfalva angekommen, den Hauptangriff auf Kápolna zu richten weil in dieser Gegend das hohe rechte Ufer des Baches besonders günstige Verhältnisse für die Uebersicht und die Wirkung auf das linke Ufer darzubieten schien. Doch wollte er mit dem Beginne des Angriffs warten, bis sich von Schlick etwas in der rechten Flanke der Ungarn sehen ließe.

Gegen 8 Uhr Morgens sah man in der Gegend von Verpeléth Rauchsäulen aufsteigen und vernahm aus derselben Richtung Kanonendonner.

Schlick war Morgens um 4 Uhr am 27. von Sirok aufgebrochen und traf erst um 7 Uhr auf die Ungarn, die Division Desewffy, dicht vor Verpeléth. Er ordnete nun seine Truppen zum Angriffe auf das Dorf und sendete zugleich einen Ordonnanzoffizier auf Kápolna an Windischgrätz, um weitere Verhaltungsbefehle einzuholen. Um $8^1/_2$ Uhr traf dieser Offizier bei Kápolna ein; Windischgrätz bestimmte, daß Schlick nach der Wegnahme von Verpeléth am linken Ufer der Tarna abwärts zur Vereinigung mit Wrbna vordringen solle, der seinerseits bei Kápolna den Fluß überschreiten werde.

Klapka hatte bei Verpeléth in der Division Desewffy nach Abgang des am 26. von Sirok auf Batka abgedrängten Detachements nicht mehr als 3600 M., 500 Pferde und 16 Geschütze; Pöltenberg und Schulz wurden, als Schlick sich entwickelte, um das Dorf, welches am linken Tarnaufer liegt, vom rechten her anzugreifen, befehligt, von Döbrö und Szolláth aus Klapka zu unterstützen.

Nachdem Schlick die vorgeschobenen Posten der Ungarn nach Verpeléth zurückgetrieben hatte, ließ er sogleich zwei 6pfdr.-Batterieen, eine 12pfdr.-Batterie, eine Raketenbatterie und neun Kavalleriegeschütze, d. h. im Ganzen 33 Geschütze oder doppelt so viel als Klapka überhaupt zu Gebote standen, zur Beschießung des Ortes auffahren.

In kurzer Zeit war Klapkas Artillerie theils zum Schweigen gebracht, theils zum Abfahren veranlaßt. Nun, zwischen 9 und 10 Uhr, ließ Schlick die Brigade Kriegern mit 2 Bataillons im ersten, einem im zweiten Treffen zum Sturme auf Verpeléth vorgehen. Vergebens versuchte Klapka mit zwei schwachen Bataillons, dem 1. von Don Miguel Infanterie Nr. 39. und dem 43. Honvédbataillon zu widerstehen. Nach lebhaftem Straßenkampfe wurden diese in den südöstlichen Theil des Ortes zurückgedrängt; das den Oesterreichern hier entgegengeführte 34. Honvédbataillon brachte zwar die erste feindliche Linie zum Stutzen und Schwanken, ward aber seinerseits von Kriegerns zweiter Linie angegriffen und nun ebenfalls zurückgetrieben.

Verpeléth war verloren und die Division Desewffy ging in ziemlicher Auflösung in südöstlicher Richtung zurück. Schlick zog nun das Cürassierregiment Prinz von Preußen unter Führung des Generals Deym über die Tarna und durch Verpeléth zur Verfolgung vor. Die Cürassiere warfen 5 Schwadronen Husaren, die Klapka nur nach und nach ihnen entgegenstellte, nacheinander über den Haufen, stürzten sich auf eine noch schlagfähige Batterie, hieben deren Bedienungsmannschaft nieder und waren im Begriff, die Geschütze abzuführen, als Pöltenberg von Döbrö zu Klapkas Unterstützung herankam und die Husaren, die er mitbrachte, in die rechte Flanke der Cürassiere vorgehen ließ. Nun machte auch das 14. Honvédbataillon, welches noch ziemlich zusammen war, wieder Front und gab den Cürassieren eine Salve. Diese wichen auf Verpeléth, das Bataillon folgte ihnen dahin, ward aber hier so übel empfangen, daß es alsbald wieder umkehrte. Es war im Wesentlichen nichts gewonnen, als Sicherung des Rückzuges, Aufhalten von Schlicks Verfolgung, Zeit, die auseinandergekommenen ungarischen Truppen wieder zu sammeln. Es war um Mittag. Wir verlassen hier den linken Flügel der Oesterreicher, welchen nunmehr das Schlick'sche Corps bildet, um zu sehen, was unterdessen im österreichischen Centrum, bei der Colonne Wrbnas und Csorichs geschehen war.

Sobald man im österreichischen Centrum die Annäherung Schlicks an Verpeléth erkannte, mußte die Brigade Wyß ihre Anstalten zum Angriff auf Kápolna treffen. Drei Batterieen wurden gegenüber dem Dorfe am rechten Thalrand der Tarna aufgefahren, in den Weingärten davor lag das zweite Feldjägerbataillon versteckt; ein Bataillon von Fürstenwärther Infanterie Nr. 56 stand rückwärts links der Straße, ein Bataillon von Großherzog von Baden Infanterie Nr. 59 noch weiter zurück an der großen Straße.

Die drei österreichischen Batterieen veranlaßten die ungarischen der Division Mariássy nach nicht langer Zeit zum Zurückgehen, auch die Infanterie Mariássys zog sich ins Dorf Kápolna zurück. Alles dieses war von dem hohen rechten Thalrand deutlich zu erkennen. Nun führte Wyß das 2. Jägerbataillon und das Bataillon Baden Infanterie zum Sturme auf Kápolna über die Tarna; obwohl begrüßt von den ungarischen Batterieen, welche beiderseits des Dorfes wiederum abgeprotzt hatten, drang er dennoch ein. In Kápolna aber kam es zu einem heftigen und ziemlich hartnäckigen Straßengefechte. Schon schien sich dieses für die Oesterreicher zu entscheiden; in dieser Voraussicht eilte Wyß ans rechte Tarnaufer zurück zu der Reiterei, welche unter Oberst Montenuovo die Verbindung zwischen dem Centrum und dem rechten Flügel (Schwarzenberg) deckte, um diese zur Verfolgung des Sieges durch Kápolna vorzuholen.

Auf dem österreichischen rechten Flügel hatte Schwarzenberg den Kampf erst eröffnet, als er im Centrum bereits im Gange war. Zunächst drängte er die schwachen Vortruppen, welche Aulich, der in Abwesenheit Görgeys hier commandirte, ans rechte Tarnaufer geschoben hatte, an die linke Seite des Flusses zurück, indem er 2 Escadrons Cürassiere und 6 Geschütze in ihre linke Flanke entsendete. Als dieß geschehen war, ließ er vom rechten Ufer her Kál heftig beschießen, ohne sonst etwas Ernstes zu unternehmen.

Als Wyß nach Kápolna zurückkehrte, fand er dort die Dinge in sehr schlechtem Stande.

Unmittelbar nachdem Wyß sich von Kápolna entfernt hatte, ließ Dembinski das 47. Honvédbataillon, dem ein Bataillon Zanini rechts rückwärts in der Richtung auf Tóthfalva auf dem Fuße folgen mußte, zur Wiedereroberung von Kápolna vorrücken; zwei Batterieen in zwei Abtheilungen rechts und links des Dorfes unterstützten den Angriff, und Aulich, da er so wenig von Schwarzenberg belästigt ward, schickte sich gleichfalls zu diesem Ende an, seinen rechten Flügel vorzunehmen. Die Oesterreicher wichen. Da ließ Wyß ein Bataillon von Schönhals Infanterie geschlossen in das Dorf einrücken, das 47. Honvédbataillon wich zurück und die österreichischen Truppen im und beim Dorfe konnten sich sammeln, gefolgt freilich von dem Bataillon Zanini.

Eine Division des von Wyß herangeführten Bataillons Schönhals hatte sich am Kirchhofe aufgestellt, die beiden andern Divisionen (zu je 2 Compagnieen) waren nach den Hauptseitenausgängen entsendet. Das Bataillon Zanini griff die am Kirchhof aufgestellte Division Schönhals an; diese aber hielt Stand, die beiden andern Divisionen kehrten alsbald um und fielen dem Bataillon Zanini in beide Flanken. Dasselbe ward aus dem Dorfe herausgeworfen und versprengt; was von ihm entkam flüchtete über die Tarna und durch den Wald von Döbrö. Damit war um Mittag Kápolna in den Händen der Oesterreicher.

Dembinski ließ östlich Kápolna auf dem Thalrande seine Batterieen auffahren, um wenigstens die Brigade Wyß vorerst am Vordringen aus dem Dorfe zu verhindern, die Bataillone Mariássy von Neuem zu sammeln und Guyon zu erwarten, um dann mit diesem den Kampf zu erneuern; Aulich zog gleichfalls seine rechts entsendeten Truppen in ihre Aufstellung zurück.

Als am Morgen Schlick ernstlich Verpeléth angriff und Dembinski Pöltenberg zur Unterstützung Klapkas bestimmte, änderte er zugleich seine Anordnungen vom vorigen Tage dahin ab, daß Görgey die Oberleitung auf dem rechten Flügel übernehmen sollte, da Klapka und Pöltenberg beide Obersten waren und er, wenn auch mit Unrecht, fürchtete, daß es

Häckeleien zwischen ihnen geben könne. Aulich sollte auf dem linken Flügel commandiren, wie dieß thatsächlich von Anbeginn der Fall war, da, wie erzählt, Görgey nach Mezö Kövesd geritten war, um von dort Guyon heranzuholen. Görgey hatte in Folge seiner Abwesenheit diesen abändernden Befehl gar nicht erhalten.

Da Guyon auf dem Schlachtfelde sehr tapfer, ferne demselben aber höchst unzuverläßig war und gerne fünf grade gehen ließ, hatte es Görgey für angemessen erachtet, die Division nicht eher zu verlassen, als bis er sie nach Kerecsend vorgebracht hätte. Es war 11 Uhr, als sie diesen Ort erreichte. Hier ließ nun Guyon erst noch eine Schnapsvertheilung vornehmen, wie es bei bevorstehendem Kampfe seine Gewohnheit war.

Erst nachdem diese vollendet war, begab sich Görgey, der Division vorauseilend, nach Kápolna zu Dembinski, um diesem Guyons Herannahen zu melden. Dembinski hatte gar nichts von Görgeys Abwesenheit gewußt und war daher sehr erstaunt, daß sich derselbe nicht auf dem rechten Flügel befinde; er gab ihm die Weisung, sich dorthin zu begeben und das Commando zu übernehmen.

Als Görgey um 12½ Uhr bei Klapka und Pöltenberg ankam, war daselbst eine Pause eingetreten. Nachdem nämlich der Angriff der Cürassiere unter Deym mißglückt war, hatte Schlick beschlossen, erst noch die beiden Brigaden Pergen und Fiedler abzuwarten, ehe er weiter vorgehe. Görgey fand Pöltenberg und Klapka in einer Unterredung mit einander, ihre Truppen, mindestens die Klapkas, in ziemlicher Unordnung.

Es ward nun beschlossen, daß Klapka nach Szalók eilen solle, um von dort die daselbst ganz überflüssige Division Schulz heranzuholen, welche hier gute Dienste leisten konnte, während Görgey das Commando gegen Verpeléth übernehme.

Görgey beschloß, auf den Höhen, welche am linken Tarnaufer im Osten und im Süden Verpeléth umgeben und einen gegen den Ort hin geöffneten Winkel bilden, dessen südlicher Schenkel von Fel Döbrö nach Osten läuft, während der östliche ungefähr der Tarna auf große Kanonenschußweite parallel zieht, eine Vertheidigungsstellung zu nehmen. Der dominirende Punkt dieser Höhen liegt im Scheitel des Winkels gegen Kerecsend zu. Die Höhen sind zum Theil, namentlich am Scheitelpunkte bewaldet, senken sich gegen Verpeléth namentlich von Süden nach Norden flach, minder flach von Osten nach Westen ab, südwärts und südostwärts gegen die Kápolnaer Poststraße und Kerecsend hin verflachen sie sich in ziemlich sanften Wellen.

Görgey stellte die Division Desewffy oder ihre Reste auf dem östlichen Schenkel, die Division Pöltenberg auf dem südlichen Schenkel auf; Desewffy ward die Kuppe im Scheitel als Rückzugspunkt angewiesen; um aber diesen wichtigen Punkt, von welchem aus im Nothfall auch der Abzug Pöltenbergs in östlicher Richtung gedeckt werden mußte, noch mehr zu sichern, zog Görgey von seiner Colonne des Hauptquartiers, welche westlich Kerecsend angekommen war und hier in Reserve stand, sofort noch deren beide Haubitzbatterieen vor und ließ dann die ganze Colonne, welche allerdings etwa nur ein Bataillon Infanterie zählte, folgen.

Sobald die Brigaden Pergen und Fiedler herangekommen waren, rüstete sich nun Schlick zum allgemeinen Angriff auf die bezeichnete Stellung Görgeys.

Feldmarschallieutenant Schulzig mit den Brigaden Kriegern und Deym mußte aus Verpeléth selbst südwärts gegen Pöltenberg vorgehen, gestützt in seiner linken Flanke durch ein Seitendetachement unter Major Gablenz von 4 Compagnieen, 1 Escadron und 3 Geschützen, welches sich in die Rebberge warf; die Brigade Pergen, gefolgt von der Brigade Fiedler, mußte noch weiter links über die steinerne Tarnabrücke, etwa 1200 Schritt oberhalb Verpeléth gehen. Schulzig sollte mit seinem ernsten Angriffe zögern, bis Pergen in kräftigem Vorrücken wäre, damit man auf solche Weise Görgey gänzlich von seinem Rückzuge abschnitte und gegen die Tarna hindränge.

Schulzig beschränkte sich daher auf ein bloßes Artilleriegefecht; Pergen, sobald er über die Brücke gegangen war, ließ seine Infanterie auf die von Desewffy besetzten Höhen vorgehen, die Kavallerie rechts der Infanterie eilte dieser voraus und grad auf die Kuppe im Scheitel von Görgeys Stellung los. Das Feuer einiger Dreipfünder, die vor den früher erwähnten Haubitzen standen, scheuchte sie indessen zurück. Nun machte Gablenz Miene, sich grade zwischen die Kuppe im Scheitel und die Stellung Desewffys einzuschieben. Ehe er noch die Höhe erreicht hatte, ward er aber, von den Haubitzen beworfen, gleichfalls zum Rückzuge veranlaßt; doch hatte die bloße Annäherung von Gablenz schon sehr entmuthigend auf die Bataillone Desewffys gewirkt. Görgey besorgt um den Verlust der dominirenden Höhe im Scheitel des Winkels besetzte diese noch mit einer schwachen Abtheilung Tyroler Jäger von seiner Colonne des Hauptquartiers.

So standen hier die Sachen, als Dembinski auch schon die Schlacht aufgegeben und den Rückzug befohlen hatte. Ehe noch Guyon nach Kápolna herankam und als Schlick zu ernstlichem Angriff von Verpeléth her seine Anstalten traf, detachirte Windischgrätz 12 Compagnieen der Brigade Colloredo auf Döbrö, um über dieses Dorf die Verbindung mit Schlicks rechtem Flügel unter Schulzig herzustellen. Der Rest der Brigade

Colloredo mußte bei Tóthfalva über die Tarna setzen, um von hier in die rechte Flanke Dembinskis vorzugehen und so der Brigade Wyß das Vorbrechen aus Kápolna zu erleichtern. Unter solchen Umständen war es, daß Dembinski, ohne frische Truppen, in der Lage, vielleicht noch eine Stunde auf Guyon warten zu müssen, beschloß, seinerseits auf diesen zurückzugehen und den allgemeinen Rückzug anzuordnen. Die bezüglichen Befehle wurden sogleich entsendet, der linke Flügel unter Aulich und die Division Mariásy sollten auf Füzes Abany und von dort auf Mezö Kövesd zurückgehen; Guyon, diesen Rückzug deckend, auf Maklár über Kerecsend, ebenso Görgey, nachdem er Guyons Abzug gedeckt habe, auf Kerecsend, wo er von Kmety würde aufgenommen werden, dessen Ankunft hier demnächst erwartet werde.

Ungefähr um 2 Uhr Nachmittags traten der linke Flügel und das Centrum den Rückzug an.

Görgey, als er den Befehl erhalten hatte, wies nun Pöltenberg an, in östlicher Richtung hinter dem oft erwähnten Scheitelpunkt der Höhen allmälig auf Kerecsend abzuziehen, während Görgey selbst mit der Division Desewffy und seiner Colonne des Hauptquartiers diesen Abzug sicher stellen wolle.

Pöltenberg konnte seine Aufgabe ohne Schwierigkeit lösen, da Schulzig nicht eben stark drängte. Böser stellten sich die Dinge für Görgey.

Es war ungefähr $2^1/_2$ Uhr, als Pergen seine Infanterie zum Angriffe auf Desewffy entwickelte. Dessen Bataillone ergriffen schon bei den ersten treffenden Schüssen die Flucht nach der Brücke, die westlich Kerecsend über den Laskóbach führt. Pergen drang vor. Görgey suchte durch ein zu der Colonne des Hauptquartiers gehöriges Bataillon Linieninfanterie, welches aber zum größten Theil aus Rekruten, die erst in den Bergstädten eingestellt waren, bestand, dem Vordringen Einhalt zu thun; er wollte mit demselben namentlich eine Raketenbatterie, die ihm durch ihr Feuer besonders unbequem war, wegnehmen, doch kaum erhielt das Bataillon einige Schüsse, als es sich auch schon über die Kuppe im Scheitel der Höhen zurückzog und dort im Walde verlief.

Glücklicherweise für die Ungarn führte grade zu dieser Zeit, ungefähr um 3 Uhr, Klapka von Szalók her einen Theil der Division Schulz vor und fiel damit grade in Pergens linke Flanke. Dieß brachte dessen Angriff zum Stehen. Da nun Pöltenberg zu dieser Zeit schon Kerecsend erreicht hatte, blieb für Görgey nichts weiter zu thun, als noch seine brauchbaren Geschütze zu retten. Mit Mühe gelang dieß; eine halbe Schwadron Husaren, die noch zur Hand war, versagte ihm den Dienst, und zwei Compagnieen Grenadiere von der Colonne des Hauptquartiers brachte er nur eben so weit an dem feindabwärts gelegenen Abhang vorwärts, daß etwa ihre Bärenmützen über die Kuppe hinausreichten.

Görgeys noch einigermaßen zusammenzuhaltende Abtheilungen gingen nun auch auf Kerecsend zurück; Klapka mit der Division Schulz und dem, was sich derselben angeschlossen hatte, auf Erlau.

Guyon, dessen Truppen äußerst ermüdet waren und seit dem Morgen außer dem in Kerecsend vertheilten Schnaps fast nichts genossen hatten, der also keine große Neigung fühlen konnte, sie ohne Noth ins Gefecht zu führen, um so geringere, als Dembinski dasselbe ja schon aufgegeben hatte, kam zum ernsten Kampfe gar nicht, da die Brigade Wyß ihm gegenüber bei Kápolna auch viel gelitten hatte und die Brigade Colloredo, von welcher dieß freilich nicht galt, dennoch, als sie den Abzug Dembinskis bemerkte, ruhig nördlich von Kápolna stehen blieb.

Guyon zog sich, sobald Dembinski einen genügenden Vorsprung gewonnen hatte, über Kerecsend zurück. Oestlich Kerecsend wurde er, sowie Görgey, von der Division Kmety aufgenommen, welche den Marschbefehl zu Abrány erst am 27. Morgens erhalten hatte und nur bei der größten Beschleunigung des Marsches um 3 Uhr Nachmittags die Höhen östlich Kerecsend hatte erreichen können.

Eine Verfolgung österreichischer Seits existirte im Wesentlichen nicht.

Die Brigade Colloredo ging erst, als sie keinen Feind mehr vor sich sah, auf doppelte Kanonenschußweite gegen Kerecsend vor und setzte sich hier mit der links von ihr stehenden Division Schulzig vom Schlick'schen Corps in Verbindung.

Die Brigade Wyß mußte in Kápolna stehen bleiben; sie hatte in der That an diesem Tage das Meiste, außer einigen Brigaden von Schlick eigentlich allein etwas geleistet.

Als der Rückzug der Ungarn völlig entschieden war, entsendete Windischgrätz zu ihrer Verfolgung den Oberst Montenuovo mit 6 Escadrons. Dieser versuchte zuerst unterhalb Kápolna über die Tarna zu setzen und da dieß nicht gelang, und er doch schließlich durch Kápolna gehen mußte, verzögerte sich schon der Beginn der Verfolgung über Gebühr. Wegen des waldigen, hügligen Terrains in seiner linken Flanke wendete sich dann Montenuovo nach dem Uebergange bei Kápolna rechts (südöstlich) auf Füzes Abany, holte hier auch noch Aulichs Arriergarde ein, ohne ihr indessen erheblichen Schaden zuzufügen und vor Füzes Abany kam seine Verfolgung gänzlich zum Stehen.

Das Flankendetachement Zeisberg war von Méra über Bod bis Erdö telek vorgegangen, ohne am Kampfe theilzunehmen.

Resultate der Schlacht.

Die Oesterreicher geben die Zahl der Truppen, welche am 27. Februar zum Gefechte kamen, ihrerseits auf 18696 M. Infanterie, 2974 M. Kavallerie an. Schlägt man 2000 M. Artillerie darauf, so erhält man eine Gesammtsumme von etwa 24000 M. Davon verloren sie an Todten 5 Offiziere und 56 M., im Ganzen 61 M., an Verwundeten 11 Offiziere und 248 M., im Ganzen 259 M., an Vermißten 1 Offizier und 31 M., im Ganzen 32 M. Der Totalverlust beträgt also 17 Offiziere und 335 M., im Ganzen 352 M., d. h. $^{1}/_{68}$ der ganzen im Gefecht gewesenen Mannschaft. Der Verlust an Offizieren verhält sich zu demjenigen an Mannschaft sowie 1 : 20.

Die Ungarn hatten nach Abrechnung der Division Kmety im Gefechte 25 Bataillons, 34 Escadrons und 100 Geschütze, also nach unserer gewöhnlichen Rechnung 22000 M. Sie verloren davon nach ihren eigenen Angaben 1200 M. an Todten und Verwundeten und 600 M. an Vermißten. Aller Wahrscheinlichkeit nach ist aber der Verlust an Todten und Verwundeten um Vieles zu hoch und derjenige an Vermißten um eben so viel zu niedrig angegeben. Angenommen die erstere Angabe sei richtig, so käme doch immer nur auf 19 M. der im Gefecht gewesenen Truppen ein Todter oder Verwundeter.

Wir haben also auf beiden Seiten für die zweitägige „Schlacht" von Kápolna einen ganz ungewöhnlich unbedeutenden Verlust. Schon dieses würde beweisen, daß der Kampf ganz vorherrschend aus der Ferne, meistens nur mit der Artillerie geführt wurde, wenn auch nicht aus unserer Erzählung schon hervorginge, daß wirklich nur sehr vereinzelte Abtheilungen einander nahe auf den Leib kamen. Unter solchen Verhältnissen ist es nun sehr erklärlich, daß die Ungarn mit ihren schwächeren Kalibern — denn die Dreipfünder zählten sehr stark, die Zwölfpfünder sehr schwach bei ihnen, — größere Verluste hatten als die Oesterreicher. Daß auch die größere Uebung der österreichischen Artillerie hier in Anschlag zu bringen ist, versteht sich von selbst. Die Vermißten auf Seiten der Ungarn waren nicht durchgängig gefangen, vielfach hatten sie sich nur verlaufen.

An einer einheitlichen Oberleitung fehlte es auf beiden Seiten, sowohl auf der österreichischen als auf der ungarischen. Theilweise trug dazu die große Ausdehnung des Schlachtfeldes bei. Ein tüchtiger Feldherr hätte sich nun allerdings diese gerade zu Nutze machen können, aber dazu gehörte eine zweckmäßige Vertheilung der Truppen, Massiren derselben auf einem, dem entscheidenden Punkte, Sparen mit ihnen auf allen übrigen Punkten.

Aber davon ist auch nicht das geringste zu erblicken. Vielmehr ist die Vertheilung eine fast gleichmäßige auf der ganzen Front und große Reserven sind auf keiner Seite gebildet. Die Vertheilung hat sich überhaupt fast zufällig gemacht, auch auf Seiten der Oesterreicher. Man denke nur daran, daß in Bezug auf die Verwendung Schlicks die Absicht des Fürsten Windischgrätz ursprünglich eine ganz andere war, als diese Verwendung sich nachher in Folge ganz beiläufiger Umstände thatsächlich herausstellte. Windischgrätz wollte Schlick von Gyöngyös angreifen lassen und ihn erst dort haben, ehe er angriffe. Schlick kam nicht nach Gyöngyös und griff über Verpeléth an. So war selbst das Beste in der Schlacht von österreichischer Seite nur eine Sache des Zufalls und weil es dieses war, blieb es ohne durchgreifende Folgen. Denn das Beste in der Schlacht war Schlicks Angriff über Verpeléth, in die rechte Flanke und den Rücken der ungarischen Stellung. Dieß konnte zur Aufreibung, zur Zersprengung der ganzen ungarischen Armee führen, wenn es mit Bewußtsein unternommen und betrieben ward. Dazu hätte nun aber vor allen Dingen Zusammenwirken gehört. Wie die Sache wirklich verlief, betrachtete Schlick sich immer noch als selbstständigen Detachementsführer, als er dem Wesen nach auch längst in die Schlachtlinie eingerückt war. Unbekannt mit den eigentlichen Absichten des Fürsten Windischgrätz, weil dieser selbst keine klaren Absichten hatte, nicht wissend, wie und in welcher Art er auf die Unterstützung rechnen könne, wagte Schlick trotz aller seiner Thatenlust nicht, die Dinge zum Aeußersten zu treiben. Verpeléth und Kápolna liegen ja auch $^3/_4$ Meilen von einander und bei Kápolna sollte der Hauptangriff geschehen; war also nicht Schlicks Angriff ein bloßer Nebenangriff? ward er nicht vom Oberfeldherrn so betrachtet? Und doch war in der That Schlicks Corps bei Verpeléth fast eben so stark, als die gegen Kápolna versammelte Streitmacht!

Ein richtiges Verfahren des Fürsten Windischgrätz hätte vorausgesetzt, daß er die Schlacht auf den Hauptangriff über Verpeléth anlegte. Gegen Kápolna mußte man nur abwehrend auftreten und ebenso gegen Kál, um das Vorbrechen der Ungarn über die untere Tarna zu verhindern. Und dieß war, nachdem die Ungarn am 26. Abends das rechte Tarnaufer verlassen und damit den Oesterreichern diesen dominirenden Thalrand überlassen hatten, zumal bei Kápolna nur eine schlechte Brücke, vor Kál gar nur eine noch viel schlechtere Furth über den Bach führten, mit äußerst geringen Kräften zu bewerkstelligen.

Mindestens zwei volle Brigaden hätte also Windischgrätz bei Fel Döbrö ans linke Tarnaufer führen müssen, um sich hier in Verbindung mit Schlick zu setzen, in unglaublich kurzer Zeit dann Pöltenberg und Klapka mit seiner Division Desewffy südwärts zurückzuwerfen, durch einen Seitenanfall die Division Mariásy zu versprengen und nun hiedurch auch den noch am rechten Ufer der Tarna verweilenden österreichischen Brigaden das Deboucher von Kápolna zu öffnen und mit ihnen gemeinschaftlich Aulich nach Süden abzudrängen. Freilich konnten Befehle in diesem Sinne nicht eher gegeben werden, als bis Windischgrätz der Ankunft Schlicks vor Verpeléth sicher war, aber dann waren sie auch in Zeit von höchstens einer Stunde ausführbar, vorausgesetzt, daß Windischgrätz nicht schon am 26. seine Truppen auf eine Weise zersplittert hätte, die ihm keine Reserve von nachhaltiger Kraft und zu augenblicklicher unbedingter Verfügung übrig ließ. Der Hauptfehler des Fürsten war aber doch, daß er Kápolna zum Hauptangriffspunkt für die Truppen unter seinem unmittelbaren Befehle bestimmte statt Döbrö. Bei der weiten Entfernung Kápolnas von Verpeléth ward es nun nicht bloß nöthig, eigene Reserven für die Angriffscolonne von Kápolna zurückzuhalten, es ward auch nöthig, einen verhältnißmäßig großen und positiv unnützen Aufwand mit Truppen zu treiben, lediglich um die Verbindung zwischen der Kraft bei Kápolna und der Kraft bei Verpeléth zu vermitteln, was nicht nöthig gewesen wäre, wenn der Fürst Verbindung mit Schlick und Hauptangriff mit einander vereinigte, daher den kürzesten Weg für diesen über Döbrö wählte, während er sich Kápolna und Kál gegenüber rein vertheidigungsweise verhielt. Und weshalb ward der Hauptangriff auf Kápolna gerichtet? Lediglich aus sogenannten „taktischen" Rücksichten, weil sich hier eine „schöne Angriffsposition" vorfand, in der man vielleicht eine Batterie mehr auffahren konnte als an einem andern Punkte; gerade so wie andere Leute schöne Positionen etwa steile Bergkegel nennen, zu denen der Feind nicht gelangen kann, wobei sie nur vergessen, daß sie auch nicht herunter können, um dem Feinde zu schaden.

Auf ungarischer Seite ward die ganze Schlacht von Kápolna nur angenommen, weil Dembinski eben etwas ganz anderes geträumt, an einen Angriff der Oesterreicher nicht von ferne gedacht hatte und nun, da dieser dennoch erfolgte, nichts besseres zu thun wußte, als sich ihm hinter der Tarna frontal entgegenzustellen. Zu einem angriffsweisen Verfahren bot freilich auch die Stellung am linken Ufer der Tarna, nachdem das rechte einmal aufgegeben war, ungemein wenig Gelegenheit; außerdem fehlte es auch zu einem solchen an der erforderlichen Zahl von Truppen freilich nur in Folge der schlechten Dispositionen an den vorhergegangenen Tagen. Wir sahen, wie spät Guyon, wie spät vollends Kmety trotz Aufbietung aller ihrer Kräfte nur herankommen konnten und wie die Division Schulz eigentlich nur zufällig herankam, um noch am Gefechte theilzunehmen. An den Angriff Schlicks über Verpeléth war kaum gedacht worden, bevor er erfolgte.

Die Oesterreicher hatten gesiegt; denn der Partei, welche die andere zur Räumung des Schlachtfeldes zwingt oder nur veranlaßt, gehört der Sieg. Aber mit je geringeren eigenen Opfern der Sieg auf dem Schlachtfelde erkauft ist, je geringere Opfer die Schlacht dem Geschlagenen abgefordert hat, desto mehr bedarf der Sieg einer Bekräftigung und Vollendung durch die Verfolgung. Der österreichische Sieg von Kápolna bedurfte einer Vollendung mehr als ein anderer. Schlick hätte diese seiner Stellung und seinen Kräften nach bringen können, wenn er unaufhaltsam nach Süden oder Südosten vordrang. Aber er hätte dazu wissen müssen, daß dieß im Plane des Oberfeldherrn sei, und er wußte es nicht und konnte es nicht wissen. Die Verfolgung unmittelbar vom Schlachtfelde aus war, wie wir gesehen haben, etwa gleich Null.

Ein verständiger Feldherr konnte den Sieg von Kápolna unmöglich für der Rede werth halten; Fürst Windischgrätz war aber so erbaut davon, als hätte er eine Schlacht von Austerlitz gewonnen und seine Meldungen steckten auch die Hofpartei in Wien an. Es ist unglaublich und doch wahr; in Folge der Schlacht von Kápolna ward die österreichische Verfassung vom 4. März verkündet, in Folge deren Oesterreich fernerhin ein Einheitsstaat ganz in dem Sinne, wie es der Banus Jellachich schon im Sommer 1848 proklamirt hatte, sein und seine bisherigen Kronländer zu einfachen Reichsprovinzen werden sollten.

Das heißt doch, Ungarn galt bereits für erobert, erobert — durch die Schlacht von Kápolna!! War doch der fünftägige Feldzug Radetzkis gegen Karl Albert noch nicht einmal da gewesen. Rein der vermeintliche Erfolg in Ungarn hatte also vollständig übermüthig gemacht. Wir werden sehen, wie sehr wenig Veranlaßung dazu vorhanden war.

Das Rückzugsgefecht von Mezö Kövesd, am 28. Februar.

In der Nacht vom 27. auf den 28. Februar biwakirte ungarischer Seits die Division Kmety auf den Höhen von Kerecsend, die übrigen bei Erlau, Maklár, Füzes Abany.

Für den nächsten Morgen, den 28. Februar, ward der Rückzug nach Mezö Kövesd angeordnet. Die Truppen, insbesondere beim Görgey'schen

Corps, waren damit nicht zufrieden; sie meinten, nach der Ankunft der beiden frischen Divisionen Kmety und Guyon könne der Kampf füglich erneuert werden. Entscheidend sei der Sieg der Oesterreicher durchaus nicht, Schlick habe im Grunde einzig und allein etwas gethan. Doch blieb es bei dem Rückzug.

Bei Mező Kövesd angekommen bezogen die hier vereinigten Divisionen ein Lager westlich vom Orte, zwischen diesem und dem Kány-bache, nördlich der großen Straße lagerten die Divisionen Aulich, Guyon und Pöltenberg vom 7. Corps, südlich derselben Desewffy, Mariásy vom 1. und Szekulits vom 2. Corps. Das Lager war von Norden her von den Abfällen der Erlauer Berge, von Westen von dem Plateau, welches sich zwischen dem Kányabache und Maklár ausdehnt, überhöht. Mehrere Wasserläufe verschiedener Größe durchschnitten zwischen dem Lager und Maklár die Straße.

Die Division Kmety räumte ihr Biwak bei Kerecsend am 28. Morgens um 7 Uhr und rückte den übrigen Divisionen langsam auf Mező Kövesd nach.

Windischgrätz gab für den 28. Februar folgende Befehle.

Morgens um 7 Uhr bricht Alles zur Verfolgung auf. Csorich, mit der eigenen und der Reiterei Schlicks unter Deym an der Spitze, geht zuerst über Kerecsend nach Maklár; die Kavallerie läßt er von da weiter vorgehn, so daß sie dem Feinde auf den Fersen bleibt, mit der Infanterie wartet er in Maklár, bis Schlick mit den Brigaden Fiedler und Kriegern herankommt, welche zuerst auf den Höhen zwischen Verpeléth und Kerecsend abkochen. Die Brigade Pergen rekognoszirt zunächst gegen Erlau und, wenn dieses vom Feinde geräumt ist, wendet sie sich gleichfalls nach Maklár, um sich Schlicks übrigen Brigaden anzuschließen. Die Munitionsreserve der Armee geht unter Bedeckung der Brigade Parrot von Gyöngyös nach Kápolna vor.

Schwarzenberg marschirt über Füzes Abany, Zeisberg sichert gegen Heves und Poroszló die rechte Flanke der Armee.

Um Mittag erst traf Schwarzenberg in Füzes Abany ein, zu derselben Zeit erreichte Csorich Maklár. Von hier mußte Deym mit 7 Escadrons Cürassiere und 9 Geschützen der ungarischen Arriergardedivision Kmety unmittelbar auf Mező Kövesd nachziehen, Montenuovo mit dem Rest der Reiterei folgte zunächst Deym, wendete sich aber bald auf das offene Terrain links, um die Gegend nach Erlau hin aufzuhellen. Csorich mit der Infanterie blieb in Maklár in Erwartung Schlicks, welcher erst im Laufe des Nachmittags eintraf.

Deym folgte Kmety zuerst nur auf großen Abstand über die Ebene östlich Maklár; als aber Kmety schon auf 3000 Schritt sich dem Lager von Mezö Kövesd genähert hatte und eben damit beschäftigt war, einen der Wasserläufe, welche die Straße durchschneiden, zu überschreiten; ging Deym zum Angriffe über. Dieser brachte die Division Kmety in Verwirrung, eine halbe Batterie derselben jagte sogar spornstreichs bis nach Mezö Kövesd zurück.

Das ganze ungarische Lager ward allarmirt. Da Dembinski eben in der Stadt und bei Tische war, Görgey sich auch in der Stadt befand, so ließen die einzelnen Divisionscommandanten ihre Truppen sofort ins Gewehr treten. Guyon und Aulich waren zuerst fertig, warfen zunächst ihre Husaren vor, um Kmety aufzunehmen, und rückten dann mit ihrer Infanterie nach. Pöltenberg und Szekulits folgten diesem Beispiel. Der Angriff der Husaren genügte, Deym zurückzutreiben, er mußte fast bis nach Szihalom südöstlich Maklár weichen und dabei 3 Geschütze im Stich lassen. Das Erscheinen Montenuovos in der rechten Flanke der Husaren brachte diese übrigens zum Stehen; doch brachten sie die von Deym hinterlassenen Geschütze unbehelligt in Sicherheit.

Gegen den Wunsch eines großen Theils der ungarischen höhern Offiziere unternahm Dembinski keinen Angriff auf Maklár. Er ließ die Truppen noch einige Stunden in Erwartung eines feindlichen Angriffes im Lager unter dem Gewehr stehen und sie dann bei einbrechender Dunkelheit wieder ihr Biwak beziehen.

Rückzug der Ungarn hinter die Theiß.

Fürst Windischgrätz war körperlich leidend. Um 3½ Uhr Nachmittags erhielt er die Kunde von Deyms Angriff auf Kmety und den Ausgang desselben, welcher den Oesterreichern 9 Todte und 49 Verwundete außer den 3 verlorenen Geschützen gekostet hatte, zugleich erfuhr er, daß die Ungarn im Lager von Mezö Kövesd ständen.

Ueber den Angriff Deyms war er sehr ungehalten, obgleich man nicht weiß, warum Deym überhaupt der Division Kmety folgen sollte, wenn er sie nicht angreifen durfte.

Für den 1 März gab der Fürst den Befehl, am Morgen um 8 Uhr solle die ganze Armee vorwärts (östlich) Maklár in Schlachtordnung stehen und zwar in erster Linie die Brigaden Colloredo, Fiedler und Kriegern, zusammen 10 Bataillons; in zweiter Linie sollten sich aufstellen hinter dem rechten Flügel der ersten, diesen theilweis debordirend, die Brigade Wyß mit 4 Bataillons, ebenso hinter dem linken Flügel der ersten Linie die herangekommene Brigade Pergen mit 3 Bataillons, hinter dem Centrum unter Schwarzenberg $5^1/_2$ Bataillons Infanterie und unter Deym und Bellegarde 24 Escadrons; die Artilleriehauptreserve sollte sich hinter Schwarzenberg aufstellen; die Vorhut ward dem Oberst Montenuovo übergeben. In dieser Ordnung sollte zum Angriffe auf die ungarische Stellung bei Mezö Kövesd vorgegangen werden.

Die Armee hatte auch wirklich in erwähnter Ordnung eine Stunde vorwärts Maklár bei einem Schneegestöber, daß man kaum 100 Schritt weit sehen konnte, um 8 Uhr Morgens ihre Aufstellung genommen; die Vorrückung aber unterblieb.

Wrbna und Schlick protestirten ernstlich dagegen; sie beriefen sich auf die Ermüdung der Truppen, wozu wenigstens Schlick in Bezug auf die seinigen nach den letzten Märschen vollen Grund hatte, und auf Mangel an Geschützmunition. Bei Kápolna hatte die österreichische Artillerie 6000 Schuß verfeuert und die Truppen hatten sich um Ersatz dieser verknallten Munition nicht bekümmert. Windischgrätz ließ also nur seine Truppen in Schlachtordnung in Erwartung eines Angriffes Seitens der Ungarn stehen. Ein solcher erfolgte indessen nicht.

Am 1. Vormittags ertheilte Dembinski seinen Divisionen den Befehl in Cantonnirungen abzurücken, um ihnen die nöthige Erholung zu gewähren.

Die Cantonnirungen, welche den einzelnen Divisionen angewiesen wurden, waren folgende:

das erste Corps und die Division Szekulits rücken nach Eger Farmos am Egerflusse (Erlau);

die Division Aulich nach Lövö nordöstlich vom vorigen, gleichfalls an der Erlau;

die Divisionen Kmety und Pöltenberg nach Sz. István nordöstlich Lövö.

die Division Guyon nach Négyes an der Erlau, östlich Lövö.

Die drei Orte Eger Farmos, Lövö und Sz. István liegen auf einer Linie, etwa parallel der Straße von Maklár nach Miskolcz in dieser Gegend und südlich von ihr; Eger Farmos auf dem linken, Sz. István auf dem rechten Flügel, Lövö in der Mitte, Front gegen die Miskolczer Straße gedacht. Négyes liegt hinter dieser Linie. Eger Farmos war Maklár am nächsten, dem Punkte, wo Windischgrätz jetzt seine Hauptmacht concentrirt hatte und zwar nur zwei kleine Meilen von diesem Orte entfernt.

Wie man sagt, wollte Dembinski in diesen Quartieren ruhig warten, bis die von ihm angeordnete Demonstration Damjanichs über Szolnok ins Leben getreten sei, was nun allerdings bald zu hoffen stand. Als Demonstration konnte dieselbe ihrem ursprünglichen Zwecke nach zwar nicht mehr wirken, da Windischgrätz längst wissen mußte, daß er die ungarische Hauptmacht gegen sich habe, indessen bei der Kriegsführungsweise des Fürsten Windischgrätz durfte man allerdings mit einiger Zuversicht Rechnung darauf machen, daß derselbe auf einen Lärm unterhalb an der Theiß hin sofort bedeutend detachiren und dadurch der ungarischen Hauptmacht neue Chancen geben würde. Aber wenn die Demonstration nur noch einen Tag, geschweige denn mehrere Tage auf sich warten ließ, worauf doch gerechnet werden mußte, so hatte jedenfalls Fürst Windischgrätz Muße genug, die Ruhe in den Cantonnirungen zu stören und die Erholung dort ganz und gar unmöglich zu machen er brauchte ja zu diesem Zwecke nur einige Stunden zu marschiren. Erwägt man dieß, so ist nun die Idee Dembinskis, gewissermaßen Angesichts des Feindes in Cantonnirungen zu gehen, Angesichts eines concentrirten Feindes seine Divisionen zu zersplittern, und alles dieses in einer völlig offenen Gegend, eine solche, daß man wirklich an dem gesunden Menschenverstande desjenigen, der sie fassen konnte, ernstlichst zweifeln muß.

Man hatte vielleicht ein Recht, sehr stark auf die Unschlüssigkeit und die Energielosigkeit des Fürsten gegenüber seinen Unterbefehlshabern zu rechnen; indessen Alles hat doch seine Grenzen, und Dembinski hatte jenes Recht nach seinen bisherigen Leistungen in Ungarn sicherlich am Allerwenigsten.

Die neue Stellung in den Erholungsquartieren könnte als eine Flankenstellung angesehen werden. Aber aus einer solchen heraus will man handeln und dazu nimmt man keine Erholungsquartiere; außerdem hatte die Stellung den Werth einer Flankenstellung nur in dem Falle, daß Fürst Windischgrätz der Straße nach Miskolcz folgen wollte. Dorthin lag aber sein Interesse nicht im Mindesten, vielmehr war es für ihn das Natürlichste, daß er den Ungarn die Straße über Poroszló und Tisza füred abzugewinnen suchte und dieß war für ihn zugleich das leichteste und kürzeste. Von welchem Standpunkte aus man also immer die Sache ansehen mag, eine Rechtfertigung der Dembinski'schen Anordnungen bleibt unmöglich.

Unmittelbar nachdem die ungarischen Divisionen die Befehle erhalten hatten, traten sie ihren Marsch an. Klapka machte den Anfang; Görgey mit den Divisionen Kmety und Pöltenberg zog zuletzt ab.

Görgeys Truppen hatten Mezö Kövesd noch nicht ganz verlassen, als das Schneegestöber aufhörte und der Himmel sich aufheiterte. Nun bemerkten die vorgeschobenen Truppe der österreichischen Armee, daß das ungarische Lager geräumt werde und langgedehnte Colonnen sich gegen Poroszló und Sz. István bewegten.

Fürst Lichtenstein, der sich bei den Vortruppen befand, meldete dieses ins Hauptquartier, indem er hinzufügte, daß zwar keine Aussicht vorhanden sei, dem Feinde bei Poroszló zuvorzukommen, daß man ihn jedoch immer noch mit der Reiterei einholen und ihm dabei Abbruch thun könne.

Windischgrätz hielt nach dieser Meldung die ganze Bewegung der Ungarn für den Anfang eines Rückzuges ans linke Theißufer. Davon, daß Klapka nach Eger Farmos marschirt sei, wußte und ahnte er nichts und es war gewiß sehr verzeihlich, daß er auf Dembinskis Gedanken der Erholungsquartiere nicht kam. Wer wäre wohl darauf gekommen?

Jetzt stiegen Vernichtungsgedanken in Windischgrätz auf, er bedauerte die verlorene Zeit und ertheilte sogleich einem Theil der noch immer vor Maklár aufgestellten Truppen den Befehl, den flüchtigen Ungarn nachzusetzen, um ihnen wo möglich den Rückzug abzuschneiden.

Wrbna mit der Division Csorich und der Reiterbrigade Montenuovo sollte über Szihalom nach Eger Farmos marschiren, welches letztere man sich unbesetzt dachte, und von dort nach Poroszló eilen, um hier den Ungarn den Weg zu verlegen; die Brigade Dietrich sollte denselben Weg einschlagen.

Zeisberg hatte gemeldet, daß er am 28. Februar von Erdö-Telek über Besenyö gegen Poroszló vorgehen werde; in der That hatte er auf diesem Wege nicht fortkommen können und war in Seelenruhe nach Erdö-Telek zurückgekehrt. Für den 1. März war er nun angewiesen worden, jedenfalls nach Besenyö vorzugehn und dabei wiederholt auf die Bedeutung von Poroszló aufmerksam gemacht, freilich nicht in dem Sinne, als ob hier den Ungarn durch Abschneiden des Weges ein bedeutender Nachtheil zu bereiten sei, sondern in dem ganz andern, daß von hier aus die Ungarn eine Bewegung in die rechte Flanke Windischgrätzens unternehmen könnten, von welcher dieser zeitig unterrichtet und die wo möglich verhindert werden müsse. Man sieht hieraus, daß entweder der Fürst Windischgrätz nach Wien etwas Anderes hatte berichten lassen, als was er selbst dachte, oder daß binnen 24 Stunden sich sein Siegesglaube betreffs der Schlacht von Kápolna bereits bedeutend abgekühlt hatte. Sei dieß wie ihm wolle; im Hauptquartier des Fürsten wußte am 1. März Niemand, wo Zeisberg sich wohl befinden möge und aus diesem

Grunde ward der Befehl an Zeisberg dem Fürsten Schwarzenberg, der dessen Aufenthalt auch nicht kannte, zur Beförderung zugesendet.

Deym ward angewiesen, mit der Reiterei über Mezö Kövesd vorzugehen, um das Ende der Colonne Dembinskis einzuholen, anzugreifen und dadurch ihren Marsch auf Poroszló zu verzögern, also Wrbna zu seiner Umgehung über Eger Farmos die nothwendige Zeit zu geben.

Schlick, dessen Truppen der Ruhe am bedürftigsten waren, sollte vorläufig bei Maklár stehen bleiben.

Wrbna brach etwa um 1 Uhr Mittags mit $11^1/_2$ Bataillons, 6 Escadrons und 51 Geschützen aus der Gegend von Szihalom und Maklár über Szemere am linken Erlauufer gegen Eger Farmos auf; die Brigade Dietrich marschirte bei Szihalom ans rechte Ufer der Erlau und dann über Füzes Abany auf Mezö Tárkány.

Nach 3 Uhr Nachmittags stieß Wrbna nördlich von Eger Farmos auf die Vortruppen Klapkas. Dieser war um 1 Uhr Mittags mit seiner Hauptmacht im Orte angekommen; nur ein Theil der von Erlau herangezogenen Division Schulz, welche erst nach Klapkas Abmarsch Mezö Kövesd erreicht und dann einen Seitenweg auf Eger Farmos eingeschlagen hatte, fehlte noch. Klapka ließ nur seine Avantgarde an dem Nordumfange des Ortes stehen, als Wrbna sich näherte, und zog seine Hauptmacht sofort an das rechte Ufer des Erlauflusses zurück; ebendahin sollte allmälig die Avantgarde zurückweichen.

Wrbna, als er auf die ersten Ungarn stieß, ließ die Brigade Wyß mit 21 Geschützen sich in erster Linie entwickeln und behielt die Brigade Colloredo in Reserve. Eger Farmos ward von den Ungarn allgemach geräumt und Wyß drang gegen das linke Erlauufer vor. Aber schon war die Dunkelheit hereingebrochen und es blieb Alles bei einer Kanonade, welche bis 8 Uhr Abends dauerte. Nach deren Aufhören ließ Klapka die Egerbrücke zerstören und ging nach Szöke zurück, wo er um 1 Uhr Nachts ankam und ein Biwak bezog; am 2. März Morgens setzte er seinen Rückzug nach Poroszló fort.

Der Kanonendonner von Eger Farmos war sowohl nach Maklár ins Hauptquartier des Fürsten Windischgrätz als nach Sz. István ins Hauptquartier Görgeys hinübergedrungen. Windischgrätz sendete darauf sogleich einen Offizier an Wrbna mit der Weisung, die Verfolgung „energisch" fortzusetzen. Dieser Offizier kam jedoch erst nach 8 Uhr bei Wrbna an; wie der letztere den Kampf bei Eger Farmos betrieb, haben wir zur Genüge gesehen. Einen zweiten Offizier sendete Windischgrätz an Zeisberg, um diesen anzuweisen, daß er die Ungarn bei Poroszló wo möglich vor ihrem völligen Rückzug hinter die Theiß ereile. Zeisberg war am 1. März von Besenyö bloß bis Mezö Tárkány marschirt und traf hier mit Dietrich zusammen.

Görgey, als er in Sz. István das Feuer von Eger Farmos her vernahm, fürchtete, daß Klapka, von überlegenen Kräften angegriffen, geschlagen werden, daß dann aber der Feind sich auf die isolirte Division Aulich in Lövö werfen und diese vielleicht gänzlich abschneiden möchte. Diese Besorgniß war im Allgemeinen sehr gerechtfertigt, obwohl bei Wrbna die Dinge nicht so eilig gingen.

Görgey brach, so bald es möglich war, mit Pöltenberg und Kmety von Sz. István nach Eger Farmos auf. Auf grundlosen aufgeweichten Wegen, wie sie in dem Niederungsland an der Theiß außerhalb der Hauptstraßen im Frühjahr bei eintretendem Thauwetter die Regel sind, außerdem noch aufgehalten durch den Kánya bach, der aus seinen Ufern getreten war, erreichte er erst nach Mitternacht Lövö. Hier fand er außer Aulich auch einige von Klapka getrennte Abtheilungen, und erfuhr von diesen den Angriff Wrbnas und den Rückzug Klapkas.

Nach einiger Ruhe trat er am Morgen des 2. März seinen Rückzug über Ivánka nach Poroszló an, wo Klapka schon eingetroffen war; auch die Division Szekulits, sowie der Commandant des 2. Armeecorps mit 6 Escadrons Husaren befanden sich dort. Dembinski hatte sein Hauptquartier bereits hinter die Theiß nach Tisza füred verlegt und Klapka den Befehl ertheilt, mit seinen Divisionen dorthin zu folgen. Görgey beschloß, in Poroszló diesen Abmarsch zu decken.

Dieser Ort liegt langgestreckt von Norden nach Süden an dem westlichen Rande der sumpfigen Theißniederung auf einer unbedeutenden Bodenerhebung; östlich von ihm fließt schon in der Niederung der Eseröbach; durch die Theißniederung gelangt man von Poroszló nach Tisza füred nur auf einem eine Stunde langen Damme, über den Eseröbach mittelst einer Jochbrücke; nur zwischen Poroszló und dem Eseröbach befindet sich noch eine freie Ebne, die sich zur Aufstellung einer größern Zahl von Geschützen eignet. Von hier aus kann der von Norden oder Westen kommende Gegner den Tisza füreder Damm der Länge nach bestreichen und ihn, wie die Eseröbrücke ins Kreuzfeuer nehmen.

Görgeys Truppen lagerten an der Westseite von Poroszló, also auf freiem Terrain.

Wrbna ging am Morgen des 2. März zunächst von Eger Farmos auf die bessere Straße über, welche von Mezö Tárkány auf Poroszló führt und vereinigte sich dort mit der Brigade Dietrich und dem

Detachement Zeisbergs. Dann rückte er gegen Poroszló vor; Zeisberg und Dietrich mußten Seitenwege in seiner rechten Flanke einschlagen.

Bei der Annäherung Wrbnas konnte Görgey Angesichts der Beschaffenheit des Terrains, durch welches seine Rückzugslinie führte, nicht an den Rückzug denken; er mußte mindestens bei Poroszló erst ein Arriergardegefecht liefern, um sich dadurch den Feind vom Halse zu schaffen und solchergestalt Zeit zu gewinnen.

Gegenüber Görgey angekommen, beschäftigte sich Wrbna zuerst mit einer Rekognoszirung des Terrains. Darüber verlor er die Lust zum Angriffe; mindestens sollten erst Zeisberg und Dietrich die Stellung Görgeys in deren linker Flanke umgehen. Zeisberg bezeigte hiezu geringe Neigung, indem er auf die Schwierigkeit der Wege, die er zu diesem Vorgehen einschlagen konnte, aufmerksam machte. Wrbna versammelte dann einen Kriegsrath; dieser machte seinem Namen Ehre, indem er wie gewöhnlich beschloß, nichts zu thun: das Corps Wrbnas sei allein zum Angriffe zu schwach, man müsse daher den Fürsten Windischgrätz bitten, daß er zuvor auch noch das Schlick'sche Corps heransende. Zugleich ward beschlossen, daß es zu gefährlich sei, im Angesicht von Poroszló zu lagern.

Demgemäß trat dann Wrbna den Rückmarsch nach Mezö Tárkány an, wozu ihm Görgey noch eine Art Vorwand bot, indem er selbst eine kleine Bewegung vorwärts machte, als er sah, daß Wrbna nichts unternahm.

Nachdem Wrbna verschwunden und die Dunkelheit eingebrochen war, trat dann Görgey seinen Rückzug nach Tisza füred an; nur die 6 Escadrons von Répásy ließ er noch zur Beobachtung des Feindes bei Poroszló stehen.

Am 3. März blieb das 7. und 2. Armeecorps in und um Tisza füred stehen, während das 1. Corps südwärts davon um Tisza Szöllös Cantonnirungen bezog.

An demselben Tage ließ allerdings Windischgrätz den F.-M.-L. Schulzig mit den Brigaden Fiedler und Kriegern zu Wrbna stoßen, doch ward jeder Gedanke an eine Fortsetzung der Offensive über Poroszló und Tisza füred alsbald aufgegeben. Und in der That wäre es ein schwieriges Unternehmen gewesen, bei Poroszló den Theißübergang zu forciren. Die beste Zeit und Gelegenheit zu einer kräftigen Offensive war namentlich bei dieser Jahreszeit vorüber, sobald die Ungarn nicht mehr am rechten Theißufer standen. So lange sie noch hier sich befanden, hätte man alles aufbieten sollen und können, um sie zu schlagen und von der Theiß gegen die Donau hin abzudrängen.

Nachdem dieß versäumt war, konnte man sich nichts davon versprechen, wenn man jetzt den Stier an den Hörnern anpacken wollte. Es ward auch noch überlegt, daß, wenn Windischgrätz gegen Poroszló stehen bleibe und bei Tisza füred den Uebergang versuche, die Ungarn, während sie hier nur eine schwache Abtheilung zurückließen, mit ihrer gesammten übrigen Macht in ein paar Märschen Szolnok und Czibakháza gewinnen und über diese gegen Jellachich, der dort Wache hielt, herfallen, ihn einzeln schlagen und darauf sich auch gegen die rechte Flanke von Windischgrätz wenden könnten.

In Folge dieser Erwägungen gab Windischgrätz die Fortsetzung der Offensive auf und beschloß, in ein defensives Verhältniß zurückzugehn, bei welchem das Hauptaugenmerk auf die Deckung von Pesth gerichtet wäre und demgemäß die Theißübergänge nur beobachtet würden.

Man wollte also mit anderen Worten einen neuen Angriff der Ungarn abwarten und sich in den Stand setzen, dessen Ziel und Hauptrichtung zu erkennen, damit man ihm dann zu begegnen vermöge. Welche Anstalten in diesem Sinne getroffen wurden, werden wir bald im Zusammenhange darlegen. Für jetzt genügt es uns, erfahren zu haben, daß die Ungarn vollauf Zeit gewannen, nachdem ihr erster ernstlicher Offensivversuch schon im Anlauf gescheitert war, einen neuen vorzubereiten.

Die Entfernung Dembinskis vom Obercommando der ungarischen Armee.

Die Schuld daran, daß der ungarische Angriff gescheitert war, ward von den Führern des Heeres auf Dembinski geschoben; den Soldaten konnte sie nicht aufgebürdet werden, diese hatten zuletzt gut im Feuer gestanden, waren sogar, ordentlich geführt, vorwärts gegangen, und Unordnungen, durch schimpfliche Ausreißerei entstanden, waren nur wenige vorgekommen, bei Kápolna z. B. nur auf dem äußersten rechten Flügel, unter Görgeys speziellem Commando. Dembinski aber ward vorgeworfen, daß er verkehrte Anordnungen getroffen, daß er die Divisionen ihren gewohnten Führern genommen und unter andere gestellt, die sie nicht kannten, daß er eigenthümliche Pläne ersonnen habe, die um so weniger zu einem guten Resultate führen konnten, als er sie in tiefes Geheimniß hüllte und sogar den Corpscommandanten, den nächsten, die ihn unterstützen sollten, verbarg, was er eigentlich wolle und was sie folglich dazu beitragen könnten, die Sache durchzuführen. Endlich habe er auch für die Verpflegung nicht Sorge getragen; theils sei diese von der Armeeadministration, welche unter Bartholomäus Szemere stand, vernachläßigt worden, theils in Folge unnützer und planloser Hin- und Hermärsche und der Trennung der verschiedenen Divisionen eines und desselben Corps; letztere Klage ward vornämlich laut beim 7. Corps, welches sich bis kurz vor der Schlacht von Kápolna selbst verpflegt und dabei gut gestanden hatte und dessen Divisionen dann angewiesen waren, jede für sich ihre Verpflegung vom Armeeintendanten zu empfangen.

Diese Vorwürfe waren schwer genug und, was wir erzählt haben, zeigt, daß sie durchaus nicht unbegründet waren.

Schon als Görgey am 2. März bei Poroszló ankam, theilte ihm Klapka mit, daß in Folge der letzten Vorfälle die Divisionscommandanten des ersten Corps erklärt hätten, sie würden keine Befehle mehr von Dembinski annehmen, die dieser nicht im Einverständnisse entweder mit Görgey oder mit Klapka ertheilt hätte.

Görgey war mit dem Wesen der Sache völlig einverstanden; nur ging er noch weiter: Dembinski sollte nämlich zur Abdankung gezwungen werden. Görgey meinte, ein Oberbefehlshaber müsse absolut regieren, nicht constitutionell und seine oder Klapkas „Contrasignatur" auf Dembinskis Befehlen kam ihm sehr spaßhaft vor. Konnte Dembinski nur constitutionell, nicht absolut regieren, so mußte er überhaupt abgesetzt werden. Und da vorauszusehen war, daß diese Procedur nicht ganz ohne Schwierigkeiten vor sich gehen werde, so vertröstete er die Divisionscommandanten Klapkas auf die Zeit, da man sicher hinter der Theiß stehen werde und das Ding ernstlich angreifen könne.

Am 2. März hatte sich Dembinski sehr mißmuthig über den Rückzug von der Linie Sz. István-Eger Farmos, dieses Davonlaufen vor jedem Kanonenschuß, welches er durchaus nicht gewollt habe und welches ihn nun zwinge, den Rückzug hinter die Theiß anzuordnen, gegen Görgey geäußert, ohne zu bedenken, daß die sonderbare Idee der Cantonnirungsquartiere Angesichts des Feindes zu diesem Rückzuge allerdings mit Nothwendigkeit führen mußte, wenn der Feind nicht absolut ruhig blieb. In der Nacht vom 2. auf den 3. März hatte dann Görgey auch noch von Dembinski den Befehl erhalten, am 3. bei Poroszló stehen zu bleiben und den Kampf anzunehmen, den der Feind bieten würde. War nun dieser Befehl an und für sich schon ein solcher, den man bei vernünftiger Ansicht nicht billigen konnte, so war doch gerade nach der Unterredung mit Klapka und dessen Divisionscommandanten Görgey am wenigsten aufgelegt, ihm zu folgen. Er mußte Behufs Absetzung Dembinskis am 3. in Tisza füred sein und gehorchte deshalb nicht.

Am 3. März veranstaltete er hier eine Versammlung aller dienstfreien Stabsoffiziere, an welcher theilzunehmen auch der Landescommissär, Bartholomäus Szemere, eingeladen ward. Hier beschloß man, auf Grund der oben angeführten Dinge, die Regierung durch das Organ Szemeres zu bitten, daß sie Dembinski vom Obercommando entferne und dasselbe provisorisch einem der Corpscommandanten übertrage. Szemere theilte diesen Beschluß dem Generallieutenant Dembinski mit und suchte ihn dabei zur freiwilligen Abdankung zu bestimmen. Dieser wollte davon nichts wissen. Nun begaben sich am 4. März Szemere, Görgey, Klapka und Répásy zu ihm. Szemere trat zuerst allein bei ihm ein und kündigte ihm an, daß er „abgegangen werden würde", wenn er nicht freiwillig abginge. Dembinski verweigerte jeden Schritt dieser Art. Nun rief Szemere die Generale herein und erklärte in deren Gegenwart Dembinski, daß die Armee kein Vertrauen in seine Führung habe und daß er deshalb als Obercommandant unmöglich geworden sei.

Es folgte eine lächerliche Szene. Dembinski hielt eine Rede über das Geheimniß, welches ein Obercommandant auch seinen Unterbefehlshabern gegenüber bewahren müsse und erläuterte dieß drastisch durch eine ungebührliche Mißhandlung seiner Nachtmütze. Nach längerem Parlamentiren erklärte er wiederholt, daß er freiwillig nicht abdanke. Szemere wies ihn darauf an, das Obercommando provisorisch sofort an Görgey zu übergeben. Dembinski weigerte sich, die Dienstbücher herauszugeben und Görgey ließ ihm darauf eine Wache vor die Thür setzen, eine Maßregel, die indessen sogleich von Szemere wieder rückgängig gemacht ward.

Während aller dieser Ereignisse waren Berichte höchst verschiedener Art nach Debreczin an die Regierung gelangt, von Dembinski, von Görgey und Klapka, von Szemere. Während Dembinski das Mißlingen der Offensive auf Görgey und Klapka, allem Anschein nach mehr auf letzteren als auf ersteren schob, beschuldigten diese Dembinski, und Szemere sah nur den bösen Zustand der Armee, daß es so nicht bleiben könne, und berichtete in diesem Sinne über den Ausbruch einer Meuterei, was zu thun er vor dem Richterstuhl jedes Unbefangenen allerdings das größte Recht hatte.

Eine erste Folge der Dembinski'schen Berichte nach Debreczin war, daß am 3. März Klapka ein Schreiben erhielt, durch welches ihm das Commando von Komorn übertragen ward.

Klapka sah darin lediglich eine Intrigue Dembinskis, der ihn von der Armee entfernen und zugleich seinem System, der Behandlung der Divisionen als selbstständiger Körper mit Beseitigung der Corpscommandanten, zufolge der nie zur thatsächlichen Anwendung gekommenen Eintheilung vom

12. Februar, Vorschub leisten wolle. Klapka hatte vollständig Recht mit dieser Voraussetzung. Er lehnte die Commandantschaft von Komorn ab und bat, daß er an der Spitze des 1. Corps der Hauptarmee bleiben dürfe.

Eine zweite Folge nicht bloß der Dembinski'schen, sondern auch der übrigen, einander höchst widersprechenden aber sämmtlich wenig tröstlichen Berichte war, daß am 5. März Kossuth mit Mészáros und Vetter selbst nach Tisza füred hinüber kam, um hier eine Beilegung des Zwiespaltes zu versuchen. Als Resultat dieses Versuches ergab sich endlich, daß Dembinski unmöglich am Ruder bleiben könne. Er ward vorläufig durch Vetter ersetzt.

Zugleich hatte sich die Nothwendigkeit herausgestellt, im Commando der Festung Komorn, wo nach der Entsetzung Majthényis der schwache unentschlossene General Török den Befehl übernommen hatte, einen Wechsel eintreten zu lassen. Es wurden zwei Commandanten ernannt, Guyon und Lenkey, beide, wie die Obersten Damjanich, Klapka und Aulich zu dieser Zeit zu Generalen befördert. Die beiden Commandanten sollten zusehen, wie sie in die Festung Komorn hineinkämen und wer zuerst von ihnen hineingelangte, sollte das Commando übernehmen.

Damit ging dann auch beim Armeecorps Görgeys die Division Guyon ein und ihre Bestandtheile wurden den drei übrigen Divisionen des Corps zugetheilt.

Ehe wir die neuen Operationspläne der Ungarn besprechen, müssen wir uns noch zur Betrachtung eines Zwischenfalles wenden, der erheblichen Einfluß auf die Anstalten des Fürsten Windischgrätz äußerte.

Verspätete Ausführung der Demonstration über Szolnok.

Wir haben gesehen, wie alle Pläne Dembinskis für das Vorrücken an der Erlau-Gyöngyöser Straße auf das Inslebentreten der Demonstration über Szolnok, welche von dem 3. Armeecorps oder den beiden Divisionen Damjanich und Vécsey ausgeführt werden sollte, berechnet waren. Vor deren Herankunft hatten die Ungarn nur bei Czibakháza das Detachement des Majors Meszterházy, dessen früher Erwähnung gethan worden ist, in diesen Gegenden.

Oesterreichischer Seits stand gegenüber der Banus Jellachich mit 9 Bataillons, 22 Escadrons und 48 Geschützen.

Meszterházy vertheidigte gegen einzelne Unternehmungen der Oesterreicher während der ersten drei Wochen des Februar nicht bloß Czibakháza kräftig und glücklich, sondern brachte es auch durch geschickte Demonstrationen dahin, daß der Banus viel bedeutendere Kräfte gegen sich zu haben glaubte, als es in der That der Fall war und um einem Theißübergang der Ungarn auf diesen Strecken der Theiß besseren Widerstand entgegensetzen zu können, den Fürsten Windischgrätz wiederholt um Verstärkungen anging. Dieß lehnte nun Windischgrätz, der eben zu dieser Zeit das Vorrücken an und über die Tarna beschlossen hatte, allerdings ab, wies jedoch Jellachich die von Nugent abgegebene und bei der Hauptarmee erwartete Division Pálffy schließlich zu.

Als am 3. März Windischgrätz die Fortsetzung der Offensive über Poroszló und Tisza füred definitiv aufgab und in eine vertheidigungsweise Haltung zur Deckung Pesths und eine erwartungsvolle in Bezug auf einen neuen Angriff der Ungarn zurückfiel, ordnete er folgende Aufstellung seiner Armee an:

Das erste Armeecorps, Jellachich, sollte sich um Kecskemét gegenüber Czibakháza postiren; das zweite, Wrbna, um Czegléd gegenüber Szolnok; das Corps von Schlick um Jász Berény gegenüber Tisza füred und nahe genug der Erlau-Pesther Straße. Das erste Corps sollte aus seinen bisherigen Stellungen an der Szekler Eisenbahn südwärts nach Kecskemét abrücken, sobald das zweite Corps bei Czegléd eingetroffen wäre.

Zur Beobachtung des Ueberganges Poroszló-Tisza füred ward einstweilen bei Mező Tárkány Fürst Lichtenstein — statt des erkrankten Schulzig — mit den Brigaden Kriegern und Fiedler und der Kavalleriebrigade Montenuovo zurückgelassen, zusammen 9 Bataillons, 6 Escadrons und 24 Geschützen. Am 6. Februar besetzte Lichtenstein das von den Ungarn verlassene Poroszló, ließ die Brücke über den Eseröbach zerstören und marschirte dann am 7., um Schlicks Gros zu folgen, nach Jász Berény ab.

Die Division Ramberg, Brigaden Götz und Jablonowski, welche, seitdem Görgeys Verfolgung aus den Bergstädten keinen Sinn mehr hatte, mit ihrem schwachen Mannschaftsstand bis zum 28. Februar ruhig bei Kaschau geblieben war, brach von dort am 1. März auf, indem sie dem slowakischen Landsturm die Pazifikation der Umgegend überließ und traf am 3. März über Hidas Némethi bei Miskolcz und Forró, also auch in der Nähe der Erlau-Pesther Straße ein.

Ehe noch die Ablösung des ersten Corps durch das zweite an der Szolnoker Eisenbahn bewerkstelligt war, ward jenes von den Ungarn angegriffen.

Das Corps des Banus hatte in den ersten Tagen des März die Brigade Karger — $3^1/_3$ Bataillons, 6 Escadrons, 15 Geschütze und $1^1/_2$ Compagnieen Pionnire — in Szolnok; dahinter bei Abany stand die Brigade Ottinger mit 12 Escadrons und 9 Geschützen; eine Escadron war in der rechten Flanke nach Nagy Körös, also zur Beobachtung von Czibakháza entsendet. Die Division Hartlieb mit den Brigaden Grammont und Rastich (früher Neustädter) stand theils in Czegléd, theils in Pesth Die Brigade Pálffy, 4 Bataillons, 2 Escadrons und 8 Geschütze, ward zwischen dem 1. und 3. März von Mohács nach Pesth befördert. Diese eingeschlossen verfügte Jellachich über 15 Bataillons, 22 Escadrons und 56 Geschütze.

Trotz aller Besorgnisse ward der Sicherheitsdienst vor Szolnok, wo sie einen Brückenkopf am linken Theißufer angelegt und besetzt hatten, so wenig als gegen Czibakháza mit der wünschenswerthen Aufmerksamkeit und Sorgfalt von den Oesterreichern betrieben.

Damjanich und Vécsey hatten in den ersten Tagen des März in ihren beiden Divisionen $14^2/_3$ Bataillons, 17 Escadrons und 36 Geschütze in die Gegend von Szolnok und Czibakháza heraufgebracht. Obgleich der Zweck der ursprünglich angeordneten Demonstration seit dem Rückzuge Dembinskis von der Tarna und dann gar hinter die Theiß nicht mehr vorlag, waren ihnen doch keine Gegenbefehle zugekommen, wie dieß nach den oben erzählten Vorgängen in Tisza füred sehr erklärlich ist, und sie beschlossen daher, ihre Bewegungen mit dem Angriffe auf Szolnok zu eröffnen.

Vom 2. März ab concentrirte Vécsey seine Division auf Török Sz. Miklós, Damjanich die seinige, die zwischen Szentes und Czibakháza stand, auf letzteren Ort. Vécsey sollte Szolnok in der Front angreifen, Damjanich den Oesterreichern von Czibakháza in die rechte Flanke gehen.

In der Nacht vom 4. auf den 5 März überschritt Damjanich bei Czibakháza mit 7 Bataillons, 11 Escadrons und 20 Geschützen die Theiß und rückte das rechte Ufer aufwärts über Tisza Várkony nach Tószeg vor, wo er sich zum Gefechte formirte.

Ein Detachement hatte er nach Csóngrad hinabgeschickt, um dort die Theiß zu überschreiten und am rechten Ufer den Landsturm aufzubieten.

Vécsey ging in der Nacht zum 5. von Török Sz. Miklós nach Szanda vor; mit 4 Bataillons, 5 Escadrons und 16 Geschützen. Ein Bataillon sendete er nach Beszeny, um dort auf Fähren zur Unterstützung von Damjanich über die Theiß zu setzen.

Damjanich brach am 5. Morgens um 6 Uhr von Töszeg gegen Szolnok auf; seine Avantgarde stieß bald auf österreichische Patrouillen, welche die Brigade Karger allarmirten. Karger ließ den Brückenkopf besetzt und stellte sich mit seinem Gros am rechten Flußufer in dem Winkel zwischen der Eisenbahn und der Theiß auf, seine Reiterei am rechten Flügel.

Um $8^1/_2$ Uhr griffen zu gleicher Zeit Vécsey den Brückenkopf am linken Ufer und Damjanich die Stellung Kargers am rechten Ufer an.

Während Damjanich ein lebhaftes Geschützfeuer unterhielt, ließ er seine Husaren sich links ausbreiten, um Kargers rechte Flanke zu gewinnen und sich zwischen ihn und Abany zu werfen. Als die Husaren sich weit genug links gezogen hatten, schritt er zum Angriffe mit der Infanterie. Karger wich nach Szolnok. Nun hatte aber Vécsey nach kurzem Kampfe auch den Brückenkopf genommen, eine gründliche Zerstörung der Brücke verhindert und war über diese von der Ostseite in die Stadt eingedrungen.

In dieser kam es zum hartnäckigen Straßenkampfe; Karger suchte nur noch seinen Rückzug zu decken, den er von Abany durch die Husaren abgeschnitten, nothgedrungen in nördlicher Richtung nehmen mußte. An der Zagyvabrücke, auf welche er sich zunächst zurückzog, kam es zu neuem Kampfe. Karger warf, um den Flußübergang der Infanterie und Artillerie zu decken, den Ungarn seine Kavallerie entgegen. Diese aber ward von den Husaren auf die Infanterie an der Brücke getrieben, wo nun eine heillose Verwirrung entstand. Mit großem Verluste hatte Karger um 12 Uhr Mittags die Brücke passirt und konnte sich hinter der Zagyva einigermaßen sicher fühlen.

Sobald Karger am Morgen von der Annäherung der Ungarn unterrichtet war, hatte er eine Lokomotive mit einem Offizier nach Abany entsendet, um Ottinger davon Nachricht zu geben. Ottinger erhielt die Kunde um 8 Uhr Morgens, sammelte sogleich seine 11 Escadrons und 9 Geschütze und ging in der Meinung, daß Karger bei Szolnok halten werde, in der Richtung auf Töszeg vor, um Damjanich in den Rücken zu fassen. Eine halbe Stunde von Töszeg angekommen, konnte er das Gefecht übersehen: Karger war schon in vollem Rückzuge und die Ungarn standen bereits auf dem Eisenbahndamm.

Ottinger wendete sich nun gegen die Eisenbahn nordwärts, überschritt dieselbe und stellte sich Mittags um 12 Uhr quer über die Abany-Szolnoker Straße auf.

Da Karger nicht mehr zu fürchten war, warf Damjanich Ottingern Kavallerie und Artillerie entgegen, was immerhin Karger bei seinem Rückzuge etwas zu Statten kam. Ottinger ging nun auch seinerseits auf Abany zurück, verfolgt von den Husaren, welche seine Arriergarde an einer Stelle, wo der Weg sich zwischen Sümpfen verengt, angriffen, ihr einen Mann tödteten, 8 verwundeten und 4 Munitionswagen abnahmen.

Dieselbe Lokomotive, welche Ottinger die Nachricht vom Anmarsche der Ungarn gebracht hatte, trug sie auch nach Czegléd zu Hartlieb. Dieser marschirte mit 3 Bataillons, 1 Escadron und 15 Geschützen rechts von der Eisenbahn ab auf Törtöl mit der gleichen Absicht, wie Ottinger, nämlich auf die Rückzugslinie Damjanichs zu wirken. In Törtöl angekommen erfuhr er Kargers Niederlage und Rückzug und ging darauf nach Abany, wo er sich um 5 Uhr Nachmittags mit Ottinger vereinigte. Schon um 1 Uhr Nachmittags war in Ausführung der Befehle des Fürsten Windischgrätz vom 3. März über die neue Aufstellung der Armee auch die Kavalleriebrigade Bellegarde vom 2. Corps in Abany angekommen. Und ebenso zog sich am Abend Karger, da er nicht über die Zagyva verfolgt ward, westlich dorthin.

Die Brigade Karger hatte am 5. März an Todten und Verwundeten 12 Offiziere, 158 M., an Gefangenen und Versprengten 6 Offiziere und 375 M., im Ganzen also 18 Offiziere und 533 Mann verloren. Einschließlich desjenigen Ottingers steigt also der Mannschaftsverlust der Oesterreicher auf 560 M. Pferde waren 317, Geschütze 5 und Munitionskarren 17, außerdem alle Kassen und Bagagen der Brigade Karger eingebüßt worden.

Das Gefecht von Szolnok war unzweifelhaft das glänzendste für die Ungarn, welches sie bisher noch bestanden hatten.

Der neue Operationsplan der Ungarn; Vorbereitungen zu seiner Ausführung. Eindruck des Gefechtes von Szolnok auf den Fürsten Windischgrätz und Anstalten desselben.

Bis zum 9. März, dem Tage, an welchem Vetter definitiv zum Obercommandanten ernannt wurde, wußte eigentlich Niemand recht, wer Obercommandant sei. Görgey und Vetter verabredeten sich über neue Pläne, Görgey gab Befehle aus.

Der neue Operationsplan, welcher festgestellt wurde, beruhte im Wesentlichen auf denselben Grundlagen wie der frühere Dembinski'sche, nur sollte diesesmal umgekehrt der Hauptangriff über Czibakháza und das am 5. März eroberte Szolnok geführt werden und dagegen die Demonstration auf der Erlau-Pesther Straße stattfinden.

Für die Demonstration an der letztern Straße ward das Görgey'sche Corps bestimmt; für den Hauptangriff das 3 Corps, nunmehr unter Damjanich vereint, während Vécsey nach Debreczin abberufen ward, das 1. Corps unter Klapka und das 2. Corps unter Répásy, welches aber zugleich den Brückenkopf von Tisza füred festhalten sollte, dessen Bestimmung überhaupt einige Zeit in der Schwebe blieb.

Das 1. Armeecorps marschirte noch am 4. aus seinen Cantonnirungen bei Tisza Szöllös südwärts ab und traf am 5., nach dem Gefechte von Szolnok, bei Szanda, am linken Theißufer ein, während das 3. Corps am rechten Ufer bei Szolnok lagerte. Klapka reiste am 5. von Tisza füred seinem Corps nach und übernahm bei Szanda dessen Befehl wieder; auch er ging dann mit seinem Corps ans rechte Ufer der Theiß. Hier wollte man warten, bis Görgey die Aufmerksamkeit des Fürsten Windischgrätz auf sich gezogen habe.

Unterdessen brannten die Oesterreicher am 6. die Brücke über den Cseröbach östlich von Poroszló ab und es ward dadurch unmöglich gemacht, daß Görgey bei Tisza füred seinen Uebergang bewerkstellige, um über Poroszló die Erlau-Pesther Straße zu gewinnen. Er mußte vielmehr den bedeutenden Umweg von Tisza füred über Egyek, Polgár, Lök nach Rakamaz einschlagen, um von da über die Floßbrücke, welche bei Tokaj die frühere, Ende Januars abgebrannte Jochbrücke ersetzte, das rechte Ufer der Theiß zu gewinnen, dann bei Gesztely die Hernád zu überschreiten und über Miskolcz weiter zu operiren. Miskolcz konnte er nicht vor der Mitte des Monats erreichen. Früher konnte also seine Demonstration keine Wirkung auf die Oesterreicher äußern.

Von diesem Allen wurden Damjanich und Klapka am 8. März bei Szolnok unterrichtet. Unter solchen Umständen nützte es nichts, daß sie am rechten Theißufer nur wartend stehen bleiben; das konnte vielmehr nur die Oesterreicher aufmerksam machen und insoferne lediglich Schaden bringen. Sie kehrten daher in der Nacht vom 8. auf den 9. an das linke Theißufer zurück und verlegten hier ihre Truppen um Török Sz. Miklós in Cantonnirungen.

Erst am 15. März traf der neue Obercommandant, General Vetter, selbst bei Szolnok ein. Ueber seine Ernennung herrschte durchaus nicht allgemeine Zufriedenheit. Damjanich wollte nicht viel davon wissen, ließ sich aber durch ein Schreiben Kossuths leicht und ohne Vorbehalt umstimmen.

Am wenigsten zufrieden war Görgey, er ging sogar — was bei seinem Verstande kaum glaublich erscheinen wird — so weit, daß er an Klapka in dieser Zeit schrieb, auch ohne Oberbefehlshaber hätten die Corpscommandanten etwas Ordentliches ausrichten können. Es ist schwer begreiflich bei den Ansichten, die er kurz vorher über die Stellung eines Oberbefehlshabers, der absolut regieren müsse, nicht constitutionell regieren könne, geäußert hatte. Einigermaßen konnte sich Görgey indessen beruhigen, da ihn ja seine Aufgabe von dem Obercommando hinreichend trennte, ihm also die ersehnte Selbstständigkeit in ziemlich hohem Maße sicherte.

Das erste, was Vetter nach seiner Ankunft bei Szolnok that, war, daß er das 2. Corps, jetzt unter Aulich, südwärts nach Szolnok herabzog; nur 2 Bataillons und 10 Geschütze sollte dieses Corps im Brückenkopf von Tisza füred zurücklassen.

Da die Brücke von Szolnok nach dem Rückzuge von Damjanich abgebrannt war, mußte die Hauptmacht bei Czibakháza ans rechte Theißufer gehen, sie ward also dort hinab gezogen; am 18. März überschritten dann das 1. und 3. Corps hier den Fluß; am 19. kam auch Aulich mit dem 2. Corps an und am gleichen Tage rückte Vetter mit der ganzen Armee nach Nagy Körös vor.

Wir müssen nun zusehen, was sich in der Zwischenzeit bei den Oesterreichern begeben hatte.

Auf den Fürsten Windischgrätz machte die Nachricht von dem Gefechte bei Szolnok am 5. März, die er am 6. erhielt, einen höchst niederschlagenden Eindruck; einen solchen, daß man dreist sagen kann, wäre die Demonstration der Ungarn über Szolnok einige Tage vor dem 26. Februar zur Ausführung gekommen, so gewann ihre Hauptmacht sicher die Schlacht von Kápolna, der Weg nach Pesth stand ihr offen und was aus der österreichischen Armee wurde, ist nur in so weit zu sagen, daß es keinesfalls etwas Gutes sein konnte.

Windischgrätz ordnete nämlich am 6. eine Concentrirung fast der ganzen Armee nach dem rechten Flügel hin an. Wrbna und Schlick sollten schleunigst auf Czegléd marschiren; die Brigaden Deym und Bergen sollten am 7. in Jász Berény eintreffen. Ramberg ward angewiesen, über Kápolna und Árok Szállás gleichfalls nach Jász Berény zu marschiren. Jellachich, von Wrbna zunächst unterstützt, sollte suchen, die Scharte auszuwetzen, welche Damjanich der Brigade Karger beigebracht; er ward wegen der Gegend von Kecskemét damit getröstet, daß man sicher wisse, es stehe dort kein Ungar. Wie schon durch die Befehle vom 3. März bestimmt war, sollte Jellachich um Kecskemét seine Aufstellung nehmen.

Während die Bewegungen zur Concentrirung südwärts gegen Szolnok und Czibakháza im Gange waren, gingen, wie wir gesehen haben, Damjanich und Klapka in der Nacht vom 8. auf den 9. bei Szolnok ans linke Theißufer zurück und verbrannten die Szolnoker Brücke, so daß sich augenblicklich zu ihrer beabsichtigten Vernichtung keine Gelegenheit mehr bot, man hätte denn einen ernstlichen Angriff mit Flußübergang bei Szolnok oder Czibakháza versuchen wollen. So weit gingen aber die Aspirationen des Fürsten Windischgrätz nicht; doch ließ er es bei der Concentrirung südwärts bewenden, da er sicher zu sein glaubte, daß jetzt hier von Czibakháza und Szolnok her der Hauptangriff des Feindes erfolgen werde.

In Folge dessen standen am 12. März das 1. Corps bei Kecskemét, das 2. Corps bei Nagy Körös und Ofen-Pesth, das Schlick'sche, jetzt das 3. Corps zubenannt, bei Czegléd. Die Division Ramberg ward zur Beobachtung der obern Theiß bestimmt und am 11. März angewiesen, von Jász Berény nach Heves vorzurücken, und namentlich gegen Poroszló Streifschaaren zu senden.

Ganz sicher des Hauptangriffes von Süden her konnte aber der Fürst Windischgrätz doch nicht werden und immerdar plagte ihn die Möglichkeit, daß ihn die Ungarn im Süden dennoch bloß zum Narren haben könnten, während sie dann mit einem Male, wie der Blitz über Gyöngyös auf Pesth vordringen könnten.

Am 12. März erhielt die Armee eine neue definitive Eintheilung:

Das 1. Corps unter Jellachich zerfiel in die Divisionen Hartlieb, mit den Brigaden Grammont und Rastich, — Schulzig mit den Brigaden Kleinberger (früher Karger) und Dietrich, — Ottinger mit den Brigaden Sedelmayer und Sternberg.

Das 2. Corps unter Wrbna hatte verfügbar bei Nagy Körös nur die Division Csorich mit den Brigaden Wyß und Colloredo und die Kavalleriebrigade Bellegarde von der Division Schwarzenberg; die andern beiden Brigaden dieser Division — Schütte und Liebler — waren in Besatzung zu Pesth, Ofen und Gran.

Das 3. Corps Schlick bestand nunmehr aus der Division Lobkowitz mit den Brigaden Kriegern und Pergen und der Division Franz Lichtenstein mit den Brigaden Fiedler und Parrot.

Die ganze Armee zählte einschließlich der schwachen Division Ramberg höchsten 47000 Mann. *

* S. Beilage C. zu diesem Abschnitte.

Bei der ungeheuren Langsamkeit aller Bewegungen, welche verschuldete, daß wenn kaum eine Stellung eingenommen war, die Umstände, auf welche man sie begründet und berechnet hatte, schon wieder gänzlich geändert waren und bei der vorherrschend defensiven Haltung, welche Windischgrätz glaubte behaupten zu müssen, erscheint die immer deutlicher hervortretende Rathlosigkeit im Hauptquartier des Fürsten gerade nicht wunderbar. Die Neigung zu einer vernichtenden Offensive gegen die Rebellen fehlte wahrhaftig nicht und Windischgrätz hätte ihr sicher volles Genüge gethan, wenn es möglich gewesen wäre, die ungarische Armee bei einem Frühstücke in Pesth zu verspeisen. Da aber dieses nicht anging, so machte nun die gleichfalls vorhandene Neigung, jedem Gedanken einer positiven Handlung eine Legion von Schwierigkeiten entgegenzustellen, die sich in der Ausführung ergeben mußten, sich vorherrschend geltend. Die großartigen Siegeshoffnungen vom Dezember, durch einen Parademarsch nach Pesth den Krieg vollständig zu beendigen, waren längst dahin gesunken; der lange Stillstand der Oesterreicher und der kommende Frühling brachten überall Landsturmhaufen auf die Beine und belebten, wo dieß selbst nicht möglich war, doch den passiven Widerstand, welcher die Verpflegung erschwerte und den Polizeigeist des Fürsten Windischgrätz zu ewigen zersplitternden Detachierungen herausforderte. So trat dem Wunsche, etwas Entscheidendes zu thun, stets bei den ersten Schritten auf jeder Bahn die Besorgniß, daß man zu ohnmächtig dazu sei, entgegen, führte bald theils auf rein defensive Plane zurück, theils in der Hoffnung, hie oder da Verstärkungen zu finden, in die verschiedensten Richtungen, zu beständigem Umschlagen von einem Plan zum andern. Die Corpscommandanten, welche sich nicht von einer starken Hand gehalten sahen, welche kein besonderes Vertrauen in die oberste Führung setzten, erlaubten sich theils auf eigene Faust Abweichungen von erhaltenen Befehlen, bald stellten sie einzeln für sich, bald sogar ins Gesammt oder zu zweien nach voraufgegangener Verabredung Anträge, diese oder jene Operation zu unternehmen. Der Fürst Windischgrätz trat diesem Treiben keineswegs mit gebührender Strenge gegenüber. Statt zu befehlen, suchte er sich in seinen Antworten auf solche Anträge wohl gar zu rechtfertigen und nachzuweisen, daß er ja Alles, was man von ihm verlange, schon längst angeordnet habe, wie man es finden würde, wenn man nur so gefällig sein wolle, seine Dispositionen zu lesen. Diese Dispositionen waren nun meistentheils freilich kaum so zu nennen. Weit entfernt bestimmte Anordnungen zu enthalten, könnten sie vielmehr richtiger als Schularbeiten über irgend welche strategischen und taktischen Aufgaben bezeichnet werden; sie enthielten theoretische Betrachtungen in

Menge über alles Mögliche, was wohl geschehen könnte, keine Bestimmungen was geschehen solle; und sehr wichtige Dinge, die von oben herunter kategorisch hätten festgesetzt werden müssen, wurden oft der Einigung derjenigen Corpscommandanten überlassen, welche mit einander zusammenwirken sollten, was denn für das unbotmäßige Verhalten der Corpsbefehlshaber wenigstens einige Entschuldigung mit sich bringt.

Nicht von Seiten der Ungarn und der Rothen, nein von Leuten, welche den Fürsten Windischgrätz in aristokratischem Sinne und österreichischer Loyalität überboten, wird ihm vorgeworfen, daß er sich in Ofen-Pesth einen Hof gebildet, sich mit Magyaren umgeben, sich in diesem Kreise wohl, ja sehr gemüthlich und heimisch gefühlt habe. Jene Sehnsucht, welche ihn beständig nach Pesth zurückzog, sobald er nur einen Schritt herausgethan hatte, welche ihn dann auch nachgiebig im höchsten Grade machte, wo es sich darum handelte, den Corpscommandanten selbstständig die Thätigkeit zu überlassen, welche er von Rechtswegen unmittelbar hätte leiten sollen, enthält Bestätigungen solcher Behauptungen. Statt zu thaten, klagte endlich der Fürst nur noch: über jede Schwierigkeit, auf welche er stieß, über die Eigenmächtigkeiten seiner Unterbefehlshaber, über den Mangel seines Heeres an leichter Reiterei, während diese in Italien, wo sie wenig zu gebrauchen ist, in Masse vertreten wäre. Was diesen letzteren Punkt betrifft, war allerdings die Hoffnung, mit welcher man sich Anfangs trug, daß die Husaren bei dem ersten Schritte, den die Oesterreicher auf ungarischen Boden thäten, regimenterweise zu ihnen übergehen und ihnen so die fehlende leichte Reiterei geben würden, freilich nicht erfüllt worden.*

Das Gefühl der Schwäche, welches immer hervortrat, sobald die Oesterreicher sich eben zu einem entscheidenden Schritte entschlossen hatten, führte in jener Zeit, da der Fürst den Hauptangriff der Ungarn über Szolnok und Czibakháza erwartete und in Folge davon ohnedieß den Rechtsabmarsch der Armee gegen Süden hin anordnete, wieder einmal, wie es bereits im Februar beabsichtigt war, auf die Idee einer innigen Verbindung der Operationen der Hauptarmee mit derjenigen der Serben und durch Befehl vom 8. März ward General Todorovich angewiesen, sich wo möglich über Tereskopel, Halas und Badkert mit dem Banus zu vereinigen. In dem letztern erwachte hierüber ein heimwehartiger „Drang nach

* Spottvögel behaupten, die ungarischen Husarenregimenter, über welche factisch der Gegner verfügte, seien in die Ordre de bataille des Fürsten Windischgrätz von vornherein mit aufgenommen worden, wo sie allerdings eine allzu schlechte papierne Hülfe bleiben mußten.

Süden," der allmälig zur fixen Idee ward und in den nächsten Wochen noch manches Unheil bereitete.

Aus der Verbindung mit den Serben wurde vorerst nichts und konnte aus guten Gründen nichts werden, wie es die spätere Erzählung klar genug zeigen wird.

In einer sogenannten Disposition vom 14. März entwickelte Fürst Windischgrätz nun seine Ansichten über dasjenige, was zunächst geschehen solle.

Der positive Gehalt der betreffenden Disposition läßt sich in folgendem zusammenfassen:

Es sollte eine große Rekognoszirung in Gestalt eines Theißüberganges unternommen werden, um dadurch die Ungarn zur Enthüllung ihrer wahren Absichten zu zwingen, und zwar sollte das 1. Corps, Jellachich, von Kecskemét bei Alpár, das 3. Corps unter Schlick von Czegléd bei Szolnok aus linke Theißufer übersetzen; das erstere sich aber nach dem Uebergange, um mit dem 3. in Verbindung zu treten, nordwärts wenden. Das 2. Corps unter Wrbna, oder vielmehr die verfügbaren Truppen desselben, d. h. die Division Csorich mit der Reiterbrigade Bellegarde, sollten am rechten Theißufer zwischen Alpár und Czibakháza vor Nagy Körös als allgemeine Reserve stehen bleiben. Nach Ueberschreitung des Flusses sollten bei Szolnok und Czibakháza solide Brückenköpfe angelegt werden, um solchergestalt die Theiß zu einer tüchtigen Operationsbasis für die Oesterreicher umzuschaffen. Die Offensive gegen Debreczin sollte aber von dieser neuen Operationsbasis an der Mitteltheiß aus nur in dem Falle fortgesetzt werden, daß man sich wirklich überzeugte, man habe hier die Hauptmacht der Ungarn gegen sich. Andernfalls könnte ja unterdeß diese Hauptmacht bei Poroszló ans rechte Ufer gehen und dadurch die österreichische Armee in eine sehr unangenehme Lage versetzen. Ramberg sollte in Heves bleiben.

Man erkennt sehr leicht, daß dieser Plan keiner der Anforderungen entspricht, welche an einen Offensivplan gemacht werden müssen. Während ein solcher den Feind in eine von den eigenen Operationen abhängige Lage versetzen und dadurch die Sicherheit der letztern verbürgen soll, wozu vor allen Dingen Entschlossenheit und Schnelligkeit des Zugreifens und Vorschreitens gehört, machte sich hier Fürst Windischgrätz gerade umgekehrt von vornherein vom Feinde abhängig; seine eigene Sicherheit suchte er nicht in der Schnelligkeit des Beginns und der Durchführung der Handlung, sondern gerade in Vorsicht und Langsamkeit des Tastens, welche ihm desto leichter gestatten würden, einen Schritt zurückzuthun, welche freilich aber auch dem Feinde desto eher gestatten mußten, den ganzen Plan zu durchkreuzen.

Man braucht nicht mehr zu wissen, um mit höchster Wahrscheinlichkeit vorauszusehen, daß entweder nicht einmal ein Anfang zur Durchführung dieses Planes gemacht werden oder daß doch die Durchführung nach den ersten Schritten ins Stocken gerathen würde.

Windischgrätz, um dem Ganzen die Krone aufzusetzen, saß nun auch wieder in diesem wichtigen Momente in Pesth, berief Wrbna eben dahin, übertrug dem Banus die Durchführung des Plans und ordnete Schlick dessen Befehlen unter.

Am 15. ward ein Brief Damjanichs, aus welchem hervorzugehen schien, daß die ungarische Hauptmacht doch wieder an der Erlau-Pesther Straße auftreten werde, von österreichischen Streifern aufgefangen. Ward ohnehin die Kriegführung des Fürsten Windischgrätz von jedem Windhauche wie ein schwankendes Rohr bewegt, so erhöhte noch den Uebelstand und setzte ihn in grelleres Licht der Mangel aller zuverläßigen Nachrichten über den Feind. Ein mangelhaft bestelltes Kundschafterwesen ist eine ewige Klage, welcher wir bei österreichischen Heeren begegnen. Daß das ungarische Land gegen Oesterreich aufgeregt, daß Spione von den Oesterreichern schwer zu finden waren, ist eine schwache Entschuldigung. Denn so einig, wie das ungarische Volk hätte sein müssen, damit die Oesterreicher gar keinen brauchbaren Spion hätten auftreiben können, war es durchaus nicht, — und auch unter Verhältnissen, wo diese Entschuldigung gar nicht stichhaltig war, hat es den österreichischen Heeren an einem guten Kundschafterwesen gänzlich gemangelt. Wir sind wohl nicht auf der falschen Fährte, wenn wir die Hauptgründe für diese Erscheinung einmal darin suchen, daß für die österreichischen Generale eigentlich nicht existirt, was außerhalb der Grenzen des gewöhnlichen Dienstschematismus liegt, daß sie an dieses entweder nicht eher denken als bis es zu spät ist oder es selbst so zu sagen unter ihrer Würde halten, daran zu denken, dann in einer sehr übel angebrachten Sparsamkeit. Die Franzosen sind in diesen Beziehungen das gerade Gegentheil der Oesterreicher und ihnen hat es auch in der That in viel ungünstigern Verhältnissen niemals an guten Nachrichten vom Feinde gemangelt.

Bei solcher Sachlage machte nun der Brief des Generals Damjanich, welcher vom 13. März datirt war, sogleich einen Eindruck auf den Fürsten Windischgrätz und erlangte in dessen Augen eine Bedeutung, die er niemals hätte haben sollen.

Windischgrätz wies alsbald den Banus an, das 2. Corps nicht von Nagy Körös vorwärts an die Theiß zu ziehen, damit es im Nothfall bereiter sei, Ramberg zu unterstützen; er ermahnte ferner den Banus dringend, nach dem Uebergange bei Alpár und Szolnok, um keinen Preis weiter gegen Debreczin vorzudringen, bevor er nicht die Gewißheit erlangt habe, daß die Hauptmacht der Ungarn sich vor ihm befinde. Ramberg sollte sich der höchsten Aufmerksamkeit auf alle Bewegungen der Ungarn befleißigen.

Diese Anweisungen und Ermahnungen gingen am 16. März ab. An dem gleichen Tage machte der Banus darauf aufmerksam, daß die Uebergänge bei Czibakháza und Alpár, welche er zuerst hätte benutzen wollen, manches gegen sich hätten und theilte mit, daß er dafür mit gesammter Macht bei Szolnok überzugehen gedenke. Auf eine Mitwirkung Todorovichs, welche hauptsächlich zur Benutzung der untern Theißübergänge hätte bestimmen können, sei ohnedieß nicht zu rechnen, da dieser seine serbischen Hülfsvölker kürzlich entlassen habe und danach nur noch über 7 Bataillone und 1900 Reiter, im Ganzen kaum 8000 M. verfüge.

Windischgrätz erklärte sich damit einverstanden, daß der Banus bei Szolnok über die Theiß gehe, obwohl es ihm schiene, daß dabei das Moment der Ueberraschung und der Flankenwirkung verloren gehe. Kaum hatte er aber diese Concession gemacht, als Jellachich schon wieder mit einer neuen Forderung da war: Windischgrätz möge wenigstens noch die Division Ramberg unter seine Befehle stellen, sonst sei er viel zu schwach, um über die Mitteltheiß zu setzen. Es bliebe ihm dann nichts weiter übrig, als nach Szegedin hinabzumarschiren, dort Todorovich an sich zu ziehen und nun mit diesem vereint über Groß Wardein (Nagy Várad) gegen Debreczin zu operiren.

Man wird gestehen, daß selten eine verrücktere Idee ausgeheckt ist. Also, um 7000 M. heranzuholen, wollte Jellachich die gute Hälfte der Hauptarmee nach Szegedin entführen, um von dort dann, wer weiß wann, wieder nach dem Norden heraufzukommen. Daß Windischgrätz mit der kleineren Hälfte der Armee dabei den an der Ober- und Mitteltheiß weit überlegenen Ungarn auf Gnade und Ungnade Preis gegeben war und daß diese alle wünschenswerthe Zeit gewannen, mit Windischgrätz nach ihrem Belieben zu verfahren, leuchtet Jedermann ein.

Die Sache ward dann auch endlich dem Fürsten Windischgrätz selbst zu toll und er brachte es über sich, sich von Pesth loszureißen und in eigener hoher Person die weite Eisenbahnreise nach Czegléd zu unternehmen, um mit dem Banus zu unterhandeln. Unterhandeln ist das rechte Wort für diesen eigenthümlichen Verkehr eines Obergenerals mit seinem Unterbefehlshaber.

Am 18. sollten denn die Operationen zum Theißübergange beginnen. Das 1. Armeecorps rückte an diesem Tage vor Kecskemét zusammen, am 19. vor Nagy Körös.

Am 19. März, wie wir sahen, war Vetter mit der ungarischen Hauptarmee von Czibakháza im Marsche gegen Nagy Körös. Es war ein äußerst widriges Wetter, ein starkes Schneegestöber war eingetreten, die Wege in der Theißniederung waren grundlos. Da brachten Kundschafter die Nachricht, zwischen Nagy Körös und Czegléd ständen 60000 Oesterreicher concentrirt.

Nun sprachen sich Damjanich und Aulich, namentlich der erstere, gegen die Fortsetzung des Marsches auf Nagy Körös aus. Die Concentrirung der Oesterreicher dort, stellte Damjanich vor, beweise, daß der Plan der Ungarn verrathen oder durchschaut sei; alle Vortheile desselben fielen damit in sich zusammen. Außerdem rücke nach den neuesten Nachrichten, wie es sich wirklich verhielt, Görgey bereits von Gesztely über Miskolcz gegen die Tarna und die große Pesther Straße hinab; unter seinem Schutze könne die Hauptarmee jetzt auf dem kürzeren Wege über Tisza füred und Poroszló die Theiß überschreiten und die Pesther Straße gewinnen. Dieses würde jedenfalls das zweckmäßigere sein; immerhin würde die Bewegung über Czibakháza nicht umsonst gewesen sein; Windischgrätz werde hier immer noch den Hauptangriff erwarten und sich unendlich verwundern, wenn dieser nun von einer ganz andern Seite herkomme.

Damjanich, dem sich Aulich anschloß, stimmte daher für den Rückzug ans linke Theißufer. Vetter wich nach einigem Widerstande, namentlich basirt auf die Schädlichkeit öfteren Wechsels der Pläne und ziellosen Hin- und Hermarschirens, ihren Vorstellungen und führte vom 20. auf den 21. März die Armee an das linke Theißufer zurück. Am 22. bezogen das 1. und 3. Corps Quartiere um Török Sz. Miklós, das 2. Corps um Mezö Túr am Berettyo.

Kossuth, der sich hier beim Heere einfand, war untröstlich darüber, daß aus der Offensive wieder nichts geworden sei, und ließ sich nur schwer überreden, daß man mit dem Zurückgehen das bessere Theil erwählt habe. Auch die Stimmung der Soldaten war durchaus keine erfreuliche; die Generale gaben sich alle erdenkliche Mühe sie zu heben und benutzten dazu vor allem die Siegesnachrichten, welche eben von Bem aus Siebenbürgen eingetroffen waren.

Es ward nun in Török Sz. Miklós der neue Operationsplan verabredet, an welchem man unter allen Umständen festhalten wollte.

Derselbe war sehr einfach: Vetter sollte das 1., 2. und 3. Corps nach Tisza füred führen, hier die Theiß überschreiten, sich an der großen Straße über Gyöngyös nach Pesth mit dem 7. Corps vereinigen und so mit gesammter Macht gegen die Hauptstädte vordringen, alles vor sich niederwerfen, was ihm in den Weg träte.

Die Reservedivision Asboth sollte von Ujváros nach Szolnok und Czibakháza hinabrücken, die Besatzungen dort verstärken und durch Demonstrationen den Banus in dem Glauben erhalten, daß er noch die ungarische Hauptarmee sich gegenüber habe. Die Division Asboth zählte 3 Bataillons, 3 Escadrons und 2 Batterieen.

Wir unterlassen es bei diesem Abschnitte, die Ereignisse auf den Nebenkriegsschauplätzen einzuschalten, um sie erst später nachzuholen, da die Vorgänge auf dem Haupttheater des Krieges nunmehr einen so entscheidenden Einfluß gewinnen, daß neben ihnen für einige Zeit alles Andere verschwindet.

A.

Zusammensetzung des 2. Corps der Hauptarmee des Fürsten Windischgrätz unter F.-M.-L. Gr. Wrbna am 23. Februar 1849 und den folgenden Tagen.

Division F.-M.-L. Csorich.

- Brigade G.-M. Wyß: 2. Jägerbataillon, 1. Bataillon Schönhals Nr. 29, 3. Bataillon Fürstenwärther Nr. 56, 1. Landwehrbataillon Baden Nr. 59, 1 Escadron Kreß Chevauxlegers Nr. 7, Kavalleriebatterie Nr. 2, 1/2 Raketenbatterie Nr. 15.
- Brigade G.-M. Fürst Colloredo: 4 Compagnieen des 6. Jägerbataillons, 1. und 2. Bataillon Erzh. Stephan Nr. 58, 1. Landwehrbataillon Paumgartten (4 Comp.) Nr. 21, 1 Escadron Kreß Chevauxlegers, 6pfdr.-Batterie Nr. 8, 1/2 Raketenbatterie Nr. 15.
- Divisionsartilleriereserve: 12pfdr.-Batterie Nr. 3, 6pfdr.-Batterieen Nr. 10 und 11.

Division F.-M.-L. Fürst Edmund Schwarzenberg.

- Brigade G.-M. Dietrich: 2. Bataillon Wimpffen Nr. 13, componirtes Bataillon Eckert, 4. Bataillon Warasdiner Kreuzer (jedes dieser 3 Bataillons hatte nur 4 Compagnieen), 3 Compagnieen vom 4. Bataillon des 2. Banalgrenzregiments, 1 1/2 Batterieen.

Brigade G.-M. Schütte: Grenadierbataillons Rattay und Richter, 1 Batterie.

Brigade G.-M. Bellegarde: 4 Escadrons Max Auersperg Cürassiere Nr. 5, 5 Escadrons Civallart Ulanen Nr. 1, 2 Escadrons Erzh. Johann Dragoner Nr. 1, Kavalleriebatterie Nr. 4.

Divisionsartilleriereserve: $1^1/_2$ Batterieen.

Corpsartilleriereserve: 6 Batterieen.

Im Ganzen $13^1/_2$ Bataillons, 13 Escadrons, 102 Geschütze oder einschließlich der Artillerie gegen 15000 M.

Die Stärke des Schlick'schen Corps um diese Zeit ergibt sich ungefähr aus Beilage B. zum dritten Abschnitte auf 12000 bis 13000 M.

B.

Stärke und Zusammensetzung derjenigen Corps der ungarischen Armee unter Generallieutenant Dembinski, welche ganz oder theilweise an der Schlacht von Kapolna, den 26. und 27. Februar 1849 theilnahmen.

Erstes Armeecorps, Oberst Klapka.

1. Division	Desewffy	$4^1/_2$ Bataillons,	5 Escadrons,	16	Geschütze.
2. „	Mariásy	5 „	6 „	16	„
3. „	Schulz	$3^1/_2$ „	1 „	8	„

Zweites Armeecorps, Oberst Repasy.

1. Division	Szekulits	4 Bataillons,	4 Escadrons,	16	Geschütze.
2. „	Hertelendi	4 „	4 „	16	„

Siebentes Armeecorps, General Görgey.

1. Division	Pöltenberg	3 Bataillons,	8 Escadrons,	16	Geschütze.
2. „	Aulich	3 „	8 „	16	„
3. „	Guyon	4 „	2 „	12	„
4. „	Kmety	5 „	6 „	16	„
Colonne	Weissel	1 „	— „	4	„

Im Ganzen 37 Bataillons, 44 Escadrons und 136 Geschütze, oder, auf das Bataillon 800, auf die Schwadron 120, auf das Geschütz 20 M. gerechnet, 37000 bis 38000 M.

C.

Eintheilung der Armee des Fürsten Windischgrätz am 12. März.

1. Armeecorps F.-M.-L. Br. Jellachich.

Division F.-M.-L. Hartlieb.

Brigade G.-M. Grammont: 5. Jägerbataillon, 3. Bataillon Liccaner, 2. Bataillon Gradiscaner, 6pfdr.-Batterie Nr. 6.

Brigade G.-M. Rastich: 1. und 2. Bataillon Ottochaner, 3. Bataillon Oguliner-Szluiner, 4 Compagnieen vom 3. Bataillon des 1. Banalregiments, 6pfdr.-Batterie Nr. 1.

Division F.-M.-L. Schulzig.

Brigade G.-M. Kleinberger: 3. Bataillon des 2. Banalregiments, 2. Bataillon Broder, 3. Bataillon Erzh. Carl Nr. 3, 6pfdr.-Batterie Nr. 5.

Brigade G.-M. Dietrich: 4. Bataillon des 2. Banalregiments, 4. Bataillon Warasdiner Kreuzer, componirtes Bataillon Eckert, 2. Bataillon Szluiner (sämmtliche Bataillons nur zu 4 Compagnieen), slavonische 6pfdr.-Fußbatterie Nr. 1.

Division G.-M. Ottinger.

Brigade Ob. Sedelmayer: Wallmoden Nr. 6. und Hardegg Nr. 7 Cürassiere (12 Escadrons), Kavalleriebatterie Nr. 10.

Brigade Ob. Sternberg: Kaiser Franz Joseph Dragoner Nr. 1 (6 Escadrons), 2 Escadrons König von Sachsen Cürassiere Nr. 3, 6 Escadrons Banderialhusaren, Kavalleriebatterie Nr. 5.

Corpsgeschützreserve: 6pfdr.-Fußbatterie Nr. 2, Kavalleriebatterie Nr. 9, slavonische halbe Cavalleriebatterie Nr. 2, Raketenbatterie Nr. 16, 12pfdr.-Batterieen Nr. 1 und 2, Pionnircompagnie Nr. 13.

Im Ganzen 14 Bataillons, 26 Escadrons, 69 Geschütze, 1 Pionnircompagnie und 4 Brückenequipagen oder ungefähr 15000 M.

2. Armeecorps F.-M.-L. Gr. Wrbna.

Division F.-M.-L. Csorich.

Brigade G.-M. Wyß: 4 Compagnieen vom 2. Jägerbataillon, 3. Bataillon Fürstenwärther Nr. 56, 1. Bataillon Schönhals Nr. 29, 1. Landwehrbataillon Baden Nr. 59, Kavalleriebatterie Nr. 2.

Brigade G.-M. Fürst Colloredo: 4 Compagnieen vom 6. Jägerbataillon, 1. und 2. Bataillon Erzh. Stephan Nr. 58, 1. Landwehrbataillon Paumgartten Nr. 21 (4 Compagnieen), 6pfdr.-Batterie Nr. 8.

Division F.-M.-L. Fürst Edmund Schwarzenberg.

Brigade G.-M. Schütte (Garnison von Gran und Ofen): Grenadierbataillone Fischer, Richter und Bitermann, 6pfdr.-Batterie Nr. 12.

Brigade G.-M. Liebler (in Ofen-Pesth): Grenadierbataillone Schneider, Martini und Rattay, 4. Bataillon Hohenlohe Nr. 17 (4 Compagnieen), 6pfdr.-Batterie Nr. 13.

Brigade G.-M. Bellegarde: Auersperg Cürassiere, 4 Escadrons Erzh. Johann Dragoner, 5 Escadrons Civallart Ulanen, Kavalleriebatterie Nr. 4.

Corpsgeschützreserve: 6pfdr.-Batterieen Nr. 10 und 11, ½ Kavalleriebatterie Nr. 6, Raketenbatterie Nr. 15, 12pfdr.-Batterieen Nr. 3 und 4, Pionnircompagnie von Nr. 8.

Im Ganzen 15 Bataillons, 15 Escadrons, 63 Geschütze und 1 Pionnircompagnie oder ungefähr 14000 M.

3. Armeecorps F.-M.-L. Gr. Schlick.

Division F.M.-L. Fürst Lobkowitz.

Brigade G.-M. Kriegern: 2 Compagnieen vom 2. Jägerbataillon, 3. Bataillon Warasdiner St. Georger, 1. Bataillon Erzh. Wilhelm Nr. 12, 1. Landwehrbataillon Parma Nr. 24, 3. Bataillon Nugent Nr. 30, 6pfdr.-Batterie Nr. 36.

Brigade G.-M. Bergen: 3. Bataillon Warasdiner Kreuzer, 3. Bataillon Erzh. Wilhelm, 3. Bataillon Kudelka Nr. 40, 2. Bataillon Latour (später Benedek) Nr. 28, 6pfdr.-Batterie Nr. 34.

Division F.-M.-L. Fürst Franz Lichtenstein.

Brigade G.-M. Fiedler: 3. Bataillon Erzh. Stephan, 1. Bataillon Ottochaner, 2. Bataillon Hartmann Nr. 9, 3. Bataillon Mazzuchelli Nr. 10, 6pfdr.-Batterie Nr. 3.

Brigade G.-M. Parrot: Prinz Carl von Preußen Cürassiere Nr. 8 (6 Escadrons), 2 Escadrons Sunstenau Cürassiere Nr. 2, 4 Escadrons Kaiser Chevauxlegers Nr. 1, 3 Escadrons Kreß Chevauxlegers, Kavalleriebatterie Nr. 3.

Corpsgeschützreserve: Schlick'sche 6pfdr.-Batterie, galizische Raketenbatterie Nr. 11, ½ Raketenbatterie Nr. 12, 12pfdr.-Batterieen Nr. 5 und 11.

Im Ganzen $12^1/_3$ Bataillons, 15 Escadrons, 51 Geschütze, oder ungefähr 11000 M.

Geschützhauptreserve: 6pfdr.-Batterie Nr. 4, Cavalleriebatterieen Nr. 1, 7, 8, 11, Raketenbatterieen Nr. 13, 17, 23, 12pfdr.-Batterieen Nr. 6, 7 und 8.

Im Ganzen 11 Batterieen mit etwa 2500 M. Von den Batterieen waren aber nur $6^1/_2$ bei der Armee; die übrigen $4^1/_2$ detachirt in Gran, Raab und beim Corps von Simunich vor Komorn.

Pionnircorps: 6 Compagnieen mit 10 bespannten und einer unbespannten Brückenequipagen, von den Compagnieen war eine bei Simunich detachirt.

Ferner sind zur Armee noch zu zählen:

die Division Simunich vor Komorn; vgl.

die Division Ramberg mit den Brigaden Götz und Jablonowski (vgl. Beilagen zum dritten Abschnitt);

seit 22. Februar in Kaschau und augenblicklich auf dem dienstbaren Stand kaum 4500 M. zählend.

Sechster Abschnitt.

Vom Beginne der glücklichen Offensive der Ungarn bis zum vollständigen Entsatze der Festung Komorn.

Ende März bis Ende April 1849.

Vormarsch des Görgey'schen Corps an die Tarna.

Görgey hatte bei seinem Abmarsch von Tisza füred auf Tokaj am 8. März gegen 19000 M. in den Divisionen Gaspár, Kmety und Pöltenberg und der Colonne des Hauptquartiers; bei Tokaj angekommen, mußte er davon ein starkes Detachement, insbesondere zur Deckung des Theißüberganges bei Tisza füred abgeben.* Er brach nun nach Gesztely auf, wo er die Hernád schon im Voraus hatte überbrücken lassen und erreichte von da am 16. Miskolcz. Hier erfuhr er das erste Wort von der octroyirten österreichischen Verfassung vom 4. März, und man kann annehmen, daß ihn dieses auf einige Zeit seine königlich ungarischen Gedanken vergessen ließ und ihn geneigt machte, unbedingt Oesterreich zu bekämpfen. Manche Dinge in den nächsten Wochen lassen sich dann leicht erklären. Von Miskolcz aus detachirte Görgey dann noch Benitzky mit 500 M. auf Kaschau, um den slowakischen Landsturm, welchen die Division Ramberg bei ihrem Abzuge dort zurückgelassen hatte, auseinander zu jagen. Es blieben ihm jetzt noch etwa 15000 M., mit denen er in den folgenden Tagen südwärts aufbrach. Am 18. März erreichte er mit der Division Gaspár Szikszó (westlich Maklár, nicht zu verwechseln mit dem größern Orte nördlich Miskolcz), mit den Divisionen Kmety und Pöltenberg Szihalom und Mező Kövesd. Hier erfuhr er, daß das nächste österreichische Corps, mit welchem er zu thun haben würde, die Division Ramberg, bei Heves stehe. Er wollte nun sogleich Ramberg aufsuchen und brach am 20. in zwei Colonnen nach Erdő-Telek und Besenyő auf.

Ramberg erfuhr am 18. die Annäherung Görgeys durch einen Kundschafter, und berichtete darüber am 19. an Windischgrätz, worauf dieser der Division Csorich Befehl ertheilte, von Nagy Körös nordwärts nach Jász Berény zu marschiren, um Ramberg zu unterstützen. So wurden also alsbald die Truppen, die eigentlich zum Theißübergange bei Szolnok bestimmt waren, wieder geschwächt.

Als dann am 20. Görgey von Besenyő und Erdő-Telek südwärts

* Vergl. Beilage A. zu diesem Abschnitte.

vorrückte, zog sich Ramberg unverweilt auf Jász Apáthi zurück, zumal ihm die allerdings falsche Nachricht zugekommen war, daß auch Klapka mit 15000 M. gegen ihn marschire, vielleicht veranlaßt durch Demonstrationen von Tisza füred her oder auch durch Gerüchte, die dem Zurückgehen der Hauptarmee Vetters hinter die Theiß voraufeilten.

Der Bericht Rambergs über diese Kundschaften warf den Fürsten Windischgrätz augenblicklich aus allen seinen Offensivgedanken zurück und ließ ihn nur noch an die Deckung Pesths denken. Zu dem Ende ward Ramberg angewiesen, von Jász Apáthi über Árok-Szállás nach Hatvan an der großen Pesther Straße abzumarschiren; gleichfalls nach Hatvan sollten auch Csorich von Jász Berény und Schlick von Czegléd abrücken. Jellachich dagegen sollte mit dem ersten Corps die Stellung von Nagy Körös verlassen, nach Czegléd gehen, sich hier an der Szolnoker Eisenbahn concentriren und die Uebergänge von Szolnok und Czibakháza beobachten. Ein Bataillon der Pesther Garnison mit 4 Escadrons und 24 Geschützen ward augenblicklich nach Hatvan vorgesendet, um sich den aus dem Süden und Osten dahin dirigirten Truppen anzuschließen.

Nachdem sich Ramberg bei Görgeys Annäherung vor diesem zurückgezogen hatte, fand es der letztere überflüssig, noch weiter gegen Süden zu gehen und beschloß vielmehr sich nordwärts auf die große Straße nach Pesth zurückzuwenden und gegen Hatvan zu demonstriren, um desto sicherer und desto mehr österreichische Truppen aus dem Süden wegzulocken.

Dieß wollte er natürlich in der Meinung, daß es nach wie vor bei der Ausführung der Bewegung von Vetters Hauptarmee über Czibakháza, Nagy Körös und Nagy Káta gegen Pesth sein Bewenden habe. Am 22. aber erhielt er nun die Nachricht, daß diese Operation aufgegeben sei, daß die Hauptarmee in den nächsten Tagen bei Tisza füred ans rechte Theißufer gehen werde und daß Görgey diesen Uebergang decken solle, indem er bei Erdö-Telek und Besenyö Stellung nehme.

Hienach ward nun verfahren. Aber es ist kaum nöthig zu sagen, daß Görgey höchst unzufrieden damit war, daß wieder einmal eine Operation nicht aus dem ersten Keime herausgekommen, und sehr geneigt war, an Vetters Befähigung zum Obercommando fast noch mehr als an derjenigen Dembinskis zu zweifeln.

Da nun Görgey zunächst nichts unternahm, so trat ein Stillstand in den Operationen ein und Ramberg berichtete darüber an Windischgrätz.

Concentrirung der ungarischen Hauptmacht. Gedanken und Pläne des Fürsten Windischgrätz in den letzten Tagen des März.

Am 23. März brach Vetter mit dem 1., 2. und 3. Armeecorps aus der Gegend von Tdrök, Sz. Miklós und Mezö Túr auf und erreichte mit der Spitze am 25. März Tisza füred. Hier begann am 25. noch das 2. Corps den Theißübergang, am 26. folgte das 3. und am 27. das 1. Armeecorps. Am 28. war daher die ganze Armee der Ungarn am rechten Theißufer zwischen Kápolna, welches Görgey sowie die Tarnalinie weiter unterhalb bei Bod schon am 27. besetzt hatte, und Poroszló concentrirt.

Auf die letzten Berichte Rambergs über das Stillestehen Görgeys, ja sogar von einem theilweisen Abmarsch desselben auf Erlau schürtelten den Fürsten Windischgrätz allerhand neue Gedanken hin und her, nur auf den kam er nicht, einmal seine gesammte Streitmacht kräftig zusammenzufassen und nun auf einen der Feinde loszugehen, die er vor sich haben konnte, um endlich einmal zu sehen, und aus den Träumereien und Hallucinationen herauszukommen.

Görgeys Verhalten, das schien dem Fürsten Windischgrätz klar, beweise, daß er nicht zu einem entscheidenden Schlage bestimmt sei, sondern nur zu einer Demonstration, daß er etwas maskire.

Was war aber dieses etwas? auf welchen Straßen sollte es vor sich gehen?

Jedenfalls nicht auf der großen Pesther Straße, denn dort stand ja Görgey, der zum Maskiren bestimmte.

Dann blieb noch zweierlei: entweder die Ungarn beabsichtigten einen großen Schlag gegen den Banus, nachdem sie die österreichische Hauptmacht nordwärts gelockt hätten, auf die Erlau Pesther Straße, oder sie beabsichtigten einen großen Schlag über Losoncz zum Entsatze des jetzt ernstlich belagerten Komorn, während sie südwärts dieser Linie wieder an der Erlau Pesther Straße die österreichische Hauptmacht fesselten.

Sonderbarer Weise hatten die Oesterreicher von Vetters ganzem Theißübergange bei Czibakháza am 18. und 19. März und dem Vorrücken desselben in der Richtung auf Nagy Körös nicht das mindeste bemerkt; sie erfuhren die ganze Sache erst am 21. März, als also Vetter schon wieder ans linke Theißufer zurück war.

Asboth, der von Czibakháza aus mit großer Geschicklichkeit demonstrirte, brachte den Banus und durch diesen Windischgrätz auf den Glauben, daß hier noch die ganze ungarische Hauptarmee zu einem neuen Uebergange bereit stehe. Danach schien denn Jellachich das Schlachtopfer sein zu sollen; andererseits ließen doch die Nachrichten über einen Marsch Görgey'scher Truppen aus der Gegend von Maklár nach Erlau wieder vermuthen, daß am Ende Simunich vor Komorn das Schlachtopfer sein solle.

Nun wollte der Fürst Windischgrätz sich gegen diese beiden Möglichkeiten sicher stellen und am 22. wurden daher die erst am 20. ertheilten Befehle für eine Concentrirung bei Hatvan schon wieder abgeändert.

Jellachich bleibt bei Czegléd, wo er schon am 21. eingetroffen ist, und von wo er die Brigade Rastich, verstärkt durch 3 Escadrons, nach Abany vorgeschoben hat; bei Hatvan wird nur Csorich concentrirt; Ramberg dagegen muß nach Waitzen marschiren, und Schlick nimmt eine Aufstellung bei Jász Berény zwischen Czegléd und Hatvan, damit er je nach den Umständen entweder auf den einen Punkt oder auf den andern gezogen werden könne. Diese Aufstellung sollte am 24. März vollendet sein. Die bei Hatvan concentrirten Truppen deckten nicht bloß unmittelbar die große Straße nach Pesth, sie konnten auch über Waitzen vereint mit Ramberg auf Losoncz denjenigen ungarischen Corps zunächst entgegengeworfen werden, welche auf dieser Straße durch die Gebirge zum Entsatze von Komorn marschiren wollten.

Die Besorgnisse wegen eines Entsatzes von Komorn waren übrigens nicht neu beim Fürsten Windischgrätz und er hatte deshalb schon vor einiger Zeit einem Detachement, welches unter Oberst Almásy zu Neusohl stand, 1 Escadron und 2 Compagnieen, Befehl ertheilt nach Losoncz zu marschiren;, jetzt ward auch noch ein Bataillon mit 2 Geschützen unter Oberst Zagitczek von Waitzen aus eben dahin gesendet. Beide sollten am 24. März in Losoncz eintreffen.

Eben diese Maßregel war vom Schicksale bestimmt, Windischgrätz in der Meinung, daß es die Ungarn unmittelbar auf einen Entsatz von Komorn abgesehen hätten, bald definitiv zu bestärken.

Almásy und Zagitczek waren schon am 23. Abends in Losoncz eingetroffen.

Wie früher erzählt worden ist, hatte Görgey von Miskolcz aus ein Detachement unter dem gewandten Parteigänger Benitzky nordwärts nach Kaschau gesendet, um dort die slowakischen Freischaaren auseinanderzutreiben. In ein paar Tagen hatte Benitzky trotz der Schwäche seiner Abtheilung diese Aufgabe gelöst und Görgey erhielt seine Meldung hierüber schon am 19. In dieser Zeit hatte Görgey, wie auch aus früher Erzähltem hervorgeht, zunächst die Absicht, mit Ramberg bei Heves anzubinden. Aber da er voraussah, daß dieser ihm ausweichen möchte, war er für solchen Fall entschlossen, auf die große Straße zurück und gegen Hatvan vorzugehen. Dabei konnte ihm nun sehr zu Statten kommen, wenn die Oesterreicher auf die Idee gebracht würden, daß Seitens der Ungarn ein Entsatz von Komorn beabsichtigt würde. Er ertheilte daher unverweilt Benitzky den Befehl, sich von Kaschau südwärts auf die Straße von Losoncz zu werfen und auf dieser seine Streifereien fortzusetzen.

Schon am 21. März erreichte Benitzky Putnok und am 22. Rima Szombath. Hier erfuhr er, daß am 23. Oesterreicher in Losoncz angesagt wären. Die Stärke derselben ward ihm ziemlich richtig angegeben und obgleich er daraus schließen mußte, daß das österreichische Detachement dem seinigen mehr als doppelt überlegen sein würde, beschloß er doch, einen Ueberfall zu versuchen. Am 23. Abends, nachdem seine Truppen genügend ausgeruht hatten, brach er deßhalb von Rima Szombath auf; in Osgyán, wo er den ersten Halt machte, erhielt er noch nähere Nachrichten; nach Mitternacht verließ er Osgyán und kam ohne irgend bemerkt zu sein, nach Apátfalva. Obgleich den Oesterreichern Losoncz nicht gerade als ein Ruheposten angewiesen war, ist es doch sehr erklärlich, daß sie, eben erst angekommen, den Sicherheitsdienst noch nicht in genügender Weise organisirt hatten. Mit guten Führern versehen, von einem Schneegestöber begünstigt, drang so Benitzky fast ohne entdeckt zu sein, in die Stadt und brachte, von deren Einwohnern unterstützt, dem österreichischen Detachement eine erbärmliche Niederlage bei. Dasselbe büßte 7 Offiziere, 206 M., 56 Pferde, eine Standarte und eine Kasse ein. Mit dem Rest seiner Mannschaft zog sich Almásy am 24. und 25. über Ludány auf Balassa Gyarmath an der Eipel und am 26. nach Waitzen zurück.

In seinem Berichte über die erlittene Niederlage gab Almásy, indem er mit zehn multiplizirte, die Stärke der Ungarn zu 6000 M. an. Windischgrätz erhielt diesen Bericht am 25. März. Er sah natürlich in dem Detachement Benitzkys die Avantgarde mindestens eines starken ungarischen Armeecorps, wenn nicht der Hauptarmee; für ihn war also nun die Hauptangriffsrichtung der Ungarn klar. Gleichzeitig aber waren Berichte von anderer Seite her eingelaufen, die auch einen andern als den Fürsten Windischgrätz in eine gelinde Verzweiflung hätten versetzen können.

Das enfant terriblé der Armee, der phantasiereiche Banus, hatte noch nicht genug daran, nur allein die Ruhe seines alten Antonius zu stören; neuerdings suchte er zu diesem Zwecke auch noch sich des ganz-modernen und demagogischen Mittels der Association zu bedienen. Gegenwärtig war er mit dem tapfern Schlick associirt. Jellachich hatte Nachrichten über die Märsche der Vetter'schen Armee von Czibakháza nach Tisza füred; während aber diese Märsche gerade von ihm ab, von Süden nach Norden leiteten, schloß er aus seinen Nachrichten das Umgekehrte, daß sie von Norden nach Süden giengen und ihm ein Hauptschlag drohe. Nun forderte er selbstverständlich Verstärkungen von Windischgrätz; aber damit war es ihm nicht genug, er wendete sich auch direkt an Schlick, dieser möge ihm beispringen, und Schlick verließ wirklich noch am 24. auf eigene Faust seine Stellung bei Jász Berény, um nach Alberti an der Eisenbahn zu marschiren und dort sich hinter Jellachich aufzustellen.

An Windischgrätz schrieb er darüber, als ob sich die Sache von selbst verstände; bei Jász Berény, sagte er, habe er vom Feinde nichts, oder so gut wie nichts gegen sich; die Wege in der dortigen Gegend seien abscheulich und drohten mit dem einbrechenden Frühjahr noch grundloser zu werden, so daß sie jede Operation verhinderten. Deshalb sei er dem Wunsche des Banus gern nachgekommen. Auch an guten Rathschlägen ließ es Schlick nicht fehlen und auch er rückte jetzt als Verbündeter des Banus wieder mit dem Projekt heraus, diesen nach dem Süden ziehen zu lassen, damit er sich dort mit Todorovich vereinige: darauf könne er ja dann sogleich zur Hauptarmee zurückkommen.

Windischgrätz war sehr wild; hätte Schlick noch zu jener Klasse der Zweifüßler gehört, mit denen nach des Fürsten Ansichten noch der Mensch nicht anfängt, er wäre standrechtlich aufgehängt worden; aber Schlick war sogar über den Baron hinaus und Windischgrätz hatte für ihn und über ihn nur zarte elegische Klagen, theilweis in das Gewand neuer Befehle gekleidet.

Das Hauptmotiv dieser letztern war die Deckung der Komorner Straße.

Ramberg ward demgemäß angewiesen, sogleich von Waitzen nach Balassa Gyarmath zu marschiren; Csorich mit 6 Bataillons und 6 Escadrons sollte zu Rambergs Unterstützung nach Waitzen aufbrechen und den Rest seiner Division, 2 Bataillons und 7 Escadrons unter Bellegarde bei Gödöllö aufstellen, Schlick sollte in aller Eile gleichfalls nach Gödöllö kommen. Die Aufgabe des Banus blieb die alte. Diese Befehle wurden am 25. März ausgefertigt.

Am 27. hatte darauf die österreichische Armee nachfolgende Stellung:

die Division Ramberg, mit dem von Losoncz vertriebenen Detachement Almásy vereinigt, in Balassa Gyarmath;

die Division Csorich in Waitzen, wo sie am 26. Abends eingetroffen war;

vom Schlick'schen Corps* die Division Lobkowitz bei Gödöllö und

die Division Lichtenstein bei Tapio Bicske südlich Nagy Káta; am 28. kam diese Division auf ihrem Marsche nach Gödöllö bis Dány und Koka;

Jellachich in Czegléd, mit der Brigade Rastich in Szolnok.

Zur Zeit als diese Stellung eingenommen ward, meldete der Banus einmal über das andere, nicht bloß, daß er bedeutende feindliche Streitkräfte sich gegenüber, sondern auch, daß er solche in seiner rechten Flanke, also etwa in der Gegend von Kecskemét habe. Von Schlick liefen dagegen Rapporte ein, daß sich ungarische Massen an der Tarna aufhäuften. Wir wissen, daß dieß letztere richtig war; auch in den Augen des Fürsten Windischgrätz hätten bei dem nicht eben furchtsamen Charakter Schlicks die Berichte dieses Generals als die glaubhaftesten erscheinen müssen. Indessen lag Komorn dem Fürsten Windischgrätz am meisten auf dem Herzen und wenn dieser Gedanke auch an sich kein falscher war, war es doch jedenfalls nicht richtig, dabei vorauszusetzen, die Ungarn würden auf den Entsatz Komorns lossteuern, ohne vorher den Versuch gemacht zu haben, die österreichische Hauptarmee, wo sie auch stände, zu schlagen. Und gerade diese Voraussetzung machte der Fürst; der Salto mortale der Ungarn über Rima Szombath, Losoncz und Balassa Gyarmath um Ofen-Pesth herum, war das Gespenst, welches ihn beständig plagte. Man weiß wirklich nicht zu sagen, was bei einiger Aufmerksamkeit und Thätigkeit der österreichischen Armee ein solcher Luftsprung der Ungarn ihr hätte schaden können.

Allmälig gelangte Fürst Windischgrätz zu der Idee, es sei doch wohl das Gescheuteste, wenn man sich einmal sichere Kunde von der Stellung der Ungarn zu verschaffen und dieß durch ein Vorgehen zu erzielen suche. Nach Schlicks Rapporten war zu vermuthen, daß man auf der Straße über Gyöngyös am ersten Sicherheit erlangen werde. Indessen getraute sich eben wegen der gefährlichen, allerdings nur in seinen Träumen existirenden Umstände auf der Straße von Losoncz der Fürst lange nicht, zu diesem außerordentlichen, wie es schien seiner Meinung nach noch nie dagewesenen Mittel zu greifen.

Da brachte am 30. März ein Bericht Csorichs etwas Licht und Muth in das Hauptquartier. Die Ungarn, hieß es in dieser Meldung, hätten die Eipelbrücken zwischen Balassa Gyarmath und Losoncz zerstört. Hatten sie das selbst gethan, so wollten sie offenbar diese Straße

* S. Beilage B. zu diesem Abschnitte.

vorerst nicht benutzen: man konnte also wegen des gefährlichen Luftsprunges einige Nächte ruhig schlafen und einige Tage etwas auf der Erlauer Straße wagen.

Für dieses Wagniß ward am 31. März eine Disposition herausgelassen. Ihr zufolge sollte Schlick mit seinem Corps eine große Rekognoszirung unternehmen; am 1. April sollte er bis Bagh, am 2. bis Hatvan, am 3. bis Gyöngyös, welches 7 Meilen von Gödöllö entfernt ist, vorgehen, aber in keinem Falle über Gyöngyös hinaus. Stieße er in seinem Vormarsche auf überlegene feindliche Kräfte, sollte er sich auf Bagh in die Stellung hinter das Galgaflüßchen, welches wie die Tarna der Zagyva zuströmt, zurückziehen.

Ramberg in Balassa Gyarmath ward angewiesen troß des mysteriösen Abbruches der Eipelbrücken seine Aufmerksamkeit gegen Losoncz hin zu verdoppeln und für den Fall, daß er von Waitzen und Pesth abgedrängt, gezwungen würde, seinen Rückzug am linken Donauufer zu bewerkstelligen, bei Kémend eine Brücke über die Gran zu werfen.

Csorich sollte als gemeinsame Reserve für Ramberg einerseits und für Schlick andererseits in Waitzen stehen bleiben und zur Unterstützung des letztern eine Streifpartie von 4 Escadrons ostwärts durch die Berge am 1. April bis Nagy Berczel (nordwestlich Szirák), am 2. bis Sz. Jacob (südlich Pásztó), am 3. bis Göngyös senden, wo sich dieselbe mit Schlick zu vereinigen hätte.

Das Corps des Banus ward an der Szolnoker Eisenbahn dergestalt gegen Pest hin zurückgezogen, daß es im Stande sei, Schlick vorkommenden Falls zu unterstützen. Am 2. April sollte es sich an der Eisenbahn nach Alberti, am 3. nach Monor zurückziehn und beständige Verbindung mit Schlick unterhalten.

Endlich ward noch auf eine entferntere Unterstützung Rechnung gemacht, um den Ungarn, falls sie mit Umgehung des Fürsten über Losoncz auf Komorn marschiren wollten, einen heilsamen Schrecken einzujagen. Durch ein Handschreiben vom 24. März, von welchem Windischgrätz unterrichtet war, hatte nämlich Kaiser Franz Joseph den Commandirenden in Galizien, General der Kavallerie, Baron Hammerstein, aufgefordert, ein Corps von beiläufig 10000 M.* zusammenzuziehen und diese über Kaschau zur Unterstützung Windischgrätzens in Ungarn einrücken zu lassen. Windischgrätz bat nun am 31. März den General Hammerstein, baldmöglichst, wenn auch nicht das ganze Corps, so doch einen Theil desselben über Eperies und Kaschau vorgehen und

* Vergl. Beilage C. zu diesem Abschnitt.

dabei aussprengen zu lassen, daß es 20000 M. hinter sich habe. Man findet es leider nur zu häufig, daß gerade die Leute, welche selbst die langsamsten der Sterblichen sind, bei andern, namentlich in Nothfällen, Flügel der Morgenröthe voraussetzen oder sich gar beklagen, wenn andern diese Flügel der Morgenröthe fehlen, während sie es dagegen höchst unbillig finden, wenn man von ihnen selbst nur die Geschwindigkeit einer gemeinen Postkutsche verlangt. Hammerstein hatte kaum das Handschreiben des Kaisers erhalten, als Windischgrätz es auch schon für höchst einfach hielt, daß er sogleich 10000 M. bei Kaschau haben sollte. Man wird gestehen, daß solche Forderungen und Klagen über ihre Nichterfüllung höchst unerlaubte sind. Um soweit mit dem Rechnen ins Klare zu kommen, braucht man wahrhaftig keine Generale anzustellen und schwer zu besolden; den Dienst eines Generals, der auf diese Weise rechnet, würde der erste beste Schulknabe ohne Anstrengung versehen können.

Schlick brach ergangenem Befehl gemäß am 1. April mit 11 Bataillons, 16 Escadrons und 33 Geschützen, im Ganzen etwa 11000 M. von Gödöllö gegen Bagh und Aszod auf.

Beginn der erfolgreichen Offensive der Ungarn. Gefechte von Hatvan und Tapio Bicske.

Wir haben früher gesehen, wie schon am 27. März die ganze ungarische Hauptarmee am rechten Ufer der Theiß zwischen Kápolna und Poroszló stand.

Am 30. März stand das 7. Corps bei Kápolna, mit der Vorhut bei Halmaj; links von ihm das 2. Corps bei Bod und Erdö-Telek; dahinter das 3. Corps bei Kerecsend und Maklár und links von diesem das 1. Corps bei Füzes Abany, Dormánd und Besenyö.

Am 31. März rückte das 7. Corps nach Gyöngyös, die Vorhut ging nach Hort; das 2. Corps concentrirte sich bei Kál, das 3. rückte nach Halmaj und Visontá; das 1. nach Bod.

Am 28. März war unterdessen bei Tisza füred Vetter, der schon lange kränkelte, so heftig erkrankt, daß er sich außer Stande sah, die Leitung der Operationen fortzuführen. Kossuth, der an demselben Tage zu Tisza füred eintraf, beauftragte vorläufig Klapka mit den Generalstabsgeschäften und begab sich am 30. März nach Erlau. Da Vetters Krankheit einen solchen Charakter annahm, daß wenigstens fürs erste an ein Wiederaufkommen desselben nicht zu denken war, so mußte wenigstens ein Stellvertreter für ihn eingesetzt werden. Man befand sich mitten in einer

Operation, welche entscheidend sein sollte, die also jede Stunde zu einem ernsten Kampfe führen konnte: es war nicht möglich, daß in solchem Falle die Armee ohne einen allgemein anerkannten Oberbefehlshaber auskomme. Auf wen die Wahl fallen solle, konnte nicht zweifelhaft sein. Der Oberbefehl mußte Görgey übertragen werden.

Noch am 30. März ward dieser nach Erlau berufen. Hier kam man dahin überein, daß die Vorrückung einstweilen nach Vetters Dispositionen bis Gyöngyös fortgesetzt werde. Wenn dann Vetter nicht wieder gesund sei, solle Görgey vorläufig das Obercommando übernehmen und der Generalstab seines Corps in die Funktionen des großen Generalstabes der Armee eintreten. Oberst Gaspár ward für diesen Fall mit dem Commando des 7. Armeecorps beauftragt.

Am 1. April vereinigte sich das 3. Corps bei Göngyös mit dem 7. Corps; das 1. und 2. Corps rückte bis Karácsond, Ludas, Ugra, Halmaj, Visontá, Sár und Detk vor

An demselben Tage machte die Avantgarde des 7. Corps eine Bewegung von Hort über Hatvan hinaus; die Infanterie besetzte letzteren Ort, die Kavallerie ging auf Aszod vor. Sie begegnete der Avantgarde Schlicks, der Brigade Parrot. Parrot trieb die Husaren auf Hatvan zurück, welches sofort auch von der ungarischen Infanterie geräumt wurde und welches er darauf besetzte, während die Hauptmacht Schlicks sich bei Aszod und Bagh aufstellte.

Am 1. April hatte nun auch Görgey den provisorischen Oberbefehl angetreten. Klapka stellte diesem vor, daß das Terrain an der großen Straße nach Pesth, welche die Wasserläufe der Zagyva und Galga mit ihren sumpfigen Ufern und Thälern bei Hatvan und bei Aszod durchschneiden, sich wenig für die Entwicklung großer Truppenmassen eigne und machte den Vorschlag, daß nur das 7. Corps an dieser großen Straße ferner vorgehen solle, während das 1., 2. und 3., mehr als 30000 M., links über Úrok-Szállás und Jász Berény ausbögen, um über Nagy Káta die Oesterreicher in die rechte Flanke zu fassen.

Görgey ging auf diesen Vorschlag ein; daß er sich bei dieser weit ausholenden Umgehung und der Trennung der Corps, welche sie bedingte, der Gefahr aussetzte, seine Truppen einzeln geschlagen zu sehen, verkannte er zwar nicht, doch hatte er bereits die Ueberzeugung gewonnen, daß dem Fürsten Windischgrätz gegenüber Vieles erlaubt sei, was sonst allen Regeln einer vernünftigen Kriegführung widerstreitet. Demnach sollten nun das 1., 2. und 3. Corps unter Klapkas Oberleitung am 2. April ihre Umgehungsbewegung beginnen.

Das 7 ungarische Corps unter Gaspár rückte am 2. April über Hort vor; westlich des letztern stieß seine Spitze auf die von Hatvan vorgeschobene Avantgarde Schlicks unter Parrot. Parrot wurde zurückgeworfen, aber halbwegs von Hort nach Hatvan von der Hauptmacht Schlicks aufgenommen. Gaspár entwickelte dieser gegenüber seine eigene Division und diejenige Pöltenbergs. Beide Theile hatten ihre Artillerie vor der Front und unterhielten ein lebhaftes Feuergefecht. Schlick glaubte bald zu erkennen, daß er eine bedeutende Uebermacht gegen sich habe und trat daher den Rückzug an; auf den Höhen östlich Hatvan nahm er aber mit seiner Infanterie und dem Raketengeschütz von neuem Stellung, um den Abzug der übrigen Artillerie, der Reiterei und der Bagage durch den Ort zu decken. Die Reiterei hatte Befehl, sobald sie die Zagyvabrücke westlich Hatvan passirt habe, wieder Front zu machen und Stellung zu nehmen, um nun ihrerseits den Rückzug der Infanterie hinter die Zagyva zu beschützen.

Gaspár folgte sogleich mit der Division Pöltenberg und besetzte gegenüber Schlicks Infanterie die Höhen nördlich der Straße. Die Division Wysocki vom Corps Damjanichs, welche mit den andern an diesem Tage den oben erwähnten Umgehungsmarsch angetreten und Csány erreicht hatte, zeigte sich bald darauf, durch den Kanonendonner angelockt, in Schlicks rechter Flanke. Nun, um 5 Uhr Nachmittags, beschleunigte Schlick den Rückzug seiner Infanterie durch Hatvan. Pöltenberg aber drängte lebhaft nach und es kam in den Straßen von Hatvan selbst zu einem hartnäckigen Gefecht, welches sich bis an die Zagyvabrücke hinzog. Es gelang den Oesterreichern, als sie diese passirt hatten, sie abzuwerfen, und Schlick setzte seinen Rückzug ungestört nach Aszod und Bagh fort.

Am Abende des 2. April hatte nun das 7. ungarische Corps die ganze Zagyvalinie von Sz. Jakob bis Fénszarú inne und konnte in dieser vortheilhaften Position füglich abwarten, bis der Marsch der Umgehungscolonne unter Klapka einigermaßen sich entwickelt habe.

Das Gefecht von Hatvan hatte den Oesterreichern 95 M. gekostet; die Ungarn geben ihren Verlust auf ungefähr 150 M. an. Görgey war nicht beim Gefecht zugegen gewesen und Gaspár hatte sich durch seine Leitung das Vertrauen des Oberbefehlshabers wie seiner Truppen gewonnen.

Von der Umgehungscolonne Klapkas kam am 2. die Division Wysocki des 3. Corps, wie wir schon gesehen haben, nach Csány, die Division Nagy Sándor desselben Corps und das 1. Corps nach Árok-Szállás, das 2. Corps dahinter nach Vámos Györk und Adacs.

Die Division Kmety des 7. Corps war mit dem Hauptquartier der Armee zu Gyöngyös geblieben.

Oesterreichischer Seits fand Schlick bei näherer Ansicht die Stellung von Bagh nicht eben vortheilhaft, insbesondere der Gefahr einer Umgehung — über die untere Galga — allzusehr ausgesetzt. Er ließ daher nur seine Reiterei bei Aszod und Bagh zurück und brach mit der Infanterie am 3. April Morgens um 3 Uhr nach Gödöllö auf, um dort hinter dem obern Rakosbache Stellung zu nehmen. An Windischgrätz hatte er am 2. bald nach dem Beginne des Gefechtes von Hatvan Bericht gesendet.

Auf diesen Bericht hin ertheilte Windischgrätz um 10 Uhr Abends Befehl an Csorich, derselbe solle am 3. Morgens um 3 Uhr von Waitzen aufbrechen und in einem Marsche zur Verstärkung Schlicks nach Gödöllö gehen.

Ramberg bei Balassa Gyarmath ward angewiesen, ein starkes Streifcommando über Romhány und Berczel auf Sz. Jakob zu senden, um über die Bewegungen, welche der Feind etwa nördlich der Straße ausführe, rechtzeitig Nachricht zu beschaffen.

Ueber den Banus brachte man in Erfahrung, daß derselbe am 2. April gar nicht marschirt sei; er ward nun aufgefordert, am 3. wenigstens so weit als möglich gegen Monor zurückzugehn. Als dann am 3. Morgens um 5 Uhr Schlicks ausführlicher Bericht über das Hatvaner Gefecht vom 2. einlief, erhielt Jellachich die Weisung über Koka und Dány vorzugehen und dem Feinde in die linke Flanke zu fallen.

Man erkennt, daß hiebei die Voraussetzung obwaltete, Schlick werde am 3. wieder vor Bagh und Aszod das Gefecht annehmen und ferner die ganze ungarische Macht sei an der großen Straße concentrirt. Letzteres war nicht der Fall und Schlick war am Morgen des 3. auf Gödöllö zurückgegangen. Als Windischgrätz letzteres erfuhr, ertheilte er Schlick den Befehl, wo möglich wieder die Stellung von Bagh und Aszod zu besetzen, da man bei Gödöllö nicht gut einem Rechtsabmarsch der ungarischen Armee um die Oesterreicher herum etwa über Balassa Gyarmath zum Entsatze Komorns begegnen könne.

Von der Garnison von Pesth wurden 3 Bataillons in Bereitschaft gestellt, um beim ersten Befehl abrücken zu können. $3^1/_2$ Bataillons unter General Liebler sollten zur Sicherung der Hauptstädte dort zurückbleiben.

Da Schlick nicht wieder auf Bagh vorgegangen war, so standen am 3. April Abends die Oesterreicher:

Schlick und Csorich bei Gödöllö;

Ramberg bei Vadkert und Balassa Gyarmath;

Jellachich mit seinem Gros bei Tápio Bicske, mit den Brigaden Sternberg und Rastich bei Tápio Szele.

Ungarischer Seits standen von dem 7. Corps die Divisionen Gaspár und Pöltenberg bei Hatvan, Kmety bei Hort und Csány. In diesen Stellungen sollte das 7. Corps theils Klapkas Umgehung sich entwickeln lassen, theils Munitionszufuhr erwarten. Das 1., 2. und 3. Corps lagerten in der Nacht vom 3. auf den 4. bei Jász Berény; ebendaselbst hatte Görgey sein Hauptquartier.

Asboth war bei dem Abzuge Jellachichs von der Theiß ihm folgend ans rechte Flußufer gegangen und stand am 3. Abends bei Abany.

Bei Windischgrätz langten fortwährend Berichte höchst allarmirender Art über Bewegungen der Ungarn auf der Straße von Losoncz an, deren ganzer Inhalt freilich nicht auf der mindesten Wahrheit beruhte. Jedenfalls wußte Windischgrätz nun, daß er beträchtliche Streitkräfte an der großen Straße sich gegenüber habe, die noch weit überschätzt wurden, während von Klapkas Marsch in die Flanke noch nichts geahnt ward. In Erwartung eines ungarischen Angriffs an der großen Straße mahnte nun Windischgrätz noch am 3. Abends wiederholt den Banus, seinen Marsch nach Dány und Koka zu beschleunigen.

Da sich am 3. die Ungarn bei Hatvan gar nicht gerührt hatten, so ließ am 4. Morgens Windischgrätz Schlick nach Bagh, Csorich nach Aszod vorgehen; einerseits um sich zu überzeugen, daß die Ungarn nicht etwa umgehungsweise rechts mit dem Ziele Komorn abmarschirt seien, andererseits um sich dem heranziehenden Banus zu nähern und mit diesem um so zeitiger die Verbindung herzustellen. Schlick machte von Bagh aus mit der Reiterei einen Rekognoszirungsritt, von welchem er nach einem leichten Scharmützel ebenso klug heim kam, als er vorher gewesen.

Am 5. April endlich wollte nun Windischgrätz einen allgemeinen Angriff auf die Ungarn bei Hatvan machen; Schlick und Csorich sollten gegen deren Front an der Hauptstraße vorgehen, Jellachich sollte sie über Fenszarú in die linke Flanke nehmen. Ehe aber der Befehl an den Banus noch abgegangen war, traf von diesem schon der Bericht über das Gefecht von Tápio Bicske ein, welcher mit einem Male ein neues Licht über die Lage der Sachen aufsteckte.

Klapka sollte am 4. April mit dem 1. und 3. Corps Nagy Káta und Sz. Márton Káta; mit dem 2. Corps Tápio Sz. Márton und Farmos von Jász Berény aus erreichen.

Das Gros Jellachichs marschirte an demselben Tage von Tápio Bicske nach Koka und Szecsö, welche Orte es um Mittag erreichte;

Sternberg und Rastich sollten von Tápio Szele über Tápio Bicske folgen.

Sternberg mit 14 Escadrons und 6 Geschützen erreichte um 10 Uhr Morgens Tápio Bicske, er konnte noch den Schweif von Jellachichs auf Szecsö abziehender Bagage bemerken; bald nach Sternberg traf auch Rastich mit 4 Bataillons und 6 Geschützen ein. Dessen Brigade und 6 Escadrons von Sternberg rasteten hier, Sternberg mit 8 Escadrons streifte nordwärts gegen Nagy Káta, bemerkte nichts von einem Feinde und machte nun gleichfalls Rast.

Um die Mittagszeit bereitete man sich zum Wiederaufbruch, als ein Angriff der Ungarn erfolgte.

Klapka war Vormittags in Nagy Káta eingetroffen, wo er erfuhr, daß in der Nacht der Banus bei Tápio Bicske gelagert habe, aber schon weiter gezogen sei und dort nur noch seine Bagage unter schwacher Bedeckung zurückgelassen habe. Diese Nachrichten waren schon einige Stunden alt. Wie wir wissen hatten sich unterdessen die Umstände geändert; es standen zwei Brigaden bei Tápio Bicske und die Bagage des Banus hatte den Ort schon verlassen.

Klapka beschloß sofort auf Tápio Bicske vorzurücken und die Oesterreicher anzugreifen.

Tápio Bicske ist von Nagy Káta etwa eine Meile entfernt, der Weg, welcher die beiden Ortschaften verbindet, führt halbwegs zwischen ihnen über eine Brücke des sumpfigen, in jener Jahreszeit wasserreichen großen Tápioflusses, im Uebrigen über hügeligen Sandboden. Tápio Bicske liegt an dem kleinen Tápiofluß, welcher von ähnlicher Beschaffenheit ist, wie der große.

Noch vor dem Mittag erreichte Klapka ohne auf Widerstand gestoßen zu sein, die Brücke über den großen Tápio. Er ließ die Division Desewffy und einen Theil der Reservekavallerie herübergehen, befahl der Brigade Dipold den Ort Tápio Bicske anzugreifen, der Brigade Bobich zur Unterstützung zu folgen und behielt die Division Mariásy mit dem Rest der Reservekavallerie nördlich des großen Tápio als allgemeine Reserve zurück.

Dipold entwickelte sich auf den Sandhügeln zwischen dem großen Tápio und Tápio Bicske und ließ gegen letzteres seine Batterie das Feuer eröffnen.

Rastich bemerkte die Ungarn nicht eher als bis sie auf den Sandhügeln erschienen. Nun ließ er sogleich seine Truppen, soweit sie noch nicht angetreten waren, das Gewehr zur Hand nehmen und warf den Ungarn zunächst 6 Escadrons Banderialhusaren entgegen, um die Entwicklung am nördlichen Ufer des kleinen Tápio zu decken. Ein Bataillon mit der Brigadebatterie entsendete er tausend Schritt links (nordwestlich) von Tápio Bicske um die Stellung Dipolds in die rechte Flanke zu nehmen. Die Banderialhusaren wurden von den ungarischen Husaren schnell geworfen und konnten es nicht verhindern, daß Dipold seine Batterie quer über die Straße auffuhr.

Nachdem das Artilleriefeuer eine Zeit lang gedauert hatte, führte Dipold mehrere Bataillone Infanterie in Colonnen zum Angriff gegen die vor Tápio Bicske aufgestellte Brigade Rastich vor. Rastich ging den Ungarn mit 2 Bataillons zum Bayonnetangriff entgegen. Die Ungarn machten Kehrt und wichen. Klapka beorderte 3 Divisionen des Regimentes Kaiser Husaren vor, um die weichende Infanterie aufzunehmen. Kaiser Husaren war eines der unzuverläßigsten Regimenter der ungarischen Armee.

Es ereignete sich bei dieser Gelegenheit, daß die Plänkler der österreichischen Infanterie den Husaren mit dem Bayonnet auf den Leib rückten und sie zurücktrieben.

Die Flucht der Brigaden Dipold und Bobich war nun eine unaufhaltsame. Alles drängte der Brücke über den großen Tápio zu. Klapka versuchte vergebens, noch südlich derselben seine Truppen zum Stehen zu bringen. Er selbst ward bei dieser Gelegenheit von der Brücke abgedrängt und mußte sein Heil in schleuniger Flucht am Südufer des Tápio hinab nach Tápio Szele suchen, wo er dann einen Uebergang über den Fluß fand. Erst am späten Abend kam er nach Nagy Káta und fand dort sein Corps wieder.

Die Division Desewffy riß unterdessen auch Mariásy in die Flucht von der Tápiobrücke nach Nagy Káta mit sich fort. Das Erscheinen der Brigade Sternberg im letzten Momente des Kampfes beschleunigte die Flucht der Ungarn. Die Oesterreicher bemächtigten sich der Tápiobrücke und gingen nordwärts derselben vor.

Doch sollte dieß noch nicht der letzte Act des Treffens sein.

Damjanich hatte sogleich nach Klapka Nagy Káta erreicht und richtete sich ein, hier das Lager zu beziehen, als er das Geschützfeuer von Tápio Bicske her vernahm.

Er ließ sogleich die Division Wysocki unter die Waffen treten und südwärts Nagy Káta Stellung nehmen. Bald darauf traf auch Görgey bei Nagy Káta ein und ritt gegen die Brücke des großen Tápio vor. Da wälzten sich ihm die Fluthen der Klapka'schen Truppen entgegen. Auch er konnte sie nicht vor Nagy Káta zum Stehen bringen. Er gab nun Befehl, daß die Division Wysocki sofort vorrücke, um die Brücke wieder zu nehmen, daß die Truppen Klapkas gesammelt würden, daß dann auch sie, vereint mit der andern Hälfte des 3. Corps — der Kavallerie unter Nagy Sandor, der Infanterie unter Knezich — Wysocki folgten.

Dieser letztere rückte vor; das 3. und 9. Honvédbataillon nahmen wetteifernd in einem heldenmüthigen Anlauf die Brücke mit Sturm wieder. Rastich mußte alsbald nun die Linie des Tápioflusses räumen und sich hinter Tápio Bicske zurückziehen. Da sich dann auch binnen Kurzem Nagy Sándor, Knezich und die Truppen Klapkas zeigten, die Oesterreicher nun also eine erdrückende Uebermacht vor sich hatten, hielten sie mit der Nachhut Tápio Bicske nur so lange, bis Alles zum Rückzuge geordnet war, der dann alsbald auf Szecsö angetreten ward. Nagy Sándor, zur Verfolgung beordert, betrieb dieselbe so lau, daß er dem abziehenden Feinde durchaus keinen Schaden that.

Nach dem Ende des Kampfes, gegen 5 Uhr Nachmittags, bezogen das 1. und 3. ungarische Armeecorps ihr Biwak bei Tápio Bicske. Görgey nahm sein Hauptquartier zu Nagy Káta, wohin in Folge des Gefechtes auch das 2. Armeecorps gezogen ward. Asboth erreichte am 4. Czegléd.

Sternberg und Rastich rückten Abends um 8 Uhr zu Szecsö beim Gros des Banus ein; ihre Verluste waren sehr gering, dagegen hatten sie den Ungarn 10 Kanonen, von denen sie freilich nur 4 mitführen konnten, 4 Karren und 125 Gefangene abgenommen. Die Ungarn geben ihren Gesammtverlust auf 800 M. an; der Haupttheil waren wohl Versprengte.

Die Schlacht bei Isaszeg und Gödöllö.

Der Tag vor der Schlacht.

Für den 5. April gab Görgey nachstehende Dispositionen:

Das 7. Corps bleibt mit seinem Gros bei Hatvan stehen, wo auch die Division Kmety sich ihm anschließt. Er besetzt mit einem Bataillon Fenszarú;

das 2. Corps rückt um 6 Uhr Morgens nach Tót Almás;

das 3. Corps, sobald das 1. Tápio Bicske verlassen hat, von dort nach Szecsö;

das 1. Corps um 6 Uhr Morgens von Tápio Bicske nach Süly;

die Munitionsreserve kommt nach Jász Berény; der Rückzug geht nöthigenfalls für das 1., 2. und 3. Corps gleichfalls nach Jász Berény, für das 7. Corps nach Gyöngyös.

Danach stand denn also die ungarische Armee auf einer ziemlich geschlossenen Linie, die vom rechten nach dem linken Flügel durch die Ortschaften Hatvan, Fenszarú, Töt Almás, Szecsö und Süly bezeichnet ist, auf einer Front von $3^1/_2$ Meilen, aus welcher sie durch einen kleinen Marsch zum Gefechte auf einem Schlachtfelde vereinigt werden konnte, welches östlich Pesth liegen mußte.

Die Berichte, welche Windischgrätz am 4. Abends von Jellachich über das Treffen von Tápio Bicske empfing, ließen gar Manches unklar, machten es aber doch dem Fürsten mehr als zweifelhaft, ob Jellachich in einer zweckmäßigen Weise an dem für den 5. April beabsichtigten Angriff gegen die Ungarn bei Hatvan würde theilnehmen können, da er, wie es schien, gleichfalls beträchtliche Kräfte des Gegners auf der Ferse hatte. Windischgrätz schob daher vorläufig den Angriff gegen Hatvan auf, um erst nähere Nachrichten von Jellachich einzufordern. Da nun Jellachich hierauf erwiederte, Rastich habe bei Tápio Bicske 10000 M. sich gegenüber gehabt, was für die letzten Momente jedenfalls eine sehr bescheidene Schätzung war, und hinzufügte, die ungarischen Vorposten hätten schon am 4. Abends auf eine Meile von Szecsö gestanden; unter solchen Umständen würde er auf Befehl die Bewegung über Fenszarú wohl machen, fürchte aber, daß er dabei dem Feinde den Weg nach Pesth öffne; — so gab Windischgrätz, der diese Antwort am 5. um 9 Uhr Vormittags erhielt, den Angriff gegen Hatvan ganz auf. Jellachich ward angewiesen, eine Stellung zu nehmen, in welcher er Pesth gegen Angriffe aus den Richtungen von Jász Berény und Czegléd her decke; Windischgrätz selbst werde mit den bei Gödöllö concentrirten Truppen zu Jellachichs Unterstützung abrücken, sobald er sicher sei, daß die Ungarn sich von Hatvan südwärts gegen Jellachich gezogen hätten. Man sieht also, daß Windischgrätz auch jetzt noch absolut nichts von dem Zusammenhange der Dinge ahnte.

Es ist freilich unbegreiflich und unverzeihlich, wenn man bedenkt, daß doch Rastich am 4. 125 Gefangene gemacht hatte, von denen man wenigstens sicher das erfahren konnte, daß bei Hatvan eine große ungarische Heeresabtheilung stehe und bei Tápio Bicske eine ganz andere wenigstens theilweis gefochten hatte. Aber leider Gottes war durch die Rebellenredensart des Fürsten Windischgrätz der Unverstand in der österreichischen Armee so genährt worden, daß man es nicht einmal der Rede werth hielt, „Rebellengefangene“ zu befragen, und sich damit begnügte, sie allenfalls zu mißhandeln und mindestens mit einer unerlaubten Verachtung zu behandeln.

Was that nun Fürst Windischgrätz, um ganz sicher zu erfahren, ob bei Hatvan 15000 Ungarn oder 3000 oder 500 ständen? Er nahm

4 Escadrons und 2 Raketengestelle und machte mit dieser Streitkraft eine Recognoszirung gegen Hatvan und daraus, daß Gaspár nun gegen diese 500 Reiter nicht 15000 M. aufmarschiren ließ, sondern ihnen 500 Husaren entgegenwarf, die überdieß einige Verluste erlitten, folgerte Fürst Windischgrätz mit großer Sicherheit, daß die ungarische Streitmacht, die am 2. bei Hatvan gekämpft hatte, nicht mehr daselbst stehe.

Nicht mehr also in der Front, sondern auf einer seiner Flanken hatte er den Hauptangriff zu besorgen. Aber auf welcher? In der rechten Flanke, gegen Jellachich hatten sich beträchtliche feindliche Kräfte gezeigt. Aber 10000 M., welche Rastich gegen sich gehabt haben wollte, waren gewiß nicht die ungarische Hauptmacht. War also nicht das Vorgehn gegen Jellachich doch auch nicht wieder eine Finte? marschirte nicht etwa zu dieser Stunde schon die Hauptmacht des Feindes durch die Berge nach Vadkert und Balassa Gyarmath zum Entsatze Komorns?

Windischgrätz beschloß sich gegen einen Angriff vor Pesth zu rüsten, dabei aber die Bewachung der Straße über Losoncz nicht zu vernachläßigen. Demgemäß gab er seine Befehle und Anweisungen. Schlick schien bei Bagh und Aszod zu entfernt von Pesth zu stehen, um dieses wirksam zu decken. Er sollte daher mit Zurücklassung einiger Escadrons als Arriergarde am 6. April um 6 Uhr Morgens nach Gödöllö aufbrechen, um dort Stellung zu nehmen. Commandos zum Fassen von Lebensmitteln und zum Kochen sollte er schon um 4 Uhr Morgens nach Gödöllö voraufschicken.

Csorich mit seiner Division und 7 Escadrons sollte um 6 Uhr am 6. April von Aszod nach Waitzen abmarschiren, um mit Ramberg bei Vadkert und Balassa Gyarmath, welcher seinem Befehle untergeordnet wurde, die Losonczer Straße zu beobachten.

Dem Banus Jellachich ward Mittheilung von diesen Bewegungen gemacht unter Beifügen der Anweisung, eine Stellung zu nehmen, aus welcher er sich unverweilt mit Schlick zur Deckung Pesths vereinigen könne. Dem Banus bestimmte Befehle zu geben, getraute sich der Fürst Windischgrätz schon gar nicht mehr. Er hatte sich an den herkömmlichen Ungehorsam Jellachichs so gewöhnt, daß er ihn anerkannte als etwas vollkommen Berechtigtes, gegen das anzukämpfen eben so unerlaubt als überflüssig sei.

Alle Befehle und Anweisungen wurden um Mitternacht vom 5. auf den 6. April expedirt. Der Banus seinerseits hatte am 5. April um 5 Uhr Nachmittags einen Zettel an Windischgrätz entsendet, in dem er mittheilte, er komme an diesem Tage über Zsámbok nach Dány und werde von dort am 6. nach Isaszeg gehn. Südwärts von ihm seien feindliche Colonnen im Marsche auf Pesth.

Diesen Zettel erhielt Windischgrätz, wie wir hier sogleich bemerken wollen, erst am 6. Mittags um $12^1/_2$ Uhr. Man lasse sich die Mühe nicht verdrießen, hin und wieder in Einzelfällen der unglaublichen Liederlichkeit und Unbestimmtheit der ganzen Kriegführung des Fürsten Windischgrätz ins Auge zu sehen. Der Banus war also halb und halb wieder einmal auf dem Wege nach Fenszarú gewesen, nun kehrt er, — bei Jsámbok, — um und schickt ein Zetteli mit Bleistift geschrieben ohne Ortsangabe von dort nach Pesth. Ein nur halbwegs berittener Ordonnanzreiter hätte diesen Zettel ohne Anstrengung spätestens um 10 Uhr Abends am 5. an seine Adresse befördert, hier geschieht es in aller Gemüthlichkeit 14 Stunden später.

Jemand, der nicht genauer mit den Dingen vertraut ist, möchte versucht sein, an einigen Orten anzunehmen, daß wir dem Fürsten Windischgrätz etwas unterlegen, was er nicht gedacht hat und in unserer Darstellung die Fehler des Fürsten übertreiben. Wir nehmen dieß Keinem übel. Es würde uns einer fremden Arbeit gegenüber wahrscheinlich selbst so gehen. Aber eben deshalb bemerken wir hier ausdrücklich, daß wir in Allem, was auf die Gedanken, Schlüsse, Absichten und Thätigkeit des Fürsten Windischgrätz Bezug hat, genau seinen eignen Angaben folgen. Wir sind aber auch überzeugt, daß es dem böswilligsten Scribenten, welcher nach den äußerlich hervortretenden Thatsachen sein Urtheil gebildet hätte, niemals gelungen sein würde, eine so schwere Anklage gegen den Fürsten Windischgrätz zu schleudern, als dieser es selbst durch die Enthüllung seiner sublimen Gedanken gethan hat. Auch der böswilligste Scribent hätte sich gescheut, bei einem österreichischen Oberfeldherrn einen solchen Abgrund der allerunzweifelhaftesten Unfähigkeit vorauszusetzen, wie ihn Windischgrätz bezüglich seiner Person selbst aufgedeckt hat.

Görgey gab für den 6. April, in der Meinung, daß der linke Flügel der Oesterreicher an diesem Tage bei Aszod und Bagh stehen bleiben werde, nachstehende Dispositionen:

das 7. Corps geht an die Galga vor und greift Bagh an, am besten mittelst einer Umgehung über die untere Galga und über Tura, wobei zugleich der beste Anschluß an den Rest der Armee erzielt wird;

das 3. Corps geht von Szecsö über Kóka durch den Kiralyi Wald auf Isaszeg;

das 1. Corps links davon von Süly über Sáp gleichfalls auf Isaszeg, detachirt aber eine Brigade in seiner linken Flanke auf Pécel;

das 2. Corps marschirt als Reserve nach Dány und sendet ein starkes Detachement nach Zsámbok, um die Verbindung mit dem 7. Corps herzustellen;

das 1., 2. und 3. Corps brechen um 5 Uhr Morgens aus ihren Quartieren auf; alle Corps halten genaue Verbindung mit einander; das Hauptquartier ist in Tót Almás.

Windischgräß rüstet sich also am 5. zu einer Defensivschlacht zur Deckung der Hauptstädte, die er etwa an der Linie des Rakosbaches zwischen Gödöllö und Isaszeg anzunehmen gedenkt; Görgey zur Vorrückung auf Pesth mit vorgenommenem linken Flügel, um wo möglich Windischgräß von den Hauptstädten abzuschneiden und ihn nordwärts in die Berge, auf die Rückzugslinie nach Galizien zu drängen, nicht etwa südwärts, was doch nach Windischgrätzens Anschauungen das Näherliegende gewesen wäre, der ja beständig den Marsch der Ungarn auf Komorn und zwar bevor sie ihn noch bei Pesth geschlagen hätten, befürchtete und deshalb eben noch die Division Csorich nach Waitzen abgesendet hatte.

Uns, die wir jetzt die Dispositionen beider Parteien kennen, bleibt kein Zweifel mehr, daß es am 6. April zu einem Zusammenstoße am Rakosbache kommen muß; aber auch den beiden kriegführenden Parteien mußte dieß bereits am 5. April höchst wahrscheinlich sein.

Das Schlachtfeld.

Vor allen Dingen müssen wir uns nun ein wenig auf dem Schlachtfelde, welches uns bis jetzt als das wahrscheinliche entgegentritt und am 6. ein wirkliches wird, zu orientiren suchen.

Der Rakosbach entspringt etwas nördlich von Gödöllö, läuft anfänglich ungefähr südwärts, durchschneidet zuerst beim Orte Gödöllö die große Pesth-Erlauer Poststraße, welche die Richtung nach Nordosten hat, und berührt etwa eine Meile südlich von Gödöllö das Dorf Isaszeg; hier macht er eine plötzliche Wendung nach Westen, bald darauf von Neuem eine solche nach Süden und noch einmal oberhalb des Dorfes Péczel, welches nur 7000 Schritt südwestlich Isaszeg liegt, eine Wendung nach Westen; bei Csaba und Keresztúr vorbeifließend behält er diese Richtung nun bei, bis er nahe östlich von Pesth, kaum eine Meile von der Pesth-Ofener Kettenbrücke über die Donau entfernt, zum zweiten Mal die Erlauer Poststraße und zugleich das berühmte Rakosfeld durchschneidet, in einen nordwestlichen Lauf fällt und kurz oberhalb Pesth bei der Teufelsmühle in die Donau mündet. Gödöllö liegt ungefähr $3^1/_2$ Meilen von der Ofen-

Pesther Kettenbrücke, die beiden Durchschnittspunkte des Rakosbaches mit der Pesth-Erlauer Straße sind also $2^1/_2$ Meilen von einander entfernt.

Was seine Wasserfülle betrifft, wäre der Rakosbach ein unbedeutendes Hinderniß; sein sumpfiges Bett, an einzelnen Stellen sumpfige Ufer, erschweren zumal im Frühjahr den Uebergang. Einigermaßen bequeme Uebergänge hat man daher nur bei Gödöllö, dann bei einer Mühle, eine halbe Stunde nördlich Isaszeg, bei Isaszeg selbst und bei Csaba.

Höhenzüge begleiten den Rakosbach an beiden Ufern, mit ihren höchsten Kämmen etwa 3000 Schritt von ihm abbleibend, seinem Laufe ziemlich parallel und eben denselben bestimmend. Die Höhen am rechten Ufer verlaufen sich erst gegen das Rakosfeld, die am linken schon früher in der Gegend des Dorfes Péczel. Die Abdachungen sind im Allgemeinen äußerst flach, nur in der Gegend von Isaszeg am rechten Ufer tritt eine Ausnahme ein.

Von den Zugängen, die von Westen her zur Stellung am Rakosbache führen, erwähnen wir zuerst die Erlauer Poststraße. Von Hatvan aus überschreitet dieselbe zuerst die Galga östlich Bagh, geht 4000 Schritt östlich Gödöllö bei dem Kloster Besenyö vorbei, dann bei Gödöllö über den Rakosbach und über Gödöllö, von Kerepes ab fallend über das Rakosfeld nach Pesth.

Bei Isaszeg vereinigen sich drei von Osten und Südosten kommende Wege; der nördlichste geht von Tura bei Valkó vorbei; der mittlere von Isámbok über Dány, der südlichste von Süly über Sáp. Diese drei Wege durchschneiden sämmtlich den Königswald. Der Königswald ist eine ziemlich ausgedehnte Holzung am linken Ufer des Rakosbaches; seine Ausdehnung von Norden nach Süden beträgt fast eine Meile, beim Dorfe Isaszeg tritt er dicht an den Rakosbach heran, nordwärts und südwärts entfernt er sich von demselben; sein nördlichster Punkt liegt etwa 6000 Schritt nördlich von Isaszeg, sein südlichster fast 3000 Schritt südlich von Isaszeg. Der westliche gegen das linke Ufer des Rakos gekehrte Rand des Königswaldes beschreibt fast einen Halbkreis, dessen östlichster Punkt 3000 Schritt vom Bache entfernt bleibt. Hier, ungefähr auf der Höhe der Mühle, welche früher als ein Uebergangspunkt über den Rakos erwähnt ward, ist also die Lichtung am breitesten. Die geringste Breite des Waldes in der Ausdehnung von Osten nach Westen liegt ungefähr auf der Hälfte seiner Erstreckung von Norden nach Süden an der Straße von Dány nach Isaszeg, die erst nach letzterm Orte südwärts abbiegt, nachdem sie den Wald bereits durchschnitten hat. Sowohl an seinem Nordende, als an seinem Südende hat der Wald eine bedeutend größere Breite, als in seiner Mitte, so daß man ihn fast seiner Grundgestalt nach mit einer Hantel, zwei an den Enden eines kurzen Stabes angesetzten Kugeln vergleichen könnte. In der Mitte ist die größte Breite des Waldes etwa 1200 Schritte, im Nordende etwa 3000 und im Südende noch etwas mehr; die Breiten immer von Westen nach Osten gemessen. Wir werden öfter vom Nordende, vom Südende und von der Mitte des Königswaldes zu reden haben. Was darunter dann zu verstehen sei, wird aus dem Gesagten ziemlich klar geworden sein.

Die Fortsetzung der drei Wege, welche aus Osten und Süden kommend, sich bei Isaszeg vereinigen, geht der Hauptsache nach in einer Landstraße über den Weiler Czinkota zur großen Pesth-Erlauer Poststraße; von dem Czinkotaer Landwege zweigt sich westlich Isaszeg noch ein anderer ab, der bei Péczel ans linke Ufer des Rakosbaches übergeht und dieses über Csaba und Keresztúr begleitet, bis der Bach seine Wendung nach Nordwest macht, um ihn hier zu verlassen und selbstständig über das Rakosfeld nach Pesth zu gehen.

Ein Landweg am rechten Ufer des Rakos verbindet Gödöllö und Isaszeg auf der kürzesten Linie miteinander.

Um das Bild des Schlachtfeldes zu vollenden, haben wir jetzt nur noch zu bemerken, daß die Höhen am linken Ufer des Rakosbaches einen ganz sanften Abfall südlich und westlich zu den Dörfern und Weilern Mende, Süly, Kóka, Zsámbok und Tura haben, und dann eines weiteren Wäldchens zu erwähnen, welches dicht an der Erlauer Straße, südlich von dieser, zwischen dem Rakos und dem Kloster Besenyö liegt, etwa 2000 Schritt von Norden nach Süden lang, eben so breit von Osten nach Westen ist und einen Theil des Thiergartens von Gödöllö bildet. Zwischen dem Südende dieses Wäldchens und dem Nordende des Königswaldes liegt ein lichter Feldraum von beiläufig 3000 Schritten.

Der Schlachttag.

Am 6. April Vormittags um $10^1/_2$ Uhr traf Schlick von Hagy her in der Position von Gödöllö ein. Die Maßregeln für die Verpflegung seiner Truppen waren trotz der Leichtigkeit, mit welcher hier unter den obwaltenden Umständen hätte vorgesorgt werden können, so elend getroffen, daß die Truppen, trotz der Zeit, welche der Feind ließ, meistentheils nicht zum Abkochen kamen.

Auf dem rechten Flügel brach Jellachich am 6. Morgens um 6 Uhr von Dány auf; seine Nachhut bildete die Brigade Rastich.

Um 11 Uhr traf der Banus mit seinem Gros bei Isaszeg ein, nahm Stellung auf den Höhen am rechten Ufer des Rakosbaches und meldete von hier aus an Windischgrätz, seine Truppen seien einstweilen zu ermüdet, um weiter zu marschiren. Er werde bei Isaszeg lagern und fernern Befehlen dort entgegensehen. Diese Meldung erhielt Windischgrätz um $1^3/_4$ Uhr Nachmittags. Vorher, ungefähr um $12^1/_2$ Uhr hatte er aber bereits die früher erwähnte Nachricht vom 5. April, Nachmittags 5 Uhr erhalten.

Auf diese erwiderte er um $12^3/_4$ Uhr von Gödöllö aus: Jellachich möge sich genaue Aufklärung über die Truppen der Ungarn verschaffen, welche südlich von ihm gegen Pesth vordrängen. Wenn möglich solle er eine ihrer Colonnen angreifen; er solle es an Meldungen über alle Vorfälle auf seinem Flügel nicht fehlen lassen. Windischgrätz werde im Stande sein, von 2 Uhr Nachmittags ab mit dem größten Theil des Schlick'schen Corps von Gödöllö aus auf die erste Nachricht, welche die Nothwendigkeit oder Nützlichkeit der Sache herausstelle, zur Unterstützung des Banus rechts abzumarschiren.

Des weiteren ward der Banus angewiesen, genaue Erkundigungen einzuziehen über die Wege einerseits rückwärts seiner gegenwärtigen Stellung nach Czinkota, andererseits seitwärts und vorwärts derselben nach Keresztúr, Becsés an der Eisenbahn und Mende.

Endlich sollte er über den Verbleib der Brigade Mihich (früher Pálffy), welche zur Beobachtung der Szolnoker Eisenbahn nach Monor detachirt war und von der Niemand wußte, wo sie sich eigentlich aufhielt, berichten.

Kaum war diese Weisung an den Banus abgegangen, als sich auch schon auf beiden Flügeln, an der großen Erlauer Straße sowohl, als bei Isaszeg das Gefecht entwickelte.

An der Erlauer Straße ließ Gaspár die Colonne des Hauptquartiers unter Weissel zur Sicherung seines Rückens in Hatvan zurück. Mit dem Gros seines Corps ging er nicht ohne überflüssige Vorsicht auf Aszod und Bagh vor. Die Division Kmety bildete die Vorhut, dann folgte Pöltenberg, dann Gaspárs eigne Division unter Major Kossuth.

Kmety ward im Vorgehen auf Héviz, Kossuth noch weiter links nach Tura gesendet, wo er das Bataillon von Fenszarú an sich zog. An der Hauptstraße blieb nur Pöltenberg.

Um $12^1/_2$ Uhr Mittags trafen dessen Vortruppen westlich des von den Oesterreichern geräumten Bagh auf die Nachhut Schlicks. Auf die Meldung hievon ließ Windischgrätz die Division Lobkowitz, welche noch nicht abgekocht, ja zum Theil noch nicht einmal Lebensmittel gefaßt hatte, vorwärts Gödöllö Stellung nehmen; die Division Lichtenstein ward angewiesen, zu ihrer Unterstützung hinter ihr aufzumarschiren. Gaspár zog darauf seine Divisionen auf Vagh gegen die große Straße zusammen, begnügte sich aber mit einer unnützen Kanonade und einigen Reiterangriffen, welche, wie wir sehen werden, dem Fürsten Windischgrätz die Möglichkeit ließen, über die Division Lichtenstein auf einem andern Punkte zu verfügen.

Klapka hatte um Mittag Sáp mit dem ersten Corps durchschritten und traf seine Anstalten zum Angriff auf das vor ihm liegende Südende des Königswaldes. Die Brigade Zäko, von Bobich als Reserve gefolgt, sollte an der Landstraße bleibend gerade auf das Südende des Waldes losgehen, Schulz im freien Felde links von Zäko vorrücken und Dipold noch weiter links auf dem Wege von Sáp nach Péczel.

Die Brigade Zäko mochte sich um $1\frac{1}{2}$ Uhr dem Walde bis auf 1500 Schritte genähert haben, als man nordwärts an der Straße von Dány nach dem Walde ein Gefecht bemerkte. Es war die Nachhut Jellachichs, die Brigade Rastichs, welche von der Vorhut Damjanichs eben ereilt war. Rastich beschleunigte seinen Rückzug in und durch den Wald, den er, um sich besser zu sichern, an mehreren Orten in Brand stecken ließ.

Unterdessen griff Klapka das Südende des Waldes an, Zäko vertrieb die ihm zunächst gegenüber stehenden Bataillone des Banus mit leichter Mühe und drang an den westlichen Waldrand gegenüber Isaszeg vor, als Rastich aus dem Nordrande heraus sich eben an den Rakosbach zurückzog. Um diesen aufzunehmen und ihm Luft zu schaffen, ergriff Jellachich mit zwei Brigaden um $2\frac{1}{2}$ Uhr gegen Klapka die Offensive. Nach kurzem Kampfe ward die Brigade Zäko geworfen, kam in Verwirrung und riß die Brigade Bobich mit sich in eine lebhafte Retirade, die obgleich Jellachich nicht folgte, wieder einmal in eine Flucht auszuarten drohte und Klapka so niederschlug, daß er schon der Meinung war, man müsse den Kampf aufgeben.

Indessen konnte der Banus an eine Verfolgung kaum denken.

Während er noch in seinem glücklichem Ausfall gegen die Brigade Zäko begriffen war, hatte Damjanich das Nordende des Waldes mit seiner Infanterie besetzt, ließ 4 Batterieen westlich davon gegen den Rakosbach auffahren und entwickelte seine Kavallerie unter Nagy Sándor links der Infanterie auf dem großen freien Raume, welcher westlich der Mitte des Waldes zwischen diesem und dem Rakosbach sich ausdehnt. Er schickte sich an, mit seiner Infanterie gegen die Mühlbrücke zum Angriffe vorzugehen und als er den Angriff Jellachichs auf die Brigade Zäko bemerkte, ließ er sofort die Brigade Paul Kiß, eigentlich nur zwei Bataillone stark, zur Unterstützung Klapkas links gegen Isaszeg hinabrücken.

So sah sich der Banus in seiner linken Flanke ernstlich bedroht und in der rechten gegen Péczel hin erkannte man die Annäherung anderer feindlicher Colonnen; es waren die Brigaden Schulz und Dipold des 1. Corps, welche nur langsam vorwärts gekommen bei der Flucht von Zako und Bobich nun freilich auch vollständig Halt machten.

Doch konnte dieses der Banus nicht voraussetzen und beschloß daher, seine ganze Streitmacht an das rechte Ufer des Rakos zurückzunehmen.

Dieß that er denn auch sogleich; darauf stand er mit seinem äußersten linken Flügel, einem Jägerbataillon, an der Mühlbrücke, mit dem äußersten rechten Flügel bei Péczel und mit dem Centrum auf den Höhen hinter Isaszeg. Die Linie des Banus, welche bei Isaszeg gegen die Ungarn hin einen Vorsprung bildete, hatte eine Ausdehnung von fast einer Meile. Die ganze Streitmacht des Banus zählte zu dieser Zeit etwa 13000 M.

Ihr gegenüber stand nun am Nordende des Waldes der Haupttheil der Infanterie von Damjanich, welcher bei dem Ausreißen des 1. Corps auch seinen bereits begonnenen Angriff hatte aufgeben müssen, um sich auf die Behauptung des Waldes zu beschränken; links davon vor der Mitte die Kavallerie unter Nagy Sándor, zum Theil in Folge des Zurückgehens von Klapka auch im Weichen begriffen; links von dieser die Brigade Paul Kiß, welche das Südende des Waldes nach dem Zurückweichen Zákos und Bobichs ganz allein hielt, endlich auf dem äußersten linken Flügel gegen Péczel hin die Brigaden Schulz und Dipold des 1. Corps.

Aulich war am Morgen nach Dány marschirt. Görgeys Generalstabschef, der sich ebendaselbst aufhielt, ließ ihn nach 2 Uhr, als der Kanonendonner von Isaszeg immer heftiger herüberschallte, ebenfalls dorthin abrücken.

Görgey für seine Person hatte sich in Kóka verweilt. Hier erhielt er erst gegen 3 Uhr die Nachricht, daß man am Rakosbache im vollen Kampfe sei. Er sendete sofort einen Offizier nach Dány voraus mit dem Befehle, daß das 2. Corps nach Isaszeg vorrücke, da ihm der bereits erfolgte Abmarsch Aulichs nicht bekannt war und eilte dann selbst auf das Schlachtfeld. Gegen 4 Uhr erreichte er den östlichen Rand des Waldes von Isaszeg. Zu seiner Freude sah er schon im Walde vor sich das 2. Armeecorps. Gleichzeitig kam ein Offizier von Gaspár von der großen Poststraße heran, der von diesem sogleich nach der Besetzung von Bagh entsendet worden war, und meldete, daß die Oesterreicher die Galgalinie bei Bagh und Aszod ohne Schwertstreich geräumt hätten und daß das 7. ungarische Armeecorps im Vorrücken auf Gödöllö sei.

Hienach bildete Görgey sich seinen Plan für den Gang der Schlacht, der einzuhalten wäre. Damjanich im Centrum muß das Gefecht nur hinhaltend führen, bis Gaspár, welcher der Voraussetzung nach lebhaft vorrückt, sich Gödöllös bemächtigt hat und damit den linken österreichischen Flügel südwärts abdrängt; der linke ungarische Flügel, also Klapka, muß den rechten österreichischen nordwärts drängen. Wenn so die Oesterreicher von ihrem Rückzuge auf Pesth abgedrängt und zusammengekeilt sind, dann geht auch Damjanich kräftig vor, um die Niederlage des Feindes zu vollenden.

Gegen diesen Plan des concentrischen Angriffes, welcher die Oesterreicher zur Concentrirung ihrer Kräfte zwang, läßt sich freilich manches einwenden, und es kann selbst behauptet werden, daß ein umgekehrtes Verfahren, auf ein Durchbrechen der österreichischen Stellung berechnet bei deren ausgedehnter Linie das zweckmäßigere gewesen wäre. Indessen Görgey ertheilte von nun ab seine Befehle und Anweisungen nach jener eben erwähnten Idee.

Wir müssen nur auf zwei thatsächliche Umstände ausdrücklich aufmerksam machen. Görgey setzte ein lebhaftes Vorgehen Gaspárs voraus. Wie wir schon bemerkt haben, trat nichts weniger als dieses ein. Nach der Disposition glaubte viel mehr Gaspár mit Besetzung der Galgalinie bei Bagh für den 6. April seine Aufgabe im Wesentlichen gelöst zu haben und dem Wortlaut der Disposition gemäß war es auch so. Nur war bei dieser Disposition vorausgesetzt worden, und es durfte mit ziemlicher Wahrscheinlichkeit vorausgesetzt werden, daß die Oesterreicher an der Galga kräftigen Widerstand leisten würden. Diese Voraussetzung war nicht erfüllt, es wäre jetzt also an Gaspár gewesen, selbstständig zu denken und zu handeln; dieß that er eben nicht.

Ferner ist der ganze Plan, welchen sich Görgey bei seinem Erscheinen auf dem Schlachtfelde am Nachmittag bildet, nicht im mindesten im Einklange mit demjenigen, welcher in den Dispositionen vom 5. für den 6. April enthalten liegt. Ein Blick auf diese Disposition läßt dieß erkennen. Ihnen zufolge sollte mit dem rechten Flügel an der Erlauer Straße nur demonstrirt, mit dem linken dagegen über Isaszeg auf Czinkota der Hauptangriff gemacht werden, wobei zugleich auf eine Umgehung der österreichischen rechten Flanke, um Windischgrätz von seinem Rückzuge nach Pesth abzuschneiden gerechnet war. Der ideale Erfolg, welchen Görgeys Stab am 5., und wir können noch mehr sagen, schon seit dem 2. April, seit dem Beginne der Umgehung über Árok Szállás im Sinne gehabt hatte, war der, daß in dem Moment, wo die letzte Entscheidung des 6. April gegeben werde, die österreichische Armee etwa an der großen Erlauer Straße, Front nach Süden stehe, die ungarische Armee aber Front nach Norden und südlich von ihnen den Oesterreichern gegenüber, dabei mit vorgenommenem linken Flügel, so daß sich dieser näher an Pesth befand als der österreichische rechte.

Diesen ursprünglichen Plan änderte Görgey nun auf dem Schlachtfelde selbst ab und verwandelte ihn in den eines concentrischen Angriffes. Dieß kann sehr leicht vorkommen und durchaus begründet sein. Aber Görgey änderte den Plan nur in seinen Gedanken ab. Er konnte also auf die Ausführung des neuen Plans sich keine Rechnung machen. Denn nur er arbeitete und konnte aus diesem Plane heraus arbeiten; und nur dort, wo er sich befand, seine Anweisungen, seine Befehle im Sinne dieses neuen Planes gebend, brachte er nur doppelte Verwirrung in die Sache. Dieser bedeutungsvolle Umstand ist es, der uns bestimmte, das vorliegende Verhältniß weitläufiger zu besprechen.

Denn das Gleiche ereignet sich nur zu oft. Man wird kaum ein Blatt der Kriegsgeschichte aufschlagen können, wo man nicht mindestens Aehnliches fände, welches allerdings hin und wieder im Strome der Ereignisse fast verschwimmt und weil es keinen großen Einfluß gewinnt, übersehen und vergessen wird, oft aber auch von der entscheidendsten Wirkung und den entscheidendsten Folgen ist; meistentheils freilich mehr in negativem als in positivem Sinne, insofern als etwas Höheres, welches erreicht werden konnte, nicht erreicht wird, woher es hauptsächlich kommen mag, daß die Erscheinung weniger beachtet wird.

Wenn ein Plan mitten in der Schlacht abgeändert wird und dieser soll von günstigen Folgen sein, so setzt dieß voraus, daß alle Untergenerale von der Aenderung der Absicht und der Wege zur Erreichung des Zieles unterrichtet werden. Daraus ergibt sich von selbst die Bedingung, daß der Oberfeldherr selbst ein klares Bewußtsein davon habe, daß er überhaupt eine Aenderung eintreten läßt; nur dann wird er seinen Untergeneralen anbefehlen können, von nun an in veränderter Weise zu wirken.

Jenes klare Bewußtsein nun kann sehr leicht fehlen und es ist wahrscheinlich, daß es fehle, wenn der Oberfeldherr seinem Generalstabe die Bearbeitung der Dispositionen selbstständig überläßt, ohne sie zu controlliren, ja vielleicht ohne sich nur gehörig mit ihnen bekannt zu machen. Und man muß sagen, daß Görgey vielfach in solcher Art verfuhr.

Kehren wir jetzt zur Erzählung der Thatsachen zurück.

Selbst dem neuen Plane Görgeys war es durchaus nicht entsprechend, daß auf dem linken Flügel gegen Isaszeg zu das Gefecht mit geringer Lebhaftigkeit geführt wurde, was Görgey schon noch ferne dem eigentlichen Schlachtfelde an der geringen Heftigkeit des Feuers nach dem Gehör unterscheiden konnte. Aulich mußte daher nur die Brigade Mihály zur Unterstützung Damjanichs an das Nordende des Waldes senden, mit seiner übrigen Streitmacht aber dem Südende zueilen.

Kaum hatte Görgey dieß angeordnet, als er auch die zurückgehenden Bataillone Klapkas gewahr wurde und von ihnen erfuhr, daß der Rückzug auf Klapkas eigene Anordnung geschehe; er fand bald Klapka selbst, welcher dieses bestätigte, behauptete, daß seine Mannschaft ermüdet sei und keine Patronen mehr habe. Höchst aufgebracht über das 1. Corps, namentlich in der Erinnerung an dessen Benehmen bei Tápio Bicske erst vor zwei Tagen, sagte Görgey dem General Klapka: seine Truppen scheinen nur zu müde zum Vorgehen zu sein, im Zurückgehen liefen sie ganz munter, habe er keine Patronen mehr, so solle er mit dem Bajonnet angreifen, wozu immer Patronen genug vorhanden seien. Heute müßten die Ungarn siegen, oder sie müßten hinter die Theiß zurück; ein mittleres gebe es nicht, und Klapka selbst habe ja den Plan entworfen, der durch die heutige Schlacht gekrönt werden sollte.

Klapka sammelte hierauf sofort die Brigade Zako und Bobich von Neuem, um sie wieder in das Südende des Waldes, welches mit äußerster Anstrengung aber mit Mühe von der Brigade Paul Kiß des 3. Corps gegen wiederholte überlegene Angriffe des Banus behauptet ward, und auf Isaszeg vorzuführen.

Görgey, sobald er seine Abrede mit Klapka getroffen hatte, eilte zu Damjanich durch den Wald. Unterwegs traf er auf retirirende Husaren aus dem Centrum, aus der Stellung vorwärts der Mitte des Waldes. Er trieb sie wieder vorwärts und begab sich dann zu Damjanich. Er traf diesen in höchster Erbitterung über Klapkas Rückzug, der ihn in seinem Angriffe aufgehalten und an demselben verhindert habe. Es half nichts, daß Görgey ihm sagte, Klapka sei schon wieder im Vorrücken. „Klage ein besoffener Honvéd über Uebelkeiten oder reiße ein anderer seinen Patrontaschendeckel auf und zeige, daß in der Tasche nichts sei, so meinte Damjanich, dann sei Klapka sogleich überzeugt, daß seine Leute weder Kräfte noch Patronen mehr hätten, ginge wieder zurück und ließe ihn von Neuem im Stich.“ Als er aber hörte, daß Aulich mit dem 2. Corps bereits nahe, zur Unterstützung bereit sei, da wollte Damjanich sofort wieder aus dem Walde hervorbrechen und zum Angriffe gegen die Mühlbrücke vorschreiten.

Nach Görgeys neuem Plane mußte aber, wie uns bekannt, Damjanich gerade zurückhalten, um dem äußersten rechten Flügel, dem 7. Corps, und dem linken Flügel, dem 1. Corps, zunächst das Vorrücken zu überlassen. Görgey machte ihm dieß erklärlich und begab sich dann in das Centrum vor der Mitte des Königswaldes, um dort in Person die Leitung zu übernehmen. Als er hier ankam, vernahm er, daß das Feuer am linken Flügel bei Isaszeg wieder bedeutend lebhafter geworden war und schloß daraus, daß Klapka, wie es sich auch wirklich verhielt, nun wieder kräftig und entschieden vorginge.

Auch ohne Görgeys Anweisung hätte Damjanich sich auf ein bloßes Hinhalten des Kampfes im Nordende des Waldes beschränken müssen, da alsbald zu dem Feind, der ihm an der Mühlbrücke grad gegenüberstand, sich noch ein neuer in seiner rechten Flanke gesellte.

Da nämlich Gaspár mit dem 7. ungarischen Corps nichts Ernstliches unternahm, sondern ziemlich friedlich scharmutzirend vor Bagh stehen blieb, mußte es Windischgrätz bald für überflüssig erkennen, die Division Lobkowitz durch die Division Lichtenstein zu unterstützen. Er ertheilte daher der letztern ungefähr um 2 Uhr Nachmittags den Befehl, durch Gödöllö und den Thiergarten am linken Ufer den Rakosbach abwärts und gegen den Norden des Königswaldes vorzugehen.

8 Escadrons mit einer Raketenbatterie unter Oberst Kißlinger folgten dem Laufe des Rakos; in den Weingärten links davon ging eine zweite Raketenbatterie, gestützt von einem Theil der Brigade Fiedler vor; endlich direkt gegen das Nordende des Königswaldes Oberst Montenuovo mit 4 Escadrons und einer 12pfdr.-Batterie und der größte Theil der Brigade Fiedler.

Damjanich ward ganz und gar in die Defensive zurückgeworfen, als der Angriff der Division Lichtenstein sich gegen 4 Uhr ernstlich entwickelte und auch ein Theil der Brigade Grammont des Corps von Jellachich von der Mühlbrücke her sich an ihm betheiligte. Bei den wiederholten Angriffen, die er aushalten mußte, verlor er einzelne Theile des Waldes, ohne sich jedoch dadurch und durch die Auflösung seiner Truppen, welche das Waldgefecht herbeiführte, erschüttern oder irre machen zu lassen.

Als der Angriff der Division Lichtenstein sich nach 4 Uhr entschieden gut für die Oesterreicher anließ, ertheilte Windischgrätz dem Banus Befehl, auch die Division Ottinger ans linke Ufer des Rakos vorgehen zu lassen, um in Verbindung mit Kißlinger das Centrum der Ungarn vor der Mitte des Königswaldes angreifen zu lassen, welches fast nur aus Kavallerie bestand.

Ottinger wollte hierauf zuerst durch Isaszeg debouchiren; der Ort war aber in Brand geschossen und das Vorgehen durch ihn unmöglich. Bald fand er aber oberhalb Isaszeg eine Furth, welche den Uebergang ermöglichte. Rasch war es indessen nicht zu bewerkstelligen und nur nach und nach kam etwa die Hälfte der Kavalleriedivision herüber. Auf Seiten der Ungarn hatte zu dieser Zeit hier schon Görgey das Commando übernommen. Er ließ die Husaren Nagy Sándors zu wiederholten Malen angreifen. Mehr als durch die ihnen geradeüber aufgefahrenen Batterieen Ottingers wurden dieselben dabei durch die beiden Raketenbatterieen Kißlinger und Fiedler in ihrer rechten Flanke beunruhigt, was dann öfters ein bedeutendes Ausweichen der attakirenden Schwadronen nach links gegen Klapka hin zur Folge hatte.

Und selbst die ungarischen Verstärkungen, welche im Anzuge waren, sollten, bevor sie noch eigentliche Hülfe gewährten, Verwirrung in die ungarischen Reihen tragen oder mindestens die Gefahr einer solchen bringen. Eine Batterie des eben im Einrücken in das ungarische Centrum zwischen dem 3. und 1. Corps begriffenen Aulich feuerte auf die Husaren, welche gerade von einem Angriff auf die Kavalleriedivision Ottinger zurückkehrten, und die Plänkler der Brigade Mihàli, welche Aulich zur Unterstützung Damjanichs in das Nordende des Königswaldes entsendet hatte, unterhielten ein lebhaftes Kleingewehrfeuer gegen den Rücken der Division Wysocki vom 3. Corps, welche zu gleicher Zeit in der Front einen neuen Angriff Fiedlers und Montenuovos abzuwehren hatte. Die ungarischen Truppen hatten seit einigen Monaten bedeutend gewonnen. Sie konnten jetzt selbst dieser Verwirrung Trotz bieten, die im Dezember 1848 und im Januar 1849 noch wohl eine vollständige Auflösung zur Folge gehabt hätte.

Aulich war endlich zwischen dem 3. und 1. Corps in die Linie eingerückt. Vor dem Feuer seiner Batterieen wich Ottinger hinter den Rakosbach zurück. Darauf wendete sich Aulich mit dem größten Theil seiner Streitkraft südwärts zur Unterstützung Klapkas, der nicht bloß die Brigaden Zako und Bobich wieder vorgeführt, sondern auch Schulz ins Gefecht gebracht hatte, während nur Dipold auf dem äußersten linken Flügel herumtastend, wenig eingriff.

Aulichs Erscheinen vereitelte auch den letzten Versuch Jellachichs, sich am linken Ufer des Rakos wieder festzusetzen.

Mit den Truppen Klapkas vereint drangen diejenigen Aulichs in das brennende Isaszeg ein und vertrieben bei der einbrechenden Dunkelheit die Nachhut Jellachichs aus diesem Dorfe, um nun auch die Höhen am rechten Rakosufer zu erstürmen, welche der Banus ohne bedeutenden Widerstand räumte, um den Rückzug nordwärts in der Richtung auf Gödöllö zu nehmen.

Um 8 Uhr Abends konnten die Ungarn auf den Höhen von Isaszeg, ohne noch einen Feind gegen sich zu haben, in Ruhe ihr Biwak aufschlagen.

während am Nordende des Königswaldes das Geplänkel noch bis in die Nacht um 11 Uhr fortdauerte. Denn hier blieben sich die Parteien, Damjanich einerseits, die Division Lichtenstein andererseits auf Kanonenschußweite gegenüberstehen und nur die Dunkelheit der Nacht verhinderte neue Zusammenstöße von Bedeutung.

Resultate der Schlacht von Gödöllö; Rückzug des Fürsten Windischgrätz nach Pesth.

Die Ungarn hatten, wenn man das 7. Corps mit einrechnet, bei Isaszeg und Gödöllö gegen 45000 M. gehabt; die Oesterreicher, wenn man ebenso die Gaspár gegenübergestellte Division Lobkowitz und die von Pesth zur Verstärkung herangezogenen Bataillone in Anschlag bringt, etwa 25000 M.

Der österreichische Verlust ist nur für die Division Lichtenstein genau ermittelt worden; bei dieser, die etwa 4500 M. zählte, betrug er an Todten 3 Offiziere und 61 M., an Verwundeten 6 Offiziere und 78 M., im Ganzen also 148 M. Der Gesammtverlust der österreichischen Armee wird schwerlich höher als auf das Vierfache anzuschlagen sein, da Lobkowitz so gut als nichts verlor; er betrüge dann etwa 600 M. oder $^1/_{40}$; die Ungarn geben ihren Verlust zu 800 bis 900 M., also auf etwa $^1/_{50}$ an. Es lassen sich hier dieselben Betrachtungen anstellen wie beim Treffen von Kápolna. Welches immer das Resultat sein mochte, ein an sich entscheidendes konnte es nicht sein; so geringe Verluste beweisen stets, daß auf keiner der beiden Seiten die letzte Kraft erschöpft ist.

Wer war bei Isaszeg und Gödöllö der Sieger? Aus dem Verlaufe der Schlacht würden wir es schwerlich erkennen. Wir haben zwar bereits gesagt, daß der Banus Isaszeg aufgab und gegen Gödöllö zurückging, aber wir haben noch nicht gesagt, wie weit er zurückging.

Begeben wir uns also zuerst einmal in das Hauptquartier des Fürsten Windischgrätz, um dessen Meinung über den Erfolg kennen zu lernen. Windischgrätz kehrte nach dem Dunkelwerden in sein Hauptquartier Gödöllö mit der Ueberzeugung zurück, daß ihm der Sieg entweder schon gehöre, oder daß er ihn wenigstens am nächsten Tage mit leichter Mühe werde vollenden können. Die Division Lobkowitz hatte er unberührt, die Division Lichtenstein auf Kanonenschußweite einem allen Anschein nach stark erschütterten Feinde gegenübergelassen und aus den Berichten des Banus, die allerdings jetzt schon seit mehreren Stunden ganz aufgehört hatten, schloß er, daß dieser sogar positive Vortheile errungen haben müsse. Er sendete daher den Befehl an Jellachich, dieser solle in seiner gegenwärtigen Stellung halten, Vorposten aufstellen und den Feind durch seine Reiterei verfolgen lassen.

Da erschien um 9 Uhr Abends im Hauptquartier zu Gödöllö der ritterliche Banus für seine Person und meldete, daß er während der Nacht in der unvortheilhaften Stellung bei Isaszeg nicht habe stehen bleiben können, daß sein Corps ihm auf dem Fuße folge und bald bei Gödöllö eintreffen werde.

Dieß entschied den Sieg für die Ungarn. Windischgrätz gab sogleich alle seine Offensivpläne für den folgenden Tag auf und beschloß den Rückzug. Denn das Ausweichen Jellachichs in nördlicher Richtung auf Gödöllö öffnete dem linken Flügel der Ungarn den Weg über Czinkota auf Pesth vollständig. Die Oesterreicher konnten zwei Wege für ihren Rückzug einschlagen, denjenigen auf Waitzen oder denjenigen auf Pesth.

Der Fürst Windischgrätz wählte den Weg auf Pesth. Seine Gründe dafür waren, daß nur dort seine Verpflegung gesichert sei, daß ferner aus der Schlacht von Isaszeg und Gödöllö nun endlich hervorzugehen schien, des Feindes nächste Absicht gehe auf Pesth, nicht auf Komorn, denn auf ihrem [illegible] Flügel, gegen Isaszeg und den Banus hatten ja die Ungarn hauptsächlich ihre Kraft entfaltet.

Aus diesen Gründen beschloß Windischgrätz den Rückzug nach Pesth; doch immer noch wegen einer Operation der Ungarn auf Komorn besorgt, wollte er diesen Rückzug nicht antreten, ohne eine Nebenabtheilung auf oder nahe der Komorner Linie stehen zu lassen. Diese sollte sich indessen dieß Mal bei Waitzen aufstellen und, falls es nothwendig würde, längs dem linken Donauufer, über die untere Gran und so weiter zurückgehn.

Die Dispositionen für den 7. April, welche noch im Laufe der Nacht ausgegeben wurden, waren demnach folgende:

Schlick geht am Morgen des 7. April auf der großen Erlauer Straße zurück; ebenso Jellachich südlich dieser Straße. Csorich bricht so früh als möglich von Waitzen auf und geht über Duna Kezi in die Gegend von Kerepes, um sich dem Rückzug der Armee anzuschließen, diesen, falls es nöthig werden sollte, zu decken.

Ramberg, welcher mit seiner Division die flankirende Abtheilung bilden soll, zieht sich von Balassa Gyarmath nach Waitzen zurück.

Wrbna sorgt in Pesth für ausreichende Verpflegung der Truppen.

Am 7. April Morgens ward von Seiten Schlicks und des Banus der Rückmarsch aus der Stellung von Gödöllö angetreten und auch Csorich kam dem erhaltenen Befehl ohne Verweilen nach. Er war ja erst am 6. von Gödöllö nach Waitzen aufgebrochen und hatte dieses folglich noch lange nicht erreicht, als er den Befehl zur Rückkehr erhielt.

Am 7. April um 2 Uhr Nachmittags stand demgemäß die österreichische Armee hinter dem untern Laufe des Rakosbaches dicht vor Pesth, und zwar mit dem rechten Flügel oder dem Corps des Banus an der Eisenbahn und dem Seitenwege von Üllö; mit dem Centrum und linken Flügel oder dem Corps Schlicks quer über die große Erlauer Straße, mit der Division Csorich, welche schon auf der Höhe von Czinkota mit dem Gros in Verbindung getreten war, hinter dem Centrum, nördlich von Steinbruch.

Die Brigade Mihich (früher Pálffy), bei Gelegenheit einer Nachfrage bereits vorher von uns erwähnt, hatte am 6. April vereint mit dem Detachement des Oberst Horváth südlich Isaszeg an der Eisenbahnlinie gestanden, von dort Streifereien unternommen, die bis in die Gegend von Sáp führten, einige Verwirrung in die Bagage des Klapka'schen Corps brachten und auch nicht ohne Einfluß auf das Vorrücken des äußersten linken Flügels, der Brigaden Schulz und Dipold vom Klapka'schen Corps blieben. Mihich mit dem Detachement Horváth rückte nun am 7. auf die Kunde vom allgemeinen Rückzuge, ohne deshalb einen erheblichen Umweg machen zu müssen, bei dem Corps des Banus ein.

Wir mußten erst diese Thatsachen anführen; jetzt können wir an den Rückzug des Fürsten Windischgrätz verschiedene Betrachtungen knüpfen. Die Sache wird mit wenigen Worten abgethan sein.

Es geht aus dem, was wir erzählt haben, zur Genüge hervor, daß die Oesterreicher am 6. April sehr bedeutend schwächer waren, als die Ungarn. Sehr oft wird die numerische Schwäche als ein Entschuldigungsgrund betreffs einer erlittenen Niederlage gebraucht. In der That wird sie immer eine Entschuldigung für die Soldaten sein, welche trotz aller Anstrengung ihrerseits und trotz der größeren Anstrengung, zu welcher sie bereit gewesen waren, die Niederlage mit auf ihre Schultern nehmen mußten. Für den Feldherrn oder, damit wir dieses Wort nicht entweihen, für den General, — denn hier gilt es wirklich das von irgend jemandem übertragene Amt von dem gottgegebenen Amt, der Fähigkeit, strenge zu unterscheiden, — für den General also ist die numerische Schwäche seines Heeres zu einer gewissen Stunde, auf einem gewissen Punkte, meistentheils nicht im Geringsten eine Entschuldigung, in den meisten Fällen geradezu eine schwere Anklage.

Windischgrätz konnte bei Gödöllö und Isaszeg am 6. April außer den Truppen, die er wirklich dort hatte, jedenfalls noch die Division Csorich und die Brigade Mihich, d. h. mindestens 9000 M. mehr haben, er konnte sie haben, wenn nicht allerhöchste Gedankenlosigkeit und allerhöchste Liederlichkeit im Geschäftsgange für regelrechte Eigenschaften eines Generals erkannt werden sollen. Die Sache wird keines Beweises bedürfen. Das Schicksal der Division Csorich, welche wie ein Ball zwischen Gödöllö und Waitzen umhergeworfen ward, ist wirklich erbarmungswürdig. Man könnte mit gutem Rechte fragen, ob denn nicht zur Beobachtung der Losonczer Straße auf Komorn ein Paar Escadrons und ein Paar Compagnieen hinreichten; ob denn Pesth und seine Gegend nicht genügend central gelegene Punkte waren, um die Losonczer, die Erlauer und die Szolnoker Straße zugleich beobachten, und je nach den Umständen, welche die Beobachtung zeigte, auf der einen oder der andern mit vereinter Macht auftreten zu können. Man dürfte sagen, daß Fürst Windischgrätz, wie so viele andere Generale nicht den geringsten Begriff von der jedem General so nothwendigen Unterscheidung zwischen Beobachten, Verzögern des feindlichen Vorrückens und entscheidendem Auftreten hatte, nicht den geringsten Begriff davon, daß diese verschiedenen Thätigkeiten auch ganz verschiedene Kraftverhältnisse verlangen.

Indessen wir wollen hier durchaus allgemeine Begriffe bei Seite lassen, wir wollen einmal dem einfältigen Gerede: daß sich in der Praxis Alles ganz anders macht, als es in der Theorie erscheint, dieser ewigen Entschuldigung aller militärischen Dummheit den höchstmöglichen Spielraum gestatten: immer müssen wir dann noch fragen: wenn jetzt auf einmal die Division Ramberg, und zwar bei Waitzen aufgestellt, zur vorläufigen Bewachung der Straße von Losoncz nach Komorn ausreichte, warum hatte sie denn nicht früher ausgereicht? Weshalb war denn früher die Division Csorich zu der Rolle des Gummiballes verurtheilt worden, der immer dort ist, wo man ihn nicht braucht, und niemals da, wo man ihn sehr gut hätte gebrauchen können? Wir möchten den Sokrates sehen, der auf diese Frage eine ausreichende, auch nur halbwegs anzuhörende Antwort zu geben verstände.

Da einmal von den beiden Rückzugswegen, dem nach Pesth und dem nach Waitzen die Rede gewesen ist, so müssen wir denn doch auch noch nachfragen, was sich etwa für den Rückzug nach Waitzen hätte vorbringen lassen? Es möchte nicht so schwer sein zu beweisen, daß die ungarische Armee in ziemlicher Verlegenheit gewesen wäre, was sie zunächst hätte beginnen sollen, wenn der Fürst Windischgrätz, ohne durch eine entschiedene Niederlage dazu gezwungen zu sein, gerade nach Waitzen statt nach Pesth zurückging. Daß die Ungarn sich vorerst Pesth und nicht Komorn zum Objekt gewählt zu haben schienen, konnte doch wahrlich nicht dazu bestimmen, daß man sich gerade vor ihrem erwählten Objekt ihnen entgegenstellen wollte. Was war den Ungarn Pesth, ohne daß sie das von den Oesterreichern besetzte Ofen zugleich hatten, welches die nächsten Ausgänge über die Donau sperrte. Doch wir wollen hier bei diesem Beweise dafür nicht verweilen, da er sich aus den nachfolgenden Thatsachen ergeben wird, soweit er nicht schon aus früheren Betrachtungen über das Terrain hervorgeht.

Der wirkliche Grund, welcher den Fürsten Windischgrätz dazu veranlaßte, ja zwang, gerade auf Pesth, statt auf Waitzen zurückzugehen, war, daß er ursprünglich mit der Eroberung Pesths den Krieg für beendet gehalten hatte und nun dieses zu einem wahren Ruheposten, zu dem Hauptdepot alles Materials und alles Proviants und zwar ohne die Rücksicht auf eine etwa nothwendig werdende Bewegung gemacht hatte, während zugleich gar nichts dafür gethan war, Ofen (Buda) zu einem haltbaren Punkt zu machen. Außerdem hätte freilich Fürst Windischgrätz auch die Absicht haben müssen, dann aus der Richtung von Waitzen sogleich wieder offensiv vorzugehn und Offensivabsichten waren ihm ziemlich abhanden gekommen.

Während der Fürst Windischgrätz sich am 6. April Abends für den Sieger hielt, bis ihn das Erscheinen Jellachichs zu Gödöllö eines andern belehrte, glaubte Görgey sich gerade Anfangs durchaus nicht Sieger und als er sich überzeugt hatte, daß einerseits Damjanich seine Stellung behauptet, daß andererseits Klapka und Aulich Isaszeg und die hinterliegenden Höhen genommen, da rechnete er doch noch für den nächsten Tag, den 7. April, auf eine Erneuerung der Schlacht.

Dafür gab er in der Nacht folgende Dispositionen aus:

Das 7. Corps, wie bisher der rechte Flügel, geht von Bagh gegen Gödöllö vor;

das 3. Corps, Centrum, von Isaszeg längs dem linken Rakosufer aufwärts;

das 1. Corps, der linke Flügel, von Isaszeg auf Kereses, mit der Brigade Dipold von Péczel ebendahin;

das 2. Corps längs dem linken Rakosufer aufwärts folgt als Reserve der Armee dem dritten;

alle Corps sind in zwei Treffen; alle Reiterei, mit Ausnahme der den Flügeln beigegebenen, ist unter Nagy Sándor vereinigt und folgt als drittes Treffen dem dritten Corps;

die Detachements, welche sich noch zu Fenszarú und Zsámbok befinden, rücken respektive nach Zsámbok und Dány vor;

Hauptquartier ist Dány;

alle Truppentheile brechen zum Angriffe des Feindes um 5 Uhr Morgens auf;

die Rückzugslinie geht für das 7. Corps nach Aszod, das 2. Corps nach Tót Almás, das 3. Corps nach Szecsö, das 1. Corps nach Süly. Das Hauptquartier wird im Falle des Rückzugs nach Nagy Káta verlegt.

Der Abmarsch des 1., 2. und 3. Corps von Isaszeg und aus dem Königswalde ward beträchtlich verzögert, da am 6. April die Truppen ihre mitgeführte Munition verbraucht hatten und das Nachschieben der Munitionsreserve durch den noch immer an einzelnen Stellen brennenden Wald nur mit großer Vorsicht und entsprechendem Zeitverlust bewerkstelligt werden konnte. Erst um 11 Uhr Vormittags trafen diese Corps bei dem von den Oesterreichern längst geräumten Gödöllö ein, wo sie sich mit dem 7. Corps vereinigten.

Ein Theil des 7. Corps mußte dem Fürsten Windischgrätz folgen, holte dessen Nachhut auch zwischen Kerepes und Czinkota ein, begnügte sich aber einige Kanonenschüsse mit derselben zu wechseln.

Aus der zweiten Schlacht von Gödöllö wurde also nichts; man sieht aber, daß die Dispositionen zu ihr ganz im Sinne des ursprünglichen Planes für den 6., Hauptangriff auf den rechten Flügel der Oesterreicher, um Windischgrätz von Pesth abzudrängen, berechnet waren.

Die Operationen zum Entsatze Komorns.

Allgemeine Anordnungen Görgeys.

Wäre es gelungen, einen entscheidenden Sieg über den Fürsten Windischgrätz zu erfechten, sei es übrigens schon am 6. April, sei es am 7., wenn es an diesem Tage zu einer Schlacht bei Gödöllö kam, wäre, was das Merkmal dieses entscheidenden Sieges sein mußte, der Fürst Windischgrätz nordwärts nach Waitzen abgedrängt worden, so konnten nun die Ungarn nicht bloß Pesth besetzen, es gelang ihnen auch wohl in rascher Benutzung des erfochtenen Sieges an das rechte Donauufer überzusetzen und sich der schlechten, sehr vernachläßigten Festung Buda, welche aber ein ungeheures Kriegsmaterial einschloß, und dadurch äußerst werthvoll ward, durch einen Handstreich zu bemeistern. Wir wollen nicht sagen, daß dieses in dem erwähnten Falle ganz sicher und unausbleiblich war; es war immerhin möglich, und mußte wohl mindestens mit Ernst versucht werden, schon wegen der äußerst hülflosen Lage, in die dadurch, wenn es gelang, der Fürst Windischgrätz versetzt werden mußte und die ihn ohne allen Zweifel in der Furcht, daß ihm über Komorn nach dessen Entsatz der Rückzug selbst am linken Donauufer verlegt werden könne, sicherlich zu einer Beschleunigung desselben mindestens bis hinter die Waag veranlaßt haben würde.*

Jetzt aber standen die Dinge ganz anders. Windischgrätz konnte Pesth ohne Anstand aufgeben und sich nach Ofen und ans rechte Donauufer zurückziehen; sollte Ofen von den Ungarn als erstes Ziel aufgestellt werden, so mußten die Ungarn die Donau angesichts der feindlichen Armee passiren, sei es unterhalb Pesth, sei es oberhalb Pesth, z. B. bei Gran. Sie mußten sich dazu über den breiten Strom mit großem Zeitverlust einen neuen Uebergang schaffen oder sich den in dem Besitze der Oesterreicher befindlichen bei Gran mit den Waffen in der Hand erobern.

Für beide Fälle war Fürst Windischgrätz in seiner centralen Stellung hinter der Donauecke zwischen Gran und Ofen in einer so vortrefflichen Lage, wie ein geschickter Feldherr sie sich nicht besser wünschen konnte.

Görgey war daher auch bald mit sich darüber einig, vorerst die Hauptstädte liegen zu lassen und dafür den Entsatz Komorns, zunächst am linken Donauufer und entlang demselben, ohne daß er also nöthig habe, eine Brücke zu bauen oder wegzunehmen, zu bewerkstelligen.

Er hatte hiebei Anfangs mit dem Widerspruche Kossuths zu kämpfen, der sich am 7. zu Gödöllö eingefunden hatte und Görgey den großen moralischen Werth einer möglichst schnellen Eroberung der Hauptstädte vorstellte. Doch ließ sich Kossuth von Görgey bald überzeugen, daß die Operation zum Entsatze Komorns die weitaus zweckmäßigere sei. Er hätte Kossuth selbst mit großer Wahrscheinlichkeit sagen können, daß der Entsatz Komorns die Hauptstädte leichter und sicherer in die Gewalt der Ungarn zurückgeben werde, als ein direkter Angriff auf die Stellung des Fürsten Windischgrätz bei ihnen.

Eine andere Sache kam in Gödöllö zwischen dem Feldherrn und dem politischen Beherrscher Ungarns zur Sprache, die nicht im Mindesten zu solcher Einigung führte, im Gegentheil die Spaltung, die allmälig durch den Zug der Umstände zwischen ihnen eingetreten war, entschieden erweiterte.

* Manchem könnte es scheinen, daß wir hier in Vergleichung der beiden Punkte Waitzen und Pesth als Rückzugspunkte für die österreichische Armee genau das Entgegengesetzte von dem eben weiter oben aufgestellten sagen. Der aufmerksame Leser wird allerdings sogleich bemerken, daß wir den Unterschied machen, ob Windischgrätz freiwillig oder durch einen entschiedenen Sieg Görgeys dazu gezwungen nach Waitzen zurückging; indessen für mancherlei Volk ist diese Anmerkung nicht überflüssig.

Kossuth war der Meinung, auf die octroyirte Verfassung vom 4. März 1849, durch welche Ungarn im Vorhinein als ein erobertes Land hingestellt wurde, müsse von diesem eine passende Antwort erfolgen; Ungarn müsse sich für unabhängig, das Haus Habsburg des Thrones entsetzt erklären, eine entschieden revolutionäre Stellung einnehmen und der Revolution mit seinen Kräften eine möglichst große Ausdehnung zu geben suchen. Wie Oesterreich die Verfassung vom 4. März unmittelbar auf den eingebildeten Sieg von Kápolna hatte folgen lassen, so wollte nun Kossuth eine Unabhängigkeitserklärung den weit unzweifelhafteren letzten Erfolgen der Ungarn folgen lassen.

Görgey war ganz anderer Meinung. Wie unbestimmt im Anfange seines militärischen Auftretens im Revolutionskriege seine politischen Ansichten gewesen sein mochten, so hatten sie sich jetzt bedeutend geklärt. Seine Grundansicht, wenn wir nicht irren, die wenigstens aus demjenigen, was er selbst theils mit, theils ohne Absicht — und dieß ist für uns das bedeutendere — sagt, hervorgeht, war wohl diese, daß Ungarn nur in der Verbindung mit Deutschland den ihm zukommenden Grad von Selbstständigkeit bewahren könne. Von Deutschland losgetrennt, falle es dem Panslavismus anheim.

Kossuths Grundansicht war damals, daß Ungarn nur auf die Sympathieen der entfesselten Völker sich stützen könne. Er wollte Ungarn zum Ausgangspunkte der Republikanisirung Europas machen, um diese Sympathie aus dem Zustande der Gebundenheit in den der Freiheit auch des Handelns hinüberzuführen. Von den alten Dynastieen, von den Dynastieen überhaupt, welche sie auch sein mochten, hoffte er nichts für Ungarn.

Nach den Eigenthümlichkeiten der beiden Männer führten diese beiden Ansichten zu ganz verschiedenen Consequenzen, so leicht sie im Grunde zur Einheit der Anschauung hätten führen können.

Görgey war durchaus Antirepublikaner; über diesen Punkt hatte er ungefähr dieselbe Meinung wie Fürst Windischgrätz. Es war daher sehr erklärlich, daß er von seiner ursprünglichen Ansicht über einen Anschluß, der auf eine bestimmte andere Nationalität gebaut war, um vor einer dritten Nationalität zu retten, zu einer dynastischen Politik geführt ward. Das germanische Element war ihm in Oesterreich verkörpert. Mit Oesterreich, sagte er, müssen wir vereinigt bleiben, wenn wir nicht unserm natürlichsten und drohendsten Feinde, dem Panslavismus, erliegen wollen.

Er hätte ganz leicht sagen können: mit Deutschland müssen wir uns vereinigen, um so selbstständig als möglich dem Panslavismus gegenüber bleiben zu können, — und er hätte dann eben so leicht zugestehen dürfen, daß man zur Republikanisirung Deutschlands mitwirken müsse, da nur bei einem republikanisch gestalteten deutschen Reich für Ungarn eine föderative Verfassung zuläßig war, die ihm einen Fortbestand seiner nationalen Selbstständigkeit in sehr weiten Grenzen sicherte. Er that dieß zunächst nicht, weil er überhaupt nicht Republikaner war und einen so weit gehenden Einfluß Ungarns auf Europa, wie Kossuth ihn sich vorstellte, für ein Hirngespinnst hielt. er that es aber auch ferner nicht, weil die Entwicklung des Gedankens Kossuths diesen auf ein Feld führte, auf welchem ihm Görgey ganz speziell und aus ganz speziellen Gründen als Widersacher gegenüberstand.

Wie nämlich Görgey von seinem nationalen Grundgedanken zu einer bestimmten politischen, nämlich der dynastischen Idee, hingeleitet wurde, so wurde Kossuth von seinem allgemeinen politischen, dem republikanischen Grundgedanken, zu einer bestimmten nationalen Idee geführt. Er fand, daß Polen sich in ähnlicher Lage Rußland gegenüber, wie Ungarn Oesterreich gegenüber befinde, und ihm schwebte daher beständig eine innige revolutionäre Verbindung zwischen Ungarn und Polen vor.

Man braucht nur der Namen Dembinski und Bem sich zu erinnern, um zu erkennen, daß diese ganze Idee Görgey von vornherein verhaßt sein mußte.

Kossuth hätte ganz leicht räsonniren können: wir müssen republikanisiren, soweit wir es vermögen; wir müssen aber vor allen Dingen unsere Kräfte in dieser Beziehung auf Deutschland werfen, in Verbindung mit welchem wir allein auf die Erhaltung unserer Selbstständigkeit rechnen dürfen.

Er that dieses ebensowenig als Görgey das andere. Er scheute sich aller Wahrscheinlichkeit nach, nur die Wörter Republik und republikanisiren vor Görgey auszusprechen und bewegte sich daher in allgemeinen Phrasen von den Sympathien aller Völker, bis zu den civilisirten Türken herab, mit denen Görgey natürlich leichtes Spiel hatte.

Görgey rechnete: es sind keine Erklärungen, keine Worte nöthig, ja sie sind überflüssig und können nur allzuleicht schädlich werden. Die provisorische Verfassung Oesterreichs vom 4. März 1849 hat auch den kurzsichtigsten in der Armee am Ende gezeigt, daß die wahren Feinde Ungarns nicht zu Debrezin, wie früher so oft behauptet ward, sondern in Wien sitzen. Wozu nun durch eine Unabhängigkeitserklärung neue Zweifel erregen, abgesehen davon, daß die vollständige Unabhängigkeit, die Lostrennung von Oesterreich gar nicht im wahren Interesse Ungarns liegen kann? Ist es nicht besser, durch Waffenerfolge Oesterreich dahin zu bringen, daß es mit Ungarn unterhandelt, seine Regierung wechselt, daß Ungarn auf solche Weise von Oesterreich anerkannt, bei den angeknüpften Unterhandlungen gewisse Concessionen macht, die für den Fortbestand Oesterreichs als europäische Macht unumgänglich nöthig sind, während dagegen Oesterreich dann andere Concessionen macht, die Ungarn soweit selbstständig machen und seine alten verbrieften Rechte ihm so weit sicher stellen, als es mit dem Bestande des österreichischen Kaiserstaates irgendwie vereinbar erscheint? Ist es nicht aller Welt klar, daß Oesterreich einen Fehler machte, indem es dem zweifelhaften Sieg von Kápolna die octroyirte Verfassung vom 4. März nachfolgen ließ? Soll Ungarn denselben Fehler nachmachen, indem es dem unentschiedenen Siege von Isaszeg die Unabhängigkeitserklärung nachfolgen läßt.

Beide, Kossuth und Görgey, hatten in ihren Grundgedanken recht; Kossuth wollte sich nicht den alten Dynastieen anvertrauen, Görgey wollte sich nicht den Slaven in die Arme werfen. Das vermittelnde Medium, welches fernerhin die Ungarn bei ihrem Verfahren hätte leiten sollen, ward bei dem schon herrschenden Mißtrauen zwischen den beiden gegenwärtigen Häuptern der Insurrection nicht gefunden.

Kossuth brach die Verhandlung ab, ohne von Görgey überzeugt zu sein, und Görgey ließ sie abbrechen, ohne sich die Mühe zu nehmen, die eigene und die Ansicht seines vermeintlichen Gegners aufzuklären, damit beide entweder fortan sich vereinigen oder sich bewußt einander gegenübertreten könnten.

Von der Kossuth'schen Partei ist Görgey, von der Görgey'schen Kossuth des Ehrgeizes beschuldigt worden; andere, die außerhalb beider Parteien standen, haben beide desselben Fehlers oder Lasters angeklagt. In der That, was hätten die Feinde beider sonst gegen sie vorzubringen gewußt? Gegen Kossuth konnte man vielleicht noch mit einigem Scheine sagen, er habe sich in der Revolutionszeit bereichert oder zu bereichern gesucht. So einfältig ein solcher Vorwurf erscheint, wenn man bedenkt, daß die herrschenden Gewalten in dem größten Theile Europas jährlich viele Millionen verschlingen, konnte gegen Görgey dieser Vorwurf nicht einmal mit einem Scheine von Wahrheit erhoben werden. Görgey legte sein Feldherrnamt ärmer nieder als er es übernommen hatte, in wirklicher materieller Noth. Blieb also der Ehrgeiz.

Woher kommt es nur, daß bedeutenden Männern der Reform- oder der Revolutionspartei von der Gegenseite gerade dieser Vorwurf immer gemacht wird?

Ist es nicht natürlich, daß ein bedeutender Mann, wenn er die Leute rings um sich sieht, welche in allerhöchsten, höchsten und hohen

Stellungen sich breit machen, ohne ihnen gewachsen zu sein, sich an ihren Platz zu setzen denkt, um ihn wirklich würdig auszufüllen, sobald die Gelegenheit sich dazu bietet, diesen Platz ohne das Opfer von Grundsätzen und Ueberzeugungen einzunehmen, wie dieß nur in Zeiten gewaltsamer Umwälzungen möglich ist? Daß es dabei nicht ohne überraschende Gewaltthätigkeiten, ohne ein auffälliges Hervordrängen abgehen kann, ist wohl einleuchtend. An dieses hängt sich nun die Parteiwuth verläumderisch, bedenkt aber nicht, daß den vereinzelten Gewaltthaten und scheinbaren Eitelkeiten der Revolutionsgrößen diejenigen, welche in sogenanntem regelmäßigen Gange in ruhigen Zeiten zu den höchsten Stellen im Staate und der Gesellschaft hinaufkamen, nicht selten eine Kette niedriger, wenig bemerkter oder aus Gewohnheit für ganz natürlich gehaltener Gemeinheiten entgegenzusetzen haben.

Kossuth wie Görgey waren bedeutende Männer; ohne die Insurrection von 1848 wären sie wohl in der Klasse der Unterdrückten für alle Zeit geblieben, niemals dem ganzen gebildeten Europa in ihrer Bedeutendheit bekannt geworden. Beide hatten eine schwere Lebensschule durchgemacht, keiner von ihnen hatte, trotz allen Verdienstes eine glänzende Laufbahn hinter sich, ganz im Gegentheil. Es war zu bedauern, daß diese beiden größten Köpfe der ungarischen Insurrectionszeit sich so wenig zu verstehen vermochten. Es war der Fluch des revolutionären Geistes, werden die Antirevolutionäre darauf antworten. Es war der Fluch langen antirevolutionären Druckes und der für dessen Zwecke geschaffenen Erziehung, wird man mit viel größerem Rechte sagen können.

Der Zwiespalt Kossuths und Görgeys ist für den Fortgang des ungarischen Insurectionskrieges von so großer Bedeutung und in seinen innern Gründen, wie uns bedünken will, so wenig und so ungerecht gewürdigt, daß es am Orte war, bei dieser Gelegenheit ein wenig ausführlicher darüber zu reden.

Noch einen Punkt hatte endlich Görgey mit Kossuth zu erörtern. Es war den Ungarn bekannt geworden, daß ihre Soldaten und insbesondere ihre Offiziere, wenn sie in österreichische Kriegsgefangenschaft geriethen, dort auf ganz unangemessene Weise behandelt wurden; gefangene Offiziere waren sogar unter dem Titel „Hochverräther" kurzweg hingerichtet worden. In Bezug hierauf richtete in diesen Tagen der Kriegsminister Mészáros ein Schreiben an den Fürsten Windischgrätz. Dieses Schreiben schien aber mehr das eines Untergebenen an seinen Vorgesetzten, als das eines Gleichen an einen Gleichen, mehr eine Bittschrift, als Beschwerde und Forderung. Görgey, dem es zur Begutachtung vorgelegt ward, verwarf es, drohte dagegen dem Fürsten Windischgrätz, für jeden einzelnen kriegsgefangenen ungarischen Offizier, den dieser erschießen lasse, drei kriegsgefangene österreichische Offiziere erschießen lassen zu wollen und ließ diese schriftliche Repressaliendrohung an den österreichischen Vorposten abgeben.

Für den Beginn der Operation zum Entsatze Komorns nun ordnete der Generalstab Görgeys folgendes an:

Aulich mit dem 2. Corps besetzt die Szolnoker Eisenbahn, die Straße von Péczel über Keresztúr und die große Erlauer Straße von Kerepes; links von ihm stellt sich das 7. Corps bei Tóth und Dunakeszi auf. Letzteres schneidet für die Oesterreicher die kürzeste Verbindung zwischen Pesth und Waitzen ab. Beide demonstriren gegen Pesth und suchen dadurch den Fürsten Windischgrätz glauben zu machen, daß er noch die ganze ungarische Hauptarmee vor sich habe.

Unterdessen marschiren das 3. und 1. Corps auf dem kürzesten Wege nach Waitzen, nehmen dieß, wenn sie es besetzt finden, dem Feinde ab und gehen dann ohne Aufenthalt über Rétság und Ipoly Ságh nach Léva.

Sobald Waitzen genommen ist, folgen über diesen Ort die beiden Divisionen Pöltenberg und Kossuth des 7. Corps dem 1. und 3. Corps, während nur die Division Kmety bei Dunakeszi bleibt, um in Verbindung mit Aulich die Demonstrationen gegen Windischgrätz fortzusetzen.

Ist endlich auch das 7. Corps in der Richtung auf Léva über Waitzen hinaus, so marschirt Kmety nach Waitzen ab und bleibt hier stehen, dagegen rückt die Division Asboth, welche ursprünglich die Uebergänge der Theiß zu bewachen hatte und welche wir in den letzten Tagen bereits am rechten Theißufer an der Szolnoker Eisenbahn angetroffen haben, beim Aulich'schen Corps ein.

Damit ist dann die Operation auf Komorn vollständig eingeleitet; es befinden jetzt nämlich das 3., 1. und zwei Divisionen vom 7. Corps auf dem Marsch über die Gran an die Neitra zum Entsatz; Aulich mit Asboth steht Front gegen Pesth; Kmety zwischen diesen beiden größeren Massen.

Kmety hatte die Bestimmung, die Straße von der obern Theiß über Losoncz gegen Komorn hin zu sichern. Als Hauptstraße zur Nachfuhr von Kriegsbedarf für die 3 im Marsch befindlichen Corps sah Görgey allerdings bis in die Gegend von Pesth die große Erlauer Poststraße an, aber ersichtlicher Weise konnte diese nur so lange benutzt werden, als Aulich unangefochten ganz in der Nähe von Pesth stand. Nun war es gar wohl möglich, daß Windischgrätz einen ernsten Ausfall gegen Aulich that, dabei dessen Schwäche erkannte und ihn gegen die Theiß hin zurückdrängte; für diesen Fall sollte die Losonczer Straße als Hauptcommunication benutzt werden.

Auch das verhehlte sich Görgey nicht, daß Windischgrätz noch in einer andern Weise von seiner vortheilhaften centralen Stellung bei Ofen und Pesth Gebrauch machen könne, indem er sich über Gran auf die gegen Komorn vorrückenden Kolonnen wende und diese in der Flanke packe.

Für diese beiden Fälle einer ernsteren Offensive des Fürsten Windischgrätz hatte indessen Görgey einen Trost, auf den er wenigstens glauben mußte, bauen zu dürfen. Kossuth hatte ihm nämlich mitgetheilt, daß Bem ganz Siebenbürgen erobert und darauf den Befehl erhalten habe, durch den Banat an die Donau vorzurücken, um sich mit Görgey zu vereinigen und nun das Commando der Gesammtarmee, die Görgey immer nur noch provisorisch befehligte, an Vetters Stelle definitiv zu übernehmen. Bem bringe 16000 M. mit und werde spätestens Mitte April an der Donau sein, in Bereitschaft, diesen Strom an irgend einem passenden Punkte unterhalb Pesth zu überschreiten. Bem konnte dann sicherlich Aulich aufnehmen und er konnte, falls Windischgrätz von Ofen auf Gran marschirte, diesem dorthin am rechten Ufer folgen oder auch am linken auf Léva hin die Vereinigung mit Görgey suchen. Wir werden später sehen, wie es sich mit dem Marsche Bems an die Donau thatsächlich verhielt und daß derselbe aus guten Gründen gar nicht zur Ausführung kam.

Das Gefecht von Waitzen; am 10. April.

Die speziellen Dispositionen Görgeys für den 8. April besagten:

Das 7. Corps marschirt nach Fóth und detachirt zur Unterbrechung der Waitzener Eisenbahn nach Dunakeszi; das 3. Corps stellt sich bei Mogyoród, das 1. bei Kerepes auf, das 2. bei Isaszeg; die Division Asboth (im Ganzen 2000 M. stark) gelangt nach Gyömrö und Monor; die Munitionsreserve geht nach Dány; das Hauptquartier ist zu Gödöllö, die Brückenequipage des 7. Corps ward von Hatvan nach Aszod gezogen.

Für den 9. April ward dann weiter bestimmt:

Das 7. Corps bleibt bei Fóth und Dunakeszi; das 3. geht nach Veresegyháza, das 1. nach Csomád; die drei Corps bleiben in guter Verbindung mit einander, ihr Rückzug ist im Falle eines Unglückes auf Gödöllö, das 2. Corps geht von Isaszeg nach Czinkota vor und zieht seine Vorpostenkette von Péczel über Csaba bis Czömör; die Division Asboth rückt nach Üllö, das Hauptquartier bleibt zu Gödöllö.

Die Befehle für den 10. April waren:

Das 7. Corps demonstrirt gegen Palota und nimmt jedes vom Feinde gebotene Gefecht an. Abends um 5 Uhr bezieht das 7. Corps mit Zurücklassung einer Brigade in Föth ein Biwak bei Dunakeszi. Für den Fall, daß Waitzen am 10. in die Hände der Ungarn fällt, ist dieses, sonst Gödöllö Rückzugspunkt.

Das 2. Corps hält sich bis 4 Uhr Nachmittags kampffertig und bezieht nach dieser Zeit sein Lager bei Kerepes gegen Pesth, sendet Detachements in die linke Flanke nach Péczel, in die rechte nach Magyoród und zieht seine Vorpostenkette von Ecser über Csaba und Tarczed gegen Magyoród; sein Rückzug geht nach Gödöllö.

Das 3. Corps bricht um 6 Uhr Morgens über Szöd nach Waitzen auf, nimmt dieses, sucht den Oesterreichern, welche gezwungen werden, es zu räumen, den Rückzug längs der Donau und über Neográd abzuschneiden und sie gegen Balassa Gyarmath abzudrängen. Es lagert nach der Wegnahme Waitzens nördlich von dieser Stadt. Der Rückzug im Fall des Mißlingens ist über Veresegyháza nach Gödöllö.

Das 1. Corps folgt dem 3. zur Unterstützung bei dem Angriff auf Waitzen.

Die Division Asboth bleibt zu Üllö; die Munitionsreserve kommt nach Gödöllö, das Hauptquartier wird, falls Waitzen von Damjanich genommen wird, dorthin verlegt.

Oesterreichischer Seits stand in Waitzen die Division Ramberg, Brigaden Götz und Jablonowski, mit zusammen 7 Bataillons, $7^1/_2$ Escadrons und 27 Geschützen. Commandirt ward die Division gegenwärtig vom General Götz, da sich Ramberg krank zu Ofen befand.

Götz hatte seine Vortruppen am Gombasbache unmittelbar südlich von Waitzen und ein Detachement an seiner Rückzugsstraße längs der Donau auf Nagy Maros.

Um $9^1/_2$ Uhr näherte sich Damjanich dem Gombasbache, dessen Brücke von den Oesterreichern besetzt war und es entspann sich alsbald das Gefecht. Götz hätte nun wohl am besten gethan, die Stadt zu räumen und nordwestlich derselben auf den Uferhöhen Stellung zu nehmen, um die Ungarn dann bei ihrem Debouchiren aus dem Nordende der Stadt zu empfangen; statt dessen behielt er die Stadt besetzt und zog Truppen südwärts heraus an den Gombasbach.

Damjanich bemerkte dieß sehr bald und verabredete nun mit Klapka, dieser solle die Stadt ostwärts durch die Berge umgehen, damit man die Oesterreicher gänzlich einschlösse und ihnen jedes Entrinnen unmöglich mache. Klapka wendete sich zu dem Ende rechts; indessen zeigte es sich, daß die Wege hier äußerst schlecht waren und man nur sehr langsam vorwärts kommen konnte. Er ließ daher nur eine Brigade hier weiter gehen und wendete sich mit dem Rest seines Corps gegen die Donau hin zurück.

Uebrigens hatte der Kampf am Gombasbach unterdessen eine Wendung genommen, welche überhaupt der Umgehung keinen Erfolg versprach. Offenbar hätte Damjanich das Gefecht am Gombas nur hinhaltend führen müssen, um Klapka, welcher ohnedieß schon hinter ihm zurück war, die nöthige Zeit zur Umgehung zu gewähren. Dieß geschah aber nicht, vielmehr ließ Damjanich sich von seiner Hitze hinreißen, und befahl der Polenlegion den Sturm auf die Gombasbrücke. Diese versagte nun zwar den Dienst, dafür aber stürzten die übrigen Truppen der Division Wysocki wetteifernd auf die Brücke los und vor Allem wieder dieselben beiden Bataillone, das 3. und 9. Honvéd, welche sich schon bei Tápio Bicske an der Brücke des großen Tápio hervorgethan hatten. Die Brücke ward genommen, die Oesterreicher wurden gegen das Südende der Stadt zurückgeworfen.

Unterdessen hatte Göz nicht bloß erkannt, daß er es mit einem weit überlegenen Feinde zu thun habe, er hatte auch den Marsch jener Brigade Klapkas erfahren, welche ostwärts um die Stadt herumzog und dessen Absicht nicht leicht zu verkennen war. Er beschloß daher den Rückzug. Jablonowski erhielt Befehl, alle noch in der Stadt befindlichen Truppen nordwärts aus derselben herauszuziehen und mit ihnen quer über die Straße nach Verőcse Stellung zu nehmen. Göz selber deckte mit 2 Bataillons in der Stadt den Abzug; sobald Jablonowski Stellung genommen habe, wollte er ihm folgen, um sich von ihm aufnehmen zu lassen. In der That gelang es ihm auch, die Südseite der Stadt zu behaupten, bis Jablonowski seine Aufstellung vollendet hatte. Jetzt aber, da er gerade seinen Rückzug antreten wollte, fiel er tödtlich getroffen, seine Bataillone geriethen in Verwirrung, die Ungarn drangen in die Stadt ein und brachten den Oesterreichern in der Verwirrung des Straßenkampfes große Verluste bei.

Jablonowski übernahm nun das Obercommando der Division, während die Brigaden die Obersten Straedl und Dreihann zu Commandanten erhielten; er nahm die Trümmer der aus der Stadt flüchtenden beiden Bataillone auf, scheuchte Damjanichs Truppen, welche aus dem Nordende Waitzens zur Verfolgung vorgesendet waren, namentlich die Reiterei Nagy Sándors durch das Feuer seiner Artillerie zurück und trat dann auf der Straße über Verőcse und Nagy Maros den Rückzug an die untere

Gran nach Parkány an. Bei Verőcse nahm seine Arriergarde noch einmal Stellung; sein Gros erreichte in der Nacht um 12½ Uhr Szalka am rechten Eipelufer; ebendahin ward am Morgen des 11. auch die Nachhut zurückgezogen und dann die Eipelbrücke verbrannt.

Der Verlust der Oesterreicher in dem Gefechte von Waitzen betrug an Todten 3 Offiziere und 56 M., an Verwundeten 9 Offiziere und 60 M., an Gefangenen 215 M., im Ganzen 343 M., wozu noch 42 Pferde kamen. Die Ungarn hatten 150 Todte und Verwundete verloren.

Um 3 Uhr Nachmittags war das eigentliche Gefecht beendet gewesen und Waitzen in den Händen der Ungarn. Görgey erhielt alsbald die Nachricht und verlegte noch am Abend des 10. April sein Hauptquartier nach Waitzen. Er fand hier nicht eben die beste Eintracht zwischen den höchsten Führern. Damjanich beklagte sich über Klapka, gegen den er seit Tápio Bicske und Isaszeg aufgebracht war, daß er ihn nicht gehörig unterstützt, über Nagy Sándor, daß er sich durch ein Paar Kanonenschüsse habe von der Verfolgung abschrecken lassen, wogegen Klapka Damjanich den Vorwurf machte, daß dieser sich durch seinen Ungestüm fortreißen lassen und dem 1. Corps nicht die nothwendige Zeit gewährt habe, die beabsichtigte Umgehung auszuführen. Nagy Sándor, dessen Partei auch seine Offiziere nahmen, behauptete, daß Damjanich ihn auf ein Terrain geschickt habe, auf dem Kavallerie nicht zu gebrauchen wäre.

Diese Streitigkeiten wurden, so viel es sich thun ließ, beigelegt.

Am 11. mußte nun das 3. Corps, am 12. das 1. Corps von Waitzen in der Richtung auf Léva aufbrechen; die beiden Divisionen Pöltenberg und Kossuth des 7. Corps, welche am 12. in Waitzen einrückten, verließen dieses am 13., während an demselben Tage die Division Kmety hier eintraf.

Am 14. stand im Marsche nach Komorn das 3. Corps bei Ipoly Ságh, das 1. Corps bei Nagy Oroszi, die beiden Divisionen des 7. Corps bei Rétság; 4 Escadrons und 2 Geschütze wurden als linkes Flankendetachement vom 7. Corps längs der Donau an die untere Gran gesendet; im weiteren Fortgang der Operation ward am 16. April ein Streifcorps unter Armin Görgey in die Bergstädte abgeschickt, um diesen Distrikt von den daselbst stehenden österreichischen Abtheilungen zu reinigen.

Wir verlassen hier vorläufig Görgey, um uns in das Hauptquartier des Fürsten Windischgrätz zu begeben und zuzusehen, was dieser jetzt dachte und begann.

Die Ereignisse vor Pesth um die Mitte des April. Pläne des Fürsten Windischgrätz dem Entsatze von Komorn zu begegnen. Abberufung des Fürsten vom Oberbefehl.

Am 8. und 9. April hatte sich Fürst Windischgrätz vollkommener Ruhe überlassen; er begnügte sich, einige Patrouillen auszusenden, welche die werthvolle Nachricht brachten, daß feindliche Colonnen über Föth und Palota auf Dunakeszi zögen. Das Hauptquartier des Fürsten Windischgrätz läßt sich am besten mit einem Erkundigungsbüreau vergleichen, auch in so fern, als man gewöhnlich in einem solchen nicht erfährt, was man gern wissen möchte. Für den 10. ordnete der Fürst eine große Rekognoszirung an, um sich zu überzeugen, ob er die Masse des ungarischen Heeres noch gegen sich habe. Fände sich, daß dieß nicht der Fall wäre, so sollte geschlossen werden, daß Görgey jetzt über Waitzen auf Komorn abmarschirt sei und es sollten dann Maßregeln getroffen werden, um ihm auf seinem Wege dahin zu begegnen. Auf diese Maßregeln kommen wir bald.

Am 10. April Morgens um 7 Uhr rückte nun Windischgrätz wirklich zu seiner großen Rekognoszirung aus, mit dem rechten Flügel unter Jellachich, die Kavalleridivision Ottinger an der Spitze auf Czinkota; mit dem linken Flügel unter Schlick über den untern Rakos und die Teufelsmühle gegen Palota.

Der Zweck, sich über die Stellung und Stärke der Ungarn gegen Pesth Klarheit zu verschaffen, ward durchaus nicht erreicht und konnte nicht gut erreicht werden, da Windischgrätz nichts ernstliches unternahm, folglich auch die Ungarn nicht zwang, bedeutende Kräfte zu entwickeln. Die Ungarn hatten keine Ursache anzugreifen, sie hielten sich in angemessener Entfernung; und da die Oesterreicher, welche Ursache zu entschiedenem Drauflosgehen gehabt hätten, ihrerseits warteten, so kam es natürlich zu weiter nichts als einer Menge ins Blaue hinein verfeuerter Kanonenschüsse. Zum Unglück regnete es auch noch stark, so daß man bei der Vorrückung der Armee nicht einmal das sehen konnte, was man sonst auch ohne Kanonenschüsse von den Thürmen der Stadt Pesth hätte entdecken können. Es ist uns übrigens zweifelhaft, ob Fürst Windischgrätz die Thürme von Pesth zum Auslugen hätte benutzen mögen, da sie jedenfalls Rebellenthürme waren. Zum Glück hatte der Regen auch die Wege aufgeweicht, so daß hiermit das verschwenderische Nichtsthun entschuldigt werden konnte.

Am 11. April Nachmittags um 2 Uhr machte das 2. und 7. ungarische Corps ihrerseits eine Bewegung gegen das österreichische Lager, welches dadurch auf die Beine gebracht ward.

An demselben Tage erhielt Windischgrätz allarmirende Nachrichten über einen Donauübergang, welchen die Ungarn angeblich bei Dunakeszi vorbereiteten; andere Nachrichten kamen an über einen Uebergang an der untern Donau bei Duna Földvár, wo allerdings augenblicklich nur Landsturm stand. Wahrscheinlich war das Gerücht dem erwarteten Anmarsche Bems vorausgeeilt und ließ ihn schon an der Donau erscheinen, obwohl er nie an sie gelangte. Auch noch am 11. April trafen dann dunkle Gerüchte über ein Treffen bei Waitzen ein, welche Stadt von den Ungarn genommen sei. Aber erst am 12. April erhielt Windischgrätz den offiziellen Bericht Jablonowskis über die Vorfälle des 10. April. Hienach konnte nun an dem Marsche der ungarischen Hauptarmee zum Entsatze von Komorn kaum noch gezweifelt werden.

Windischgrätz bereitete sich jetzt vor, diesem Marsche entgegenzutreten, ehe aber die bezüglichen Anstalten wirklich zur Ausführung kämen, sollte noch einmal eine Rekognoszirung gegen die ungarische Streitmacht von Pesth am 13. unternommen werden, damit man ja nicht voreilig handle.

Wir wollen hier zunächst die Anstalten im Zusammenhange betrachten, durch welche Fürst Windischgrätz dem Entsatze Komorns einen Riegel vorzuschieben gedachte.

Aus unserer frühern Erzählung ist hinreichend bekannt, daß Windischgrätz seit lange in der Besorgniß schwebte, die Ungarn würden von der obern Theiß aus über Losoncz auf Komorn operiren, während er eben an den Straßen nach Erlau und Szolnok ihre Vernichtung suchte. Dieß bannte ihn denn an Pesth oder wenigstens entschuldigte er mit der genannten Besorgniß überall hin seine Unthätigkeit in der Ebene; er kämpfte mit dieser Besorgniß ebenso heldenmüthig gegen die merkwürdigen Anforderungen seiner Unterbefehlshaber, namentlich des Banus, als rückwärts nach dem Hoflager des Kaisers Franz Joseph hin.

Hiedurch wurde dann der letztere am Ende des März bestimmt, die Aufstellung eines Reservecorps zu befehlen, welches aus den noch irgend disponibeln Truppen der Wiener Garnison, aus Steiermark, Böhmen und Mähren gebildet und unter das Commando des in Italien erprobten Feldmarschallieutenant Wohlgemuth gestellt werden sollte.

Das Reservecorps bestand aus den Brigaden Herzinger, Teuchert und Theissing und sollte in 9 Bataillons, 6 Escadrons und 18 Geschützen etwa 10000 M. zählen. Vorerst mußte, da F.-M.-L. Wohlgemuth noch nicht aus Italien eingetroffen war, General Herzinger den Befehl über das Corps übernehmen. Derselbe hatte am 10. April sein Hauptquartier zu Neuhäusel an der Neitra und ebendaselbst befand sich seine Brigade, während Teuchert noch im Anmarsche aus Mähren, Theissing im Anmarsche von Presburg her war. Herzinger suchte sowohl über Gran mit der Hauptarmee bei Ofen, als mit der Division Ramberg, die seines Wissens bei Ofen stand, in Verbindung zu treten.

Gegen Komorn befehligte, wie aus früher Erzähltem bekannt ist, Simunich, welcher am 7. Februar dort eingetroffen war. Simunich nahm sein Hauptquartier zu Ács, die Brigade Lederer stand am rechten Donauufer gegen den Brückenkopf und die Kriegsinsel (große Insel in der Donau oberhalb Új Szöny), die Brigade Sossay besetzte die große Schütt und die Brigade Veigl (früher Lobkowitz) den Raum zwischen dem linken Waguser und der Neitra. Dieser Cordon war bis Anfangs März ziemlich geschlossen. Unterdessen hatte Welden zu Wien eifrig an der Beschaffung eines regelrechten Belagerungsparkes gearbeitet und das gegen Leopoldstadt verwendete Belagerungsgeschütz ward, sobald es hier überflüssig geworden, nach Presburg geschafft, um von dort die Donau abwärts nach Komorn befördert zu werden.

Der ganze Belagerungspark ward auf mehr als 30 Schiffen nach Komorn hinabgefahren; bei Lovad ward aus diesen Schiffen eine Brücke über die Donau geworfen um die Verbindung zwischen den Brigaden Lederer und Sossay herzustellen und vom 6. März ab begannen die Anstalten zu ernsthafter Belagerung des Platzes, zunächst des Brückenkopfes am rechten Donauufer. Indessen verzögerte der aufgeweichte Boden sowohl die Herstellung der Batterieen als ihre Armirung; am 19. März konnten erst 2 Batterieen ihr Feuer gegen die Kriegsinsel und die Stadt vom rechten Donauufer her eröffnen; am 24. März standen an diesem 42 Geschütze, 18pfdr., 24pfdr., Mörser und Haubitzen, in 8 Batterieen bereit. Indessen aus Bequemlichkeit hatte man zur Anlage der Batterieen die alten Werke des verschanzten Lagers gegenüber dem Donaubrückenkopfe benutzt und die Belagerungsbatterieen waren auf diese Weise meist um 3000 Schritt von der Stadt und den innern Werken Komorns entfernt. Es ward eine ungeheure Menge von Munition gegen Komorn verfeuert. Vom 23. März bis gegen Ende des Monats hatte Welden 6000 Bomben verschiedener Kaliber und 1200 Kugelschuß von Wien zu Simunich befördern lassen.

Wie Windischgrätz sich einbildete, nach der Besetzung von Pesth werde er es nur noch mit dem Auseinandertreiben vereinzelter Räuberbanden zu thun haben, so gab man sich in Bezug auf Komorn ganz ähnlichen Illusionen hin. Man gedachte durch den Schrecken aus der Ferne zu siegen, ohne daß man nöthig hätte, irgendwie selbst etwas daran zu setzen. Freilich gaben die Zustände in der Festung einiges Recht dazu; am 5. März hatte sich der Commandant Majtényi bei den österreichischen Vorposten gestellt; die Bürgerschaft flüchtete aus den verheerten Wohnungen in die Kasematten. Indessen die Garnison, welche nicht einsah, weßhalb ungarische Bürger in einem ungarischen Befreiungskampfe es besser haben sollten, als ungarische Soldaten, kümmerte sich um diese Leiden mit Recht sehr wenig, und das Festungscommando übernahm an Stelle Majtényis der Oberstlieutenant Török, wenn auch kein besonderes Licht, doch ein ehrlicher Mann, bis auf Weiteres. Die Oesterreicher vergaßen vor Komorn, wie an so vielen anderen Orten in diesem Feldzuge, daß, wenn die Schwäche der Gegner oft auch unerhörte und kaum zu erwartende Vortheile gewährt, man doch dieser Vortheile sich doppelt leicht bemächtigt, wenn man nicht auf sie rechnet, daß man sie dagegen sehr häufig ganz verliert, wenn man meint, mit dem Komödiespielen sei es gethan.

Auch der alte Welden, so hoch er den Werth und die Bedeutung von Komorn anschlug, glaubte halb und halb durch eine Komödie mit ihr fertig zu werden. Alles, was ihm an Truppen unter die Hand kam und ihm irgendwo anders entbehrlich schien, hatte er allmälig nach Komorn vorgeschoben, so daß zu Ende März Simunich etwa über 15000 M. verfügte. Am 30. März steuerte er dann in Person die Donau abwärts, begleitet von einem Commando Sereschaner, welches er in Wien errichtet hatte, ein Drittel Räuber, ein Drittel Spitzbuben und ein Drittel Schinderknechte. — Alles dieses ist ganz und gar wörtlich zu nehmen, — um am 31. März der Festung dicht auf den Leib zu rücken, der Besatzung zu imponiren und sich dadurch des Platzes zu bemächtigen. Freilich rechnete er nicht ganz und gar auf die Komödie, sondern auch auf Einverständnisse, angeknüpft mit ehemaligen österreichischen Artilleristen, die entweder nicht den Einfluß hatten, welchen zu haben sie sich einbildeten oder die im entscheidenden Augenblick den Muth zum Verrathe verloren, vielleicht nur, weil die Anstalten der Oesterreicher nicht ernstlich genug waren. Einigen Nachrichten zufolge wäre auch der Artilleriemajor Mack, ehemaliger österreichischer Oberfeuerwerker, in das Complott verwickelt gewesen.

Die Brigade Gossay sollte in der Schütt in drei Colonnen eine Demonstration gegen die Palatinallinie machen; die Brigade Lederer am rechten Donauufer sollte ein heftiges Feuer gegen den Brückenkopf, das Dorf Uj Szöny, die Kriegsinsel und die Schiffbrücke unterhalten, eintretende günstige Umstände aber benutzen, um den Brückenkopf etwa mit Sturm zu nehmen; die Brigade Veigl endlich sollte zwischen der Neitra und Donau in drei Colonnen vorrückend den Wagbrückenkopf angreifen. Diesen durch Einverständniß wegzunehmen, darauf rechnete man besonders.

Am Morgen des 31. März mit Tagesanbruch eröffneten die Oesterreicher eine lebhafte Kanonade. Die ungarische Artillerie war sogleich zur eben so lebhaften Antwort bereit, erwiderte das österreichische Feuer unbeirrt auf allen Punkten und nichts zeigte sich, was als eine Neigung zur Uebergabe hätte gedeutet werden können. Am Abend mußten die Oesterreicher schon wegen Munitionsmangels die Kanonade einstellen.

Der ganze österreichische Verlust bestand in 13 Todten und 46 Verwundeten, jener der Ungarn war kaum so groß; doch war im Wagbrückenkopf ein Pulvermagazin aufgeflogen und in der Stadt an mehreren Orten Feuer ausgebrochen. Der Zweck Weldens war nicht im Geringsten erreicht, und nachdem man bisher ziemlich planlos immer darauf gerechnet hatte, durch Feuer auf die Stadt und Einschüchterung den Platz zu nehmen und damit viel Zeit unnütz verloren, begann man nun in den nächsten Tagen förmlicher zu arbeiten, um einen der Theile des Platzes nach dem andern wegzunehmen. Der Anfang sollte mit dem Donaubrückenkopf gemacht werden, gegen welchen seit dem 4. April 36 schwere Geschütze arbeiteten. Diese unterbrachen in der nächsten Zeit die Verbindung zwischen der Stadt und dem Brückenkopf mittelst der Schiffbrücke, während die Oesterreicher am 31. März ihre Brücke, entsprechend der engern Einschließung, die mit diesem Tage eingetreten war, von Lovad nach Nemes Örs hinabgebracht hatten.

Mitte des Monats lebte nun Simunich der Hoffnung, daß er in den nächsten Tagen den isolirten Brückenkopf werde mit Sturm nehmen können; auch wußte er, daß bereits Mangel an Lebensmitteln im Platze herrsche und Krankheiten in Bürgerschaft und Besatzung wütheten; aber gerade zu derselben Zeit drang auch die Kunde vom nahenden Entsatze nach Komorn und belebte von Neuem den Muth der Garnison.

Die Absicht des Fürsten Windischgrätz war nun, außer den drei Brigaden Herzinger, Teuchert und Theissing zu dem Corps des F.-M.-L. Wohlgemuth auch die Brigade Weigl vom Einschließungscorps vor Komorn stoßen zu lassen, welche an der Zsitwalinie nur ein schwaches Detachement zurücklassen sollte. Außerdem wollte er auch noch die Division Jablonowski (früher Ramberg) mit dem Wohlgemuth'schen Corps vereinigen, welches dadurch auf etwa 20000 M. kam, und dieses Corps an der Gran zur Deckung der Einschließung Komorns den Ungarn, die von der Eipel her zum Entsatze vorrückten, entgegenstellen. *

Auf die Nachrichten vom 12. April nun, welche keinen Zweifel mehr

* S. Beilagen D. und E. zu diesem Abschnitt.

darüber ließen, daß die ungarische Hauptmacht im Marsche auf Komorn sei, beschloß der Fürst Windischgrätz auch noch den größten Theil des 2. Corps und das ganze 3. Corps über Gran an das linke Donauufer abrücken zu lassen, welche der Rechnung nach ungefähr gleichzeitig mit dem Wohlgemuth'schen Corps hinter dem Granflusse eintreffen und mit diesem zusammen eine Masse von mindestens 35000 M. bilden würden.

Das 1. Corps, Jellachich, sollte bei Ofen am rechten Donauufer stehen bleiben, Ofen selbst mit 4 Bataillons vom 2. Corps besetzt werden.

Gegen diese Anstalten wird sich wohl unter den obwaltenden Umständen nichts Erhebliches einwenden lassen.

Der wirkliche Abmarsch des 2. und 3. Corps über Gran sollte, wie schon oben beiläufig erwähnt worden ist, erst erfolgen, nachdem am 13. noch eine forcirte Rekognoszirung vorwärts Pesth unternommen sein würde.

Da die Ungarn von Waitzen bis Léva an der Gran nur drei kleine Märsche hatten und am 11. theilweis schon von Waitzen abmarschirt waren, konnte diese Verzögerung, wie man sieht, unter Umständen die Folge haben, daß die erwähnten Truppen wieder einmal zu spät kamen.

Bei der Rekognoszirung am 13. kam ebensowenig und aus denselben Gründen ebensowenig etwas heraus als bei allen früheren. Aulich benahm sich in der ganzen Zeit seines Commandos vor Pesth mit großer Geschicklichkeit. Sobald ihm die Oesterreicher nahe rückten, zog er seine Detachements in rückwärtige feste Stellungen zurück und die Oesterreicher, welche sich nicht getrauten, ihm weit von Pesth zu folgen, weil sie eine Falle hinter solchem Zurückgehen vermutheten, beschränkten sich dann regelmäßig darauf, ihm einige hundert Kanonenkugeln nutzlos aus der Ferne nachzusenden.

Wir haben gesagt, daß sich gegen die neue Absicht des Fürsten Windischgrätz, eine ansehnliche Streitmacht hinter der Gran zu vereinigen, nichts Erhebliches einwenden ließ, wenn sie nur eben mit Schnelligkeit und Kraft ausgeführt ward und die That dem Beschlusse — Entschluß kann man kaum sagen — auf dem Fuße folgte.

Indessen der Banus war anderer Meinung; er trat am 12. April dem Projecte des Fürsten Windischgrätz mit einem andern gegenüber, welches seines Gleichen sucht.

Mit 35 Bataillons, 44 Escadrons und 150 Geschützen unter dem Namen der „Südarmee" wollte er selbst die Offensive auf Teresiopel ergreifen, und über die Theiß auf Großwardein und Debreczin marschiren; 6 Bataillons und 6 Escadrons sollten bei Pesth bleiben; 10 Bataillons und 6 Escadrons vor Komorn; der dann noch verfügbare „Rest" der Armee — worunter jetzt lediglich das Wohlgemuthsche Corps verstanden werden kann, denn einen andern Rest sucht man nach dem Abzug der Südarmee vergebens — sollte als „Nordarmee" vorläufig rein defensiv zur Deckung von Pesth und der Belagerung Komorns verwendet werden.

Man bedenke, daß dieser Vorschlag gemacht wurde Angesichts der ungarischen ziemlich vereinigten Hauptarmee, welche eben erst bei Isaszeg und Gödöllö gesiegt hatte oder welcher der Sieg mindestens von den Oesterreichern zuerkannt war und die jetzt im Marsche auf Komorn war, und man wird gestehen müssen, daß die Ungarn sich nichts Besseres hätten wünschen können als die Ausführung dieses Vorschlages. Windischgrätz ging denn doch auf den banalen Unsinn nicht ein.

Die Rekognoszirung vom 13. gab, wie erwähnt, kein Resultat; dagegen lief ein Rapport des Oberst Horváth, welcher von Ofen über Sz. Endre das rechte Donauufer aufwärts zur Beobachtung der Ungarn und Verhinderung eines Brückenschlags bei Dunakeszi detachirt war, ein, demzufolge man westlich von Waitzen deutlich ein ungarisches Lager bemerke, welches auf 12000 bis 15000 M. geschätzt werde. Görgey, Damjanich und Klapka befänden sich dort.

Jetzt zweifelte Windischgrätz auch nicht mehr, daß er nur noch ein schwaches ungarisches Corps östlich Pesth gegen sich habe. Die Anstalten zur Versammlung der Streitkräfte am rechten Granufer, welche am 12. beschlossen worden war, hätten nun also unverweilt ins Leben treten können und müssen.

In der That setzte auch Windischgrätz noch am 13. sämmtliche Brückenequipagen der Armee nach Dorog, südlich von Gran, in Marsch, um bei Gran über die Donau, vorkommenden Falls über den Granfluß so viele Brücken als möglich schlagen zu können, und er wies den Intendanten der Armee an, in der Gegend von Gran die Verpflegung für 35000 M. und 8000 Pferde zu beschaffen.

Doch die Truppen wurden keineswegs auch sogleich auf Gran in Marsch gesetzt, vielmehr sollten sie am 14. noch einmal ostwärts Pesth Arbeit bekommen; Windischgrätz hatte sich vorgenommen, Aulich eine Lehre zu ertheilen, dafür daß derselbe sich unterfangen hatte, den Fürsten zu hänseln. Um 3 Uhr Morgens sollten zu diesem Behufe das 1. und 3. Corps aus ihren Lagern gegen Aulich aufbrechen. Die Detailanordnungen für den Angriff wurden nach Windischgrätzens beliebter Manier der Vereinbarung der beiden Corpscommandanten, Jellachich und Schlick, überlassen.

Kaum hatten diese den Befehl erhalten, als sie sich auch schon Nachts um $11^1/_2$ Uhr bei Windischgrätz einfanden, um ihm das Resultat ihrer

Vereinbarung mitzutheilen. Es war der Rath, das Unternehmen bei Seite zu lassen, da das Defilé von Keresztúr von den Ungarn so stark besetzt sei, daß seine Forcirung jedenfalls viele Schwierigkeiten bereiten werde.

Dieß war das letzte der Feldherrnleiden des Fürsten Windischgrätz. Zwei Stunden später, am 14. April Morgens $1^1/_2$ Uhr brachte der kaiserliche Flügeladjutant Gr. Wrbna ein Handschreiben des Kaisers Franz Joseph, durch welches Fürst Windischgrätz vom Obercommando ab und an das kaiserliche Hoflager nach Ollmütz berufen ward. Daß Fürst Windischgrätz einen hohen Grad von Unfähigkeit zu dem Posten eines Oberfeldherrn erwiesen hatte, geht aus unserer Erzählung mit höchster Klarheit hervor. Windischgrätz hätte niemals an die Spitze einer Armee gestellt werden sollen, die etwas Anderes zu thun hatte, als einen Straßentumult „energisch" zu unterdrücken; aber um ihm gerecht zu werden, mußte man zugeben, daß er immer noch mehr werth war als der phantastische Hofintriguant Jellachich und daß dieser letztere dem Fürsten das Leben und Wirken wahrhaftig nicht leicht machte. Der Wechsel im Obercommando gerade in dem entscheidenden Momente, in welchem wir jetzt die Armee wissen und in welchem sie auch der Hof wissen mußte, war jedenfalls eine dieser Maßregeln, bei welchen alle Kritik aufhört.

Windischgrätz gab sogleich sein Commando provisorisch an Jellachich ab.

Der wirkliche neue Obercommandant war der Feldzeugmeister Welden, der erste Besteiger des Monte Rosa, dessen wir auch schon öfter in diesen Blättern Erwähnung gethan haben.

Geboren 1782, trat Welden schon 1798 in den Militärdienst und zwar in den würtembergischen, in welchem er die Feldzüge von 1799 und 1800 gegen die Franzosen mitmachte. Aus demselben ging er in kaiserlichen Dienst über. Er nahm in diesem an den Feldzügen von 1805, 1809, 1813 in Italien, 1815 an der Alpengrenze gegen Suchet, 1821 gegen Piemont, stets im Generalquartiermeisterstabe Theil, ward 1828 Generalmajor, 1836 Feldmarschallieutenant, und erhielt 1844 das Generalcommando in Tyrol. Obgleich ebensogut dem alten Regime angehörig als der Fürst Windischgrätz war Welden doch ein Mann von freierem Blick und von wirklich militärischer Bildung. Wie allen Generalstabsoffizieren des alten Regimes klebte freilich auch ihm die Neigung an, die ganze Kriegführung vom Terrain allein abhängig zu machen, mit Vorliebe vertiefte er sich in Terrainstudien und entwickelte aus diesen Operationsmaximen und Operationspläne, welche er vielleicht für seine Person besser verstand als er sie andern verständlich zu machen wußte. Vor vielen Generalstabsoffizieren des österreichischen Heeres hatte er den Vortheil genauer Kenntniß des Details der Leitung des Heeres in seinen größeren Bewegungen voraus. Im Jahre 1848 erwarb er sich wahres Verdienst durch die Art, in welcher er die Verbindung der Armee Radetzkys bei Verona mit Tyrol eröffnete und offen hielt; er ward darauf an die Spitze des zweiten Reservecorps im Venetianischen berufen und wußte auch hier mit geringen Mitteln zu leisten, zwar nicht was der Hof erwarten mochte, doch was menschenmöglich war. Endlich im November 1848 erhielt er das Gouvernement von Wien. Er sah hier zwar viele „bassermannische Gestalten", doch regten diese seinen Zorn nicht so auf, wie etwa denjenigen des hochmüthigen Fürsten Windischgrätz; er war eben ein Mann von freierem Blick, wie ihn die Bildung gibt, und selbst seine Standrechtstheorieen wußte er mit altschwäbischem Humor zu würzen, und die unbezwingliche Humanität des gebildeten Mannes brach bei ihm durch, auch wo er sie zurückdrängen wollte und sie zurückzudrängen für seine Pflicht hielt. Aus seiner humanen Gesinnung heraus, wie aus dem Verständniß, welches dem Stocksoldaten nothwendig abgehen muß, für allgemeinere Verhältnisse, that Welden Vieles, was ihm allerdings einen Anspruch auf den oft lächerlich gemachten Titel „Vater Welden", den ihm die Wiener Bürger ertheilten, vollständig gibt. Obgleich über 66 Jahre alt, war er doch auch jetzt noch körperlich rüstig und von einem unbezwinglichen Thätigkeitstrieb, den wir schon aus der Art, wie er unabläßig den Krieg in Ungarn zu unterstützen trachtete, zu erkennen vermochten, wenn dabei auch hin und wieder ein Fehlgriff, ein Irrthum der lebhaften Phantasie mit unterlief. Auch als Schriftsteller ist Welden aufgetreten. Er hat den Feldzug von 1809, jenen von 1812 in Rußland, dann den Krieg der Oesterreicher gegen Frankreich 1813 und 1814 beschrieben. Endlich hat er uns in seinen „Episoden aus meinem Leben" die Erzählung seiner Erlebnisse in den Jahren 1848 und 1849 in Italien, Wien und Ungarn hinterlassen.

So war der Mann beschaffen, welchem in dem höchst kritischen Momente des ungarischen Krieges die österreichische Heerführerschaft übertragen wurde. Die Wahl war so gut, als sie unter den obwaltenden Umständen nur sein konnte. Ward Welden nicht berufen, war dann nicht ernste Gefahr vorhanden, daß dem blödsinnigen Banus, der von Führung einer Armee nicht viel verstand, das Heeresobercommando anvertraut wurde? Welden hat auch in Ungarn während der Zeit seines Commandos, um es gleich von vornherein zu sagen, Alles gethan, was gethan werden mußte und unter den obwaltenden Umständen gethan werden konnte. Als einen Fehler kann man es ihm etwa anrechnen, daß auch er die Gefahr der Lage und die Kraft der Ungarn unterschätzte. Aber wenn er uns die Erfolge der Ungarn daraus erklärt, daß sie eben gegen alle Regeln der Strategie handelten, so daß ein gelernter General ihre Schliche gar nicht für möglich halten konnte, so gerathen wir schon wieder in Zweifel, ob das Ernst sein soll, oder ob da der schwäbische Schalk dem Alten in den Nacken stach.

Das Treffen bei Nagy Sarlo.

Wir müssen nun zunächst die Bewegungen der Truppen verfolgen, welche nach dem Vorigen das Wohlgemuth'sche Corps hinter der Gran bilden sollten.

Die Division Jablonowski ging am 12. April bei Keménd an das rechte Granufer zurück und rückte am 13. und 14. den Fluß aufwärts nach Kálna. Die Gran war in dieser Zeit bedeutend angeschwollen, im untern Laufe ausgetreten und bot hier große Schwierigkeiten für einen Uebergang, so daß man mit ziemlicher Bestimmtheit darauf rechnen konnte, die Ungarn würden einen solchen nur an der obern Strecke zu bewerkstelligen suchen. Eine Escadron der Division Jablonowski war als Arriergarde in Zseláz zurückgelassen. Am 13. vereinigte sich mit Jablonowski der größte Theil der Brigade Teuchert.

In der Nacht vom 13. auf den 14. trafen im Hauptquartier zu Ofen verschiedene Rapporte ein, aus denen hervorging, daß am 13. Mittags 2 bis 3 ungarische Brigaden oder Divisionen in Ipoly Ságh eingerückt seien, eine weitere in Waitzen stehe und die ungarische Armee durch das Gebirge gegen Léva in Bewegung sei, um bei Kálna die Gran zu überschreiten.

Auf diese Nachrichten hin sendete der provisorische Armeecommandant Jellachich, der jetzt wohl an nichts anderes dachte, als die Armee in seinen famosen Offensivplan — Operation an die untere Theiß — so weit als möglich hineinzureiten, damit sie Welden dann nicht wieder herausziehen könne, dem Fürsten Jablonowski den Befehl, sich sogleich von der obern Gran an die untere hinabzubegeben. Da der Feind sich mit bedeutenden Massen an die obere Gran bewege, sei es zweckmäßiger, den Fluß nur zu beobachten.

Jablonowski remonstrirte dagegen, indem er anführte, daß über die untere Gran ein Uebergang des Feindes jetzt kaum möglich, über die obere immerhin noch schwierig sei und daß solchergestalt auch eine kleinere Streitmacht hier genügen könne, ihn ganz zu verhindern. Indessen wiederholte Jellachich seinen Befehl und Jablonowski leistete ihm denn Folge. Am 16. April traf er wieder in Kéménd ein. Hier waren unterdessen am 15. auch die beiden Brigaden Herzinger und Theissing eingetroffen.

Die Brigade Weigl erhielt am 12. April den Befehl, von der Zsitwalinie zunächst über Perbete nach Köbölkut abzurücken, sie ward dann in den folgenden Tagen nach Parkány gezogen.

Das ganze Wohlgemuth'sche Corps, welches wir von nun ab das 4. Armeecorps nennen wollen, war also beisammen.

Welden begab sich am 16. Abends von Wien nach Presburg. Hier traf er mit Wohlgemuth zusammen und ertheilte demselben seine Instruktionen. Wohlgemuth sollte vor allen Dingen sich genau über die Lage der Sachen, die Stellung des Feindes zu unterrichten suchen; unter allen Umständen aber seine Kräfte gegen die obere Gran, als denjenigen Theil des Flußlaufes richten, an welchem ein Uebergangsversuch des Feindes am wahrscheinlichsten war.

Wohlgemuth reiste nun noch in der Nacht ab und übernahm am 17. April zu Kéménd das Commando des 4. Armeecorps.

Es war sicherlich nicht vortheilhaft für ihn, so in der eilften Stunde auf einem ihm ganz fremden Kriegstheater wie ein deus ex machina erscheinen zu müssen. Wenn er überhaupt Fehler gemacht hat, so trifft die Schuld daran nicht ihn, sondern diejenigen, welche mit ihren Windischgrätz und Jellachich so lange wirthschaften, als es irgend möglich scheint und dann endlich, wenn es zu spät ist, die tüchtigen Männer ruft, die sich jetzt auch nur noch blamiren können.

Wohlgemuth, nachdem er kaum Zeit gewonnen, sich halbwegs über die Lage zu orientiren, beschloß, sein Corps auf die beiden Straßen zu versetzen, welche einerseits von Sz. György über Nagy Sarló, Cseke, Sz. Miklós, andererseits Új Bars (Novy Tekow), Bese, Surány und Neuhäusel nach Komorn führen, sich also zu Deckung der Belagerung des letzteren Platzes dem Feinde grad in den Weg zu legen.

Es ist unzweifelhaft, daß etwas viel Besseres hätte geschehen, daß z. B. Wohlgemuth das rechte Granufer aufwärts concentrirt hätte über Zseléz vorrücken können, während er nur den obern Granlauf durch Patrouillen beobachten ließ. Aber wer wollte Wohlgemuth einen Vorwurf daraus machen, daß er das nicht that, der nur irgend die Dinge überschaut? Ein neues Obercommando, ein neues Corpscommando im entscheidendsten Augenblick und dazwischen Jellachich als provisorischer Obercommandant zu Ofen!

In der Nacht vom 18. auf den 19. biwakirte die Division Jablonowski, Brigaden Strasdil und Dreihann – nach Wohlgemuths ersten Anordnungen -- an der Straße von Nagy Sarló bei Nagy und Kis Málas, dahinter bei Cseke die Brigade Herzinger, hinter ihr, immer an derselben Straße, bei Jászfalu die Brigade Weigl. Links von Jablonowski an der Suránýer Straße standen die beiden Brigaden Teuchert und Theissing bei Péll und Bese.

Welden hatte, nachdem er Simunich vor Komorn besucht und hier Alles in Ordnung gefunden, noch am 17. sein Hauptquartier nach Gran verlegt und von hier aus Befehl nach Ofen gesendet, daß die Division Csorich, Brigaden Wyß und Colloredo, sofort in einem Marsche nach Gran abzurücken hätten, während die beiden Corps von Schlick und Jellachich sich noch immer am Rakos mit dem armen Aulich abrackerten, der sich sehr wenig um sie bekümmerte und fortgesetzt von seinem alten System beständiger Beunruhigung, falls er selbst nicht beunruhigt ward, ruhigen Ausweichens, sobald man ihm auf den Leib rückte, mit eben so großem Erfolge als Geschick Gebrauch machte.

Am 18. April kam die Division Csorich in Gran an; auf Befehl Weldens mußte die Brigade Wyß am 19. nach Kémend abrücken; ein Detachement ward bei Köveśd an der Eisenbahn über die untere Gran nach Szalka vorgeschoben und die Brigade Colloredo blieb in der Stadt Gran.

Ungarischer Seits erreichten am 15. April schon das linke Granufer auf dem rechten Flügel das 3. Corps (Damjanich) bei Ó Bars (Stary Tekow), im Centrum das 1. Corps (Klapka), bei Nagy und Kis Szecse, auf dem linken Flügel die beiden Divisionen des 7. Corps (Gaspár) bei Zsemlér und Nagyod.

Die Ungarn fanden ganz unerwartete Uebergangsschwierigkeiten. Sie hatten eine einzige Bockbrückenequipage bei sich, welche, da der Fluß angeschwollen und über seine Ufer getreten war, kaum zur Ueberbrückung der halben Breite des Flusses ausreichte. Es mußte also vor Allem Brückenmaterial beschafft werden. Am Geringsten waren die Hindernisse der Ueberbrückung bei Ó Bars für das 3. Corps, und überdieß lag es in Görgeys Plan, dieses zuerst übergehen zu lassen, damit es, am rechten Granufer hinabrückend, die Brückenschläge zwischen Szecse und Kálna für das 1. Corps, bei Zsemlér für das 7. Corps decke.

Obgleich die Ueberbrückung bei Ó Bars an sich die geringsten Schwierigkeiten darbot, und außerdem alles vorräthige Material dem 3. Corps zur Verfügung gestellt ward, kam doch wegen Unfähigkeit des daselbst commandirenden Genieoffiziers der Brückenschlag im Centrum für das 1. Corps am frühesten, in der Nacht vom 17. auf den 18. April zu Stande; die

Brücke bei Zsemlér für den linken Flügel sollte der Rechnung nach am 19. fertig werden, wogegen sich über diejenige bei Ó Bars für den rechten Flügel gar nichts Bestimmtes sagen ließ.

Obgleich sich am rechten Ufer der obern Gran bisher die Oesterreicher noch nicht gezeigt hatten, schien es doch, daß man sie jeden Augenblick erwarten mußte, und wenn sie kamen, ehe man eine ansehnliche Macht über den Fluß hatte, konnten sie noch immer den Uebergang stören.

Görgey ordnete daher an, daß am 18. April nicht bloß das 1., sondern auch das 3. Corps die Brücke im Centrum bei Szecse-Kálna überschreite und vorwärts Stellung nehme; nur die beiden Divisionen des 7. Corps sollten noch am linken Granufer bleiben, um später auf der Brücke von Zsemlér überzugehen.

Demgemäß stand am 18. Abends das 1. Corps bei Lök und Alsó Pell, links davon das 3. Corps bei Dereszleny und Endröd (Andrejowa), mit einem Detachement an der Gran bei Beszele zur Deckung des Brückenschlags bei Zsemlér, die beiden Divisionen des 7. Corps bei Nagyod, Zsemlér und Sz. György. Das Hauptquartier war in Léva. Am 19. Morgens sollten das 1. und 3. Corps auf Nagy Sarló vorrücken, das 7. Corps, sobald die Brücke von Zsemlér fertig wäre, über diese am rechten Granufer abwärts. Klapka sendete schon am 18. eine Streifschaar nach Nagy Sarló voraus.

Die Nachrichten, welche Wohlgemuth am 18. Abends über die Ungarn hatte, beschränkten sich darauf, daß dieselben bereits am Tage in der Gegend von Nagy Sarló Lebensmittel requirirt, ihren Uebergang bei Kálna aber noch nicht vollendet hätten. Am 19. wollte er nun gegen Kálna vorrücken.

Am Morgen dieses Tages sendete er eine Partie nach Nagy Sarló vor, welche dieses von den Ungarn besetzt fand, ohne jedoch über die Stärke etwas beizubringen. Morgens um $5^1/_2$ Uhr erhielt nun die Brigade Dreihann Befehl den Ort zu nehmen und vertrieb natürlich das schwache ungarische Detachement mit leichter Mühe.

Das 1. und 3. Corps der Ungarn hatte sich schon vor Tagesanbruch in Marsch gesetzt; der rechte Flügel, die Division Desewffy vom 1. Corps, sollte von Alsó Pell auf Nagy Sarló gehn, der Rest des 1. und das ganze 3. Corps über Endröd und Hölvény gleichfalls nach Nagy Sarló und von dort auf Jászfalu.

Klapka befand sich bei der Avantgarde der Hauptcolonne; bald kam ihm das von Nagy Sarló vertriebene Detachement mit der Nachricht entgegen, daß der Ort von den Oesterreichern besetzt sei.

Er eilt darauf nach Hölvény vor, von wo er Nagy Sarló und die noch in der Entwicklung begriffenen Oesterreicher übersieht.

Klapka beschloß, sie daran zu verhindern und Nagy Sarló anzugreifen; er ließ Damjanich um Unterstützung bitten, worauf dieser auch sogleich die Division Wysocki vorsendete. Auch die Divisionen des 7. Corps wurden von dem Kampfe, der zu erwarten stand, in Kenntniß gesetzt.

Etwa um 9 Uhr erschien die Brigade Dipold von der Division Desewffy in dem Walde nordwestlich Nagy Sarló, also auf dem äußersten rechten Flügel der Ungarn; gleichzeitig rückte die Division Kazinczy (früher Mariássy) vom 1. Corps gegen die Front von Nagy Sarló vor, und links von ihr die Division Wysocki vom 3. Corps gegen die Ostseite der Stadt. Nagy Sándor mit der Kavallerie des 3. Corps erhielt den Befehl, die linke Flanke gegen die Gran hin zu sichern; die Brigade Bobich der Division Desewffy und die Division Knezich vom 3. Corps wurden als Reserve nach Hölvény gezogen.

Um 10 Uhr Morgens begann der Angriff auf Nagy Sarló; Artilleriefeuer eröffnete ihn; nachdem dieses über eine Stunde gedauert hatte, gingen Kazinczy und Wysocki in Sturmcolonnen vor und drangen in den Ort ein; in diesem kam es zu einem heftigen Straßenkampfe. Endlich ward die Brigade Dreihann hinausgeworfen.

Wohlgemuth ließ nun die Brigade Strasdil vorrücken, während Dreihann sich von Neuem sammeln und als Reserve folgen mußte. Noch einmal drangen die Oesterreicher in die Stadt, mußten indessen dieselbe doch bald wieder räumen. Wohlgemuth gab jetzt vorerst einen nochmaligen Versuch auf und ordnete die Division Jablonowski auf den beherrschenden Höhen südwestlich der Stadt.

Damjanich und Klapka, nachdem sie die Stadt besetzt hatten, dachten jetzt daran, Wohlgemuth auch aus seiner neuen Aufstellung zu vertreiben und Nagy Sándor erhielt Befehl, mit seiner Kavallerie an dem Angriff gegen Jablonowskis rechte Flanke Theil zu nehmen, als gerade in entgegengesetzter Richtung, in der rechten Flanke der Ungarn im Walde von Hölvény ein neuer Kampf entbrannte.

Die Brigade Herzinger nämlich, bei Cseke, war, als sie das Geschützfeuer von Nagy Sarló her hörte, von dort aufgebrochen und in der Richtung auf Endröd vorgerückt, um solchergestalt die Verbindung zwischen der Division Jablonowski und den beiden Brigaden Teuchert und Theissing, welche ganz isolirt an der Surányer Straße bei Bese standen, herzustellen.

Herzinger stieß nun auf Dipold im Hölvinyer Walde und trieb denselben gegen die Brigade Bobich zurück. Guyon, der wie bekannt schon zu Tisza füred vor dem Beginne der gegenwärtigen glücklichen Offensive zu einem der beiden eventuellen Commandanten von Komorn ernannt war, dem es aber noch nicht hatte gelingen wollen, durch das österreichische Cernirungscorps in den Platz zu gelangen, befand sich als Freiwilliger auf dem Schlachtfelde. Er führte sofort die Brigade Bobich vor; auch Klapka eilte herbei und den vereinten Anstrengungen beider gelang es, Herzinger wieder aus dem Walde heraus in der Richtung auf Cseke zurückzutreiben.

Nun, zwischen 3 und 4 Uhr Nachmittags schickten sich Damjanich und Klapka an, aus Nagy Sarló hervorbrechend, der Division Jablonowski den Gnadenstoß zu geben, doch die Anstalten dazu verzögerten sich, da Nagy Sándor in dem schwierigen Terrain mit der Kavallerie nicht vorwärts kommen konnte. Wohlgemuth, der eine bedeutende Uebermacht sich gegenüber sah, hatte den Rückzug schon beschlossen, hielt aber doch in seiner Stellung auf den Höhen noch aus, um die Ungarn hier zu beschäftigen und dadurch den beiden Brigaden zu Bese Zeit zu geben, ihren Rückzug zum Anschlusse an ihn gegen Jászfalu hin anzutreten und ihnen einen Vorsprung zu verschaffen.

Da erschien aber auch Pöltenberg mit der Kavallerie des 7. Corps über die fertig gewordene Brücke von Zsemlér auf dem Schlachtfelde. Nun nach 4 Uhr Nachmittags trat Wohlgemuth den Rückzug über Cseke auf Neuhäusel an, welches er am 20. erreichte, nachdem er an der Zsitwa von der Brigade Veigl aufgenommen war. Die Ungarn verfolgten den weichenden Feind auf Cseke und Fajkürt. Noch am Abende spät wurden sie in ihrem Rücken durch ein Seitendetachement der beiden Brigaden von Bese allarmirt, welches sich in den Hölvényer Wald verirrt hatte, hier aber zum größten Theil gefangen gemacht ward.

Görgey hatte an dem Kampfe von Nagy Sarló gar nicht Theil genommen, er war den ganzen Tag auf dem Schlosse von Léva geblieben, von wo er den Gang des Gefechtes am besten glaubte übersehen zu können. Ordonnanzoffiziere hatte er theils in den zum Hauptquartier für den 19. bestimmten Ort am rechten Granufer vorausgeschickt, um recht sicher von den wichtigen Vorfällen auf dem Schlachtfelde unterrichtet zu werden, theils andere nach der Brücke von Zsemlér, um sobald als dieselbe fertig wäre, ihre Vollendung zu erfahren. Dennoch erhielt er die Kunde von dem Ausfall des Treffens erst spät Abends am 19. durch eine Meldung von Damjanich, und daß die Brücke von Zsemlér fertig sei, erfuhr er zu derselben Zeit erst dadurch, daß über sie am Abend ein Verwundeter-Transport in Léva eintraf. Erwähnt muß noch werden, daß der ungarische Obergeneral, sobald er Kanonendonner von Nagy Sarló her vernahm, ein

Detachement von der Colonne des Hauptquartiers an der Kálnaer Brücke ausstellte, um etwaige ungarische Flüchtlinge vom Schlachtfelde, welche das linke Granufer zu gewinnen suchen möchten, am rechten aufzuhalten. Diese Vorsichtsmaßregel erwies sich im vorliegenden Falle als überflüssig.

Ihren eigenen Verlust geben die Ungarn auf 600 M.; den der Oesterreicher zu 2000 M.; die Oesterreicher selbst geben ihren Verlust nur zu 800 bis 900 M. Die Wahrscheinlichkeit spricht eher für die ungarische Angabe, da es feststeht, daß viele österreichische Einzeltrupps versprengt und ermüdet auf dem Schlachtfelde liegen blieben und dann fast wehrlos in der Nacht und am folgenden Tage den Ungarn in die Hände fielen.

In der Nacht vom 19. auf den 20. lagerten das 1. ungarische Corps bei Fajkürt, das 3. bei Fakó Bezekény und Málas, das 7. bei Zseléz an der Gran.

Am 20. April rückten das 1. und 3. Corps, bei denen sich unterwegs nun auch Görgey einfand, bis Jászfalu vor; die beiden Divisionen des 7. Corps aber mußten das rechte Granufer abwärts ziehen. Bei Kémend stießen sie auf die Brigade Wyß, welche zu einem Rückzuge gezwungen ward, den sie übrigens ohnedieß schon Befehl erhalten hatte anzutreten. Sie litt auf diesem Rückzuge nicht wenig von einem zufälligen Umstand. Die Streifcolonne unter Horváth nämlich, welche Görgey von Waitzen zur Deckung seiner linken Flanke längs dem linken Donauufer aufwärts entsendet hatte, hatte über Szalka die Gran gegenüber Kémend erreicht und begleitete nun die Brigade Wyß auf deren Rückzug gegen Parkány, indem sie von Zeit zu Zeit ihre zwei Geschütze auffahren ließ und mit diesen über die Gran hinüber in die österreichische Colonne hineinfeuerte.

Das Detachement von Horváth sollte ursprünglich zur Vereinigung mit dem 7. Corps die Gran bei Kémend passiren, doch kam der Brückenschlag hier nicht zu Stande und es mußte am linken Granufer aufwärts nach Zsemlér ziehen, um die dortige Brücke zu benutzen.

Wohlgemuth ließ am 21. an der Neitra nur die beiden Brigaden Herzinger und Veigl zur Beobachtung zurück und ging mit dem Rest seines Corps bei Sellye hinter die Wag zurück, wo er bei Deáki die Brigade Strasdil, bei Sellye die Brigaden Perrin (früher Teuchert) und Theissing, bei Vág Király falva die Brigade Dreihann aufstellte.

Da nun zu gleicher Zeit die Brigade Sossay vom Cernirungscorps des F.-M.-L. Simunich an der Wagdonau und auf der Schütt ihren Rückzug antrat, so war für Görgey am linken Donauufer kein Hinderniß mehr, die Festung Komorn zu betreten.

Am 21. April rückten das 1. und 3. Corps nach Sz. Péter vor und schoben ihre Vortruppen an die Zsitwa; das 7. Corps mußte sich von der Gran rechts wenden, um über Köbölkut die Vereinigung mit dem 1. und 3. Corps zu suchen. An dem gleichen Tage gelang es Guyon mit 60 Husaren nach Komorn zu kommen, wohin er die Nachricht des schon ganz in der Nähe befindlichen Entsatzes brachte und wo er das Festungscommando sogleich übernahm.

In der Nacht vom 21. auf den 22. April wurden die Uebergänge über die Zsitwa hergestellt, und am 22. rückten die ersten Truppen des Klapka'schen Corps in Komorn ein, der Rest des 1. und das 3. Corps bezogen ein Lager vor dem Wagbrückenkopfe und die beiden Divisionen des 7. Corps kamen von Köbölkut zum Theil nach Bator Keszi.

Das Streifcorps von Horváth hatte Befehl, sobald es bei Zsemlér über die Gran gegangen wäre über Verebély an die Neitra vorzurücken; vorläufig wurden 4 Escadrons vom Gros der Armee in der Nacht vom 20. auf den 21. April von Jászfalu nach Verebéli gesendet.

Die Division Kmety erhielt auch unmittelbar nach dem Treffen von Nagy Sarló den Befehl, von Waitzen nach Párkány zu marschiren.

Als Kmety am 23. bei Párkány angekommen war, sollten nun auch die beiden andern Divisionen des 7. Corps von Bator Keszi und Köbölkut nach Komorn gezogen werden, doch auf verschiedene Berichte hin, daß die Oesterreicher von der Wag her aufs Neue in die Offensive überzugehen drohten, ward dieß dahin abgeändert, daß diese beiden Divisionen, jetzt unter dem Commando Pöltenbergs, da Gaspár eben seinen Abschied genommen hatte, nach Bajcs und Perbete in der Richtung gegen Neuhäusel hin abrücken mußten.

Der Entsatz Komorns am linken Donauufer war am 22. April vollendet. Es fehlte jetzt noch daran, den Entsatz auch am rechten Ufer zu bewerkstelligen, an welchem noch immer Simunich mit der Brigade Lederer dem Donaubrückenkopfe gegenüberstand.

Wäre die Schiffbrücke, welche den Donaubrückenkopf mit der Stadt verband, noch im Stande gewesen, so hätte es nichts Leichteres gegeben, als noch am 23. April das ganze 1. und 3. Corps mit einem Theile der Festungsbesatzung, welchen dann bald auch das 7. Corps folgen konnte, an das rechte Donauufer hinüber zu werfen, um die einzige Brigade Lederer zu vertreiben und Alles abzufangen, was österreichischer Seits von Ofen her sich längs des rechten Donauufers zurückzog. Indessen, wie uns bekannt, war die Schiffbrücke durch das Feuer der Batterieen Simunichs zerstört.

Görgeys erste Arbeit war es nun, die Schiffbrücke durch etwas Solideres, der Zerstörung weniger Ausgesetztes, nämlich eine Floßbrücke, so schnell als möglich ersetzen zu lassen. Das Vorurtheil der Techniker hatte den Grundsatz ausgebrütet, daß über die Donau bei Komorn eine Floßbrücke eine Unmöglichkeit sei. Mit Mühe mußte daher erst das Material zu einer solchen herbeigeschafft werden, da Görgey sich vorgenommen hatte, einmal dem Vorurtheil der Techniker nicht allzuviel zu trauen, woran er jedenfalls sehr recht that. Es war jedenfalls eine große Leistung, daß trotz der erschwerenden Umstände schon in der Nacht vom 25. auf den 26. April die Floßbrücke fertig wurde.

Welchen Unterschied es aber gemacht haben würde, wenn an die Herstellung dieser Brücke früher gedacht und auf dieselbe aller Fleiß, alle Mühe, wie dann auf ihre Erhaltung verwendet worden wäre, so daß sie schon am 23. April benutzt werden konnte, dieß werden wir alsbald zu beurtheilen vermögen, wenn wir uns jetzt zu dem österreichischen Hauptquartier wenden.

Rückzug der Oesterreicher von Ofen-Pesth; Entsatz Komorns auf dem rechten Donauufer.

Am 19. April, dem Tage des Treffens von Nagy Sarló hatten Jellachich und Schlick noch einen Ausfall von Pesth gegen Aulich gemacht, bei welchem sie nun endlich die wohlbegründete Ueberzeugung gewonnen hatten, daß dieser sie vollständig an der Nase herumgeführt habe.

Welden, der sich noch am 20. April Vormittags zu Gran befand, erhielt hier diejenigen Nachrichten über das Treffen von Nagy Sarló, welche ihm zeigten, daß die österreichische Armee mit der Wiedereroberung Ungarns von Neuem anfangen müsse.

Er ertheilte der Brigade Wyß den Befehl, sich vom linken Donauufer sogleich nach Gran zurückzuziehen, dann die Donaubrücke abzubrechen. Die Brigade sollte darauf nach Tata (Dotis) marschiren, um sich mit Simunich oder vielmehr mit der Brigade Lederer in Verbindung zu setzen; Colloredo sollte vorläufig in Gran bleiben; die Division Edmund Schwarzenberg, des 2. Armeecorps, welches jetzt unter den Befehl Csorichs gestellt war, von Ofen gegen Gran aufbrechen.

Am Nachmittage des 20. April begab sich dann Welden selbst nach Ofen, wo er am Abende eintraf, sich möglichst Einsicht in die Verhältnisse der Armee zu verschaffen suchte und danach seine Pläne machte.

Ueber die Stärke der Armee erfuhr er folgendes:

Das 1. Armeecorps, Jellachich, welches vor Pesth stand, zählte $14^1/_3$ Bataillons, 21 Escadrons, 54 Geschütze oder 12500 M. (einschließlich der Reserve).

Das 2. Armeecorps, Csorich, welches den neuesten Anordnungen zufolge bei Dotis, Gran und zwischen Gran und Ofen stehen sollte, $11^1/_3$ Bataillons, 17 Escadrons und 57 Geschütze, 12000 M.

Das 3. Armeecorps, Schlick, vor Pesth $15^1/_3$ Bataillons, 6 Escadrons, 45 Geschütze oder 14200 M.

Das 4. Armeecorps, Wohlgemuth, im Rückzug hinter die Waag, 16 Bataillons, 11 Escadrons, 30 Geschütze oder 13200 M.

Die Artilleriegeschützreserve, einschließlich 72 Belagerungsgeschützen vor Komorn 102 Geschütze mit 2000 M.

Simunich vor Komorn ohne die Brigade Weigl, jedoch einschließlich eines kleinen Corps, welches unter F.-M.-L. Burich im Bakonyer Walde streifte, $12^2/_3$ Bataillons, 7 Escadrons und 31 Feldgeschütze oder 8900 M.

Das galizische Corps des F.-M.-L. Vogl, noch in Galizien, 11 Bataillons, 8 Escadrons und 24 Geschütze oder 7800 M.

Dieß war der Bestand der Truppentheile, welche man zur Hauptarmee zu rechnen pflegte. Er belief sich also auf wenig mehr als 60000 M. Der Krankenstand betrug zu dieser Zeit 10068 M. und die Krankheiten nahmen in Folge der Strapazen, der schlechten Verpflegung und Bekleidung, auch wohl der Witterungswechsel im Frühling beständig zu.

Von den abgetrennten Corps Nugents, Todorovichs auf dem serbischen Kriegsschauplatze, Malkowskis, früher Puchners, auf dem siebenbürgischen Kriegsschauplätze, wußte man wenig mehr, als daß es ihnen schlecht ging und wenig auf sie zu rechnen sei.

Eine Armee von 60000 M. ist allerdings eine nicht zu verachtende Streitkraft, — wenn sie zusammen und unter der Hand eines Führers ist. In Bezug auf die österreichische Armee war indessen diese Bedingung nicht im Mindesten erfüllt. Die eigentliche zusammenbefindliche Hauptarmee bildeten am 20. April das 1. und 3. Corps, etwa 26000 M., wogegen die Ungarn im 1., 3. und zwei Divisionen des 7. Korps, ungefähr 32000 M. beieinander hatten, die sich noch durch Theile der Komorner Besatzung verstärken konnten. Bedenkt man nun noch die Masse von Kranken, mit welcher die österreichische Armee belastet war, die mangelhafte Verpflegung, den Widerspruchsgeist bei den Unterbefehlshabern, beides Dinge, welche ebenso wie die Zersplitterung des Heeres die verkleidete Große-Herrn-Kriegführung des berühmten Feldmarschalls Windischgrätz herbeigeführt hatte, so wird wohl kein Verständiger den alten Welden tadeln, wenn er nach dem ersten Blicke, den er in den abscheulichen Sumpf gethan hatte, als nächstliegendes Bedürfniß erkannte: du mußt vor allen Dingen suchen, zuerst die Armee wieder unter deine Hand zu bringen, so daß du sie wirklich commandirst und nicht Peter und Paul alle Augenblicke sich bemüßigt finden können, mit drein zu reden und Anträge zu stellen, wie es bald nachher in der badischen Insurrectionsarmee Mode war, worüber von den Leuten, die es um kein Haar besser machten, so viel gelächelt worden ist.

Die Armee unter die Hand des Führers zu bringen, das war nicht anders zu bewerkstelligen als durch einen Rückzug. Diesen ordnete Welden sogleich an und dafür, daß er diesen Entschluß überhaupt faßte, dann daß er ihn unentwegt durchführte, endlich dafür, daß er diesen Rückzug in seinen Einzelheiten so zweckmäßig regelte als es unter den obwaltenden Umständen nur möglich war, verdient Welden das höchste Lob.

Schon bei dem Entschlusse hatte er einen schweren Kampf zu bestehen. Sein Commando mit einem Rückzuge beginnen, das ist wahrhaftig keine leichte Aufgabe, und gar mancher General gewöhnlichen Schlages möchte es kaum über sich gewonnen haben, selbst wenn er die Nothwendigkeit erkannte, ihr ohne Besinnen nachzugeben, ohne etwa noch eine Probe zu machen, ob sich die Dinge doch nicht anders gestalten ließen. Nun kam aber die Ausführung. Und dieß war das noch schwierigere. Man stelle sich nur recht lebhaft vor, daß Jellachich sowohl als Schlick unter dem Commando des Fürsten Windischgrätz daran gewöhnt waren, jeden Befehl, den dieser gab ihrer Kritik zu unterwerfen, daß der Banus dabei fortwährend auf seine Hofbekanntschaften pochte, so daß Windischgrätz es gar nicht einmal wagte, diesem Patron die Wege zu weisen, selbst wenn er den blühendsten Unsinn zum Vorschein brachte. Die österreichischen Soldaten, man muß es zugeben, waren eigentlich niemals von den Ungarn geschlagen; sie hatten Noth und Strapatzen auszustehen gehabt, aber auf den Rückzügen, die ohne Verschulden der Soldaten bis zum Brigadegeneral einschließlich aufwärts, von den höheren Führern angeordnet waren, wahrhaftig nicht weniger als beim Vorgehen. Die Soldaten bis zum Brigadegeneral aufwärts konnten daher die Nothwendigkeit eines augenblicklichen, entschiedenen Rückzugs gar nicht begreifen. Welden wußte, daß er hier eine stille, aber mächtige nämlich innere Opposition zu überwinden hatte, und dennoch schreckte ihn dieß nicht ab. Aber selbst bei der innern Opposition hatte es sein Bewenden nicht; natürlich machten sich die höheren Generale zu deren äußeren Organen und auch natürlich der blähende Banus an der Spitze, er, der am meisten dazu beigetragen hatte, daß der Rückzug nothwendig geworden war, der stets die Hauptursache der Lähmung jeder Angriffsoperation war, der immer zuerst zum Rückzug geblasen hatte, wo es einmal an ihm lag, auszuharren.

Dieser wäre für jeden Obergeneral, der auf Hofgunst rechnete, ein schweres Hinderniß gewesen, ja er war von einem solchen nicht einmal zu beseitigen. Welden wußte ihn, wie wir sehen werden, zu beseitigen und zunächst kehrte er sich nicht an seine poetischen Einreden.

Die Anordnungen, welche Welden traf, um die Armee, wie er sich ausdrückt, „in eine geregelte Stellung zurückzuführen", um sie, wie man sich besser ausdrücken könnte, unter seine Hand zurückzubringen, lassen sich mit Allem, was darum und daran hängt, auf dreierlei reduciren.

Erstens sollte der Banus mit seinem auf 15 Bataillons und 26 Escadrons oder, einschließlich der Artillerie, auf etwa 15000 M. verstärkten Corps von Ofen am rechten Donauufer nach dem Süden hinabrücken, dort in Slavonien, dem Banat und Serbien alle verfügbaren Kräfte an sich ziehen und solchergestalt eine starke Südarmee bilden. Ausrüstungsstücke und Material, um diese „Südarmee" wirklich soldatisch formiren zu können, wurden in möglichst großer Menge aus den Ofener Vorräthen entnommen, auf 5 Dampfern und 11 Schleppschiffen verladen und nach Esſek in Bewegung gesetzt. Zunächst sollte dann das 1. Armeecorps, ehe es diesem Transporte folgte, bei Pesth und nachher südlich Ofen bei Promontorium noch eine Zeitlang stehen bleiben, um die übrigen Anstalten zur Räumung der Hauptstädte zu decken. Das Verfahren Weldens mit dem Banus war ein höchst zweckmäßiges. Erstens nämlich wurde man diesen Störenfried bei der Hauptarmee los und zweitens wurde man ihn auf eine Manier los, gegen die er selbst nichts hätte einwenden können. Sein ewiger Drang nach dem Süden wurde jetzt befriedigt. Er konnte nun zeigen, ob er dort, und zwar sich selbst überlassen, so viel würde ausrichten können, als er versprochen und andern Leuten glauben zu machen gesucht hatte. Vielleicht nützte er dort sogar etwas. Nützte er aber auch nichts, wie es nach seinen abgelegten Proben allerdings vorauszusehen war, so konnte er doch seinen stänkerhaften Einfluß auf die Operationen der Hauptarmee nicht mehr ausüben. Welden leistete sich hier selbst, wie seinem etwaigen Nachfolger im Commando und damit Oesterreich einen noch lange nicht hoch genug geschätzten Dienst.

Zweitens beschloß er, daß die Festung Ofen besetzt bleibe. Dieselbe erhielt eine Garnison, bestehend aus dem 3. Bataillon Erzh. Wilhelm Nr. 12, dem 1. Bataillon Ceccopieri Nr. 23, dem 3. Bataillon Warasdiner Grenzer, dem 1. Bataillon vom Banalgrenzregiment, 1 Compagnie des 5. Artillerieregiments, 1 Abtheilung des Bombardiercorps, 1 Abtheilung Garnisonsartillerie, 100 M. vom Regiment Hohenlohe Nr. 17 als Handlanger für die Artillerie, $^1/_2$ Sappeurcompagnie, $^1/_2$ Pionnircompagnie, 1 Detachement von Erzh. Johann Dragonern Nr. 1; im Ganzen 3500 M. 51 Geschütze konnten für die Vertheidigung benutzt werden, Munition für sie war vorhanden, Proviant für die Mannschaft ward auf wenigstens 6 Wochen beschafft und die Wasserleitung in der Wasserstadt durch Pallisadirungen und Geschützaufstellungen gesichert. Allen Einwohnern der Stadt, welche bleiben wollten, ward befohlen, sich mit Lebensmitteln zu versehen.

Das Commando des schlechten Platzes vertraute Welden dem General Heinrich Hentzy an. Heinrich Hentzy war der Enkel jenes Samuel Hentzy, Hauptmanns der Stadtwache von Bern, welcher 1749 an der Verschwörung gegen das Regiment der bernerischen Aristokratie betheiligt, nachdem dieselbe entdeckt war, hingerichtet wurde. Heinrichs Vater war in österreichischen Dienst getreten und hatte eine Ungarin geheirathet. Heinrich Hentzy war 1785 geboren und 1804 in das österreichische Geniecorps eingetreten, in welchem er sich bald den Ruf eines pflichteifrigen und geschickten Offiziers erwarb. Nicht unerwähnt mag es hier bleiben, daß er, nachdem er am 9. Mai 1848 zum Generalmajor ernannt war, sich bei der bernerischen Cantonsregierung um die Aufhebung der auf seines Großvaters Nachkommen haftenden Strafe der ewigen Verbannung bewarb. Im Juli 1848 ward er zum Commandanten von Peterwardein ernannt. Er trat hier als entschiedener Feind der Ungarn auf, die Besatzung aber erklärte sich für Ungarn, Hentzy ward gefangen genommen und in Ofen festgesetzt. Das Vorrücken des Fürsten Windischgrätz befreite ihn aus der ungarischen Gefangenschaft und den Platz, in welchem er sie überstanden, sollte er nun, ganz sich selbst überlassen und jeder Hoffnung auf nahe Hülfe baar, für Oesterreich behaupten. Das Vertrauen, welches man in seine Kenntnisse, in seine Thätigkeit und seinen eisernen Charakter setzte, hat er vollkommen gerechtfertigt.

Hentzy ward von Welden angewiesen, sobald Pesth von den Oesterreichern aufgegeben und, wie dann zu erwarten stand, von den Ungarn besetzt wäre, alle Uebergangsversuche der letzteren so weit möglich zu verhindern, in der Richtung auf Pesth hin jedoch nur mit Kugeln und Kartätschen. Nur in dem Falle, daß die Ungarn vom linken Donauufer her eine Beschießung Ofens versuchten oder daß die Bevölkerung von Pesth selbst eine entschieden feindselige Haltung gegen die Besatzung annähme und der ungarischen Armee einen Vorschub leistete, zu dem sie nicht geradezu gezwungen würde, sollte Hentzy sich auch nicht geniren, die Hauptstadt mit Hohlgeschoßen und Raketen zu behandeln. Gegen jeden Angriff auf Ofen am rechten Ufer der Donau sollte Hentzy von allen seinen Mitteln ohne irgend eine Rücksicht Gebrauch machen, um den Platz so lange zu behaupten als dessen Verproviantirung es erlaubte. Einen Kriegsrath sollte er zwar in außerordentlichen Fällen berufen können, aber ohne durch dessen Aussprüche irgendwie beschränkt zu werden.

Bis zum 23. Abends hatte Hentzy die nothwendigsten Vorkehrungen zur Vertheidigung des Platzes getroffen und begab sich nun selbst noch nach Pesth hinüber, um unter passenden Drohungen dem Magistrate die zahlreichen Kranken und Verwundeten ans Herz zu legen, welche die österreichische Armee bei ihrem Rückzuge dort zurücklassen mußte.

Das Dritte, was Welden zu ordnen hatte, war nun eben dieser Rückzug der Hauptarmee; er sollte in eine Stellung angetreten werden, in welcher man Wien decken, aus welcher man die Festung Komorn beobachten könne, und in der die von Pest zurückgehenden Corps in eine sichere durch die Donau nicht unterbrochene Verbindung mit dem 4. Armeecorps und mit den etwa aus Galizien herabzuziehenden Truppen treten könnten. Eine solche Stellung fand sich nur in der Gegend von Presburg. Dorthin also mußte der Rückzug geleitet werden. Man bot während desselben der Festung Komorn die Flanke und in einigen Tagen vom 20. April ab konnte die ungarische Hauptarmee bei diesem Platze angelangt sein, konnte sie möglicher Weise aus ihm hervorbrechen. Man mußte also jedenfalls einen Theil der Hauptarmee der Festung Komorn gegenüber aufstellen, um den Zug der Bagagen und Trains zu sichern, welcher nur langsam von Statten gehen konnte. Derselbe Theil der Hauptarmee deckte dann die Aufhebung der Belagerung, welche nothwendig stattfinden mußte. Dieß waren die bestimmenden Gesichtspunkte für die Anordnung des Rückzuges. Welden leitete denselben schnell und umsichtig ein, dennoch mußte es als ein Glück für die Oesterreicher betrachtet werden, daß die Komorner Brücke zerstört war und Görgey nicht früher als wirklich geschah, mit der Hauptarmee an das rechte Ufer der Donau übergehen konnte.

Während, wie wir bereits gesehen haben, der größte Theil des 2. Armeecorps schon im Marsche von Ofen und Gran über Dotis zum Belagerungscorps vor Komorn in Marsch gesetzt war, wurde am 21. April sofort mit der Räumung der Spitäler, Magazine, Zeughäuser in Ofen und Pesth, soweit dieselbe überhaupt thunlich erschien, begonnen.

Am 22. und 23. gingen dann in zwei einander folgenden Transporten die nicht zurückzulassenden Kranken und Verwundeten, die große

Artilleriereserve, die Kassen, die werthvollen Armeebedürfnisse, soweit sie nicht für den Banus eingeschifft waren, das schreibende Hauptquartier und — ein weniger löbliches Ding — auch eine Anzahl von gegen Oesterreich politisch compromittirten ungarischen Civilpersonen, auf Stuhlweißenburg ab, um von da über Vesprim, Papa und Oedenburg weiter zu ziehen.

Darauf begann am 23. das 3. Armeecorps (Schlick) Pesth zu räumen; die Division Lichtenstein kam noch in der Nacht vom 23. auf den 24. in Bia an; am 24. marschirte dann das ganze Corps an der Fleischhackerstraße weiter nach Bánhida, am 25. nach Nagy Igmánd. Das 2. Corps concentrirte sich unterdessen bei Mocsa; auch die Brigade Colloredo marschirte jetzt von Gran und Dorog über Neudorf (Nyerges Újfalu) dahin ab. Die Brigade Lederer zog sich bei Ács zusammen.

Nachdem das 3. Corps von Ofen abgezogen war, räumte in der Nacht vom 23. auf den 24. auch das 1. Corps, Jellachich, Pesth; die Schiffbrücke ward abgefahren, die Kettenbrücke zum Theil abgedeckt und auf ihre Mitte ließ der alte Welden in einem Anfalle guter Laune einen großen leeren Pulverkasten aufstellen.

Der Banus zog noch am 24., nachdem er die Festung Ofen mit Schlachtvieh versehen hatte, auf Adony ab und setzte in den folgenden Tagen seinen Marsch längs der Donau über Duna Pentele und Duna földvár nach Esseg fort, bei welchem Platze die vorausgesendete Dampfer- und Schleppschiffflottille ohne Unfall schon am 25. April eingetroffen war.

Am 24., unmittelbar nach dem Abzuge des Banus, rückten die ersten Husaren von Aulichs Corps unter dem großen Jubel der Einwohner in Pesth ein und am 25. ließ Aulich sein ganzes Corps das Lager unmittelbar östlich von Pesth aufschlagen.

Welden hatte sein Hauptquartier am 24. zu Bábolna, hier erfuhr er, daß der Zug der über Stuhlweißenburg entsendeten Traincolonnen glücklich bis Vesprim gekommen, daß der Weg über den Bakonyer Wald frei sei und die Colonnen am 25. in Város Löd eintreffen würden. Es war also für diese nichts mehr zu besorgen. Von Colloredo kam die Meldung, daß alle Uebergangsmittel bei Gran zerstört seien und er sich im Marsche über Almás nach Ó Szöny befinde.

Am 25. verlegte Welden das Hauptquartier nach Raab; Simunich ward angewiesen, die Belagerungsbatterieen zu entwaffnen, was auch bis zum 26. Morgens fast vollständig bewerkstelligt war, nur 4 24pfdr. und 3 18pfdr. in einer großen Batterie gegenüber Új Szöny mußte man stehen lassen. Die geretteten Geschütze wurden nach Gönyö geschafft und dort theils auf der Donau zunächst nach Presburg eingeschifft, theils zu Lande über Raab nach Oedenburg in Marsch gesetzt.

Die Brigade Wyß mußte noch am 25. über Raab und Hochstraß in die kleine Schütt abmarschiren, die Brigade Colloredo rückte dafür in die Stellung von Ó Szöny ein.

Am 25. hatten fast alle Truppen die ihnen vor Komorn zugewiesenen Posten erreicht, nur die Nachhut des 3. Corps, die Brigade Montenuovo, war noch zwischen Bánhida und Kocs zurück.

Am 23. April hatte Lenkey mit einer Division der Komorner Besatzung einen Ausfall in die große Schütt gemacht und dadurch die Brigade Sossay vollends zum Rückzuge bestimmt.

In der Nacht vom 25. auf den 26. sollte nun die Floßbrücke über die Donau fertig und dann am 26. Morgens ein großer Ausfall aus dem Donaubrückenkopfe gemacht werden, um den Entsatz nunmehr auch auf dem rechten Donauufer vollständig zu machen. Man sieht sehr leicht ein, daß trotz aller Vorsicht Weldens und so viel Lob man dessen Anordnungen für den Rückzug auch muß zu theil werden lassen, der Ausfall von den nachtheiligsten Folgen für die Oesterreicher hätte sein müssen, wenn er nur zwei Tage früher erfolgen konnte.

Görgey ließ am 25. April durch Klapka die Disposition zu dem Ausfalle anfertigen. Dieselbe bestimmte, daß zunächst 5 Brigaden unter Knezich den Angriff beginnen sollten. Die Brigaden Kiß und Kökényessi sollten um Mitternacht über die Floßbrücke in den Brückenkopf gehen und sich an dessen mittleren Linien aufstellen; diesen Brigaden des 3. Corps sollten dann Schulz und Zákó vom 1. Corps über die Floßbrücke folgen und sich im Brückenkopf rechts von jenen gegen Új Szöny hin formiren, während zugleich die Brigade Dipold schon vor Mitternacht auf Schiffen den Uebergang in den Brückenkopf begänne, um sich links von Kiß und Kökényessi gegen Ó Szöny hin aufzustellen.

Kiß unterstützt von Kökényessi sollte auf erhaltene Anweisung südwärts gegen den Sandberg vordringen, die dortige Batterie stürmen, dann eine Besatzung in ihr lassen und sich nun westlich gegen den Monostor wenden; gleichzeitig mit Kiß sollte Schulz gegen Új Szöny vordringen und über dieses auch gegen Monostor vorgehen. Zur Unterstützung dieses Angriffes sollten zwei Bataillone der Festungsbesatzung oberhalb der Palatinallinie aus der großen Schütt mittelst Schiffen über die Donau setzen.

Während des Angriffes auf den Monostor hatte auch Dipold gegen Ó Szöny vorzugehen.

Der Rest des 1. und 3. Armeecorps sollte den 5 früher genannten

Brigaden über die Floßbrücke und durch den Brückenkopf folgen, sobald die österreichischen Batterieen und die dortigen Höhen genommen seien.

Entwickle sich nun eine förmliche Schlacht, so sollte in dieser Klapka den linken Flügel gegen Ó Szöny und Mocsa, Damjanich das Centrum gegen Csém und Harkály, Görgey den rechten Flügel gegen Ács commandiren.

Für diesen Fall rechnete man auch auf die beiden Divisionen des 7. Corps, welche, wie wir sahen, erst kurz vorher nach Bajcs und Perbete, gegen die Neitra vorgeschoben waren; sie wurden am 25. durch einen Befehl über Sz. Péter nach Komorn zurückgerufen, um hier als Reserve zu dienen.

In der Schlacht wollte man hauptsächlich die Raaber Straße zu gewinnen suchen, um wo möglich Welden südwärts abzudrängen.

Zwischen 2 und 3 Uhr Morgens begann Knezich den Angriff; die Brigade Kiß nahm den Sandberg südlich des Donaubrückenkopfs und die dortige, noch mit 7 Geschützen bewaffnete Batterie; er wendete sich darauf links und vereinigte sich mit Schulz, welcher unterdessen, wenn auch nach härterem Kampfe Új Szöny erstürmt hatte. Beide, gefolgt von ihren Reserven, richteten sich nun gegen den Monostor; der Rückenangriff der beiden Besatzungsbataillone, welche oberhalb Komorn den Strom überschritten hatten, traf ziemlich mit dem Frontangriff von Kiß und Schulz zusammen, doch bemerkte der äußerste linke Flügel der Oesterreicher, die Brigade Lederer, seine Entwickelung zeitig genug, um sich ungefährdet auf Ács zurückziehen zu können, wo sie sich hinter dem Czonczóbach aufstellte.

Sobald diese Erfolge der Ungarn in Komorn bekannt waren, rückten die noch dort zurückgebliebenen Theile des 1. und 3. Corps über die Floßbrücke und durch den Brückenkopf ins Feld hinaus. Zuerst wurden die Truppen des 3. Corps vorgezogen, um sich im Centrum gegen Csém und Harkály zu formiren. Damjanich zog hier Alles zusammen, was nur möglich war; außer den Brigaden Kiß und Kökényessi seines eigenen, auch Abtheilungen von den zuerst gegen Új Szöny verwendeten Truppen des 1. Corps.

Andere Truppen des 1. Corps leitete Görgey, sowie sie herüberkamen, auf den rechten Flügel, wo es gleichfalls nach dem Abgange der von Damjanich ins Centrum gezogenen fehlte, so daß für Klapka auf dem linken Flügel gegen Ó Szöny und Mocsa eigentlich nur die Brigade Dipold übrig blieb.

Der Uebergang des 3. Corps über die Floßbrücke hatte zwischen 5 und 6 Uhr begonnen; er verzögerte sich, da die Floßbrücke nur mit Verficht benutzt werden konnte; das weitere Vorrücken gegen Harkály und Csém ward gleichfalls aufgehalten, theils durch die Nothwendigkeit, die Truppen aus den Werken herauszuziehen, theils durch die von den Oesterreichern gegen den Brückenkopf angelegten Laufgräben, welche an einzelnen Stellen erst abgegraben werden mußten, damit die Reiterei und Artillerie vorwärts könne.

So mochte es 9 Uhr geworden sein, als Damjanich zum Gefechte gegen Schlick kam, welcher bei Harkály und Csém das ganze 3. Corps und rechts davon gegen Mocsa hin Theile des 2. zusammengezogen hatte.

Anfänglich kam Damjanich in entschiedenen Nachtheil; Görgey, der jetzt eben auf dem rechten Flügel des Schlachtfeldes erschien, auf welchem er so gut als keine Truppen vorfand, da diese meist von Damjanich herangezogen waren, andererseits dicht an der Donau steckten, der folglich erst Bataillone für sich aus dem Brückenkopfe heranziehen mußte, ließ, um Damjanich Luft zu machen, eine halbe Batterie und deren schwache Kavalleriebedeckung, die er mit sich gebracht hatte, an der Ácser Poststraße schnell vorgehen. In der That schaffte dieß, so wunderbar es klingt, dem Centrum unter Damjanich Luft; doch versteht es sich von selbst, daß die Abtheilungen, welche Schlick gegen jenes Görgey'sche Detachement sendete, dasselbe sofort zurücktrieben.

Bis gegen Mittag blieb Damjanich nun in entschiedenem, wenn auch langsamem Vorrücken. Schlick mußte allmälig Raum geben. Auch der linke ungarische Flügel trug trotz seiner Schwäche, er bestand nur aus 2 Bataillonen und wenigen Escadrons, das Seinige zu dem Erfolge des Centrums bei.

Die Brigade Dipold war, da das Uebersetzen mit Kähnen in den Brückenkopf sehr langsam von Statten ging, erst am hellen Morgen zum Angriffe auf Ó Szöny gekommen. Die österreichische Besatzung von Ó Szöny räumte diesen Ort nach schwachem Widerstande und zog sich auf Mocsa zurück, doch ward ihre Nachhut von Dipolds Husaren eingeholt und zum Theil zum Niederlegen der Waffen gezwungen; unter anderm machten die Ungarn hier zwei ganze Compagnieen vom Regiment Deutschmeister Nr. 4 gefangen.

Klapka zog nun die schwachen Kräfte, welche ihm zur Verfügung blieben, gegen Mocsa zusammen, wo der österreichische rechte Flügel sich gesetzt hatte und manövrirte gegen diesen so geschickt, daß derselbe lange in Ungewißheit über die Schwäche des ihm gegenüberstehenden Feindes blieb. Endlich aber verließ er doch seine günstige und gedeckte Stellung, um den linken ungarischen Flügel gegen den Brückenkopf zurückzutreiben; Klapka ließ seine Truppen schleunig und so zurückgehen, daß er die Batterieen des Brückenkopfes demaskirte. In deren Feuer kamen nun die verfolgenden Oesterreicher und wichen mit verhältnißmäßig großem Verlust und in Unordnung gegen Mocsa zurück, worauf Klapka die Seinen sogleich wieder vorrücken ließ.

So standen die Dinge gegen Mittag, als Schlick sich anschickte, seinerseits die Offensive zu ergreifen. Allerdings sollte der Rückzug unter allen Umständen angetreten werden, doch war es für die Oesterreicher von höchster Wichtigkeit, die Stellung gegen Komorn bis zum Abende zu behaupten, einmal damit der Belagerungspark, der sich erst langsam gegen Gönyö bewegte, einen Vorsprung gewinne und nicht etwa von den verfolgenden Ungarn abgefangen werden könne, andererseits, damit auch der Rückzug der Armee so sicher als möglich in der Dunkelheit bewerkstelligt werden könne. Aus diesen Gründen hatte Simunich die Brigade Lederer wieder in den Ácser Wald vorgehen lassen, so daß Schlick für seine linke Flanke unbesorgt sein konnte, obgleich Görgey allerdings nun auch 4 Bataillons und 10 Escadrons allmälig gegen den Wald zusammengezogen hatte. Was die rechte Flanke Schlicks betraf, so war man nachgerade der Schwäche des ungarischen linken Flügels inne geworden und außerdem erhielt Schlick Nachricht von dem Herankommen der Kavalleriebrigade Montenuovo, welche, wie wir wissen, am 25. noch zwischen Bánhida und Kocs zurückgewesen war und jetzt über letzteren Ort in der Richtung auf Mocsa heranrückte. Zufällig sollte diese Verstärkung noch eine einflußreichere Rolle spielen, als es Schlick voraussetzen konnte.

Nagy Sándor nämlich, welcher die Reiterei des Centrums commandirte und bis jetzt hinter Damjanich gehalten hatte, glaubte, als er den rechten österreichischen Flügel auf Mocsa weichen und den linken ungarischen wieder vorgehen sah, den Augenblick gekommen, wo auch er mit Erfolg in den Gang des Gefechtes eingreifen könnte. Er wollte zu dem Ende links von Damjanich auf der Straße nach Nagy Igmánd vorgehn und Schlick in der rechten Flanke und im Rücken zugleich packen. Er sammelte also 16 Escadrons Husaren und polnische Lanciers, forderte das 47. Honvédbataillon vom linken Flügel, zur Brigade Bobich gehörig, und eine halbe 12pfdr.-Batterie, gleichfalls vom linken Flügel, auf, ihm als Unterstützung zu folgen, was diese auch thaten, und brach nun mit seinen Reitern vor.

Schlick warf den Husaren sofort die sämmtliche Reiterei, über welche er augenblicklich verfügte, Kürassiere unter Oberst Kißlinger in Front entgegen, eine Raketenbatterie, welche links von den Kürassieren auffuhr, trug schon Verwirrung in die Reihen der Husaren. Nun erschien aber auch noch in deren linker Flanke von Kocs heranziehend, die Brigade Montenuovo und griff in Marschcolonnen ohne Weiteres an; in wilder Flucht wurden die Husaren zurückgetrieben und die österreichischen Reiter wendeten sich sofort gegen das 47. Honvédbataillon, welches sie vollständig auseinandersprengten. Auch die halbe 12pfdr.-Batterie war bereits so gut als von ihnen genommen, da rückte das 26. Honvédbataillon, ohne Befehl, nach dem schnellen Entschluß seines Commandanten zur Unterstützung vor; mit seinem Feuer vereinte sich das der wenigen noch übrigen Geschütze des linken Flügels, welche Klapka, der den Vorfall bemerkte, sofort vorgehen ließ. Die Kartätschschüsse dieser Geschütze wurden endlich durch Nagy Sándors Husaren, welche sich an der Straße von Ács nach Dotis wieder gesammelt hatten, unterstützt. Die Oesterreicher hatten überdieß zu einem entschiedenen Vorrücken keine Veranlaßung. Doch nahm Schlick des günstigen Augenblicks wahr, um auch seinerseits mit der Infanterie vorzurücken, und Damjanich das von diesem gewonnene Terrain theilweise wieder abzunehmen.

Damjanich zeigte auch hier die alte Standhaftigkeit. Die Meldungen aber über die Lage, in welcher er sich befand, bewogen Görgey, zusammen mit den andern herrschenden Verhältnissen, das Gefecht abzubrechen. Görgeys Ansicht von den Planen der Oesterreicher war gewesen, daß sie das verschanzte Lager zurückerobern und sich von Neuem vor Komorn festsetzen wollten. Sobald er die Ueberzeugung gewann, daß dieß nicht der Fall sei, hielt er die Aufgabe des Gefechtes für gelöst.

Wir können natürlich nach Kenntniß der Sache diese Ansicht auf keinen Fall theilen, aber es ist uns auch schwer begreiflich, wie man dieselbe vor vollständiger historischer Kenntniß der Sache haben konnte. Wenn die Oesterreicher das verschanzte Lager nicht zurückerobern wollten, so konnten sie nur noch eins wollen, nämlich ihren Rückzug, insbesondere aber den Rückzug des Belagerungsparkes decken und es lag daher im Interesse der Ungarn, gerade dieses zu hindern, also auf alle Weise nachzudrängen. Allerdings waren die Ungarn sehr schwach, nicht einmal so stark als die Oesterreicher (die doch auch kaum 25000 M. vor Komorn haben konnten), weil das 7. Armeecorps eben ziemlich unnützer Weise gegen die Neitra vorgeschoben war und erst mit Mühe und Zeitverlust in der eilften Stunde zurückgerufen werden mußte. Dieß ist die einzige Entschuldigung dafür, daß Görgey das Gefecht abbrach. Aber man wird sich wohl schwerlich verhehlen können, daß die Klapka'schen Dispositionen von vornherein den Keim der Zersplitterung in das ganze Handeln der Ungarn hineintrugen. Recht deutlich wird man dieß begreifen, wenn man das Gefecht vom 26.

April so auffaßt, wie es von ungarischer Seite allein verstanden werden konnte, als einen großen Ausfall, bei welchem, man mag sich drehen und wenden wie man will, alle Vortheile für den Ausfallenden eben darin liegen, daß er auf einem Punkt von vornherein mit so großer Kraft als irgend möglich erscheint, während eben der Gegner ihn auf verschiedenen Punkten, folglich mit getheilter Kraft erwarten muß. Ueber den entscheidenden Punkt konnte am 26. April für die Ungarn gar kein Zweifel obwalten. An und für sich lag er auf ihrem äußersten rechten Flügel, die Donau aufwärts. War dort das Terrain einem raschen Vordringen ungünstig, so lag er so nahe als möglich an dem rechten Flügel. Nun tritt dieser Fall hier wirklich ein. Der Ácser Wald ist wie jeder andere Wald einem raschen und entscheidenden Vordringen zuwider, weil es an Uebersicht über die thatsächlich gewonnenen Einzelentscheidungen fehlt. Die Haupthandlung ward demnach auf die Gegend von Harkály und Csém verwiesen. In der That sahen auch die Ungarn, was zu sehen sie nicht vermeiden konnten. Allein der Fehler war, daß sie diese Bewegung von dem Erfolge des Knezich'schen Avantgardeausfalls erst abhängig machten, wodurch hauptsächlich die kostbare Zeit verloren ging, dann auch bewirkt wurde, daß die Corps auseinandergerissen waren und erst mühselig während des Gefechtes selbst wieder zusammengesucht werden mußten.

Um 1 Uhr Nachmittags hörte der Kampf im eigentlichen Sinne des Wortes auf; nur eine unfruchtbare Kanonade dauerte noch fort. Die Oesterreicher hatten keine Ursache, das Gefecht wieder anzuknüpfen. Der Tag war ohne alle Frage für sie. Sie hatten nichts weiter gewollt, als ein Rückzugsgefecht liefern und das hatten sie in der That sogar glänzend bestanden, sobald der Feind in eine abwartende Haltung zurückgescheucht war. Erst in der Dunkelheit gingen sie an das linke Ufer des Czonczóbaches zurück, von wo sie am 27. April den weiteren Rückzug antraten.

Die Avantgarde des 7. Corps traf erst am Abend des 26., nachdem Alles vorbei war, bei Komorn ein; das Gros der beiden Divisionen, welche überhaupt vom 7. Corps herangezogen werden konnten, in der Nacht vom 26. auf den 27. April. Am Morgen des 27. standen die beiden Divisionen des 7. Corps vollständig im Lager von Ó Szöny und ein Theil derselben ward nun zur Verfolgung der Oesterreicher entsendet, welche indessen nicht mehr eingeholt wurden.

Mit dem Ende des April tritt eine neue Periode des Krieges ein. Die glänzenden Erfolge der Ungarn rufen neue Feinde gegen sie auf die Bühne; da die Ungarn ihre glänzenden Erfolge des April nicht ausbeuten, gewinnen diese neuen Feinde die Zeit, ihre Kräfte zu sammeln und zu entwickeln. Eine Art Ruhepause tritt auch auf dem Hauptkriegsschauplatze ein. Diese Ruhepause ist eine äußerst wichtige. Wir werden ihr einen eigenen Abschnitt zu widmen haben. Ehe wir aber diesen beginnen, schalten wir noch die Begebenheiten ein, welche unterdessen auf dem Nebenkriegsschauplatz, dem südlichen, in der letzten Zeit vorgekommen sind. Wir haben diesen Nebenkriegsschauplatz für die letzten Monate ganz vernachlässigt und konnten es, da die Ereignisse auf ihm nicht im Mindesten von Bedeutung für die Hauptentscheidung waren, diese sich vielmehr durchaus an der obern Theiß und der obern Donau concentrirte. Wir müssen aber jetzt allerdings auf den Nebenkriegsschauplatz zurückkommen, da er auf die Folgezeit wieder einen Einfluß gewinnt.

A.

Eintheilung und Stärke der ungarischen Hauptarmee, zuerst unter General Vetter, dann unter General Görgey Ende März und Anfangs April 1849.

1. Armeecorps, General Klapka.

1. Division, Desewffy.

Brigade Bobich: 28., 46., 47. Honvédbataillon, 1 Escadron Lehel Husaren Nr. 14, 8 6pfdr.

Brigade Major Dipold: 6., 26., 52. Honvédbataillon, 1 Escadron Lehel Husaren, 8 6pfdr.

2. Division, Oberst Mariásy, später Kazinczy.

Brigade Major Zako: 19., 34. Honvédbataillon, 1/2 Escadron Hunyady Husaren Nr. 13, 4 12pfdr.

Brigade Major Schulz: 17. Honvédbataillon, 3. Bataillon Dom Miguel Nr. 39, 1/2 Escadron Hunyady Husaren, 4 12pfdr.

Kavalleriebrigade Oberst Mészterházy: 8 Escadrons Kaiser Nr. 1, 4 Escadrons Coburg Husaren Nr. 8, 8 6pfdr.

Artilleriereserve: 8 6pfdr.

Im Ganzen 10 Bataillons, 15 Escadrons, 40 Geschütze oder 9200 M. Infanterie; 1600 M. Kavallerie, 800 M. Artillerie oder 11600 M.

2. Armeecorps, General Aulich.

1. Division, Oberstlieutenant Szekulits.

Brigade Oberstlieutenant Mihály: 25., 54. und 56. Honvédbataillon, 1/2 Escadron Lehel Husaren, 8 6pfdr.

Brigade Major Graf Buttler: 48., 60. und 61. Honvédbataillon, $^1/_2$ Escadron Lehel Husaren, 8 12pfdr.

2. Division, Oberst Hertelendi.

Brigade Major Collig: 1. Bataillon Dom Miguel Nr. 39, 52. Honvédbataillon (Bocskai), 2 Compagnieen Beregher Freiwillige, 1 Compagnie Wiener Legion, 7 6pfdr.

Brigade Oberst Mándy: 6 Escadrons Würtemberg Husaren Nr. 6, 7 6pfdr.

Artilleriereserve: 6 3pfdr.

Im Ganzen $8^1/_2$ Bataillons, 7 Escadrons, 36 Geschütze oder 8000 M. Infanterie, 1000 M. Kavallerie, 800 M. Artillerie. Total 9800 M.

3. Armeecorps, General Damjanich.

1. Division Oberst Wysocki.

Brigade Major Graf Leiningen: 3. und 42. Honvédbataillon, 3. Bataillon Hessen Infanterie Nr. 54, 1 Escadron Ferdinand Husaren Nr. 3, 8 6pfdr.

Brigade Oberstlieutenant Paul Kiß: 9. Honvédbataillon, Polenlegion, 3. Bataillon Wasa Infanterie Nr. 60, 1 Escadron Ferdinand Husaren, 8 6pfdr.

2. Division, Oberst Nagy Sándor.

Brigade Oberst Knezich: 60. Honvédbataillon, 2. Bataillon Prinz von Preußen Infanterie Nr. 34, 8 6pfdr.

Brigade Oberst Kászonyi: 8 Escadrons Hannover Husaren Nr. 2, 4 Escadrons Ferdinand Husaren Nr. 3, 1 Escadron polnische Ulanen, 8 6pfdr.

Artilleriereserve: 8 6pfdr.

Im Ganzen 9 Bataillons, 15 Escadrons, 40 Geschütze oder 9200 M. Infanterie, 2000 M. Kavallerie, 800 M. Artillerie, gleich 12000 M.

7. Armeecorps, General A. Görgey.

1. Division Oberst Gaspár.

Brigade Horváth: 39. Honvédbataillon, 6 Escadrons Kaiser Nicolaus Husaren Nr. 9, 5 6pfdr. (Kavalleriegeschütz).

Brigade Major Waldberg: 1. Bataillon Wasa Infanterie Nr. 60, 8 6pfdr.

Brigade Major Pethes: Neugrader Bataillon, 2 Compagnieen Pionnire, 2 Compagnieen Ujházy Jäger, 5 6pfdr.

2. Division, Oberst Kmety.

Brigade Major Gergely: 10. und 23. Honvédbataillon, 1 Compagnie Pionnire, 7 6pfdr.

Brigade Major Ujváry: 45. Honvédbataillon, 2 Compagnieen ungarische Jäger, 4 Escadrons König von Preußen Husaren Nr. 10, 8 6pfdr.

Brigade Major Uechtritz: 33. Honvédbataillon, 2. Bataillon Neusohl, 2 Escadrons Palatinalhusaren Nr 12, 6 6pfdr. (Kavalleriegeschütze).

3. Division, Oberst Pöltenberg.

Brigade Major Kossuth: 1. Honvédbataillon, 1. Bataillon Neusohl, 2 Escadrons Großfürst Alexander Husaren Nr. 4, 7 6pfdr.

Brigade Oberstlieutenant Zambely: 14. Honvédbataillon, 1. Pesther Bataillon, 4 Escadrons Alexander Husaren Nr. 4, 7 6pfdr. (Kavalleriegeschütze).

Colonne des Hauptquartiers, Oberstlieutenant Simon.

Brigade Oberstlieutenant Weissel: 4 Compagnieen Grenadiere, 3. Bataillon Erzh. Ernst Infanterie Nr. 48, 1 Compagnie deutsche Legion, 6 Haubitzen.

Brigade Oberstlieutenant Liptay: 4 Compagnieen Tyroler Schützen, 1 Compagnie Pionnire, 5 Haubitzen (Kavalleriegeschütze), 2 Raketengestelle.

Detachement Benitzky: 3 Compagnieen vom 15. Honvédbataillon, 2 Compagnieen Benitzky, $1/_4$ Escadron Palatinalhusaren Nr. 12, 2 Geschütze.

Detachement in Tisza füred und Gegend: 13. Honvédbataillon, 1. Bataillon Kaiser Alexander Infanterie Nr. 2, 2 Compagnieen Pionnire, 2 Escadrons Kaiser Nicolaus Nr. 9, 2 Escadrons König von Preußen Husaren Nr. 10, 2 Escadrons Großfürst Alexander Nr. 4, 2 Escadrons Hunyady Husaren.

Im Ganzen 18 Bataillons, $26^1/_4$ Escadrons und 68 Geschütze oder 14400 M. Infanterie, 3150 M. Kavallerie, 1360 M. Artillerie, gleich 18910 M. Die beiden Detachements betragen zusammen $3^1/_6$ Bataillons, $8^1/_4$ Escadrons und 2 Geschütze oder 2600 M. Infanterie, 1000 M. Kavallerie, 40 M. Artillerie, gleich 3640 M., so daß beim Corps verfügbar bleiben 15300 M.

Recapitulation.

1. Corps	10	Bataillons	15	Escadrons	40	Geschütze	=	11600 M.
2. Corps	$8^1/_2$	"	7	"	36	"	=	9800 "
3. Corps	9	"	15	"	40	"	=	12000 "
7. Corps	18	"	$26^1/_4$	"	68	"	=	18910 "
Summa	$45^1/_2$	"	$63^1/_4$	"	184	"	=	52310 "

B.

Eintheilung des Schlick'schen Corps am 1. April und für die nächstfolgenden Tage.

Division F.-M.-L. Lobkowitz.

Brigade G.-M. Parrot: 2 Compagnieen vom 2 Jägerbataillon, 3. Bataillon Erzh. Carl Nr. 3, 1. Bataillon Erzh. Wilhelm Nr. 12, 1. Landwehrbataillon Parma Nr. 24, 3. Bataillon Nugent Nr. 30, 1 Escadron Kaiser Chevauxlegers Nr. 1, 6pfdr.-Batterie Nr. 36.

Brigade Ob.-L. Künigl: 3. Bataillon Erzh. Wilhelm, 3. Bataillon Kudelka Nr. 40, 2. Bataillon Latour Nr. 28, 1 Escadron Kaiser Chevauxlegers, 6pfdr.-Batterie Nr. 34.

Division F.-M.-L. Fürst Franz Lichtenstein.

Brigade G.-M. Fiedler: 3. Bataillon Erzh. Stephan Nr. 58, componirtes Bataillon Ecker (4 Compagnieen), 2. Bataillon Hartmann Nr, 9, 3. Bataillon Mazzuchelli Nr. 10.

Brigade Ob. Montenuovo: 2 Escadrons Kaiser Chevauxlegers, 6 Escadrons Prinz Carl von Preußen Kürassiere Nr. 8, 2 Escadrons Sunstenau Kürassiere Nr. 2, 2 Escadrons Kreß Chevauxlegers Nr. 7, 2 Escadrons Erzh. Johann Dragoner Nr. 1, Kavalleriebatterie Nr. 3.

Corpsgeschützreserve: 6pfdr.-Batterie Schlick, Raketenbatterie Nr. 11 und halbe Raketenbatterie Nr. 12.

Im Ganzen 11 Bataillons, 16 Escadrons und $5^1/_2$ Batterieen (33 Geschütze) oder ungefähr 11000 M.

Anmerkung. Schlick hatte seine (3) Grenzbataillone an Jellachich abgeben müssen und dafür das 3. Bataillon Erzh. Carl und das componirte Bataillon Ecker (später Braisach) erhalten.

C.

Zusammensetzung des vom General der Kavallerie Baron Hammerstein Anfangs April 1849 in Galizien zusammengezogenen Corps, welches Anfangs unter F.-M.-L. Vogel über Kaschau südwärts operiren sollte, später an die Hauptarmee herangezogen ward.

Brigade G.-M. Benedek: 2 Bataillons Palombini Nr. 36, 1 Bataillon Parma Nr. 24, 2 Escadrons Erzh. Carl Ludwig Chevauxlegers Nr. 2, 1 6pfdr.-Batterie.

Brigade G.-M. Basco: 2 Bataillone Deutschmeister Nr. 4, 1 Bataillon Hartmann, 2 Escadrons Kaiser Chevauxlegers, 1 6pfdr.-Batterie.

Brigade G.-M. Ludwig: 1 Bataillon Welden Nr. 20, 1 Bataillon Haynau Nr. 57, 1 Bataillon Erzh. Wilhelm Nr. 12, 1 Bataillon Bianchi Nr 63, Trenk, Grenadierbataillon, 2 Escadrons Sunstenau Kürassiere, 2 Escadrons Kaiser Chevauxlegers, 1 6pfdr.-Batterie, 1 Kavalleriebatterie.

Im Ganzen 11 Bataillons, 8 Escadrons, 24 Geschütze, oder ungefähr 11000 M.

D.

Zusammensetzung der drei Brigaden, welche aus Böhmen, Mähren, Oesterreich und Steiermark Anfangs April 1849 von Welden nach Ungarn vorgeschoben wurden und den Kern des Wohlgemuth'schen Corps bildeten.

Brigade G.-M. Herzinger: 3. Bataillon Baumgartten Nr. 21, 1. Landwehrbataillon Khevenhüller Nr. 35, 4. Bataillon Oguliner, 2 Escadrons Wrbna Chevauxlegers Nr. 6, 6pfdr.-Batterie Nr. 18.

Brigade Ob. Teuchert: 1. und 2. Bataillon Mazzuchelli Nr. 10, Grenadierbataillon Hora, 2 Escadrons Kaiser Ferdinand Kürassiere Nr. 4, 6pfdr.-Batterie Nr. 20.

Brigade G.-M. Theissing: 4. Bataillon Ottochaner, 1. Landwehrbataillon Erzh. Stephan Nr. 58, 2. Bataillon Erzh. Ferdinand d'Este Nr. 51, 2 Escadrons Civallart Ulanen Nr. 1, 6pfdr.-Batterie Nr. 19.

Im Ganzen 9 Bataillons, 6 Escadrons, 18 Geschütze oder gegen 10000 M.

E.

Zusammensetzung des Corps des F.-M.-L. Simunich vor Komorn Ende März.

Truppentheile: 3. Bataillon Welden Nr. 20, 3. Bataillon Heß Nr. 49, 2 Compagnieen vom 1. Landwehrbataillon Heß, 1. und 2. Landwehrbataillon Khevenhüller Nr. 35, 1. Landwehrbataillon Großfürst Constantin Nr. 18, 1. Landwehrbataillon Kaiser Nr. 1, 1. Landwehrbataillon Erzh. Wilhelm, 2. Bataillon Ceccopieri Nr. 23, 1. Bataillon Hartmann, 3. Bataillon Haynau, 4. Bataillon Szluiner, 2 Compagnieen vom 12. Jägerbataillon, 1. Landwehrbataillon Nugent Nr. 30, 3. Bataillon Erzh. Ludwig Nr. 8, 6 Escadrons Ficquelmont Dragoner Nr. 6 und 2 Escadrons Erzh. Carl Chevauxlegers Nr. 2. Dazu 7 Feldbatterieen.

Diese $13^2/_3$ Bataillons, 8 Escadrons und 7 Batterieen zählten 14133 M. Sie waren mit mannigfachen Wechseln eingetheilt in die 3 Brigaden:

Lederer,

Gossay und

Beigl.

Die Brigade Beigl, welche im April von dem Belagerungscorps abgetrennt ward, um zum Corps des F.-M.-L. Wohlgemuth zu stoßen, sollte bestehen aus: dem 3. Bataillon Welden, dem 3. Bataillon Haynau Nr. 57, dem 1. Bataillon Hartmann Nr. 9, 2 Compagnieen des 12. Jägerbataillons, 2 Escadrons Erzh. Carl Ludwig Chevauxlegers Nr. 2, 2 Escadrons Kreß Chevauxlegers Nr. 7, 1 Kavalleriebatterie, 1 6pfdr.-Fußbatterie und 1 Raketenbatterie.

In Wahrheit bestand sie nur aus: 11 Compagnieen Infanterie, 1 Escadron, 1 6pfdr.-Fußbatterie und 1 Raketenbatterie, d. h. gegen 2000 M.

Berichtigungen.

Seite 260 Zeile 15 v. unten lies: „Februar" statt Januar.
„ 358 „ 9 v. oben „ „rechts" statt links.
„ 358 „ 9 v. oben „ „Föth" statt Töth.

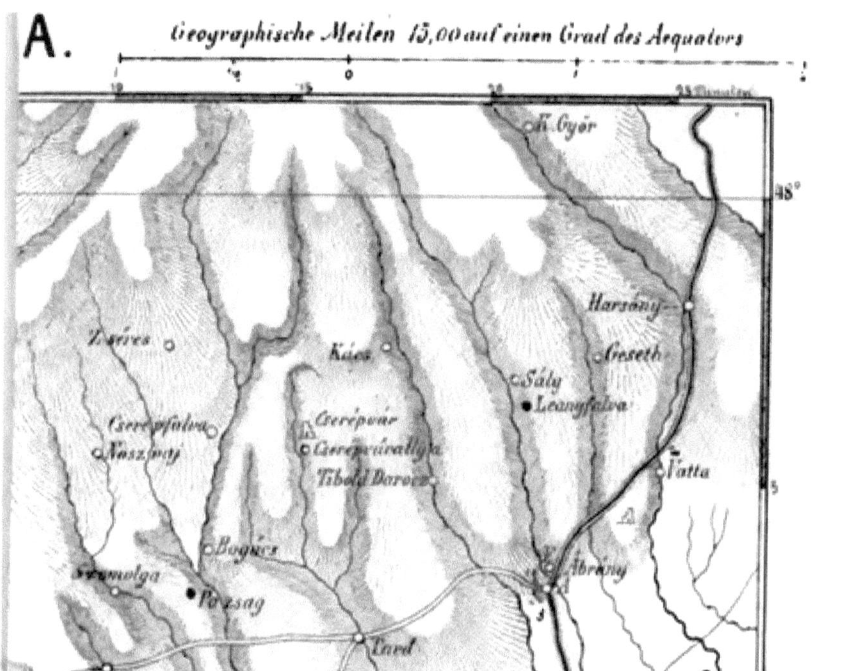
A.
Geographische Meilen 15,00 auf einen Grad des Aequators
48°
K. Győr
Harsány
Geseth
Kács
Sály
Leanyfalva
Cserépfalva
Cserépvár
Naszvay
Tibold Darocz
Vatta
Bogács
Ábrány
Tard

1861.

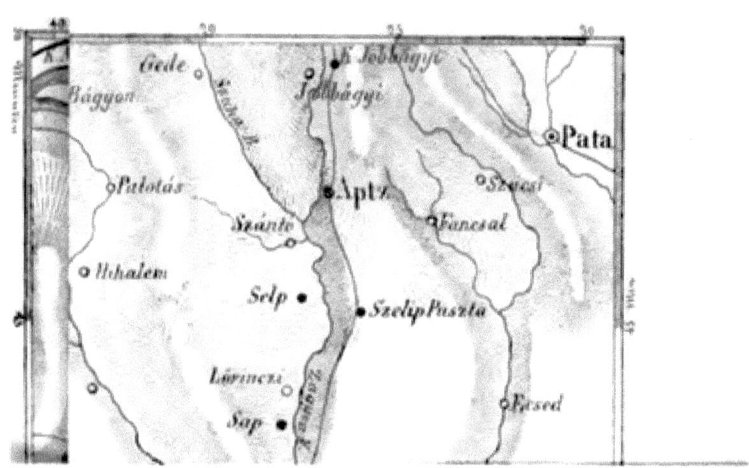

Gede
Jobbágyi
Bágyon
Pata
Palotás
Aptz
Szücsi
Szánto
Fancsal
Hihalom
Selp
Szelip Puszta
Lörincsi
Zagyva
Sap
Ecsed